總第 49 輯

歷史文獻研究

中國歷史文獻研究會 編

全國高校古籍整理研究工作委員會資助項目

國家社科基金社科學術社團主題學術活動資助項目

山東大學中文一流學科建設資助項目

廣陵書社

圖書在版編目（ＣＩＰ）數據

歷史文獻研究. 總第49輯 / 中國歷史文獻研究會編
. -- 揚州 ： 廣陵書社, 2022.11
ISBN 978-7-5554-1942-6

Ⅰ. ①歷… Ⅱ. ①中… Ⅲ. ①中國歷史—研究—叢刊
Ⅳ. ①K207-55

中國版本圖書館CIP數據核字（2022）第226066號

書　　名	歷史文獻研究(總第 49 輯)
編　　者	中國歷史文獻研究會
責任編輯	李　佩

出版發行　廣陵書社
　　　　　揚州市四望亭路 2-4 號　　　郵編　225001
　　　　　（0514）85228081（總編辦）　　85228088（發行部）
　　　　　http://www.yzglpub.com　　E-mail:yzglss@163.com

| 印　　刷 | 無錫市海得印務有限公司 |
| 裝　　訂 | 無錫市西新印刷有限公司 |

開　　本	889 毫米 × 1194 毫米　1/16
印　　張	23.5　插頁 4
字　　數	500 千字
版　　次	2022 年 11 月第 1 版
印　　次	2022 年 11 月第 1 次印刷
標準書號	ISBN 978-7-5554-1942-6
定　　價	118.00 元

倉修良先生(1933—2021)

2018 年 11 月 3 日倉修良先生在中國歷史文獻研究會第 39 屆年會開幕式發言

2018 年 5 月 13 日倉修良先生與朱傑人先生在廣陵書社合影

2003 年倉修良先生在"章學誠國際學術討論會"與代表合影

方志学通论

仓修良 著

增订本

华东师范大学出版社
全国百佳图书出版单位

仓修良探方志

仓修良◎著

华东师范大学出版社

中国古代史学史

仓修良 著

人民出版社

仓修良文集
第一卷

中国古代史学史

仓修良 著

商务印书馆
The Commercial Press

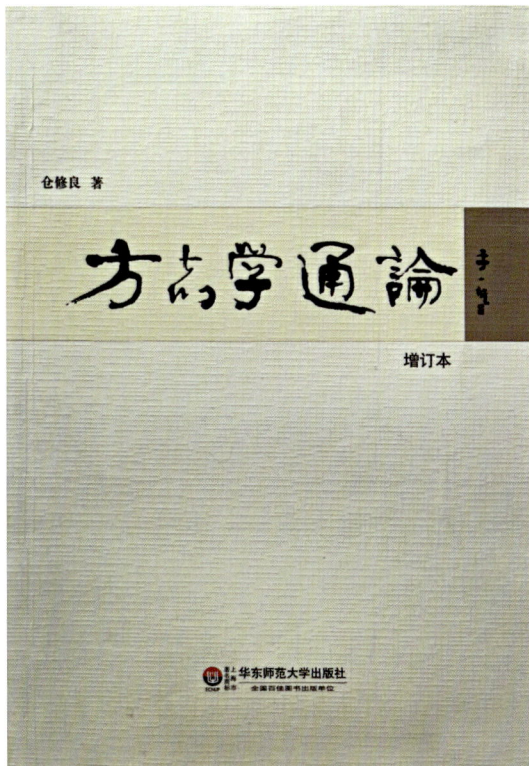

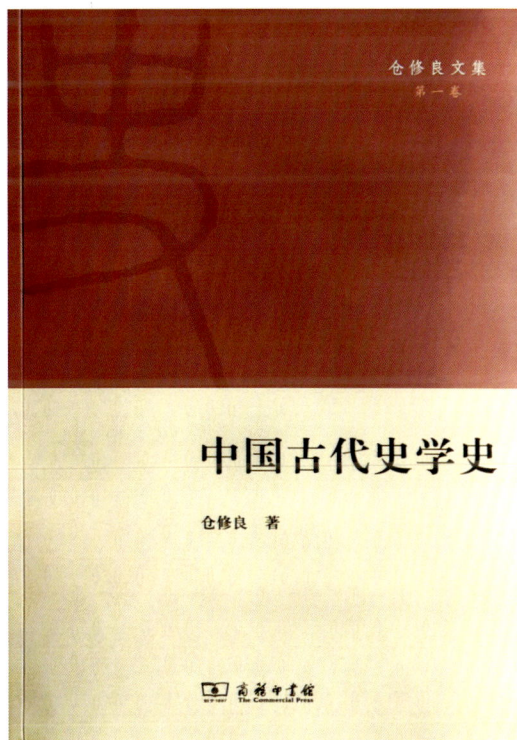

仓修良先生部分著作

仓修良 著
譜牒學通論

華東師範大學出版社
East China Normal University Press

史志丛稿

百年求是学术精品丛书
仓修良 著
史志丛稿

浙江大学出版社

[清] 章学诚 著 仓修良 编注
文史通义新编新注

独乐斋·文存
仓修良 著

浙江人民出版社

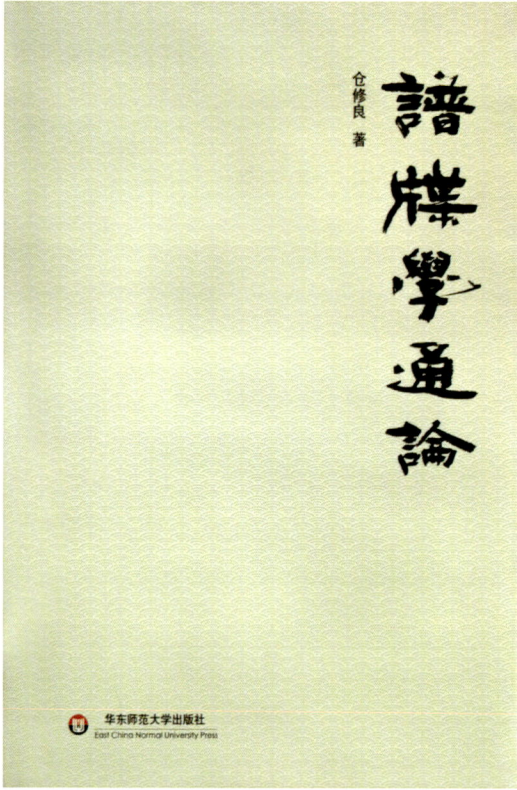

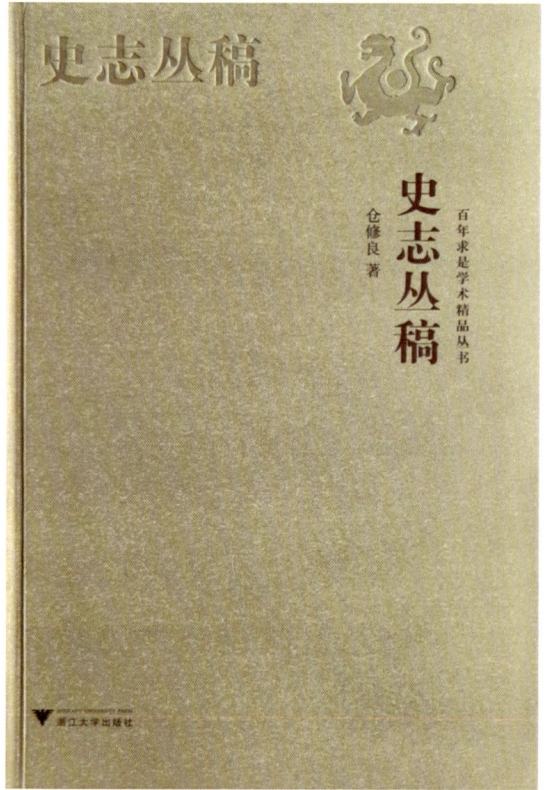

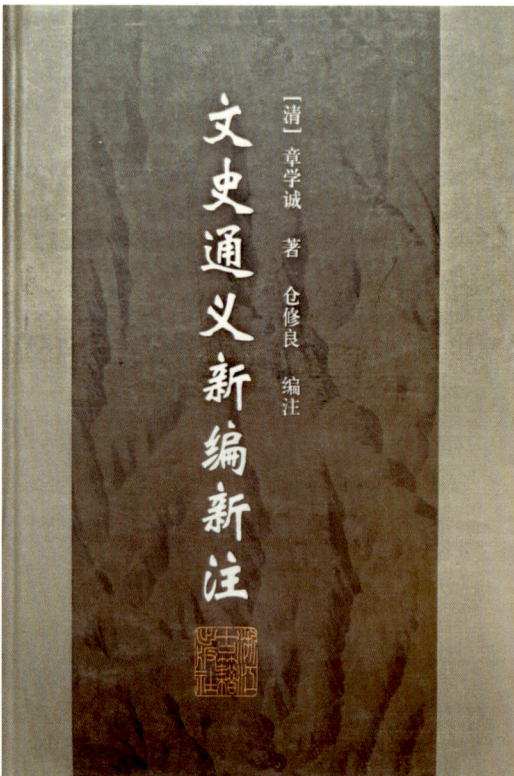

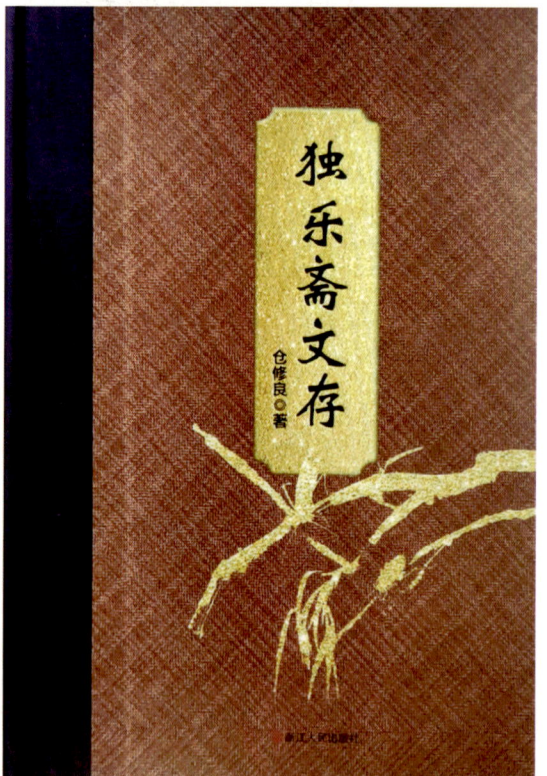

仓修良先生部分著作

目 録

Principal Contents

望之儼然,即之也温:深切懷念倉修良先生

郝潤華

[摘 要] 倉修良先生是我國著名的歷史學家、文獻學家,長期致力於中國史學史、方志學、譜牒學等方面的研究,是中國歷史文獻研究會的創始人之一。我與倉先生的結緣即是因爲文獻研究會。與倉先生學術交往三十多年來,深深感受到,他不僅爲學會的發展勞心費力,而且從生活、學業方面關注年輕一代會員的成長,態度既嚴肅又可親。倉先生有着傳統知識份子特有的氣質與品行,其立身行事對我有很深的影響,倉先生永遠是我學習的榜樣。

[關鍵詞] 倉修良先生 歷史文獻會 學術交往 立身行事 懷念

倉修良先生逝世已經五月有餘了,我常常想起他。

倉修良先生 1933 年出生于江蘇泗陽,八歲時赴鎮江生活、讀書。1954 年考入浙江師範學院歷史系,畢業後在杭州大學(現浙江大學)歷史學系工作,先後任講師、副教授、教授,後任中國歷史文獻研究會副會長、中國歷史文獻研究會學術委員會主任委員、《歷史文獻研究》編委等。倉修良先生是著名的歷史學家、文獻學家,長期致力於中國史學史、方志學、譜牒學等方面的研究,治學嚴謹,著述宏富,爲我國當代史學工作者樹立了良好的榜樣。撰寫出版有《中國古代史學史簡編》《章學誠和〈文史通義〉》《方志學通論》《章學誠評傳》(兩種)、《史家·史籍·史學》《倉修良探方志》《中國古代史學史》《獨樂齋文存》等專著。整理有《爝火録》《文史通義新編》《文史通義新編新注》等史籍著作;主編有《中國史學名著評介》三卷本、《史記辭典》《漢書辭典》《二十五史警句妙語辭典》、《中國史學名著評介》(五卷本)等大中型著作。主持"二十五史辭典叢書"的編纂工作,參加《中國歷史大辭典》的編寫,並任《史學史》分卷編委,主編和參與編寫高校文科教材多種。另發表學術論文近 200 篇。這些論著均在國內外學術界產生了廣泛的影響。關於倉修良先生的學問,我曾經寫過兩篇文章,一篇是《倉修良先生的爲人與爲學》,另一篇是《中國古代史學史研究的一部力作——讀倉修良著〈中國古代史學史〉》,[①] 因此,在這裏我主要説説我與倉先生的學術交往瑣事。

我和倉先生相識已經三十年,三十年的時光既短又長。我與倉先生的結緣是因爲中國歷史文獻研究會。我當年是由趙吉惠老師與路志霄老師介紹加入歷史文獻研究會的,入會已有三十多年。記得 1991 年秋我與伏俊璉兄一起參加由西北大學周天游先生、戴南海先生

---

① 《倉修良先生的爲人與爲學》,錢茂偉、葉建華主編:《執着的史學追求——倉修良教授八十華誕慶壽文集》,上海:華東師範大學出版社,2012 年;《中國古代史學史研究的一部力作——讀倉修良著〈中國古代史學史〉》,《史學理論與史學史學刊》2010 年卷(總第 8 卷),北京:社會科學文獻出版社,2010 年。

承辦的歷史文獻研究會年會,那是我第一次參加文獻研究會年會,抱着學習與交流的目的,我向會議提交了一篇題爲"《通典》的産生與唐中葉著政典之風"的論文。報到以後,我正在酒店房間收拾東西,一位面容白净、戴着眼鏡、個子瘦高、神情嚴肅的先生拿着一張名單來找我,後來方知那是著名的方志學家倉修良先生。倉先生説會務秘書組覺得我的論文很有新意,要安排我在大會做主題學術報告,我當時祇是一名才工作兩年的年輕講師,初出茅廬,竟要在如此大規模的學術會議上作主題報告,我聽後十分緊張,不自信地説:我可以嗎?倉先生却説没有什麽不可以。我隨後去拜訪趙吉惠老師,趙老師是我大學時代的授課老師,我對他説了此事,趙老師也對我鼓勵有加。因此,我大着膽子上臺做了大會主題學術發言,下來以後,我問伏俊璉兄,他説我的表現不錯,發言的聲音比較沉穩。我才放心了。後來我那篇文章正式發表,並由人大複印資料《歷史學》於 1993 年第 3 期全文轉載。爲此,我十分感謝倉先生與趙吉惠老師,没有這些前輩學者的鼓勵與幫助,就没有我今天的學術影響與成就。可以説是倉先生、趙老師等幾位前輩學者以及歷史文獻會給了我踏入學術的自信心。讀碩士研究生時,先師黄永年先生常常督促我們要好好讀書,不主張我們撰寫發表論文,因此,碩士三年祇是寫了一篇最後的畢業論文,讀書期間也未參加過什麽學術會議,因此,雖然在先師的指導下讀了不少書,打下了比較好的基礎,但學術自信心還是嚴重不足。通過這次文獻會年會,我有了學術自信心,同時也懂得了學術研究與參加學術會議的關係與意義。參加學術會議的好處是很多的,首先每年參加一到兩次學術會議,必然要提交一到兩篇較高品質的論文,如此一來,就會不間斷地進行學術研究,日積月累,研究成果會越來越多,而且學術水準也會隨之提高;另外,通過參會,還可以認識一些專家學者,並可找機會向他們請教學問;再説,與同行之間的交流,也可達到"疑義相與析"的目的。我的博士導師,著名的古代文學研究專家、文獻學家周勛初先生專門寫過一篇文章《以文會友,博聞多識——參加學術會議的好處》,他説:"參加學術會議,可以聽到很多過去没有想到過的問題,打開思路;到外地開會,可以到很多過去一直神往而無法去的地方看看,增長閲歷。我參加過很多學術會議,雖然不能做到多聞博識,却也開拓了眼界,積累了不少新的學識。"[①] 的確如此,我在參加學術會議中獲益良多。

我第三次參加歷史文獻會年會是在 1999 年的桂林年會,那次年會是由老副會長、廣西師範大學張家璠先生具體承辦的,當時會長是周國林先生,秘書處在華中師範大學。當時有一件事令我印象深刻。在會間用餐的時候,恰好與倉先生、趙吉惠老師坐在一桌,談到繳納會費的問題,有一位青年學者無意中説了一句"好幾年未交會費了",坐在旁邊的倉先生嚴肅地説:"作爲一個會員爲什麽不積極繳納會費呢?這就是你的問題。"我頓時感到倉先生比我想像中的還要認真、嚴厲。2019 年倉先生出版了文集《獨樂齋文存》,出人意料的是,書序是由倉先生的外孫女撰寫,文筆生動,感情真摯,序中説倉先生性格"很嚴肅,也很固執,有時候

---

① 《古典文學知識》2013 年第 1 期;也收入周勛初:《艱辛與歡樂相隨——周勛初治學經驗談》,南京:鳳凰出版社,2016 年。

會覺得他脾氣有點大"，概括倉先生性格的確很准確。不過，隨着我與倉先生的多次接觸，也隨着我對倉先生的進一步瞭解，却慢慢改變了我的感受，有一句《論語》中的話可以概括我對倉先生的總體印象："望之儼然，即之也温，聽其言也厲。"2001 年，我當時還在西北師範大學古籍所工作，承辦了第二次蘭州文獻年會，事前得到了倉先生、趙老師、周國林老師以及秘書處的積極支持與鼓勵。那次會議到會者一百五十多人，規模不小，我是第一次舉辦主持全國性的學術會議，雖然從準備到會議舉行每個環節都盡了力，但總覺有所疏漏，惶恐不安，但會後倉先生却對我説，他們對此次會議感到十分滿意，尤其是會議的正規化、學術性與會中的河西學術考察，使與會代表收穫不小，在後來的多個場合，倉先生都有如此讚譽。2007 年在由雲南大學韓傑教授承辦的文獻年會上，在南京大學卞孝萱先生與倉先生的推薦提名之下，會長周少川老師以及常務理事會一致表決同意我當選歷史文獻研究會副會長，我成爲當時最年輕的副會長。記得在常務理事會上，倉先生介紹了我的求學經歷與科研情況，對我那些年在文獻研究方面取得的研究成果讚賞有加。比起當選副會長，前輩學者的褒獎更加能起到勉勵作用，倉先生的評價給了我莫大的鼓舞，也成爲我日後更加努力、勤奮從事學術研究的動力之一。

方志學是倉修良先生治學最爲用力的研究領域，其次就是中國古代史學史，倉先生的《中國古代史學史》修訂版出版後，我有幸收到了倉先生的贈書，拜讀之後感到十分有特色與學術價值，北師大瞿林東先生希望有一篇書評對此書進行推介，承蒙倉先生的信任與委託，由我與弟子杜學林合撰了《中國古代史學史研究的一部力作——讀倉修良著〈中國古代史學史〉》一文，發表於 2010 年卷（總第 8 卷）《史學理論與史學史學刊》，[①] 在文中談了我們的幾點閱讀體會。我們認爲："該書具有四個方面的特點：一是爲中國古代史學史的發展提出了合理的分期。二是材料翔實，内容詳略得當。三是對通俗史學與史學通俗化予以關注。四是體現了實事求是的著述態度。"因此，此書"對中國古代史學的産生、發展過程、規律等進行了系統而詳盡的論述，對於我國古代史體的演變、史著的産生發展以及史學思想的演變、史學流派的形成、史學傳統的傳承等問題一一進行了梳理。這樣一部宏著的完成出版，對於瞭解我國古代史學發展概況，掌握具體史家和史書的一般情況，推動史學史研究的向前發展都具有十分重要的意義"。倉先生的《中國古代史學史》不僅是史學史研究方面的一部高品質專著，並且成爲許多大專院校的教材與學生必讀書。倉先生在《八十自述》中總結："從事學術研究已整整四十年了，回顧以往，有兩點體會：第一，做學問不能趕風頭，因爲風向是常在變的，你永遠也趕不上。第二，不要貪多，一切圍繞着自己的研究中心做文章。"[②] 這也是倉先生能夠取得如此學術成就的原因之一。這些心得，對年輕學者而言，是非常寶貴的治學經驗，值得汲取。

---

① 瞿林東主編：《史學理論與史學史學刊》（2010 年卷），北京：社會科學文獻出版社，2010 年。
② 倉修良：《獨樂齋文存》，杭州：浙江人民出版社，2019 年，第 557 頁。

　　倉先生的學術特點之一是學以致用。倉先生對方志學的最大貢獻,在於他首次釐清了我國方志發展的歷史及其發展規律,指出方志發展經過漢魏六朝地記、隋唐五代圖經和宋以後成型方志三個階段。《方志學通論》(齊魯書社 1990 年修訂版)是其代表性成果。在研究之餘,倉先生還積極參與新編志稿的評議、評比等地方政府的修志活動,先後撰寫《對當前方志學界若干問題的看法》《新修方志特色過眼録》等文章,對於新修方志的編纂等提出了切實可行的辦法與路徑。他在與會期間常常與我們談起到地方上參加新方志編纂指導時的一些情況,使我對新編方志的情形有了一些瞭解,開闊了學術視野,也真正領會了傳統學術爲現實社會服務的意義。倉先生生前先後向他的家鄉江蘇泗陽縣捐贈了 2000 多冊個人藏書,包括《二十五史辭典叢書》《顧炎武全集》《王國維全集》《中國近三百年學術史》等,倉先生晚年又將一套影印《文瀾閣四庫全書》捐獻給了泗陽縣圖書館,助力家鄉的文化建設,顯示出了倉先生慷慨大方的品格以及他對地方文化事業的關心與支持,爲中華傳統文化的繼承與弘揚做出了貢獻。

　　倉先生身上有着濃厚的傳統知識份子特有的氣質與品行,這一點在現代社會難能可貴。文獻會的特點之一,是將歷史文獻與地域文化結合起來,因此很多次年會都是由地方政府承辦,作爲歷史文獻會的資深副會長,倉先生對地方政府的積極支持和參與表示歡迎,但在政府官員面前他始終保持知識份子特有的自尊與自信,不卑不亢。有一次年會,開幕式後宴會,全體代表均坐大廳,辦會方的官員要求會長與副會長們都去包廂與他們同座共宴,有會員覺得辦會方既然有此要求,不妨入鄉隨俗一下,但倉先生堅決表示要與會員們在一起。受到倉先生的影響,我也留在了大廳,與倉先生一起與代表們在大廳用餐。倉先生這一獨立脱俗的品行令人感佩。宋人鄭思肖《寒菊》詩云:“花開不並百花叢,獨立疏籬趣未窮。寧可枝頭抱香死,何曾吹落北風中。”當今社會價值觀多元化,同時也充滿了各種誘惑,在許多時候知識份子感到無所適從,甚至忘記身份,迷失自我。作爲晚輩的我在倉先生身上真的學到了許多東西,懂得如何做一個具有獨立人格與獨立思考能力的學者。

　　還有,作爲學者的倉先生特別重視歷史文獻研究會年會的學術性與學術質量,他十分討厭將學術會議形式化。記得有一次年會,辦會方祇安排了半天時間的小組學術討論,會議總共舉行了一天半時間,倉先生當時非常生氣,他說:以後對於文獻年會的時間必須有嚴格的規定,小組討論的時間最少安排一天半,加上開幕式與閉幕式,至少要 2 天半的會期。自此以後,這個會期規定就成爲文獻會每一屆年會的鐵律。我還注意到,每次年會的時候,倉先生都十分認真地參加會議,從不逃會,甚至在分組討論的時候,他都會換着地方地聽會,有時還對某篇感興趣的論文加以評議。作爲資深副會長,年紀也越來越大,倉先生即使不參加小組討論,在房間休息,也不會有人出來説長道短,但是,倉先生始終一以貫之,認真參與每一次會議,這都體現了他尊重學術、追求學術的精神,這才是一位真正的學者的風範。倉先生的這一品質讓我欽佩不已,他是我們後輩學者終身學習的榜樣。我這些年參加了不少學術會議,總發現有一些學者不願參加小組學術討論,甚至將參加學術會議當成一次出來旅遊的絕佳機會，與倉先生的行爲形成巨大的反差。如果他們看到倉先生認真參會討論的樣子，不知是否會感到一絲羞愧與汗顏。

倉先生是一位做事極認真負責而又堅持原則的人，"有一次，有個地方的方志辦邀請他當修志顧問，然而却遲遲沒有來和他進行交流，外公就主動打電話向他們詢問情況，他説'顧問顧問，既然顧了就應該問'，不應該祇掛名而不做實事"。[①]這一段倉先生外孫女的文字很形象地寫出了倉先生嚴謹負責的處事態度。倉先生對待歷史文獻研究會的工作同樣如此。文獻研究會的幾次換屆，倉先生都本着爲學會前途、發展考慮的態度與原則，積極扶持具有學術影響力的中青年學者擔任學會領導職務，平安過渡，維護了大局。會下，我也經常會接到倉先生的電話，所商議往往不是私事，而是有關學會一些工作的事情，倉先生講話很客氣，常常令我這個小輩感到惶恐。歷史文獻研究會自劉乃和先生去世後，倉先生成爲最資深的會員之一，他一心一意爲學會的發展做籌劃，爲學會的領導出主意，指導學會的學術研究，引領學會的發展方向，可謂鞠躬盡瘁。2020年秋在徐州舉辦文獻年會，據朱傑人老師説，若非身體欠佳，倉先生定會前去參會。這些年文獻會換了幾任領導：周國林老師、周少川老師、朱傑人老師、趙生群老師，包括副會長們、理事們，大家對倉先生向來都很尊重敬重，我想原因祇有一個，就是倉先生從沒有私心，他一心祇爲歷史文獻研究會。

倉先生生活簡樸，性情恬淡，晚年唯以讀書自樂，故書齋名爲"獨樂齋"，語典源自《孟子》，意思却不同。幾十年來倉先生總是穿着一身中山裝參會，每一次見他都是如此，形象一直沒有什麼變化。倉先生向來輕物質而重精神，每次文獻會年會的前一日，一般都要舉行會長團的小會，商議與文獻會發展相關的一些事宜，倉先生每每從家裏給我們帶來龍井茶，讓我們品嘗，有時甚至還贈送給我們每人一罐茶葉。我們一邊品着清香可口的龍井茶，一邊討論會務，朱傑人老師、曹書傑老師、趙生群老師時不時地再講兩句俏皮話，開兩句玩笑，現在想來簡直是一種精神享受。遺憾的是，隨着倉先生的離世，這樣的美好時光已經一去不復返。想到這些，不免令人悵惘，令人悲傷。

倉先生老年以後患有高血壓病，一直在服藥，我從四十五歲以後也有了家族遺傳的高血壓病，在與大家交談時，倉先生得知了這一情況，他常常給我介紹一些相關的特效藥，有一次，他怕我記不住藥名，帶我去他房間，讓倉師母從盒子裏抽出一板藥給我，讓我帶回去先服用，説吃着有效再照着購買。倉先生推薦的藥，我至今還在服用，效果的確不錯，先生去世後，我每次服藥時，都會拿着藥難過好久。倉先生的夫人，我們叫她倉師母，更是一位慈祥、賢慧又隨和的長輩，不僅悉心照顧倉先生的生活起居，每次來參會時，對我們也關心備至，因爲都是女性的緣故，倉師母對我與黃愛平老師尤其關心，説做學問很辛苦，常勸我們注意身體。2018年在杭州開年會，倉師母竟給我們贈送了她購買的絲綢圍巾，這真讓我們意想不到，也很感動。倉師母天資聰穎，勤奮好學，退休後在老年大學學習繪畫，進步很快，作品豐碩，常

---

① 毛詩吟：《獨樂齋與求是情》代序，倉修良：《獨樂齋文存》卷首，杭州：浙江人民出版社，2019年。

常給我們欣賞她手機中保存的繪畫圖片,我現在手頭還有師母贈送的手繪團扇,至今衹作收藏,不捨得使用。倉師母會使用手機微信,現在與我經常有微信來往,互問平安。倉先生不幸已經走了,留下孤單的倉師母,文獻年會中再也看不到他們二位相扶相攜的身影,真是"人生百年内,疾速如過隙"! 唯有衷心祝願倉師母身體健康,一切順利! 也祝願她創作出更多更優秀的繪畫作品!

　　有關與倉先生交往的這些如煙往事,我至今記憶猶新,歷歷在目,寫出來讓更多年輕學者瞭解倉先生的爲人與爲學,同時也從側面認識我們歷史文獻會的成長歷程。倉先生的立身行事與治學精神不僅對我有很深的影響作用,也使我更加懷念倉先生!

　　　　　　　　　　　　　　　　　　　　(郝潤華,西北大學文學院教授)

倉修良先生的治學精神

鮑永軍

[摘 要] 倉修良先生是我國著名的歷史學家，治學勤勉，成就卓越。倉先生的治學精神體現在四個方面："以學術爲生命"的敬業精神，"成一家之言"的創新精神，"永遠追求真理，隨時修正錯誤"的批判精神，"教書育人，服務社會"的奉獻精神。這些精神值得我們學習發揚。

[關鍵詞] 倉修良 敬業精神 創新精神 批判精神 奉獻精神

恩師倉修良先生溘然長逝，音容笑貌宛如昨日，往事歷歷在目。1994 年我跟隨倉老師讀研究生，1997 年畢業後留系任教至今。他對我學業上進行指導，工作中多方提携，生活裏熱情關懷，師恩如山，終生難忘。倉老師一生爲人正直，做事誠信，治學嚴謹，著述宏富。對於倉老師的生平事迹、人品學問，師友多有論及，在此略述對倉老師治學精神的學習感悟，謹致緬懷，遥寄哀思。

一、"以學術爲生命"的敬業精神

倉老師是歷史學界德高望重的老前輩，60 餘年來淡泊名利，視學術爲生命，潛心教研，爲歷史學科的發展和人才培養，做出了重要貢獻。倉老師説："我走過的道路很崎嶇，就像生長在石頭縫中的一棵小草，是硬挣扎着擠出來的，經常受到來自方方面面的擠壓。"[1]"我這個人生命力比較頑强，無論怎樣打壓，仍舊在學術園地默默無聞地奮力耕耘着。"[2]

倉老師 1958 年從原杭州大學歷史系畢業，留校任教，1961 年開始從事中國史學史教學研究，1962 年發表《章學誠和方志學》一文。1964 年下半年農村開展"四清運動"，没想到成了清理對象，被批了三天三夜，批他整天鑽故紙堆，鼓吹封建文化，美化封建人物，並被戴上"走白專道路的典型"帽子。"文化大革命"一開始，倉老師又是首當其衝，説他是"復辟封建主義的吹鼓手""復辟封建主義的急先鋒"。1974 年夏，他被借調到北京參加《歷史研究》復刊工作，因爲言行常常觸犯當權者忌諱，被下令逐離回校。60 年代倉老師寫成 20 萬字的方志學初稿，多年心血結晶連同資料卡片都毁於十年浩劫。"文革"期間，倉老師遭受"四人幫"迫害，没想到"文革"結束後，又被當作"四人幫"爪牙加以批鬥，下放幹校勞動。當時他

---

[1] 倉修良：《八十自述》，錢茂偉、葉建華主編：《執着的史學追求：倉修良教授八十華誕慶壽文集》，上海：華東師範大學出版社，2012 年，第 15 頁。

[2] 倉修良：《八十自述》，錢茂偉、葉建華主編：《執着的史學追求：倉修良教授八十華誕慶壽文集》，第 21、22 頁。

白天放鴨子，晚上有空就看書寫文章。後來有朋友建議他不要研究史學史了，説這是一門花費工夫大而收效慢、吃力不討好的學科，不如選上一個朝代，花三五年工夫，就能出成果。系裏的史學史課也被精簡掉了，他改教中國古代史和歷史文選，但不研究史學史他已經做不到了，他就像談戀愛一樣深深愛上這門學問。他認爲各門學科都有自己的歷史，爲什麼歷史學科反而不要自己的歷史呢？儘管1964年已受到不公正的批判，但他對史學史的研究却從未中斷。

1985年3月，倉老師參加全國史學史研究工作座談會，白壽彝先生對他取得的研究成果表示肯定。1986年10月，張舜徽先生在《〈方志學通論〉題辭》中説倉老師"文質彬彬，藹然可近"，又曰："數遊杭州，得造其廬。觀所纂述之文，充積几案，其於章實齋與《文史通義》，既有專著論列之矣。繼是而治史學史，撰成《中國古代史學史簡編》，以刊佈於世。……復爲《方志學通論》數十萬言。吁！何其多也，非兼人之力不及此！亦由君治學勤奮過人，故精進若是之速也。余以是益敬之重之。"①

倉老師是章學誠研究專家，治學風格也深受其影響，他説："我對章學誠的研究幾乎持續40年之久，從研究史學史以後，就一直以他爲主軸而向外輻射，因爲他不單是史學評論家，而且還是我國方志學的奠基人，他對文學、哲學、校讎學、譜學亦多有所建樹，在我國封建社會裏，他的史學理論與劉知幾齊名，按白壽彝先生所講，他的史學理論比劉知幾還要高一個層次。但他的一生非常坎坷，使我很同情，他的品德非常高尚，使我很敬佩，他的治學精神非常認真，使我很感動，他的敬業精神和學術貢獻，又使我非常推崇。他的一生'不作違心之論'，'生平惟此不欺二字，差可信於師友間也。'"②倉老師與章學誠在學術上有許多相同點。在治學經歷上，都歷經坎坷，熱愛學術研究；爲人誠實守信，性格剛直；治學實事求是，勇於辯論；研究對象都包括史學理論、方志學、譜牒學、文獻學等；治學精神上，倉老師在《淮北煤炭師範學院學報》2006年第4期發表《研究、紀念章學誠應當發揚他的三大精神》一文，大力表彰章氏的獨創精神、敬業精神與批判精神，他本人也具有這三大精神；他們往往借應酬文章發表自己的觀點。

倉老師總結學術研究經驗，指出："第一，做學問不能趕風頭，因爲風向是常在變的，你永遠也趕不上。章學誠説得很有道理：做學問必須專心致志，切忌三心二意，要做到'世之所重，而非吾意所期與，雖大如泰山，不遑顧也；世之所忽，而苟爲吾意之所期與，雖細如秋毫，不敢略也。趨向專，故成功也易；毀譽淡，故自得也深'（《文史通義新編》外篇三《與朱滄湄中翰論學書》）。這些都是經驗之談，做學問必須按照自己的志趣、愛好和條件去努力，千萬不可隨波逐流，以趨時尚，否則就很難得到高深的造詣。第二，不要貪多，一切圍繞着自己的研究中心做文章。這裏我還是引章學誠的話來説明，他告訴大家：'大抵文章學問，善取不如善棄。

---

① 張舜徽：《〈方志學通論〉題辭》，倉修良：《方志學通論》（增訂本），上海：華東師範大學出版社，2014年，第1頁。
② 倉修良：《八十自述》，錢茂偉、葉建華主編：《執着的史學追求：倉修良教授八十華誕慶壽文集》，第7頁。

天地之大，人之所知所能，必不如其所不知不能，故有志於不朽之業，宜度己之所長而用之，尤莫要於能審己之所短而謝之。是以興薪有所不顧，而秋毫有所必争，誠貴乎其專也。'（《文史通義新編》外篇三《與周次列舉人論刻先集》）這就是說，要想在學術上做出成就，没有這種'善棄'的精神是很難想像的，因爲人的精力有限，不分主次地樣樣都去研究，結果將是一無所成。所以必須盡量發揮自己長處，珍惜光陰，刻苦奮鬥。"[1]

在我讀研究生的第一堂課上，倉老師告誡説：做學問要先學做人，我的學生首先人品要好，正直坦蕩，不計較名利。做學問可能出名，但不會有多少利可圖。想以做學問來謀求名利，是行不通的。我一向奉行實力政策，治學就得坐冷板凳，潛心鑽研，不浮躁，扎扎實實地寫出有分量的論著，自然會得到學界的尊重。搞歪門邪道，走捷徑，都是不會長久的，學界自有公論。他還指出，做學問要有濃厚的興趣，能從艱苦的研究過程中品嘗到樂趣，這是科研的動力。發表第一篇文章，出版第一本書，發現一個新觀點，都是非常快樂的。要將學術當成事業甚至生命，如果僅將科研看作謀生的職業，不得已而爲之，感受不到快樂，是不會有什麼成就的，不如早點改行。他鼓勵利用一切機會學習，舉例説，農村婦女摔倒了，爬起來時還要拔一把猪草，因此，行政坐班空隙也要看點書。他在出差期間，有時看似閉目養神，實則構思論文或發言稿。

倉老師學術成果豐碩，以誠待人，贏得眾多友朋的尊敬和信賴。我們提到某學者，倉老師往往就談起該學者的師承、學術特點、交往情景。其中，比倉老師年長的學界前輩，就有陳訓慈、朱士嘉、鄧廣銘、譚其驤、趙光賢、白壽彝、張舜徽、吳澤、王鍾翰、陳連慶、楊翼驤、陳光崇、徐規、陳橋驛、卞孝萱、章開沅、朱紹侯、吳楓、茅家琦、蔡美彪、林甘泉、杜維運、陳捷先等先生。學界朋友遍佈中國大陸和港澳臺，以及美國、日本、韓國等地，倉老師一年的電話費是驚人的。一次，有人上門推銷電話卡，他一下就買了 2000 元。倉老師以書會友，著作出版後都要贈送學界朋友，有時稿費不夠，還要自己再貼錢買書。我有幾次陪同倉老師去郵局寄書，發現那裏的工作人員對他很熟悉。倉老師主編《中國史學名著評介》五卷本，憑一己之力，邀請到海内外 80 多名專家學者參與撰寫，這充分體現了倉老師的影響力與人格魅力。

倉老師住在杭州市體育場路的學校宿舍，那是一幢建於二十世紀八十年代的住宅，三室一廳，面積 70 多平米。倉老師的書房名爲"獨樂齋"，與司馬光的獨樂園寓意相似，都是神交千古，自得其樂。書房是名副其實的書庫，面積十幾平方米，兩面牆有書櫥，地上堆滿了書籍雜志，幾無下足之處。我們提起某書，倉老師往往會説："這本書我有，祇是壓在下面，不方便取出。"就是在這間簡樸的書房裏，倉老師泡一杯濃茶，坐在小籐椅上，在書桌前看書、思考、寫文章，往往一坐就是半天。

據倉老師外孫女毛詩吟回憶："因爲不斷地備課著書，過度用眼，外公的視力一直不好，有的時候連腳下的臺階也很難看清楚，需要有人在一旁扶着，但是每當有人請他審閲文章

---

① 倉修良：《八十自述》，錢茂偉、葉建華主編：《執着的史學追求：倉修良教授八十華誕慶壽文集》，第 26—27 頁。

時,他都不會拒絕。雖然因爲年紀大了,外公的閱讀速度很慢,有時候一個下午也祗能很吃力地看幾張紙,但他還是會很認真地在旁邊做上批註。我們都奉勸他可以不要再專注於學術了,身體要緊,但是外公總是會哼哼道'活到老,學到老',然後繼續看剩下的文稿。他就是這樣,執拗而專注,緊緊地抓住工作上的每一個細節,以前是這樣,現在依舊如此","外公遇到問題的時候還是會眯着眼睛,有些吃力地翻閱文獻。在他的心中,一直有這樣的一片土地,祗容得下真理與事實。"艱苦的腦力勞動之後,"一個人斟一杯故鄉的洋河酒,配上幾碟小菜,聽聽電視裏的新聞,偶爾對時事評論一番,相比於舊時的顛沛流離已經算是一種奢侈的享受。"①

2013 年,倉老師已經 80 高齡,依舊孜孜矻矻,筆耕不輟。他有高血壓,早年眼睛出血動過手術,視力不好,不會使用電腦,依舊採用方格稿紙手寫文章。晚年曾多次住院,兩次手術,就是在這樣的身體條件下,他以頑強的毅力,出版《方志學通論》(增訂本)、《史志叢稿》《譜牒學通論》《獨樂齋文存》四種專著以及《文史通義新編新注》,發表論文 18 篇。他寫的最後一篇文章是 2019 年 3 月 6 日完成的《〈獨樂齋文存〉後記》,審閱的《一切學科起源於歷史——著名方志學家倉修良先生訪談錄》一文,發表于《浙江方志》2019 年第 5 期。2020 年 3 月,倉老師入住醫院。在去世前幾天,我去醫院探望,他雖然口齒不大清楚,但我能聽得懂,我彙報了文集出版事宜,並準備草擬出版前言,再讀給他聽,沒想到從此天人永隔,悲痛罔極。

倉老師畢生致力於中國史學史、歷史文獻學、方志學和譜牒學等方面教學與研究,出版專著《中國古代史學史》《方志學通論》《章學誠評傳》《譜牒學通論》等 14 種,主編《中國史學名著評介》《史記辭典》《漢書辭典》以及古籍整理著作等 15 種,發表論文 200 餘篇,《倉修良文集》10 卷在商務印書館出版,目前已出《中國古代史學史》《方志學通論》《譜牒學通論》《章學誠評傳》。科研成果多次榮獲全國優秀古籍圖書二等獎、浙江省哲學社會科學優秀成果獎等國家和省部級獎勵。事迹收入 30 餘種中外名人辭典,治學經歷收入朝華出版社《學林春秋》,1992 年開始享受國務院特殊津貼。

倉老師說:"儘管一生坎坷,由於自己奮力抗爭,在自己的研究領域還是取得了一定的成果,聊以自慰。在講到研究成果時,要感謝我的夫人任寧滬(雨奇),幾十年來,她將家務重擔,裏裏外外,全部一人挑去,讓我集中精力和時間做研究工作,她實際上成了我們這個家庭的頂梁柱。我是發自內心地感謝。"②倉老師能夠全身心投入學術研究,與師母的全力支持是分不開的。

---

① 毛詩吟:《"獨樂齋"與求是情》代序,倉修良:《獨樂齋文存》卷首,杭州:浙江人民出版社,2019 年,第 2—3 頁。原載《浙江大學報》2016 年 5 月 21 日第 598 期第二版。

② 倉修良:《八十自述》,錢茂偉、葉建華主編:《執着的史學追求:倉修良教授八十華誕慶壽文集》,第 28 頁。

二、"成一家之言"的創新精神

倉老師非常推崇司馬遷、章學誠、鄭樵等史家"成一家之言"的治學目的,他在《史學史研究》1994 年第 2 期發表《章學誠的"成一家之言"》。章學誠指出鄭樵的學術貢獻,在於能發凡起例,運用別出心裁,成一家之言。倉老師基於學貴獨創精神、自成一家之言的觀點,强調"學必求其心得,業必貴於專精",認爲祇有具有探索和獨創精神的人,才有可能成專門學問,如果事事跟隨前人,樣樣墨守成規,自然也就談不上獨創了。學者治學態度必須嚴肅認真,自己既然學無心得,就不應該著述文章到處招搖撞騙,做學問不要抄襲別人著作,不成熟的作品不要輕易發表以免貽誤讀者。倉老師本人正是追求創新以"成一家之言"的典範,誠如董恩林先生所説,倉老師的論著特點之一,就是"鋭于創新,每篇文章,每部著作,都會有新的結論、新的觀點"。[①]

1983 年倉老師出版了 47 萬字的《中國古代史學史簡編》,當時被認爲是"迄今爲止篇幅最多、内容最豐富的中國史學史專著"。在此書基礎上,2009 年出版《中國古代史學史》。倉老師在中國史學史研究上有許多創新,在此略舉兩例。

一是創立了自己的史學史著作體系。過去的一些史學史著作,大多注重記載史學形式上的變化,實際上祇不過是歷史編纂學史。倉老師不僅研究中國史學發生、發展的過程,並試圖找出它發展的規律和各時期的特點,不僅表現在形式上(如史體的演變、史著的産生、史料範圍的擴大等),而且表現在内容上(如史學思想、史學流派、史學傳統等)。史學作爲一種社會思想意識形態,與當時的社會政治、經濟有着密切關係。因此,在分期方面,他按照中國古代社會的發展和中國古代史學本身的發展特點,分爲四個時期:即中國史學的起源和戰國秦漢間的史學、以人物傳記爲中心的漢魏六朝史學、主通明變的唐宋元史學、具有啓蒙色彩的明清史學。這就把中國古代史學的發展,放到中國封建社會發展的長河中進行研究,史學思想與其産生的社會背景就自然地聯繫在一起。

二是對傳統研究内容提出新見解,對過去受冷落的史家、史著、史體進行新探索。在研究過程中,倉老師對不少老問題如《越絕書》研究、《資治通鑒》編修等提出自己的看法,以推翻流傳多年的錯誤看法和結論。對應劭《風俗通義》、常璩《華陽國志》、顏師古《漢書注》、洪邁《容齋隨筆》、胡三省《資治通鑒注》等課題,都予以足夠的重視。過去史學史著作,對於明清兩代大都比較簡略,而倉老師則着力於明清兩代,把一向被看作是文學大家的王世貞,列爲與王夫之、顧炎武同等重要的地位。明清之際的野史非常發達,但以前史學史却很少有人問津,浙東史學、乾嘉史學等,作爲重要史學流派,倉老師也都列爲專章,力圖改變學界對明

---

① 董恩林:《簡論倉修良先生治學的創新與求真》,錢茂偉、葉建華主編:《執着的史學追求:倉修良教授八十華誕慶壽文集》,第 335 頁。

清史學研究過於簡略的局面。由黃宗羲創立、全祖望完成的"學案體"，是我國封建社會創立的最後一種史書體裁，但誕生以後，一直沒有得到學術界應有的重視。爲此，倉老師先後寫了《要給學案體以應有的歷史地位》《黃宗羲與學案體》《歷史學家黃宗羲》等文章，明確指出，"學案體"史書屬於學術史，在分類上把"學案體"附在傳記一類的做法是很不妥當的。

倉老師的《方志學通論》是一部全備而精密的方志學集大成之作，構建了新的方志學理論體系，爲學科發展奠定基礎，成爲提升修志理論和編纂水準的必讀之作。他在方志學上的最大貢獻，就在於第一次講清了我國方志發展的歷史及其發展規律，論證了我國方志發展經過漢魏六朝地記、隋唐五代圖經和宋以後成型方志三個階段，揭示了每階段的特點。通過對秦漢以來社會發展概況的研究，得出方志起源於兩漢地記。關於"從敦煌圖經殘卷看隋唐五代圖經發展"的專題研究，推翻了以往學者關於圖經性質和體例的錯誤論斷，認爲圖經是指這種著作卷首都冠以各種地圖，並非以圖爲主，而是以文字記載爲主、配有地圖的特殊地方志。書中闡明隋唐五代圖經編纂制度，首次提出並論證了圖經是方志發展史上一個重要的階段，這是方志學理論研究的重大突破。他深入探究章學誠的方志學理論與學術價值，總結述評歷代方志理論的利弊得失。書中首次對建國後五六十年代和八十年代兩次修志活動進行總結。在新方志編纂學方面，本書論述了編纂過程中如何搜集、整理、考訂以及利用資料文獻，如何"尊重歷史，反映特色"等重要問題，提出了一整套理論主張和實踐規範。指出當今方志學界存在的問題，闡發胡喬木同志的方志理論，爲新方志編修出謀劃策，見解獨到。在方志批評學方面，通過系列志書評論，多層次地展現了他對於方志批評學的研究視角和學術標準。

譜牒學是史學發展的分支，也是倉老師研究的重要內容之一，還在 80 年代初，倉老師就已發表了《試論譜學的發展及其文獻價值》一文，後來又在《歷史研究》等期刊發表了 10 餘篇論文。2017 年 9 月，《譜牒學通論》出版，這本書是倉老師積數十年之力，系統研究譜牒學的代表著作，是該領域第一部系統完備的通論性著作，學術價值高，填補研究空白。倉老師在書中全面闡述譜牒學發展史，從譜牒學起源到清代譜學，對各時期譜學發展歷程及其代表人物與著作進行細緻研究，展現其階段特色以及有代表性的理論主張。此外，倉老師還科學界定學科概念、基本理論，釐清譜牒學、年譜、家譜的性質、作用、價值及其局限性，還通過案例分析，揭示家譜辨偽的基本方法。

倉老師"提倡創新，反對新創"，創新要具備求真求是的基礎。他以新方志編修爲例，指出："創新是對繼承而言，是以繼承爲前提，在繼承基礎上，根據時代需要和地方上的需要而加以發展和創造，而不是無依據的憑空亂造。若是離開了這個前提，把千百年來方志發展過程中所形成的優良傳統，有別於其他著作的所獨具的特色全部拋開，另起爐竈地獨創，那衹會失去編寫方志的宗旨和意義。這種做法，衹能叫做新創，而不是我們所講的創新，一字之差，意義就會截然不同。"[1]

---

[1] 倉修良：《在續志編修的幾點意見》，《倉修良探方志》，上海：華東師範大學出版社，2005 年，第 445 頁。

學術研究如何創新？倉老師提出建議，應當加强理論修養，用辯證唯物主義和歷史唯物主義的觀點來研究歷史。不少青年學者的論著，存在着羅列史料、就事論事而理論分析深度不夠的現象，這就需要努力提高理論方面的造詣。倉老師正是運用馬克思主義的文化反映論，才建立起在中國古代史學史、方志學、譜牒學上自己的體系。

三、"永遠追求真理，隨時修正錯誤" 的批判精神

倉老師在《中國古代史學史》自序中說："有必要首先在此對那本書(《中國古代史學史簡編》)明顯的錯誤列舉幾點，以示向讀者作一公開的道歉，我覺得這是一個做學問的人應當有的責任感。在幾十年的學術生涯中，慢慢養成了自己的行爲準則，即'永遠追求真理，隨時修正錯誤'，並在做學問過程中，一直以此自律。每個人在做學問過程中產生一些這樣那樣的缺點、錯誤是免不了的，早年作品中的缺誤，晚年著作中加以更正，這也是很正常的，衹要自己認識到，就應當這樣做，古人早就說過，學無止境。"[1] "在那本書中，評介《明儒學案》時，又由於輕信《四庫全書》所收之書，沒有注意研究該書的版本，以致鑄成了錯誤，又向讀者傳播了錯誤的説法。儘管在 1990 年《書品》第一期上發表的《閱讀古籍應當注意選擇版本——讀〈明儒學案〉所聯想到的》一文中，已經向廣大讀者表示過歉意，但是能够看到這一刊物的人畢竟不會太多，這裏有必要再加以説明。"[2] 在這篇自序中，倉老師作爲史學界前輩名家，反復講 "致以歉意" "道歉" "檢討原來的錯誤" "最明顯的錯誤" "誤導了廣大讀者" "致歉"，其實事求是、嚴謹真誠的治學態度令人感佩！他對著作精益求精，不斷完善，從《中國古代史學史簡編》到《中國古代史學史》(2 種版本)，《方志學通論》不斷再版(5 種版本)，從《文史通義新編》到《文史通義新編新注》(3 種版本)，從《中國史學名著評介》3 卷本到 5 卷本，每次再版，都進行修訂增補，同時請讀者批評指正。

古往今來，歌功頌德易，直言批評難，倉老師尤其具有批判精神，不怕得罪人。譬如遇到擋路石，有些人繞過去就算了，他却是盡力將它們一一搬走，以方便後來者。他經常教導我們，做人做學問，一定要實事求是，要有學術良心、道德良知。章學誠早就指出，學者要有 "史德"，也就是說治史者的心術要端正，要正大光明，不能搞陰謀詭計，更不能阿諛奉承。倉老師面對學界不良風氣和錯誤觀點，本着知識分子的良知與對社會高度的責任感，敢怒而且敢言，"路見不平一聲吼，該出手時就出手"，極具俠義風範。倉先生參加學術會議態度很認真，對浮誇不實的會風，包括逃會、不參加學術討論、重名利、官本位等等，批評毫不留情面，顯示出對後輩學人真正的負責精神。一次在華東師大開會，90 多歲的北京大學張芝聯老先生一出電梯，見到倉老師，當即拱手道："倉公啊，我們的倉公！" 關愛之情，溢於言表。"倉公" 之

---

① 倉修良：《中國古代史學史》，北京：人民出版社，2009 年，第 2 頁。

② 倉修良：《中國古代史學史》，第 10 頁。

稱,應該代表着學界朋友對其批判精神的讚賞和敬重。

　　倉老師治學具有强烈的批判精神,不迷信權威,獨立思考,勇於辯駁,敢於批評。對於章學誠,他寫過一系列文章,其中有多篇是爲其辯白,有人説章學誠在考據上鬥不過戴震所以就貶低戴震,倉老師便寫了《章實齋與戴東原》,指出章學誠對戴震是褒大於貶,在當時真正認識戴震學術價值之所在的也是章學誠;有許多人對章學誠的"六經皆史"説產生誤解,他寫了《也談章學誠"六經皆史"説》,説明章學誠當時論述"六經皆史"説的社會意義;有人説章學誠不是浙東學派(史學)的成員,便寫了《章學誠和浙東史學》,指出章學誠是浙東史學的殿軍;有的學者認爲章學誠提出的"史德",已經包含在劉知幾的"史識"之中,又寫了《"史德"、"史識"辨》一文,指出兩者屬於不同概念,"德"是指行爲規範。倉老師與葉建華師兄合寫的《章學誠評傳》,誠如南大思想家研究中心評審意見中所説:"本書稿具有很大的爭辯性","直到現在還有人把章看作'鄉曲之士''讀書少的人好發議論'。基於此,本書稿在突出章學誠主體思想的同時,常爲章氏辯誣。如章氏的'六經皆史'説與王守仁相比其説新在何處? 章氏批評戴震是否是堅持宋學、是否就是章氏'六經皆史'之糟粕? 章學誠是對我國學術發展起着重要影響的學問家和思想家還是'鄉曲之士'及'讀書不多而好發議論'的人等等,本書稿皆以先人和時人的觀點爲對象,以章氏本人著作爲根據,參照有識之士(包括外國人)的論述,給予有力的辯駁。所以讀本稿能够聞到章氏本人所特有的'好辯'的氣息。"[1]

　　倉老師認爲從做學問角度來看,"好辯"未必是件壞事,對學術界的歷史懸案提出自己的看法,對學術界有意見分歧的問題提出自己的看法,對別人的研究結論自己有不同看法等等,通過辯論搞個水落石出有什麼不好呢? 做學問就是要能發現問題,去解決問題,否則老是作無病呻吟的文章有何價值? 他十分坦誠地承認,在做學問過程中每遇問題確實"好辯",這不僅表現在對章學誠的研究上面,而且集中表現在好多問題上。對於司馬光和《資治通鑒》的研究,他發表了幾篇和別人辯論的文章。關於《越絶書》性質、作者等問題,先後發表《〈越絶書〉是一部地方史》《袁康、吳平是歷史人物嗎? ——論〈越絶書〉的作者》《〈越絶書〉散論》等文章,一一加以論述。文中有這樣一段話:"學術研究,存在意見分歧乃是正常現象,但是在討論中必須本着堅持真理、修正錯誤的原則,當別人已經指出你的看法是錯誤時,理所當然的應當審視自己的觀點和結論,真的錯了就不必惋惜而放棄,若是覺得並沒有錯,則應當勇敢地進行辯論。千萬不要做失理也不饒人的'你打你的,我打我的'人物。筆者那篇文章發表已將近八年,從未見到有辯論的文章,然而堅持認爲《越絶書》是最早的地方志文章卻從未間斷,這顯然是很不正常的。"[2]

　　倉老師認爲做學問、科學研究,就是在追求真理,別人研究出正確結論,我就堅決服從,這才是做學問應有的態度。令人遺憾的是,方志學界很大部分同志,對方志起源問題,還在

① 倉修良:《八十自述》,錢茂偉、葉建華主編:《執着的史學追求:倉修良教授八十華誕慶壽文集》,第9頁。
② 倉修良:《〈越絶書〉散論》,《史學史研究》1998年第1期。

抱殘守缺，閉起門來搞文字遊戲，對別人的研究結論拒不接受，對史書的明文記載視而不見。這與"堅持真理，修正錯誤"的精神實在相距太遠。許多新志書過份强調經濟部類，從而削弱了其他内容；半數以上的新修方志"藝文志"都被砍掉了；民國時期的内容不僅很少，而且有的還把民國時期政府機構打入《附録》中去了；許多新方志序成了排位子、拉關係的裝飾品，三序四序不足爲奇，有的竟達七、八序之多；方志本是資料性著作，有的則大談宏觀，大講規律等等。這些問題的出現，又與方志理論研究工作者的誤導有着密切關係，不僅如此，而且出現了一些奇談怪論，有人説修志中"存史、資治、教化"六字功能已經過時了，"據事直書"今天已經不適宜了，編造出"横排豎寫"是方志的"特點"等等。還有不少論著將歷來公認的輿地著作如《元和郡縣志》《太平寰宇記》等等也都列入方志行列，諸如此類，甚是不少，爲此，倉老師於 1994 年在《中國地方志》上發表了《對當前方志學界若干問題的看法》，對十三個問題提出了自己的看法。寫這類評論文章，要批駁錯誤觀點，勢必牽涉到人。1998 年因爲某報記者誤解倉老師之意，錯發"哭笑不得"言論，雖事後報社致歉，但已得罪一些不明真相的讀者。但倉老師考慮到事關新一代方志編修的品質，又關係到社會主義新方志理論的建設和發展，依舊不改初衷，敢於批評。他説，如果這點膽量和精神都没有，還談什麼做學問呢？在譜牒學研究中，倉老師認爲對那些錯誤的説法與觀點，如果聽之任之，是對學術發展不負責任的表現，所以發了文章。他自嘲説，似乎我這個人到處在批評人家，就像一個消防隊員。

在八十年代所興起的"文化熱"中，在討論中國傳統文化的浪潮中，有些人有意無意地在否定中國傳統的史學，如中國傳統史學的歷史學家衹重視微觀研究，而不重視宏觀研究，没有史學理論。這些結論出來後，好多報刊加以摘引，影響很大。也有人在寫中西史學比較文章時，實際上對中國古代究竟有多少種史書體裁、每種史體的長短得失等還没有搞清楚，就草草地撰寫文章，作了所謂比較後，便對中國傳統史學的史體横加指責。這哪裏能够使人信服呢？倉老師認爲，中國傳統史學不可能是十全十美的，從來也没有人説它是十全十美的，我們必須對它做具體的研究分析和總結，該批判的批判，該肯定的肯定，而决不應當籠統地一筆否定。因爲有一個歷史事實，大家不應當忘記，即世界上没有一個民族是在罵倒自己的傳統文化之後而能立足於世界强大民族之林的。爲了幫助大家對祖國傳統史學作進一步的瞭解和研究，以弘揚優秀的民族文化，爲建設社會主義精神文明服務，倉老師約請專家編成《中國史學名著評介》，分别對這些史學名著作出評論和介紹。

針對在學術界、文化界、教育界存在的浮躁之風，如假學者、假文人、僞學術、剽竊他人學術成果等污濁之氣，倉老師總是義憤填膺，在著述、會議中，衹要有機會，就直言批駁。他指出，學術界存在着不讀書却又愛寫書的現象，許多老一輩史學家一生也衹留下一兩部著作，如今有些人衹需三兩個月就可以"打"出一部書來，更有的衹用九天時間就"打"出一部 20萬字的書稿，創出著書立説的奇迹。有一次學術會議期間，有位作者拿出兩本新出版的書籍，倉老師與施丁先生竟然都不理解其書名，如此之類的書究竟寫給誰看呢？針對明末的不良學術風氣，顧炎武曾提出了嚴厲的批評，並且提出寫文章必須有益於社會，因爲無論寫什麼文章,都不能脱離社會現實,不能無補於國計民生,否則將一無價值。倉老師推崇老一輩歷史學家范文瀾先生的治學精神"板凳需坐十年冷,文章不寫半句空",鼓勵大家學習老一輩史學家們的這種治史精神和對社會負責任的高尚品德。

四、"教書育人,服務社會"的奉獻精神

倉老師長期從事教書育人工作,傳道、授業、解惑,是青年學生的良師益友。吕建楚先生回憶:"當年先生主講史學史和方志學課程,枯燥乏味的内容讓先生演繹得生動有趣。課堂上,先生神采飛揚,聲情並茂,在他帶着濃厚蘇北口音的講述裏,似乎當年的故事他都親身經歷。講到激動之時,他會放聲大笑,也會流淚。記得講《史記》時,有感於司馬遷的經歷,先生在授課時當堂流下淚水,引得我們這些學生在内心唏噓不已。先生講課,引經據典,典籍出處,信手拈來,隨口而出,常常是講的人津津有味,聽的人有滋有味,時間在不知不覺中流走,讓我們收穫頗豐。對一些觀點的質疑,先生會常常蹦出一句家鄉口音濃重的口頭禪:'呆想想也是不可能滴。'從而使得嚴肅學術觀點意見的表達變得生動有趣,不僅讓我們印象深刻,更使我們從中明白了做學問要經常問自己個爲什麼的道理。"[1]

我讀研時與本科生一起聽倉老師講中國古代史學史課程,得以稍稍領略倉老師本科教學名師的風采。他對教學非常認真,是系裹教學先進個人,每次提早到校,課堂紀律、考試評分嚴格,同學們都不敢稍加懈怠。由於身體原因,他坐着講課,聲音洪亮,時而起來奮筆直書,板書蒼勁有力。他講課富有激情,旁徵博引,聯繫學術動態,縱橫捭闔,極爲生動深刻。如講到司馬遷高超的語言藝術時,舉了周昌口吃的例子:"臣口不能言,然臣期期知其不可!陛下雖欲廢太子,臣期期不奉詔!"倉老師將兩個"期期"説得惟妙惟肖,引來一片笑聲。倉老師講課還有個特點是緊密聯繫現實,揭露時弊,發表議論。一次上課前,他先講起乘車到校的經歷,説久等公交車不來,剛坐上計程車,後面就來了三輛公交車。以此爲例,説明做事須有耐心。雖然倉老師時已年過花甲,但他的心却是與同學相通的,同學們私下親切地稱呼他爲"倉哥"。

倉老師樂於獎掖後進。對自己的學生,固然大力提携,對不是自己授業弟子的後輩學者,也是樂於幫助,指點學業,推薦發表論文,寫序參會,不遺餘力。這種學術爲天下之公器的精神和胸懷,也是值得後輩學習與繼承的。倉老師桃李滿天下,學生們無論是從政從商還是做學問,都對他敬愛有加。倉老師一位本科學生後來成爲企業老總,所在公司影印出版杭州文瀾閣《四庫全書》,我知道消息後告知倉老師,他與這位學生聯繫,學生當即答應贈送一套,倉老師捐贈給了家鄉圖書館。

倉老師勇於爲公衆服務,又淡泊名利。他是中國歷史文獻研究會創會會員,先後擔任副

---

[1] 吕建楚:《倉師印象》,錢茂偉、葉建華主編:《執着的史學追求:倉修良教授八十華誕慶壽文集》,第 69 頁。

會長、學術委員會主任、名譽會長，爲學會發展嘔心瀝血，贏得全體會員的衷心愛戴。周國林先生稱倉老師爲"文獻研究會的中流砥柱"，指出："幾十年中，始終關心學會的發展，視學會工作爲自己的學術生命，念茲在茲，數百名會員中大概無出倉修良先生之右。"① 朱傑人先生也說："我深切地感受到，他對學會的感情之深、之摯。他說，文獻會是老一輩學人建立起來的，這個學會最可貴的地方是他的優秀的傳統——正直、正派、團結的品格傳統和踏實、嚴謹、不務虛名的學術傳統。這個傳統不能丟，他在有生之年的一個任務就是要捍衛這個傳統，並把這個傳統交到年輕人手裏。"② 周少川先生在唁電中說："倉先生把一生最好的時間、最好的精力都奉獻給中國歷史文獻研究會！真正的鞠躬盡瘁！無私奉獻！倉先生的學問和精神，永遠是我學習的榜樣！"趙生群會長代表學會在追悼會上致辭："倉先生是我會的創會副會長，四十年來先生一直十分關心、支援學會的發展。1984 年出版社委託我會編纂'二十五史專書辭典叢書'，這一重任最終落到了先生的肩上。先生不僅自己主編了《史記辭典》《漢書辭典》，還組織指導其他史書辭典的編纂工作，前後歷時近三十年，爲此花費了大量心血，甚至推遲了自己的著述計劃。這套皇皇巨著至今仍然無可替代，成爲正史研究的必備工具書。倉先生四十年來堅持參加中國歷史文獻研究會年會，見證了一大批學者的成長。當時的小年輕如我，現在也已年過花甲。倉先生可以說是我們學會發展的引領者、見證者。"2017年歷史文獻研究會頒發給倉老師"高山仰止 景行行止"的銅牌，予以表彰。

倉老師是一個事業心強、有責任感、勇於任事的學者。他多次在全國各地的學校、圖書館、方志館等單位舉辦公益講座。擔任多部方志顧問，既顧又問，主動聯繫，絕不掛個空名。如重修《周莊鎮志》，不顧體弱，幾年時間裏，頻繁去周莊指導業務培訓、搭建框架、收集材料、修改文字等，傾注了大量心血精力。2000 年 12 月，倉老師陪韓國學者參觀紹興市區的章學誠故居，發現故居裏住着市民，不利於故居的保護，幾次給領導寫信反映。經過三年的努力，章學誠故居得到獨立保護，倉老師又捐書捐物，使故居成爲人文景點。倉老師參觀諸暨陳宅村，又建議諸暨市文化局修復祠堂，被譽爲"地方歷史文化的守護者"。倉老師一生藏書、愛書，生前將包括文瀾閣《四庫全書》在內的 7500 餘冊藏書，全部捐贈泗陽縣圖書館、蘇州方志館、浙江檔案館、浙大圖書館，爲文化事業發展無私奉獻。

"雲山蒼蒼，江水泱泱，先生之風，山高水長。"恩師千古！

（鮑永軍，浙江大學歷史學院副教授）

① 周國林：《倉修良先生：文獻研究會的中流砥柱》，錢茂偉、葉建華主編：《執着的史學追求：倉修良教授八十華誕慶壽文集》，第 36 頁。
② 朱傑人：《夫子温良恭儉讓以得之》，錢茂偉、葉建華主編：《執着的史學追求：倉修良教授八十華誕慶壽文集》，第 43 頁。

難以再現的盛況：倉修良先生與
《二十五史專書辭典叢書》《中國史學名著評介》*

錢茂偉　董秀娟

[摘　要]《二十五史專書辭典叢書》與《中國史學名著評介》編纂開始於二十世紀八十年代,這兩套書的誕生與公衆學習傳統文化的需求、山東教育出版社和中國歷史文獻研究會尋求各自的發展並積極承擔向公衆普及文化的責任等因素有關。這兩套書的問世實現了經濟、社會、學術三贏效果。兩套書能够獲得成功,主要是主編負責、團隊合作,出版社終端項目導向,也與倉修良先生的組織協調、主編工作是分不開的。

[關鍵詞]　倉修良　二十五史專書辭典叢書　中國史學名著評介

　　《二十五史專書辭典叢書》是由山東教育出版社發起,由中國歷史文獻研究會承擔的大型項目。從1991年倉修良先生主編的《史記辭典》問世以來,其它各史辭典陸續出版,目前惟《明史辭典》《宋史辭典》尚待印行。在這漫長的編寫歷程中,社會已發生了巨大的變化,主事者却能保持初心,其精神令人感動。《中國史學名著評介》同樣是由山東教育出版社發起,由倉先生主編、衆多的學者參與編寫的一套書,1990年一經出版便受到了歡迎,於是2006年又出第二版。倉先生是《二十五史專書辭典叢書》協調人、《中國史學名著評介》主編,他爲兩套書的編寫付出了很多的心血。這兩套書陸續面世後,有一些書評與報導,對辭典的内容、意義等有所評價。本文擬在前人相關成果基礎上,重點思考這兩套書編寫的背景、成功的經驗以及倉先生所起的作用。當然,其他先生的貢獻也會涉及。

一、《二十五史專書辭典叢書》的緣起

　　爲什麼會有《二十五史專書辭典叢書》項目？有諸多因素：

　　公衆對學習傳統文化的需求。二十世紀80—90年代,中國出現了"文化熱"。"近年來,全面地或分門別類地分析介紹西方文化、闡述中國傳統文化書籍論文不斷面世,並贏得了衆多的讀者。"①公衆雖然對傳統文化充滿興趣,"二十五史"是最能體現傳統中國歷史與文化的讀本,但在閱讀傳統文獻時有很多困難,因此需要相關工具書來幫忙。學術界也意識到了這一問題。"隨着我國社會主義經濟建設的蓬勃發展,與之相適應,必然帶來社會主義科學

* 本文是國家社科基金重大招標項目"當代中國公衆歷史記録理論與實踐研究"（19ZAD194）的階段性成果。
① 朱劍:《"文化熱"的興起及其發展》,《東南文化》1988年第2期,第6頁。

文化的大繁榮。從而學習研究歷史文化典籍的人,也就會日益增多,因此編輯一套閱讀二十五史的工具書,當是今天社會上廣大讀者所需要。”① 這是這套專書辭典面臨的文化背景。

出版社尋求文化品牌建設。在前網絡時代,辭書是幫助讀者解決知識疑惑的基本途徑。當時社會上流行辭書編纂熱,學界也開始編寫辭書,比如 1978 年中國社會科學院發起了《中國歷史大辭典》的編纂。在“文化熱”“辭書熱”的背景下,山東教育出版社編輯溫玉川先生,“爲推動二十五史的研究,開闢辭書編撰工作的新領域”,② 于 1982 年策劃了“二十四史專書辭典叢書”,希望這套辭典“能基本解決閱讀該書時所遇到的疑難問題,不必再窮搜其他書籍”。③ 溫先生作爲山東教育出版社的一名唯一的史學編輯,對傳統文化圖書的傳播有一種使命感和責任感,1982 年責編了新中國第一部高校教材《歷史科學概論》及參考讀物。隨後,又責編了《中國歷史文選》。接着,策劃了這套專書辭典計畫,得到了教育社領導及山東人民出版總社領導的肯定,上報國家出版局,獲得重大項目資助。溫先生原計劃是爲二十四史編纂出版“二十四史專書辭典叢書”。④ 項目啟動後,倉先生與溫先生認爲,作爲紀傳體史書,《清史稿》也極爲重要,記載了封建社會最後一個朝代清朝的歷史,如果衹做“二十四史”,就缺了一塊,於是又增加了《清史稿辭典》。

歷史文獻研究會具有以學術服務社會的責任感。山東教育出版社確定這個規劃之後並沒有馬上實施,因爲選主編是關鍵一步。1982 年下半年,出版社領導在濟南開會,商定《中國歷史文選》編纂事宜時,遇中國歷史文獻研究會常務理事倉先生,得知中國歷史文獻研究會人才濟濟,於是嘗試聯繫研究會領導。1983 年 4 月 28 日溫先生致信時任研究會秘書長、武漢大學副教授闞劬吾先生:“關於二十四史辭書事,我們屢有考慮,但因此項工程浩大,一直擱置。在與倉修良、鄭秀宜、王德元等同志接觸中,得知中國歷史文獻研究會人才濟濟,尤其是有張舜徽等老先生領銜,有你們這樣一些專家做骨幹,力量雄厚。因此想請你會承擔這套辭書的編寫工作。”⑤ 會長張舜徽先生和秘書處同志經過討論,“認爲此事工程浩大,不是武漢地區少數幾個人所能做主的,需要提交今年年會,由大家討論後,方能決定是否承擔這一任務”。⑥ 在這年 10 月的第四屆中國歷史文獻研究會開封年會的理事會上,理事展開討論。有人反對,感覺工程浩大,難以完成。張舜徽等支持者認爲工程雖然浩大,但意義重大,學會應該承擔。經過討論,中國歷史文獻研究會最終決定承擔此任務。爲何研究會最終決定承擔此項任務? 一方面是研究會發展的需要。1979 年中國歷史文獻研究會成立,開展集體科研項目,有助於推動學會的學術發展。當時中國歷史文獻研究會完成的集體項目有《中國古代史學家傳記選注》《中國古代軍事家傳記選注》《中國歷代史學家評傳》等。“二十五史專

① 張舜徽主編:《後漢書辭典·前言》,濟南:山東教育出版社,1994 年,第 4 頁。
② 溫玉川:《〈二十五史專書辭典叢書〉陸續問世》,《古籍整理出版情況簡報》2001 年第 7 期,第 24 頁。
③ 文川:《二十四史專著辭典叢書編纂概説》,《古籍整理研究通訊》1984 年第 4 期,第 32 頁。
④ 文川:《二十四史專著辭典叢書編纂概説》,《古籍整理研究通訊》1984 年第 4 期。
⑤ 信件保存在溫玉川先生處,感謝溫先生提供材料。
⑥ 《通知》保存在溫玉川先生處,感謝溫先生提供材料。

書辭典叢書”項目符合中國歷史文獻研究會的研究方向。在武昌的首屆年會上，中國歷史文獻研究會就强調“集中力量專注於中國歷史文獻的發掘、整理和研究”。^①另一方面，編寫意義重大。如果能够完成這樣一套辭典，必然是對學界的巨大貢獻。在温先生寫給闕勛吾先生的信中，他也提及這套書的意義：“這套書如能出版，又達到了國内最高水準，將會對我國史籍的研究工作産生很大的影響，爲文史工作提供一套完整的工具書，爲子孫後代留下一份珍貴的遺産。”“二十五史專書辭典叢書”項目需要大量的專業人士，不是個人能够承擔的，而中國歷史文獻研究會作爲集體能够承擔這樣的項目。

這樣，中國歷史文獻研究會就承擔此重大項目的編纂工作。

二、倉先生在《二十五史專書辭典叢書》編修中的貢獻

《二十五史專書辭典叢書》先期幾部辭典出版後廣受好評。安作璋評價《後漢書辭典》時寫道：“這是一部集知識性、科學性和實用性於一體的歷史工具書。”^②葉建華評《漢書辭典》：“毫無疑問，本書已成爲收録上古至漢代歷史人物最詳盡的辭典。”^③温軍英評《兩唐書辭典》：“辭典的問世將與‘兩唐書’並行，必定會成爲傳世的工具書。”^④雖然有學者提出一些意見，指出一些不足，比如高振鐸對《三國志辭典》提出一些意見，但總體上社會各界對這套辭書是持肯定態度的，因此可以説這套辭書是成功的。

這套辭書之所以能够獲得成功，有以下幾條良法是值得關注的：

有序推進。辭典的編纂遵循了試點與推廣兩大階段。張舜徽、倉修良兩先生首先承擔了前四史的試點工作，倉先生主編《史記辭典》《漢書辭典》，張先生主編《三國志辭典》《後漢書辭典》。1984 年初《史記辭典》編委會成立，5 月召開了第一次編寫會議，這標誌着辭典叢書試點的開始。1985 年，《後漢書辭典》《三國志辭典》也啟動。《史記辭典》編寫工作啟動同時，他們也在考慮其他辭典的主持人。各辭典的主編選定非常嚴格：“各書辭典主編的人選必須對原著有較深入或相當水準的研究，或者是研究該書的專家。他們由中國歷史文獻研究會選定，並經出版社同意。”^⑤主編的篩選，首先在文獻研究會内部找專家，副會長劉乃和主編《晉書辭典》、副會長趙吉惠主編《兩唐書辭典》、宋衍申主編《兩五代史辭典》。接着，爲了工作的專業化需要，又從學會外部尋找相關專家。袁英光主編《南朝五史辭典》，簡修煒主編《北朝五史辭典》，朱瑞熙主編《宋史辭典》，邱樹森主編《元史辭典》《遼金史辭典》，南炳文、湯綱主編《明史辭典》，孫文良、董守義主編《清史稿辭典》。其後，各部辭典陸續成立

① 陳抗生：《中國歷史研究會在武昌舉行年會》，《江漢論壇》1980 年第 4 期，第 67 頁。
② 安作璋：《填補後漢書研究的空白之作——評〈後漢書辭典〉》，《中國圖書評論》1996 年第 11 期，第 23 頁。
③ 葉品：《一部開拓創新的專書辭典——評〈漢書辭典〉》，《浙江社會科學》1997 年第 5 期，第 126 頁。
④ 温軍英：《〈兩唐書辭典〉評介》，《東嶽論叢》2005 年第 3 期，第 206 頁。
⑤ 文川：《二十四史專著辭典叢書編纂概説》，《古籍整理研究通訊》1984 年第 4 期，第 31—32 頁。

編委會,召開編寫會議。倉先生代表學會參加了歷次會議。1989年10月嘉定會議後,倉先生與溫先生到華東師大,主持《南朝五史辭典》與《北朝五史辭典》會議。1991年10月,倉先生參加《兩唐書辭典》會議。同年,湯綱與南炳文被邀請擔任《明史辭典》的主編。1992年5月,倉先生參加《宋史辭典》會議。同年9月5日—7日,《明史辭典》編委在天津舉行了第一次編委會會議,討論編纂體例,進行分工。1995年4月21日—22日,《明史辭典》編委在天津舉行了第二次編委會會議,倉先生也參加了。同年8月,倉先生參加《清史稿辭典》編寫會議。如此,14部辭典編纂工作全部落實。此後,經過近十年或十多年的努力,各辭典陸續出版。1991年,《史記辭典》出版。1992年,《三國志辭典》出版。1994年,《後漢書辭典》出版。1996年,《漢書辭典》出版。1998年,《兩五代史辭典》出版。2000年,《北朝五史辭典》出版。2001年,《晉書辭典》出版。2002年,《元史辭典》出版。2004年,《兩唐書辭典》出版。2005年,《南朝五史辭典》出版。2008年,《清史稿辭典》出版。2011年,《遼金史辭典》出版。《明史辭典》《宋史辭典》正在做最後的校核工作,也即將問世。

　　主編的堅持不懈、精益求精的精神。辭典叢書的編纂,是一項巨大工程,前後所費時間相當長。如此,主編沒有持之以恒的學術責任心,是無法完成的。在商量是否承擔辭書編寫任務時,闞勛吾給鄭宜秀的信中已經指出:"如果承擔了,必須切實負責,保證品質,不可失信於出版社。"[1]在溫先生寫給闞勛吾先生信中,他也提到:"這麼大的工程,我們必須打下互相信任的基礎,拿出百倍的勇氣,樹立必成的信心,不然是不會徹底完成的。"[2]此後的編寫工作也確實如此,編寫工程量大,所需時間也非常多,如果沒有編者堅持不懈、精益求精的精神和不可失信的責任感,是難以完成一套高品質辭典的。《兩唐書辭典》編寫工作從1990年4月開始,到1995年11月完成初稿。"但是,由於作者眾多,變動頻繁,初稿漏誤在所難免,給審、定稿帶來許多困難。因此,兩位元主編和部分編委,又用八年多的時間,對全書幾次全面、認真地修改斟酌,糾錯補遺,統一體例,校核清樣。特別是趙文潤教授對清樣作了四遍通改通校和大量的補遺工作,使之逐漸完善。"[3]《明史辭典》在編寫過程中,有些詞目釋文不好,編委就要求重寫,因內容而返工的條數有二萬餘條。正是這種堅持不懈、精益求精的編寫精神,鑄就了高品質的辭典。

　　團隊化操作。文科研究多是個人奮鬥,而辭典的編纂完全是一個團隊項目。每部辭典會動員一大批人員參與。翻閱下各辭典的參編人員,動輒幾十人。《史記辭典》共有38人,《漢書辭典》有49人,《後漢書辭典》有24人,《三國志辭典》有33人,《晉書辭典》有48人,《兩唐書辭典》有149人,《南朝五史辭典》有47人,《北朝五史辭典》有53人,《遼金史辭典》有44人,《元朝辭典》有46人,《明史辭典》有近80人。涉及的部門有高等院校、社會科研單位、軍事科研單位、天文科研單位、博物館等。要實行團隊合作,須有流程與模版。通過實踐活動,

---

① 轉引自溫玉川先生寫給闞勛吾先生的信,與前文爲同一信件。
② 與前文爲同一信件。
③ 趙文潤、趙吉惠主編:《兩唐書辭典·前言》,濟南:山東教育出版社,2004年,第2頁。

1991 年前後,形成了一套工作機制,有一套辭典編纂手册,1999 年 4 月山東教育出版社印發了《二十五史專書辭典叢書收詞原則和編纂體例》。編寫團隊中有老、中、青老師,有研究生。不僅主編是史學專家,其他編者也是相關領域的專家,如《遼金史辭典》,"本辭典由北京、内蒙古、寧夏、廣州等地的遼金史專家合作編撰而成"。[1] 史學家以外的專家也參與到編寫中,比如一些天文曆法的詞條,是由中國紫金山天文臺的專家編寫、審定,如此保證了辭書的專業性。另一方面,表現爲部分主編的接續。部分主編在編寫途中不幸去世,對編寫工作有一定影響。1995 年 4 月,《清史稿辭典》主編孫文良先生去世,7 月董守義先生接任主編。2008 年經歷"清樣九易"[2] 的《清史稿辭典》正式出版。《南朝五史辭典》主編袁英光 1997 年初離世,"給整個工作進度帶來了影響"。[3] 其弟子胡逢祥、鄔國義二位先生接續,終於完成定稿,2005 年出版。正是這種前仆後繼的團隊合作,最終使得辭典順利完成。

出版社終端項目導向。主編的聘任,是由山東教育出版社出面的。這個項目列入國家"八五"重點圖書出版計畫,這就保證了項目的可執行性。二十世紀 80—90 年代甚至二十一世紀初,項目來源比較單一,以出版社終端項目爲主。高校學者要進行科研,不能没有資金支援,因此與出版社進行合作是一條較好的途徑。出版社終端項目導向,這意味着出版社需要投入巨大資金。因此可以説參與山東教育出版社的項目,是雙贏。學者既有資金支持進行學術研究,出版社又找到了人承擔他們的項目。最終成果獲得了良好的社會影響、經濟效益,則可以説是三贏。進入新時代,前端的政府與社會科研項目數量更大。如此,進入前端項目與終端項目並行時代。兩者各有利弊,出版社終端項目導向,一步到位,可保證出版。缺點是前期經費没有投入,作者所需經費逐項由出版社承擔。有時出版項目會流産,出現白辛苦現象。山東教育出版社自始至終講信用,將這套辭典做下來,確實值得鼓勵。前端項目優勢是有充足的經費,保證項目的完成。缺點是,有時專著的出版仍不保證,得另行申請出版補助。幸好,現在也有了大量的出版社補助項目,可以彌補此間不足。

倉先生和温先生的執着堅持。辭典叢書的原計劃是請張舜徽擔任主編。張先生認爲,辭典叢書是大項目,非一時可完成,他年齡大了,肯定完不成。他建議不設總主編,各辭典設獨立的主編及編委會。同時,他提議學會得派一個副會長,專門抓此辭典叢書的聯絡工作。大家覺得張先生的建議可行,於是照着張先生的建議執行了。如此,在第四届開封年會上剛被推舉爲研究會副會長的倉先生,便受學會之令,承擔起辭書編寫的組織和協調工作。倉先生確實負責任,此後所有實際工作,都是温先生與倉先生商量後決定的。他們是骨幹,是靈魂。每套辭典,至少開三個會議,一是編纂會,二是定稿會,三是審稿會。"辭典共分爲 14 卷,每

---

① 邱樹森主編:《遼金史辭典·前言》,濟南:山東教育出版社,2011 年,第 4 頁。
② 孫文良、董守義主編:《清史稿辭典·前言》,濟南:山東教育出版社,2008 年,第 4 頁。
③ 袁英光主編:《南朝五史辭典·前言》,濟南:山東教育出版社,2005 年,第 4 頁。

一卷的編輯委員會會議倉先生則都必須參加。"① 溫先生回憶道："從 1983 年至今,倉公和我一道北上長春,南下廣州,西去西安,東到上海,走過十幾個大中城市,組織了二十幾次編纂、審稿、定稿會議,使各部辭書得以陸續出版,倉公功不可沒。"② 除了聯繫,他們還協調了部分辭典因主編病故而面臨的換人事宜,使辭典得以順利進行。劉乃和會長在 1991 年 8 月 12 日的一封信中説到："此書工程浩大,多年以來,你老兄費時費力,東奔西走,確實出了大力。此書是大項目,你爲此事出力,也是爲弘揚祖國文化立了功,……這樣高的姿態,令人佩服。"③溫先生是項目的策劃人、編輯,他做自己的事,特別有感覺。他這是在主動做事業,不是簡單的編輯而已。溫先生説,當時年輕,稿子抱回家,可以看到晚上 12 點。溫先生作爲編輯,爲辭書成功出版投入了畢生的心血。比如,在《清史稿辭典》編寫中,"中國歷史文獻研究會副會長多次親臨指導,山東教育出版社編審溫玉川主任爲書稿的組織策劃、確定體例、審校全稿並規範統纂不憚其煩地做了大量工作"。④ 他與相關主編的接觸也多,溫先生實際上成爲業務副主編。因爲他情況最熟悉,可以解決技術問題。當時是手工時代,辭典稿子成堆,最後都是用汽車運送的。

倉先生主編了《史記辭典》《漢書辭典》。倉先生主編《史記辭典》時,正是我隨倉先生讀研究生期間,親見先生組織同教研室的魏德良、陳仰光諸先生參與編纂工會,我們也參與了部分辭條的寫作。下一屆研究生則幫助先生整理卡片,編纂成稿。《漢書辭典》編纂時,我已經工作,又分寫了部分辭條。同時,研究生也幫助做了不少具體的工作。在先生的精心組織下,兩套辭典最早得以出版,從而爲大家樹立了編纂的標杆,也確立了大家的信心。整套叢書的編纂條例,就是在兩部辭典編纂中探索出來的,後成爲其他辭典編纂的樣例。

三、倉先生主編《中國史學名著評介》

倉先生對傳播中國傳統文化相當熱心。1987 年下旬,溫先生又策劃了《中國史學名著評介》《外國史學名著評介》《中國地理學家評傳》等項目。倉先生知道後,承擔了《中國史學名著評介》項目。倉先生看到,"在前幾年所興起的'文化熱'中,在討論中國傳統文化的浪潮中,有些同志有意無意地在否定中國傳統的史學"。⑤ 鑒於此,他作爲主編邀請了許多史學家來寫《中國史學名著評介》,來幫助讀者真正瞭解中國傳統史學。這套書的編纂,更合倉

① 〔韓〕崔秉洙:《倉修良的治史歷程》,錢茂偉、葉建華主編:《執着的史學追求——倉修良教授八十華誕慶壽文集》,上海:華東師範大學出版社,2012 年,第 323 頁。
② 溫玉川:《縝密治學,剛正做人——印記倉公》,錢茂偉、葉建華主編:《執着的史學追求——倉修良教授八十華誕慶壽文集》,第 56 頁。
③ 轉引自孫順霖:《人品如玉,學術常青——祝倉修良先生八十大壽》,錢茂偉、葉建華主編:《執着的史學追求——倉修良教授八十華誕慶壽文集》,第 65 頁。
④ 孫文良,董守義主編:《清史稿辭典·前言》,第 3 頁。
⑤ 倉修良主編:《中國史學名著評介·前言》,濟南:山東教育出版社,1990 年,第 1 頁。

先生的史學史興趣。1990年,山東教育出版社出版了三卷本的《中國史學名著評介》。2003年,山東教育出版社決定出增訂本,當時的編纂會議就定在寧波,我承擔了具體的會務組織工作。2005年,五卷本增補本出版。

這套書的最大亮點是名家評名著。這套書收録了86種史學著作,共有70位作者。其中祇有葉建華參與編寫了《通鑒綱目》。主要原因是,他的畢業論文是關於朱熹史學研究的,對此書有全新的評價,得到了先生的肯定。第二版還增補了70種現當代史學名著。第二版同樣約請到史學界老、中、青三代的史學家執筆,還加入了臺灣史學家,共有158位作者。那時,筆者已經是教授,是明代史學的專家,於是執筆寫了三本書。由於有名家參與,所以這套書也受到史學界的認可。這套書能够出版並且獲得成功,與其名人評名著的編寫原則保證了書的品質有關。在選擇史學名著時,不僅選擇了有影響力的史學名著,而且兼顧了少數民族的歷史著作、讀者的閲讀需求等方面。第二版中增補了很多著作,"前三卷新增的36部著作中,有少數並不是名副其實的史學著作,但其與史學都有着密切的關係"。[①]在選擇這些現當代名著時有三個方面的考量:"一則是看該書問世後對史學界所起的影響,也就是説看它在我國新史學的建立和發展中所起的作用;再則便是這部書代表着史學研究某個領域的重要成果;還有一點就是從能够爲廣大讀者提供必要的史學知識出發。"[②]可見編者之用心。參與編寫的多是史學界的名人,第一版作者"有年逾古稀的老一輩專家學者,也有一大批後起之秀的中青年歷史學家,大多數撰稿人對所評的歷史著作都是研究有素"。[③]之所以能約請到衆多史學家參與,與倉先生的學術影響力有關。在倉先生的邀請下,史學名家積極參與,甚至當時90多歲的王鍾翰先生也參加了第二版的編寫。倉先生曾提及他在邀請名家時的事情:"比如我請了《太平天國史》的作者羅爾綱先生的弟子茅家琦。他比我大5歲,當時還没見過面,我在電話裏邀請他寫篇文章,他非常高興地答應了。"[④]北師大的一位先生還給倉老師打電話説:"倉先生,您做了一件功德無量的事。"[⑤]倉先生與北師大的趙光賢先生聯繫時,他保證《中國史學名著評介》一定會出版,"出版社不出,我用自己的工資也要出"。[⑥]可見倉先生出版此書的決心。殷夢霞稱:"這部巨著約請作者人數之衆多、學術力量之整壯、涉及領域之宏闊、學術積澱之深厚,都是空前的。"[⑦]如果没有倉先生的組織以及衆多史學家的參與,是不會有這部高品質的《中國史學名著評介》。在組織的過程中肯定會遇到不少困難,比如這兩版書的前言中都提到有些作者未能按時交稿,因此不得不捨棄這些名著的評介,但倉先

---

① 倉修良:《〈中國史學名著評介〉新版序》,《史學月刊》2005年第9期,第91頁。
② 倉修良:《〈中國史學名著評介〉新版序》,《史學月刊》2005年第9期,第93頁。
③ 倉修良主編:《中國史學名著評介·前言》,第4頁。
④ 莊小蕾等:《搶救文化遺産"功德無量"》,《錢江晚報》2012年10月19日。
⑤ 莊小蕾等:《搶救文化遺産"功德無量"》,《錢江晚報》2012年10月19日。
⑥ 莊小蕾等:《搶救文化遺産"功德無量"》,《錢江晚報》2012年10月19日。
⑦ 殷夢霞:《名家薈萃評名著異彩紛呈鑄精品——讀〈中國史學名著評介〉》,《古籍整理研究學刊》2009年第6期,第108頁。

生並没有具體提及遇到了哪些困難，這也正體現了倉先生無私奉獻、淡泊名利的精神。

四、《二十五史專書辭典叢書》《中國史學名著評介》的評介

今日來評價這兩套書，其意義絶不止在於幫助讀者閱讀史書，從更高的視野來看，其意義有四：

《二十五史專書辭典叢書》與《中國史學名著評介》促進了中國史學作品的廣泛傳播。這兩套書爲讀者掃除了閱讀中遇到的障礙，在一定程度上降低了讀者閱讀的難度，中國史學名著不再是被非專業讀者敬而遠之的讀物，因此中國史學作品也得以廣泛傳播。《二十五史專書辭典叢書》科普性與專業性共存，内容廣泛，詞條豐富，涉及領域多，基本可以解決讀者在閱讀二十五史遇到的諸多的困難。比如，"《兩唐書辭典》依據中華書局標點本《舊唐書》《新唐書》的正文，共收錄語詞、地名、人物、文獻、職官、民族、事件、天文、曆算、制度等詞目共四萬二千餘條（其中包括參見條）。"[①]安作璋認爲："近些年來，社會生活、思想文化、經濟與科技等方面逐漸受到人們的重視，《後漢書辭典》在選擇詞目時體現了歷史研究的這一發展趨勢。"[②]因此這套辭典是符合人們閱讀需求的。編寫辭書以中華書局的標點本爲據，具有可靠性。在編寫過程中，編者吸收最新的研究成果，"從而使得大量前人從未作出解釋的内容知識以及長期解決不了的疑難問題，第一次得到科學的解釋"。[③]高振鐸評價道："一些詞目經過加工製作顯得十分詳細確切，特別是有關一般不爲人們所熟知的人名和地名，讀來使人更有此感。"[④]編者在編寫時也"力求收詞全面、釋文正確、文字簡練"。[⑤]對於研究者，這套書也是極爲方便的工具書。高振鐸在寫一篇論文時，反復檢閱《三國志辭典》，因此他感歎到："我學習、講授和研究中國古代史一生，常讀前四史，時而遇到疑難問題，却以無專書助解，無從深究其意，未嘗無憾。當今讀到《三國志辭典》，頗恨相見之晚，如在盛年時期有此一卷，當不知省却多少時間和精力。"[⑥]可見在學習、研究中，這套辭書的確發揮了很大作用。傳統文化是靠人來保存與傳承的。張舜徽先生認爲，東漢時代的鄭玄注五經，貢獻太大了，不是他注五經，後人都讀不懂了。今日辭典編纂，就近于此項工作。張舜徽的思想，對温先生影響較大。辭典叢書是對傳統古籍的研究、整理、普及，貢獻卓著，對傳統文化的貢獻巨大，葉建華稱之爲"古籍整理與普及的一項浩瀚工程"。[⑦]特別是在"中西文化比較"的"文化熱"中，這兩

---

①　趙文潤、趙吉惠主編：《兩唐書辭典·前言》，第2頁。
②　安作璋：《填補後漢書研究的空白之作——評〈後漢書辭典〉》，《中國圖書評論》1996年第11期，第23頁。
③　葉品：《一部開拓創新的專書辭典——評〈漢書辭典〉》，《浙江社會科學》1997年第5期，第126頁。
④　高振鐸：《評〈三國志辭典〉的長處與不足》，《長春師範學院院報》2007年第2期，第70頁。
⑤　倉修良主編：《史記辭典·前言》，濟南：山東教育出版社，1991年，第8頁。
⑥　高振鐸：《評〈三國志辭典〉的長處與不足》，《長春師範學院院報（人文社會科學版）》2007年第2期，第70頁。
⑦　葉建華：《古籍整理與普及的一項浩瀚工程：談"二十五史專書辭典叢書"的編纂與出版》，《古籍整理出版情況簡報》264期，1992年11月。

套書無疑是在爲中國文化發聲、助力,讓傳統文化顯出其本來面目,從而增强了民族自豪感與自信心。

《二十五史專書辭典叢書》與《中國史學名著評介》均是創新活動。前人没有做過類似的圖書。編纂《二十五史專書辭典》,並没有編成25部辭典,而是整合成14部,就是一大創新。問及原因,温先生稱策劃時就有意歸類。最後合併成14部,是與倉先生商量的結果。此前雖然有《歷史大辭典》,但它是根據時間段來劃分,《二十五史專書辭典》則是按二十五史内容來確定條目,内容更爲廣泛,是百科性的。在《中國史學名著評介》完成以前,有張舜徽先生主編的《中國歷史要籍介紹》(1955年)與《中國史學名著題解》(1984年),這兩套書是分門別類來介紹中國史學著作的。倉先生主編的《中國史學名著評介》則不同:第一,這套書的編排順序是依據每本書的完成時間,從古代到當代,因此這套書也可視爲多卷本中國史學史,第一版爲三卷,第二版爲五卷。這樣有助於讀者把握中國史學發展的脈絡;第二,這套書採用的是"評介",顯然比"介紹"要更有深度一些,可與陳清泉等主編的《中國史學家評傳》(1985年)三册互補。許殿才評第一版的《中國史學名著評介》:"它與中州古籍出版社《中國史學家評傳》相映生輝,大致反映出傳統史學的主要成就,集中展示了近年史學史研究的成果。"[1] 辭典與評介的創新,也是倉先生的學術創新與貢獻。

《二十五史專書辭典叢書》與《中國史學名著評介》也讓出版社收到了良好的社會效益。《二十五史專書辭典叢書》被列爲"國家八五出版規劃重點項目",體現了國家的重視。1997年11月,《漢書辭典》獲得第二屆國家辭書獎二等獎。其他各部辭典也獲得了不同省的圖書獎。《中國史學名著評介》不僅第一版受歡迎,第二版同樣受到歡迎,銷量很好。"到2006年2月,五卷本第2版又已重印3次。"[2] 據温先生説,從經濟利益來説,前四史辭典是賺錢的,當時印了上萬套。但後來的10部辭典,才印幾千册,至多保本,有的甚至會賠錢。不過,山東教育出版社一向以社會效益爲主,以文化品牌建設爲目標。這些圖書是長效圖書,不會過時,可以用上幾十年甚至幾百年。可以説,二書的出版,收到了經濟與社會雙重效益。

培養了史學人才。因爲工作量大,編者將部分任務交于自己的學生,比如倉先生讓時爲其研究生的葉建華等人參與編寫,《明史辭典》副主編吳德義教授讓其名下的研究生核對詞條、收集資料。這樣一方面加快了項目的進程,另一方面也鍛煉了學生的學術能力。學生跟着導師一起做項目,在導師的指點下,進步是很快的。當年參與辭典編寫的研究生,不少已成爲今日史學界的優秀人才。

倉先生主持《二十五史專書辭典叢書》《中國史學名著評介》是特定時代的産物。從出版社來説,追求商業價值與社會價值的統一。從時代來説,流行編辭典。從高校老師來説,政府與社會前端項目較少,出版社的終端項目成爲學人參與學術研究的基本動力所在。這是

---

① 許殿才:《近年史學史研究成果的集中展示》,《中國社會科學》1991年第6期,第208頁
② 殷夢霞:《名家薈萃評名著異彩紛呈鑄精品——讀〈中國史學名著評介〉》,《古籍整理研究學刊》2009年第6期,第106頁。

個國家級圖書出版項目,吸引了一大批文史工作者的參與。從倉先生來説,秉着公心,從全國史學界尋找史學名流,分別主持項目或參與編纂。這兩套叢書也確實體現了倉先生的組織能力。今日,編寫《二十五史專書辭典叢書》《中國史學名著評介》的盛況是難以再現了。一方面隨着社會的發展,"辭典熱"已經冷却,獲取知識的途徑變多,且更爲容易。另一方面高校學者忙於科研,項目來源增多。而且編辭典在不少高校並不算科研成果。即使是算科研成果,編辭典所需要時間太長,難以較快完成,從而用於評獎、評職稱。因此可以説《二十五史專書辭典叢書》和《中國史學名著評介》是特定時代的産物。但這並不意味着它們已經過時了,相反,這兩套書依然有很大的價值,而且因爲難以再現,這兩套書的意義則更爲重大。二十五史是中國歷代正史,架起了中華民族五千多年歷史的骨骼,從來沒有人爲之編過專書辭典。要做這麽大的專史辭典工程,當時史學界並不看好,覺得一個小小的出版社,有點異想天開。然而,由於温先生找到了中國歷史文獻研究會,找到了張舜徽先生、倉修良先生。通過倉先生的廣泛聯絡,找到了相應的專家來擔綱。又由這些專家組織了龐大的團隊,按成熟的流程與模版操作,最終都完成了。辭典叢書原計劃十多年完成,實際用了三十多年的時間,這樣的堅持是不可想像的。據陳凱博士説:"平時和倉先生交談,他對《評介》的看重其實勝過《叢書》,因爲畢竟漫漫無期,祇是對其中親力親爲、督促較多的幾部辭書説了一些話,更多的是感歎和無奈。"這也説明辭典工程完成之不易。責任編輯温先生也由一個年輕編輯成爲一個退休的編審。如今,他仍在站好最後一班崗,編輯最後一部辭典。可惜,倉先生已不可能見到《宋史辭典》《明史辭典》出版了。

　　我們謹以此篇深切緬懷敬愛的倉先生。

（錢茂偉,寧波大學公衆史學研究中心主任、教授;董秀娟,寧波大學公衆史學研究中心碩士研究生)

兩見於文獻與銘文的廟見之禮*

賈海生　楊　羚

[摘　要]　廟見之禮是古時婚禮中夫之父母雙亡或偏亡的情況下,來婦必須踐行的禮典。傳世文獻和銅器銘文都或詳或略地記載了廟見之禮,然而禮典的面貌却截然不同。文獻所見廟見之禮是以筭奠菜,銘文反映的廟見之禮則是以器饋食,相關的儀節、儀注、禮辭也各不相同。雖然禮典的面貌不同,相同的禮義則是來婦通過廟見之禮受室事於已亡的父母而與其夫共承宗廟。西周以降的廟見之禮,並非周禮的創舉,而是源自殷商舊禮。銘文稱廟見已亡的夫之父母爲姑公,文獻稱廟見已亡的夫之父母爲舅姑,前者反映了母系交表婚而後者則反映了雙系交表婚。無論姑公之稱,還是舅姑之稱,皆是承載了歷史記憶的舊稱。

[關鍵詞]　廟見之禮　以筭奠菜　以器饋食

若先秦時代的傳世文獻與銅器銘文記載了同一禮典,傳達了相同的禮義,雖然述禮之文有詳略之分,所見之儀有繁簡之差,仍可毫不猶豫地斷定此禮必是當時各個階層實際踐行過的禮典。婚禮中的廟見之禮,既見於傳世文獻,亦見於銅器銘文,即是顯例之一。所謂廟見之禮,指親迎時來婦之舅姑(夫之父母)皆亡,親迎之明日來婦無法踐行婦見舅姑之禮,於是同牢合巹後三月之內在廟中祭祀舅姑,猶如舅姑生時來婦以特豚孝養舅姑於室中一樣,皆是爲了表明親受室事於舅姑而得以與夫共承宗廟。在當時人們的觀念中,君臣之義、父子之親等人倫之紀,皆造端於夫婦之道,《周易‧序卦》云"有夫婦然後有父子,有父子然後有君臣,有君臣然後有上下,有上下然後禮義有所錯",《荀子‧大略》云"夫婦之道,不可不正也,君臣、父子之本也",皆是明確的表述。因此,通過下達、納采、問名、納吉、納徵、請期、親迎等儀式以合二姓之好的婚禮,必是當時各個階層都曾經踐行的重要禮典,而廟見之禮雖非婚禮不可或缺的儀節,却因夫之父母雙亡或偏亡的特殊情況而成爲婚禮必須踐行的儀節。

一、文獻所記廟見之禮

天子、諸侯、卿大夫曾經踐行過的廟見之禮,文獻闕如不俱載,其詳不可得知,僅有列士所行廟見之禮見於《儀禮‧士昏禮》。其文云:

> 若舅姑既没,則婦入三月乃奠菜。席于廟奥,東面右几。席于北方,南面。祝盥,

---

*　本文是國家社科基金冷門絕學項目"出土文獻與禮樂文明研究"(22 VJXG 008)的階段性成果。

婦盥于門外，婦執笲菜，祝帥婦以入。祝告，稱婦之姓，曰："某氏來婦，敢奠嘉菜于皇舅某子。"婦拜，扱地，坐奠菜于几東席上，還，又拜如初。婦降堂，取笲菜入，祝曰："某氏來婦，敢告于皇姑某氏。"奠菜于席，如初禮。婦出，祝闔牖戶。老醴婦于房中，南面，如舅姑醴婦之禮。

根據鄭玄的注釋，文中"席于廟奧"之"廟"指"考妣之廟"。來婦在廟中分別奠菜於舅姑之席，則是因祭以見舅姑。然而以上引廟見之禮與《儀禮》的《特牲饋食禮》《少牢饋食禮》以及其他文獻的記載相較，雖然同在廟中行禮祭祀舅姑，却有明顯的不同之處，呈現了吉禮之變的特點：

一、舅姑別席異面。依周禮的規定，父母雙亡且皆已入廟，以其魂氣相合，四時常祭則設同席共几以使神明有所依憑。《禮記·祭統》對此有説明："鋪筵設同几，爲依神也。"根據鄭注、孔疏的解釋，設席時稱之爲筵，坐於其上則稱之爲席，同之言詷而詷訓共，祭祀時爲舅姑設同席共几，表明死後魂氣已相合而同歸於此席此几。婚禮中因夫之父母雙亡來婦必須踐行的廟見之禮，雖然亦行之於廟中而以奠菜爲祭，却不爲舅姑設同席共几而是別席異几。張爾岐云："席於奧者，舅席也。席於北方者，姑席也。"[1]據此而言，舅席布於廟奧處，東面右几；姑席布於北墉下，南面無几。來婦行廟見舅姑之禮，之所以在廟中分別爲舅姑布席設几，賈疏揭其禮義云："此既廟見，若生時見舅姑，舅姑別席異面，是以今亦異席別面，象生，不與常祭同也。"

二、洗設於廟門之外。四時常祭之洗，設在廟中阼階之東南，見於《特牲饋食禮》。廟見之洗，設於廟門之外，見於前引《士昏禮》。爲來婦所設之洗之所以設於廟門之外，與常祭之洗所設之處不同，賈疏釋其義云："洗在門外，祝與婦就而盥之者，此亦異於常祭，象生見舅姑，在外沐浴，乃入舅姑之寢，故洗在門外也。"祝官事神，亦自潔盥洗。經文僅言"祝盥"而不言盥於何處。賈疏謂祝與婦皆盥於廟門外之洗；盛世佐以爲祝先入室布席設几，降盥於廟中阼階東南之洗，然後出廟門帥婦入室。[2]若後一説反映了歷史的真實面貌，則廟見之禮實際上是兩處設洗，設於阼階東南是正禮，設於廟門之外是變禮。

三、室事交於階。《禮記·禮器》云："室事交乎戶，堂事交乎階。"根據鄭注、孔疏的解釋，常祭有室事與堂事之禮，室事指祭時室中事尸，堂事指祭後堂上儐尸。事尸時執役之人送饌至於室之門戶，事尸之人於室之門戶受饌，相互交接於戶；儐尸時堂下之人送饌至於階，堂上之人於階受取，相互交接於階。廟見之禮，以笲菜奠於室中舅姑之席，屬於室事，菜之交接本應在戶，經言"婦降堂，取笲菜入"，則是交接於階，不同於常祭之禮。

四、奠菜不立尸。就當時實際踐行的吉凶之禮而言，行禮的方法有奠有祭，而奠與祭的

---

① 〔清〕張爾岐：《儀禮鄭注句讀》卷二，文淵閣《四庫全書》本。
② 〔清〕盛世佐撰，袁茵點校：《儀禮集編》，杭州：浙江大學出版社，2021年，第94頁。

差異主要在於是否立尸。喪中之奠，不立尸，見《士喪禮》《既夕禮》；喪中之祭，如葬日虞祭，視死者性別，分別立男尸、女尸，見《士虞禮》；吉時之祭，立尸以象生者，因精氣已合，不分別男尸、女尸，見《特牲饋食禮》《少牢饋食禮》。廟見之禮奠菜於舅姑，雖然仍屬於祭祀，却不立尸受享。奠而不祭，類於凶禮；行之廟中，明是吉禮。因此，奠菜而不立尸，介於吉凶之間，當是以此非常之禮致來婦哀敬之情。

五、不享不饋。四時宗廟常祭，既有牲牢之享，亦有黍稷之饋。根據《特牲饋食禮》《少牢饋食禮》的記載，列士以特牲致享、以黍稷饋食；大夫以少牢致享，以黍稷饋食。廟見之禮殺於常祭，既無牲牢之享，亦無黍稷之饋，而僅僅奠菜於舅姑之席。鄭注云："奠菜者，以筐祭菜也，蓋用菫。"依此而言，所奠之菜是菫，意在繼生時之養、追生時之孝，猶如舅姑生時來婦以黍饋食舅姑，與廟中常祭致享、饋食之禮表現事死如事生的禮義相同。因廟見之禮不享不饋，奠菜時就以扱地之拜致情，鄭注謂扱地是"手至地"之拜，猶如男子之稽首，亦異於廟中常祭致享、饋食之禮的吉拜。

夫之父母皆亡，同牢合卺後之所以必須踐行廟見之禮，有深層的禮義蘊於其中，傳世文獻對此有所揭示：

一、成婦之義。《禮記·曾子問》引孔子之語曰："三月而廟見，稱來婦也。擇日而祭於禰，成婦之義也。"孔疏認爲《士昏禮》記來婦奠菜之後，別無祭舅姑之事，則此所言"祭於禰"即彼文所言"奠菜"，廟見、奠菜、祭禰本是一事。關於"成婦之義"，鄭注以爲是成就來婦供養舅姑之義。實際上，還有更深的禮義蘊於其中，吴廷華有進一步的闡釋："奠菜，祭菜，殺於正祭，此所謂廟見也。婦人必舅姑授之室使代己，而後主祭祀。舅姑在，則降阼階時，已受之舅姑，與祭可矣。若舅姑没，則無所受矣。故于時祭之先，行廟見之禮，以明其職之有所自受，然後可以助祭也。必三月者，時祭無過三月，故以久者言之。"① 因此，所謂成婦之義，不僅是通過廟見之禮成就來婦有供養之責，還在於表明來婦主室事之職有所自受，猶如舅姑存時受來婦饋食後降自西階表明以室事授予來婦一樣，亦即《禮記·昏義》所謂"以著代也"。

二、察婦善惡。《白虎通·嫁娶》云："婦入三月然後祭行，舅姑既殁，亦婦入三月奠采于廟。三月一時，物有成者，人之善惡可得知也，然後可得事宗廟之禮。"此處所言"奠采"即《士昏禮》之"奠菜"，采、菜音同義通。三月爲一季，萬物或變或成。親迎之後，以三月爲限，足以察見來婦之善惡。若其性行純、貞信篤、和於夫、宜於家，能成婦道，方可行廟見之禮受室事於舅姑而與其夫共承宗廟，否則不能配爲夫婦而或有出之之道，如賈逵、服虔等人之説。②

上文所述廟見之禮，綜合歷代禮家的論述，皆認爲是嫡子在父母雙亡的情況下娶妻時嫡婦所行廟見之禮。因爲嫡子承重傳家，父廟立於嫡子之家，娶妻共承宗廟，嫡婦固當先廟見舅姑，然後方可奉四時宗廟之祭。庶子不主持宗廟之祭，僅有助祭的義務，娶妻時父母皆亡，

① 〔清〕吴廷華：《儀禮章句》，〔清〕阮元編：《清經解》第 2 冊，上海：上海書店，1988 年，第 343 頁。
② 〔清〕陳立撰，吴則虞點校：《白虎通疏證》，北京：中華書局，1994 年，第 465 頁。

庶婦是否亦行廟見之禮，傳世文獻没有明確的記載。前引《曾子問》下孔疏釋廟見之禮時，聯繫《士昏禮》的記載，推斷庶婦不行廟見之禮。孫希旦據文辨孔疏之誤，認爲廟見之禮本是代替親迎之明日婦見舅姑之禮，庶婦在舅姑見在的情況下，亦於成婚之明日見舅姑，則舅姑雙亡亦必行廟見之禮。[①] 若孫説不誤，則無論是嫡婦還是庶婦，在舅姑雙亡的情況下，皆行廟見之禮。

二、銘文所記廟見之禮

正因爲廟見之禮是當時各個階層實際踐行過的禮典，往往成爲整個婚禮不可或缺的重要儀節之一，不僅傳世文獻記載了廟見之禮以爲行事的准則，而且西周以來的銅器銘文亦有簡略的記載。銘文云：

　　　敔叔敔姬作伯媿媵（媵）簋，用享孝于其姑公，子子孫孫其萬年，永寶用。（《殷周金文集成》4062／敔叔敔姬簋／西周晚期）
　　　𡥏作姜浑盨，用享考（孝）于姑公，用祈眉壽屯（純）魯，子子孫永寶用。（《集成》4436／𡥏盨／西周晚期）
　　　杞白（伯）乍（作）車母媵鬲，用亯（享）于其姑公，萬年子子孫孫永寶用。（《商周青銅器銘文暨圖像集成續編》262／杞伯雙聯鬲／春秋早期）
　　　隹（唯）王五月初吉丁亥，許公乍（作）弔姜媵簋，用亯（享）用孝，永令無疆，子子孫孫，永保用之。（《銘圖續編》510、511／許公簋甲、乙／春秋中期）

從銘文來看，上述諸器既是嫁女的媵器，亦是被携至夫家的禮器。銘文或言享孝于姑公，或省其文僅言享于姑公，聯繫傳世文獻的記載，其義可得而知。《詩經·天保》云："吉蠲爲饎，是用孝享。"變銘文之享孝爲孝享，是爲了與下文協韻。毛傳訓享爲獻，鄭箋謂詩言將行祭祀之禮。王先謙則明確指出："祭先人，故曰孝享。"[②] 銘文亦變"享孝"爲"用享用孝"而文獻則作"以孝以享"，如《載見》云："率見昭考，以孝以享。"鄭箋釋後一句詩云："以致孝子之事，以獻祭祀之禮。"根據諸家的解釋，凡言享孝，皆指祭祀而言。若就文尋繹隱含的深義，仍可分而揭之，言享在於表明進獻器中之物而使鬼神享之，言孝在於表明繼生時之孝而事死如事生。

揭示了享孝之義，則器之所用已不言自明。敔叔敔姬簋、杞伯雙聯鬲銘文既明言器是嫁女的媵器，又言用於享孝姑公，銘文之姑公即《士昏禮》所言舅姑，可證享孝姑公就是親迎後

① 〔清〕孫希旦撰，沈嘯寰、王星賢點校：《禮記集解》，北京：中華書局，1989 年，第 521 頁。
② 〔清〕王先謙撰，吳格點校：《詩三家義集疏》，北京：中華書局，1987 年，第 578 頁。

的廟見之禮。犀盉銘文雖未明言器是嫁女的媵器，依周禮的規定，男子稱氏，女子稱姓，銘文既已稱器是爲姜沸所作之盉，稱姓以明同姓不婚，亦表明器是爲嫁女所作媵器，則其銘文所言"用享孝于姑公"亦指廟見之禮。許公簠銘文未言"用享用孝"的對象，前文已明言器是"媵簠"，表明器是携至夫家用於祭祀的禮器，亦可證享孝的對象是姑公。因此，上述銘文都或明或暗地表明以器所行之禮是婚禮中的廟見之禮。

就《士昏禮》的記載而言，來婦踐行廟見之禮的前提條件是舅姑既没。若舅亡姑存或姑存舅亡，是否亦踐行廟見之禮，傳世文獻没有明確的記載，而禮家的論説亦莫衷一是。銅器銘文則提供了舅存姑亡亦行廟見之禮的記載：

> 京弔（叔）乍（作）莆嬴媵簠，用亯（享）于文祜（姑），用匄眉壽無疆，得屯令終，
> 子子孫孫永寶用。（《銘圖續編》428、429/ 京叔簠甲、乙/ 西周晚期）

就銘文而言，此器與前述諸器有相同之處，既是嫁女的媵器亦是攜至夫家的禮器，不同之處僅在於享孝的對象是文姑而非姑與公，表明銘文所記雖是廟見之禮，但廟中之神有姑無公，則廟見之時其公尚在人間。據《士昏禮》賈疏，舅姑皆死，精氣已合且皆入廟，親迎後三月之内固行廟見之禮；若舅死姑存，親迎之明日饋食於姑，亦三月内以廟見之禮見舅，因爲舅已入廟，不可不見之；若姑死舅存則不行廟見之禮，因为舅存之時姑無專廟。然而從京叔簠銘文來看，即使舅存姑亡，仍行廟見之禮，廟見之姑当是暫時祔於其祖姑，並非無廟可祭。黄以周指出："若舅存姑劢，姑雖無專廟，但既祔于皇姑，則婦廟見于皇祖姑以見姑。"[1] 此説與京叔簠銘文記載的情形相合，可證舅存姑没亦行廟見之禮。褚寅亮所言"姑没舅存，斷以不見爲正"，[2] 與京叔簠銘文反映的事實相違。

父存姑亡，親迎後廟見亡姑，若來婦無媵器攜至夫家用於廟見之禮，則夫家或自作用於廟見之禮的禮器，銅器銘文對此亦有簡略的記載：

> 散車父作皇母蠶姜寶壺，用逆姞氏，伯車父其萬年，子子孫孫永寶。（《集成》
> 9697/ 散車父壺/ 西周中期）

銘文既言"作皇母蠶姜寶壺"而不言其父，表明父存母亡而作器用於祭祀皇母，又言"用逆姞氏"以爲己妻，明是作器祭祀皇母而言及娶姞氏爲妻。禮器用於祭祀，祭祀行於廟中，廟中告神迎娶，一器兼明二事，可證以此器所行之禮亦是親迎後三月之内的廟見之禮。與散車父壺同時出土的散氏車父壺銘文云："散氏車父作蠶姜尊壺，其萬年，子子孫孫永寶用。"（《集成》

---

① 〔清〕黄以周撰，王文錦點校：《禮書通故》，北京：中華書局，2007 年，第 263 頁。
② 〔清〕褚寅亮：《儀禮管見》，〔清〕王先謙編：《清經解續編》第 1 册，上海：上海書店，1988 年，第 893 頁。

9669）此器銘文僅言爲母作器而不言"以逆姑氏"，合觀二壺銘文，相互參證，可知散車父壺是散車父特爲婚禮中廟見其母所作有銘銅器。銘文屢言爲母作器，表明其母有廟，以相關文獻爲證，又可知其母已祔於其祖母而有廟受享。[①]

三、銘文所記廟見之禮的特點

根據上文的論述，雖然可以斷定文獻與銘文都記載了當時踐行的廟見之禮，然而禮典的面貌在文獻與銘文中却截然不同。文獻記載的廟見之禮是以筲奠菜於舅姑，銘文則明言是以携至夫家的禮器享孝於舅姑。就上述用於廟見之禮的禮器而言，有簋、盨、鬲、簠、壺。其中簋、盨、簠皆是用於盛黍稷稻粱的禮器，其他器銘有明確的説明：

伯句作寶簋，其朝夕用盛稻粱穚。（《銘圖續編》410/伯句簋/西周中期前段）

史免作旅匿（簠），從王征行，用盛稻粱，其子子孫孫永寶用享。（《集成》4579/史免簠/西周晚期）

伯大師小子伯公父作簠，擇之金，唯鐈唯盧（鋁），其金孔吉，亦玄亦黄，用成（盛）穚稻需（糯）粱。（《集成》4628/伯公父簠/西周晚期）

郘召作爲其旅簠，用實稻粱。（《考古》1998 年 9 期/郘召簠/西周晚期）

唯伯克父甘婁自作搏舐，用盛黍稷稻粱，用之征行，其用及百君子宴饗。（《銘圖續編》474/伯克父盨/春秋早期）

叔家父作仲姬匿（簠），用盛稻粱。（《集成》4615/叔家父簠/春秋早期）

簋、簠用於盛黍稷稻粱，銘文已自言之。文獻關於簋、簠之所用，也有相同的説明。《詩經·權輿》云："於我乎！每食四簋。"毛傳云："四簋，黍稷稻粱。"《釋文》云："内方外圓曰簋，以盛黍稷，外方内圓曰簠，用貯稻粱，皆容一斗二升。"《説文》云："簋，黍稷方器也。簠，黍稷圓器也。"因此，簋、簠皆用於盛黍稷稻粱，當是不容置疑的事實。從出土的實物資料來看，簋爲圓形器，簠爲方形器。通檢《殷周金文集成》及《近出殷周金文集録》，屢見銘文自名其器是盨，却不言用於盛黍稷稻粱。伯克父自稱其所作之器是搏舐而器形則是盨，似可據以推斷盨亦可用於盛黍稷稻粱。在傳世文獻中，鬲屬於鼎類禮器，如《説文》云："鬲，鼎屬也。實五觳，斗二升曰觳。象腹交文，三足。"《爾雅·釋器》云："（鼎）款足者謂之鬲。"就銅器銘文而言，鼎可稱爲鬲，如春秋早期江小仲母生所作之器是鼎而銘文言"自作甬鬲"（《集成》2391）；鬲亦可稱爲鼎，如西周晚期毅姞所作之器是鬲而銘文言"作寶鼎"（《銘圖》2327）。鬲用於炊煮食物，文獻本有説明，《士喪禮》所言"煮于垤，用重鬲"即是明證。因此，前述杞伯雙聯

---

① 賈海生、蔡雨彤：《散車父壺銘文所見廟見之禮》，《歷史文獻研究·總第 42 輯》，揚州：廣陵書社，2019 年。

鬲雖用於廟見之禮,却未必是以之進獻黍稷稻粱於舅姑的器物,或許僅僅是用於炊煮黍稷稻粱。壺類銅器用於盛酒水,《詩經·韓奕》云"顯父餞之,清酒百壺",及季良父壺銘云"用盛旨酒"(《集成》9713),可證壺用於盛酒;《特牲饋食禮》云"壺濯及豆籩",《周禮·挈壺氏》云"掌挈壺以令軍井",可證壺亦用於盛水。

勝器被携至夫家用於廟見之禮而盛黍稷稻粱,則禮典的儀式必不如文獻記載的廟見之禮是以笄奠菜,而是以饋食之法享孝舅姑。鄭玄注《特牲饋食禮》云:"祭祀自孰始曰饋食。饋食者,食道也。"賈疏云:"食道是生人飲食之道,孝子於親,雖死,事之若生,故用生人食道饋之。"沈文倬云:"祀典中的'饋食'祭法,在邦禮分類上屬於食禮。食禮以吃飯爲主體。"[1]因此,饋食之法是進黍稷稻粱而簋、簠、盨恰是盛黍稷稻粱之器,可證銘文所記廟見之禮以簋、簠、盨等禮器行之,必是以饋食之法享孝舅姑。通檢有銘銅器,不見以鼎爲勝器而銘文明言用於享孝公姑的現象,可證銘文反映的廟見之禮既非特牲饋食之禮,亦非少牢饋食之禮,也不是以笄奠菜於舅姑之禮,而僅僅是以饋食爲主的禮典,亦不同於饋獻是進獻牲體而用鼎行禮。

若根據出土實物資料推斷銘文所記廟見之禮用饋食之法不誤,則可進一步斷定用饋食之法行禮當立尸以象亡親。萬斯大云:"《特牲》《少牢》二禮,不曰祭而曰饋食者,祭以粢盛爲重也。……就二禮考之,尸者,祭祀之主。食飯惟尸,而他人不及。嘏者,受福之重,嘏惟用黍,而他物不及。此食之所以重,而特舉以爲名也。"[2]依此而言,凡饋食於亡親,必立尸以象之。傳世文獻不載廟見之禮的饋食之法,若據《特牲饋食禮》《少牢饋食禮》爲參證,則廟見饋食之禮的面貌不外乎陰厭、迎尸、正祭、酳尸等主要儀節。

以簋、簠等禮器饋食舅姑,必先爲神布席設饌以厭飫鬼神,所以當有陰厭的儀節。陰厭饗神時,祝官告神,其辭或曰:"某氏來婦,敢饋黍稷稻粱于皇公文姑。"若廟見時公姑偏亡,其辭或僅言"某氏來婦,敢饋黍稷稻粱于皇公某子",或僅言"某氏來婦,敢饋黍稷稻粱于文姑某氏"。若立尸以象舅姑存時婦見舅姑的情形,當立男尸、女尸,別席異面;若舅姑偏亡,則或立男尸,或立女尸。迎尸入廟後,進入正祭,尸就坐於席上,先取少許黍稷稻粱置於席前空地,祭祀始爲飲食之神,然後從簋、簠等器中取來黍稷稻粱,捏成三個飯糰,食後向主人告飽,祝官勸侑,主人一拜,如此多次,禮儀率皆如初,最終以九飯或十一飯告飽。前述散車父壺記載了廟見之禮,可證廟見舅姑有以壺行禮的現象。若壺用於盛酒,似可推斷尸食飯告飽後有以酒酳尸的儀節。根據《特牲饋食禮》鄭注的解釋,所謂酳尸實際是獻酒於尸,以尸食飯告飽後而飲之酒,有頤養安樂之義,所以稱之爲酳。若壺用於盛水,則用於婦、祝、尸盥洗時沃水。《特牲饋食禮》後附之記云:"沃尸盥者一人,奉槃者東面,執匜者西面淳沃,執巾者在匜北。宗人東面取巾,振之三,南面授尸,卒,執巾者受。"此是祭祀宗廟的盥洗之法,可據以推

---

① 沈文倬:《菿闇文存》上册,北京:商務印書館,2006年,第361頁。
② 〔清〕萬斯大:《儀禮商》卷二,文淵閣《四庫全書》本。

想廟見之禮的盥洗蓋亦如此，不同之處僅在於是以壺沃水。至於廟見之禮的其他儀節、儀注，綜合文獻中有關當時各個階層以牲牢饋食的祭祀典禮，聯繫前文對《士昏禮》所記廟見之禮的論述，可以推知其大概。

從《特牲饋食禮》和《少牢饋食禮》的記載來看，士大夫以牲牢饋食的宗廟之祭分別陳列二簋、四簋，可見簋、簠等禮器的多寡表現了主人的身份有高低貴賤之不同。前述猷叔猷姬簋共有三件，器蓋相配，銘文、器型相同，1978 年出土於陝西省武功縣任北村青銅器窖藏，同一窖藏還出土了另外三件猷叔猷姬簋蓋，蓋內銘文與猷叔猷姬簋銘文相同，但出土時扣在芮叔□父簋器身上，器銘云：“內（芮）叔□父作寶簋，用享用考（孝），用賜眉壽，子子孫孫永寶用。”[1] 陳昭容認爲，猷國嫁女的媵器扣在芮國器物上，尤其是芮叔□父簋之器形、紋飾與猷叔猷姬簋完全相配，可據以推測猷叔猷姬共制作了六件銅簋以爲伯媿出嫁時的媵器，其中三件失器存蓋而由芮叔作器身補足，若此推測不誤，則伯媿出適之國應是姬姓的芮國。[2] 前述許公爲弔姜所作媵簠、京叔爲莆嬴所作媵簋，各有兩件見於著錄。在各種祭祀典禮中，簋、簠等重器的多寡是區別人物高低貴賤的標志。猷叔猷姬嫁女時以六簋爲媵器，廟見時又以六簋行禮，許公、京叔嫁女時分別以二簠、二簋爲媵器，廟見時又以二簠、二簋行禮，可見以器饋食的廟見之禮體現了主人的身份貴如大夫以上。

四、廟見之禮溯源

西周至於春秋時代，各個階層所娶之妻在夫之父母雙亡或偏亡的情況下踐行的廟見之禮，隨主人的身份不同，禮器的華素、儀節的繁簡、牲牢的有無，與《士昏禮》所記廟見之禮不盡相同，前文已有詳細的論證，但皆非周禮的創舉而是承自殷商舊禮。宋鎮豪根據甲骨卜辭的記載，考察商代貴族階層的婚禮，梳理出來的主要儀節有議婚、訂婚、請期、親迎四個主要儀節，未言商代的婚禮亦有廟見夫之先父先母的儀節。[3] 然而商代的銅器銘文云：

> 子作婦嬬彝，女（汝）子母庚宓（閟）祀尊彝。瘴。（子作婦嬬卣/《集成》5375/殷）
> 婦闆作文姑日癸尊彝。翼。（《集成》922/婦闆甗/殷）
> 婦闆文姑尊彝。（《集錄》910/婦闆角/商代後期）

銘文中的“婦嬬”“婦闆”，猶如甲骨卜辭中的“婦好”（《合集》10136）、“婦妌”（《合集》17506）、“婦婞”（《合集》6905）、“婦鼓”（《合集》21787）、“婦凡”（《合集》22395）等所謂

---

① 盧連成、羅英傑：《陝西武功縣出土楚簋諸器》，《考古》1981 年第 2 期。
② 陳昭容：《兩周夷夏族群融合中的婚姻關係》，《兩周封國論衡——陝西韓城出土芮國文物暨周代封國考古學研究國際學術研討會論文集》，上海：上海古籍出版社，2014 年，第 93 頁。
③ 宋鎮豪：《夏商社會生活史》，北京：中國社會科學出版社，2005 年，第 240—249 頁。

的生婦。在甲骨卜辭中,婦是表示配偶之義的親屬稱謂,但並非文獻中相對於父母而言的子之妻,如《穀梁傳‧宣公元年》所云"其曰婦,緣姑言之之詞也",而是表示夫之妻的意思,婦後一字則是其私名。生婦的身份或是商王之后妃,或是宗子之妻妾,或是方伯、大臣之夫人。

子作婦嫡卣銘文中的宓字通閟,閟宫一語見於《詩經‧魯頌》,毛傳、鄭箋皆以姜嫄廟解之,銘中之閟當亦指閟宫之類的祭祀場所。銘文大意是説,疐族中的"子"(族長)爲婦嫡制作了尊彝,命其用於廟中祭祀己之已亡的母庚。婦閟爲祭祀文姑所作禮器,除甋之外,尚有鼎(《集成》2403)、卣(《集成》5349)、爵(《集成》9092)、斝(《集成》9246)、罍(《集成》9820),銘文完全相同。婦閟祭祀文姑,以諸器行禮,可見其身份非同一般。《集録》所收婦閟角,銘文没有族徽,與《集成》所收婦閟諸器未必是同一人所作之器。以子作婦嫡卣銘文與婦閟甋、婦閟角銘文相互參證,可知二婦閟作器的目的皆是用於廟中祭祀夫之先母。

從上引銅器銘文來看,在殷商時代,生婦以禮器祭祀夫之先母(母庚、文姑),禮皆行於閟宫之類的廟中,可證夫之先母已有廟受祭。就生婦而言,嫁至夫家第一次以器在廟中祭祀夫之先母,無論其禮是始嫁時特别舉行的祭祀典禮,還時婚後依時例行的常祀,都可視爲廟見之禮。雖然當時未必有"廟見"之名,既是以器在廟中行祭,已有"廟見"之實。因此,據上引殷商時代的銅器銘文,可以推知西周時代各個階層踐行的廟見之禮源於殷禮。

就親屬稱謂而言,姑與舅相互對應。表示夫之母的姑稱已見於殷商時代的銅器銘文,然而通檢《殷周金文集成》與《近出殷商金文集録》却不見生婦爲舅作器用於廟中祭舅的記載,甲骨卜辭亦不見可以直接隸定爲舅的文字。既然可以斷定西周時代的廟見之禮源自殷禮,而廟見之神是生時可以稱爲舅姑的夫之父母,則屢見於傳世禮書中的舅姑之稱是否亦承自殷商時代,就是不容回避的問題了。

甲骨卜辭、殷商金文雖然皆没有可以直接隸定爲舅的文字,並不表明没有對應口語中舅之稱謂的文字。甲骨卜辭云:

乙酉,貞又歲于伊黽示。(《合集》33329)
丁亥,貞多宁以㠯又伊尹黽示。兹用。(《屯南》2567)

蔡哲茂指出:"殷卜辭有'黽'字,可寫作黿,此字經常和商代開國名臣伊尹有所牽連,通過字形分析和音讀的確定,可以知道'黽'或'黿'讀作'舅',殷人稱伊尹爲舅,猶周人稱姜太公爲舅是同一道理。"[1]其説得到了學術界的認可,如宋鎮豪就將舅列爲甲骨卜辭所見親屬稱謂之一,所據正是《屯南》2567 號卜辭。[2]因此,商代的親屬稱謂中既有姑也有舅,只不過舅字在甲骨卜辭中寫作黽或黿而已。

① 蔡哲茂:《殷卜辭"伊尹黽示"考——兼論它示》,《"中研院"歷史語言研究所集刊》第 58 本第 4 分,1987 年,第 755 頁。
② 宋鎮豪:《夏商社會生活史》,第 268 頁。

　　鼍或鼊既然是商代對應口語中舅之稱謂的文字，兩周銅器銘文中不見舅字，當亦是以音同或音近之字通之。春秋時代的洹子孟姜壺銘文有"希喪其簋"之語，郭沫若等許多學者都認爲銘中簋字通舅。[①] 不惟甲骨卜辭、兩周銘文中以音同或音近之字通舅，新見戰國竹書中亦是如此。安大簡《詩經》是戰國時代從中原抄入楚國的文本，其中《渭陽》一詩中的"我遺咎氏"，《毛詩》作"我送舅氏"，整理者斷詩中咎字通舅。[②] 因此，根據上文所述，可知最初表示母之昆弟的稱謂自早期氏族社會以來就是口頭流傳的語詞（spoken word），從商代至於戰國尚無穩定的書寫形態，則舅或許是一個晚出的書寫本字（written word）。雖然戰國時代的《詩經》抄本還以咎通舅，並不表明舅字晚至戰國時代還没有出現，因爲先秦時代流傳下來的文獻中隨處可見已有本字而仍用假字的現象，出土文獻以咎、簋、鼍通舅當亦不例外。實際上，就稱謂產生的情理而言，舅既與姑相對，姑字已見於商代的銅器銘文，舅字當與姑字同時出現，卜辭、銘文、竹簡未用所謂的本字而已。

　　值得進一步討論的問題是，表示夫之父母的舅姑既然是從早期氏族社會歷經商代流傳下來的稱謂，西周至於戰國時代的傳世文獻中又屢見具體的用例，但在前引西周、春秋時代的馭叔馭姬簋、犀盨、杞伯雙聯鬲銘文中却稱夫之父母爲姑公。實際上，舅姑與姑公雖然同指夫之父母，舅與公的差異表明歷史上曾經實行過不同的婚姻制度。爲了揭示姑公之稱背後隱藏的婚姻形式，有必要先闡明稱夫之父母爲舅姑的原因。

　　姑本指父之姊妹，舅本指母之昆弟，二者皆是表示親屬關係的稱謂；在婚姻狀態下，妻之父母、夫之父母亦皆有舅姑之稱。《爾雅·釋親》對此有明確的説明："父之姊妹爲姑，……母之舅弟爲舅。……妻之父爲外舅，妻之母爲外姑。……婦稱夫之父曰舅，稱夫之母曰姑。"至於本是親屬稱謂的姑舅爲何亦可指稱妻之父母、夫之父母，傳世文獻的解釋並没有觸及到問題的本質，如《白虎通·三綱六紀》云："稱夫之父母謂之舅姑何？尊如父而非父者，舅也；親如母而非母者，姑也。故稱夫之父母爲舅姑也。"以尊如父、親如母論舅姑可以指稱夫之父母，並未揭示稱謂背後隱藏的婚姻形式。實際上，稱妻之父母爲舅姑、稱夫之父母爲舅姑，源於早期氏族社會姑之子女或舅之子女均可與己結爲夫妻的婚姻制度。早在 1941 年，馮漢驥不僅指出中國古代姑舅之子女與己通婚的現象相當於西方人類學家所言交表婚姻而交表婚姻有雙系、單系之分，同時還揭示了交表婚姻中舅姑之稱各包含一種親屬關係、兩種婚姻關係的真相：

　　　　如己身（女）與母之昆弟之子結婚，則母之昆弟（舅）與夫之父爲一人，以"舅"一名詞統之，固屬自然。再如己身（女）與父之姊妹之子結婚，則父之姊妹（姑）與夫之母又爲一人，以"姑"一名詞統之，亦屬自然也。吾人當知之，在親屬關係增加之

① 郭沫若：《兩周金文辭大系圖録考釋》，《郭沫若全集》考古編第八卷，北京：科學出版社，2002 年，第 451 頁。
② 安徽大學漢字發展與應用研究中心編：《安徽大學藏戰國竹簡》一，上海：中西書局，2019 年，第 112 頁。

程序上，舅（母之昆弟）姑（父之姊妹）之關係在先，舅（夫之父）姑（夫之母）之關係在後，以先有之名詞，加諸後來增加之關係上，在語言上固屬自然之趨勢也。反之，己身（男）若與母之昆弟之女結婚，則母之昆弟（舅）與妻之父爲一人。又如己身（男）與父之姊妹之女結婚，則父之姊妹（姑）與妻之母同爲一人。以同上之理由，舅姑之名，亦可加之於妻之父母也。[①]

依此而言，稱妻之父母爲舅姑或稱夫之父母爲舅姑，皆是以舊有之親屬稱謂加諸新增之婚姻關係上造成的結果。至於西周以降，雖然 "娶於異姓，所以附遠厚別"（《禮記·郊特牲》）、"男女同姓，其生不蕃"（《左傳·僖公二十三年》）已是人們的共識，爲了自身的繁衍，倡導族外婚姻，《白虎通·嫁娶》所言 "外屬小功已下，亦不得娶也，以《春秋傳》曰譏娶母黨也"，[②] 即是明證，然而事實是嫁娶姑之子女、舅之子女的交表婚姻隨處可見，文獻典籍中的實例歷歷在目。因此，隨着優生認識的不斷提高，同時也爲了解決交表婚姻與喪服制度的沖突，在已不實行交表婚姻的情況下，本應改用他稱以指代夫之父母，而現實生活和文獻典籍中仍以舅姑指稱夫之父母，既是沿用承載歷史記憶的舊稱，亦是因現實生活中確實存在交表婚姻的現象而難以廢除兼表親屬關係、婚姻關係的舅姑之稱。

表示夫之父母的舅姑之稱源於早期實行的雙系交表婚姻，則銘文所見姑公之稱當是反映了不同於雙系交表婚姻的稱謂。在傳世文獻與出土文獻中，公除了表示爵位外，亦是對長老的尊稱，王獻唐對此曾有翔實的論述。[③] 公姑並列連舉，指稱夫之父母，猶如以舅姑指稱夫之父母，則公當亦是表示婚姻關係的稱謂。銘文中之所以用姑公而不用舅姑，必有值得深究的原因。趙林認爲公與舅上古音相同，皆可音 *ku，所以銘文就用姑公代替姑舅表示夫之父母。[④] 黃銘崇考察商周親屬稱制度，其意亦以爲銘文中的姑公等同於傳世文獻中的姑舅。[⑤] 約定俗成的親屬稱謂皆是自古流傳下來的定名，出於口吻則有固定的音讀，刻於甲骨、鑄於銅器、書於竹簡或以音同之字代之。若公與舅的古音果然相同，符合先秦時代往往以音同之字代替本字的書寫習慣。根據大多數古音學家的研究結果，公與舅的古音並不相同。如白一平、沙加爾將公、舅的上古音分別擬作 *C.qʕoŋ、*[g](r)uʔ，[⑥] 鄭張尚芳將公、舅的上古音分別擬作 *klooŋ、*guʔ。[⑦] 因此，稱夫之父母爲姑公，當是反映母系交表婚姻的稱謂，即氏族內只允許男娶舅之女、女嫁姑之子而不允許男娶姑之女、女嫁舅之子，其結果是在兩個方面與雙系

① 馮漢驥：《由中國親屬名詞上所見之中國古代婚姻制》，《馮漢驥考古學論文集》，北京：文物出版社，1985 年，第 194—195 頁。
② 引文中的 "下" 字原作 "上"，據陳立之説改，詳見其《白虎通疏證》，北京：中華書局，1994 年，第 478 頁。
③ 王獻唐：《山東古國考》，濟南：齊魯書社，1983 年，第 120 頁。
④ 趙林：《殷契釋親》，上海：上海古籍出版社，2011 年，第 199—201 頁。
⑤ 黃銘崇：《商周貴族親屬稱謂制度的比較研究》，《甲骨文與殷商史》第 6 輯。
⑥ William H.Baxter and Laurent Sagart: *Old Chinese:A New Reconstruction,* Oxford University Press, 2014, p 101, 123.
⑦ 鄭張尚芳：《上古音系》，上海：上海教育出版社，2019 年，第 345、396 頁。

交表婚姻不同：於男子而言，母之昆弟（舅）與妻之父爲同一人而父之姊妹（姑）與妻之母不是同一人；於女子而言，父之姊妹（姑）與夫之母爲同一人而母之昆弟（舅）與夫之父不是同一人，所以就以公代舅以明公與己的親疏遠近。公在母系交表婚姻中僅僅是表示婚姻關係且明其身份爲長輩的尊稱，與雙系交表婚姻中兼表親屬關係、婚姻關係的舅不可相提並論。圖示母系交表婚姻、雙系交表婚姻中人物關係如下：

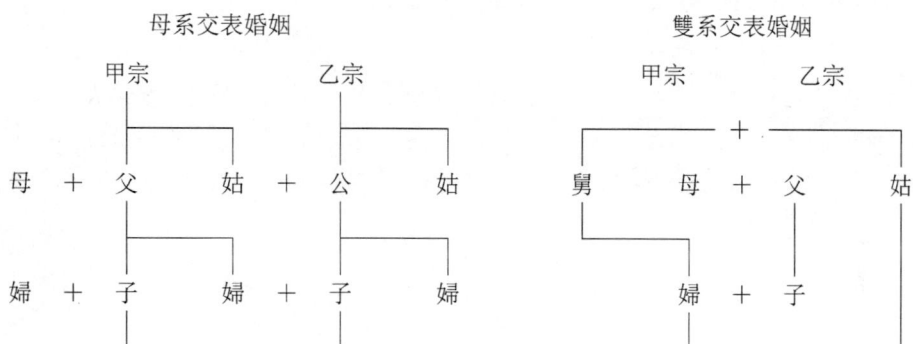

圖中＋符表示婚配關係，雙系交表婚姻中的"婦＋子"亦表示"子＋婦"。若以上對姑公之稱有別於舅姑之稱的判斷不誤，則姑公之稱透露了早期社會某些氏族僅僅實行母系交表婚姻的情形。西周時代的銘文仍以姑公指稱夫之父母，當也是沿用了承載歷史記憶的舊稱，因爲西周初期制禮作樂以來實行的喪服制度，已表明人與人之間的親疏遠近，其中姑之子、舅之子在《儀禮·喪服》中被列爲緦麻之親，敖繼公以爲言子亦包括其姊妹在內，[①]皆未出五服之限，則禁止交表婚姻的准則已寓於其中。在西周、春秋時代的社會生活中，周禮雖是各個階層締結婚姻的准則，但並不是强制性的律令，於是在普遍實行族外婚姻的情況下，各個宗族出於種種不同的原因，交表婚姻仍不絕如縷。假如前引獣叔獣姬簋、犀盨、杞伯雙聯鬲銘文中的姑公之稱，既是沿用了自古留傳下來的舊稱，也是對當時現實生活的真實反映，則銘文中的伯媿、姜淠、車母皆是與姑之子爲婚。

五、結語

根據上文的論述，廟見之禮雖然同見於文獻與銘文，然而禮器有箑、器之分，進獻之物有菫菜、黍稷之別，因進獻之物不同，不僅有立尸與否的現象，而且告廟之辭也隨之不同，儀節的繁簡、禮典的規模也不可相提並論。雖然以箑奠菜、以器饋食的廟見之禮有諸多的差別，共同的禮義則是通過奠菜或饋食的儀節受室於舅姑，與其夫共承宗廟。不同的禮典而有相同的禮義，反映了禮典因時、因地、因人而有所損、有所益。以銘文所記廟見之禮爲參證，可見

---

① 〔元〕敖繼公：《儀禮集說》卷十一，文淵閣《四庫全書》本。

傳世文獻如《士昏禮》記載的廟見之禮並非因"禮窮則同"的原則而成爲西周以來共同遵循的禮典,當是某一時段列士娶妻踐行的禮典。銘文所記廟見之禮,不僅體現了主人的身份高於列士,而且禮典的面貌類似大夫以上以饋食之法祭祀宗廟的情形。西周以降各個階層踐行的廟見之禮,並非周禮的創舉而是源自殷商舊禮。銘文稱廟見已亡的夫之父母爲姑公,文獻稱廟見已亡的夫之父母爲舅姑,前者反映了母系交表婚而後者則反映了雙系交表婚。無論姑公之稱,還是舅姑之稱,皆是承載了歷史記憶的舊稱。

(賈海生,浙江大學古籍研究所教授、山東大學兼職特聘教授;楊羚,浙江大學馬一浮書院博士研究生)

《左傳》"枕尸股" 與喪禮 "馮尸" *

徐　飛

[摘　要]《左傳》有四例 "枕之股" 或 "枕尸股" 的記載,[①]其釋義自杜預至今始終争議不斷。以往研究大都聚焦於訓詁學、文獻學、語言學等領域,但 "枕尸股" 明顯屬於當時一種喪禮儀節,有必要從 "禮制" 角度予以重新考察。將《左傳》有關 "枕尸股" 的記載與《儀禮》《禮記》等傳世禮籍比對,可以發現其與喪禮中的小斂 "馮尸" 高度契合,應當屬於春秋時代一種 "馮尸" 喪儀。"枕尸股" 與 "馮尸" 總體上 "大同小異",二者之間應當存在某種 "流變" 關係,亦即所謂 "正禮" 與 "變禮" 的關係:"枕尸股" 作爲春秋中後期一種憑吊 "死於兵禍者" 的喪禮儀節,既可能是 "馮尸" 在最終規範、定型前的一種較早形態,也可能是 "馮尸" 有所權宜、損降後的一種 "變禮"。

[關鍵詞]　枕之股　枕尸股　馮尸　喪禮　左傳

一、問題的提出

《左傳》中出現 "枕之股" 三處、"枕尸股" 一處,原文如下:

(1)僖公二十八年《傳》:"衛侯先期入,……公子歂犬、華仲前驅。叔孫將沐,聞君至,喜,捉發走出,前驅射而殺之。公知其無罪也,**枕之股**而哭之,歂犬走出,公使殺之。"(16/3964)[②]

(2)襄公二十五年《傳》:"晏子立於崔氏之門外,……門啟而入,**枕尸股**而哭,興,三踊而出。"(36/4307)

(3)襄公二十七年《傳》:"夏,免餘復攻甯氏,殺甯喜及右宰穀,尸諸朝。石惡將會宋之盟,受命而出,衣其尸,**枕之股**而哭之,欲斂以亡,懼不免,且曰:'受命矣。'乃行。"(38/4331)

(4)襄公三十年《傳》:"伯有死於羊肆,子産襚之,**枕之股**而哭之,斂而殯諸伯有之臣在市側者,既而葬諸斗城。子晳氏欲攻子産,子皮怒之曰:'禮,國之幹也,殺有禮,禍莫大焉。'乃止。"(40/4370)

《左傳》之後,《晏子春秋·内篇雜上》《史記·齊太公世家》《史記·管晏列傳》都記載了

---

*　本文是國家社科基金冷門絕學項目 "基於出土文獻的《詩經》文本用字研究"(19VJX123)的階段性成果。

①　《左傳》有 "枕之股" 和 "枕尸股" 兩種表述,本文證明兩者爲同類事項,合稱之爲 "枕尸股" 問題。

②　本文所引《春秋左傳正義》皆爲嘉慶二十年阮元校刻《十三經注疏》本,中華書局 2009 年影印。凡引《春秋左傳正義》皆於引文後括號内注明卷數、頁碼,如卷一六第 3964 頁,逕作 "(16/3964)",不再出注説明。

"晏子不死君難",其中涉及"枕尸股"的表述分別爲:"枕君尸而哭"、[①]"枕公尸而哭",[②] 以及"伏莊公尸哭之",[③] 都是説"晏子把頭枕在齊侯尸體上",並且司馬遷還以"枕尸"與"伏尸"對文。兩書中,《晏子春秋》成書較早,應當不晚於秦滅六國(甚至更早一些),[④] 是目前所見《左傳》之外記載晏子枕莊公尸哭的最早材料;而太史公在作《史記》時曾大量參考《左傳》,已爲前人研究所證實,可以視作至遲從司馬遷開始,已將《左傳》"枕尸股"理解爲"生者將頭枕在死者尸體上"。

《史記》之後,杜預又對"枕尸股"作出新解:他於例(1)注曰"公以叔武尸枕其股"(16/3964),意爲"衛侯把叔武的頭枕在自己腿上";又於例(2)注曰"以公尸枕己股"(36/4307),意爲"晏子把齊侯的尸體枕在自己腿上";於例(3)(4)無注,顯然是默認前説。總之,杜預認爲《左傳》四例"枕尸股"皆是"生者將死者的頭枕在自己腿上",與《史記》觀點相反。[⑤]

《杜注》之後,歷代學者研究此一問題,皆圍繞太史公與杜征南兩家觀點立論,兩千年來聚訟不已,大體情況綜述如下:

(甲)將"枕之股"的"之"訓作"其",認爲"枕之股"即"枕其股",意爲"生者將頭枕在死者腿上","枕尸股"與之同義。持此觀點者較多,除司馬遷外,尚有司馬貞、[⑥] 楊樹達、[⑦] 錢鍾書、[⑧] 楊伯峻、[⑨] 周法高、[⑩] 沈玉成、[⑪] 郭丹、[⑫] 李夢生、[⑬] 李索、[⑭] 郭浩瑜[⑮] 等,在學術史上影響較

---

① 張純一撰,梁運華點校:《晏子春秋校注》,北京:中華書局,2014年,第226頁。此外,銀雀山漢簡中有《晏子春秋》,其《莊公不用晏子致邑而退後有崔氏之禍第二》篇中,有"袱但免,枕君□□哭,興,三甬而出"之文,駢宇騫釋作:"遂袒免,坐。枕君尸而哭,興,三踊而出。"與傳世本《晏子春秋》基本一致。駢宇騫:《銀雀山漢墓竹簡 晏子春秋校釋》,北京:書目文獻出版社,1988年,第66頁。考古工作者認爲該墓的下葬年代約爲公元前140年—前118年,相當於漢武帝時代早年,可作爲此條記録產生的時代下限,可以爲《晏子春秋》的相關記載早於《史記》提供考古證據。
② 〔漢〕司馬遷撰,〔南朝宋〕裴駰集解,〔唐〕司馬貞索隱,〔唐〕張守節正義,趙生群等修訂:《史記》卷三二,北京:中華書局,2014年,第1815頁。
③ 〔漢〕司馬遷撰,〔南朝宋〕裴駰集解,〔唐〕司馬貞索隱,〔唐〕張守節正義,趙生群等修訂:《史記》卷六二,第2600頁。
④ 駢宇騫:《對〈晏子春秋〉的再認識——兼談古書的形成與發展》,《管子學刊》1990年第1期,第41—44頁。
⑤ "枕之股"與"枕尸股"的表述高度近似,歷來學者將其一併討論,本文也認爲兩者屬於同類事項,理由如下:第一,在例(3)(4)"枕之股而哭之"前,均有"衣其尸"或"襚之"(兩者爲同類事項,詳下),其後均有"斂",在敘事結構與事類性質上高度一致,應當同屬當時一種"衣/襚+枕之股而哭之+斂"的禮儀程式。第二,例(1)與例(3)(4)在"枕之股"的表述上別無二致,顯然屬於同類事項,之所以沒有交代前後儀節,或許是行文上或行事上有所省略、變通。第三,雖然例(2)"枕尸股"與三例"枕之股"稍有不同,但與之共同具備"枕股哭"的行爲要素,且顯然屬於當時某種喪儀,實則與"枕之股"同爲一事。(詳下)第四,兩種表述比較集中地見諸《左傳》,而少見於其他先秦、兩漢文獻,表現出較强的同源性和同質性,具有某種內在共通性。
⑥ 〔漢〕司馬遷撰,〔南朝宋〕裴駰集解,〔唐〕司馬貞索隱,〔唐〕張守節正義,趙生群等修訂:《史記》卷六二,第2600頁。
⑦ 楊樹達:《積微居讀書記》,上海:上海古籍出版社,2007年,第54、55頁。
⑧ 錢鍾書:《管錐編》第1冊,北京:生活·讀書·新知三聯書店,2007年,第362頁。
⑨ 楊伯峻編著:《春秋左傳注》,北京:中華書局,2009年,第470、1098、1127、1177頁。
⑩ 周法高:《中國古代語法·稱代編》,北京:中華書局,1990年,第122頁。
⑪ 沈玉成譯:《左傳譯文》,北京:中華書局,1981年,第119、325、340、364頁。
⑫ 郭丹譯:《左傳》,北京:中華書局,2014年,第247、651、675、715頁。
⑬ 李夢生譯注:《左傳譯注》,上海:上海古籍出版社,1998年,第314、807、840、887頁。
⑭ 李索:《左傳正宗》,北京:華夏出版社,2011年,第156、420、447頁。
⑮ 郭浩瑜:《也談"枕之股"》,《文獻語言學》2019年第2期,第141頁。

大。

（乙）將《左傳》四例"枕尸股"釋作"枕尸於己股"或"枕尸以己股"，意爲"生者將死者枕在自己腿上"。除杜預外，持此觀點者還有吳静安、[①] 何樂士、[②] 邵永海、[③] 葉農[④] 等。此外，孔穎達、劉文淇、洪亮吉、安井衡等人均未就"枕尸股"問題作出解釋，鑒於他們一貫基於杜注爲文的注釋體例，應當是贊同杜説。這樣一來，兩派的影響可謂旗鼓相當。[⑤]

關於《左傳》"枕尸股"問題的研究，以往學者大都聚焦於訓詁學、文獻學、語言學等論域，取得了較爲豐厚的成果。但由於對"枕尸股"的具體歷史語境及文化内涵用力較少，始終未能深入事類屬性的層面進行探究。因此，新的研究有必要引入"禮制"的維度，在前人基礎上繼續考察。

二、《左傳》"枕尸股"與先秦喪禮小斂"馮尸"高度契合

儘管《左傳》關於"枕尸股"的記述很簡略，但細繹《傳》文不難發現，"枕尸股"應當屬於先秦時代一種喪禮儀節：

首先，例（2）記晏子"枕尸股而哭，興，三踊而出"，顯然是完成了一套喪禮規程，故《史記·管晏列傳》有所謂"成禮然後去"的評價。

其次，例（3）記石惡在"將會宋之盟，受命而出"的情況下，仍然"衣其尸，枕之股而哭之，欲斂以亡"，顯然是有意識地完成一套喪儀程式。

最後，例（4）記子産"襚之，枕之股而哭之，斂而殯諸伯有之臣在市側者，既而葬諸斗城"，子皮以爲"有禮"，反映出當時的確存在這樣一套喪儀程式。

綜上，春秋時代應當存在一種以"衣/襚→枕之股而哭之→踊→斂"爲主要儀程的喪禮，這明顯與《儀禮·士喪禮》記載的"襲尸→致襚→小斂→馮尸→踊→大殮"喪禮儀程高度契合。在這一對應關係下，《左傳》"枕尸股"應當就是《儀禮》小斂"馮尸"。具體論證如下：

"馮尸"是先秦喪禮中一種對死者遺體表達哀悼和告别的行爲。《儀禮·士喪禮》："主人西面馮尸，踊無算；主婦東面馮，亦如之。"鄭玄注："馮，服膺之。"[⑥]《禮記·喪大記》："君、大夫馮父母、妻、長子，不馮庶子；士馮父母、妻、長子、庶子，庶子有子，則父母不馮其尸。凡馮

---

① 吳静安:《春秋左氏傳舊注疏證續》第1册，長春：東北師範大學出版社，2004年，第417頁。

② 何樂士:《左傳虚詞研究》，北京：商務印書館，2004年，第1—23頁。

③ 邵永海:《"枕之股"的句法和語義》，《語言學論叢·第二十五輯》，北京：商務印書館，2002年。

④ 葉農注譯:《左傳注譯》，廣州：花城出版社，2007年，第313、880、939頁。

⑤ 還有學者採取調和態度，即把"枕之股"與"枕尸股"區分解釋，將前者歸於乙説、後者歸於甲説，此説唯見竹添光鴻一例:《會箋》於例（1）（3）（4）均未作解説，以其一貫基於杜注爲文的注釋體例，應是默認杜説；又於例（2）贊成太史公，曰："君尸猶在地故枕之，不歸爲此，《史記》所謂'伏莊公尸，哭之成禮'，是也。"〔日〕竹添光鴻:《左氏會箋》第3册，成都：巴蜀書社，2008年，第1420頁。

⑥ 〔漢〕鄭玄注，〔清〕張爾岐句讀，郎文行校點，方向東審訂:《儀禮》，上海：上海古籍出版社，2016年，第326頁。

尸者,父母先,妻子後。"鄭玄注:"馮,謂扶持、服膺。"[1] 可見,"馮尸"的主要動作是生者"服膺"或者"扶持"死者遺體。

"馮尸"的形式不止一種。《禮記·喪大記》:"君於臣撫之,父母於子執之,子於父母馮之,婦於舅姑奉之,舅姑於婦撫之,妻於夫拘之,夫於妻、於昆弟執之。"鄭玄注:"此恩之深淺尊卑之儀也。馮之類必當心。"孔穎達疏:"撫之,以手撫按尸心,身不服膺也。馮之,服膺心上也。奉之,捧當心上衣也。拘之,微引心上衣也。執之,執其心上衣也。馮者爲重,奉次之,拘次之,執次之。尊者則馮、奉,卑者則撫、執。執雖輕於撫而恩深,故君於臣撫,父母於子執。"吳澄注:"總言之,皆謂之馮尸;分言之,則有馮、奉、撫、拘、執五種之異。"[2] 總之,"喪禮小斂、大斂時,有馮尸、撫尸、拘尸、執尸等儀式,通稱均曰馮尸。馮尸,生者抱持尸之當心之處,馮尸後,踊,表示哀悼"。[3] 這樣看來,古人應當是在"馮尸"的基本禮儀確立後,又以恩義之厚薄,身份之親疏、尊卑、男女等差別,逐步分異出撫、拘、執、奉諸儀節,而以"馮尸"總括之,從而導致了"馮尸"含義的泛化。

關於"馮尸"的具體動作内涵,錢氏《三禮辭典》認爲"馮尸"是"生者抱持尸之當心之處",鄭玄有"服膺"及"扶持、服膺"兩種解釋,孔穎達則認爲"馮之,服膺心上也"。也就是說,三家對"馮尸"存在"服膺"(或"服膺心上")以及"扶持"(或"抱持尸之當心之處")兩種解釋。其實,"馮"即古"憑"字,爲"憑恃""依靠"義,王念孫即指出:"'服'與'馮'一聲之轉","'服'與'伏'古通用",進而判定:"'服膺'之爲'馮膺',猶'伏軾'之爲'馮軾','伏琴'之爲'馮琴','茵伏'之爲'茵馮'也。"[4] 此外,《禮記·喪大記》:"士舉遷尸於斂上,卒斂,宰告,子馮之踊,夫人東面亦如之。"孫希旦注:"馮,謂以身就尸而馮依之也"。[5] 可見,狹義的"馮尸"就是通常所謂的"伏尸",[6] 意爲"生者僕伏馮依於死者遺體上",這顯然與甲說認爲的"生者將頭枕在死者腿上"非常接近。事實上,"枕"字原本就有"倚伏""憑據"義,如《漢書》"皆相枕藉死"之類,[7] 無疑更加消弭了"馮尸"與"枕股"的距離。此外,錢氏所謂"抱持尸之當心之處",以逝者仰卧的姿態看,"抱持"就是"服膺""馮依",兩者之間的差別並不絕對。

在《儀禮·士喪禮》中,"馮尸"的適用場景非常明確,凡有三處:

---

[1] 〔清〕孫希旦撰,沈嘯寰、王星賢點校:《禮記集解》下册,北京:中華書局,1989 年,第 1169 頁。

[2] 〔清〕孫希旦撰,沈嘯寰、王星賢點校:《禮記集解》下册,第 1169、1170 頁。

[3] 錢玄、錢興奇:《三禮辭典》,南京:鳳凰出版社,2018 年,第 899 頁。

[4] 〔清〕王念孫撰,徐煒君等點校:《讀書雜誌》第 5 册,上海:上海古籍出版社,2014 年,第 2718—2719 頁。

[5] 〔清〕孫希旦撰,沈嘯寰、王星賢點校:《禮記集解》下册,第 1167、1168 頁。

[6] 先秦、兩漢文獻中,關於"伏尸"(生者僕伏馮依於死者遺體上)的記載共有 4 例,除前引《史記·管晏列傳》的"伏莊公尸哭之"外,尚有:(1)《晏子春秋·外篇下》記齊景公對晏子"伏尸而號"(張純一撰,梁運華點校:《晏子春秋校注》,第 391 頁);(2)《戰國策·燕策三》記燕太子丹對樊於期"伏尸而哭,極哀"(何建章:《戰國策注釋》下册,北京:中華書局,1990 年,第 1193 頁。《史記·刺客列傳》亦襲此文);(3)《史記·刺客列傳》記聶政姊對其"伏尸哭,極哀"(〔漢〕司馬遷撰,〔南朝宋〕裴駰集解,〔唐〕司馬貞索隱,〔唐〕張守節正義,趙生群等修訂:《史記》卷八六,第 3064 頁)。

[7] 〔漢〕班固撰,〔唐〕顏師古注:《漢書》卷九〇,北京:中華書局,1962 年,第 3673 頁。

一是小斂(於室中爲死者加衣衾):"卒斂,徹帷。主人西面馮尸,踊無算;主婦東面馮,亦如之。"[①]即在室中對死者遺體小斂完畢後,主人和主婦分別居於死者東、西夾尸而馮,馮後"踊無算"。

二是大斂(於堂上爲死者再加衣衾,將尸體入棺):"卒斂,徹帷。主人馮如初,主婦亦如之。"[②]即在大殮完畢後,主人、主婦如小斂畢時一般馮尸。

三是國君臨視大斂:"君若有賜焉,則視斂。……君坐撫,當心。……君降,西鄉,命主人馮尸。主人升自西階,由足,西面馮尸,不當君所,踊。主婦東面馮,亦如之。"鄭玄注:"撫,手案之。凡馮尸,興必踊。"[③]

可見,士喪禮中的"馮尸"無外小斂、大斂兩處,且都在"斂尸"完畢後。

雖然《儀禮》祇保存了士喪禮,於天子至於大夫喪禮無文,但由《禮記》等典籍可知"馮尸"實爲當時上下通禮。如《禮記·喪大記》:"君將大斂,……卒斂,宰告,子馮之踊,夫人東面亦如之。"[④]此爲國君喪禮大斂時嗣君、夫人所行馮禮,同樣是在大斂後;又云:"大夫之喪,將大斂,既鋪絞紟衾衣。君至,……遷尸,卒斂,宰告,主人降,北面於堂下,君撫之,主人拜稽顙,君降,升主人馮之,命主婦馮之。"[⑤]此爲君臨視大夫大斂時國君、主人、主婦所行馮禮,同樣是在大斂後;又云:"君撫大夫,撫内命婦;大夫撫室老,撫姪娣。君、大夫馮父母、妻、長子,不馮庶子;士馮父母、妻、長子、庶子,庶子有子,則父母不馮其尸。"[⑥]則各等級貴族"馮尸"各有儀規。此外,《禮記·喪大記》系統論述了喪禮諸儀,都是將國君、大夫、士一併講解,於"馮尸"並無特異,可知其爲上下達禮無疑。並且,上述國君、大夫喪禮中"馮尸"皆在大斂完畢後,與士喪禮"斂"畢"馮尸"相符合,可見"斂→馮尸"的儀程亦屬當時通禮。

例(3)(4)中"枕之股"後皆"斂",楊伯峻、[⑦]李夢生[⑧]認爲這是"大斂",由例(4)"斂""殯""葬"並稱的情況看,應當是正確的。這樣一來,"枕之股而哭之"就祇能是小斂"馮尸"。同時,例(3)(4)在"枕之股而哭之"前還分別有"衣其尸"和"襚之",學者大多認爲兩者都是"襲尸"(給死者穿衣)。不過,楊伯峻於例(3)注云"衣其尸,已是小斂",[⑨]則"衣其尸"及"襚之"也不排除是小斂的可能。事實上,"衣""襚""斂"在先秦、兩漢文獻中存在字義交叉互代的情況,則"衣其尸"和"襚之"可能同時存在是"襲尸""致襚"(贈死者衣被)、"小斂"的可能。不論是上述哪種情況,都可以與"枕尸股"是小斂"馮尸"相協。此外,例(2)"枕尸股"後有"踊",與鄭玄所謂"凡馮尸,興必踊"的特點符合,也印證了"枕尸股"與"馮尸"

---

① 〔漢〕鄭玄注,〔清〕張爾岐句讀,郎文行校點,方向東審訂:《儀禮》,第 326 頁。
② 〔漢〕鄭玄注,〔清〕張爾岐句讀,郎文行校點,方向東審訂:《儀禮》,第 331 頁。
③ 〔漢〕鄭玄注,〔清〕張爾岐句讀,郎文行校點,方向東審訂:《儀禮》,第 333、334 頁。
④ 〔清〕孫希旦撰,沈嘯寰、王星賢點校:《禮記集解》下冊,第 1166 頁。
⑤ 〔清〕孫希旦撰,沈嘯寰、王星賢點校:《禮記集解》下冊,第 1167 頁。
⑥ 〔清〕孫希旦撰,沈嘯寰、王星賢點校:《禮記集解》下冊,第 1169、1170 頁。
⑦ 楊伯峻編著:《春秋左傳注》,第 1127、1177 頁。
⑧ 李夢生譯注:《左傳譯注》,第 833 頁。
⑨ 楊伯峻編著:《春秋左傳注》,第 1127、1128 頁。

的對應關係。

至於杜預一派觀點産生的原由,大抵有以下三種可能:

第一,"事死如事生"的喪葬理念。先秦喪禮已有爲逝者設枕的安排,如《士喪禮》"設床第於兩楹之間,衽如初,有枕",① 這顯然象徵了逝者生時安枕而卧的姿態,體現了一種"事死如事生"的喪葬理念,應當對杜預一派觀點有所啓發。不過,古人喪禮又有"重首"的觀念:當行禮者在"飯含"、小斂"俟尸"後、小斂後"致襚"、徹小斂奠、大斂、君臨視大斂等儀節經過遺體時,《士喪禮》皆有"由足西""出於足""由足"之類的規定,② 鄭玄注:"不敢從首前也。"③ 顯然,古人的這種"重首"觀念,勢必會對杜預一派觀點構成消解。

第二,常理人情的遷移投射。生活中,關係親密的人"相與枕藉"實爲常有之事。除上述"枕尸股"的情況外,先秦至魏晉文獻中另有五例生者相與"枕股"的記載,分别爲:《國語·吳語》記楚靈王枕涓人之股,④《韓詩外傳》⑤《新書·先醒》⑥記郭(虢)君"枕御膝而卧",《史記·樊酈滕灌列傳》記漢高帝"枕一宦者卧",⑦《三國志·武帝紀》記曹操枕幸姬卧,⑧ 以及《三國志·蘇則傳》記魏侍中董昭枕蘇則膝,⑨ 皆是一人將頭枕於另一人腿上,反映出這是古人生活中一種習見行爲,杜説可能就是由此遷移投射而來。不過,進一步辨析上述人物關係可以發現:除第五例蘇則與董昭爲侍中同僚外,其他四例皆爲君主枕其近御、親狎之人(即晏子所謂"私昵");而作爲五則中唯一的"例外",蘇則亦不以董昭枕己股爲是,不僅將其推下,還正色告曰"蘇則之膝,非佞人之枕也",進一步强化了以股(膝)載人之首所藴藉的"私昵"屬性,透露出時人將此視作"佞倖"的專任。《左傳》四例"枕尸股"中,晏子、子産皆以"知禮"聞名當世,不大可能效彼"私昵"以股侍人之行,因其不僅與晏子"非其私昵,誰敢任之"的精神相違,且與《左傳》四例"枕尸股"整體呈現出的守禮宗旨異趣。

第三,後世語境的"以今律古"。除《左傳》四例"枕尸股"外,東晉孫盛《魏氏春秋》記魏帝曹髦被弒,也有"太傅司馬孚、尚書右僕射陳泰**枕帝尸於股**,號哭盡哀"的記載。⑩ 該文多被以往學者釋爲"枕帝尸於己股",進而用來佐證杜預一派觀點。而曹髦遇弒之歲,杜預方任尚書郎,必能風聞其事,顯然有依據某種傳説版本創發其説之可能。不過,若就文獻而言,"枕帝尸於股"其實也可以釋作司馬孚、陳泰"枕帝尸於帝股",即表明生者枕於帝尸的具體

---

① 〔漢〕鄭玄注,〔清〕張爾岐句讀,郎文行校點,方向東審訂:《儀禮》,第326頁。
② 〔漢〕鄭玄注,〔清〕張爾岐句讀,郎文行校點,方向東審訂:《儀禮》,第321、326、329、330、331、333頁。
③ 〔漢〕鄭玄注,〔清〕張爾岐句讀,郎文行校點,方向東審訂:《儀禮》,第322頁。
④ 徐元誥撰,王樹民、沈長雲點校:《國語集解》,北京:中華書局,2002年,第542頁。《史記·楚世家》亦襲此文。
⑤ 〔漢〕韓嬰撰,許維通校釋:《韓詩外傳集釋》,北京:中華書局,1980年,第215頁。
⑥ 〔漢〕賈誼撰,閻振益、鍾夏校注:《新書校注》,北京:中華書局,2000年,第263頁。
⑦ 〔漢〕司馬遷撰,〔南朝宋〕裴駰集解,〔唐〕司馬貞索隱,〔唐〕張守節正義,趙生群等修訂:《史記》卷九五,第3223頁。《漢書·樊酈滕灌傅靳周傳》《前漢紀·高祖皇帝紀四》亦襲此文。
⑧ 〔晉〕陳壽撰,〔南朝宋〕裴松之注,盧弼集解,錢劍夫整理:《三國志集解》卷一,上海:上海古籍出版社,2012年,第216頁。
⑨ 〔晉〕陳壽撰,〔南朝宋〕裴松之注,盧弼集解,錢劍夫整理:《三國志集解》卷一六,第1411頁。
⑩ 〔晉〕陳壽撰,〔南朝宋〕裴松之注,盧弼集解,錢劍夫整理:《三國志集解》卷二二,第1770頁。

部位,不能簡單拿來佐證杜説;① 若以情理、禮儀度之,前言古人於喪禮"重首",若司馬孚、陳泰兩位大臣先後奔喪,輪流搬動曹髦尸首於己股,似乎不成體統;若從成説時代看,魏晉史事的流傳本就紛雜,且其時去古已遠,即便杜預時代確有此種事例發生,也不能據以裁斷春秋時代的古事、古禮。此外,從兩晉時期起,文獻中開始出現"私暱"以外身份者相與"枕股"的記載。譬如,《晉書》記王導"枕(周)顗膝",②《周書》記宇文泰"枕(蔡)祐股",③《太平廣記》記唐肅宗"捧(李)泌首置於膝"等。④ 這顯然與前述先秦、兩漢文獻中"枕股"的風貌迥異,似乎反映了禮俗的變遷與時世的殊異。魏晉以後學者或許正是受了此種語境的影響,才對《左傳》"枕尸股"有了一種"以今律古"的解釋。

三、"枕尸股"與"馮尸"的可能關係初探

在證明了《左傳》"枕尸股"與先秦喪禮小斂"馮尸"高度契合以後,也不應忽視兩者之間存在的差異,有必要對其具體關係作進一步探究。

經過比對,"枕尸股"與"馮尸"的差別主要有以下三個方面:

首先,"枕尸股"與"馮尸"在具體施行上的差異。按照"頭枕"的原義來看,兩者的差別主要有二:一是行禮動作有異,即一以"頭枕",一以"身馮";二是所伏部位不同,即一枕於"股",一馮於"膺"。關於前一種差異,憑藉常理就能發現,這種字面上的差別並不絕對:行禮者在"身馮"死者時,不會完全以己身伏於尸上,否則頭部勢必要探出尸外,這顯然是不妥當的,而應當是上身趴伏、抱持、倚靠着逝者。在這種情況下,生者往往會出於悲慟、不捨、親近、力竭等原因,自然而然地將頭靠在死者身上,此時"身馮"就變成了"頭枕"。也就是説,"枕尸"與"伏尸"以及狹義的"馮尸"原本就相去不遠,差別祇在於"頭枕"與否。從其文獻來源看:《左傳》《晏子春秋》等早期文獻均用"枕尸",《儀禮》《禮記》等禮學典籍例稱"馮尸",《戰國策》《史記》等戰國秦漢史書習用"伏尸",呈現出基於不同文獻系統和時代語境的用詞差異,這或許正與《左傳》精擅"禮義"、禮書謹嚴"禮法"、《史記》發憤"情懷"的不同文本特質有關。而前述司馬遷以"伏尸"與"枕尸"對文,應當是他了解兩者實爲一事之故。至於枕"股"與馮"膺"的差異,後文另有詳論。

其次,"枕尸股"與"馮尸"在行禮者身份上的差異。《儀禮·士喪禮》所述"馮尸"者,祇有國君、主人、主婦三種身份;《禮記·喪大記》有關五種"馮尸"的記載,亦大抵君臣、父子、夫婦、兄弟之倫,而於宗親、朋友、同僚關係則未有提及。但是,不能就此否定有其他身份"馮

---

① 東晉習鑿齒《漢晉春秋》記此事即作(太傅司馬孚)"枕帝股而哭,哀甚",歷來學者多引之佐證甲説。〔晉〕陳壽撰,〔南朝宋〕裴松之注,盧弼集解,錢劍夫整理:《三國志集解》卷四,第537頁。
② 〔唐〕房玄齡等:《晉書》卷三九,北京:中華書局,1974年,第1851頁。
③ 〔唐〕令狐德棻等:《周書》卷二七,北京:中華書局,1971年,第444頁。
④ 〔宋〕李昉等編:《太平廣記》卷三八,北京:中華書局,1961年,第240頁。

尸"者存在的可能。若就《左傳》四例"枕尸股"中的人物關係而言:(1)衛成公之於叔武,乃君對臣,據《儀禮》《禮記》當"撫"不當"馮",但叔武爲成公母弟,衛侯奔楚時指定他代己參加踐土之盟,可見對其極度信任,又心知叔武無罪,怒殺從亡心腹顒犬,都表明他對叔武之死極度痛惜,故以"馮尸"重禮哀悼之亦屬情有所出。(2)晏子之於齊莊公,爲臣對君,依常禮固當"馮尸"盡哀。(3)石惡之於寧喜,同爲衛國世卿,且後者時任正卿,地位更高,石氏又於翌年以"寧氏之黨"的罪名被逐,[1]可知兩人關係甚密,行"馮尸"重禮亦宜。(4)子産之於伯有,皆爲鄭國"七穆"世卿,伯有時爲執政,地位高於子産,且後者悲駟、良二氏兄弟鬩牆,故"馮尸"以盡其哀,同樣事出有因。總體而言,《左傳》四例"枕尸股"中的人物關係,可以與《儀禮》《禮記》的規定融通。

再次,"三踊"與"踊無算"的差異。"踊"即"辟踊",是先秦喪禮中哭者捶胸、頓足、跳躍以表達悲慟的一種儀節。晏子在"枕尸股而哭"後有"三踊"之節,但由前引《儀禮·士喪禮》觀之,"馮尸"後皆"踊無算",與"三踊"有異。這或許是出於以下原因:一是《儀禮》所載"踊無算",皆屬"喪主"馮尸之儀,而晏子爲齊莊公大臣,禮儀度數或許視喪主有所貶抑;二是莊公實死於非命者,晏子又明言"非其私昵",或當較之"踊無算"有所貶損;三是晏子哭尸時,崔杼徒屬有欲殺之者,可知晏子身犯險地,情勢危急,實有不能"踊無算"以"自盡其情"的客觀因素,或許祗能以三爲節聊備其禮。此外,銀雀山漢墓簡本《晏子春秋》與傳世本相較,於"三踊"處可能存在異文:漢簡整理小組將簡文釋爲"九踊",[2]而駢宇騫釋作"三踊"。[3]對此,李成、陳諮哲認爲:"此處當從傳世本作'三踊',簡本作'九踊'有誤。"[4]

通過比較,"枕尸股"與"馮尸"總體上"大同小異"(比較明顯的差別主要聚焦在所伏部位不同),[5]這説明兩者之間應當存在某種"流變"關係,亦即所謂"正禮"與"變禮"的關係。關於這一點,首先可以得到各自文獻系統的支持,許子濱即指出:"《左傳》所記各種禮典的組成部分,……往往可與《儀禮》比勘。……比勘的結果顯示:相對《禮記》《周禮》而言,《左傳》與《儀禮》關係最密切,皆據實而書,相合之處較多而不合之處較少。……大抵而言,兩者的差異,主要表現正禮與變禮、規範與不規範之別。"[6]至於二者之間的具體流變關係,大

① 楊伯峻編著:《春秋左傳注》,第 1142 頁。

② 銀雀山漢墓竹簡整理小組:《銀雀山漢墓竹簡》(壹),文物出版社,1985 年,第 99 頁。

③ 駢宇騫:《銀雀山漢墓竹簡 晏子春秋校釋》,第 66 頁。

④ 李成、陳諮哲:《簡本〈晏子春秋〉與傳世本對讀劄記》,《貴州民族大學學報(哲學社會科學版)》2017 年第 1 期,第 88—89 頁。

⑤ 根據民俗學的田野調查,當代華北地區一些農村在辦理喪事時,存在近親家屬趴伏在死者身旁吊唁哀悼的情況,有人攀援手臂,有人馮依大腿,不一而足。可見,枕"股"與馮"膺"的差異也並非絕對。此外,從比較文化學的視角看,在佛教文獻及敦煌莫高窟壁畫中,有佛陀涅槃後迦葉(佛弟子)、大愛道比丘(佛姨母)"手摸佛足",以及睒子死後其母"抱足"等記述,似乎反映出"抱摸雙足是印度等民族共有的舉哀民俗"。(楊惠玲:《唐五代宋初敦煌喪俗研究》,西北師範大學碩士學位論文,蘭州,2003 年,第 9 頁)可見,"枕股"作爲人類一種天然的情感表達,雖然未明確見諸《儀禮》《禮記》等禮學典籍,但不能就此否定其在歷史上曾真實存在的可能。

⑥ 許子濱:《從〈左傳〉看〈儀禮〉的成書及其反映的時代》,方銘主編:《〈春秋〉三傳與經學文化》,長春:長春出版社,2009 年,第 214—215 頁。

體有兩種可能：**一是**《左傳》"枕尸股"反映了春秋中後期"馮尸"的較早形態，而《儀禮》《禮記》所記"馮尸"則是其在春秋末期以後"劃一化"的結果。這或許可以從"馮尸"在《禮記》中被細緻分爲馮、奉、撫、拘、執五種形式及其複雜的身份對應關係中覓得踪迹，反映的是經過後儒改定、規範的定型禮制，蓋有藉以撥正時俗之用意。**二是**反過來，《儀禮》《禮記》所記"馮尸"爲"正禮"，而《左傳》"枕尸股"爲其"變禮"，這或許是由於春秋時代爲"非正常死亡者"特別設置"變禮"的制度安排所致。

　　春秋時代，"非正常死亡者"的喪葬禮儀例有"降損"。譬如，《左傳·僖公八年》："秋，禘而致哀姜焉，非禮也。凡夫人不薨于寢，不殯于廟，不赴于同，不祔于姑，則弗致也。"（13/3905）楊伯峻注："哀姜《經》書薨（僖元年）書葬（二年）必已殯于廟，赴于同，祔于姑，唯被殺而死，非死于寢耳。必四者備具，然後致主于廟。"[1] 又如，《周官·塚人》："凡死於兵者，不入兆域。"[2]《白虎通義·喪服篇》引《禮·曾子記》曰："大辱加於身，支體毀傷，即君不臣，士不交，祭不得爲昭穆之尸，食不得□昭穆之牲，死不得葬昭穆之域也。"[3] 惠士奇云："襄二十五年《左傳》：'崔氏側莊公於北郭，葬諸士孫之里。'側者，不殯之名。里名士孫，乃墓中之室，墓大夫之所居，萬民之葬地。則是葬諸邦墓，而非公墓，不但投之域外矣。"[4]《左傳》四例"枕尸股"雖然死狀各異，或被射殺，或遇弑，或尸諸朝，或死於肆，但都屬於"死於兵禍者"的範疇，有理由認爲"枕尸股"是較諸常規"馮尸"有所"損降"的一種"變禮"。此外，前引《士喪禮》記國君臨視大斂，既曰"君坐撫，當心"，又曰主人"西面馮尸，不當君所"，張爾岐曰"不當君所，不當君所撫之處也"，[5] 則《儀禮》中即有狹義之"馮尸"可以不必"當心"的"變禮"，則鄭玄所謂"馮之類必當心"不可一概而論，這無疑拓展了"枕尸股"作爲"馮尸"一種"變禮"的可能性。

　　此外，"枕尸股"是否還有可能是"馮尸"者在極度哀慟下的一種"越禮"行爲呢？檢視先秦喪禮諸儀節，"馮尸"是所有圍繞逝者遺體開展的喪儀中，生者表達親近、哀悼、不捨、告別種種情感最集中的儀節之一，因而近乎天然地帶有"情緒"屬性。《禮記·喪大記》云："凡哭尸於室者，主人二手承衾而哭。"鄭注："承衾哭者，哀慕若欲攀援。"[6] 又云："君撫之，主人拜稽顙。君降，升主人馮之，命主婦馮之。"孫希旦注："命主人、主婦馮之者，君雖已撫之，必使主人、主婦得自盡其情也。"[7] 儘管古人制定了一整套細緻、規範的喪禮制度，但不可能完全杜絕行禮者在極度哀痛之下做出一些"越禮"行爲。《晏子春秋》記載晏子去世，先是説齊景

① 楊伯峻編著：《春秋左傳注》，第322、323頁。
② 〔清〕阮元校刻：《周禮注疏》，《十三經注疏》，第1697頁。
③ 〔漢〕班固撰集，〔清〕陳立疏證，吳則虞點校：《白虎通疏證》，北京：中華書局，1994年，第525頁。
④ 〔清〕惠士奇：《禮説》，《景印文淵閣四庫全書》經部第95册，臺北：臺灣商務印書館，1983年，第526頁。
⑤ 〔漢〕鄭玄注，〔清〕張爾岐句讀，郎文行校點，方向東審訂：《儀禮》，第334頁。
⑥ 〔清〕孫希旦撰，沈嘯寰、王星賢點校：《禮記集解》下册，第1137頁。
⑦ 〔清〕孫希旦撰，沈嘯寰、王星賢點校：《禮記集解》下册，第1167頁。

公"伏尸而號"，又説他"操玉加於晏子尸上而哭之，涕沾襟"，章子即謂之"非禮"。[①]不過，綜合《左傳》四例"枕尸股"記載看：四個不同的行爲人處於四對不同的時空節點和人物關係之中，且皆出於離亂危亡之際，却都持守"禮義"選擇"枕尸股"的"馮尸"方式，顯然不可能是巧合，透露出"枕尸股"有可能就是春秋中後期"馮尸"的通行範式，這無疑極大壓縮了"枕尸股"是一種"越禮"行爲的可能。[②]

總之，"枕尸股"作爲春秋中後期一種憑吊"死於兵禍者"的喪禮儀節，既可能是"馮尸"在最終定型前的一種較早形態，也可能是"馮尸"有所權宜、損降後的一種"變禮"。不過無論是何種情況，"枕尸股"與"馮尸"的内在一致性是確定無疑的，應當歸入同一事類範疇進行探討。

（徐飛，山東大學文學院博士研究生）

---

① 張純一撰，梁運華點校：《晏子春秋校注》，第391、392頁。
② 除了上述基於時間維度的"縱向"考察，還有必要考慮基於地域、國別差異的"橫向"維度。春秋時代，由於王室衰微和長期分裂，各國禮儀均出現了不同程度的分異。不過，雖然《左傳》四例"枕尸股"分別發生於春秋中晚期的衛、齊、鄭三個國家，但三國同爲黄河下游的"兄弟甥舅"之國，並非秦、楚、吳、越之類的邊裔蠻夷，在禮制方面具有較高同質性，且又與《儀禮》《禮記》所主要反映的魯國禮制存在較高同源性。這樣看來，從地域、國別的"橫向"維度考察"枕尸股"與"馮尸"的流變關係，尚缺乏有價值的綫索。

盛世佐《儀禮集編》句讀特點與得失例析

袁　茵

［摘　要］　清代禮學家盛世佐撰《儀禮集編》，針對經文舊説句讀不清之處，或諸家句讀相異的情況，在案語中進行駁正、釐清，在共計三十一條相關案語中，於經義有所發明者被胡培翬、黄以周等禮家采納。同時盛世佐對《儀禮》句讀的部分觀點由於不能兼顧文例與儀節的整體性，存在一定的失誤，這與其受敖繼公禮學觀點的影響有一定的關係。

［關鍵詞］　盛世佐　儀禮集編　句讀　敖繼公

　　《儀禮》各篇所載，乃各類禮典的詳細儀節，句密字實，一字屬上或屬下的不同，就會造成對經文不同的理解，同時影響對儀節認識的準確性，所謂“句讀不明，則句可移綴上下，往往賓主易位，東西乖方”。[①]因此句讀的正確，對於準確地理解經文所載典禮儀節及禮義，都具有重要的意義。鄭玄注三《禮》，從其引述經文起訖可略睹其句讀，賈公彥作《儀禮疏》，釋經注之前，必引經述注作“云某某者”，此亦爲標識經文起訖的一種方式。賈公彥之後，元代敖繼公作《儀禮集説》，或有不同於舊説者，導致對經文句讀方式的不同。明代郝敬作《儀禮節解》，將經文全部標注了句讀，其體例爲在應斷句之字的右下角加一點，或直接在應斷句之字的右下標以“句”字，[②]因郝氏解《儀禮》多爲新説，其句讀方式也間或有與舊説不同者。清初，張爾岐苦於《儀禮》難讀，作《儀禮鄭注句讀》，將經文全文及鄭玄注都標注了句讀，其體例爲在經文中以小圓圈、注文中用頓點加以標識。[③]張氏之書大抵尊鄭學，故其句讀大部分據鄭注、賈疏而來，但也存在旁取別家，而改賈氏句讀的情況。[④]時代稍後於張爾岐的姜兆錫作《儀禮經傳内外編》，亦通篇施之句讀。[⑤]

　　乾嘉年間禮學家盛世佐撰作《儀禮集編》，袤輯古今衆家之説並斷以己意，四庫館臣讚其治禮持論嚴謹，言是書“無淺學空腹高談，輕排鄭賈之錮習”，“至於諸家謬誤，辨證尤詳”，“固不失爲根據之學”。[⑥]盛世佐在《凡例》中言“音義、句讀，小學之功，亦説經者所不廢”，[⑦]

---

①　〔清〕吳壽祺：《儀禮章句目録識語》，〔清〕吳廷華：《儀禮章句》卷首，清學海堂刻《皇清經解》本。
②　本文所言《儀禮節解》體例，乃據《四庫全書存目叢書》影印明萬曆四十三年至四十七年郝千秋、郝千石刻《郝氏九經解》本而言。
③　本文所言《儀禮鄭注句讀》體例，乃據清乾隆八年高廷樞和衷堂刻本而言。
④　按《喪服》有“父卒繼母嫁從爲之服報”之文，據賈疏句讀，應作“父卒繼母嫁”爲句，“從爲之服”爲句，張氏句讀作“父卒，繼母嫁，從，爲之服，報”，所據乃王肅之説。
⑤　本文所言《儀禮經傳内外編》體例，乃據《續修四庫全書》影印乾隆元年刻本而言。
⑥　〔清〕永瑢等：《四庫全書總目》卷二〇，北京：中華書局，1965 年，第 167 頁。
⑦　〔清〕盛世佐：《儀禮集編》卷首，文淵閣《四庫全書》本。

顯然認識到了《儀禮》準確句讀的重要性。盛氏又曰:"句讀則近代郝氏敬、張氏爾岐、姜氏兆錫諸家之解皆有之,其紕繆處已僭爲駁正,至於順文會意,願讀者自得諸簡編。"[1] 雖然盛世佐在《集編》一書中並沒有像張爾岐一樣將經文通篇標明句讀,但其相關論點散見於各條案語中。

一、盛世佐《儀禮》句讀案語類析

通過爬梳盛世佐案語,筆者發現,與句讀相關的共計三十一條。可大致分爲以下兩類:一類是盛世佐駁正鄭玄、賈公彥之後的禮家句讀新説之誤;另一類則是認爲鄭、賈句讀有誤,采納敖繼公、郝敬等後儒句讀或自爲新説。現以表格的方式簡要羅列如下:

盛世佐案語駁正鄭、賈之後禮家句讀例表

鄭玄、賈公彥句讀	後儒句讀	盛世佐句讀
1 《士冠禮》:若殺,則特豚,**載合升**。賈疏言"升載之法"曰:"載在後,今先言載後言升,又合字在載、升之間通事之者,欲見在俎、在鑊俱曰合也。"	敖繼公以"載"字爲衍文。	盛氏以敖氏"載"字衍文之説爲非,此"載合升"與《公食大夫禮》"蓋執豆"句法相似。其解"載合升"之意基本依從賈氏之説。
2 《士冠禮》:公侯之有冠禮也,夏之**末造也**。鄭玄訓造爲作,意爲公侯之冠禮自夏末始作,則"末"字當一讀。	張爾岐引徐師曾解《郊特牲》云"末造猶言末世",則"末造"二字應連讀。	盛氏曰:"'夏之末造也'句法與《檀弓》'魯禮之末失也'相似,皆當於'末'字一讀。"
3 《士昏禮》:贊者設醬于席前……設于豆東,**魚次**,腊特于北俎。	郝敬以"魚次腊"爲句,曰:"腊在菹東,魚在醢東,次腊。"	盛氏以郝氏句讀爲非,曰:"腊云'特',則豚、魚之並可見矣。"
4 《士相見禮》:始見于君,**執贄**,至下,容彌蹙。注疏没有明確句讀,鄭玄釋"下"爲"君所",賈疏延伸其説。	敖氏以"執贄至下"爲句,並以"執贄至下"爲"執贄當帶"。張爾岐釋經用鄭、賈之説,但句讀仍用敖氏。	盛氏以敖氏"執贄當帶"之説爲非,認爲"至下"應屬下讀。
5 《鄉射禮》:執觶者受觶,遂實之,賓觶以之主人,**大夫之觶長受,而錯**,皆不拜。鄭玄注曰:"錯者,實主人之觶以之次賓也,實賓長之觶以之次大夫。"	敖氏以"大夫之觶長受而錯"爲句。釋"錯"字之意曰:"錯,謂以次更迭而受也。大夫若惟一人,則衆賓長先受其觶,以次錯行之,大夫若有二人以上,則皆及於大夫乃及衆賓。"	盛氏以敖氏之説與"錯"字之義不合,認爲敖氏以"大夫之觶長受而錯"爲一句亦非。
6 《鄉射禮》:楅長如笴,博三寸,厚寸有半,龍首,其中蛇交,**韋當**。楅髤,横而奉之。	姜氏兆錫讀"當"爲"當車"之"當",並以"韋當楅髤"爲句,意爲"韋當楅中而色則髤也"。	盛氏以姜氏之説爲非,曰:"此再言楅者,以其通體言也。若以'韋當楅'爲句,則髤但爲韋色,不知楅體更作何色耶?"故從舊讀。

續表

	鄭玄、賈公彥句讀	後儒句讀	盛世佐句讀
7	《燕禮》：君與射，則爲下射……**小臣以巾授矢，稍屬。不以樂志。**	姜氏以"稍屬不以樂志"爲句，"言小臣授矢于公，以漸相繼，其節自與樂相應，而公初不必以樂節爲識"。	盛氏以《大射》第二番射時，未以樂節射，亦云"授矢于公，稍屬"，據文例，姜氏句讀爲誤。
8	《大射》：前射三日，**宰夫戒宰及司馬、射人。宿視滌。**	敖氏以"宰夫"至"視滌"爲句，意爲宰夫戒宰、司馬、射人三者宿視滌。張氏以"射人宿視滌"爲句。	盛氏據《周禮》宰夫、司馬、射人職文，認爲唯宰夫有視滌濯之事，司馬、射人皆無之，故敖氏、張氏句讀爲誤，從注疏句讀。
9	《大射》：厥明，司宮尊于東楹之西……**綴諸箭，蓋幂加勺**，又反之。	張氏從注疏句讀。郝氏以"綴諸箭蓋"爲句。	盛氏以郝氏句讀爲非，從張氏句讀。
10	《聘禮》：賓入門皇，升堂讓，**將授志趨。授如爭，承下如送。**	郝氏以"將授志"爲一句，"趨授如爭"爲一句。	盛氏斥郝氏好爲新奇，從注疏舊説。
11	《公食大夫禮》：賓朝服，即位于大門外，**如聘。即位具。**	姜氏以"如聘即位具"爲一句，言其與《聘禮》儀節有相同之處。	盛氏以此節句讀當以注疏爲正。
12	《既夕》：器西南上，**綪。茵。**	張氏以"茵"字應連上"綪"字爲句。	盛氏認爲"茵"應單獨爲句，意爲"陳器之序自茵始"，以張氏句讀爲誤。
13	《既夕》：**卒洗貝**，反于笲。	郝氏：**卒，洗貝**，反于笲。張氏：**卒洗，貝**反于笲。	盛氏以"卒洗貝"爲句，意爲"主人既洗貝，則反之于笲也"。
14	《特牲饋食禮》：**沃尸盥者，一人**奉槃者東面，執匜者西面淳沃，執巾者在匜北。	敖氏疑"者一人"三字爲衍文。郝氏、張氏皆以"沃尸盥者一人"六字爲句。	盛氏參諸《士虞禮》《少牢禮》，以"沃尸盥者"總言以下奉槃者、執匜者、執巾者，"一人"應屬下讀，郝氏、張氏句讀爲誤。

如上表所示，盛世佐駁正鄭、賈之後禮家句讀之失的相關案語共計十四條，其中以敖氏爲誤者四例，郝氏、張氏各五例，姜氏三例。總體而言，盛氏判斷句讀正誤的方法或依據主要有兩種：其一，通過參照《儀禮》不同篇章之間，甚至三《禮》中相關文獻，比照相關儀節中的類似句法，相應儀節，以定句讀之正誤，如例1《士冠禮》之"載合升"與《公食大夫禮》之"蓋執豆"，例2《士冠禮》"夏之末造"與《檀弓》"魯禮之末失"，是類比句法以定句讀之例，例7將《燕禮》與君射節與《大射》第二番射相關儀節對照，是以相應儀節定句讀正誤之例。其二，參考三《禮》及其他相關文獻，在明晰儀節參與者、順序、面位及其中蘊含的禮義的基礎上，定句讀之正誤，如例4駁正敖氏以"執贄當帶"釋"執贄至下"之誤，後文詳論，例8中聯繫《周禮》所載職官執掌，斷敖氏、張氏句讀之誤等。

盛世佐案語從後儒句讀或自爲新説例表

	鄭玄、賈公彦句讀	後儒句讀	盛世佐句讀
1	《士冠禮》：贊者洗于**房中**，側酌醴，加柶，覆之，面葉。	敖繼公、郝敬、張爾岐、姜兆錫句讀與注疏同。 關於"側"字之解，敖氏曰："側，明無佐之酌之者，凡贊者酌醴皆側也。"張氏觀點近同。郝氏訓"側"爲"特"，"特一酌無三醮也"。姜氏曰："側，猶側尊之側，言特有酌之人，別無薦之人也。"	贊者洗于**房中側**，酌醴，加柶，覆之，面葉。 盛氏訓側爲偏，"房中側"，即"房中西偏"。
2	《士昏禮》："吾子有貺命，某加諸卜。" 鄭注曰："貺，賜也。賜命，謂許以女名也。"意爲以"貺命"爲句。 賈疏以"貺"字絕句。	《通解》未引賈疏，敖氏以"貺命"斷句。	盛世佐以賈疏句讀爲非，但未言明理由。
3	《士相見禮》：**大夫則辭退下**，比及門，三辭。	張氏句讀同注疏。 敖氏：大夫則辭，退，下，比及門，三辭。 郝氏、姜氏從敖説。	盛氏以賈疏句讀不如敖氏句讀字字有着落，故從敖説。
4	《士相見禮》：非以君命使則**不稱寡，大夫士則曰寡君之老**。	郝氏句讀同注疏。敖氏認爲原文不通，疑"君之老"與"大夫士"應易處。張氏與《玉藻》"大夫私事使，私人擯則稱名，公士擯則曰寡大夫、寡君之老"之文相參照，認爲此處經文有脱字。	非以君命使則**不稱寡大夫**，〔公〕士〔擯〕則曰寡君之老。 盛氏疑此記文爲纂《玉藻》而成，對記文的句讀、增補均依照《玉藻》文。
5	《士相見禮》：**執玉則唯舒，武**，舉前曳踵。	朱子引陸佃"唯武則舒然"之説，認爲應讀"武"字絕句。敖氏與朱子句讀同。	**執玉則唯舒武**，舉前曳踵。 盛氏釋"唯舒武"曰："謂步武之間惟以舒徐爲主。"
6	《鄉飲酒禮》：**乃席賓、主人、介，衆賓之席皆不屬焉。**	敖氏：**乃席賓、主人、介，衆賓之席**皆不屬焉。 郝氏：**乃席，賓、主人、介、衆賓之席，皆不屬焉。** 姜氏：**乃席賓、主人、介、衆賓之席，**皆不屬焉。	盛氏以舊説及敖氏、郝氏、姜氏句讀皆未安，其自爲句讀：**乃席賓，主人、介、衆賓之席**皆不屬焉。盛氏對經意的理解是，賓爲所興賢能之人，故別異之，使主人、介、衆賓之席皆不與之相連屬。
7	《鄉飲酒禮》：奠爵于薦西……**右絕末以祭，尚左手，嚌之**，興，加於俎。 鄭注曰："尚左手者，明垂紾之，乃絕其末。"明以"尚左手"三字連上句爲義。	敖氏以"尚左手嚌之"爲句，姜氏句讀同敖氏。	盛氏將此節經文與《鄉射禮》"坐絕祭，尚左手嚌之"對照，從敖氏句讀。
8	《鄉射禮》：獲者南面坐，……**東面設薦俎**。 此節經文注疏句讀不明。	張氏以"東面設薦俎"爲句。	從張氏句讀。
9	《聘禮》：**使者既受行日，朝**同位。	敖氏"日"字屬下讀，郝氏、張氏於"日"字絕句。	盛氏從敖氏之説。

續表

	鄭玄、賈公彦句讀	後儒句讀	盛世佐句讀
10	《聘禮》：**皆玄纁繫**，長尺，絢組。	敖氏於"纁"字絶句。	盛氏從敖氏之説。
11	《公食大夫禮》：賓辭，北面**坐遷而東遷所**。	注、疏、敖氏均以"東遷所"爲句。姜氏認爲經文有脱誤，"所"字或爲"卒"字之誤，"遷所"或應作"遷卒"，連下文"公立"。	盛氏以諸家舊説爲非，句讀爲：賓辭，北面坐，遷而東，遷所。
12	《喪服》：父卒，**繼母嫁，從爲之服**，報。賈公彦以"從"屬下讀，並以從服釋之。	王肅以"從"字絶句，敖氏、郝氏、顧氏炎武同。	盛氏認爲以義斷之，應以王説爲正。
13	《士喪禮》：乃奠。燭升自阼階，**祝執巾，席從**，設于奧，東面。	敖氏以執巾與執席者皆爲祝，故以"祝執巾、席從"爲句。	盛氏以敖説似勝于鄭注。
14	《士喪禮》：卜人抱龜、**燋，先**奠龜。	敖氏以"燋先"爲句，曰："燋先，謂執燋者先於龜而行也。"	盛氏以疏説爲非，據上文"卜人及執燋、席者在塾西"可知執燋者另有一人，從敖氏句讀。
15	《既夕》：至于壙，**陳器于道東西**，北上。疏曰："廟中南上，此則北上，故云統于壙也。"似以"北上"爲句。	郝氏以"道東西"爲墓道左右，明於"西"字處絶句。敖氏以"西北上"爲句。	盛氏從敖氏之説。
16	《士虞禮》：尸謖，祝前鄉尸。**還**，出户，又鄉尸**還**，過主人，又鄉尸**還**，降階，又鄉尸。降階，**還**及門，如出户。此處鄭、賈句讀不明。賈疏安鄭注於"鄉尸"與還之間，似有使"還"字屬下之意。又鄭玄以"還至門"釋"還及門"，以"還鄉尸"釋"還"字，似又以"鄉尸還"爲句。	敖氏釋"還"爲"先鄉尸而即還也"，不連下句，張氏同。	盛氏認爲鄭玄"令'還'字讀屬下句，又以'還'爲'還鄉尸'，於文頗不順"，故不從鄭注而遵敖氏。按其意，句讀應爲：尸謖，祝前鄉尸，**還**。出户，又鄉尸，**還**。過主人，又鄉尸，**還**。降階，又鄉尸。降階，**還**，及**門**，如出户。
17	《士虞禮》：主人入，祝從，啓**牖鄉**，如初。鄭注曰："鄉、牖一名也。如初者，主人入，祝從，在左。"賈疏曰："北牖名鄉，鄉亦是牖。"可見鄭、賈以"啓牖鄉"爲句，"如初"二字爲句。	郝氏以北窗釋"鄉"，與舊注同。敖氏訓"鄉"爲"面"，以"啓牖"二字爲句，"鄉如初"三字爲句。	盛氏以敖氏之説得之，並以"鄉"爲北窗之説爲非。

　　由上表可知，盛世佐句讀不用鄭注、賈疏舊説共計十七例，其中認爲舊説皆有所未安，自爲新説者共四例，有因訓詁不同而產生異讀者，如例1之"房中側"；有懷疑經記有訛脱之文，而據其他相關文獻增改者，如例4；有因對行禮面位的理解不同而致異讀者，如例6及例11。

因注疏句讀不明確,用張爾岐句讀者一例。認爲後儒句讀更優遂從之者十二例,其中王肅一例,敖氏十一例,由此看出,盛世佐對敖繼公不同於鄭注、賈疏的句讀方式多有采納。

這些不同於舊説的句讀方式體現着盛世佐對《儀禮》所載儀節的不同認識,其取舍是否合於經義,又是否爲之後禮學家所認可,需要對盛世佐的句讀方式進行檢討,現對其案語之得失分類列舉辨析。

二、盛世佐對前説的駁正與句讀的改進

《儀禮》經文的句讀,或有敖繼公、郝敬、張爾岐、姜兆錫等後儒與鄭玄、賈公彦舊説不同者;或有鄭注、賈疏没有論及,且後儒之説相異者,盛世佐參考衆家之説,立足經文所載儀節本身,對後儒誤説加以駁正,對舊説含混,容易引起歧義之處加以釐清,對《儀禮》經文句讀進行了一定程度上的改進。現舉數例加以分析:

例一:《士相見禮》:"始見于君執贄,至下容彌蹙。"[①]

此節記文記大夫、士始見君時執贄之禮容。鄭玄注曰:"下,謂君所也。"賈公彦進一步解釋經爲何言"至下"而不言"至所"的原因是"凡臣視袷已下,故不言所言下也"。[②] 袷者,衣領也。《禮記·深衣》鄭注曰:"袷,交領也。古者方領,如今小兒衣領。"[③]《曲禮下》曰:"天子視不上於袷,不下於帶。"[④] 言見天子時之禮容,視綫應上不高於衣領,下不低於腰帶。推而論之,臣始見於君之禮容,亦應下於袷,此時臣在君所,且距君較近明矣,故不必贅言。注疏之意爲,臣始見於君,持贄至君之所在,形容應該愈加嚴肅。敖氏釋經與注疏不同,以"當帶"釋"至下",以此爲"執物高下之節"及"見至尊者之禮",[⑤] 故以"執贄至下"爲句,以"執贄當帶"釋"執贄至下"。另張爾岐雖然解經用鄭玄之説,其句讀仍以"執贄至下"爲句。

盛世佐從禮例和禮義兩個方面駁正了敖氏之説。首先禮例方面,《曲禮》篇中記載了行禮過程中奉物、提物常法,曰"凡奉者當心,提者當帶",[⑥] 此謂物有宜奉之者,有宜提挈之者,各有高下之節。《曲禮》又曰:"執天子之器則上衡,國君則平衡,大夫則綏之,士則提之。"[⑦] 高與心平謂之衡,則執天子之器應高於心,執國君之器應與心平。春秋定公十五年《左傳》記載國君執玉,不可過於高仰或過於卑俯。《聘禮》又有"賓奉束錦以請覿"之言。無論是執國君之器,還是朝聘執贄,均應顯其恭敬之義,盛世佐據此認爲"執贄之法,雖無明文,然以

---

① 按,舉例時采用盛世佐所定句讀,後做此。
② 〔漢〕鄭玄注,〔唐〕賈公彦疏,〔清〕阮元等校勘:《儀禮注疏》卷七,嘉慶二十年江西南昌府學刻本,臺北:藝文印書館,2001年,第73頁。
③ 〔漢〕鄭玄注,〔唐〕孔穎達疏,〔清〕阮元等校勘:《禮記注疏》卷五八,嘉慶二十年江西南昌府學刻本,臺北:藝文印書館,2001年,第963頁。
④ 〔漢〕鄭玄注,〔唐〕孔穎達疏,〔清〕阮元等校勘:《禮記注疏》卷五,第100頁。
⑤ 〔元〕敖繼公撰,孫寶點校:《儀禮集説》卷三,上海:上海古籍出版社,2017年,第114頁。
⑥ 〔漢〕鄭玄注,〔唐〕孔穎達疏,〔清〕阮元等校勘:《禮記注疏》卷四,第70頁。
⑦ 〔漢〕鄭玄注,〔唐〕孔穎達疏,〔清〕阮元等校勘:《禮記注疏》卷四,第70頁。

義推之,則亦當爲奉,而不爲提",①故敖氏之説不可從。盛世佐爲了駁正敖説之誤,並着重强調了全句句讀應作"始見于君執贄,至下容彌蹙"的禮義依據。盛世佐認爲言"始見于君執贄",强調的是臣見君之執贄,"惟新臣有之,常朝及燕見則不用也",②故其禮容應恭敬。對照《論語·鄉黨》:"入公門,鞠躬如也,如不容。立不中門,行不履閾。過位色勃如也,足躩如也。其言似不足者,攝齊升堂,鞠躬如也,屏氣似不息者。出降一等,逞顏色怡怡如也。"③在國君之堂上,行禮之容色應愈加恭謹嚴肅,而"至下容彌蹙"體現的則是"臣自入門即著恭慤之容,而至于君所則其蹙愈甚"的禮容變化,④其背後體現的是尊君之義。若按敖氏句讀,以"執贄至下"爲執贄下至於帶,則與距君愈近愈加恭慤嚴肅的尊君之義相悖,因此無論是儀節的合理性還是對禮義的符合,盛世佐的句讀方式更優,使得經意更加明晰。

例二:《公食大夫禮》:"賓朝服,即位于大門外,如聘。即位,具。"

公食大夫之禮,公派遣大夫爲使者到賓館之大門外戒賓,賓隨大夫一同回朝,此節經文所載,爲賓入朝前著朝服,在大門外即位之禮。鄭注"如聘"曰"亦入於次俟",意爲賓至大門外,如《聘禮》賓來到所聘君的外朝,先進入次中,待君命卿爲上擯請賓入門,又於"即位,具"下注曰"主人也,擯者俟君於大門外,卿、大夫、士序,及宰夫具其饌物",⑤則鄭玄之意,應在"如聘"後絶句。賈疏句讀與鄭注同,但其釋"如聘"謂"賓、主設擯、介以相待如聘時",⑥與鄭注之意不同。敖繼公、張爾岐與注、疏句讀相同。郝敬、姜兆錫則以"如聘即位"爲句。郝敬解釋"如聘即位"之意爲:"如聘時廟門外接西塾立。"⑦姜兆錫對鄭玄、賈公彥兩種觀點均不認同,認爲《聘禮》中行正聘禮之前,賓"及廟門,公揖入,立于中庭,賓立接西塾",几、筵具設之前,賓所即之位在門内近西塾處,此禮中賓即位于大門之外,是具言其與聘禮相異,而"如聘即位"則"具言其與聘禮同也"。⑧

盛世佐認爲此節句讀應以注、疏爲正,"如聘",指的是如聘禮中之位面及設擯介之法,"即位"是指自公以下的行禮之人各即其位,"具"指"官各饌其所當供之物"。⑨首先以"即位,具"爲句更符合《儀禮》記載儀式的慣例。一般而言,行正禮之前會有類似"告具"和"即位"的儀節。如《鄉飲酒禮》中先陳設行禮所用之具,經文中雖然没有"告具"之文,但"羹定"具有類似的意義。《燕禮》中亦首先有陳設酒食、器具之儀,然後有"射人告具"之文,之後公、

①〔清〕盛世佐:《儀禮集編》卷五,第20頁。

②〔清〕盛世佐:《儀禮集編》卷五,第21頁。

③〔魏〕何晏注,〔宋〕邢昺疏,〔清〕阮元等校勘:《論語注疏》卷十,上海:上海古籍出版社1997年影印嘉慶二十年江西南昌府學刻《十三經注疏》本,第2494頁。

④〔清〕盛世佐:《儀禮集編》卷五,第21頁。

⑤〔漢〕鄭玄注,〔唐〕賈公彥疏,〔清〕阮元等校勘:《儀禮注疏》卷二五,第299頁。

⑥〔漢〕鄭玄注,〔唐〕賈公彥疏,〔清〕阮元等校勘:《儀禮注疏》卷二五,第299頁。

⑦〔明〕郝敬:《儀禮節解》卷九,《四庫全書存目叢書》第87冊,濟南:齊魯書社1996年影印明萬曆《郝氏九經解》本,第474頁。

⑧〔清〕姜兆錫:《儀禮經傳》内編卷五,《續修四庫全書》第87冊,上海:上海古籍出版社2002年影印乾隆元年寅清樓刻本,第242頁。

⑨〔清〕盛世佐:《儀禮集編》卷十九,第5頁。

卿、大夫、小臣等皆即位。至於食禮與燕禮"告具"與"即位"次序的不同,盛世佐認爲"燕禮告具而後即位,此則即位乃具者,食重于燕也"。①《聘禮》中行正聘禮前,公與賓先即位,而後設几、筵,"擯者出請命"亦有告具之意。如此,則句讀作"即位,具"更符合文例。

假設以"如聘即位"爲句,若其主語爲賓,則不能涵蓋公、擯者等人的即位的儀節;若其主語不爲賓,意爲公迎賓入門之前擯、介等人的面位與《聘禮》相同,則實際情況與《聘禮》經文不相合。《聘禮》中有上擯、承擯、紹擯三擯,且有"擯者出請事"之節,《公食大夫禮》中無三擯,且前已使大夫戒賓,不應再有請事之節,其儀不同,面位亦不同。兩種理解方式皆有不通之處,不若從注、疏之句讀爲安。"如聘"指的是門外之賓如聘時入次以俟,"即位"指主人、擯者等各即其位。

例三:《既夕》:"卒洗貝,反于笲。"

此節記文之句讀,鄭注、賈疏均未及。郝敬以"卒"單獨爲句,"洗貝"爲句,並將"卒"釋爲"著明衣畢",②意爲給死者穿明衣完畢,然後洗貝,將貝反置於笲。張爾岐以"卒洗"爲句。盛世佐認爲兩家之説均未安,應以"卒洗貝"爲句。③《士喪禮》曰"貝三,實于笲",又曰"洗貝,執以入",則飯含所用之貝本實於笲,洗後置於何處,經無明文,此節記文是對經文的補充説明,洗貝畢,反置貝於笲。

盛氏案語僅指出郝敬、張爾岐兩家分句不審,現詳細説明。檢討《儀禮》文例,用於表達完成某事時往往用"卒某"的句式,如卒筮、卒紘、卒洗、卒盥、卒醮、卒食、卒爵、卒觶、卒歌、卒射等。有"卒"字單獨爲句,如"旅占,卒"、"乃食,卒"、"拾取矢,如三耦,卒"等,均標誌着某一儀節的結束,並承接下一儀節的開始,比如《士冠禮》中筮人"旅占,卒"之後,緊接着"進告"于主人。而此節乃記文,爲經文的補充説明,其上下句之間不存在必然的儀節上的連貫性。若依郝氏之言,"卒"指上節記文中的設明衣完畢,則意味着設明衣與洗貝是兩個順序相連貫的儀節,但這與經文所載儀節順序不符,外御二人爲尸體沐櫛,設明衣裳,商祝襲祭服、褖衣,之後才有主人洗貝之禮,故郝氏以"卒"字單獨爲句於儀節、文例均不符。張爾岐以"卒洗"爲句,其不合之處亦在於文例,通檢《儀禮》全經,單獨以"卒洗"爲句的句式均用於飲酒禮中的洗爵、洗觶等,此節記文屬於《士喪禮》下篇,與飲酒禮無涉,且若以"貝"字屬下,則卒洗何物,文意不明。三家相較,盛世佐能夠聯繫經文與記文的關係,句讀較爲合理。胡培翬雖没有明言此節記文句讀,但幾乎全引盛氏案語:"卒,既也。貝本實于笲,主人既洗貝,仍實于笲,故云反也。經但云'洗貝執以入',而不言'反于笲',故記之。"④可見盛氏之句讀由於其合理性得到了後世學者的讚同。

---

① 〔清〕盛世佐:《儀禮集編》卷十九,第 5 頁。
② 〔明〕郝敬:《儀禮節解》卷十三,《四庫全書存目叢書》第 87 册,第 541 頁。
③ 〔清〕盛世佐:《儀禮集編》卷三一,第 16 頁。
④ 〔清〕胡培翬撰,〔清〕楊大堉補:《儀禮正義》卷三一,《續修四庫全書》第 92 册,上海:上海古籍出版社 2002 年影印清木犀香館刻本,第 558 頁。

三、盛世佐從後儒或爲新説而致誤

雖然盛世佐駁正了敖繼公、郝敬、姜兆錫等部分句讀不合理之處，但仍然存在從後儒而誤改鄭、賈句讀，或自爲新説而不能兼顧文例，導致句讀錯誤的情況，舉例分析如下：

例一：《士冠禮》：“贊者洗于房中側，酌醴，加柶，覆之，面葉。”

此節經文在“醴冠者”章，記載的主要內容是三加冠禮之後，賓需要醴冠者，賓之贊者在房中洗觶並酌醴，將角柶反扣在觶上，使柶用來舀取醴的一端，即大端朝前，爲賓授冠者醴作準備。鄭玄注曰：“側酌者，言無爲之薦者。”[1] 由鄭注可以看出，鄭玄將“側”字屬下讀，以“側酌醴”爲句。賈公彥進一步解釋“側酌”之意爲：“無人爲之薦脯醢，還是此贊者，故下直言‘薦脯醢’，不言別有他人，明還是贊者也。”[2] 按鄭、賈之意，此處“側”訓獨，意爲獨贊者一人於房中酌醴，無他人贊其酌醴、薦脯醢。張爾岐從鄭、賈二家之説，釋“側酌”爲“贊者自酌還自薦也”。[3] 郝敬雖亦以“特”訓“側”，但其解釋“側酌”爲“特一酌無三醮也”，[4] 意爲相對於下文所記行醮禮需要“三醮”的情況，此處贊者祗用酌醴一次。郝氏之説爲新解，但僅可備一説，不足以否定鄭注。

盛世佐與以上諸家之説均不相同，將“側”屬上讀，作“贊者洗于房中側”，並將“側”訓爲“偏”。其理由爲：據《士昏禮》，房中之洗在北堂，直室之東隅，“贊者洗于房中側”之意爲贊者洗于“房中之西偏”。[5] 通檢《儀禮》，“房中”已表明位置，其後再加表示方位的“側”字在經文中尚屬孤例。《士冠禮》篇有“側尊一甒醴”，鄭注曰：“側，猶特也，無偶曰側。置酒曰尊，側者，無玄酒。”《士昏禮》有“側尊甒醴于房中”，又有“側載”，鄭注亦釋“側尊”爲云“無玄酒”，釋“側載”爲“右胖載之舅俎，左胖載之姑俎”，意爲獨載一胖，則側亦有訓爲獨之意。《鄉飲酒禮》有主人“側降”，鄭注以“賓、介不從”，即主人獨降。《聘禮》有“公側襲受玉”，“公側授宰玉”，“公側授宰幣”，“側受几于序端”等，皆可以“獨”訓“側”，其義爲見公尊賓之意。《士虞禮》有“側亨于廟門外之右”，注曰：“側亨，一胖也。”《特牲饋食禮》“側殺”指“殺一牲”。此處之“側酌”與側尊、側載、側降、側襲、側授、側受、側亨、側殺文例相同，以上諸“側”均應訓爲特、獨，否則於文意不合。雖《聘禮》“乃飲酒于其側”之“側”可訓爲旁、邊，又《既夕》“日側”之“側”訓爲“昳也，謂將過中之時”，[6] 意雖與“偏”相近，但以上兩處文例與“側酌”不合，故不可相比而論。因此盛世佐此處句讀不合文例，不可取信。還應同舊説屬下讀作“側酌醴”爲宜。

---

① 〔漢〕鄭玄注，〔唐〕賈公彥疏，〔清〕阮元等校勘：《儀禮注疏》卷二，第20頁。
② 〔漢〕鄭玄注，〔唐〕賈公彥疏，〔清〕阮元等校勘：《儀禮注疏》卷二，第20頁。
③ 〔清〕張爾岐：《儀禮鄭注句讀》卷一，清乾隆八年高廷樞刻本，第9頁。
④ 〔明〕郝敬：《儀禮節解》卷一，《四庫全書存目叢書》第87册，第358頁。
⑤ 〔清〕盛世佐：《儀禮集編》卷二，第2頁。
⑥ 〔漢〕鄭玄注，〔唐〕賈公彥疏，〔清〕阮元等校勘：《儀禮注疏》卷三八，第452頁。

例二：《聘禮》：“使者既受行，日朝同位。”

此句盛氏句讀從敖氏之說，於“行”字後絕句，以“每日常朝”釋“日朝”。賈公彥、郝敬、張爾岐均於“日”字後絕句。秦蕙田認爲敖氏之說甚鑿，應從衆儒之說於“日”字後絕句。胡培翬認爲“使者既受行”之“既”字，應是涉上節之衍文，應從唐石經、《儀禮集釋》等删之。如此，斷句爲“使者受行日，朝同位”，其意爲“使者受行之日，而朝則同位也”，[①] 即使者接受國君任命的那一日，使者和介上朝時都應處在北面而立的相同位置上。如此句讀，對經文的闡釋較爲順暢。且檢《儀禮》全經，沒有用“日朝”表示“常朝”的用例。《周禮·秋官·朝大夫職》有“日朝以聽國事，故以告其君長”之文。鄭玄注曰：“朝大夫日日在朝，以聽受國事，故天子之事，以告采地之君長。”[②] “日朝”似有“日日在朝”之意，與《儀禮》之經意不符。而且與經前文參看，使者在接受任命時的面位並非常朝的面位。前文曰：“君與卿圖事，遂命使者。”注曰：“謀事者必因朝，其位，君南面，卿西面，大夫北面，士東面。”[③] 此諸侯正朝之面位。注又曰“聘使卿”，則此使者爲卿。使者上朝接受出行聘禮的使命，此時君臣面位爲“君朝服，南鄉。卿、大夫西面，北上。君使卿進使者。使者入，及衆介隨入，北面，東上”，[④] 大夫與卿同西面，闕北面爲使者與衆介之位，此朝之面位已與常朝不同，故更不能以“日朝”爲句而以“常朝”釋之。張爾岐校勘唐石經本《儀禮》，由於參校版本較少，大多根據本校或理校斷其正誤，故其《儀禮石本誤字》校勘結論的準確性間或存在問題，盛世佐由於認同張爾岐石經脫字之說，沒有認識到“既”字或爲衍文，其句讀方式不合理。

例三：《聘禮》：“皆玄纁，繫長尺，絢組。”

此節記文所載，爲朝天子與問諸侯所用玉繅之制。鄭玄注曰：“采成文曰絢。繫，無事則以繫玉，因以爲飾，皆用五采組。上以玄，下以纁。”[⑤] 張爾岐釋繅、組、繫三者關係爲：“繅以藉玉，繫以聯玉與繅，組即所以飾繫者。”[⑥] 鄭玄之意，繫以五彩組爲之，爲連接玉與繅之物，雖然朝天子與問諸侯所用玉與繅的形制有尊卑等級的差異，但所用繫形制均相同，繫長尺，其色上玄下纁，句讀應作“皆玄纁繫，長尺，絢組”。敖繼公則以“皆玄纁”爲句，認爲繅以帛爲之，“玄纁”指的是繅表裏的顏色，“朝聘之繅，皆以玄纁之帛爲之，蓋表玄而裏纁也。其表裏則皆絢以采”，[⑦] 並以繫與組爲一物，“繫者，繅之繫也，以絢組爲之”。[⑧] 盛世佐舍鄭注而取敖說，以舊說爲非，認爲應於“玄纁”後絕句。[⑨] 盛世佐作此句讀的理由是鄭玄將繅解釋爲“以木爲

① 〔清〕胡培翬撰，〔清〕楊大堉補：《儀禮正義》卷一八，《續修四庫全書》第 92 册，第 393 頁。

② 〔漢〕鄭玄注，〔唐〕賈公彥疏，〔清〕阮元等校勘：《周禮注疏》卷三八，臺北：藝文印書館影印清嘉慶二十年南昌府學刻本，第 588 頁。

③ 〔漢〕鄭玄注，〔唐〕賈公彥疏，〔清〕阮元等校勘：《儀禮注疏》卷一九，第 226 頁。

④ 〔漢〕鄭玄注，〔唐〕賈公彥疏，〔清〕阮元等校勘：《儀禮注疏》卷一九，第 226 頁。

⑤ 〔漢〕鄭玄注，〔唐〕賈公彥疏，〔清〕阮元等校勘：《儀禮注疏》卷二四，第 284 頁。

⑥ 〔清〕張爾岐：《儀禮鄭注句讀》卷八，第 33 頁。

⑦ 〔元〕敖繼公撰，孫寶點校：《儀禮集説》卷八，第 521 頁。

⑧ 〔元〕敖繼公撰，孫寶點校：《儀禮集説》卷八，第 521 頁。

⑨ 〔清〕盛世佐：《儀禮集編》卷一八，第 37 頁。

中幹而衣以韋者”的説法爲臆説，①並以前經文之“垂繅”“屈繅”當作繅以帛爲之的證據，明顯取信於敖氏。

關於繅藉之制，鄭玄與賈公彦已有成説。《周禮·典瑞職》注曰：“繅有五采文，所以薦玉，木爲中幹，用韋衣而畫之。”②《聘禮記》曰：“所以朝天子，圭與繅皆九寸，剡上寸半，厚半寸，博三寸。”賈公彦進一步指出繅藉中木板的大小應與所薦玉的大小形制相同，繅之五采在於木板外之韋衣。上文既云朝天子之繅“三采六等，朱白倉”，“問諸侯，朱緑繅”，繅藉之色因朝聘對象尊卑不同而有所差異，則“皆玄纁”不應復指繅藉而言。賈公彦曰：“上文繅藉，尊卑不同，此之組繫，尊卑一等。”③此即繫皆玄纁之義。聶崇義作繅藉之圖，依據爲鄭注和賈疏，黃以周作圖，亦以鄭玄舊説爲準。

至於《聘禮》篇中多次言及“垂繅”和“屈繅”，賈公彦認爲應該合承玉之韋版與繫玉之組兩者解之。④李如圭又進一步闡釋爲：“繅者，以韋衣木，畫以雜采，以之薦玉。……又以五綵組繫焉。有事則組或垂或屈之。垂者，垂之向下，屈者，屈之于手。凡言屈垂者，皆據組而言。”⑤褚寅亮曰：“云繫玉於上，則仍相須爲用，非判然二物矣，故總名曰藉。但經文各有所指，此經垂繅、屈繅，指其絢組而言也，《覲禮》奠圭繅上，指其韋板而言也。”⑥敖繼公對繅藉的形制認識有誤，胡培翬亦以李氏之説爲是，而以敖氏之説無據不可從，故其句讀與鄭、賈、張三家同。因此諸家依照鄭玄注對經、記的闡釋較爲合理，繅若以上玄下纁之帛爲之，則與《聘禮記》《覲禮》《周禮》等對繅藉形制的記載相矛盾，故不宜全然否定鄭説。盛世佐此處從敖氏以“繫”屬下讀，以“皆玄纁”指繅藉之色的句讀方式不甚可取。

例四：《既夕》：“至于壙，陳器于道東，西北上。”

鄭玄對此節經文注曰：“統於壙。”賈疏釋曰：“統于壙者，對廟中南上，此則北上，故云統于壙也。”⑦注、疏雖然没有明確分句，但既言“北上”，則其於“西”字後絶句無疑，郝敬句讀同，並解釋“陳器于道東西”爲“陳送葬之明器于墓道左右”，⑧張爾岐句讀亦同。敖繼公以“西北上”爲句，其論曰：“西北上，以西行北端爲上，謂苞筲而下者也。”⑨盛世佐認同敖氏之句讀。

① 〔清〕盛世佐：《儀禮集編》卷一八，第37頁。
② 〔漢〕鄭玄注，〔唐〕賈公彦疏，〔清〕阮元等校勘：《周禮注疏》卷二〇，第313頁。
③ 〔漢〕鄭玄注，〔唐〕賈公彦疏，〔清〕阮元等校勘：《儀禮注疏》卷二四，第284頁。
④ 〔漢〕鄭玄注，〔唐〕賈公彦疏，〔清〕阮元等校勘：《儀禮注疏》卷一九，第229頁。
⑤ 〔宋〕李如圭：《儀禮集釋》卷十一，文淵閣《四庫全書》本。
⑥ 〔清〕褚寅亮：《儀禮管見》卷中之二，《續修四庫全書》第88冊，上海：上海古籍出版社2002年影印清乾隆刻本，第417頁。
⑦ 〔漢〕鄭玄注，〔唐〕賈公彦疏，〔清〕阮元等校勘：《儀禮注疏》卷四〇，第471頁。
⑧ 〔明〕郝敬：《儀禮節解》卷十三，《四庫全書存目叢書》第87冊，第539頁。
⑨ 〔元〕敖繼公撰，孫寶點校：《儀禮集説》卷十三，第811頁。

　　方苞、胡培翬均不認同敖氏之説,方苞以"道"爲"羨道",① 即墓道,祇有將明器預陳於羨道東西兩邊,才便於藏器。經下文云:"藏器於旁,加見。藏苞、筲於旁,加折,却之。"由此可見,棺入墓穴之後,用器、軍器等藏在棺的一边,苞、筲等藏在棺的另一边,方苞曰:"若專陳於道東,藏器時將踰羨道而西乎,抑迂出於羨道之南,然後折而西又轉而北乎?"② 從實際操作的角度,將明器全部陳於墓道之東不便於藏器。

　　盛世佐以"西北上"爲句,並與廟中陳明器之西南上相類,認爲"明器在廟中陳於乘車之西,車直東榮,則器亦在東方矣,此時陳器于道東,禮亦宜之"。③ 盛氏此解有兩誤。其一,兩者之禮義不同,絶不相類。前文陳明器於乘車西,西南上,屬朝廟之禮,是指葬前先遷柩於祖廟,象人生時將出行,必辭尊者,因此死者才是行朝廟禮之主體,與其有關的器物應該陳於東方主位:奠爲死者神之所依,故設奠在東堂下;士之薦車有三,分別自西向東分別陳列乘車、道車、槀車,均爲死者生前所乘之車,象平日駕車出行,故"薦車直東榮";明器乃死者所用之禮器、食器、樂器等,故亦應陳於東方。而入壙前之陳器是爲藏器作準備,没有必陳於道東不可陳於道西的禮義依據,故不可與前者類比。

　　其二,廟中陳器之西南上,是出於行器方便的目的。因爲出廟之前,"還車,不還器",薦車本爲北輈,需調轉方向,而所陳明器則不必。又出廟之時,"旬人抗重,出自道","馬出自道","行器、茵、苞、器序從,車從",重、馬、明器等先後從廟門中央出來,陳器西南上,出於方便明器依次出廟而順序不亂的目的。若陳器於墓道東,西北上,反而不便於藏器於柩兩旁。總而言之,盛世佐從敖氏之句讀與對經意的理解均不可取。

四、盛世佐《儀禮》句讀的特點得失

　　從以上諸例可以看出,盛世佐在面對前人對《儀禮》經文不同的理解時,不專主一家之説,善於參合比較各家,取其認爲較符合儀節、禮義者用之,對敖繼公、郝敬、張爾岐、姜兆錫等後儒之説的謬誤進行了一定的駁正,釐清了個别容易造成歧義的句讀。其正確的句讀方式也爲胡培翬等後儒所采納,成爲禮學家普遍認可的句讀方式。這是盛世佐有功於《儀禮》之處。

　　但是盛世佐兼采各家之説的弊端在於往往不能兼顧整體,容易受後儒新説特别是敖繼公的影響,而對儀節和禮義的理解出現偏差,造成句讀的錯誤。盛世佐多處句讀的錯誤是由於采納敖説造成的。敖繼公《儀禮集説》在清初的禮學研究中有相當的影響力,"官撰《儀禮

---

① 《周禮·春官·冢人》:"及窆,以度爲丘隧,共喪之窆器。"注曰:"隧,羨道也。"疏曰:"天子有隧,諸侯已下有羨道。隧與羨異者,隧道則上有負土,謂若鄭莊公與母掘地隧而相見者也。羨道上無負土。若然,隧與羨别,而鄭云'隧,羨道者',對則異,散則通。"則隧道與羨道均爲墓道,區别爲隧道上有負土,用於天子墓葬,而羨道則爲諸侯以下墓之墓道,上無負土。

② 〔清〕方苞:《儀禮析疑》卷十三,文淵閣《四庫全書》本。

③ 〔清〕盛世佐:《儀禮集編》卷三〇,第36頁。

義疏》並列敖、鄭，往往以敖説爲定"，^①乾嘉以降，清儒對敖繼公《儀禮》學漸漸趨向於貶低，而鄭玄在經學上的地位也漸趨尊崇，^②《儀禮》學的風氣由"從敖"轉向"遵鄭"。從《集編》書中對敖説的取舍臧否來看，處在乾嘉前期的盛世佐雖然能對敖説、鄭説相異之處作出較爲客觀的分析和取舍，但不可避免地呈現出一定的相對取信敖説的傾向性。

　　若不論"從敖"或"遵鄭"的門派之見，僅從對經文理解的準確性來看，盛世佐對部分敖繼公句讀不合宜之處没有加以駁正，反而遵從其説，並且在部分條目的案語中，盛世佐衹是籠統地指出某家句讀爲優，或僅簡略言及從某家之説，却没有詳細的舉證分析，有臆斷之嫌，這都是盛世佐辨析《儀禮》句讀存在的缺憾。

（袁　茵，浙江大學古籍研究所博士研究生）

---

① 顧遷：《敖繼公〈儀禮集説〉與清代禮學》，《史林》2012 年第 3 期，第 59 頁。
② 參見彭林：《清儒對敖繼公之臧否與鄭玄經師地位之恢復》，《文史》2005 年第 1 期（總第七十輯），北京：中華書局，2005 年。

《禮記》清人新疏選目平議*
——兼談孫希旦《禮記集解》的成書、版本及其影響

侯　婕

[摘　要]　晚近學者擬定十三經新疏,以爲清人於諸經皆有新疏,唯《禮記》《穀梁》獨闕。自議起迄今數十載,學者就新疏選目各陳己見,於《禮記》先後擇取朱彬《禮記訓纂》、黄以周《禮書通故》、孫希旦《禮記集解》諸書,爭議不絶。文章基於對晚近學者關於《禮記》清人新疏選目爭議的梳理,通過考察孫書的刊刻及影響,認爲章太炎、梁啓超所謂"清人於《禮記》無新疏"或因未及關注孫書,與朱書相較,孫書更勝一籌。孫書不僅可視作《禮記》清人新疏的最優代表作,而且可爲制定出更加全面的《禮記》讀本提供必要參考。

[關鍵詞]　十三經新疏　禮記　孫希旦　禮記集解

在從"六藝"到"十三經"的經學史發展歷程中,《易》《書》《詩》《三禮》《三傳》《論語》《孝經》《爾雅》《孟子》這十三部儒家經典作爲中國文化的核心,在歷朝歷代政治社會與士子學習研究領域都具有一定的地位與影響。自唐至清,每一代學人都圍繞這十三部經典做了大量的整理編纂、校勘刊刻及注解闡釋工作,以有清一代成果最爲全面豐厚。清初,學者致力於彙總研習宋、元以來經學研究著作,清中期以來,伴隨着官府及民間對《十三經注疏》文本的整理刊刻,逐漸產生了一批清人十三經新疏的撰寫成果。

這些成果在刊刻流傳後,對晚近學界產生了極大的影響,學者圍繞這些著作展開了數十年的論辯,對各經新疏褒貶不一,其中較有代表性的就是關於《禮記》清人有無新疏、選目何書的討論。這一問題的提出與爭議,對我們總結清代《禮記》研究工作,評價其學術成就,有一定意義。

一、近現代學者對《禮記》清人新疏選目的争議

清末民初,學者立議修訂十三經清人新疏,章太炎、梁啓超即有啓蒙之議。章氏言:

> 至清世爲疏者,《易》有惠棟《述》,江藩、李林松《述補》,張惠言《虞氏義》。《書》有江聲《集注音疏》,孫星衍《古今文注疏》。《詩》有陳奐《傳疏》。《周禮》有孫詒讓《正義》,《儀禮》有胡培翬《正義》。《春秋左傳》有劉文淇《正義》。《公羊傳》

---
* 本文是國家社會科學基金青年項目"清代《禮記》文獻研究"(21CZS006)的階段性成果。

有陳立《義疏》。《論語》有劉寶楠《正義》。《孝經》有皮錫瑞《鄭注疏》。《爾雅》有邵晉涵《正義》、郝懿行《義疏》。《孟子》有焦循《正義》。《詩》疏稍膠。其他皆過舊釋,用物精多,時使之也。惟《禮記》《穀梁傳》獨闕。[1]

章氏發論稱《禮記》清人無新疏。徐復於《訄書詳注》記言:"章先生晚年在蘇州講《經學略說》云:'《禮記》孔疏,理晰而詞富,清儒無以復加,朱彬作《訓纂》,不過比於補注而已。'本師黃先生《禮學略説》亦云:'《禮記》孔疏詳實,後儒未易加,故新疏獨闕。'"[2]可見黃侃亦從章氏之論,亦可知章氏對朱彬《禮記訓纂》(下簡稱"朱氏《訓纂》")評價不高,認爲其書成績在於補注,未能超越舊釋。

梁啓超説:

　　清代提倡經學,於是注疏之研究日盛,然愈研究則愈發見其缺點……以此之故,他們發憤另著新疏,舊注好的便疏舊注,不好的便連注一齊改造。自邵二雲起到孫仲容止,作者十餘家。《十三經》中,有新疏者已得其十。這些新疏的作者,都是竭畢生之力,鎔鑄幾百種參考書纏沏成一稿,真算得清朝經學的結晶體了。[3]

梁氏以著作年代先後次第,列舉邵晉涵《爾雅正義》(附郝懿行《爾雅義疏》)、孫星衍《尚書今古文注疏》(附江聲《尚書集注音疏》、王鳴盛《尚書後案》、簡朝亮《尚書集注述疏》)、焦循《孟子正義》、陳奐《詩毛氏傳疏》、胡培翬《儀禮正義》、陳立《春秋公羊傳義疏》、劉寶楠《論語正義》(附簡朝亮《論語集注補正述疏》)、劉文淇《左傳舊注疏證》、孫詒讓《周禮正義》諸書,以備將來匯刻《新十三經注疏》者採擇。於《孝經》,雖稱不見皮錫瑞《孝經義疏》,但以爲此經"有無不甚足爲輕重"。於《穀梁傳》,據其所知,邵晉涵、梅蘊生有所著,但都未成,故置而弗論。至於《禮記》,以爲此經"始終未有人發心做新疏,總算奇事"。而作《易經》之新疏,也怕是不可能的。無論如何,以上幾部清人新疏,與成於唐宋人之手的舊《十三經注疏》相比有優異之處,在學術史上亦有紀念價值,堪稱"清代經學的結晶體",如有好事者能匯刻爲一編,可謂佳話。[4]

自章、梁起議,上海中華書局在 1920—1936 年輯印《四部備要》,於"清十三經注疏"收有:惠棟《周易述》(附江藩《周易述補》、李林松《周易述補》)、孫星衍《尚書今古文注疏》、馬瑞辰《毛詩傳箋通釋》、孫詒讓《周禮正義》、胡培翬《儀禮正義》、朱彬《禮記訓纂》、洪亮吉《春秋左傳詁》、陳立《公羊義疏》、鍾文烝《穀梁補注》、劉寶楠《論語正義》、皮錫瑞《孝經鄭

①　章炳麟著,徐復注:《訄書詳注》,上海:上海古籍出版社,2000 年,第 165 頁。
②　章炳麟著,徐復注:《訄書詳注》,第 168 頁。
③　梁啓超著,俞國林校:《中國近三百年學術史》,北京:中華書局,2020 年,第 325—326 頁。
④　梁啓超著,俞國林校:《中國近三百年學術史》,第 326—340 頁。

注疏》、焦循《孟子正義》、郝懿行《爾雅義疏》。

1941年，顧頡剛受國民政府教育部委託，主持印行十三經新疏。七月一日代國立編譯館作《擬印行十三經新疏緣起》。擬目印行李道平《周易集解纂疏》、孫星衍《尚書今古文注疏》（附皮錫瑞《今文尚書考證》）、王先謙《詩三家義集疏》、胡培翬《儀禮正義》、孫詒讓《周禮正義》、朱彬《禮記訓纂》（附黃以周《禮書通故》。朱書非疏體，附以黃氏書則不啻《禮記》有新疏）、劉師培《左傳舊注疏證》（附洪亮吉《春秋左傳詁》）、陳立《公羊義疏》、廖平《穀梁古義疏》（附鍾文烝《穀梁補注》）、劉寶楠《論語正義》、皮錫瑞《孝經鄭注疏》、焦循《孟子正義》、郝懿行《爾雅義疏》諸書。①

同年十月五日，顧氏作《爲編十三經新疏致專家函》，發疑五端：一則如何審擇去取惠棟《周易述》、張惠言《周易虞氏義》與李道平《周易集解纂疏》，馬瑞辰《毛詩傳箋通釋》、陳奐《詩毛氏傳疏》與王先謙《詩三家義集疏》，邵晉涵《爾雅正義》與郝懿行《爾雅義疏》；二則劉文淇、劉毓崧、劉壽曾、劉師培祖孫四代相繼撰寫《左傳舊注疏證》，可惜是書未成，止於襄公四年，是當依其體例補完全書，抑或保留此書本來面目；三則《禮記》新疏今尚缺如，是否應爲其補作，或據朱彬《禮記訓纂》，附以黃以周《禮書通故》（下簡稱"黃氏《通故》"）備斯一格；四則近世金文材料的發現與研究，對注釋《尚書·周誥》頗有裨益，孫星衍撰《尚書今古文注疏》時未見，是否應集阮元、吳大澂、孫詒讓、王國維諸家之説重撰新疏；五則清人考釋疏通《逸周書》《大戴禮》《國語》《廣雅》撰作是否該破格取編。②

顧《函》於次年十二月由編譯館寄出，求函學界審定。時姜亮夫任教雲南大學，即對顧氏擬目持反對意見。不同意選定新疏者有七，其中以《禮記》一經選取朱氏《訓纂》附以黃氏《通故》頗爲不妥，論述有三：

其一，有清一代《三禮》之學，《周禮》《儀禮》皆得大成，惟《禮記》研究爲一短板。原因主要在於：一、《禮記》內容兼及禮儀、禮事、禮制，皆有異説，往往與《周禮》《儀禮》不調；二、《禮記》所涉禮義內涵頗豐，精微之處難以體會，鄭注亦不能全備；三、《周禮》《儀禮》二書非文非獻，故注疏僅在於"注之使得條貫，疏之使條貫益明"，而《禮記》則義則儀，其書浩瀚，不易轇輯，學者理解紛挐，難成大業。

其二，朱氏《訓纂》"集明人結習訓之纂之，其功至勤，而斷制則十九皆缺略或不當"，孫希旦《禮記集解》（下簡稱"孫氏《集解》"）"以鄭氏注爲本，猶是漢學本柢，且於禮義特爲重視，足補歷世説禮不詳義理之蔽，雖或雜宋人心性之論，但非主要所在，不爲大過"。

其三，黃氏《通故》非專爲《禮記》而發，當屬《三禮》總義類，若附於朱氏《訓纂》，則有以大加小之病。

對於《禮記》清人新疏選目，姜氏認爲：朱書反不如孫書有倫紀，以孫書爲主，朱書爲補，

① 參見顧頡剛：《寶樹園文存》卷一《上游集》，《顧頡剛全集》第33冊，北京：中華書局，2011年，第12—14頁。
② 顧頡剛：《寶樹園文存》卷一《上游集》，《顧頡剛全集》第33冊，第14—15頁。

更爲周恰。[①]

此外,無錫國學專修學校周名輝於《行健月刊》1941 年第 13 期發表《十三經新疏商榷》一文,稱:"《禮記》録朱彬《禮記訓纂》,附以黃以周《禮書通故》,而謂不啻《禮記》有新疏。不倫不類,殆未思邪? 黃書一百卷,浙江書局刊印本,篇第起迄,何處合於《禮記》,以爲《三禮》附録則可也,以爲《禮記》新疏,則傳本具在,有目共睹,一手不可掩群矇也。"[②]亦認爲選目將黃氏《通故》附於朱氏《訓纂》不倫不類。

顧氏擬目在當時學界激起了熱烈的討論,就《禮記》一經選目來看,多數學者認爲選取朱氏《訓纂》,附以黃氏《通故》視作《禮記》清人新疏頗爲不妥。建議有二,一則推選孫氏《集解》入此目,一則推舉學者結合當世新材料撰寫新疏。但此番顧氏主持的印行工作受當時條件所限,未能施行。

據徐俊《"十三經清人注疏"緣起》記述,隨着《三至八年(1960—1967)整理和出版古籍的重點規劃(草案)》的制訂頒布,中華書局逐漸展開了"十三經"新本的整理工作。1962年初,中華書局編輯部形成了"《清人經解輯要》整理出版計劃(草案)",並印發徵詢意見。根據徐文收録,屈守元提出六條意見,其中涉及《禮記》清人研究著作兩條,一曰:"既名《清人經解輯要》,即非'十三經新疏'之類,因而用不着對每一部經書平均照顧,選入一些第二流(如洪亮吉《春秋左傳詁》等)、第三流(如朱彬《禮記訓纂》等)著作。"[③]二曰:"《禮記》清人所作不能超過孔疏,可以不用朱書勉强備數。"[④]對朱氏《訓纂》評價較低。

時中國科學院歷史所楊向奎也有提議,楊氏觀點主要有五:一是認爲朱氏《訓纂》簡陋無用,且沿襲元人注釋《禮記》舊習,即因《大學》《中庸》入《四書》傳朱注,缺而不注。二是《禮記》注疏,以鄭注、孔疏難以超越,歷宋至清,唯宋衛湜《禮記集説》(下簡稱"衛氏《集説》")、清杭世駿《續禮記集説》(下簡稱"杭氏《集説》")略有可取,朱氏《訓纂》與孫氏《集解》差强人意。三是認爲刻印十三經清人新疏,時人多取朱書,很大程度上是因爲孫氏走宋學路子,與他經新疏不協。四是認爲新撰《禮記》新疏不可行。五是朱書版本多,流傳廣,若不是爲了配套出版,無需再印,與其印此書,不如印衛氏、杭氏書。[⑤]

相較民國時擬印行十三經新疏的探討,此番倡議更爲成熟。但計劃草案在呈報文化部黨組書記、古籍小組組長齊燕銘徵求意見後,齊氏認爲"這步工作暫時可以不作"。主要因爲一則這些書近刻易得,經學研究還未提上日程,時機不够成熟,二則此系列書體例不一,受衆

①　姜亮夫:《史學論文集》,姜亮夫著,沈善洪、胡廷武主編:《姜亮夫全集》第 20 册,昆明:雲南人民出版社,2002 年,第390—391 頁。

②　周名輝:《十三經新疏商榷》,《行健月刊》1941 年第 13 期,第 22 頁。

③　徐俊:《"十三經清人注疏"緣起》,《書品》2012 年第 3 期,第 34 頁。此文後收入徐俊:《翠微却顧集》,北京:中華書局,2021 年,第 101—116 頁。

④　徐俊:《"十三經清人注疏"緣起》,《書品》2012 年第 3 期,第 34 頁。

⑤　徐俊:《"十三經清人注疏"緣起》,《書品》2012 年第 3 期,第 36 頁。

定位不够明確。[①]

　　時隔二十年,中華書局在 1982 年又重新啓動"十三經清人注疏"叢書的出版項目,此次計劃選取清人著述二十四種,相較 1941 年、1962 年的兩次擬目,在《禮記》一類折衷前説,將朱氏《訓纂》、黄氏《通故》、孫氏《集解》三書全部選入。究竟何書當爲《禮記》清人新疏之代表,值得我們具體討論。

二、孫氏《集解》的成書、版本及其影響

　　就經學文獻的整理與研究而言,自康熙至嘉道年間,學者圍繞儒家傳統原典文本《十三經注疏》以及宋、元以來諸家經典闡釋讀本做了兩項工作,一是對《十三經注疏》文本的校刻,二是對歷代經解的編纂。前者代表性成果有康熙年間對監本《十三經注疏》的剜版重修,乾隆初年武英殿本《十三經注疏》的校勘刊刻,乾隆中期纂修《四庫全書》過程中《薈要》本、文淵閣本《十三經注疏》的校抄,嘉慶年間阮元等學者編纂《十三經注疏校勘記》與校刻《十三經注疏》之舉。後者則以康熙年間徐乾學、納蘭性德編纂《通志堂經解》,輯刻宋元明清學者解經著作一百四十種,道光年間阮元編纂《清經解》,囊括清初至乾嘉時期七十三位學者解經著作一百八十三種爲代表。

　　就《禮記》一經來看,乾隆初年,清廷下令纂修《禮記》注解詮釋讀本,以彰顯一代教學之功,歷時十九年,纂成《欽定禮記義疏》(下簡稱"《義疏》")八十二卷。參與三禮館纂修《義疏》工作的杭世駿,在離開三禮館之後,自纂《續禮記集説》一百卷,仿衛氏《集説》之例,對《義疏》纂修工作中遮蔽、未收之禮説素材與清初以來禮家論説等加以收集排纂。二書相輔相成,可視作清代中期《禮記》注解詮釋讀本的代表成果。

　　繼《義疏》及杭氏《集説》之後,縱觀《禮記》研究專著的撰作情況,若僅就《四庫全書》及《皇清經解》的收錄來看,的確會得出如梁啓超所稱"局部解釋之小書單篇不少,但全部箋注,尚未有人從事"[②]般結論。章、梁二位學者在羅列清人新疏時,一致認爲《禮記》無人做新疏。而後自《四部備要》印行,朱氏《訓纂》始被納入討論範疇,後有提及孫氏《集解》者。

(一)孫氏《集解》的成書、版本

　　據王鍔《清孫希旦〈禮記集解〉平議》一文探析,孫氏雖在乾隆三十六年(1771)以後就開始專心研治《禮記》,撰有《禮記注疏駁誤》,並在乾隆四十四年(1779)丁母憂期間,注解《禮記》全書,纂成《禮記集解》五十卷。但是《集解》在孫氏生前並未刊行。直到道光十三、四年間(1833—1834),項鴈湖、項几山開始整理孫氏《集解》,未果而罷。咸豐三年(1853),

---

① 徐俊:《"十三經清人注疏"緣起》,《書品》2012 年第 3 期,第 40 頁。
② 梁啓超著,俞國林校:《中國近三百年學術史》,第 316 頁。

孫鏘鳴又據孫氏《集解》稿本,以及孫氏研讀過的《三禮注疏》、衞湜《集説》等書,參考校訂,整理寫定《集解》六十一卷。孫詒讓《温州經籍志》載嘉慶《瑞安縣志》著録有《集解》五十卷,存家仲父校刊本。附孫鏘鳴序、項琪跋及阮元《禮記集解叙》,並稱:"原稿本五十卷,仲父止庵先生校刊時析爲六十一卷,今以五十卷著于録,從其朔也。"①咸豐十年(1860),孫衣言、孫鏘鳴刊刻《集解》,但書板遭太平天國運動焚毁過半,後經補刻,至同治七年(1868)才完成刊刻印行,距其成書已逾八十餘載。②可知孫書雖成書早,但刊刻較晚。

考察孫氏《集解》現存版本情況:③1.稿本,存四十七卷,包括《集解》(索書號:善00040)卷一至七、十至十三、十七至二十九、三十四至五十、五十七至六十一,及《尚書顧命解》(索書號:善00016),温州市圖書館藏,據館藏信息著録,此本係印刷前的底本,清咸豐間孫鏘鳴校定付刊清本;2.清抄本(索書號:善01068),存十五卷(二至十六),温州市圖書館藏。

清刻本見於晚近書目著録者,如:1.《藏園訂補邵亭知見傳本書目》載"《禮記集解》六十一卷,清孫希旦撰。清咸豐十年瑞安孫氏刊本";④2.丁氏《八千卷樓書目》著録有《永嘉叢書》本;⑤3.張之洞《書目答問》亦載此書,蘇州新刻本。范希曾《補正》:"孫書瑞安孫衣言編刻《永嘉叢書》本。"⑥4.孫殿起《販書偶記》載"《禮記集解》六十一卷《尚書顧命解》一卷,瑞安孫希旦撰,咸豐庚申至同治甲子年盤谷草堂刊"。⑦

各圖書館著録清刻本情況不一,有:1.清刻本;2.清咸豐十年刻本;3.清咸豐十年至同治三年瑞安孫氏盤谷草堂刻本;4.清咸豐十年至同治七年瑞安孫氏盤谷草堂刻本;5.清同治三年里安孫氏刻本;6.清同治七年孫鏘鳴刻本;7.清同治十年刻本;8.清同治光緒間瑞安孫氏詒善祠塾刻本數種,諸本實爲同一版本。書前卷首皆有"《禮記集解》六十一卷　同治甲子八月獨山莫友芝檢""咸豐庚申瑞安孫氏盤古草堂開雕"内封、牌記。後附孫鏘鳴序一頁,孫衣言《敬軒先生行狀》五頁,續以正文,後有項琪跋。如圖所示⑧:

① 〔清〕孫詒讓撰,潘猛補校補:《温州經籍志》卷四《經部》,上海:上海社會科學院出版社,2005年,第133—136頁。
② 參見王鍔:《清孫希旦〈禮記集解〉平議》,《能仁學報》第13期,香港能仁專上學院印行,2014—2015年度,第85—86頁。
③ 稿本、抄本館藏情況參考全國古籍普查登記基本數據庫著録及相關圖書館館藏目録檢索。又,據《中國古籍總目》著録,孫氏《集解》稿本,存三十五卷,温州市圖書館藏;清咸豐間瑞安項琪、孫鏘鳴抄本,北京大學圖書館藏。中國古籍總目編纂委員會編:《中國古籍總目·經部》,北京:中華書局,2012年,第489頁。
④ 〔清〕莫友芝撰,傅增湘訂補,傅熹年整理:《藏園訂補邵亭知見傳本書目》卷二《經部四·禮類》,北京:中華書局,1993年,第64頁。
⑤ 〔清〕丁丙藏,丁仁編:《八千卷樓書目》卷二《經部》,《續修四庫全書》第921册,上海:上海古籍出版社,2002年,第82頁。
⑥ 〔清〕張之洞撰,范希曾補正,徐鵬導讀:《書目答問補正》卷一《經部》,上海:上海古籍出版社,2019年,第28頁。
⑦ 孫殿起録:《販書偶記》卷二《禮記類》,上海:上海古籍出版社,1982年,第31頁。
⑧ 據中國國家圖書館收録天津圖書館藏《永嘉叢書》本孫旦《禮記集解》(索書號:P21618)書影,南京圖書館藏清咸豐十年瑞安孫氏盤谷草堂刻本(索書號:GJ/20091)、同治三年瑞安孫氏盤谷草堂刻本(索書號:GJ/94361)、《永嘉叢書》本(索書號:GJ/28)等皆同。

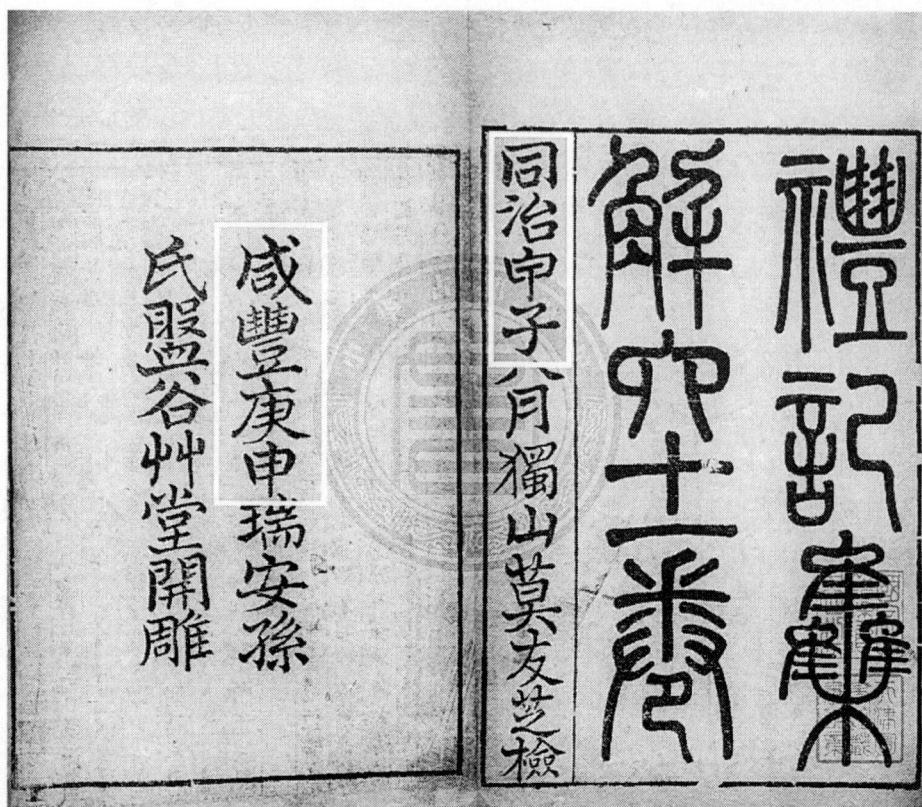

禮記集解十八卷

同治甲子六月獨山莫友芝檢

咸豐庚申瑞安孫
氏盬谷艸堂開雕

牌記　　　　　　　　　　　　內封

《禮記集解序》

小戴之學鄭注孔義而外宋櫟齋衛氏之書綜羅最博而
無所折衷黃東發以爲浩瀚未易編觀曰元雲莊陳氏集
說出明人樂其簡易則發明未至今承用然於禮制則援
据多疎禮意則發明未至學者弗心癸也我家敬軒先生
乾隆戊戌延對以第三人及第爲學一宗程朱研精覃思
於耆無所不窺旁涉天官地與鍾律歷算而致力於三禮
尤深著者禮記集解六十一卷余舅氏墀湖几山兩先生
朝旨治團於鄉從其曾孫裕昆發匱出之則累然巨編首
十卷几山先生所精校鋒藏其副餘則朱墨雜糅垒乙紛
糾益稿雖屢易而增改尚多其間剪紙黏綴歲久脫落往
往而是乃索先生所治三禮注疏本及衛氏集說於裕昆
所皆遂字逐句丹黃已編譬勘駁正之說劄記於簡端者

幾滿逢寫之參互考訂逾歲而清本定庚申六月開雕中
更寇亂迄同治戊辰三月始成集賢尵工書籍賴是傳焉而
多夫禮四十九篇先王之遺制聖賢之格言不能盡一
雜出於漢儒之所輯去聖已遠各記所聞其旨不能盡一
於是訓詁家紛紜聚訟莫決從遂是書首取鄭注孔義麥
其繁蕪撥其樞要下及宋元以來諸儒之說靡不博觀約
取苟有未當裁以己意非苟爲異同者也至其闡明禮意
往復曲暢大旨在以經注經其於名物制度之詳必求確有根
據而大旨在以經注經非苟爲其同者也至其闡明禮意
於乎功亦勤矣今距先生易簀時年未逾五十於是書已三易稿
程朱亦勤矣今距先生之卒不及百年其在館閣時清
節峻望無有能道之者讀是書抑可想見先生之爲人也
族子鏘鳴謹序

孫鏘鳴序頁1B　　　　　　　　　　　孫鏘鳴序頁1A

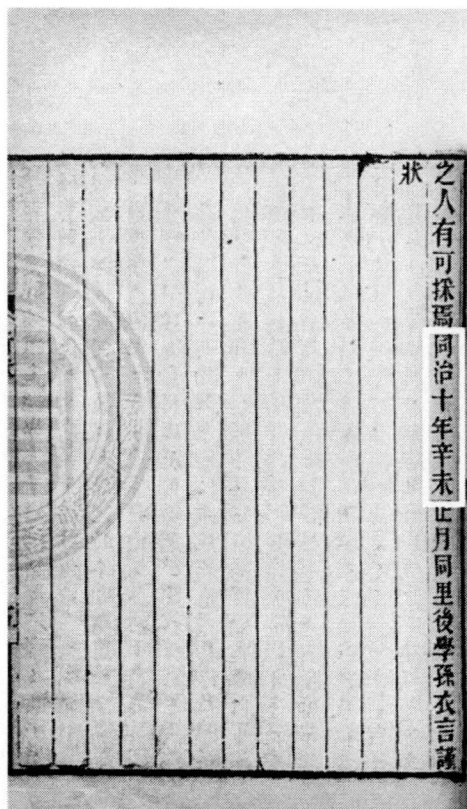

孫衣言《行狀》頁5A

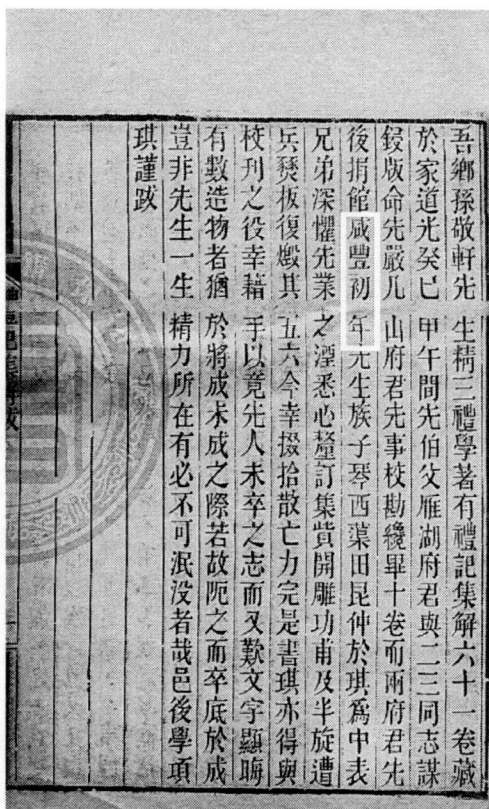

項琪跋

　　結合孫序、《行狀》、項琪跋、孫詒讓《溫州經籍志》所録阮元《禮記集解叙》，以及目前可見館藏版本情況梳理，各大圖書館因據牌記、序跋所涉及具體年份，著録版本信息不一。而孫衣言所輯《永嘉叢書》，《中國叢書綜録》載有子目十三種，孫氏《集解》不見著録。①《中國古籍總目》載孫衣言編《永嘉叢書》八種(清同治十年瑞安孫氏江蘇刻本)、十三種(清同治光緒間瑞安孫氏詒善祠塾刻本)、十五種(清同治光緒間瑞安孫氏詒善祠塾刻光緒間武昌書局彙印本)，十三種本較八種本多孫氏《集解》、《孫太史稿》等五部，十五種本較十三種本多清谷誠《谷艾園文稿》、宋葉適《習學記言》兩部。②據天津圖書館藏《永嘉叢書》十三種(索書號:P21618)，内封題"《永嘉叢書》内分十壹種"，總目録A面著録《横塘集》等書目十一種，B面簽條增補孫希旦《禮記集解》六十一卷、《尚書顧命解》一卷書目兩種，如圖所示:

①　上海圖書館編:《中國叢書綜録》(一)，上海:上海古籍出版社，1982年，第444頁。
②　中國古籍總目編纂委員會編:《中國古籍總目·叢書部》，北京:中華書局，2009年，第975—976頁。

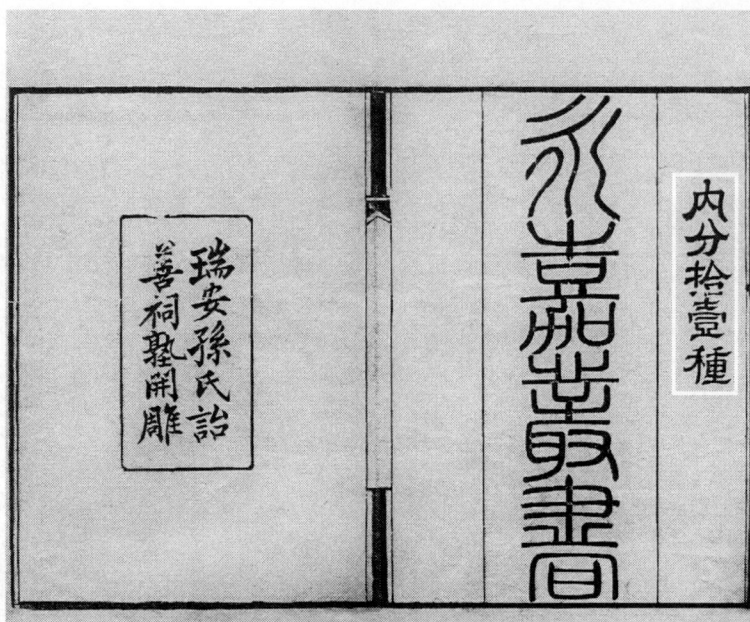

《永嘉叢書》内封、牌記

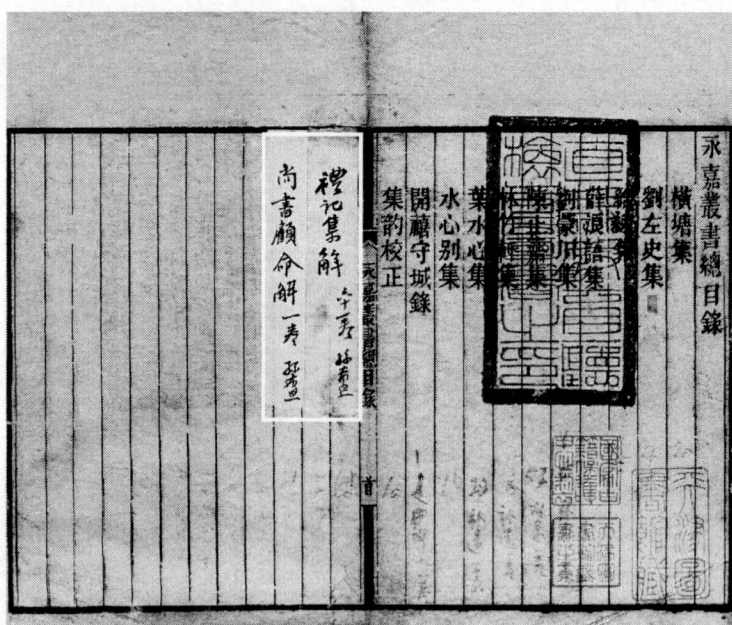

《永嘉叢書總目録》

孫氏祖籍福建長溪，後遷居浙江瑞安集善鄉盤古村，世稱盤古孫氏。[1] 瑞安孫氏盤谷草堂刻本孫氏《集解》即爲孫衣言、孫鏘鳴校定刻本，收入孫衣言所輯《永嘉叢書》，未另刊新

---

① 〔清〕孫衣言：《遜學齋文鈔》卷六《先大父行述》，《清代詩文集彙編》第 662 册，上海：上海古籍出版社，2010 年，第 441 頁。

板。可見孫書不僅刊刻較晚,版本單一,流傳亦不廣泛。

(二)孫氏《集解》刊刻後在學界的影響

據《山東文獻書目》《山東通志藝文志訂補》可知,清王漸鴻曾撰《孫氏禮記集解補正》六十一卷,僅載於書目,未見原稿。[①] 又查,台州市黄巖區圖書館藏有清王茱撰《孫氏禮記集解校注》稿本一卷。[②] 及至民國時期,學者對《禮記》的研究主要側重於對其篇章來源的考定,集中精力於解決過去聚訟紛紜的公案,如就《月令》來源、《王制》作者等問題,皮錫瑞、章太炎、劉師培、顧頡剛等一批學者都參與了討論。而就《禮記》注解來說,廖平《禮記識》、簡朝亮《禮記子思子言鄭注補正》、魏元曠《禮訓纂》、劉咸炘《禮記温知錄》諸書又多主於辨證舊說或發明新義。[③] 唯可知民國二十二年(1933)唐文治撰《禮記大義》,卷一附《禮記》應讀書目表,列有孫書,清咸豐間瑞安孫氏家刻本。[④] 戴禮所撰《禮記通釋》八十卷亦於是年成書,先後兩次付梓印刷,民國二十四年(1935)於北京出版。戴書彙集鄭玄、孔穎達以來至清王念孫《讀書雜志》、王引之《經義述聞》及郭嵩燾《禮記質疑》諸家解說,對孫書持論亦有收錄,陳衍作序稱此書:"上視澔《集說》,下視孫希旦《集解》,殆突過之,蓋非屏絕百爲,勇猛精進何以及此?"[⑤] 然戴書刊刻流傳更爲不廣,至今未有專門研究。

章氏《訄書》《國學講演錄》諸書,梁氏《清代學術概論》《中國近三百年學術史》等涉及清儒經學研究成績時,無一言提及孫書,似是未見,遑論視爲清人《禮記》新疏一種。究其根本,一則孫書雖成書早,但刊刻晚,版本單一,二則孫書傳至民國時期,《禮記》經解領域的研究又非學者興趣所在,故關注甚少。

三、《禮記》清人新疏選目之管見

從始至終,民國學者《禮記》新疏的選目中都列有朱氏《訓纂》,但在徵求意見時,往往收到學者來函指摘朱書簡陋不可取,孫書勝之,可供擇取。

現代學者就朱、孫二書皆有研究著述,如黄智信通過對朱氏《訓纂》的編纂動機、成書經過、版本、訓解方式,以及與朱氏本人所撰《禮記考證》、孫氏《集解》的比較研究,得出結論認爲朱書優點有二:一則博采衆家不拘漢宋,二則訓釋簡明信而有徵。缺點則在於缺少創見與義理的發揮,艱深而難讀,引證不當等方面。[⑥] 徐瑋琳通過對孫氏生平及《集解》撰寫原委

---

① 王紹曾主編,張長華等編:《山東文獻書目》,濟南:齊魯書社,1993年,第38頁。徐冰:《山東通志藝文志訂補·經部》第1冊,濟南:山東人民出版社,2016年,第234頁。

② 參見全國古籍普查登記基本數據庫著錄,索書號:善00015。

③ 參考郎文行:《民國時期〈禮記〉研究考論》,南京師範大學博士論文,南京,2017年。

④ 唐文治:《禮記大義》,《無錫國學專修學校叢書》之二,南京圖書館藏本(MS/K892.9/8),1933年,第27頁。

⑤ 戴禮:《禮記通釋》,南京圖書館藏本(MS/K892.9/7),1935年,第3頁。

⑥ 黄智信:《朱彬〈禮記〉學研究》,臺灣私立東吳大學中國文學研究所碩士論文,臺北,1999年。

的考察,以及對其駁議鄭注内容的分析歸納,認爲有清一代,於《禮記》一書,始終未能出現令人滿意之新疏,清人《禮記》注解中,被認爲較好且流傳較長遠的,當屬孫氏《集解》,其中之學術思想以宋學爲主,就宋學經説及宋以前諸家之講論,精加采擇選取,特長於義理之解説。①王鍔《清孫希旦〈禮記集解〉平議》一文對孫書優點也有總結,主要有四:一是偏向宋學,闡述禮意;二是博稽約取,裁以己意;三是依據詳明,考索禮制;四是《三禮》互證,總結禮例。缺點則在於過分依賴和相信宋學,對清代初期研究成果重視不够,個别疏解不當。②則知二書各有優劣,但就經文理解詮釋而言,孫書多有優於宋、元、明、清諸家,甚至鄭注、孔疏之處。兹舉一例。

《禮記·檀弓》云:"曾子弔於負夏。主人既祖,填池,推柩而反之,降婦人而後行禮。"自鄭玄作注以來,歷代禮家對經文"既祖""填池"二詞的解釋衆説紛紜。根據鄭玄解釋,"祖"謂"移柩車去載處,爲行始也"。於此章祇解釋"祖"之義,未明言"既祖"所指。孔疏認爲"既祖"即指代下葬之日撤祖奠之事。而對於"填池",歷代禮家解説有將其解釋爲"殯坎",陸佃持此觀點;或將"池"解釋爲柩車之飾,"填池"解釋爲"懸掛銅魚",胡銓、方苞持此觀點,皆認爲"填池"就是在池下懸掛銅制的魚,柩車一動,則魚躍拂池,象徵柩車將要出發;或解釋爲"起池見柩",郝敬持此觀點,認爲"填池"是在下葬之日,負夏氏見曾子來弔,故將柩前之池掀起,使得賓客得以見柩行弔禮;或解釋爲"柩車還而鎮定",吴澄、江永、郭嵩燾持此觀點。③

梳理諸家禮説,孔疏對"既祖"有所誤解,此當指在啓殯之日,即下葬前一日,主人將柩車調轉使柩首朝南的儀式。對於"填池",諸家之説皆不可取,楊天宇《鄭玄三禮注研究》認爲:"填、奠古音雙聲,都是定母;填屬真部,奠屬耕部,真耕通轉,故填、奠音近,二字可通。池字古音屬定母歌部,徹屬透母月部,定透旁紐,歌月對轉,二字音近可通。"④因此,鄭玄將"填池"解釋爲"奠徹",以本字易通假字,可通。但鄭注其解釋爲"徹遣奠,設祖奠",確爲不可取。而觀孫氏《集解》,其稱:

愚謂此章之義難曉,而注疏之説如此。然既設遣奠,則葬日也。葬日必卜,而弔事俄頃可畢,豈必還柩反宿,以違其素卜之期乎?疑所謂"既祖"者,謂葬前一夕,還車爲行始之後,而非祖之明日也。奠,謂祖奠,徹之者,因推柩而辟之也。降婦人者,婦人辟推柩,故升堂,柩既反而復降,立於兩階間之東也。行禮,曾子行弔禮也。必降婦人而後行禮者,以既祖之後,婦人之位本在堂下,非爲欲矜賓於婦人也。柩

① 徐瑋琳:《孫希旦〈禮記集解〉駁議鄭注之研究》,臺灣銘傳大學應用中國文學系碩士論文,臺北,2007年。
② 王鍔:《清孫希旦〈禮記集解〉平議》,《能仁學報》第13期,第93—100頁。
③ 經、注、疏及諸家禮説參見王寧玲編纂:《檀弓注疏長編》第2册,揚州:廣陵書社,2021年,第537—557頁。侯婕:《"曾子弔於負夏"舊解發覆》,《古籍整理研究學刊》2018年第4期,第93—98頁。
④ 楊天宇:《鄭玄三禮注研究》,天津:天津人民出版社,2007年,第734頁。

反而曰"反宿"者,曾子既弔之後,主人不欲頻動柩車,至明日乃始還車嚮外而行遣奠也。①

將"既祖"解釋爲啓殯之日,柩車轉身向外之後,而非在下葬之日。於"填池"釋義,孫氏雖從鄭注作"奠徹",但解釋爲於啓殯之日撤方才所設祖奠。解釋"既祖""填池"二義,明白暢達,理解尤爲正確,可見其禮學修養。而朱書於此章祇擇取鄭注、孔疏及江永之説,②殊不知鄭注有未達意處,而孔疏、江説尤誤。與朱書相較,孫書更勝一籌。

雖然在對《禮記》經文的注解闡釋方面,孫書優於朱書,但如楊向奎所稱,時人於《禮記》新疏的選定多取朱書,是出於孫氏是宋學,故而朱氏更走運些。但就《禮記》內容來看,相對於記載周代官職和禮制的《周禮》《儀禮》二經,《禮記》從其成書伊始就是兼重名物制度與義理闡釋的。與其他各經新疏要加以區別的是,我們不能因爲孫氏《集解》大量徵引宋、元以來諸書,推崇朱子學説,就判定其"宋學"傾向。

如《禮記·曲禮》首言:"毋不敬,儼若思,安定辭,安民哉。"經文即講禮義,鄭注"毋不敬"言"禮主於敬",注"儼若思"言"人之坐思,貌必儼然",注"安定辭"言"審言語也",注"安民哉"言"此上三句,可以安民",闡明經義。孔疏進一步闡釋稱:"此一節明人君立治之本,先當肅心、謹身、慎口之事。"又謂:"人君行禮,無有不敬,行五禮,皆須敬也。""夫人計慮,狀必端愨,今明人君矜莊之貌,如人之思也。""人君出言,必當慮之於心,然後宣之於口,是詳審於言語也。""但人君發舉,不離口與身心,既心能肅敬,身乃矜莊,口復審慎,三者依於德義,則政教可以安民也。"其後衛氏《集説》、吳澄《禮記纂言》、陳澔《禮記集説》(下簡稱"陳氏《集説》")、納蘭性德《陳氏禮記集説補正》(下簡稱"納蘭《補正》")、三禮館《義疏》、杭氏《集説》諸書無一不引程顥、張載、朱熹、吕大臨宋儒諸説。③孫氏《集解》亦然,其曰:

> 鄭氏曰:禮主於敬。儼,矜莊貌。人之坐思,貌必儼然。安定辭,審言語也。
>
> 孔氏曰:若,如也;思,計慮也。人心有所計慮,則其形狀必端愨也。
>
> 程子曰:主一之謂敬,無適之謂一。又曰:但整齊嚴肅,則心自一,一則自無非僻之干矣。
>
> 朱子曰:毋不敬,是統言主宰處。儼若思,敬者之貌也;安定辭,敬者之言也;安民哉,敬者之效也。
>
> 愚謂人之治其身心,莫切乎敬,自不睹不聞以至於應事接物,無一時一事之可以不主乎此也。儼若思,謂容貌端嚴,儼然若有所思也。安者氣之和,定者理之確,人能事無不敬,而謹於言貌如此,則其效至於安民也。《論語》言"修己以敬",而能

---

① 〔清〕孫希旦著,沈嘯寰、王星賢點校:《禮記集解》卷八《檀弓上》,北京:中華書局,1989 年,第 203 頁。
② 〔清〕朱彬撰,饒欽農點校:《禮記訓纂》卷三《檀弓上》,北京:中華書局,1996 年,第 99—100 頁。
③ 經、注、疏及諸家禮説,參見王鍔編纂:《曲禮注疏長編》卷二,揚州:廣陵書社,2008 年,第 24—36 頁。

"安人""安百姓"，即此意也。范氏祖禹曰："經禮三百，曲禮三千"，一言以蔽之，曰"毋不敬"。①

引程、朱之説，並加以發揮，認爲"敬"乃修身治心之重，舉手投足之間每時每刻都要持之以敬心。因持有敬心，則有端莊安定之容貌，《論語》所謂"修己以敬"，方能安民，與此同義。朱氏《訓纂》亦取朱子之説。② 可見對此章經文的義理闡發，自宋及清，是一以貫之的。

又如《檀弓》言："孔子曰：'拜而后稽顙，頹乎其順也；稽顙而后拜，頎乎其至也。三年之喪，吾從其至者。'"鄭注以爲前者"殷之喪拜也。先拜賓，順於事也"，後者"周之喪拜也。先觸地無容，哀之至"，"重者尚哀戚，自期如殷可"。孔疏認爲後者"是爲親痛深貌，惻隱之至也。重喪，主貌惻隱，故三年喪則從其頎至者也"。並引《周禮》鄭注"九拜"之説。陳氏《集説》、納蘭《補正》、三禮館《義疏》、杭氏《集説》皆引朱子之説。③ 朱説詳見《語類》。④ 此外朱熹又作《周禮大祝九擦辨》，⑤ 取注疏爲説。

孫氏《集解》則云：

> 愚謂拜者，以首加手而拜也。稽顙者，觸地無容也。蓋拜所以禮賓，稽顙所以致哀。故先拜者於禮爲順，而先稽顙者於情爲至。蓋當時喪拜有此二法，而孔子欲從其至者。鄭、孔以二者爲殷、周喪拜之異，非也。《士喪禮》《雜記》每言"拜稽顙"，皆據周禮也，則拜而后稽顙非專爲殷法明矣。⑥

先解釋拜禮之儀，即將頭置於手上，而拜禮中稽顙是一種以額觸地的敬禮。進而區分喪禮之拜中先拜而後稽顙與先稽顙而後拜的差異，認爲先拜主於禮，先稽顙重於情。並引《士喪禮》《雜記》爲據，指出鄭玄、孔穎達將此二者看做殷、周喪禮拜法的差異是不正確的。

又考據《周禮》九拜曰：

> 吉拜以稽首爲至重，頓首次之，空首爲輕。稽首者，臣拜君之法，故《左傳》孟武伯曰："非天子，寡君無所稽首。"自敵以上用頓首，尊者答卑者之拜則空首。若振動，則因事爲之，非常禮也。喪拜以凶拜爲重，吉拜爲輕。凶拜惟施於三年，自期以

① 王鍔編纂：《曲禮注疏長編》卷二，第 36—37 頁。
② 王鍔編纂：《曲禮注疏長編》卷二，第 37 頁。
③ 經、注、疏及諸家禮説參見王寧玲編纂：《檀弓注疏長編》卷二，第 67—81 頁。
④ "問'稽顙而後拜，拜而後稽顙'。曰：兩手下地曰拜。'拜而後稽顙'，先以兩手伏地如常，然後引手向前扣地。'稽顙而後拜'，開兩手，先以首扣地，却交手如常。頓首，亦是引首少扣地。稽首，是引首稍久在地；稽者，稽留之意。"〔宋〕黎靖德編，楊繩其、周嫻君校點：《朱子語類》第三卷，長沙：嶽麓書社，1997 年，第 2006 頁。
⑤ 參見〔宋〕朱熹撰，徐德明、王鐵校點：《晦庵先生朱文公文集》第 4 册，〔宋〕朱熹撰，朱傑人、嚴佐之、劉永翔主編：《朱子全書》第 23 册，合肥：安徽教育出版社，2010 年，第 3292—3295 頁。
⑥ 〔清〕孫希旦著，沈嘯寰、王星賢點校：《禮記集解》卷七《檀弓上》，第 167—168 頁。

下皆吉拜耳。婦人吉事皆肅拜,凶拜則稽顙爲重,手拜爲輕。手拜,即空首也。但婦人之肅拜,施於吉事則尚右手,稽顙空首,施於喪事則尚左手,與男子相反耳。肅拜惟婦人有之,男子則或肅而已,不肅拜也。立而下手曰肅,跪而下手曰肅拜。介胄之士不拜,而郤至三肅使者,故知但肅者不名肅拜也。凡拜皆跪,凡再拜者,皆跪而一拜,興而又跪一拜。婦人有俠拜,無再拜。①

孫氏先歷數吉拜中稽首、頓首、空首三種拜禮差異及所適用對象與場合,其次梳理喪拜中凶拜、吉拜輕重與服喪親疏遠近之關係。再次,討論男子、女子行拜禮儀節差異,又對女子肅拜與甲士之肅進行區分。最後,對拜之通禮做以總結,即行拜禮皆需跪,再拜指的先跪而一拜,起身後又跪而一拜。於禮制亦有發明。

胡培翬言:“人之言曰:‘漢學詳於訓詁名物,宋學詳於義理。’以是歧漢、宋而二之,非也。漢之儒者,未嘗不講求義理;宋之儒者,未嘗不講求訓詁名物,義理即從訓詁名物而出者也。”② 因此,若以孫書爲“宋學”產物而不宜選入清人新疏,則觀點過於狹隘。孫書兼采考據義理,可以視作《禮記》清人新疏的最優代表作。

餘　論

民國學者在討論修訂十三經清人新疏時,除了支持遴選近三百年來大家宏著,定爲十三經新疏的觀點外,還有不少學者認爲當聘請專經專家學者,就每經體例內容,結合近世材料發明新撰經疏。

姜氏即稱:“輯舊者,事易舉而不必允當。新撰者,凡近五十年新興途術新現材料皆可一一吸收,其成書必有勝義定說,於旨爲最宏遠。然徵聘經師,從容商量,非二三十年不爲功,其事至難,有迫不及待之勢。而今兩者同時進行,先遴選三百年來大家宏著,各經一家,其不能備者,則駢列二三家亦可,定爲十三經新疏。同時更作新撰,每經依其內容性質,凡近代已成之學及新發現資料,皆分別援聘專家,而以碩學大師領之。”③周氏又言:“況十餘年前,湘陰郭復出立三,瀏陽劉腴深善澤,有新疏《禮記》之約,而王國維發憤爲殷禮徵文以助之,今殷虛甲骨,數已逾萬,殷禮足徵,時哉! 時哉! 海內耆舊,雖多凋零,然鉅儒碩德,造賢在野,干旌蒲輪,徵召畢至,綜數百年議禮之長,爲民國新疏之冠,又何貴勦襲前代,而謂時至今日,則無能爲經疏者乎?”④ 二者皆對當時學術發展狀況持樂觀態度,認爲學者造詣,尤其是新材料

---

① 〔清〕孫希旦著,沈嘯寰、王星賢點校:《禮記集解》卷七《檀弓上》,第168頁。
② 〔清〕胡培翬:《研六室文鈔》卷五《答趙生炳文論漢學宋學書》,〔清〕胡培翬著,黃智明點校,蔣秋華校訂:《胡培翬集》,臺北:“中央研究院”中國文哲研究所,2005年,第164頁。
③ 姜亮夫:《史學論文集》,《姜亮夫全集》第20冊,第387頁。
④ 周名輝:《十三經新疏商榷》,《行健月刊》1941年第13期,第22頁。

的出現,使得民國學者具有遠遠超越清人的撰寫新疏條件。

顧頡剛於《緣起》一文認爲選集清人新疏,是出於一時需要,下一步當"廣求歷代之校注考釋,彙爲《經藏》,析爲《長編》,摘爲《辭書》,制爲《讀本》,實事求是,延經學無盡之脈"。[①]縱觀近幾十年來經學、禮學的研究成果,《十三經辭典》《儒藏》《中華禮藏》的編纂,對《禮記》版本以及禮學研究專著的整理與研究,都爲制定出更加全面的《禮記》讀本奠定基礎,孫氏《集解》作爲《禮記》清人新疏的最優代表作,其參考價值毋庸置疑。

（侯婕,南京師範大學文學院講師）

---

① 顧頡剛:《寶樹園文存》卷一《上游集》,《顧頡剛全集》第 33 冊,第 13 頁。

《讀禮通考》與《五禮通考》關係初探

董　政

[摘　要]　清康熙年間，徐乾學於居喪期間纂成《讀禮通考》，分喪期、喪服、喪儀節、葬考、喪具、變禮、喪制、廟制八門，集古今喪禮研究之大成。乾隆年間，秦蕙田承襲其體例續成《五禮通考》，涵蓋吉、嘉、賓、軍、凶五禮。秦蕙田在刊刻《五禮通考》時，參考與借鑒了《讀禮通考》的板式，兩書關係十分密切。其後，兩書不僅同時收入《四庫全書》，而且在光緒年間先後由江蘇書局和湖南新化三昧堂重刻。味經窩本《五禮通考》牌記中有“讀禮通考附”字樣，可知冠山堂本《讀禮通考》的書板後來爲秦蕙田所庋藏，其刊刻《五禮通考》時把《讀禮通考》作爲附錄重新予以刷印，自此兩書一直配套刊行與流傳。

[關鍵詞]　讀禮通考　五禮通考　徐乾學　秦蕙田

居喪讀禮是中國古代的一項傳統，《禮記·曲禮下》：“居喪未葬，讀喪禮；既葬，讀祭禮；喪復常，讀樂章。居喪不言樂，祭事不言凶，公庭不言婦女。”[①]居喪通常指父母喪禮，據《儀禮·喪服》記載，爲父服斬衰三年，父在爲母服齊衰杖期，父卒爲母服齊衰三年。由於喪期較長，服喪的對象又是至親，喪禮中的相關儀節平日並不曾接觸，因此在臨喪時需要加以預習，以便能夠在喪禮中施用。清康熙年間，徐乾學（1631—1694）於居喪期間纂成《讀禮通考》，分喪期、喪服、喪儀節、葬考、喪具、變禮、喪制、廟制八門，集古今喪禮研究之大成。乾隆年間，秦蕙田（1702—1764）承襲其體例，亦於居喪期間續成《五禮通考》，依吉、嘉、賓、軍、凶排列，分別部居，考鏡源流。合兩書觀之，歷朝之禮制沿革，諸家之聚訟所在，皆原原本本，具有經緯。兩書體量龐大，在體例編排方面也有密切關係，對清代後期禮書的撰作產生了深遠影響。有關兩書成書及體例方面的特點，學界雖已有不少討論，但尚不够深入。尤其是對於兩書在版本方面的關聯，以及康熙至光緒年間的刊刻流傳始末，仍存在一些疑義，值得深入考訂與探討。下文主要從《讀禮通考》與《五禮通考》體例關聯，《讀禮通考》與《五禮通考》版本淵源，以及《讀禮通考》與《五禮通考》刊印流傳始末三方面，對兩書的編纂流傳予以考察揭示。

一、《讀禮通考》與《五禮通考》體例關聯

《周禮·春官·大宗伯》分古禮爲吉、凶、軍、賓、嘉五類，成爲歷朝編纂禮書與政書的分類依據。唐杜佑撰《通典》二百卷，其中《禮典》一百卷，以吉、嘉、賓、軍、凶五禮爲次，對先秦

---

① 〔漢〕鄭玄注，王鍔點校：《禮記注》，北京：中華書局，2021年，第41頁。

至唐代的禮制沿革詳加載録。宋時,朱熹編《儀禮經傳通解》,"以《儀禮》爲經,而取《禮記》及諸經史雜書所載有及於禮者,皆以附於本經之下,具列注疏諸儒之説",然朱子僅成書三十七卷而殁,喪、祭二門後由弟子黄榦、楊復續成。有清一代,禮學頗盛,江永、徐乾學、秦蕙田等學者繼踵朱子之志,先後編成《禮書綱目》《讀禮通考》《五禮通考》諸書,其中尤以《讀禮通考》與《五禮通考》兩書完備詳贍。

(一)《讀禮通考》與《五禮通考》编纂緣起

關於徐氏《讀禮通考》之撰述緣起,據朱彝尊《讀禮通考序》云:

> 迨宋講學日繁,而言禮者寡,於凶事少專書。朱子《家禮》盛行於民間,而世之儒者於國恤不復措意,其僅存可稽者,杜氏《通典》、馬氏《通考》已焉。嗚呼!慎終追遠之義,輒而不講,斯民德之日歸於薄矣。刑部尚書崑山徐公,居母憂讀喪禮,撰《通考》一書,再期而成。尋於休沐之暇,瀏覽載籍,又增益之,凡一百二十卷,掇采之博,而擇之也精,考據之詳,而執之有要,此天壤間必不可少之書也。當孝莊太皇太后崩,公時由禮部侍郎遷都察院左都御史,仍直史館。自初喪及啓殯,禮無纖鉅,天子惟公是咨。公斟酌古今之宜,附中使入奏,悉中條理,蓋公於是書默識於心,宜其折衷靡不當。上結主知,誠稽古之效矣。公歸田後開雕是書,彝尊因勸公并修吉、軍、賓、嘉四禮,庶成完書。公喜劇,即編定體例,分授諸子,方事排纂而公逝。[①]

秦蕙田《五禮通考》之撰述緣起,據其《自序》云:

> 丁卯、戊辰,治喪在籍,杜門讀《禮》,見崑山徐健菴先生《通考》,規模義例,具得朱子本意,惟吉、嘉、賓、軍四禮,尚屬闕如。惜宸錫、大年相繼徂謝,乃與學士吴君尊彝陳舊篋,置抄胥,發凡起例,一依徐氏之本,並取向所考訂者,分類排輯,補所未及。服闋後,再任容臺,徧覽典章,日以增廣。適同學桐山宜田領軍見而好之,且許同訂。宜田受其世父望溪先生家學,夙精《三禮》,郵籤往來,多所啟發,並促早爲卒業,施之劊氏,以諗同志。德水盧君抱孫、元和宋君愨庭,從而和之。戊寅,移長司寇,兼攝司空,事繁少暇,嘉定錢宮允曉徵實襄參校之役。辛巳冬,爰始竣事。凡爲門類七十有五,爲卷二百六十有二。自甲辰至是,閲寒暑三十有八,而年亦已六十矣。顧以蕙田之譾陋,遭遇聖明,復理舊業,以期無瘝厥職而已。至於朱子之規模遺意,未知果有合焉否也?[②]

---

① 〔清〕徐乾學:《讀禮通考》,清康熙三十五年(1696)冠山堂刻本,第1頁。
② 〔清〕秦蕙田撰,方向東、王鍔點校:《五禮通考》,北京:中華書局,2020年,第6頁。

據兩書《序》文可知,徐氏《讀禮通考》與秦氏《五禮通考》皆撰於居喪期間,並且後續又有所增益改定。其編纂緣由,具體可歸納爲兩點:

其一,朱彝尊《序》指出徐氏編纂《讀禮通考》是由於宋學流行,"言禮者寡,於凶事少專書",且"世之儒者於國恤不復措意"。在徐氏之前,杜佑《通典》、朱熹《儀禮經傳通解》等書對喪禮均有涉及,但因其皆非專書,内容未能賅備。而且自朱熹《家禮》於民間施行,有關帝后喪禮之國恤禮逐漸淡出學者視野。《讀禮通考》不僅專言喪禮,而且從《通典》《文獻通考》等書中附入國恤禮儀和山陵制度,作爲喪禮的重要組成部分,對於整體考察歷代喪禮之變遷具有重要作用。

其二,秦氏《序》認爲徐書"規模義例,具得朱子本意,惟吉、嘉、賓、軍四禮,尚屬闕如",因此"分類排輯,補所未及"。明確指出其書乃補徐書之未備,兩書在體例方面存在繼承性。值得一提的是,據張濤考察,徐氏晚年另編有《五禮備考》一書,其抄本今藏浙江省圖書館,現存五十四册一百七十三卷,已經頗具規模。並且通過比勘《五禮備考》和《五禮通考》兩書,從結構框架、資料編排和編者案語三個方面予以分析,認爲"《五禮通考》一書與《五禮備考》有同有異,但前者確有吸收後者内容之處,證明秦蕙田在纂修過程中的確涉獵過《五禮備考》該書或至少其中部分門類,這一嫌疑無法排除"。①

(二)《讀禮通考》與《五禮通考》編纂體例

兩書體例方面的繼承性,體現在取材、内容結構、文本格式三方面,下文我們主要以兩書《凡例》及正文相關内容爲據,對其編纂體例作進一步探討。

就取材來講,以往的通禮類著作,如朱熹《儀禮經傳通解》雖薈萃諸經傳記,但對於史書中材料則略而未録,因此就其性質而言,衹是把《三禮》文獻重新組合,附於不同的條目之下。杜佑《通典》、馬端臨《文獻通考》等政書,雖能博採典籍,但因其子目所涉範圍較廣,並非專門言禮,因此也未能"窮端竟委,詳説反約"。有鑒於此,徐氏在編纂《讀禮通考》時,把經、史材料均納入其取材範圍,同時對於諸子、文集中有關喪禮者亦頗有采擇。即以"喪儀節"一門爲例,《凡例》中言:"一曰喪儀節,則以《儀禮》之《士喪禮》《既夕》《士虞禮》三篇爲主,而唐之《開元禮》、宋之《政和禮》、司馬氏之《書儀》、朱子之《家禮》、明之《會典》五書,自疾病以至挽歌,凡言喪之儀節者,皆附見焉。其歷代國恤之儀,以類而從,爲卷者四十有四。"②對其引書範圍作了明確説明。其後,秦氏在編纂《五禮通考》時亦對這一體例予以貫徹,其《凡例》中提到:"杜氏、馬氏所載歷代史事,大概專據志書,而本紀、列傳不加搜採。然史家記事,彼此互見,且二十二史體例各殊,有詳於志而不登紀傳者,亦有散見紀傳而不登於志者,舉一廢一,不無掛漏。又其採輯之法,有時全載議論,一事而辨析千言;有時專提綱領,千言

---

① 張濤:《〈五禮通考〉著作權公案初審》,《清華大學學報(哲學社會科學版)》2018 年第 5 期,第 161 頁。
② 〔清〕徐乾學:《讀禮通考·凡例》,第 1 頁。

而括成一語,詳略不均,指歸無據。兹特徧採紀傳,参校志書,分次時代,詳加考核。"①足見其摭採之博。

內容結構方面,《讀禮通考》分喪期、喪服、喪儀節、葬考、喪具、變禮、喪制、廟制八門,每一門下又細分子目,如"喪期"之下分"斬衰三年""齊衰三年""齊衰杖期""齊衰不杖期""齊衰五月""齊衰三月""大功九月""緦衰""小功五月""緦麻三月""三殤服制"等。《五禮通考》按吉、嘉、賓、軍、凶分爲五門,每門之下又分小類,每類之下又細分子目,如"吉禮"之下又分"圜丘祀天""祈穀""大雩""明堂""五帝""祭四時""祭寒暑""日月""星辰""風師雨師"等。分目皆頗爲詳密整飭。《讀禮通考》中喪期、喪服、喪儀節各門之末皆附《通論》,主要討論歷代禮制沿革,闡發相關禮義。《五禮通考》卷首有《禮經作述源流》與《禮制因革》四卷,性質與之相同。兩書各卷之中皆附有案語,《讀禮通考》徐氏案語有兩類,一類是卷中案語,主要是對各家之説予以考辨折衷;一類是卷前案語,與前述《通論》性質略同。《五禮通考》除秦氏卷前案語與卷中案語外,個別條目之下還附有方觀承案語,蓋因方氏曾助其参訂是書,故並存其説。

文本格式方面,徐氏《凡例》言:"是編之中,採列諸家之説,本以歷代前後爲次第,而説取類從,義貴條貫,不無前後錯置者。程子、張子、朱子之説,例用大字以別之,或其説有未盡合者,或義止訓詁者,亦用小字。諸家之説,例用小字,間有事關典制者,亦用大字。至於膚見臆説敢用大字,意取標顯,極知僭妄,故低四格以示貶抑,觀者原之。"②對徵引材料的文字大小和起行高低進行了明確的劃分,寓有深意。《五禮通考》在編纂時,對於徐書格式予以保留。兩書在徵引材料時,群經正史往往大字頂額書寫,其他材料起首空一格大字書寫,程子、張子、朱子之説起首空一格大字書寫,各家之説起首空一格小字書寫,徐氏、秦氏案語起首空四格大字書寫。始終秉承重要材料居前,次要材料居後的原則,層次十分清晰。

(三)《讀禮通考》與《五禮通考》異同舉隅

《讀禮通考》與《五禮通考》均涉及喪禮,徐書與秦書相關者主要是喪期、喪服、喪儀節三門,卷一至卷二十九爲"喪期",卷三十至卷三十七爲"喪服",卷三十八至卷八十一爲"喪儀節"。秦書"凶禮"部分共十七卷,其中卷二百四十六至卷二百五十爲"荒禮",卷二百五十一爲"札禮""裁禮""檜禮""恤禮""唁禮""問疾禮"。卷二百五十二至卷二百六十二爲"喪禮"十一卷,內容包括"斬衰三年""齊衰三年""齊衰杖期""齊衰不杖期""齊衰無受""殤大功九月七月""大功九月""緦衰葬除之""殤小功五月""小功五月""緦麻三月""喪服記""儀禮士喪禮""儀禮既夕""儀禮士虞禮"。

通過比較兩書的細目不難發現,徐書成書在前,於喪禮已載録頗詳,而反觀秦書,凶禮一

---

① 〔清〕秦蕙田撰,方向東、王鍔點校:《五禮通考》,第8—9頁。
② 〔清〕徐乾學:《讀禮通考·凡例》,第3頁。

門則相對簡略。五禮之中，凶禮本屬最重要者，爲何會有如此大的差異？《五禮通考》卷二百五十二《凶禮七》卷前秦氏案語云：

> 《儀禮·喪服》《士喪》《既夕》《士虞》諸篇，皆玄公手筆，義理精微，條緒明晰。徐氏《通考》，喪禮最詳，顧《儀禮》經文與諸經子史相雜，兹編吉、嘉、賓，《儀禮》已全載於前，特取《喪服》以下四篇輯入凶禮，以存十七篇之本經。而儒先之說，有徐氏所未見者，亦附録焉。[1]

秦書《凡例》中言："是書因其體例，依《通典》五禮次第，編輯吉禮如干卷，嘉禮如干卷，賓禮如干卷，軍禮及凶禮之未備者如干卷。而《通解》内之《王朝禮》，别爲條目，附於嘉禮。合徐書，而《大宗伯》之五禮古今沿革，本末源流，異同失得之故，咸有考焉。"[2] 又"《大宗伯》'以凶禮哀邦國之憂'，其禮之别有五。《論語》曰：'所重民、食、喪、祭。'喪，固凶禮一大端也，已詳徐氏《讀禮通考》。兹特以賑、禬補其缺云。"[3] 結合《凡例》"凶禮之未備者如干卷""兹特以賑、禬補其缺云"，以及秦氏案語"而儒先之說，有徐氏所未見者，亦附録焉"，可以明確獲知，秦氏在編纂《五禮通考》"凶禮"部分時，主要進行了兩方面的工作：首先，"荒禮""札禮""裁禮""禬禮""恤禮""唁禮""問疾禮"等六卷主要是補徐書所闕。其次，"喪禮"十一卷主要是據《儀禮·喪服》以及《士喪禮》《既夕禮》《士虞禮》四篇經文和注疏爲基礎，臚列歷代學者之說，補充徐書"喪期""喪服""喪儀節"三門中未見的各家説解，兹舉兩例如下：

其一，《讀禮通考》卷七《喪期七》"父卒則爲母"，《五禮通考》卷二百五十三《凶禮八》亦有相同條目。徐書此條下除鄭注、賈疏外，又詳列馬融、陳祥道、敖繼公、萬斯同諸家之說，末附徐乾學案語。秦書意在補闕，不再重複馬融、陳祥道、萬斯同說，於敖繼公說增補"其女子子在室者爲此服"以下數十字，又補充姜兆錫及《欽定儀禮義疏》之相關論述，秦氏案語亦僅云"疏義太支，辨去則直截明快矣"，頗爲簡略。

其二，《讀禮通考》卷十一《喪期十一》"丈夫、婦人爲宗子、宗子之母、妻"條，《五禮通考》卷二百五十五《凶禮十》條目同，徐書此條下除鄭注、賈疏外僅列敖繼公說，末附徐氏案語。秦書除敖說外，又補充盛世佐、蔡德晉兩家之說，對此條内容予以申述，且無秦蕙田案語。

之所以造成上述差異，一方面是因爲《欽定儀禮義疏》、姜兆錫《儀禮經傳内外編》、盛世佐《儀禮集編》、蔡德晉《禮經本義》等成書皆在《讀禮通考》之後，徐氏編書時未能寓目，秦書成書略晚，得以吸納學界最新成果。另一方面，對於《讀禮通考》已有的内容，《五禮通考》有意規避，因此便不再重複。兩書同時引用敖繼公《儀禮集説》，乃因此書在元代以後影響較大，當屬特例。由此來看，《五禮通考》中"凶禮"十七卷儘管在條目上與《讀禮通考》有部分

---

[1]〔清〕秦蕙田撰，方向東、王鍔點校：《五禮通考》，第 12314 頁。
[2]〔清〕秦蕙田撰，方向東、王鍔點校：《五禮通考》，第 8 頁。
[3]〔清〕秦蕙田撰，方向東、王鍔點校：《五禮通考》，第 11 頁。

重合，但内容實際上是對徐書的補充與完善，虞萬里先生也曾指出：“《通考》重點，在於增補《讀禮》引而未詳或未及見之文獻”，“《通考》補《讀禮》之未備，極爲明確。”[①] 其所以保留“凶禮”一門，亦是爲湊足“五禮”之目。秦氏《凡例》云“合徐書，而《大宗伯》之五禮古今沿革，本末源流，異同失得之故，咸有考焉”，也説明兩書需合觀方可。

二、《讀禮通考》與《五禮通考》版本淵源

《讀禮通考》與《五禮通考》自成書以來，多次刊行，流傳較廣。僅目力所及，從康乾至光緒年間，就有冠山堂、味經窩、江蘇書局等衆多版本，且各版本之間在刊刻機構、刊刻時間以及版刻特徵方面皆有一致性。對於體量如此龐大的兩部書，爲何能够屢獲剞劂？其在版本方面又有何淵源？爲釐清兩書版本之關聯，現據業師王鍔先生《三禮研究論著提要》，結合相關著録，列兩書版本對應關係表如下：

《讀禮通考》與《五禮通考》版本對應關係表

讀禮通考			五禮通考		
版本	時間	特徵	版本	時間	特徵
稿本	清康熙年間	版心刻“讀禮通考卷”字樣。半頁十三行，行大字二十字，雙行小字三十字。首朱彝尊、徐樹穀二序，次《凡例》、次《引用書目》、次《目録》、次正文一百二十卷。書内鈐有“南陵徐氏仁山珍藏”白文長方印、“文選樓”朱文長方印、“阮氏琅嬛仙館收藏印”朱文方印、“京師圖書館收藏之印”朱文方印等藏書印，三十四册	稿本（殘）	清乾隆年間	朱砂印格，版心刻“五禮通考卷”字樣。半頁十三行，行大字二十一字，雙行小字二十一字，首蔣汾功、顧棟高二序，次《凡例》、次《目録》二卷、次卷首四卷、次正文二百六十二卷。書内鈐有“大隆審定”白文方印，七十三册
冠山堂本	清康熙三十五年(1696)	半頁十三行，行大字二十一字，雙行小字三十一字。首朱彝尊、徐樹穀二序，次《凡例》、次《引用書目》、次《目録》，次正文一百二十卷	味經窩初印本	清乾隆二十六年(1761)前後	半頁十三行，行大字二十一字，雙行小字三十一字。首蔣汾功、方觀承二序，次《目録》二卷，次卷首四卷，次正文二百六十二卷
			味經窩通行本		首蔣汾功、方觀承、顧棟高三序和秦蕙田自序，次《凡例》、次《目録》二卷、次卷首四卷、次正文二百六十二卷。以味經窩本改訂，吸收浮簽、眉批，修版刊行

---

① 虞萬里：《由〈五禮通考〉整理本説到整理〈讀禮通考〉》，《歷史文獻研究·總第46輯》，揚州：廣陵書社，2021年，第368頁。

續表

讀禮通考			五禮通考		
版本	時間	特徵	版本	時間	特徵
四庫全書本	清乾隆三十七年(1772)	收入經部《禮》類二"附録",據江蘇巡撫采進本抄録,此采進本當即冠山堂本	四庫全書本	乾隆三十七年(1772)	收入經部《禮》類五"通禮之屬",據江蘇巡撫采進本抄録,此采進本疑即乾隆本
江蘇書局本	清光緒七年(1881)四月江蘇書局	半頁十三行,行大字二十一字,雙行小字三十一字。首朱彝尊、徐樹穀二序,次《凡例》,次《引用書目》,次《目録》,次正文一百二十卷,三十二册	江蘇書局本	清光緒六年(1880)九月江蘇書局	半頁十三行,行大字二十一字,雙行小字三十一字。與前諸本之不同者,一是多出盧文弨、盧見曾、方觀承三人序,但删除顧棟高序;二是增加了大量異體字;三是對味經窩本、乾隆本和《四庫》本之訛誤,加以訂正。
三味堂本	清光緒二十四年(1898)湖南新化三味堂	板式、行款與光緒本同,蓋據光緒本翻刻者	三味堂本	清光緒二十二年(1896)湖南新化三味堂	板式、行款與光緒本同,蓋據光緒本翻刻者

從表中所列版本對應關係,結合相關版本特徵,可總結出以下結論:

其一,兩書初刻本冠山堂本《讀禮通考》與味經窩本《五禮通考》板框尺寸基本一致,均爲半頁十三行,行二十一字,小字雙行三十一字。《讀禮通考》版心上方記整版字數,魚尾下記卷數"讀禮通考卷一""讀禮通考卷二"等,下記頁數及刻工姓名。卷一首行頂格題"讀禮通考卷第一",次行低一格題"經筵講官禮部左侍郎兼翰林院學士教習庶吉士充大清會典一統志副總裁明史總裁徐乾學",次行低一格題"喪期一",次行低三格題"表上",次行低四格題"乾學案"等。《五禮通考》版心上方記整版字數,魚尾下記卷數"五禮通考卷一""五禮通考卷二"等,下記頁數。卷一首行頂格題"五禮通考卷第一",次行低一格題"内廷供奉禮部右侍郎金匱秦蕙田編輯,太子太保總督直隷右都禦史桐城方觀承同訂,國子監司業金匱吳鼎、直隷按察司副使元和宋宗元參校",次行低一格題"吉禮一",次行低三格題"圜丘祀天",次行低四格題"蕙田案"等。兩者格式亦基本相同,書體均方正挺拔,接近歐體字,爲清代前期寫刻本之代表。由此我們認爲,秦蕙田於乾隆年間刊刻《五禮通考》,同時參考和借鑒了《讀禮通考》的板式,僅在個别地方有細微差異:如《讀禮通考》版心下方有刻工姓名,而《五禮通考》則付之闕如;《讀禮通考》版心魚尾下僅有"讀禮通考卷"字樣,《五禮通考》魚尾下除"五禮通考卷"字樣外,其下還附有子目小字,如"圜丘祀天""祈穀""大雩""明堂"等。因此,秦氏編《五禮通考》並非祇是在體例上有所承襲,而是處處規模徐書,在刊刻板式方面上也以之爲圭臬。

其二,乾隆三十七年(1772)開四庫館,兩書均收入《四庫全書》。不同之處在於,《讀禮通考》收入經部《禮》類二"附錄"，《五禮通考》則收入《禮》類五"通禮之屬"。原因在於四庫館臣認爲《讀禮通考》專言凶禮，《五禮通考》則兼言吉、嘉、賓、軍、凶五禮，所以二者性質不同，應當予以區別。光緒年間，江蘇書局對《五禮通考》與《讀禮通考》先後重刊，《五禮通考》刊於光緒六年（1880）九月，《讀禮通考》刊於光緒七年（1881）四月，前後相隔僅七個月。光緒二十二年（1896）至光緒二十四年（1898）間，湖南新化三味堂又據江蘇書局本翻刻兩書，其前後時間相隔亦僅二年。兩書能夠多次同時刊刻，很大程度亦是由於在乾隆至光緒年間流傳過程中，學界已形成一種共識，即徐書與秦書必須合而觀之，不可分割。以江蘇書局本爲例，《讀禮通考》與《五禮通考》兩書的板式皆同，板框、字體和每行大小字數亦無區別，這顯然是受到秦蕙田刊刻《五禮通考》的影響。其後，湖南新化三味堂據江蘇書局本翻刻，兩書同時刊布，板式亦無二致。

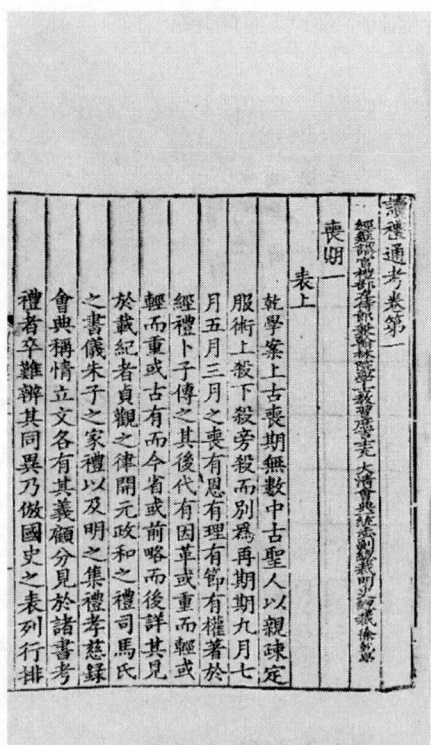

圖一：冠山堂本《讀禮通考》卷一第一頁　　圖二：味經窩本《五禮通考》卷一第一頁

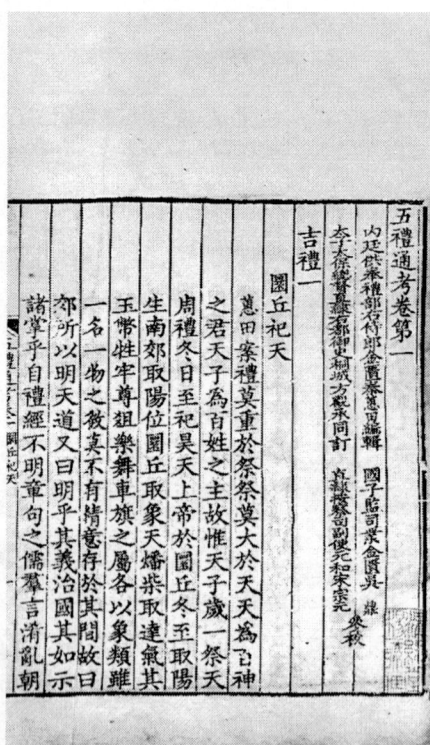

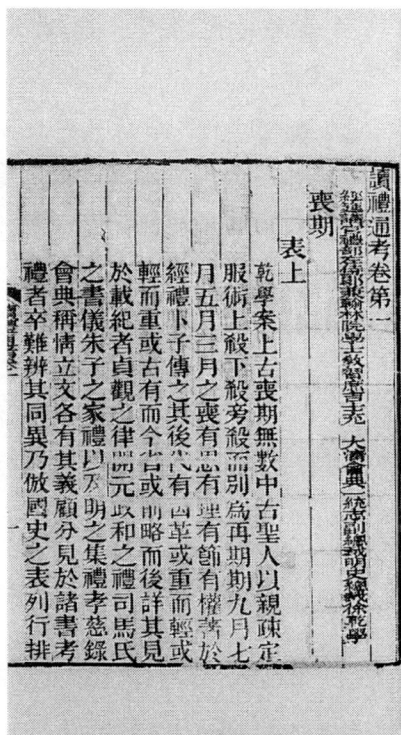

圖三:江蘇書局本《讀禮通考》卷一第一頁　　　　圖四:江蘇書局本《五禮通考》卷一第一頁

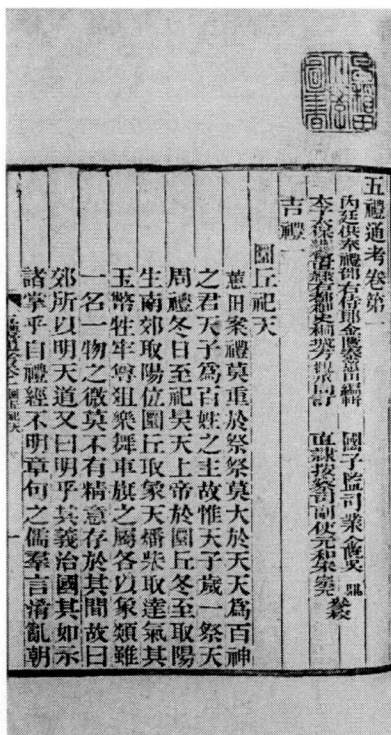

三、《讀禮通考》與《五禮通考》刊印流傳始末

冠山堂本《讀禮通考》刊於康熙三十五年(1696),關於其成書及刊刻始末,書前所附徐樹穀《序》中有詳細記載:

先大夫《讀禮通考》草創於康熙丁巳,時居王母顧太夫人之憂,閔喪禮之流失,邪說溺人,棄以成俗,舊典棄而不講,臨時注厝多不遵禮,乃蒐討古今喪紀因革廢興之由,分別部居,先經史,次群籍,而近世名公碩儒之議論,亦附載於其後,更以己意疏通證明,俾疑義盡析。蓋閱十有餘年,三易其稿廼成,猶未敢以為無憾而即安也。時復與朱太史竹垞、萬季野、顧伊人、閻百詩諸君子商榷短長,博綜器數,量度人情,斟酌繁簡,務期不悖於古而可行於今。凡一百二十卷,歲庚午予告歸里,頻罹憂患,精力耗減,喟然曰:“此身後之書,冀過此以往更有所得,今已備度,不能復進於是矣。聖上方以孝治天下,錫類與仁,萬世一時,微臣出此書以風海內,使民德歸厚,亦轉移風俗之助也。”遂付剞劂,又以五禮尚闕其四,而凶禮如荒、弔、檜、恤之目亦未備,因編定體例,命樹穀兄弟次第排纂,厥功未及什之二三而遽遭大故,樹穀兄弟苴衰寢伏草土間,奄奄視息,一切世事都廢。尋念先大夫《讀禮通考》一書不可以中輟,

因始訖工，再期而始脱板。撫手澤之猶存，想聲容之寬容，臨時恫乎，有餘悲焉，蓋孳孳夙夜而不能自已者矣。康熙三十五年夏五月，男樹穀敬識。[①]

　　徐樹穀，字藝初，徐乾學長子，康熙二十四年（1685）進士。據《序》文所述，《讀禮通考》"再期而始脱板"，此《序》及前引朱彝尊《序》皆撰於康熙三十五年（1696），則是書刊刻應始於康熙三十三年（1694），徐氏歿於是年，朱彝尊《序》言"公歸田後開雕是書"，則此書是在徐氏去世當年開雕，至康熙三十五年始告竣，前後用時兩年。其間由長子徐樹穀主持刊刻，徐氏生前未能見其書付梓。又《序》文言"以五禮尚闕其四，而凶禮如荒、吊、襘、恤之目亦未備，因編定體例，命樹穀兄弟次第排纂，厥功未及什之二三而遽遭大故"，則徐氏去世前確曾採納朱彝尊建議，編定過吉、嘉、賓、軍"四禮"的體例，以及《讀禮通考》中未備之荒、吊、襘、恤等目，並吩咐徐樹穀兄弟排纂。

圖五：冠山堂本《讀禮通考》牌記　　　　圖六：味經窩本《五禮通考》牌記

---

① 〔清〕徐乾學：《讀禮通考》，第1頁。

　　據張濤研究,秦氏於乾隆年間刊刻《五禮通考》,有初印、後印之分,初印本簡稱"味經窩本",先後經張廷濟、莫友芝、劉承幹、王欣夫遞藏,並有大量眉批和浮簽,以及秦蕙田、盧文弨、姚鼐等人校語,刊刻時間大致爲清乾隆二十六年(1761)前後。後印本爲味經窩通行本,簡稱"乾隆本"。乾隆本吸收浮簽、眉批等校語,對初印本之訛誤多有改訂,修版後予以刊行,其年代當不早於乾隆二十九年(1764)。①

　　上文通過分析兩書版本特徵,獲知秦蕙田刊刻《五禮通考》時,在板式上有意效仿徐氏《讀禮通考》。但兩書初刻本畢竟不是同時剞劂,其流傳情況自然存在差異。據考察,冠山堂本《讀禮通考》一百二十卷,國内多家圖書館皆有庋藏,完本册數在二十册至四十册之間,以三十二册及四十册較爲多見,牌記中央題"讀禮通考"字樣,右上小字題"崑山徐健菴先生編輯"字樣,左下小字題"冠山堂藏板"字樣。值得注意的是,味經窩本《五禮通考》牌記中央題"五禮通考"字樣,右上小字題"讀禮通考附"字樣,左下小字題"味經窩藏板"字樣。冠山堂本《讀禮通考》於康熙年間刊行,其書板之遞藏已難以查考,味經窩本《五禮通考》牌記中鐫"讀禮通考附",則此書中是否另附有《讀禮通考》? 所附之版本是否爲冠山堂本?

　　筆者藏有一部味經窩本《五禮通考》二百六十二卷,其後附有《讀禮通考》一百二十卷,兩書共十二函一百二十册。其中《五禮通考》牌記與上述味經窩相同,其後所附《讀禮通考》第一册無牌記。經比勘,此部《五禮通考》即乾隆二十九年後印本,後附之《讀禮通考》即康熙三十五年冠山堂本。由此可知,冠山堂本《讀禮通考》的書板在乾隆年間當爲秦氏所庋藏,因此其刊刻《五禮通考》時,能夠有條件把冠山堂本《讀禮通考》作爲附録重新予以刷印。秦氏在編書時,極有可能已得到《讀禮通考》的書板,因此承襲徐書體例編成《五禮通考》後,在版本特徵上也規模徐書,使兩書合爲一帙。同時,由於秦氏刊行《五禮通考》時把徐氏《讀禮通考》作爲附録,而此時刷印之《讀禮通考》已非康熙年間初印本,《五禮通考》牌記中既已鐫刻"讀禮通考附"字樣,《讀禮通考》原有的牌記便不再保留,兩書至此事實上已作爲一套書來刊行流傳。

結　論

　　經比較《讀禮通考》與《五禮通考》兩書體例,可知秦蕙田編纂《五禮通考》是在徐書基礎上續成,涵蓋吉、嘉、賓、軍、凶五門,而且很有可能參考徐氏晚年編纂的《五禮備考》。《讀禮通考》專言喪禮,内容已頗爲完備,秦氏《五禮通考》雖列有凶禮一門,但對徐氏已有條目有意規避,同時又能吸納學界最新成果。乾隆年間,秦蕙田在刊刻《五禮通考》時,參考和借鑒了《讀禮通考》的板式,僅在個别地方存在細微差異。其後,兩書不僅同時收入

---

① 張濤:《關於味經窩本〈五禮通考〉的刊印年代》,《中國典籍與文化》2011年第2期,第81—87頁。

《四庫全書》，而且在光緒年間先後由江蘇書局和湖南新化三味堂重刻。味經窩本《五禮通考》牌記中有"讀禮通考附"字樣，可知冠山堂本《讀禮通考》的書板後來爲秦蕙田所庋藏，其刊刻《五禮通考》時把《讀禮通考》作爲附録重新予以刷印，自此兩書一直配套刊行與流傳。

（董政，南京師範大學文學院中國古典文獻學博士研究生）

文淵閣《四庫全書》本《三禮圖集注》的版本學價值*

孫 蘊

[摘 要] 文淵閣《四庫全書》本《三禮圖集注》綜合運用本校、他校、理校等校勘方法,校正訛誤,增補脱文,删減衍文,乙正倒文,理順文意,後出轉精,具有較高的版本學和文獻學價值。

[關鍵詞] 文淵閣 四庫全書 三禮圖集注 聶崇義

聶崇義《新定三禮圖》上呈後,爲宋太祖嘉賞,詔令頒行,初畫於國子監講堂壁上,後刊刻流傳。今存最早刊本爲南宋淳熙二年(1175)鎮江府學據蜀本重刻的《新定三禮圖》(下簡稱"宋本"),另有蒙古定宗二年(1247)刻本、《通志堂經解》本、《四庫全書薈要》本、《四庫全書》本、光緒鍾謙鈞刻本、和刻本等,書名或題《析城鄭氏家塾重校三禮圖集注》20卷,或題《三禮圖》《三禮圖集注》。

蒙古定宗刻本問世較早,《四部叢刊三編》影印出版(下簡稱"蒙古本"),但"殊少佳字",[①] 校刻未精。《通志堂經解》本編排不善,不便閱讀使用,《四庫全書總目》評價其"或一頁一圖,或一頁數圖,而以説附載圖四隙,行款參差,尋覽未便"。[②] 清光緒本較爲晚出,據《通志堂經解》翻刻而成。《四庫全書》與《四庫全書薈要》本《三禮圖集注》皆以影鈔淳熙本爲底本,同屬宋本系統而各有校勘。陸費墀《欽定四庫全書薈要總目》在介紹《薈要》本時稱:"宋國子司業兼太常博士洛陽聶崇義撰,今依天禄琳琅明毛晉影宋鈔本繕録,據通志堂本恭校。"[③] 文淵閣《四庫全書》本(以下簡稱"文淵閣本")則是根據内府藏錢曾也是園影宋鈔本繕録,部分文字爲館臣校改。據錢曾《讀書敏求記》記載,宋槧本原爲錢曾藏書,後歸泰興季寓庸,轉歸昆山徐乾學,後錢曾又從徐乾學處借出抄録,摹爲影宋鈔。紀昀對該本頗爲認可,將其定爲《四庫》底本,"惟内府所藏錢曾也是園影宋鈔本,每頁自爲一圖,而説附於後,較爲清整易觀。今依仿繕録焉。"[④] 體現出四庫館臣在選擇底本時的理性思考。爲區分於同時收録的明劉績《三禮圖》,文淵閣本題《三禮圖集注》20卷。

由於纂修過程中出現的禁毀、擅改書籍之舉,民國以來,學術界對《四庫全書》普遍抱有

---

* 本文是國家社科基金項目"中國禮圖學史研究"(18BZS018)、山東省社科規劃項目"考古學視域下的《新定三禮圖》研究"(18CLSJ01)、山東省高等學校"青創科技計劃"課題"新時代東亞儒學文化的傳承與創新"(2019RWA001)的階段性成果。

① 傅增湘:《藏園群書經眼録》,北京:中華書局,2009年,第50頁。
② 〔清〕紀昀:《欽定四庫全書總目》上册,北京:中華書局,1997年,第277頁。
③ 〔清〕陸費墀:《欽定四庫全書薈要總目》第001册載《摛藻堂景印四庫全書薈要》,臺灣:世界書局,1985年,第356—357頁。
④ 〔清〕紀昀:《欽定四庫全書總目》上册,第277頁。

一定程度的偏見甚至抵觸，在較長的時間内僅强調其作爲文化遺産的意義，忽略了其版本學價值。隨着文淵閣、文津閣乃至文瀾閣《四庫全書》的影印出版，越來越多的庫本典籍進入研究者視野。日前，筆者在對校宋本與文淵閣本、蒙古本、《四庫全書薈要》本聶崇義《三禮圖集注》的過程中進一步發現，無論從校勘的内容還是摹寫的精確程度而言，文淵閣本的成就皆較爲突出，是後出轉精的版本。

文淵閣本以内府藏錢曾也是園影宋鈔本爲底本校勘繕録。四庫館臣在校勘過程中綜合采用他校、本校、理校等多種方法，對文本訛誤訂補考證，館臣的部分校勘成果保留在《四庫全書考證》（以下簡稱《考證》）之中，更多的成就可以通過版本校勘得到體現。今就校勘諸本所寫，以札記形式呈現文淵閣本與宋本、蒙古本之異同正誤，兼及《薈要》本，説明文淵閣本《三禮圖集注》的版本、文獻價值。

一、校正訛誤

宋淳熙本《三禮圖集注》中有數量較多的訛誤，若非校對，實難辨別。筆者在校勘時，發現館臣在鈔寫《四庫全書》時校正了大量的底本訛誤。兹以文淵閣本爲據，舉例如下：

1. "卿大夫玄冕"條：繅玉亦朱緑。

案："亦"，《周禮·弁師》鄭玄注同，宋本、蒙古本訛作"赤"，文淵閣本校改爲"亦"，是。

2. "鞠衣"條：必若素是象瑱。

案："若"，宋本、蒙古本訛爲"君"，文淵閣本校改爲"若"，是。

3. "褖衣"條：褖衣纁緣是婦人嫁時之服，亦非常衣也。

案："常"，宋本、蒙古本訛爲"裳"，文淵閣本校改爲"常"，是。

4. "墨車"條：《考工記》曰："棧車欲弇（音掩），飾車欲侈。"

案："弇"，狹隘，狹小，宋本、蒙古本訛爲"捇"，文淵閣本校改爲"弇"，是。

5. "墨車"條：役車謂方箱可載任器，以供役者也。

案："役"，宋本、蒙古本訛爲"投"，文淵閣本校改爲"役"，是。"以"，宋本、蒙古本作"似"，文淵閣本校改爲"以"，是。

6. "童子服"條：總此紒。

案："紒"，宋本、蒙古本訛爲"釋"，文淵閣本校改爲"紒"，是。

7. "宵衣"條：此注據彼箋破字之義，故直云"素衣朱緒"以爲證也。

案："直"，宋本、蒙古本訛爲"真"，文淵閣本校改爲"直"，是。《儀禮注疏》同文淵閣本。

8. "頍項"條：則頍上四綴當首之四隅。

案："四綴"之"四"，宋本、蒙古本訛爲"曰"，文淵閣本校改爲"四"，是。

9. "青組纓"條：無笄者纓而結其縧也。

案："縧"，宋本、蒙古本訛爲"條"，文淵閣本校改爲"縧"，是。

10．"武弁大冠"條：毛采紫蔚而不彰灼。

案："彰"，宋本、蒙古本訛爲"就"，文淵閣本校改爲"彰"，是。

11．"律吕相生之圖"條：無射又上生仲吕之上六。

案："又"後之"上"，宋本訛爲"止"，文淵閣本校改爲"上"，蒙古本同，是。

12．"圓丘樂"條：粗細殊品或先生後用、後生先用。

案："殊"，宋本訛爲"須"，文淵閣本校改爲"殊"，是。

13．"三馬"條：因合樂鄉射。

案："合"，宋本、蒙古本訛爲"令"，文淵閣本校改爲"合"，是。

14．"特懸磬"條：案《周禮·磬氏》云"股爲二"。

案："磬氏"，宋本、蒙古本訛爲"磬人"，文淵閣本作"磬氏"，《周禮·考工記》有磬氏，是。

15．"五正侯"條：以射者是相克相伐之事，故還以南方爲本，其外白青等，皆相克爲次也。

案："克"，宋本、蒙古本訛爲"刻"，文淵閣本校改爲"克"，是。

16．"金錞"條：圓如碓頭。

案："碓"，碓臼，春米器。宋本、蒙古本訛爲"椎"，文淵閣本校改爲"碓"，《周禮·地官·鼓人》疏同，是。

17．"撲"條：今鄉會衆賢，以禮樂勸民，而射者中人。

案："勸"，宋本作"歡"，蒙古本訛爲"權"，文淵閣本校改爲"勸"，是。

18．"穀璧蒲璧繅藉"條：言"繅有五采文，所以薦玉，木爲中幹，用韋衣而畫之。就，成也"者。

案："薦"，宋本、蒙古本訛爲"藻"，文淵閣本校改爲"薦"，是。

19．"兩圭有邸"條：若夫地祇。

案："夫"，宋本、蒙古本訛爲"大"，文淵閣本校改爲"夫"，是。

20．"釜"條：相兼乃備。

案："乃"，宋本、蒙古本訛爲"仍"，文淵閣本校改爲"乃"，是。

21．"挑匕"條：鄭意以疏匕、挑匕皆有淺升。

案："皆"，宋本、蒙古本訛爲"昔"，文淵閣本校改爲"皆"，是。

22．"洗罍"條：脰高五寸。

案："脰"，脖頸，宋本、蒙古本訛爲"脛"，意爲"小腿"，文淵閣本校改爲"脰"，是。

23．"嚴俎"條：今宗廟之俎皆有舟。

案："宗"，宋本、蒙古本訛爲"宋"，文淵閣本校改爲"宗"，是。

24．"疊"條：鋭平底，有蓋。

案："鋭"，宋本、蒙古本訛爲"兑"，文淵閣本校改爲"鋭"，是。

25．"斬衰"條：音鉤。賈疏："袧，如'脯屈中曰朐'之'朐'"。

案："袧"，宋本、蒙古本訛爲"被"，文淵閣本校改爲"袧"，是。

26. "斬衰"條：此先知爲上、後知爲下，亦謂唐虞已上，黃帝已下。

案："已上"之"上"，宋本、蒙古本訛爲"下"，文淵閣本校改爲"上"，是。

27. "玉爵"條：原康成解"總爵"之言。

案："之"，宋本、蒙古本訛爲"又"，文淵閣本校改爲"之"，是。

二、增補脱文

文淵閣本《三禮圖集注》增補底本脱文近百處，雖爲直接改動、未出校記，但校補的文字在一定程度上更好的疏通了原書文意，具有重要的參考價值。

1. "鷩冕"條：共一十八旒。

案：宋本、蒙古本脱"旒"字，文淵閣本補，是。

2. "皮弁"條：王朝之臣亦服以朝王。

案：宋本、蒙古本脱"以"字，文淵閣本補，是。

3. "王城"條：王城面有三門，門有三塗。

案：宋本、蒙古本脱下"門"字，文淵閣本補，是。

4. "四等附庸"條：上公方五百里，地極大。

案：宋本、蒙古本脱"大"字，文淵閣本補，是。

5. "編磬"條：在西曰頌，或作庸。

案：宋本脱"曰頌或作"四字，蒙古本脱"頌或作"三字，文淵閣本補"曰頌或作"四字，是。

6. "相"條：糠，一名相。

案：宋本、蒙古本脱"一"字，文淵閣本補，是。

7. "乏"條：鄭之兩注謂："唱獲者所蔽，以禦矢也。"

案："唱獲者"即舉行射禮時的報靶人。宋本、蒙古本脱"唱"字，文淵閣本補，是。

8. "并夾"條：《司弓矢》云："大射、燕射共弓矢、并夾。"

案：司弓矢，《周禮》夏官之職官，掌管弓矢。宋本、蒙古本脱"司弓矢"之"矢"字，文淵閣本補，是。

9. "冒圭"條：此所謂諸侯之於天子也，義則見屬。

案：宋本、蒙古本脱"於"字，文淵閣本補，是。

10. "四圭有邸"條：大宗伯以青圭等已見祭五方天帝。

案：宋本、蒙古本脱"以"字，文淵閣本補，是。

11. "圭璧"條：故亦於西郊。

案：宋本、蒙古本脱"故"字，文淵閣本補，是。

12. "邊璋瓚"條：有，可知矣。

案：宋本、蒙古本脱“知”字，文淵閣本補，是。

13.“竹籩方”條：但有竹籩以盛棗栗。

案：宋本、蒙古本脱“栗”字，文淵閣本補，是。

14.“洗勺”條：亦宜畫勺頭爲龍頭。

案：“勺頭”二字，宋本原空二字，蒙古本脱，文淵閣本補，是。

15.“蜼彝”條：王亦以圭瓚酌鬱鬯以獻尸。

案：宋本、蒙古本脱“鬯”字，文淵閣本補，是。

16.“喪服圖”條：義服大功衰九升，冠十一升。

案：宋本、蒙古本脱“服”字，文淵閣本補，是。

17.“斬衰”條：必不削幅者，欲取與衣二尺二寸同也。

案：宋本、蒙古本脱“二尺”二字，文淵閣本補，是。

18.“倚廬”條：一孝子一廬。

案：宋本、蒙古本脱“子”字，文淵閣本補，是。

19.“敦”條：今依《孝經緯》説。

案：宋本、蒙古本脱“經”字，文淵閣本補，是。

20.“矢”條：矢有五扶、七扶、九扶。

案：“九扶”，宋本、蒙古本脱，文淵閣本補，下文有“九扶則三尺六寸”可證，是。

21.“棋俎”條：棋俎。

案：“棋俎”，宋本、蒙古本原脱作“棋”，文淵閣本補。棋俎，單稱“棋”，爲殷代放置祭品的器物，宋本卷首目録作“棋俎”，可爲佐證。

22.“厭翟車”條：車裳帷。

案：宋本、蒙古本脱“帷”字，文淵閣本補，《儀禮注疏》同，是。

三、删減衍文

宋本或有衍文，且多爲蒙古本所延續，四庫館臣則在校勘中删除衍文。如：

1.“樊噲冠”條：樊噲造次所冠，以入項羽軍。廣九寸，高七寸，前後各出四寸，制似冕。

案：宋本、蒙古本“軍”字後衍“之冠也”三字，文淵閣本删，《後漢書·輿服誌》同，是。

2.“瑟”條：《樂記》云：“《清廟》之瑟，朱弦疏越。”

案：宋本、蒙古本“瑟”後衍“比”字，文淵閣本删，是。

3.“冒圭”條：天子執冒四寸，以朝諸侯。

案：宋本、蒙古本“冒”後衍“圭”字，文淵閣本删，《考工記·玉人》同，是。

4.《冒圭》條：與下國結定其心。

案：宋本、蒙古本重“結定”二字，文淵閣本删，《詩經·商頌·長發》鄭箋同，是。

5.“斬衰”條：凡衰外削幅,裳内削幅,幅三袧。

案：喪服上衣(衰)的邊幅朝外縫制,下衣(裳)的邊幅向内縫制,每幅布打三個褶。袧,古代喪服裳幅兩側的褶皺,亦稱辟積。宋本、蒙古本“三”後衍“幅”字,文淵閣本删,《儀禮·喪服》同,是。

四、乙正倒文

文淵閣本《三禮圖集注》調整宋本倒文,多是通過考證文義、考辯史實等工作發現的文字、語序之訛。如：

1.“爵弁”條：又《士冠禮》云：“爵弁服,纁裳、純衣、緇帶、韎韐。”

案：“緇帶、韎韐”,宋本、蒙古本作“緇韎帶韐”,文淵閣本乙正爲“緇帶、韎韐”,《儀禮·士冠禮》同,是。韎,赤黄色,茅蒐(茜草)所染之色。韐,蔽膝,亦稱“韍”或“韠”,形似圍裙,上窄下寬,用韋(熟皮)制成。

2.“褖衣”條：其佩綬如上而黑屨、白絇繶純。

案：“白絇繶純”,宋本、蒙古本倒作“白繶絇純”,文淵閣本乙正爲“白絇繶純”。絇爲鞋頭上的裝飾品,繶是一種帶子。

3.“鉶柶”條：注云：“扱以柶,扱其鉶菜也。”

案：“鉶菜”,宋本、蒙古本倒爲“菜鉶”,文淵閣本乙正,《儀禮·公食大夫禮》鄭玄注同,是。鉶爲盛菜羹的器皿,柶爲舀取食物的器物,扱者,插也。意爲用柶舀取鉶中的食物。“鉶菜”爲鉶中之菜,是用柶扱取的對象。

4.“蜃樽”條：凡疈(孚逼反)事用散。

案：疈事用散,即舉行疈祭用散尊。疈,祭名,也叫疈辜,劈牲之胸,析其體以祭四方小神。注文“孚逼反”是對“疈”字的注音。宋本、蒙古本原置此三字於“事”字後,文淵閣本移置於“疈”字後,甚是。

五、綜合運用多種校勘方法

《四庫全書考證》是《四庫全書》纂修工程的重要成果之一,是館臣在校訂《四庫全書》過程中所做的校勘考證精華内容的集結。“一般來説,《四庫》書經纂修、分校、覆校等校辦後,粘貼校簽,然後經由總纂、總校、總裁等審核,酌定認可其中的一些校簽,並從中選取一些寫成黄簽。可以説,黄簽是校簽的精選。”“作爲《四庫全書》重要的衍生品,《考證》是四庫館編次黄簽考證官匯編、加工《四庫》書中的黄簽而成的。”[①]事實上,校簽的撰寫同時服務於

---

① 張升：《〈四庫全書考證〉的成書及主要内容》,《史學史研究》2011 年第 1 期,第 111 頁。

《四庫全書薈要》與《四庫全書》的編纂。由於二書在編纂時間、編纂目的等方面皆有所交叉，導致校簽的產生依據與使用去向皆難以確考，僅憑《考證》的内容無法全面了解館臣的具體校勘工作。即便如此，通過梳理該書亦可發現，館臣在校訂《四庫》典籍時綜合采用了本校法、他校法、對校法、理校法等多種科學的校勘方法，考證了大量史實故事，糾正了數量可觀的底本訛誤，爲後世進一步認識與評價《四庫全書》的版本價值提供了翔實可靠的文獻依據。兹舉例如下：

1.“鷩冕”條：共一十八旒。

《考證》：刊本脱“旒”字，據《周禮鄭注》增。

案：宋本、蒙古本皆脱“旒”字，《薈要》本有“旒”字。

2.“王城”條：門有三塗。

《考證》：刊本脱“門”字，據《周禮賈疏》增。

案：宋本、蒙古本皆脱“門”字，《薈要》本有“門”字。

3.“牙璋”條：若今銅虎符發兵也。

《考證》：刊本“符”訛“節”，據《周禮鄭注》改。

案：宋本、蒙古本、《薈要》本皆訛“符”爲“節”，文淵閣本校改。

4.“握手”條：既手内置之，握長尺二寸，中掩之手才相對也。

案：“尺二寸”，宋本、蒙古本訛爲“尺之寸”，文淵閣本校改，《薈要》本、《儀禮·士喪禮》經文同文淵閣本。

5.“彤矢、玈矢”條：利火射，用諸守城車戰。

案：火射，結火而射，宋本、蒙古本訛爲“大射”，文淵閣本校改，《周禮·夏官·司弓矢》《薈要》本同文淵閣本。

6.“賵方”條：《禮記》曰：“賵馬入廟門。”

案：“禮記”，宋本、蒙古本、《薈要》本讹作“禮誌”，文淵閣本校改，是。“賵馬入廟門”出自《禮記·少儀》。

7.“倚廬”條：屋下，對廬偏倚東壁而言也。

案：“偏倚”，宋本、蒙古本訛爲“偏知”，《薈要》本作“偏加”，文淵閣本校改爲“偏倚”，是。倚廬爲居父母喪時居住的房子，蓋在中門之外的東牆之下，故“偏倚”爲是。

8.“斬衰”條：《深衣》云：“袂中可以運肘”是也。

案：“袂”，宋本、蒙古本訛爲“去”，文淵閣本校改爲“袂”，是。

文淵閣本《三禮圖集注》與宋本、蒙古本等對校，多有優勝之處，然因是鈔本，仍有一些訛脱衍倒之誤。

1.“后服圖”條：揄狄（音搖翟）。

案：“揄”，《薈要》本同，宋本、蒙古本作“褕”，是。褕狄即褕翟，是王后的祭服。

2.《兆域》條：案《爾雅》云：“土之高者曰丘，高丘曰阜。”

案:"高丘曰阜"四字,文淵閣本倒作"高阜曰丘"。

3."毋追、章甫"條:"毋追"。

案:"毋追"上,宋本及蒙古本、《薈要》本有"夏曰"二字,文淵閣本脱。

總之,文淵閣本《三禮圖集注》綜合運用他校、理校、本校等方法整理抄寫,較之宋本、元蒙古本,文字錯誤較少,經過對校,文淵閣本可校正宋本者達660餘處,正確率高達86.36%,成效顯著。

《四庫全書薈要》附有專門的校勘記,是清代校勘學成就的集中體現。《薈要》本《三禮圖集注》以天禄琳琅毛晉影宋鈔爲底本繕録,取通志堂本相校。從我們校勘的情況來看,《薈要》本僅部分采納了《考證》的校勘意見,從《薈要》本到文淵閣本,大致呈現了四庫館臣校勘《三禮圖集注》的成果,從《三禮圖集注》看,文淵閣本要優於《薈要》本。文淵閣本《三禮圖集注》後出轉精,不可與他書的《四庫》本等同視之。正確認識文淵閣本《三禮圖集注》的版本學、文獻學價值,有利於進一步了解《四庫全書》工程的文化價值與文化意義。

(孫蘊,魯東大學文學院講師)

《蒼頡篇》文本研究三題 *

白軍鵬

[摘　要]《蒼頡篇》自秦代編定以後,歷經兩漢"閭里書師"及學者的改編及續作,面貌發生了較大的變化。從北京大學藏漢簡《蒼頡篇》來看,西漢"五十五章"本與"秦三蒼"相比應有"擴容"。而被學者們稱爲"姓名簡"的部分是不可能作於秦代的,也應屬於漢人續作與仿作,而其所參照的文本當爲"五十五章"本。通過南北朝學者對"豨黥韓覆""豨信京劉"等的描述亦可窺知《蒼頡篇》在漢代及之後流傳中版本的變動。

[關鍵詞] 秦三蒼　閭里書師　複字　姓名簡

　　《蒼頡篇》也作《倉頡篇》,最初由秦代李斯所作,《漢書·藝文志》:"《蒼頡》七章者,秦丞相李斯所作也;《爰歷》六章者,車府令趙高所作也;《博學》七章者,太史令胡母敬所作也。文字多取《史籀篇》,而篆體復頗異,所謂秦篆者也……漢興,閭里書師合《蒼頡》《爰歷》《博學》三篇,斷六十字以爲一章,凡五十五章,并爲《蒼頡篇》。"① 據此可知,到了"閭里書師"的時代,《蒼頡篇》已經是包含李斯、趙高和胡母敬三人所作了。也就是所謂的"秦三蒼"。②

　　近年來,隨着漢代簡牘本《蒼頡篇》的陸續發現以及相關研究的推進,現在能够見到並被確認爲"斷六十字爲一章"之前之版本的有阜陽漢簡《蒼頡篇》和北京大學藏漢簡《蒼頡篇》,阜陽漢簡發現於汝陰侯夏侯竈墓,由於其卒年在漢文帝十五年,因此可以確定此本的抄寫年代不晚於這一年。③ 而北大漢簡據朱鳳瀚先生推測不晚於漢武帝後期。④ 如上所述,這兩種版本由於時代早,且均未經"斷六十字爲一章",因此一般認爲更多地保留了秦本的原貌。至於水泉子漢簡七言本《蒼頡篇》以及敦煌、居延等地發現的《蒼頡篇》殘簡則可以確定屬於"斷章"後的本子。學界已經多有討論,此處不作贅述。⑤

---

* 本文是國家社科基金重大項目"東漢至唐朝出土文獻漢語用字研究"(21&ZD295)、"古文字與中華文明傳承發展工程實施計劃(2021—2025)"研究項目"《蒼頡篇》新研"(G2435)的階段性成果。

① 顧實:《漢書藝文志講疏》,上海:上海古籍出版社,2009年,第89—90頁。
② "三蒼"之名,最初是指五十五章本《蒼頡篇》、揚雄所作《訓纂篇》以及東漢和帝時賈魴所作《滂熹篇》而言,如《隋書·經籍志》《書斷》等均已如此稱呼,而《舊唐書·經籍志》所載有張揖《三蒼訓詁》,張揖爲三國魏人,這是目前能追溯到的最早見稱"三蒼"之例。有些學者認爲"三蒼"之名始於賈魴,實則尚無文獻上的確證。至於"秦三蒼"的稱呼應該是比較晚起的,以區別漢人整理及新作的"三蒼"。
③ 王襄天、韓自强:《阜陽雙古堆西漢汝陰侯墓發掘簡報》,《文物》1978年第8期,第17—18頁。
④ 朱鳳瀚:《北大漢簡〈蒼頡篇〉概述》,《文物》2011年第6期,第59頁。
⑤ 可參白軍鵬:《〈蒼頡篇〉兩種漢代版本及相關問題研究》,《文獻》2015年第3期,第41—49頁。

一、“秦三蒼”的字數

就《漢志》所載可知“閭里書師”對“秦三蒼”的改編工作是合《蒼頡》《爰歷》《博學》爲一篇，斷六十字爲一章。不過實際上其對《蒼頡篇》的整理並非止於此，而爲《漢志》所未載。我們認爲，其對“秦三蒼”的内容極有可能進行過“擴容”。

在討論這個問題之前，我們先談一談對北大漢簡“胡無噍類”等四句的寫作時代的看法。北大漢簡《蒼頡篇》簡8、簡9：“漢兼天下，海内并廁。胡無噍類，菹醢離異。戎翟給賓，百越貢織。飭端脩灋，變大制裁。”與阜陽本相較，多出“胡無噍類，菹醢離異。戎翟給賓，百越貢織”四句。朱鳳瀚先生認爲：“這四句話，應是歌頌秦始皇統一六國後，北逐匈奴、南略五嶺的業績，應是出自秦人手筆。雙古堆簡《蒼頡篇》此四句話未存，可能是西漢初整理秦本《蒼頡篇》時被删掉，但北大簡以及居延簡《蒼頡篇》都保存了這四句話，較多地體現了秦代本子的面貌。”[①] 梁静先生則提出：“這四句話並非秦本原有，其所歌頌的對象也不是秦始皇，而是漢武帝。”理由是“武帝在漢初幾位帝王積纍的基礎上，‘外事四夷，内興功利’，完成了輝煌的事業……‘胡無噍類’這四句話很有可能反映的正是這一時代特徵，也很有可能是這一時期才被改編入《蒼頡篇》中的。這四句話没有出現在抄寫于漢文帝十五年以前的阜陽漢簡中，而出現在抄寫年代不晚于漢武帝後期的北大本《蒼頡篇》中的原因，就在於此”。[②]

我們也認爲這四句當爲漢人所作，很明顯的一個理由當然就是梁文也提及的其未見於時代更早的阜陽本中。[③] 不過，梁文主要依據史實來考證，認爲這四句可與漢武帝時期的“外事四夷，内興功利”相合，我們認爲説服力還有所不足。因爲將這些功績放到秦始皇身上無疑也是合適的。《史記·秦始皇本紀》：“始皇乃使將軍蒙恬發兵三十萬人北擊胡，略取河南地。三十三年，發諸嘗逋亡人、贅壻、賈人略取陸梁地，爲桂林、象郡、南海，以適遣戍。西北斥逐匈奴。”[④] 這些“武功”正與前揭朱鳳瀚先生文稱“北逐匈奴、南略五嶺”略同，而與“胡無噍類，菹醢離異。戎翟給賓，百越貢織”四句亦可相互印證。

如果通篇考察北大簡《蒼頡篇》，我們會發現在這四句十六字中有六個字與其它部分中存在複字。分别是“胡”又見於簡11“胡貉離絶”，“菹”又見於簡28“蒜薑菹菹”，“醢”又見於簡72“私醢救醒”，“離”又見於簡11“胡貉離絶”，“給”又見於簡42“箸涏縞給”，“賓”又見於簡14“狄署賦賓”。即使考慮到書寫過程中的用字習慣問題，亦即字詞間的對應關係，也僅有“給”字是不能確定的，其餘五例均同字，亦表同義。而如此高的複字比例在北大簡

---

①　朱鳳瀚：《北大漢簡〈蒼頡篇〉概述》，《文物》2011年第6期，第60頁。

②　梁静：《出土〈蒼頡篇〉研究》，北京：科學出版社，2015年，第74—75頁。

③　周飛先生認爲阜陽本中也應該有這四句，祇是因爲文句順序與其他簡本有别，而没有寫在“海内并廁”句後。造成這種文句順序差别的原因，可能是因爲抄寫過程中的差錯，也可能是因爲所據原本出現了錯簡。見《出土〈蒼頡篇〉版本探討》，《出土文獻》第八輯，中西書局，2016年，第195頁。

④　〔漢〕司馬遷：《史記》卷六《秦始皇本紀》，北京：中華書局，1982年，第252—253頁。

《蒼頡篇》中是十分突出的。^①簡 8"戎翟給賨"與簡 14"狄署賦賨"所述内容相當,"胡無嗤類""菹醢離異"與簡 11"胡貉離絶"句意亦極爲近似,且二簡從文義及簡背劃痕看確屬一章。這樣看來似乎祇有一種可能,即此四句爲漢人在合併"秦三蒼"時所加,這當然極有可能是出於"歌功頌德"的目的,加之並非原作,没有顧及到複字與重複内容便很容易理解了。

如果再進一步考察,"閭里書師"的增字工作可能遠遠不止於此。當然,我們認爲參與改編《蒼頡篇》的"閭里書師"應該不是一時一地的。針對七言本《蒼頡篇》的作者問題,胡平生先生提到:"基層的教書先生們大可各顯其能,愛怎麽改就怎麽改,《漢志》無法確切地記録這一群衆性的改易活動,祇好用一句'閭里書師'來概括。代表性的成果是合併《蒼頡》《爰歷》《博學》,'斷六十字以爲一章,凡五十五章。'"^②本文下面的討論也是基於這樣一個基本的認識之上展開的。

對於"秦三蒼"的字數,有些學者認爲其當與《漢志》所載"斷六十字爲一章,凡五十五章"的總數三千三百字相當。如周飛先生便説:"三者(引者按,即《蒼頡》《爰歷》《博學》)合計二十章,三千三百字。"^③也有一部分認爲"二十章本"的字數不可知。如王國維即稱"三篇,凡二十章,不知字數"。^④闕疑者暫不論,針對周飛先生的判斷,從北大簡所透露出來的信息看來,事實似乎並非如此,北大本《蒼頡篇》存有標明字數的章末簡共十枚,分别是簡 7:百五十二;簡 26:百廿八;簡 31:百廿八;簡 37:百一十二;簡 45:百卅四;簡 52:百卅六;簡 58:百四;簡 67:百五十二;簡 72:百廿;簡 77:百廿八。如此,則此十章所存字數爲 1304 字,平均到每章約爲 130 字,如果以此爲準,進一步推算下來,"秦三蒼"二十章,則應收 2600 字左右,這與 3300 字之間有一定的差距。周飛先生認爲"根據《漢書·藝文志》記載計算,《蒼頡》《爰歷》《博學》三篇共 20 章,總字數應爲 3300 字,平均每章 165 字,與北大簡章尾數字相距並不算大"。^⑤然而每章 130 字與 165 字的差距還是很明顯的,也是無法忽略的。

其實,北大本《蒼頡篇》除了每章末簡明確記載該章字數外,還有一章的章名及字數是可以考得的,即李斯《蒼頡篇》的首章。北大本《蒼頡篇》每章均以該章首二字爲章題,則此首章的章題應爲《蒼頡》,循此思路,"二十章本"《蒼頡篇》自然還應有《爰歷》與《博學》二章。由於"斷章"後第五章全部的内容我們是知道的,即以居延漢簡 9.1 的三棱觚爲主,參考其它簡牘中的相關内容,其釋文作:

第五　戲叢奢掩,頗顧重該。悉起臣僕,發傳約載。趣遽觀望,行步駕服。逎逃隱匿,往來眪眛。漢兼天下,海内并廁。胡無嗤類,菹醢離異。戎翟給賨,佰越貢織。

---

① 就我們統計,北大簡内部複字共二十二個。
② 胡平生:《讀水泉子漢簡七言本〈蒼頡篇〉》,《胡平生簡牘文物論稿》,上海:中西書局,2012 年,第 50 頁。
③ 周飛:《〈蒼頡篇〉綜合研究》,清華大學 2017 年博士學位論文,第 3 頁。
④ 王國維:《重輯〈蒼頡篇〉·叙録》,《王國維遺書》第 7 册,上海:上海古籍書店,1983 年,第 2 頁。
⑤ 周飛:《出土〈蒼頡篇〉版本探討》,《出土文獻》第八輯,第 192—193 頁。

飭端脩法。①

結合北大簡本,可知"往來晾睞"之前的内容屬於北大本《賞禄》章,"漢兼天下"之後的内容屬於北大本《漢兼》章。北大本《賞禄》章共 152 字,保存在"斷章"後第五章的文字爲 32 字,則根據"斷六十字爲一章",可知"斷章"後的第三、四章與《賞禄》章其餘部分恰好重合,爲 120 字。那麼,斷章前,《賞禄》章的上一章當即《蒼頡》章,而該章恰與斷章後的第一、二章相應,即存 120 字。② 而"百廿字"的一章再與前面的内容平均,則北大本《蒼頡篇》的章均字數大概衹有 129 個左右了。

北大本《蒼頡篇》雖然保存下來的並非完本,但是十一章已經占到總數二十章的一半强,還是具有相當的代表性。由此可推知,北大本《蒼頡篇》的總字數極有可能是不足 3300 字的。從這個判斷出發,自然可以推得這樣的結論:"閭里書師"對《蒼頡篇》除了"斷章"以外還添加了新的内容。

學者們一般傾向於李斯等人作《蒼頡篇》等首要目的是爲了統一文字。《説文解字·叙》:"其後諸侯力政,不統於王,惡禮樂之害己,而皆去其典籍。分爲七國,田疇異晦,車涂異軌,律令異灋,衣冠異制,言語異聲,文字異形。秦始皇帝初兼天下,丞相李斯乃奏同之,罷其不與秦文合者。斯作《倉頡篇》,中車府令趙高作《爰歷篇》,太史令胡毋敬作《博學篇》。"③ 胡平生先生認爲"秦統一中國後,要'書同文字',《蒼頡》《爰歷》和《博學》,就是作爲全國統一的教科書加以頒佈的"。④ 梁靜先生提到《蒼頡篇》的初創應該是出於規範文字的需要,特别是秦代統一六國文字的需要"。⑤ 周飛先生也提到"《蒼頡篇》是針對第三次'書同文'而作",並指出"《蒼頡篇》是秦統一文字的重要工具"。⑥ 在當時的篆文書寫背景下,作爲字書,《史籀篇》的地位是遠遠高於《蒼頡篇》的,而前者字數一般認爲多達九千(或五千)。這樣,作爲一般字書來説,對於後者的字數應該没有什麼要求。

到了漢代,統一文字的需求不再。因此,《蒼頡篇》理所應當越來越多地承擔起一般字書的習字教材的作用。《二年律令·史律》:

試史學童以十五篇,能風(諷)書五千字以上,乃得爲史。

① 簡牘整理小組編:《居延漢簡》(壹),臺北:臺灣"中央研究院"歷史語言研究所專刊之一〇九,2014 年,第 28—29 頁。"奢"字,《居延漢簡》(壹)誤釋爲"書",釋讀可參白軍鵬:《讀北大簡〈蒼頡篇〉札記》,《簡帛研究二〇一六·春夏卷》,桂林:廣西師範大學出版社,2016 年,第 253—254 頁;"悉"字未釋,可據北大本補出。
② 相關問題亦可參上引周飛先生《出土〈蒼頡篇〉版本探討》一文,第 198 頁。
③ 〔漢〕許慎撰,〔清〕段玉裁:《説文解字注》,上海:上海古籍出版社 1981 年影印經韻樓本,第 757 頁下欄 b—758 頁上欄 a。
④ 胡平生:《阜陽漢簡〈蒼頡篇〉的初步研究》,原載《文物》1983 年第 2 期;又收入《胡平生簡牘文物論稿》,第 1 頁。
⑤ 梁靜:《出土文獻與〈蒼頡篇〉研究》,《簡帛》第十輯,上海:上海古籍出版社,2015 年,第 264 頁。
⑥ 周飛:《〈蒼頡篇〉綜合研究》,第 2 頁。

卜學童能風（諷）書史書三千字，誦卜書三千字……乃得爲卜。①

　　由於爲卜爲史都對習得字數有一定的要求，因此學童習字教材也會爲了與之適應而增加字數。一般認爲張家山漢簡的下限是吕后二年（公元前 186 年），因此《二年律令》所反映的自然是西漢最初時期甚至是秦代的情況，故此時"史學童"等仍以"十五篇"即《史籀篇》爲考試範本，但是從《漢志》的記載來看，武帝時司馬相如作《凡將篇》應已取《蒼頡篇》中正字了。説明在西漢早期《蒼頡篇》已經取得了很高的地位。"閭里書師"出於教學的需要，將原本字數不多的《蒼頡篇》增加一些内容也在情理之中。到了元、成帝時史游作《急就篇》，李長作《元尚篇》，亦取《蒼頡篇》中的正字。表明《蒼頡篇》作爲字書，地位已經超過了《史籀篇》。《史籀篇》據班固所述"建武時亡六篇矣"，②這説明其至遲在西漢晚期已經被《蒼頡篇》所取代。以至於東漢初年本來的十五篇便亡佚了六篇。西北地區所出年代上以西漢後期佔絶大多數的簡牘材料，其習字簡中抄寫、練習所用字書者也未見有明確的《史籀篇》内容，而以《蒼頡篇》爲主。

　　從整個兩漢時代來看，自"閭里書師"改編以後，《蒼頡篇》是不斷被增續的。《漢志》："至元始中，徵天下通小學者以百數，各令記字於庭中。揚雄取其有用者以作《訓纂篇》，順續《蒼頡》，又易《蒼頡》中重複之字，凡八十九章。臣復續揚雄作十三章，凡一百二章，無複字，六藝群書所載略備矣。"③《書斷》："和帝永元中，賈魴又撰異字，取固所續章而廣之，爲三十四章，用《訓纂》之末字以爲篇目，故曰《滂熹篇》，言滂沱大盛，凡百二十三章，文字備矣。"④至此，《蒼頡篇》及續作已經達到 123 章，共 7380 字。這樣一個逐漸增字的過程對於我們前面的判斷顯然也是有利的。祇是由於"閭里書師"的影響甚微，其增字的工作爲史家所略。其實漢人爲字書增字，不僅限於《蒼頡篇》，衆所周知，《急就篇》第七、三十三、三十四章即爲後人所增加並成爲其正式内容，增補時間一般認爲在東漢時期。這大概也可以作爲《蒼頡篇》在漢代增字的一個側面反映。

二、"姓名簡"的歸屬問題

　　1977 年玉門花海農場曾發現兩枚習字簡，後爲《敦煌漢簡》收入，編號爲 1462、1463。由於此二簡書寫較差，很多字的釋讀尚存爭議，我們主要依據胡平生先生意見將其釋寫如下：

---

① 張家山二四七號漢墓竹簡整理小組：《張家山漢墓竹簡（二四七號墓）》（釋文修訂本），北京：文物出版社，2006 年，第 80—81 頁。

② 顧實：《漢書藝文志講疏》，第 79 頁。

③ 顧實：《漢書藝文志講疏》，第 90 頁。

④〔唐〕張懷瓘：《書斷》，收入〔唐〕張彦遠纂輯，劉石校理：《法書要録校理》，北京：中華書局，2021 年，第 448 頁。

曰書人名姓,葫苣韓碭,范鼠張猜,^① 翟如寳錢,偉戈馮鄹,陘涓　　　　1462

曰書人名姓,葫苣韓碭,范鼠張猜,翟如賤,　　　　　　　　　　　　　　1463

　　1979 年馬圈灣烽燧遺址又出土了一枚習字之用的四棱觚,《敦煌漢簡》編號爲 639。依各家最新的研究,其釋文作:

　　▲焦党陶聖,陳毅巍嬰,程頎樛平,梁賢尹寬,榮雍尚　　　　639 A

籍,岑雁露騫,彭繚秦參,涉兢夏連,樂恢樹更,　　　　　　　639 B

唐美耿瞀,段沓殷譔,黄文截山,肥赦桃脩,賈闌鄧　　　　　639 C

難,季偃田硯。^②　　　　　　　　　　　　　　　　　　639 D

　　此四棱觚以四字爲句,共十五句,凡六十字。與“五十五章本”《蒼頡篇》的一章相合。由於其全篇書寫姓名(一姓一名),因此學術界將它們與玉門花海所獲“曰書人名姓”簡等一同稱爲“姓名簡”。加之其内容又見於斯坦因所獲的習字削柿,如 2771 有“曰書人”,3268 有“更唐”,2877 有“沓殷譔黄”,很顯然通過文句可將其與上揭内容聯繫起來。到目前爲止學界均將其歸入《蒼頡篇》。^③ 不過從審慎的角度出發,這種判斷現在還無法視爲定論。

　　首先,諸家認爲相關簡文屬於《蒼頡篇》,一個最重要的證據是“姓名簡”中的文字出現於斯坦因所獲習字削柿中,不過這些習字削柿並非全屬《蒼頡篇》,我們可以舉出許多書寫了多次卻並非《蒼頡篇》的内容,此處無需贅言。而更重要的是,在出土於墓葬中並已經確知的幾種《蒼頡篇》版本中,從未出現與“姓名簡”相關的文字。^④ 北大本《蒼頡篇》存 1300 餘字,阜陽本存 540 餘字,即使去掉兩者重複的内容,亦有 1500 多字,已經超過了我們前文討論的“秦三蒼”一半的篇幅。而且以上三本之文字又是“散見”的,雖然不完

① “猜”字原釋“豬”,張傳官先生認爲當釋“猜”,參張傳官:《漢簡〈蒼頡篇〉人名校正兩則》,《出土文獻與古文字研究》第八輯,上海:上海古籍出版社,2019 年,第 279—282 頁。

② 關於此觚文的釋讀,可參胡平生:《漢簡〈蒼頡篇〉新資料研究》,原載中國社會科學院簡帛研究中心編:《簡帛研究》第二輯,法律出版社,1996 年;又收入《胡平生簡牘文物論稿》,第 14—15 頁;梁静:《出土〈蒼頡篇〉“姓名簡”研究》,《簡帛》第八輯,上海:上海古籍出版社,2013 年,第 413—416 頁;張傳官:《漢簡〈蒼頡篇〉人名校正兩則》,《出土文獻與古文字研究》第八輯,第 283—288 頁;白軍鵬:《馬圈灣漢簡“焦黨陶聖”章釋文、性質及人名互證研究》,《出土文獻》2021 年第 1 期,第 121—124 頁。

③ 學者們對於“姓名簡”的認識有一個逐漸變化的過程,如胡平生先生最初的看法雖然認爲其當屬於《蒼頡篇》一系,但是又提到“貿然斷定本章必是《蒼頡》,似尚欠穩妥”。參《漢簡〈蒼頡篇〉新資料研究》,《胡平生簡牘文物論稿》,第 19 頁;不過在斯坦因所獲習字簡公佈後,則認爲“現在看來它們應當是《蒼頡篇》的内容”。參《英國國家圖書館藏斯坦因所獲未刊漢文簡牘中〈蒼頡篇〉殘片研究》,原載〔英〕汪濤等編:《英國國家圖書館藏斯坦因所獲未刊漢文簡牘》,上海:上海辭書出版社,2007 年;又收入《胡平生簡牘文物論稿》,第 31 頁。而上注中梁静等先生論著中亦徑視之爲《蒼頡篇》並進行相關的研究。

④ 阜陽漢簡《蒼頡篇》C 83 殘存兩字,第二字爲“黄”,第一字整理者未釋出,梁静先生懷疑第一字爲“譔”,其字作 ，參《出土〈蒼頡篇〉“姓名簡”研究》,第 416 頁,在《出土〈蒼頡篇〉研究》中,梁先生亦有同樣的判斷,參第 31 頁。不過從字形上看似無法將其確釋爲“譔”。

全,但是却具有相當的代表性。這些不能不引起我們對將"姓名簡"歸入《蒼頡篇》進行反思。

其次,再從複字的角度來看,就"焦党陶聖"一章來說,其與已經確知的《蒼頡篇》存在大量的複字:"梁賢尹寬"之"寬"字又見於北大簡簡1"寬惠善志","榮雍尚籍"之"尚"字又見於北大簡簡2"賓勤向尚","陳穀巍嬰"之"嬰"又見於北大簡簡3"嬰但掐援","肥赦桃脩"之"脩"又見於北大簡簡9之"飭端脩瀘","段沓殷譔"之"沓"又見於北大簡簡19之"遮迣沓詢","黃文戠山"之"文"又見於北大簡簡32之"趨文宰竅","樂恢樹更"之"恢"又見於北大簡簡46之"潁豫録恢","賈闌鄧難"之"鄧"又見於北大簡簡46之"鄩鄧析酈","陳穀巍嬰"之"陳"又見於北大簡簡47之"陳蔡宋衛","賈闌鄧難"之"賈"又見於北大簡簡48之"市旅賈商","黃文戠山"之"黃"又見於北大簡簡49之"縑赤白黃","梁賢尹寬"之"梁"又見於北大簡簡54之"柱枅橋梁","彭繚秦參"之"參"又見於北大簡簡55之"桶槩參斗","岑庢露霿"之"露"又見於北大簡簡59之"霢露霻霜","涉兢夏連"之"夏"又見於簡59之"冬寒夏暑","岑庢露霿"之"岑"又見於北大簡簡61之"崋巒岑崩","季偃田硯"之"偃"又見於北大簡簡62之"偃亀運糧","肥赦桃脩"之"桃"又見於北大簡簡63之"鬱棣桃李","榮雍尚籍"之"榮"又見於北大簡簡64之"榮葉莠英","樂恢樹更"之"樹"又見於北大簡簡69之"頗科樹莖","陳穀巍嬰"之"穀"字又見於阜陽簡C9之"取穀肆宜","程頎樛平"之"平"又見於阜陽簡C46之"高嚻平夷"。

"梁賢尹寬"之"賢"見於斯坦因所獲習字本,簡3430作"賢知賜予分貸莊犯",簡2472作"禄賢知賜予",結合簡3543"癰瘞賞禄",可將北大簡簡1上部所殘部分補爲"賞禄賢知,賜予分貸,莊犯"。[1]因此,雖然此字直接見於習字本,但是根據上面所述,其實也當屬間接見於北大本。

此外,"程頎樛平"之"頎"字見於斯坦因所獲習字本1791B"賓分笵喪頎碩□",此簡可與1852"禹湯毅印奏厥賓分笵□"内容相聯綴。而1852與北大本簡65"……□。堯舜禹湯。穎印趠壓。瞵盼"内容顯然是相當的,"厥"與"壓","分"與"盼"可以相互通假,"瞵"與"賓"古音均在真部,"瞵"爲來母字,"賓"爲幫母字,兩字韻同而聲異。不過來母字常與其他各紐字相互諧音,有學者認爲此與複輔音問題有關。如裘錫圭先生曾論及來母與明母的關係。[2]幫母與明母並爲唇音字,因此,"賓"與"瞵"似乎也可視爲通假關係。古音"奏"爲精母侯部字,"趠"爲精母宵部字,兩字聲母相同,韻亦可通。如果放寬標準的話,"頎"字也應歸入間接見於北大本之列。

即使不計算"頎"字,"焦党陶聖"章仍有二十三字見於已經確知的《蒼頡篇》,更確切的說是"斷章"之前的"秦三蒼"。幾乎達到了其全部六十字的五分之二,而這還是與不完

① 具體論證過程可參白軍鵬:《讀北大簡〈蒼頡篇〉札記》,《簡帛研究二〇一六·春夏卷》,第252頁。
② 裘錫圭:《西周銅器銘文中的"履"》,原載《甲骨文與殷商史》第三輯,上海:上海古籍出版社,1991年;又收入《裘錫圭學術文集·金文及其他古文字卷》,上海:復旦大學出版社,2012年,第28頁。

整内容的相重情況,可以想見,如果與完整的"秦三蒼"相較,其重見字必然會更多,比例自然也會更高。而將具有如此多重見字的内容歸入《蒼頡篇》(至少是"秦三蒼")顯然是不合適的。

還有一個應該指出的情況是:在北大本《蒼頡篇》中是有與姓氏相關的内容的,簡47"陳蔡宋衛,吳邠許莊"。前四字爲古國名無疑,後四字則爲姓氏,水泉子漢簡《蒼頡篇》C023:"吳邠許莊姓不亡。"其後三字是針對前四字的解釋性文字,因此,可以確定"吳邠許莊"是姓氏,這説明"秦三蒼"雖然有與姓名相關的内容,但却並非集中於一兩章之内。從北大本來看,"斷章"以前的《蒼頡篇》似乎每章並没有一個統一的章旨,而純以韻隸字。① 這些似乎都指向了一點:以"焦黨陶聖"章爲代表的"姓名簡"不大可能爲"秦三蒼"的内容。

胡平生先生早年的看法,曾經根據此章用韻情況,認爲其"顯示時代較晚的痕迹"。我們不妨引述其説:

一處是,開頭三句押耕部韻的"聖""嬰""平"三個字。中古時,聖、嬰入清韻,擬音作ĭεŋ,同元部字發展而來的仙韻比較接近。至於"平"字,上古時或讀爲"便"音(真部),中古就讀入仙韻(ĭεn)。另一處是,"彭續秦參"的"參",上古音是個侵部字,與上下句的元部字不押韻(此處可不入韻);但"參"字後來字音有了變化,成爲談韻字,擬音作am,這就與元韻比較接近,元韻的擬音作an,母音相同,韻尾發音部位不同。②

第一處,因三字上古同屬耕部,可以不論。而"參"字中古與上古元部字發音接近,則在此證其時代較晚具有一定的合理性。尤其是作爲"閭里書師"所作的部分,其用韻應體現了當時口語中的押韻情況,而從語音演變的常理來看,口語中聲韻的演變一般來説比書面用語更爲活躍。

當然,以上的論述並非全盤否認這些内容屬於《蒼頡篇》,雖然從之前所述可以認爲它們不大可能是李斯等人所作,但是畢竟"焦黨陶聖"章從形式上完全符合"斷章"後的《蒼頡篇》,且又見於其它習字材料。那麼退一步講,其存在爲西漢"閭里書師"所擬作的可能性。並且從斯坦因所獲習字簡中大量抄寫的現實來看,當有相當高的接受度,不過這種"擬作"自然是擬"斷章"後所作。至於其是否屬於"五十五章"之内容,雖然我們傾向於否定的判斷,但是由於材料有限,目前還無法做出十分肯定的結論。

———————————

① 目前北大本各章中尚未見到有明確的完整叙述一個主題或内容完全相關者。楊振紅先生對《顓頊》章與《闕錯》章進行過較深入的研究,並進一步認爲《蒼頡篇》各章均有章旨或主題思想。可參《北大藏漢簡〈蒼頡篇·顓頊〉校釋與解讀》,《簡帛研究二〇一六·春夏卷》,第222—250頁;《北大漢簡〈蒼頡篇·闕錯〉的釋讀與章旨》,《歷史研究》2017年第6期,161—177頁。

② 胡平生:《漢簡〈蒼頡篇〉新資料研究》,《胡平生簡牘文物論稿》,第21頁。

三、《顏氏家訓》所載 "豨黥韓覆" 等問題的考論

《顏氏家訓·書證篇》曾引《蒼頡篇》"漢兼天下,海内并厠。豨黥韓覆,畔討滅殘"。孫星衍據押韻等情況改 "滅殘" 爲 "殘滅"。[①] 這自然是認爲後兩句與前兩句相連。從文義衡接上看,"漢兼天下" 與 "豨黥韓覆,畔討殘滅" 也似乎確實有比較明顯的承接關係。但是出土文獻所載 "五十五章" 本第五章相關的部分爲 "漢兼天下,海内并厠" 後接 "胡無噍類,菹醢離異。戎翟給賮,百越貢織" 等内容。二者顯然不同。于豪亮、胡平生等先生均認爲《顏氏家訓》所引前兩句與後兩句本不相連屬。[②] 關於此問題後文會有論述,此處暫不展開討論。與此相關者,梁庾元威《論書》:

> 漢晉正史及古今字書並云《蒼頡》九篇是李斯所作,今竊尋思,必不如是。其第九章論豨、信、京、劉等,郭云:"豨、信是陳豨、韓信,京劉是大漢,西土是長安。" 此非識言,豈有秦時朝宰談漢家人物,牛頭馬腹,先達何以安之? [③]

這段話有一些問題值得注意。首先即所謂的 "《蒼頡》九篇" 與史載不合,王先謙認爲 "此志止言七章,則自八以下或後人所附益。元威、景純皆未覈論至此"。[④] 庾氏的懷疑當然是没有考慮到漢人對 "秦三蒼" 的改編及續作,而且就目前出土文獻所見各版《蒼頡篇》來看,以序數爲章名者都是 "五十五章本" 而非更接近秦本的 "二十章本",因此王氏對其 "未覈論" 之批評是合適的。[⑤] 但是由其所説 "漢晉正史及古今字書" 都記載了 "《蒼頡》九篇是李斯所作",却絲毫未見於史籍所載,亦與目前學界的共識不符。我們懷疑九篇之 "九" 當爲 "七" 之訛誤,庾氏在這段話之前已引述《漢志》"及秦相李斯破大篆爲小篆,造《蒼頡》七章"。[⑥] 則此處不應作 "九",似乎祇有誤書這種可能,大概涉下文 "第九章" 而誤。

此外,庾氏稱 "第九章論 '豨、信、京、劉'",其中 "豨、信" 顯然與 "豨黥韓覆" 的内容相當,但是文字上却有差別。《顏氏家訓》作 "韓",而《論書》所引則作 "信",且有郭璞注爲證。無論是 "韓" 還是 "信",顯然確當如郭璞所説指漢初名將韓信。值得注意的是《急就篇》中有 "韓" 字,見於姓名部分 "韓魏唐"。按照《漢志》所載,史游作《急就篇》,"皆《蒼頡》中正字"。也就是説如果《漢志》的記載可靠,則見於《急就篇》者,必爲《蒼頡篇》所收。

---

① 參王利器:《顏氏家訓集解》,北京:中華書局,1993 年,第 489 頁。

② 參胡平生:《阜陽漢簡〈蒼頡篇〉的初步研究》,《胡平生簡牘文物論稿》,第 4 頁。

③ 盧輔聖主編:《中國書畫全書》第 1 册,上海:上海書畫出版社,2000 年,第 42 頁。其中 "古今字書" 吳岫鈔本《法書要錄》作 "今古字書"。

④ 〔清〕王先謙:《漢書補注》,北京:書目文獻出版社 1995 年影印光緒虛受堂刊本,第 861 頁。

⑤ 但是王氏的批評將郭璞牽涉其中則有問題,從文義上看,對 "豨、信、京、劉" 提出懷疑的是庾元威,而非郭璞。此外,對於這一段文字,于豪亮、胡平生、福田哲之先生亦有自己的看法,可參梁静《出土〈蒼頡篇〉研究》,"前言" 第 6 頁。

⑥ 庾氏在表述時,"篇" 與 "章" 的概念有時是混用的。

且兩"韓"字均用爲姓氏,二者間的繼承關係較爲明確。從這個角度來看當以作"韓"更具説服力。顔氏、庾氏所處時代相同。但是前者代表的是北朝學術,後者則爲南朝學人。《世説新語·文學》載楚哀與孫盛論南北學問有"北人學問淵綜廣博","南人學問清通簡要"。[①]《隋書·儒林傳叙》:"南人約簡,得其英華;北學深蕪,窮其枝葉。"[②]一般認爲北方更多地保持了東漢時期的古文經學學風,而南方則爲魏晉學風。顔之推本人早年曾於南朝入仕,他在《顔氏家訓·勉學篇》中説:"江南閭里間,士大夫或不學問,羞爲鄙朴,道聽塗説,强事飾辭。"[③]由此可見其對南朝學問的大致看法。《書證篇》中亦屢有關於一字之差,江南本與江北本不同的情況,而往往是"江南書本多誤"。結合以上所論來看,由於"豨"是名,而"韓"是姓,爲求整齊,《論書》所見本"信"爲"韓"之改或誤均是有可能的。不過事實上,西漢文獻中並提二人時,在姓氏與名字並稱之外是有並稱姓與名的情況的。如《新書》"使曹、勃不能制"。曹謂曹參,勃謂周勃,正一姓一名。再如《史記·孟子荀卿列傳》"管、嬰不及"。管爲管仲,嬰爲晏嬰,亦一姓一名,此皆爲其例。[④]這樣的用例爲"豨韓"並列提供了可能性的證據。

再看"漢兼天下,海内并廁。豨黥韓覆,畔討滅殘"幾句,顔氏論述的背景與庾元威相似:

> 或問:"《山海經》,夏禹及益所記。而有長沙、零陵、桂陽、諸暨,如此郡縣不少。以爲何也?"答曰:"史之闕文,爲日久矣;加復秦人滅學,董卓焚書,典籍錯亂,非止於此。譬猶……後人所羼,非本文也。"[⑤]

對於同樣的問題,顔氏的想法顯然較庾氏通透。顔氏之答亦恰可解庾氏之惑。顔氏引多例證明"後人羼入"之説,所引内容不必連屬。因此"豨黥韓覆,畔討滅殘",很有可能確如庾氏所論在第九章而非第五章。這樣,此與出土文獻所載内容上的矛盾自然也就迎刃而解了。

庾氏又提及郭注"西土是長安"。從其所述,當與"豨、信、京、劉"同屬一章,故其稱"等"。《文選·述高紀》"西土宅心",李善注引郭璞《三蒼解詁》:"西土,謂長安也。"[⑥]與庾氏所述同,説明"漢三蒼"中確實有"西土"二字。至於是否在《蒼頡篇》中便已存在則不能定。在《英國國家圖書館藏斯坦因所獲未刊漢文簡牘》一書中編號爲3451的削柿作"▲西土宣浩符□"。胡平生先生懷疑"這種内容會不會是漢武帝開拓河西以後增加的文字"。[⑦]書中

① 〔南朝宋〕劉義慶著,〔梁〕劉孝標注:《世説新語》,上海:上海古籍出版社1982年影印思賢講舍本,第125—126頁。
② 〔唐〕魏徵等:《隋書》卷七十五《儒林傳》,北京:中華書局,1973年,第1706頁。
③ 王利器:《顔氏家訓集解》,第214頁。
④ 參〔清〕顧炎武著,〔清〕黄汝成集釋,欒保群、吕宗力校點:《日知録集釋》,上海:上海古籍出版社,2006年,第1308頁。
⑤ 王利器:《顔氏家訓集解》,第483—484頁。
⑥ 〔梁〕蕭統編,〔唐〕李善注:《文選》,北京:中華書局1977年影印胡克家本,第706頁。
⑦ 胡平生:《英國國家圖書館藏斯坦因所獲未刊漢文簡牘中〈蒼頡篇〉殘片研究》,《胡平生簡牘文物論稿》,第36頁。

其實還有其他含"西土"者,編號 2536 的削柿作"▲西土宣廣"。^① 兩者"西土"前均有章節符號,説明"西土"爲一章之首。從語義的角度看"宣廣"優於"宣浩"。此外,敦煌漢簡中亦有相關的內容,簡 1800 "敕西土宣廣三□",內容同於前引 2536。3451 與 2536 前均有章節符號,考慮到敦煌漢簡及習字削柿的時代,則"西土"當在《蒼頡篇》中便已存在,下限應該不會到《訓纂篇》,更絕不會晚至《滂熹篇》。^② 從這批習字削柿中書寫《蒼頡篇》的情況來看,這種章節符號均有很明確的標示一章始終的作用,因此,"西土"當爲一章之首二字是可以確定的。如果庾元威所述準確,則其當爲第九章之首二字。

四、總結及餘論

本文通過對三個問題的論證考察了《蒼頡篇》早期的文本樣貌及流傳情況。大致説來:從北大本反映出來的情況看,"秦三蒼"的字數應該達不到漢代所傳"五十五章"本的 3300字,這似乎能夠説明漢代"閭里書師"在整理《蒼頡篇》的時候除了《漢志》所記述的"并"與"斷"之外,還有增字的工作。而與之相關的是,近年所發現的"姓名簡"不可能成於李、趙、胡母三人之手,就本文看來,是否能在"五十五章"之列尚有疑問。《顏氏家訓·書證篇》中所引"豨黥韓覆,畔討滅殘"以及庾元威《論書》中所謂"豨、信、京、劉,西土"等內容大概屬於"五十五章本"的第九章,而且"西土"有很大的可能是作爲該章的首二字。

有些學者將經過"斷六十字爲一章"之本稱爲"閭里書師本"。不過對於這種説法,我們認爲還應注意以下問題:按照《漢志》所載,"閭里書師合《蒼頡》《爰歷》《博學》三篇,斷六十字爲一章,凡五十五章"。班固的意思是在"斷六十字爲一章"之前或同時,"閭里書師"首先經過了一個"合併"的工作。這個工作其實也記錄在《漢志》之中:"《蒼頡》一篇。"班固自注稱:"上七章,秦丞相李斯作;《爰歷》六章,車府令趙高作;《博學》七章,太史令胡母敬作。"^③ 稱李斯所作《蒼頡篇》爲"上七章",則顯然是以《爰歷篇》爲"中六章",《博學篇》爲"下七章"。是舉"上"以賅"中、下"。既然已經將三者合稱"一篇",則必經"閭里書師"之手。我們知道,無論是阜陽本《蒼頡篇》,還是北大本《蒼頡篇》,均是三者合置。如果細加考論,北大本未見書題,阜陽本 C10 首四字爲"爰歷次貤",顯然是《爰歷篇》之首,在"爰"字上方有一個墨書圓點,這種圓點及其在簡冊中的位置,在秦漢簡牘中往往用於區分篇章,不可能作爲書題。^④ 也就是説阜陽本可以明確爲三者合一之本,作爲含有更多漢人增改痕迹的

① 相關的論述參白軍鵬:《〈蒼頡篇〉兩種漢代版本及相關問題研究》,《文獻》2015 年第 3 期,第 48 頁。

② 對於這批削柿的時代,裘錫圭先生認爲"從字體看,這批削柿大概屬於西漢時代",裘先生還提及其中未見編成於元帝時的《急就篇》,認爲"這似乎也可説明其時代不會晚到東漢"。參《談談英國國家圖書館所藏敦煌漢簡》,《英國國家圖書館藏斯坦因所獲未刊漢文簡牘》,第 58 頁。敦煌漢簡 1800 出自斯坦因編號 T6b.1 的凌胡隧,此隧所出簡牘從紀年簡所載來看要以宣帝時爲主。而根據斯坦因的發掘報告來看,這些削柿中的大部分亦出自凌胡隧。

③ 顧實:《漢書藝文志講疏》,第 82 頁。

④ 關於簡牘帛書中書題、篇題的格式可參程鵬萬先生:《簡牘帛書格式研究》,上海:上海古籍出版社,2017 年,140—158 頁。

北大本無疑也當如此。而這一工作自然也當從班氏所述歸於"閭里書師"。

　　既然"閭里書師"的工作不僅限於"斷六十字爲一章",那麼更準確的叫法是以"二十章本"稱未經"斷六十字爲一章"之"秦三蒼",而以"五十五章本"稱"斷章"之後的本子。如果以"斷章前"本、"斷章後"本來稱呼也不會引起誤會。

　　後記:本文中的一部分内容完成於 2019 年,並曾在同年吉林大學舉辦的"古文字與出土文獻"青年學者論壇上宣讀。2019 年底《新見漢牘〈蒼頡篇〉〈史篇〉校釋》面世。這批材料中《蒼頡篇》的數量更大,其中亦無"姓名簡"的内容,這顯然對我們認爲"姓名簡"不屬於五十五章本《蒼頡篇》的觀點是有利的。

　　(白軍鵬,東北師範大學文學院、"古文字與中華文明傳承發展工程"協同攻關創新平臺副教授)

閻若璩《尚書古文疏證》闕佚新證

江　曦

[摘　要]　閻若璩《尚書古文疏證》和毛奇齡《古文尚書冤詞》分別爲晚出《古文尚書》"辨僞"和"證真"的代表作。錢穆認爲《疏證》闕佚的二十九條中，有目無文的十二條，都已合併到今存的九十九條中；並目而無的十七條，是閻若璩見到《冤詞》後，盡删其説，以掩己短；今存諸條中，亦有閻若璩據《冤詞》更改者。分析沈彤鈔本和杭世駿鈔本的五個文本來源，其形成時間皆在康熙三十二年之前，此時《冤詞》尚未成書。五個文本皆未見闕佚的二十九條，錢穆所説的閻若璩據《冤詞》更改者亦與今本無大差別，錢説不確。從有目無文十二條篇題看，《疏證》所存的九十九條不能涵蓋其全部内容，當非散入九十九條中，而是閻若璩根本没有撰寫。二鈔本亦有較高的校勘價值。

[關鍵詞]　閻若璩　尚書古文疏證　毛奇齡　古文尚書冤詞

東晉梅賾所獻晚出《古文尚書》（以下簡稱《晚書》）增多二十五篇之僞，歷經吴棫、朱熹、吴澄、梅鷟等考辨，至清初閻若璩《尚書古文疏證》（以下簡稱《疏證》）出，基本成爲定讞。毛奇齡撰《古文尚書冤詞》（以下簡稱《冤詞》），極力爲《晚書》申辯。《疏證》與《冤詞》分別爲"辨僞"和"證真"的代表作。《疏證》共一百二十八條，其中二十九條闕佚，其闕佚之原因，衆説紛紜，迄今尚無定論。

一、《疏證》據《冤詞》删改説的提出及其影響

《疏證》八卷，目録共列一百二十八條，每卷十六條，但今存的通行本清乾隆十年（1745）眷西堂刻本（以下簡稱"眷西堂本"），以及《四庫全書》本、嘉慶元年（1796）天津吴人驥刻本、同治十年（1871）振綺堂補刻眷西堂本、《皇清經解續編》本等，皆闕二十九條，所存者實爲九十九條。卷三第33至48十六條全闕，卷二第28、29、30三條，卷七第102、108、109、110四條，卷八第122至127六條亦皆不存。其中第28至30、33至41十二條有目無文，而第42至48、102、108至110、122至127十七條並目而無之。這二十九條闕佚之原因，《四庫全書總目》認爲乃"若璩殁後，傳寫佚之"。[①]錢穆駁之云：

　　潛邱生前重惜其書如此，又恐所著《劄記》或不傳，仍復寫入《疏證》。其子詠

---

①　〔清〕永瑢等：《四庫全書總目》卷十二，北京：中華書局，1965年，第102頁。

所爲《行述》載潛邱没命，餘書未刻者，當兢兢典守，不可妄改一字，以待傳者。及其後四十年，其孫學林始刻於淮安，自謂求刻此書，憂思徘徊無措手者已二十年。潛邱有子有孫，皆知愛謹先書，《疏證》雖稱未成之書，然實潛邱畢生最大著述，不應四十年中即傳寫多缺。①

錢氏認爲《疏證》闕佚的二十九條並非傳寫遺失，其中有目無文的十二條，都已經分散合併在今存的九十九條中，"其内容多已分見於今存諸卷"，"其文全已散入他卷"。② 而無目無文的十七條，錢穆認爲：

> 今以《冤詞》中"或曰"諸條，校之潛邱《疏證》，明其的是一説。而復有《冤詞》"或曰"云云，今《疏證》中不見其説者，余疑此由西河據所見《疏證》而駁，及潛邱見《冤詞》，見其説有據，乃還減己説。今《疏證》八卷有缺文並缺其條目，而猶留其條數者，殆即是也。於是去瑕汰弱，更爲不可勝，潛邱之智亦狡矣。故西河之駁閻説，没其名字而稱"或曰"，固是輕薄，而潛邱亦没其所攻駁，遂欲使我書無不是，毛説無足取，亦非從善之公心也。③

錢氏認爲《冤詞》中的"或曰"，皆爲《疏證》之詞。《疏證》並目而無的十七條，是閻若璩見到《冤詞》後，認可毛説，遂盡删之，以掩己短。除了闕佚的二十九條，今存的九十九條中，錢穆認爲亦有閻若璩據《冤詞》改訂者，其云："《疏證》歷引同時朋好商訂討論之言夥矣，獨於西河《冤詞》不及一字，而凡西河《冤詞》所辨，潛邱認爲己説之誤者，則没其前説，改造新論。"④

戴君仁《閻毛〈古文尚書〉公案》反駁錢説，認爲《冤詞》"並不是對付閻氏一個人，而是對付自宋至清初許多疑古文者"，⑤ 所列"或曰"亦非全是閻若璩《疏證》之説，有不少"或曰"之説不見於《疏證》，閻若璩未必據《冤詞》删改己説。其後，錢穆在《讀張穆著〈閻潛邱年譜〉再論〈尚書古文疏證〉》一文中仍重申己説，認爲閻若璩"自見西河《冤詞》後，其《疏證》亦必有應時改定處可知矣"，⑥ 並未提及戴君仁的觀點。

戴君仁的反駁並未能撼動錢穆説的巨大影響，著名《尚書》研究專家蔣善國、劉起釪皆承錢説。如蔣氏《尚書綜述》説："閻書初成四卷，毛奇齡作《冤詞》來駁它（《冤詞》裏面凡説"或曰"的，即指閻氏）。閻氏見《冤詞》後，又把《疏證》加以修改，又增了四卷，共八卷。

---

① 錢穆：《中國近三百年學術史》，北京：中華書局，1986 年，第 241 頁。
② 錢穆：《中國近三百年學術史》，第 242 頁。
③ 錢穆：《中國近三百年學術史》，第 247 頁。
④ 錢穆：《中國近三百年學術史》，第 251 頁。
⑤ 戴君仁：《閻毛〈古文尚書〉公案》，臺北："國立編譯館"中華叢書編審委員會，1963 年，第 96 頁。
⑥ 錢穆：《讀張穆著〈閻潛邱年譜〉再論〈尚書古文疏證〉》，《書目季刊》1976 年第 1 期，第 10 頁。

裏面凡有目無書的各條，可能見了《冤詞》，因證據不足删去的。"①劉起釪亦云："毛氏之説當然不能搖撼閻若璩的科學考據的結論，但由於他的淹博多識，在資料方面也揭露了閻氏一些引用的錯誤，所以閻氏在其《疏證》的幾處地方於刊版前偷偷地改正了。這一點是錢穆《中國近三百年學術史》第六章'閻潛邱毛西河'中揭出的。"②

錢、戴二氏同爲比較《疏證》與《冤詞》的異同，却得出了不同的結論。林慶彰在談及此問題時云："此書之所以有闕佚，錢穆先生在《中國近三百年學術史》中指出兩個原因：一是卷三各條之文，已散並於他卷；二是閻氏見毛奇齡之《冤詞》論説有據，遂湮滅其文。然戴君仁先生並不同意此種説法，並爲閻氏辯護。此事之是非恐有待再研究，此略不談。"③林氏認爲《疏證》闕佚之原因仍需討論，但他沒有進一步探究。

二、解決方案及其可行性

這一公案怎麽才能得以解決呢？吳通福在分析了錢、戴等人的觀點後，認爲："若能得到閻見《冤詞》前已經流傳的《疏證》鈔本，閻毛辯晚出《古文尚書》的這又一重公案是可以解決的。"④吳氏之説甚確，如果我們能找到《疏證》的早期文本，以之與今傳本對比，便可知閻若璩有沒有據《冤詞》删改己説，這一問題即可迎刃而解。

閻若璩見《冤詞》之前的《疏證》鈔本能否找到呢？錢大昕所作閻氏傳云："（閻若璩）年二十，讀《尚書》至古文二十五篇，即疑其僞，沉潛三十餘年，乃盡得其癥結所在，作《尚書古文疏證》八卷。"⑤《疏證》歷數十年而成，其間曾有一些階段性文本流傳。《疏證》卷一第十六條末云："癸亥秋，將北上。先四五月間，净寫此《疏證》第一卷成，六月携至吳門。於二十二日夜半泊武進郭外，舟忽覆，自分已無生理，惟念曰：《疏證》雖多副本在京師，然未若此爲定本。"⑥黄宗羲《尚書古文疏證序》稱："淮海閻百詩寄《尚書古文疏證》，方成四卷，屬余序之。"⑦《疏證》卷四末云："别録四本，一寄置太華山頂，友人王弘撰司之；一寄置羅浮山，應屈大均之請，是所謂藏之名山。其二本則寄千頃堂、傳是樓之主人宦長安者，又所謂副在京師也。"⑧可見，在《疏證》撰寫期間，便有一些鈔本流傳，如徐乾學《傳是樓書目》即著録鈔本"一本"。⑨

據《中國古籍總目》，除了《四庫全書》本，今存《疏證》鈔本有三，分别藏於國家圖書館、

① 蔣善國：《尚書綜述》，上海：上海古籍出版社，1988年，第286頁。
② 劉起釪：《尚書研究要論》，濟南：齊魯書社，2007年，第65頁。
③ 林慶彰：《清初的群經辨僞學》，上海：華東師範大學出版社，2011年，第147頁。
④ 吳通福：《晚出〈古文尚書〉公案與清代學術》，上海：上海古籍出版社，2007年，第27頁。
⑤ 〔清〕錢大昕：《潛研堂文集》卷三十八，南京：鳳凰出版社，2016年，第599頁。
⑥ 〔清〕閻若璩撰，黄懷信、吕翊欣校點：《尚書古文疏證》卷一，上海：上海古籍出版社，2010年，第55頁。
⑦ 〔清〕黄宗羲：《尚書古文疏證序》，〔清〕閻若璩撰，黄懷信、吕翊欣校點：《尚書古文疏證》，第2頁。
⑧ 〔清〕閻若璩撰，黄懷信、吕翊欣校點：《尚書古文疏證》，第201頁。
⑨ 〔清〕徐乾學：《傳是樓書目》，國家圖書館藏清劉喜海味經書屋鈔本。

上海圖書館和湖南省圖書館。上海圖書館本較他本多胡渭序,其云:"甲申六月,先生疾作而終。……後二歲,長君舍人詠以其書來,屬余校定,且爲之序。"① 可見,此本當爲閻若璩殁後校定之本,不符合"閻見《冤詞》前"這一條件。湖南省圖書館所藏的清沈彤鈔本和國家圖書館藏的清杭世駿鈔本,其抄寫時代雖亦不符合"閻見《冤詞》前"這一條件,但我們認爲其文本來源應在"閻見《冤詞》前"。

三、沈彤鈔本、杭世駿鈔本的文本構成與形成時間

《疏證》每條的體例是首先一段正文,闡述本條之主要觀點,然後在其下加按語,有些條按語多至數十則。由於《疏證》歷數十年而成,每一條也不是一時而作,閻氏在撰寫過程中,凡有所得,隨時增補按語,所以我們可以根據沈彤、杭世駿二鈔本按語多少、文字變化來考察其文本形成之時間先後。

湖南省圖書館藏清沈彤鈔本,與眷西堂本相校,此本第一、二册分別爲眷西堂本卷一、卷四;第三册爲眷西堂本卷二之第 17 至 27 條,第 31 條,以及卷五下第 74、75 二條,卷七第 105、107 二條,卷八第 114、115、128 三條,共計十九條;第四册爲眷西堂本卷五上、下。第三册末有沈彤題記二則,其云:

> 顧陶元所藏《尚書古文疏證》一册,書根號"全"字,而不分卷數,無目録。以余所藏殘本第一、第四兩卷校之,則陶元藏本多七八十葉,而第四卷則無之。其册首四五十葉,比余所有本亦少二十餘條,蓋非最後定本。然所多七八十葉,則第二、三兩卷略具矣。因屬人抄藏,俟他日得足本補焉。
>
> 乾隆十六年冬,從惠定宇借得第五卷抄足。②

據此,沈彤鈔本有三個來源:一是沈彤舊藏鈔本(以下簡稱"沈舊鈔本"),二是借鈔顧陶元舊藏本(以下簡稱"顧陶元本"),三是借鈔惠棟舊藏本(以下簡稱"惠棟本")。

國家圖書館藏杭世駿鈔本三册,存卷一、卷四、卷五,有雍正二年杭世駿跋,其云:

> 《冤詞》既刊之《西河合集》,獨《疏證》五卷世鮮傳本。康熙壬寅,予得第一卷於繡谷吴氏,雍正癸卯復得四、五兩卷於錢塘龔明水。書凡八十篇,自十七以記四十八,竟無由獲睹其全,可爲索息。③

① 〔清〕胡渭:《尚書古文疏證序》,〔清〕閻若璩:《尚書古文疏證》,上海圖書館藏清鈔本。
② 〔清〕閻若璩:《尚書古文疏證》,湖南省圖書館藏清沈彤鈔本。
③ 〔清〕閻若璩:《尚書古文疏證》,國家圖書館藏清杭世駿鈔本。

由杭氏之言考之,此本第一册鈔於康熙壬寅(六十一年,1722),底本爲吳焯繡谷亭舊藏鈔本(以下簡稱"吳焯本")。第二、三册鈔於雍正癸卯(元年,1723),底本來自龔明水藏本(以下簡稱"龔明水本")。

可見,沈彤鈔本和杭世駿鈔本一共有五個文本來源,分別爲沈舊鈔本、顧陶元本、惠棟本、吳焯本、龔明水本。我們以通行的眷西堂本爲底本,利用五個文本進行了通校,對五個文本的形成時間有了大致的認識。

1. "沈舊鈔本",即沈彤鈔本第一、二兩册,存眷西堂本卷一、卷二。眷西堂本卷一第七條正文"馬融之言如此"下"姚際恒立方曰"等二十三字,第八條"又按姚際恒立方曰"一段凡七十八字,"沈舊鈔本"皆無。

2. "顧陶元本",即沈鈔本第二册,其内容包括眷西堂本卷二的第17至27條、31條,卷五下第74、75條,卷七第105、107條,卷八第114、115、128條,共十九條。此本與眷西堂本相校,闕略甚多。如第17條闕"又按《史記·儒林傳》"等五段按語,第18條闕"又按宋玉《九辯》"等二條按語,第19條闕"又按梅氏鷟"等二段按語,第20條闕"又按天子巡守"等四段按語,第22條闕"又按所謂《詩序》"以下三段按語,第24條闕"又按洪氏總計"等四段按語,第24條闕"又按閩陳第季立"一段按語。其餘諸條亦多有闕略,不俱列。特別需要注意的是,第27條闕"姚際恒立方論《咸有一德》"一段按語。

3. "惠棟本",即沈鈔本第四册,與眷西堂本卷五比勘,條目與順序相同,但不分上下卷,内容亦多有缺略。如第65條"又按胡渭生胐明謂余"一段闕"姚際恒立方曰"以下,及"又按《經典釋文》載"一段;第67條闕"又按文武平桓相繼而立"等八段按語;第68、75、79條皆各闕"又按姚際恒立方曰"一段。

另外"顧陶元本"與"惠棟本"皆有第74、75條,通過對比,"惠棟本"第74條内容與眷西堂本基本相同,衹是個別字句有異,而"顧陶元本"此條僅存正文和"按《墨子》原文"等三段按語,其後的九段按語三千餘字皆闕。第75條"惠棟本"除了末尾少"又按姚際恒立方曰"一段按語,其餘與眷西堂本同,而"顧陶元本"僅有正文和"按《書序》西旅獻獒"一段按語,其後的三段按語六百餘字皆闕。這説明"顧陶元本"的文本來源較"惠棟本"更早。

4. "吳焯本",即杭世駿鈔本第一册,存卷一。與眷西堂本、沈舊鈔本相校,此本文字略有出入,内容亦有不同。第六條正文,"沈舊鈔本""吳焯本"較眷西堂本闕"賈誼有'文王之澤,下被禽獸,洽於魚鱉,咸若攸樂',有'善不可謂小而無益,不善不可謂小而無傷'"凡三十八字。第七條正文,二本較眷西堂本闕"姚際恒立方曰融此言本辨僞書,乃竟教人以作僞書法矣"二十三字。第八條,二鈔本皆闕"又按姚際恒立方曰"一段按語。第十條,二鈔本皆闕"姚際恒立方曰:古人引用詩書,未有撮取詩書中一字先爲提唱者"二十六字。另有一段按語,出入較大。眷西堂本云:

按錢尚書謙益家藏淳熙九經本,點斷句讀,號稱精審,亦以孝乎惟孝四字爲句。

先是張耒《淮陽郡黄氏友於泉銘》曰："孝乎惟孝,友於兄弟。"張齊賢承真宗命撰《弟子贊》曰："孝乎惟孝,曾子稱焉。"《太平御覽》引《論語》曰："孝乎惟孝,友於兄弟。"唐王利貞《幽州石浮圖頌》曰："孝乎惟孝,忠爲令德。"梁元帝《劉孝綽墓志銘》曰："孝乎惟孝。"《與武陵王書》曰："友於兄弟。"則知改從《君陳》篇讀者,自朱子始。①

"沈舊鈔本"此段作：

按錢謙益受之家藏淳熙九經本,點斷句讀,號稱精審,亦以孝乎惟孝四字爲句。先此真宗命廷臣撰《弟子贊》,張齊賢贊曰：孝乎惟孝,曾子稱焉。《太平御覽》引《論語》曰："孝乎惟孝,友於兄弟。"則知改從《君陳》篇讀者,自朱子始。②

"吳焯本"作：

按錢謙益受之家藏淳熙九經本,點斷句讀,號稱精審,亦以孝乎惟孝四字爲句。先此真宗命廷臣撰《弟子贊》,張齊賢贊曰：孝乎惟孝,曾子稱焉。則知改從《君陳》篇讀者,自朱子始。③

可見,"吳焯本"内容少於沈舊鈔本,沈舊鈔本又少於眷西堂本,且二鈔本文字更接近。另外,從整個卷一文字來看,"吳焯本"與眷西堂本文字差别更大,而與沈舊鈔本差别相對較小。所以,"吳焯本"的文本來源要比"沈舊鈔本"早。

5."龔明水本",即杭世駿鈔本第二、三册,存《疏證》卷四、五,與"惠棟本"、眷西堂本相校,内容亦有多寡之不同。其中卷四除了個别文字不同外,内容相同,而卷五差異較大,"龔明水本"内容多於"惠棟本",而少於眷西堂本,如第67條"又按燕禮鄭康成謂"等五段按語"惠棟本"闕而"龔明水本"存。所以,"龔明水本"文本來源應晚於"惠棟本"。凡眷西堂本所引姚際恒之説,"龔明水本"亦皆不存。

綜上,可以確定的是："顧陶元本"早於"惠棟本","惠棟本"早於"龔明水本";"吳焯本"早於"沈舊鈔本"。尤其值得注意的是,凡眷西堂本所引姚際恒《古今僞書考》的内容,五個文本皆闕略。《疏證》卷八第121條云："癸酉冬,薄遊西泠,聞休寧姚際恒字立方閉户著書,攻僞古文。蕭山毛大可告余：'此子之廖僞也,日望子來,不可不見之。'介以交余。少余十一歲,出示其書,凡十卷,亦有失有得,失與上梅氏、郝氏同,得則多超人意見外。喜而手

---

① 〔清〕閻若璩：《尚書古文疏證》,上海：上海古籍出版社,1987年,第101頁。
② 〔清〕閻若璩：《尚書古文疏證》,湖南省圖書館藏清沈彤鈔本。
③ 〔清〕閻若璩：《尚書古文疏證》,國家圖書館藏清杭世駿鈔本。

自繕寫,散各條下。"①這五個文本皆闕姚際恒之語,則其文本來源當在癸酉(康熙三十二年,1693)之前。

四、《疏證》删改説的不成立

據錢穆考證,毛奇齡的《冤詞》成書於"戊寅己卯間",②即康熙三十七(1698)、三十八(1699)年間。康熙三十八年毛奇齡作《寄潛邱〈古文尚書冤詞〉書》,此時閻若璩方得見《冤詞》。上述五個文本形成時間均在康熙三十二年(1693)之前,其時《冤詞》尚未成書,而這五個文本皆没有眷西堂本闕佚的二十九條,這些條目應該不是閻若璩見《冤詞》後删掉的。

閻若璩所著的《困學紀聞箋》,張穆《潛邱先生年譜》康熙三十七年條引《潛邱劄記》云:"夏,刻《困學紀聞箋》,復申序云:詠端憂多暇,請鳩工授梓。……戊寅六月望日。"③戊寅即康熙三十七年(1698)。然張穆《年譜》康熙三十八年條引閻詠《先府君行述》云:"《困學紀聞》二十卷,因浚儀之舊,而駁正箋釋推廣之,年六十四成書。"④又説《困學紀聞箋》康熙三十八年(1699)成書。閻若璩自稱康熙三十七年(1698)命子閻詠刻《困學紀聞箋》,閻詠《行述》所説的"康熙三十八年"未必準確,然亦應相差不遠,但以完成後即考慮付梓之常理推之,《困學紀聞箋》在康熙三十七年(1698)成書的可能性最大,此亦在"閻見《冤詞》前"。《困學紀聞箋》引及《疏證》十七條,皆注明卷數和條數,包括卷一第6條,卷二第17、18、19、20、26、27條、卷四第57、58、60、63條,卷五第72、76、80條,另有一條見於眷西堂本卷六,但《困學紀聞箋》不言卷數和條數,由此可以推測康熙三十八年(1699),閻氏祇有前五卷定本,後三卷仍未定稿。而《困學紀聞箋》所引者皆不涉及闕佚的二十九條,這也説明至少在康熙三十八年(1699),《疏證》仍無此二十九條。

《疏證》闕佚的二十九條既非閻氏據《冤詞》而删削,現存的九十九條中是否如錢穆所説,有閻氏據《冤詞》更改己説的呢?對於《疏證》如何據《冤詞》而改己説,錢穆《中國近三百年學術史》舉有一例。《冤詞》卷四引"或曰"云:

或曰:序云"承詔作傳,傳畢,會國有巫蠱事,不復以聞",此則僞也。何也?以安國未嘗遭巫蠱事也。按《漢·武帝紀》征和元年巫蠱起,而《史記》一書則終之太初之年,其自序有云"述黄帝以來至太初而訖"是也。乃《史記·世家》已云"安國爲今皇帝博士,至臨淮太守,早卒",則在太初年已無安國其人矣。乃自太初至征和,相去八年,中間越天漢、太始二號而後巫蠱起,而謂安國遭巫蠱事,信乎?此非

① 〔清〕閻若璩撰,黄懷信、吕翊欣校點:《尚書古文疏證》卷八,第650頁。
② 錢穆:《中國近三百年學術史》,第245頁。
③ 〔清〕張穆撰,鄧瑞點校:《潛邱先生年譜》,北京:中華書局,1994年,第101頁。
④ 〔清〕張穆撰,鄧瑞點校:《潛邱先生年譜》,第111頁。

偽乎？ ①

"或曰" 認爲孔安國 "早卒"，不及見征和元年的巫蠱之禍，所以題孔安國所撰《書大序》所説的孔安國 "承詔作傳，傳畢，會國有巫蠱事"，實不可能。但是眷西堂本《疏證》所説與此不同，其云：

> 按《孔子世家》安國爲今皇帝博士，至臨淮太守，蚤卒。司馬遷親與安國遊，記其蚤卒，應不誤。然考之《漢書》，又然有可疑者，……案巫蠱難在武帝征和元年己丑、二年庚寅，相距凡三十五六年。漢制擇民年十八以上儀狀端正者補博士弟子，則爲之師者年又長於弟子，安國爲博士時，年最少如賈誼亦應二十餘歲矣。以二十餘歲之博士，越三十五六年始獻書，即甫獻書而即死，其年已五十七八，且望六矣，安得爲蚤卒乎？……頗不可解。②

閻氏懷疑孔安國 "早卒" 説不可靠，與《冤詞》所引 "或曰" 認可孔安國早卒説相左。錢穆認爲 "或曰" 爲毛奇齡引《疏證》之語，而其與今本《疏證》不同，是因爲閻若璩看到《冤詞》後對《疏證》進行了修改。《冤詞》辨駁此處 "或曰" 云：

> 安國遭巫蠱事，非《大序》私言。《漢志》安國獻之，遭巫蠱事，未列於學官。《儒林傳》遭巫蠱事，未立於學官。荀悦《漢紀》安國家獻之，會巫蠱事，未立於學官。劉歆《移太常博士》天漢之後，安國獻之，遭巫蠱倉猝之難，未及施行。《隋書》安國爲五十八篇作傳，會巫蠱事起，不得奏上。其云遭巫蠱事，諸書皆然，此非安國一人可妄誕也。③

由於孔安國生卒無考，他是否活到發生巫蠱之禍的漢武帝末年，至今仍無定論。但《漢書》的《藝文志》和《儒林傳》皆云孔安國 "遭巫蠱事"，所以毛奇齡以此反駁 "或曰"，確實是有根據的。今本《疏證》認爲 "早卒" 一事可疑，而 "或曰" 確信 "早卒"，若同爲閻若璩之説，則存在矛盾。所以錢穆認爲 "或曰" 亦是閻若璩之説，祇不過這是《疏證》早期的文本，閻氏在看到《冤詞》之後，以爲其説有理，遂更改舊説。

《疏證》此條見於卷二的第 17 條，"顧陶元本" 有之，"按《孔子世家》安國爲今皇帝博士" 一段文字俱在，與眷西堂本相校，祇有 "案湯爲廷尉，在武帝元朔三年乙卯。《楚元王傳》天漢後孔安國獻古文書，遭巫蠱之難，未施行" 一句，文字略有不同，"湯爲廷尉"，"湯" 上多 "張"

---

① 〔清〕毛奇齡撰，黃懷信、吕翊欣校點：《古文尚書冤詞》卷四，上海：上海古籍出版社，2010 年，第 802 頁。

② 〔清〕閻若璩：《尚書古文疏證》卷二，上海：上海古籍出版社，1987 年，第 138 頁。

③ 〔清〕毛奇齡撰，黃懷信、吕翊欣校點：《古文尚書冤詞》卷四，第 802 頁。

字；"獻古文書"，無"古文"二字；"巫蠱之難"，闕"之"字；"未施行"，"未"下多"及"字。這些異文皆無關大旨。如前所述，"顧陶元本"乃《疏證》康熙三十二年（1693）之前的文本，此時《冤詞》尚未成書，閻氏亦無由見《冤詞》，但《疏證》文本已經如此。所以錢穆說閻若璩見到《冤詞》後，據改己說，以掩其短，是毫無根據的。錢氏以《冤詞》"或曰"全屬之《疏證》，故《疏證》不當與其有異，凡異者皆閻氏據《冤詞》篡改後之文，這種推論是不可靠的。

戴君仁認爲《冤詞》所引的這一條"或曰"乃朱彝尊之說，甚確。《經義考》卷七十六和《曝書亭集》卷五十八皆有此說，文句和内容與"或曰"亦大致相同。毛奇齡與朱彝尊曾就《晚書》真偽問題有過論辯，毛氏《古文尚書冤詞餘錄》云："又逾日，與潛邱集顧揣玉宅，適禾中朱竹垞來坐中。……弟微及攻古文事，則竹垞謂明萬曆間會試場曾以廢古文發策問而試録，載焦弱侯，文具在也。……又越日，與竹垞集汪無已讀書堂，睹竹垞所著《經義考》，中有吳澄《書纂言自序》，予指其誤處。"① 毛奇齡與朱彝尊争論《晚書》真偽時，確曾見《經義考》，此處"或曰"當即針對朱彝尊之說。

五、有目無文十二條蠡測

從有目無文的十二條來看，應是閻氏預設之條目，但其生前並未完成，並非如錢穆所說的合併到其他諸條中。因爲從這十二條的篇題來看，《疏證》所存的九十九條並不能涵蓋其全部内容。

如第二十八"言太甲不得稽首於伊尹爲誤仿《洛誥》"，見於眷西堂本第六十一"言伊尹稱字於太甲爲誤仿《緇衣》，亦兼爲序誤"，但第六十一條重點探討的是伊尹稱字於太甲，對於太甲稽首於伊尹，祇是簡略提及，並非重點闡述。第二十九"言后稷不得稱先王，畢公不得輔四世，爲誤會《國語》"，其中"后稷不得稱先王"見於第四十九"言兩以追書爲實稱"，其云："亦有大王肇基王迹等語，似當日未必及后稷，且尊之爲先王，何則？果爾，是宣四王之德矣，奚啻三？余是以信《國語》不信晚出《武成》者以此。"② 不是在正文，而是在按語中，亦未展開討論；而"畢公不得輔四世"，今存九十九條無此内容。第三十"言有虞世不得有干舞爲誤本《韓子》《淮南子》"，今存九十九條亦無此内容。

全闕的卷三有目無書的九條爲：第三十三"言《大禹謨》句句有本"、第三十四"言《泰誓》《武成》句句有本"，第三十五"言襲用《論語》《孝經》"，第三十六"言襲用《周易》《尚書》《毛詩》"，第三十七"言襲用《周禮》、二《記》（《大戴禮記》附）"，第三十八"言襲用《左傳》《國語》"，第三十九"言襲用《爾雅》"，第四十"言襲用《孟子》《荀子》"，第四十一"言襲用《老子》《文子》《列子》《莊子》"。從題目看，全爲爬梳文獻的内容，即在其他文獻中找《晚書》

① 〔清〕毛奇齡：《經問》卷十八，國家圖書館藏清康熙書留草堂刻本，第9頁b。
② 〔清〕閻若璩，黃懷信、吕翊欣校點：《尚書古文疏證》卷四，第133頁。

的抄撮來源。現存的九十九條中確實涉及了一些考辨《晚書》抄襲來源的内容,如《大禹謨》,《疏證》探討了"皋陶邁種德,德乃降"(第9、57條),"人心惟危,道心惟微,惟精惟一,允執厥中"(第31條),"敷於四海,祗承於帝"(第59條),"克勤於邦,克儉於家"(第77條),"戒之用休,董之用威,勸之以九歌,勿使壞"(第79條),"朕宅帝位三十有三載"(第97條),"天之曆數在汝躬"(第103條)等七處文句的抄撮來源,但相對於《大禹謨》全文,並未做到"句句有本"。惠棟《古文尚書考》卷下專門探討《晚書》二十五篇文句之來源,其中《大禹謨》一篇,幾乎對所有經文的文字來源進行了分析,基本做到了"句句有本",這是《疏證》遠遠不及的。

考察《晚書》抄撮來源的工作至爲繁瑣,需要遍閱先秦兩漢典籍。閻若璩設此條目,本來是要做到"句句有本"的,但他生前當並未能完成,又何言合併到其他條目中?

六、鈔本的校勘價值

沈彤鈔本和杭世駿鈔本除了可以爲"閻毛《古文尚書》公案"提供可靠的證據外,還可以補正眷西堂本的訛誤。經過通校,我們發現二鈔本與眷西堂本異文數千處,其中不少可以訂正眷西堂本之訛,今舉一例: 第115條"言馬公驌信及古文可疑"云:

> 鄒平馬公驌字宛斯,當代之學者也,司李淮郡,後改任靈璧令。予以己丑東歸過其署中,秉燭縱談,因及《尚書》有今文古文之別,爲具述先儒緒言。①

閻、馬二人討論《古文尚書》之時間,眷西堂本記載爲"己丑"。據張穆《閻潛丘先生年譜》,閻若璩生於明崇禎九年(1636),卒於清康熙四十三年(1704),其間有一己丑,即清順治六年(1649)。上一己丑(1589),閻若璩尚未出生,下一己丑爲康熙四十八年(1709),閻若璩已卒五年。所以若此事發生在"己丑",祇能是清順治六年(1649),閻若璩此時僅有十四歲,恐不能言《古文尚書》。

據施閏章《靈璧縣知縣馬公墓志銘》,馬驌生於明天啓元年(1621),順治十六年(1659)進士,康熙十二年癸丑(1673)七月卒於靈璧縣令任。《(乾隆)靈璧縣略志》卷三人物志名宦傳記載,馬驌以康熙八年己酉(1669)任靈璧縣令,康熙十二年癸丑(1673)卒於官。則清順治六年己丑(1649),馬驌尚未中進士,亦未任靈璧縣令,二人如何能在靈璧縣署中討論《古文尚書》? 故"己丑"二字當有訛誤。

張穆在撰寫《閻潛邱先生年譜》時已經認識到其中必有訛誤,所以他並未將此事置於順治己酉(十四歲)條,而是置於康熙十二年癸丑(三十八歲)條,改"己丑"爲"癸丑"。並在"余

---

① 〔清〕閻若璩撰,黃懷信、呂翊欣校點:《尚書古文疏證》卷八,第610頁。

以癸丑東歸”下加注云：“今刻本作己丑。案《靈璧縣志》，馬驌以康熙八年任。《池北偶談》云宛斯康熙癸丑歲卒於官，靈璧人皆爲制服。然則宛斯即以是年之冬卒官矣。”① 張穆意識到了“己丑”不確，根據馬驌卒於官的時間，將其改爲“癸丑”。

　　張穆改“己丑”爲“癸丑”，雖較合理，但並無可靠證據。湖南圖書館所藏《疏證》沈彤鈔本，此處“己丑”作“己酉”。閻若璩生卒年之間有一己酉，即康熙八年（1669），此年馬驌始任靈璧縣令。閻若璩久居江蘇，但要去科籍所在的山西參加鄉試，據張穆《年譜》，閻若璩曾在康熙二年（1663）、五年（1666）、八年（1669）、十一年（1672）、十七年（1678）回山西參加鄉試。張穆《年譜》“康熙八年己酉”條：“《行述》：八年鄉試山西，受知於前給事中交城縣知縣趙恒夫先生。”② 夏定棫《閻潛邱先生年譜補正》：“按朱彝尊撰《趙氏墓志銘》：‘康熙七年知交城縣，八年八月，充鄉試同考官。”③ 閻若璩當在康熙八年八月參加完鄉試後東歸江蘇，路過靈璧，與時任縣令的馬驌談論《古文尚書》。而康熙十二年（1673）閻若璩並未赴山西參加鄉試，無所謂“東歸”。且從字形來看，“己酉”誤爲“己丑”的可能性更大。所以此處當作“己酉”，眷西堂本形誤“己丑”，而張穆臆改“癸酉”亦誤。

　　《疏證》目前有三個點校本，分別爲上海書店出版社 2012 年版（收入《中國經學史基本叢書》）、上海古籍出版社 2013 年版、北京大學出版社 2016 年版（收入《儒藏·精華編》），所據底本皆爲眷西堂本，然都未用這兩個鈔本進行校勘，此處皆作“己丑”，不無遺憾。

　　我們通過分析《疏證》鈔本所包括的五個文本形成時間，找到了《疏證》“閻見《冤詞》”前的文本，爲解決“閻毛《古文尚書》公案”中一些仍無定論的問題提供了比較直接可靠的證據，證明錢穆所說且被《尚書》學界認可的《疏證》據《冤詞》刪改之説是不成立的。可見，新材料的運用對於解決一些聚訟紛紜的學術公案具有重要的價值。

　　　　　　　　　　　　　　（江曦，山東大學儒學高等研究院古典文獻研究所副教授）

① 〔清〕張穆撰，鄧瑞點校：《閻潛邱先生年譜》，第 42 頁。

② 〔清〕張穆撰，鄧瑞點校：《閻潛邱先生年譜》，第 32 頁。

③ 夏定棫：《閻潛邱先生年譜補正》，〔清〕張穆撰，鄧瑞點校：《閻潛邱先生年譜》，第 168 頁。

劉逢禄《詩聲衍》述論

周玉秀

[摘　要] 《詩聲衍》是清代學者劉逢禄的一部古韻學著作,包括《序》《條例》《表》《長編》四部份,《長編》已佚。《詩聲衍》分古韻爲二十六部,其中陽聲韻十部,陰聲韻、入聲韻各八部;入聲韻獨立,並以陰入陽三聲相配;反對"古無入聲説"和"古無去聲説",認爲上古實有四聲,"伐"之"短言"即入聲,"長言"即去聲;認爲古韻可以通轉,但不可以方音間入而淆混各韻之界限;建立了以《説文》爲主的諧聲表,並對《説文》收字、釋形方面存在的問題作了較深入的探討;在一定程度上對音轉機理和規律進行了闡釋和總結。《詩聲衍》的不足主要是:在繼承前人古韻分部方面擇捨有失妥當,沒有採用江永"緝""盍"分離,江有誥"祭"部獨立,王念孫"蕭人""宵人"分離諸説,故獨立入聲韻僅八部;陰陽入相配中沒有採納孔廣森"歌元"對轉説;《條例》中對有些語言事實的概括和分析不够準確;對個別字形結構的分析有誤。《詩聲衍》雖然存在不足甚至錯誤,但它開創了清代古韻研究的新局面,對後來的古音學家黄侃等人產生了很大影響,在一定程度上推動了近代古韻學的進程。

[關鍵詞] 劉逢禄　詩聲衍　古韻二十六部

　　《詩聲衍》是劉逢禄的一部音韻學著作,據陳潮《跋》所叙,全書共二十八卷,其中《條例》一卷,《韻表》一卷,《長編》二十六卷。書未竟而劉氏歿,其長子劉承寬通過逢禄好友龔自珍和魏源請託陳潮整理。陳氏參考《韻表》與《長編》手稿,整理出《序》、《條例》二十一則、《古今四聲通轉略例》及《韻表》,"《長編》二十六卷,先生長君以卷帙稍繁,力不能給,姑藏之以俟異日"。《長編》未見面世,蓋已佚。因此,我們祇能就其《序》與《條例》等内容做些探討。

　　劉逢禄(1776—1829),字申受,一字申甫,號思誤居士,江蘇武進(今常州市)人,清代經學家,小學家,"常州學派"的奠基人之一。嘉慶十九年(1814)進士,被選爲翰林院庶吉士,散館後擔任禮部主事,道光四年任儀制司主事。在禮部任職十二年,"恒以經義決疑事,爲衆所欽服"。[①] 道光九年(1829)去世。

　　劉逢禄出身名門,是當時著名經學家莊述祖的外甥,莊存與的外孫,其祖父劉綸是文淵閣大學士、軍機大臣、太子太傅,父親劉召揚是内閣中書。他家境優渥,從小受深厚的家學底蕴薰陶,接受了良好的傳統教育,爲其日後的學術研究打下了堅實的基礎。據其長子劉承寬《先府君行述》載,劉逢禄十三歲讀完十三經及周秦古籍,"嘗讀《漢書·董江都傳》而慕之,

---

① 趙爾巽等:《清史稿》第 43 册,北京:中華書局,1977 年,第 13267 頁。

乃求得《春秋蕃露》,益知爲七十子微言大義,遂發憤研《公羊傳何氏解詁》,不數月,盡通其條例".[①]他喜好公羊學,推崇董仲舒、何休等人的學説,在繼承家學、吸收衆説的基礎上形成了自己的學術特點和體系,"爲學務通大義,不專章句。由董生《春秋》闖六藝家法,由六藝求觀聖人之志".[②]他排斥古文,崇尚今文,是有清一代《春秋》公羊學的奠基人,對晚清的學術和政治思想都有相當大的影響。其重要著述有《易虞氏變動表》《尚書今古文集解》《書序述聞》《毛詩譜》《詩説》《春秋公羊經何氏釋例》《公羊何氏解詁箋》《穀梁廢疾申何》《左氏春秋考證》《論語述何》《中庸崇禮論》《箴膏肓評》《發墨守評》《詩聲衍》等。

劉逢禄的古韻研究成果,主要體現在《詩聲衍》和《説文衍聲記》兩部著作中,可惜《説文衍聲記》已佚,《詩聲衍》也僅存四篇——《詩聲衍序》《詩聲衍條例》《四聲通轉略例》《詩聲衍表》,故後世對其研究成果少有瞭解,僅黄永鎮《古韻學源流》和劉賾《聲韻學表解》等著作中有簡略介紹。現在我們據復旦大學圖書館藏《詩聲衍》及道光十年思誤齋刊行《劉禮部集》卷七,將其所存四篇論述整理出來,並從中考察劉氏的古韻研究成就和韻學思想。

一

劉逢禄分古韻爲二十六部,陰、陽、入三分,下面將《詩聲衍表》的内容列出,並列王力先生古韻部目作對照,以顯示劉氏分部之大略:

劉逢禄韻目	原表説明	王力韻目
冬弟一	無上聲入聲,轉侵入緝,古不同用。	冬
東弟二	無入聲,轉蕭愚入屋,古不同用。	東
蒸弟三	無上聲入聲,轉灰入職,古不同用。	蒸
侵弟四	入聲在緝,古不同用。江、孔、莊、張説同。	侵
鹽弟五	入聲在緝,古不同用。	談
陽弟六	無入聲。	陽
青弟七	無入聲。	耕
真弟八	無入聲。段云:入聲在質。古不同用。	真
文弟九	無入聲,轉微入未,古不同用。	文
元弟十	無入聲,轉微入未,古不同用。	元
支弟十一	入聲在錫,古同用。	支
錫弟十二	支之入。	錫
歌弟十三	無入聲。	歌
灰弟十四	入聲在職,古同用。	之

① 《清代詩文集彙編》第 517 册,上海:上海古籍出版社,2010 年,第 291 頁。
② 趙爾巽等:《清史稿》第 43 册,第 13267 頁。

續表

劉逢禄韻目	原表説明	王力韻目
職弟十五	灰之入。	職
蕭弟十六	入聲在屋，古同用。	幽
屋弟十七	蕭魚同入，古獨用。	屋、覺
肴弟十八	入聲在藥，古同用。	宵
藥弟十九	肴之入。	藥
魚弟二十	入聲在陌，古同用。	魚
陌弟二十一	魚之入。	鐸
愚弟二十二	入聲與蕭同在屋，古同用。	侯
微弟二十三	入聲去聲在未。莊云：古不同用。	脂、微
未弟二十四	莊云：古獨用。	物、月
質弟二十五	王觀察云：古獨用。孔、莊并入未部，段合真部，皆誤。	質
緝弟二十六	侵鹽同入，江、孔皆云：古獨用。	緝、葉

與王力三十部比，劉氏入聲韻屋覺、物月、緝葉不分，陰聲韻脂微不分，其他二十二部相同。

劉氏古韻分部，繼承了段玉裁、孔廣森、王念孫等人的研究成果而有所甄擇。

採用段玉裁“支脂之”“真文”“尤侯”分立説。段氏分古韻爲十七部，其“支脂之”三部分立，戴震稱爲千古卓識，爲劉逢禄所繼承而立其“支第十一”“灰第十四”“微第二十三”部。段氏將江永的第四部“真文魂”一類，分爲其第十二、十三部，即“真”部和“文”部，爲劉逢禄所繼承而立其“真第八”“文第九”，《序》云：“真、文近微齊而無入聲，元近歌而反紐於微齊，同在未物，《詩》亦不合用也。”又段氏分江永第十一部“尤侯”爲其第三部“幽”與第四部“侯”，亦爲劉氏所繼承，而立其“蕭第十六”與“愚第二十二”。

採用孔廣森“冬”部獨立説。《條例》三云：“孔分東冬爲二，識過於段。”“檢《三百篇》及《周易》、《論語》、《老》、《莊》、屈、宋、《太元》之文，冬部字雖至少，而合韻東部者蓋寡，合蒸、侵者爲多。”以“冬”部字與“蒸”“侵”部字合韻多而與“東”部合韻少，説明“冬”與“東”之不同，肯定孔氏之説。

採用王念孫“至”部獨立説。《序》云：“顧、江、孔、莊俱以質、物同合微部，段氏知其不可合而分之，以合真部，其意以爲古無以委聲爲建首，而不統於平部者。王氏細審古音，以爲質部與未部各有去入而無平上。故於未、物之外别爲一類，而仍次於未、物，猶附庸之君與大國命卿，同爲社稷之臣，而名實不同也。”所云“别爲一類”者，即王氏之“至”部。劉氏採用王氏説立“質第二十五”，又併王氏“脂入”“祭”而立爲“未第二十四”。

劉氏入聲獨立，將江永已分開的“緝”“合”兩部合併而立“緝”部；别立“未”部。如此一來，劉氏的陽聲韻自“冬”至“元”共十部；陰聲韻八部：支、歌、灰、蕭、肴、魚、愚、微；入聲韻亦八部：錫、職、屋、藥、陌、未、質、緝，共二十六部。

　　劉氏二十六部的排列次序始於"冬"而終於"緝"，以陽聲韻在前，陰聲韻與入聲韻在後。兩類內部的次序則以其讀音相近列次，其立"冬"爲首，是受卦氣説及揚雄《太玄經》的影響，他認爲"冬"是"歲之終而音之元"，《太玄經》以"中"當《周易·中孚》，而"中孚"乃象徵"中心誠信"。又《詩經》"冬"部押韻始於《采蘩》之"中宫"二字，五音"宫商角徵羽"之"宫"與五方之"中"相配，故以"冬"部爲首，表達"乾元用九之義"與"律中黃鍾之音"。劉逢禄是今文經學家，以陰陽卦氣之説解釋立"冬"部爲首之意，可以理解，於古韻部排序也無妨礙，其後"蒸""侵""鹽"等皆以音轉最近次之，亦合音理。然以"東"次"冬"，則不如段氏次"東"於其第八部"談"與第十部"陽"之間。從上古文獻材料看，東陽、談陽通轉的情況較多，而"冬"與"東"的混同，主要在六朝以後。劉氏的排序，意欲體現存古適今之原則，《條例》六曰："今采諸家之書，更正《廣韻》標目，倣陸法言之意，如支脂之三韻分之以存古，類之以適今。江韻之分以東鍾之音，將轉入陽也。庚韻之分以陽唐之音，將轉入耕青也。尤侯幽之分以尤，爲古之咍灰韻，將轉入蕭；侯爲古虞音，將轉入蕭幽也。今分二十六部，爲《長編》二十六卷，其注字則以《説文》爲本，兼采《爾雅》《釋名》經籍訓詁等書，以博其義。庶幾長孫訥言所謂'酌古沿今，無以復加者'焉。"其《古今四聲通轉略例》亦云："庶乎準古宜今，一存中土之舊，不爲華嚴字母、娑羅門書淆惑。"如其所言，《長編》的學術價值和實用價值皆毋容置疑，可惜我們無從目睹其內容。

　　劉氏繼承段玉裁"異平同入"及孔廣森"陰陽對轉"之説，而有所發展。《條例》四《論入聲分部》云："段氏以異平同入爲合韻之樞紐，其義極精，如東愚、陽魚、蒸之、耕支、真脂、元未灰〈微〉，[①] 以同入通合者，無論矣。侵與灰不近也，而侵之入緝與灰之入職則相近，故'急入'可協'飭服國式'。(《六月》《思齊》)支與魚不近也，而魚之入在昔，支之入在錫，故'釋'可協'積擊策適'，'狄'(亦聲錫韻)可協'鬄掃晳帝'。以此類推，同入通合之理可得其大概矣。"其《表》中雖云東、陽、蒸、青、真、元等無入聲，而認爲東愚、陽魚、蒸之、耕支、真脂、元未微等同入通合，則是正確的。根據《表》中內容，其三聲配合關係大致如下表：

陰聲韻	入聲韻	陽聲韻
		冬
蕭	屋	東
愚		
肴	藥	
灰	職	蒸
	緝	侵
		鹽

① 按：此處"灰"當是"微"之誤，故加〈微〉糾補。

續表

陰聲韻	入聲韻	陽聲韻
魚	陌	陽
支	錫	青
微	質	真
	未	文
		元
歌		

劉氏之三聲配合關係與現代學者的研究結論大同小異，若將其三部入聲韻屋、緝、未各分爲二，陰聲韻微分爲二，則古韻三十部之格局可定矣。

二

除分古韻部爲二十六外，《詩聲衍》的古韻研究成就和古音學思想，還可以歸納爲以下幾點：

第一，反對孔廣森的"古無入聲説"和段玉裁的"古無去聲説"，認爲上古實有四聲。

《條例》一駁孔廣森"古無入聲説"曰："侵、鹽、灰、蕭、魚、愚、微七部，於《説文》偏旁字本有入聲，而《毛詩》以平入通韻者絶少，則謂'古無入聲'者，亦析之未精矣。"從《説文》諧聲偏旁看，侵鹽灰等七部之字有平入同諧的，如"孩駭"與"刻劾"同從"亥"聲，前者平聲，後者入聲；"浩皓"與"梏酷"同從"告"聲，前者屬劉氏蕭部上聲，後者亦入聲。這種平入同諧的情況有，但比較少；《詩經》中平入通押的例子也不多，劉氏認爲祇有《出車》《大東》《靈臺》《常武》中"來"分別與"牧棘""服試""伏""塞"等職部字韻；《中谷有蓷》中"淑"與"脩嘯"韻；《清人》中"軸"與"陶抽好"韻；《唐風·揚之水》中"鵠"與"皓繡憂"韻。而"其用入也，各部之字無雜平韻者，雖中原舊讀，不能轉爲平也；魚部與入通韻者，惡、莫、度、作、斁本有去、入兩聲，非始於六代也；愚部之入雖同蕭部，然惟《小戎》之'驅'、《桑柔》之'垢'、《角弓》之'附'三見；微部雖與未部同聲，而《詩》之用平也不雜去入，用去入也不雜一平，可知四聲之緣起矣"。孔氏之"古無入聲説"不能成立，如今已是學界定論，劉氏的觀點是正確的。

《條例》二駁段氏"古無去聲説"。其中釋何休《公羊傳》中"伐"之"長言""短言"云："何氏讀'伐'長言之，今所謂去聲也；讀'伐'短言之，今所謂入聲也。第今韻所謂去聲者，即'去'之一字，而《唐·羔裘》、《左氏》'蠱'繇辭以韻平，則標名已戾於古，段氏因謂'古無去聲'，則又未免舉一而廢百。蓋去之與上，正如平聲之有陰陽，以耦相從，廢之則上聲類孤，於平、上轉入之音理隔矣。"劉氏以爲平聲之陰與陽、上聲與去聲皆以耦相從，如果沒有去聲，上聲就沒有相匹配的聲調了。而作爲去聲代表字的"去"之諧聲字，《唐風·羔裘》一章"袪居故"相韻，《左傳·僖公十五年》"去餘狐"相韻，皆平去聲通押，劉氏認爲是去聲有變化，與古音不同了。上古詩歌中四聲通押的情況是有的，但占比較少，可以看作常例。劉氏認爲"伐"之長言、短言是去聲與入聲的不同，則是相當有見地的，這比把入聲分爲長、短兩類要科學。入聲的塞韻尾脱落而變爲去聲，既是上古音變造詞的重要方式，也是秦漢間漢語語音變化的重要特徵之一，《切韻》的獨立去聲韻祭、泰、夬、廢及其他去聲韻中的一些字，皆由上古入聲"長言"而來，可證劉氏之説不誤。劉氏又以論上、去之不同證古有去聲，《條例》三曰："論上、去於聲之輕重清濁，微而顯者也。未部、質部之字不與平韻，即不與上韻矣。"《詩》用東部，檢《説文》偏旁則通董、腫等部；其用冬部，則惟《擊鼓》二章與'仲宋'爲韻；其用蒸部，則俱平聲。檢二部偏旁，亦無上聲，此古上、去之界最爲著明者也。"他認爲上、去二聲的區別非常微妙，在於輕重清濁之間。未、質二部爲去入聲，不與平聲韻，也不與上聲韻，正好説明平上與去入有別。

第二，繼承顧炎武以來合韻説，認爲古韻部各有區域，但詩歌押韻容有方音間入，不能因此而混淆各韻之津涯。

《條例》七曰："《毛詩》用韻，界畫甚嚴，其中間有出入，古韻家以合音目之，當代方音容有異讀(此顧氏亭林説)。""近日考古家每泥一字之合，以潰其全韻之津涯，如見《小戎》'中'與'驂'韻，則指以爲侵中通；見《碩人》'倩'與'盼'韻，則指以爲青先通；見《文王》之'躬'與'天'韻、《思齊》之'人'與'式'韻，則又指以爲冬真、職緝通，甚至指古書異體重文及漢儒説經改讀之字，據以爲每部與每部通之堅證，是猶執卷石以盡泰山之高，挹勺水以盡江海之多，匪惟泥古，亦豈能適今？今既別古韻，部居爲二十六部，長編每卷後列合韻若干字，使用古韻家知其分之不可亂，則知其合之不可苟。"認識到古詩押韻有方言成分，是清代古音學家的卓識，顧炎武就已提出來了："真、諄、臻不與耕、清、青相通，然古人于耕、清、青韻中字往往讀入真、諄、臻韻者，當縣方音之不同，未可以爲據也。"[1]"愚以古《詩》中間有一二與正音不合者，如'興'，蒸之屬也，而《小戎》末章與'音'爲韻，《大明》七章與'林心'爲韻。'戎'，東之屬也，而《常棣》四章與'務'爲韻，《常武》首章與'祖父'爲韻。又如箕子《洪範》，則以'平'與'偏'爲韻。孔子繫《易》，于《屯》、于《比》、于《恒》，則以'禽'與'窟中終容凶功'爲韻；于《蒙》、于《泰》，則以'實'與'順巽願亂'爲韻。此或出於方音之不同，今之讀者不得不改其本音而合之，雖謂之叶亦可，然特百中之一二耳。"[2]因受古韻十部的限制，顧氏對具體合韻之例的分析有很多不合適，但他的觀點是正確的。劉氏肯定其説，自然也是正確的。

《古今四聲通轉略例》曰："二十六部，平類十八，上類十六，去類十八，入類八。其六十類古平上去入通轉，則十八部。不合其音，無以知古今之轉變；不分其類，無以審古韻之疆

---

① 〔清〕顧炎武：《音學五書》，北京：中華書局，1982年，第198頁。
② 〔清〕顧炎武：《音學五書》，北京：中華書局，1982年，第37—38頁。

界。"其二十六部《表》中亦一一指明"古獨用""古同用""古不同用"等情況。

第三,建立以《説文》爲主的諧聲表,並對《説文》收字、釋形方面存在的一些問題做了細緻的探討。

《序》云《詩聲衍》"臚《説文》五百四十部之字,又補所不收之《廣韻》諸字,竝其解説十餘萬言,又細攷其音轉之不合古詩者,疏通而證明之"。《條例》六曰"其注字則以《説文》爲本,兼采《爾雅》《釋名》經籍訓詁等書,以博其義"。如此收字的目的是"將以一人之勞省衆人之逸,俾承學之士爲樂府協律之事者,童而習之,皆可絃歌,以合《韶》《武》之音,且俾爲小學者無以復加,庶得潛心於大義"。可見其《長編》不僅收録諸字,而且有疏證;表中不僅收録《説文》中所有字,而且補入了其他古籍中的一些字,有較高的實用價值。可惜原表已佚,今天不能窺其全豹,得失如何,無從細考。

對《説文》所收之字,劉氏没有盲目信從許慎解説,而是有所分析批判,《條例》中有多項涉及此類内容。

"論有與所以得聲字不同部者",列舉《説文》"充農參習枽敢曾"等55字,説明它們與其聲符不同部。劉逢禄没有見到甲骨文等古文字,不可能對這些字的原始構形作正確分析,但其所揭示的問題,對研究漢字構形及古音都有啓發意義。比如"習"字,《説文》云"數飛也。從羽白聲"。白(自)在劉氏未部,習在緝部。甲骨文"習"作習、習等形,從羽,從日,不從白(自)聲,"白"是"日"形訛變所致。又如"彭"字,《説文》云"從壴彡聲"。"彡"在侵部,"彭"在陽部。甲骨文作彭,是一個合體象形字,諸斜筆表示鼓聲,不從"彡"聲。有了古文字形體作參照,劉氏所指出的問題絶大多數都可以得到圓滿解答了。

"論有從偏旁省聲形近而譌者",列舉《説文》舌聲、去聲、罙聲之字,説明形聲字與聲符字不同部是由於省聲,而許慎分析有誤。如《條例》十八曰:"聒從舌非聲,恬、栝、銛、姡竝可從昏省聲,收談部(今惟恬字從昏省聲,餘俱作舌聲)。"這條分析無疑是正確的。

"論有得聲之字形近互譌應改正者",指出"萬萬""兔免""叔叙"等形近易混淆之字,説明《説文》所收相關字演變過程中的訛變情況。《條例》十九曰:"萬萬二字篆文相近,惟從貝之'贖'萬聲,應收元部,餘如讃糲勱嘖癘屬邁從萬聲,躉邁厲從蠆聲,犡灄從厲聲,今俱誤作萬聲,應改正收未部。"今按:萬,丑芥切;蠆,力制切,皆古月部字。萬,無販切,元部。"邁"當從萬聲,加"虫"乃"萬"字繁化寫法。

"論有得聲字應從《説文》偏旁補入者",指出《説文》中作爲聲符字的"希""枀""爿"應當補入,亦允當之論。"希"雲夢秦簡作希,讀作"稀",今本《説文》奪佚。"枀"甲骨文作枀,金文作枀、枀等形,構形不詳。上部訛變作"火",後人遂以"火種"釋之。《説文》失載,抑或今本奪佚。"爿"甲骨文作爿、爿等形,爲"牀"之初文,簡化作爿,繁化作爿,或作爿,遂與"疒(疒)"相混。今本《説文》失載抑或奪佚。劉氏所論是完全正確的。

"論所收《説文》字其音義竝同者可作重文或體",所列舉103例大致可分三類情形:一是音義相同而形符或聲符有別之字，如"犅牂""咮啄喝""唬諕""遲徲"等，指出應當將其歸併，作爲重文處理；二是同一形體在不同部首下重出，如"孚"字《丮部》作爲"巩"字重文，而《手部》另立字頭，釋義亦不同。三是《説文》有些相同引文中的異文，屬於古籍用字通假所致，如《説文·革部》："䩞，防汗也。从革，合聲。"段玉裁云"防汗"當作"所以防捍"。①《鼓部》："䶀，鼓聲也。从鼓，合聲。鞈古文䶀从革。""䩞"作"䶀"的古文，當是孔子壁中書或其他古文典籍中借用與"䶀"同音的"䩞"表示鼓聲。

以上諸條所論，雖然是關於《説文》收字及解釋的問題，而且，由於劉氏没有看到甲骨文、金文等古文字形，不可能做出全面科學的分析，但它們是劉氏《長編》內容的有機組成部分，有了這些材料，諸字的歸部就更合理，使用也會更方便，這無疑增强了《長編》的科學性和實用價值。

第四，對音轉機理做了闡釋，所論列音轉條例也體現了上古音變的一些規律。

《條例》五曰："蓋入聲，古所謂短言；短言不成永歌，必引而長之。正紐者，聲之收；反紐者，聲之引也。"入聲韻收尾於塞音，一受阻即除阻，所以短促。所謂永歌，就是拉長聲音來唱，若有入聲字與平聲相韻，就需要將韻尾塞音除去而變爲陰聲韻，才能引聲歌唱。漢語從上古到中古演變的實際，證明劉逢禄關於"長言""短言"的闡釋是正確的，《切韻》中的去聲字，大多由上古入聲變來，也就是由短言變爲長言。中古以後，北方漢語入聲逐漸消失，也變爲平、上、去聲。這種演變，在《詩經》時代甚至更早就已經開始了，它是漢語歷史音變的一條總趨勢。

《條例》五曰："鹽部之入在魚部；陽部之入在魚部，亦在緝部。"從周秦漢語韻部關係看，這個論斷是不合理的，但從歷史音變的角度看，又是有根據的。按學界一般的擬音，魚之韻爲 $[a]$，②其入爲鐸 $[ak]$，鹽韻爲 $[am]$，陽韻爲 $[aŋ]$；劉氏的"緝"部是包括了緝、盍兩部的，"鹽"部之入爲"盍" $[ap]$。從音理上講，鐸、鹽、陽、盍四部韻尾脱落，都可以與魚同。章太炎先生説："魚爲軸聲，固無所不轉也。鹽之與鹽，亦猶古之與叙。然制字則鹽在先，鹽在後（鹽從鹽省，古聲）。疑鹽、鹽本亦同字。以魚部字取談部監聲，猶叙以談部字取魚部古聲。鹽，鹹也。漢時已入談部，《水經·夷水注》'鹽石即陽石'，則尚是魚、陽對轉也。其入談又變易作鹹，鹵也。鹹本從鹵，而《説文》入鹽部，云'從鹽省'，則亦疑鹽、鹵同文矣。""從鹽之音孳乳爲涸，渴也。亦作灂，從水鹵舟。又爲坲，水乾也……其涸、坲對轉陽則爲炕，乾也。"④謂漢時鹽入談部，從漢語歷史音變的規律和實際看，是説反了。"魚爲軸聲"，實際指的就是各韻的主元音皆同"魚 $[a]$"，"制字則鹽在先"，説明音轉的程序也是由"鹽 $[am]$"轉爲"陽 $[aŋ]$"，再轉"魚 $[a]$"而爲"鹽"；"涸""坲"由鐸 $[ak]$ 對轉陽 $[aŋ]$ 爲"炕"。當然，

---

① 〔清〕段玉裁：《説文解字注》，上海：上海古籍出版社，1981年，第110頁。
② 本文採用王力先生《漢語語音史》上古音擬音。以下皆同。
③ 章太炎：《文始》，《章太炎全集》，上海：上海人民出版社，2014年，第330頁。
④ 章太炎：《文始》，《章太炎全集》，第329—330頁。

陰聲韻也可以轉爲陽聲韻,但實際上這種轉化是很少的。又"敢"並不從"古"聲,已見注釋,不贅述。可以説,"侵緝""盍鹽"無對轉陰聲,是因爲它們轉化的陰聲韻與其他韻相同而合併了,歷史音變中不少韻的轉化都會出現類似情形。劉氏所謂"青真二部之入在微部。文部之入在未部,亦在微部。元部之入在微部。微部之入在未部,亦在緝部",皆可以用同樣的方法證明。

以上所析劉逢禄的音學觀,對更深入地了解上古漢語歷史音變情況,總結音變規律,闡釋音變機理,無疑是有重要價值的。

三

《詩聲衍》之《序》和《條例》的内容,也表現了一些缺陷和不足。

首先,在古韻分部方面,對於當時段、王、孔、江諸家的研究成果,劉氏若能擇善而從,應當能在二十六部基礎上有所超越,尤其是入聲分部。王念孫入聲分爲十一部,即支入、脂入、至、祭、緝、盍、之入、魚入、侯入、蕭入、宵入,這已是很完善的入聲系統了。但劉逢禄並沒有完全繼承,他將支入、之入、魚入、宵入獨立爲錫、職、陌、藥部,繼承王念孫的至部獨立爲質部,但依孔廣森將緝、盍二部合併爲緝部,合併江有誥獨立出來的祭部與王念孫的脂入立爲未部,合併王氏侯入、蕭入爲屋部,因此他的入聲祇有八部。其所合併皆不妥當。

其次,劉氏雖然繼承了段玉裁的"異平同入説"和孔廣森的"陰陽對轉説",但在陰陽入三聲配合關係上有不妥之處。

我們從前面所列劉氏陰陽入配合關係表中可以看出:"屋"部當分出"覺"與"蕭冬"相配;"緝"應分出"盍"與"鹽"相配;"未"分"月""物"二部,分別與"歌元""微文"相配。而劉氏"歌"部没有相配的入聲韻和陽聲韻。《序》曰:"歌、麻古無入聲字,由支分入歌、麻之數十字母(皮爲離施儀宜移奇罷垂吹隨池馳垂),古今亦皆無入聲。"《表》中亦注歌部"無入聲"。自顧炎武以來,清代學者對歌部與其他韻部的關係,都做過一些探索,顧氏《古音表》第六部"歌戈麻"無相配入聲,江永《古韻標準》第七部"歌戈分麻分支"亦無入聲,段玉裁第十七部仍之。孔廣森始以"歌"與"元"陰陽相配,而無入聲,江有誥、王念孫"歌"部亦皆無入聲。劉逢禄承諸家之説,然其《條例》五"論正紐、反紐"條中有"真青文三部之入同在微,歌之入亦在微也"之語,似乎已意識到"歌"部與其他各部的關係,尤其是"歌之入亦在微",已看到了"微"部入聲與"歌"部的關係。劉氏"微"部的入聲是"未"部,其中包括王念孫的"祭""脂入"兩部,也就是王力先生的"月""物"二部,"月"與"歌"是對轉關係。但劉氏並没有明確認識到這一點,所以他又説"歌部之入在支部,亦在魚部",這是用漢以後通轉之例進行推論,並不符合"歌"陰入系統的配合關係。直到章太炎以"歌泰寒"相配,才使"歌"部找到了真正的歸宿。

陰陽入三聲相配之説是戴震首倡的,他分古韻爲九類二十五部,其相配關係如下表:

（一）歌魚鐸類	阿第一	平聲歌戈麻	皆收喉音
	烏第二	平聲魚虞模	
	堊第三	入聲鐸	
（二）蒸之職類	膺第四	平聲蒸登	皆收鼻音
	噫第五	平聲之哈	
	億第六	入聲職德	
（三）東尤屋類	翁第七	平聲東冬鐘江	
	謳第八	平聲尤侯幽	
	屋第九	入聲屋沃燭覺	
（四）陽蕭藥類	央第十	平聲陽唐	
	夭第十一	平聲蕭宵豪肴	
	約第十二	入聲藥	
（五）庚支陌類	嬰第十三	平聲庚耕清青	
	娃第十四	平聲支佳	
	戹第十五	入聲陌麥昔錫	
（六）真脂質類	殷第十六	平聲真臻諄文欣魂痕先	皆收舌齒音
	衣第十七	平聲脂微齊皆灰	
	乙第十八	入聲質術櫛物迄沒屑	
（七）元祭月類	安第十九	平聲元寒桓刪山先仙	
	靄第二十	去聲祭泰夬廢	
	遏第二十一	入聲月曷末黠鎋薛	
（八）侵緝類	音第二十二	平聲侵鹽添	皆收脣音
	邑第二十三	入聲緝	
（九）覃合類	醃第二十四	平聲覃談咸銜嚴凡	
	馣第二十五	入聲合盍葉帖業洽狎乏	

　　可以看出，劉逢禄繼承了戴震的研究成果而有所改進：戴氏"歌魚鐸"相配，劉氏將"歌"分離出來，雖然沒有與"元""月"相配，但與"魚"區別；戴氏以"陽"配"蕭藥"，劉氏則以配"魚鐸"。然戴氏以"侵緝""覃合"平入各兩類相配，是正確的；劉氏則將兩類入聲合併，以後世變音混淆先秦韻部界限。又戴氏"真文"不分，是其缺陷，但其"祭月"與"元"相配，則是正確的；劉氏"真""文"分立，勝於戴氏，而以"物月"等合併爲"未"部，於"文""元"部皆曰"無入聲，轉微入未，古不同用"，則又遜於戴氏。

　　再次，對有些語言事實的分析不夠準確。

　　《條例》八"論《詩》以雙聲合韻"云："《小雅·谷風》三章以嵬萎怨爲韻，顧氏以末二句無韻，非也。委本從禾聲，歌元二類聲相近，《廣韻》浼字在三十九《過》是也。且委宛二字爲雙聲,故蔜與怨韻(蔜怨亦雙聲也)。《詩》雖不多見,而可徵用韻變通,無所不有矣。"其實,"嵬蔜"爲微部字,"怨"爲元部字,二者爲旁對轉關係。實際情況應當是方言中"怨"的韻尾脱落而與"蔜"音近或音同,並不是聲母相同而押韻。此條陳潮所補用例絶大多數可以韻的對轉或旁轉解釋。《條例》九"論《詩》以轉注爲韻"實際説的也是對轉、旁轉問題。如《小旻》"是用不集",毛傳:"集,就也。"《韓詩》"集"作"就",説明方言本有轉音,當是"集"韻尾脱落而轉爲"就"。"集"本爲從母緝部字,"就"是從母幽部字,兩部主要元音相同,可以通轉。《六月》"我是用急",《鹽鐵論》引作"我是用戒"。"急"在"緝"[əp],"戒"在"職"[ək],兩字皆見母,主要元音相同,可以通轉。《鹽鐵論》所引當是秦漢間的轉音。《條例》十"論《毛詩》以假借爲韻"云:"《大東》'熊羆是裘',本當作求。《箋》云'聲相近',非也。求在蕭部,裘在灰部。《詩》故借裘以韻試。"據古文字研究成果,"求""裘"本不同,"求"非"裘"之古字。甲骨文"求"作𧰨,象多足蟲之形,爲"蚯"之初文;"裘"作𧘇,金文增加聲符"求"作𧚍。《説文》以"求"爲"裘"之古文,誤。故"熊羆是裘"之"裘"非借字。《條例》二十一"論所收《説文》字其音義並同者可作重文或體",列舉之字有些是古籍中的通假字,有些是古今分化字,不能當作重文處理。如"《衣部》'褻'引《詩》'褻袢','袢'下引《詩》'紲袢'","紲"是"褻"的通假字,《説文》:"紲,犬系也。""褻,私服。"馬瑞辰認爲"褻"字注所引"蓋本《三家詩》"。[1] 至如"巢車之巢加車旁,芻莖養牛之芻加牛旁,畜産之産加牛旁,燒紫燔燎之紫別爲示,瑟彼玉瓚之瑟旁加玉,葛藟縈之縈別作𦾟,百穀艸木麗乎土之麗別加艸,大抵多漢氏俗字,或轉寫校改者增加"等,亦是承襲宋人復古之説,否定漢字優化原則,皆不可取。

最後,由於劉氏未看到甲骨文、金文等出土古文字,承襲了《説文》對一些漢字結構分析的錯誤。

如《條例》十四"論有同得聲字分收各部者"云:"'形羿汧開麗研妍'同從开聲,'形羿'在青部,'開麗研妍汧'在元部。"從古文形體看,"并"是象形字,不從"开"聲。又:"'曰失㐆'同從乙聲,'曰'在未部,'失'在質部,'㐆'收支部。"實則三字皆不從"乙"得聲。其他諸條,可參注釋,此不贅述。《條例》十五所列"充農矕"等 50 多字,對照古文字形體,大多是《説文》分析有誤,劉氏遵循許説,自然存在問題。

四

科學研究尤其是關於古代問題的研究中,新材料比新觀點更重要,觀點必須從材料中提煉,不能憑空想象,製造臆説。古人沒有看到古文字材料,就連許慎也沒有見到甲骨文。因此,《詩聲衍》中存在缺陷,是不足爲奇的。從漢語古韻學史的角度看,劉逢禄的地位是十分重要的,他是由清代古音學向近現代古音學轉變的關鍵學者,他將入聲獨立並與陰陽韻、平

---

① 〔清〕馬瑞辰:《毛詩傳箋通釋》,北京:中華書局 1989 年,第 177 頁。

上去相配,這是清代古音學與近現代古音學的主要不同,黄永鎮曾説"劉氏入聲別立,爲特異耳"。[①]劉逢禄開創了古韻研究的新局面,對後來的古音學家黄侃等人産生了很大影響,在一定程度上推動了近代古音學的進程。

黄侃分古韻爲二十八部,他受陳澧《切韻考》的啓發,又結合錢大昕、章太炎古聲紐研究的成果,對《切韻》聲韻配合關係做了細緻考察,發現在陳澧考定的《廣韻》四十一聲類(陳氏本四十類,黄侃分出"微"母,故爲四十一)中,古無輕唇音"非敷奉微"四組,經錢大昕證明;古無舌上音"知徹澄"三組,亦錢氏所證明;古無"娘日"二紐,則章太炎所證明。於是黄氏創立"紐經韻緯表",持此古所無之九紐,進而考察《廣韻》二百零六韻,三百三十九小類,則凡無此九變聲之韻或韻類,也一定没有喻、爲、群、照、穿、神、審、禪、邪、莊、初、牀、疏等十三紐。那麽這十三紐也一定與之前九組爲同一性質,即變聲。四十一聲紐減去二十二變聲,剩下的十九紐就是古本聲了,而祇有古本聲的韻就是古本韻了。《廣韻》二百零六韻三百三十九小類,其不見變聲二十二紐的,共得三十二韻(舉平以賅上去),此三十二韻中,魂痕、寒桓,歌戈,曷末八韻互爲開合,併其開合,則爲二十八韻。其陰入陽配合關係如下表:

陰聲韻	入聲韻	陽聲韻
	屑開合細(劉氏質部)	先開合細(劉氏真部)
灰合洪(劉氏脂部)	没合洪(劉氏未部)	魂合 洪(劉氏文部) 痕開
歌開 洪(劉氏歌部) 戈合	曷開 洪(劉氏未部) 末合	寒開 洪(劉氏元部) 桓合
齊開合細(劉氏支部)	錫開合細(劉氏同)	青開合細(劉氏同)
模合洪(劉氏魚部)	鐸開合洪(劉氏陌部)	唐開合洪(劉氏陽部)
侯開合洪(劉氏愚部)	屋合洪(劉氏同)	東合洪(劉氏同)
蕭開合細(劉氏同)		
豪開合洪(劉氏肴部)	沃合洪(劉氏藥部)	冬合洪(劉氏同)
咍開合洪(劉氏灰部)	德開合洪(劉氏職部)	登開合洪(劉氏蒸部)
	合開洪(劉氏緝部)	覃開洪(劉氏侵部)
	帖開合細(劉氏緝部)	添開合細(劉氏鹽部)

可以看出,黄侃在劉氏二十六部的基礎上,繼承其入聲獨立之説,又將劉氏"緝"部分爲"合""帖"兩部,"未"部分爲"没""曷"兩部,故爲二十八部,其三聲配合關係也與劉氏大同。他在《古韻譜稿》的扉頁上寫明:"十九紐之説略同於新化鄒君,二十八部之説略同於武進劉君。予之韻學,全恃此二人與番禺陳君而成,不可匿其由來也。"[②]武進劉君指的就

---

① 黄永鎮:《古韻學源流》,上海:商務印書館,1934年,第26頁。
② 轉引自任翔宇:《劉逢禄古韻學述略》,《哈爾濱師範大學社會科學學報》2018年第5期,第90頁。

是劉逢禄，可見他對黃侃影響之大。黃侃之後，曾運乾、王力先生將"脂""微"兩部分開，又從"屋"部分出"蕭"部入聲"覺"，就形成了目前學術界公認的古韻三十部及其三聲相配的格局。

因此，我們可以説，自顧炎武發軔至近現代古韻學不斷科學化、完善化的進程中，劉逢禄起了承前啓後的重要作用，其貢獻不可磨滅。

（周玉秀，西北師範大學文學院教授）

清際《詩》學禁書考述

劉立志

[摘　要]　滿清朝廷和太平天國先後查禁諸多《詩經》類圖書,包括三百篇原文和研究著作,或是因人毀書,或是仇視傳統文化,大多寓有政治目的,妨礙了學術的正常發展。論文鉤稽其材料,梳理其源流。

[關鍵詞]　詩經　清代　禁書

　　《詩經》研究萌芽於春秋時期,至漢而大盛,唐宋元明,綿延不絕,以迄於今,學人前赴後繼,名家名作迭出,蔚爲大觀,今日已經形成專門之學。回顧《詩經》學兩千餘年的發展歷程,並非一帆風順,其間屢屢受到政治因素的影響,波折頻起,尤其是有清一代,以文字獄迫害文士儒生,禁書毀書,《詩經》研究屢屢遭受干擾,不能正常發展。

　　滿清入主中原,大肆屠戮,生靈塗炭,康熙執政時期,政權才大致趨於穩定。乾隆三十八年(1773)二月,清高宗下詔開設"四庫館",調集文臣學士纂修《四庫全書》時期,以"稽古右文"相號召,其用意一則欲以顯示清廷重視文化的"文治"功業,在此之前的康熙皇帝主政時期,著意文治,敕編多種書籍,如拉錫等奉敕纂有《御制滿蒙文鑒》、誠親王胤祉等奉敕纂有《御定律吕正義》5 卷、陳元龍等奉敕纂有《御定歷代賦匯》140 卷、揆叙等奉敕增纂有《皇輿表》16 卷等,林林總總,洋洋大觀,雍正沿襲,乾隆依舊不改先祖舊制;一則乾隆帝又有審查傳世圖書文獻、消滅漢人的民族意識、統一思想、強化文化思想統治的目的,這在《四庫全書》基本繕竣之後又陸續對入選書籍進行了大量的撤改、復校工作,其用心不難察知。民國學者胡行之曾經進行梳理與統計,説:"經四庫館所看出,應行銷燬書計一百四十四種,應酌量抽燬書計一百八十一種,但在全燬書目裏,則前者爲一百四十六種,多出一種。而在檢看時,即將原書三百二十五部,二千一百二十三本,分別銷燬,這算是第一次的浩劫。……據咫進齋叢書'禁書總目'分類統計,所得全燬書目計七四九種,抽燬書目四十種,各人應燬著作共二三二種,浙江查辦奏繳應燬書目一五四種,外省移諮應燬各種書目一七二種,違礙書籍各種名目七〇六種,應禁書目續五十種……以上合計爲二千一百〇三種。雖其中多有錯出或重複,但爲數實已不少了。"[①]管控之嚴格,亘古未有。

　　清廷爲了鉗制思想,鞏固統治,在《四庫全書》編纂之外,還屢屢詔令地方官員查禁書籍文獻,發動文字獄,對思想異端進行嚴厲打擊與迫害。北平故宫博物院文獻館所編《清代文字獄檔》一書八輯,收六十五案,文字昭然,觸目驚心。據陳乃乾《焚書總録》統計,清廷查禁

---

① 胡行之:《清之禁書譚》,《越風》1936 年 2 月第八期。

之圖書,全毀書目 2453 種,抽毀書目 420 種,銷毀書板目 50 種,銷毀石刻目 24 種,總計近三千種,黃愛平《四庫全書纂修研究》則統計共禁毀書籍三千一百多種,十五萬一千多部,銷毀書版八萬塊以上,誠可謂爲文化之大劫難。

《詩經》作爲一部先秦舊籍,本與清際時政了不相關,但落花無意,流水有情,也在懵然間被裹挾捲入了政治風暴領域,删改禁毀,經歷了幾番風雨。

清代文字獄中與《詩經》相關聯的有五人:謝濟世、吕留良、尹嘉銓、徐繼發和馮起炎。

謝濟世(1689—1756),字石林,號梅莊。廣西全州人。康熙五十一年(1712)進士,授翰林院檢討。雍正間官監察御使,以彈劾田文鏡遣戍新疆阿勒泰。後曾任湖南糧道、驛鹽道。著有《古文大學注》《中庸疏》《離騷解》等。乾隆六年(1741)毀其著作和書版,包括《詩經注》一書。《孫嘉淦奏遵旨查取謝濟世所著書籍板片並銷毀折》述及湖南布政使張璨調查謝濟世所著書,有《論語》《孝經》《大學》《中庸》《孟子》《易》《書》《詩》《春秋》《禮記》箋注十種。

吕留良(1629—1683),字莊生,號東莊,又名光輪,字用晦,號晚村,別號恥齋老人、何求老人、東海夫子、吕醫山人、南陽白衣人等,浙江嘉興府崇德人。明亡圖謀復興,事敗鄉居授學,誓死拒薦清廷博學鴻詞,削髮爲僧。雍正時因其遺作倡揚民族大義,被開棺戮尸,並株連斬殺其親族數百人,爲清初第一文字大獄。雍正九年(1731),朝廷專門刊印《大義覺迷錄》《駁吕留良四書講義》,批駁曾静、吕留良宣揚的民族思想。吕留良被禁之書甚多,關涉《詩經》者包括《詩經匯纂詳解》《詩經詳解》八卷兩種。乾隆四十三年(1778 年)五月十一日庚午(6 月 5 日),署雲貴總督裴宗錫奏《第四次查繳應禁書籍分别委員解京折》奏曰:"截至四月底止,復又獲書一百一十二種,計共六百三十九部,内向經奉文查禁者七十七種,計五百二十九部。……又如錢謙益《杜詩箋注》、吕留良《詩經詳解》,從前查禁時遺漏未入,皆不應使之復行於世。餘如坊選刻本有錢謙益、屈大均詩文,總未便久任留傳,自宜人别禁毀。"乾隆四十四年(1779),經乾隆帝敕令,由四庫館臣議定查辦違礙書籍條款八條,其中第四條曰:"錢謙益、吕留良、金堡、屈大均等,除所自著之書,俱應毀除外,若各書内載入其議論,選及其詩詞者,原係他人採録,與伊等自著之書不同,應遵照原奉諭旨,將書内所引各條簽明抽毀,於原版内剷除,仍存其原書,以示平允,但其有錢謙益序文,而書中並無違礙者,應照此辦理。"清廷對吕留良極爲忌憚,迫害手段最爲殘酷。

尹嘉銓(1711—1781),字亨山、子端,號隨五,直隸博野人。舉人。歷任西寧道、山西按察使、山東按察使、甘肅布政使、大理寺卿等。乾隆四十年(1775)前後致仕。乾隆四十六年(1781)夏四月因"爲父請謚並從祀文廟案"獲罪處死。尹嘉銓著有《北學續編》《辨異録》《詩經解略觀》等。上海書店出版社編《清代文字獄檔(增訂本)》收録《尹嘉銓爲父請謚並從祀文廟案》,第六輯《軍機處應行銷毀尹嘉銓書籍奏》(乾隆四十六年五月十三日)記載"附應行銷毀尹嘉銓書籍單",其中包括尹氏所著《詩經解略觀》《詩續》兩種。

徐繼發,字繩武,江西貴溪人,著有《周易名善録》《詩經調》等。《纂輯禁書目録》收録其《詩經調》一書,爲乾隆四十四年(1779)江西巡撫郝碩奏繳。軍機處奏准全毀書目載録。

《清代禁毁書目》補遺一引軍機處説明曰：“一部一本”，“書中語多謬戾，應請銷毁”。

乾隆四十八年（1783），馮起炎案發。馮起炎是山西臨汾縣生員，以訓蒙度日，因生活日益貧難，抑鬱成病，患有痰迷之症，本年正月，自原籍啟程赴京，欲呈現自注《易》《詩》二經，以獲皇帝賞識，借此玉成其欲娶兩個表妹之志。二月馮起炎在長辛店一帶逗留，聞聽皇帝往謁泰陵，起意在御道旁跪求，爲清道官拿獲。直隸總督袁守綱奏繳馮起炎所撰《易詩二經注解》，二月十三日奏准禁毁。四月，袁守綱以馮起炎因“婚姻細故，私寫呈詞，欲於儀仗前呈遞，實屬蚩妄不法。其圖娶人女雖係痰類癡迷，而語言尚屬清楚，又安知非色令智昏，肆其狂吠？”擬從重發往黑龍江等處給披甲人爲奴，具折請旨。得旨：“該部議奏。”馮起炎終被發往黑龍江爲奴。

五樁文字獄先後發生於康熙朝、雍正朝和乾隆朝，執政者推行高壓政策，以莫須有的罪名處置政敵或士人，刑訊逼供，亂殺無辜，且株連甚廣，形勢如此，人人自危，唯恐避禍不及，文化研究自然傾向于脫離現實的考據學，學者沉迷于文字、音韻、訓詁諸科，埋頭讀書治經，不問時事。

上述文字獄牽涉《詩經》，只是由於撰著者的政治立場問題而被連帶禁毁其《詩》學著作，官方並未對其《詩經》研究著作的内容作出否定的評判，因此諸般文字獄對於《詩經》研究尚未造成實質性的衝擊。

還有一類與《詩經》相關的著作，確是因爲其内容而被官方否定，一度查繳毁板，禁止流通，此類圖書即時文、制藝類《詩》學著作。

宋元明以來，出於市場的需要，科考類經學研究工具書不斷問世流通，明代《詩經》學此類著作多有，《事物原會》卷九“程墨文卷”條曰：《續通考》神宗萬曆四十三年乙卯，科題准程式文字就將士子中式試卷純正典實者依制刊刻，不許主司代作，其後場有學問該博者亦許甄録。此刻魁卷之始也。按顧炎武謂宋以來多取士子所作爲程文，明初亦用士子程文刻録，後多主司所作，遂又分士子所作爲墨卷云。雲谷卧録楊常彝云：十八房之刻自萬曆二十年壬辰《鉤元録》始，旁加批點自王房仲選程墨始。”[1]入清之後其勢頭不減，前赴後繼，源源不斷，吳地文化居於全國先進地位，此類圖書即多有出於吳地學者之手者。如《四庫總目》於存目認爲武進趙燦英《詩經集成》“成於康熙庚午。大旨爲揣摩場屋之用，故首列朱子《集傳》，次敷衍語氣爲申講，申講之後爲總解，全如坊本高頭講章。至總解之後，益以近科鄉會試墨卷，則益非説經之體”；又謂華亭王鐘毅所撰《詩經比興全義》“蓋專爲科舉作也”。亦有出於其他地區學者所撰述者，如皋學者范芳撰有《詩經匯詁》二十四卷，《四庫總目》“謂其采摭非不詳贍，而本意爲科舉而設，於經義究鮮發明”；福建鄒聖脈（1691—1763）纂輯有《五經備旨》，内中包括《詩經備旨》，皆是爲參加科舉應試的學子而編寫的讀本。

乾隆三十七年（1772 年）正月初四日庚子（2 月 7 日），乾隆帝諭令各地徵集遺書，圖書文

---

① 汪汲：《事物原會》，揚州：江蘇廣陵古籍刻印社，1989 年，第 337 頁。

獻的搜集範圍明確爲“除坊肆所售舉業時文，及民間無用之族譜、尺牘、屏幛、壽言等類，又其人本無實學，不過嫁名馳騖，編刻酬唱詩文，瑣碎無當者，均毋庸採取外”，但是《四庫全書》於清際百年《詩》學著述之中還是收錄了趙燦英、王鐘毅、范芳三人的著作，可見其時此類書籍行世流通當不在少數，故而不容忽略。

《四庫總目》收書下限爲乾隆中期，所見畢竟有限，乾隆之後，制藝類《詩》學著作仍然不斷問世，但這類書籍因爲學術含量極少，不爲學人所重，罕見搜集著錄，再則這類書籍時效性較强，光緒時廢黜科舉之後更是全無用處，被世人棄置如敝屣，一如時下之地攤文學作品，迄今百餘年來，傳世線索隱微難見。

難見不等於全然不可見，傳世方志與書目文獻之中對於此類書籍的資訊偶有載錄，極其珍貴。僅以吳地爲例，清初，宜興儲善閎撰有《四書毛詩文》，陳時夏《穎亭公傳》著錄，《江蘇藝文志·無錫卷》標注此書性質爲“經部群經總義類”。儲善閎（1632—1708），字大聲，號穎亭、抑庵，康熙八年（1669）舉人。此書顧名思義，必是制藝文彙編無疑。

佚名所編《海虞藝文志備考》於集部著錄瞿昆湖《詩經文稿》，“刊四册”；[1] 瞿星卿《詩經文》，注曰：“刊一册。”[2] 該書於《詩經文》同頁載錄著述有：瞿頡《秋水閣時文》，“刊一册”；景變《漱霞閣試帖》，“刊一册”；徐校《徐石渠試稿》，“刊一册”；孫朝讓《連捷草》，“刊一册”。可見這是系列的制藝類圖書，《詩經文》一書必定是備考用書，後列的幾部制藝書籍雖然沒有標明《詩經》字樣，但未必不會涉及三百篇，因爲《詩經》爲科舉必考内容，會試之際，考官由皇帝欽定，由十八名同考官（其中一名總裁，三至五名副總裁）組成，習稱“十八房”，其中一般以“詩經房”試卷爲最多，供需一體，必然相應。

遲至晚清時期，吳地仍然産生與流通有諸多的制藝類《詩》學圖書，佔據圖書市場一定的份額。周振鶴所編《晚清營業書目》載錄官書局書目彙編，共計61種，其中有上海多家書店的售書目錄，裏面包括衆多的時文類圖書，如《上海掃葉山房發兌石印書籍價目》包括《五經文海》《五經揭要》《五經體注》《五經囊括》《五經文准》《五經分類文鈔》等；《上海十萬卷樓發兌石印經史子集價目》則述列有《五經文府》《五經合纂大成》《五經味根錄》《五經分類文鈔》《五經體注》《五經備旨》《五經類典囊括》《五經鴻裁》《二百十三科鄉試文統》，皆爲科考用書；《上海同文書局石印書畫圖帖》甚至專門設立“集部制藝類”“集部試帖賦鈔類”，“集部制藝類”述列《大題三萬選》《大題文府》《五經文府》《經藝宏括》十二種圖書。吳地教育發達，士子熱衷科考，蘇錫常地區湧現出很多科舉家族，因此，制藝類圖書的大行其道並不難理解。

清廷對於制藝類書籍的態度比較矛盾，呈現出搖擺的態勢。順治時期，政府下令禁止坊間選刻時文、表策。順治十七年（1660）禮部議准，“二、三場原以覘士子經濟，凡坊間有時務

① 賈貴榮、杜澤遜：《地方經籍志彙編》第9册，北京：北京圖書館出版社，2008年，第663頁。
② 賈貴榮、杜澤遜：《地方經籍志彙編》第9册，第674頁。

表策名色,概行嚴禁。"文見《欽定大清會典事例》卷三三二《禮部·貢舉·試藝體裁》順治十七年下。康熙九年(1670)又議准,"嗣後每年鄉、會試卷,……一應坊間私刻,嚴行禁止。"亦見於同書同卷康熙九年下。乾隆帝嗣位,曾一度比較寬容,乾隆元年(1736),六月,下諭弛坊間刻文之禁,准許民間將鄉、會試佳卷照前選刻;又命將前明及本朝諸大家時藝精選數百篇,匯爲一集,頒行天下,以爲舉業指南,由内閣學士方苞將入選文逐一加以評點,使學者便於領會摩擬。後來方苞奉敕編纂了四十一卷的《欽定四書文》。但是在啟動《四庫全書》編纂工作前後,乾隆帝對於這類書籍比較排斥,上文所引諭旨已經言及。乾隆二十九年(1764)再議准,"嗣後專習《禮記》生童,務須誦讀全書,不得仍以删本自欺滋誤。其現在坊間所刻删本《禮記》,飭令地方官出示銷毁,已禁刷印者禁止販賣。"又乾隆四十四年(1779)諭曰:"大抵近來習制義者,止圖速化,而不循正軌,每以經籍束之高閣,即先正名作,亦不暇究心。惟取庸陋墨卷,勦襲搘撦,效其浮詞,而全無精義。師以是教、弟以是學,舉子以是爲揣摩,試官即以是爲去取。且今日之舉子,即異日之試官,不知翻然悔悟,豈獨文風日敝,即士習亦不可問矣。"《清實錄》第1409卷於乾隆五十七年(1792)七月十九日記載,"軍機大臣等議覆、山東學政翁方綱奏稱:考試士子經解及默經時,於坊間所删經題内出題。其有未讀全經者,概不録取。查此等删本經書,前經飭令銷毁,日久玩生。應行令各督撫學政、轉飭所屬,將坊間所存删本板片,限三月内押令繳銷。逾限不交,查出治罪。未能查禁之地方官、及各督撫學政、分别議處。從之。"①朝廷這項政令實際執行的效果如何呢?答案是:極其一般,遠不是令行禁止,所以才會有後續跟進的政令。《欽定大清會典事例》卷三百八十八《禮部·學校》"頒行書籍"條下引嘉慶二十年(1815)諭曰:"士子研經稽古,於五輕、三傳,自應誦讀全書,融鑄淹貫,發爲文章,方足以覘學識。乃近多鈔撮類書,勦襲摭拾,冀圖詭遇,不可不嚴行飭禁。嗣後坊間如有售賣删本經傳,及鈔撮類書者,著該學政隨時查禁,責令銷毁。"思想認識方面並没有新的突破,查禁的手段也還是沿襲不改。

咸豐元年(1851)年1月,太平天國運動爆發,洪秀全率衆在廣西桂平金田村起義,1853年3月入主南京,改爲天京,直至1864年7月19日天京被清軍攻破,太平天國覆滅。十餘年間,太平軍席捲大半個中國,洪秀全及太平天國所推行的文化政策也關涉《詩經》學頗巨。

洪秀全七歲入私塾讀書,五六年間,覽閱《四書》《五經》《孝經》及史籍,期望考中科舉光宗耀祖。1843年,他接觸到梁發所著基督教傳道書《勸世良言》,開始信仰上帝,自行施洗。一兩年間寫作了《百正歌》《原道救世歌》《原道醒世訓》《原道覺世訓》,宣揚獨拜上帝、不拜邪神的主張,文中多次稱引儒家經籍和典故,言及舜、禹、伯夷、叔齊、周武王、孔子、顏回、孟子、齊襄公、楚平王等人的言語或事蹟,援引《詩經》《周易》《大學》《中庸》的經籍的語句,從中國歷史文化中吸取養料。

洪秀全第一次明確提出反孔,是在1848年初刻本《太平天日》,書中曰:"又推勘妖魔作

---

① 《清實錄》第26册,北京:中華書局,1986年,第940頁下欄。

怪之由,總追究孔丘教人之書多錯",天父上主皇上帝命擺列三種書,對洪秀全説:"此一等書是朕當前下凡顯迹設誡所遺傳之書(指《聖經·舊約》)。此書是真,無有差錯;又此一等書是朕當前差爾兄基督下凡顯神跡捐命贖罪之書及行爲所遺傳之書(指《新約》)。此書亦是真,無有差錯。彼一等書,這是孔丘所遺傳之書,即是爾在凡間所讀之書,此書甚多差謬,連爾讀之,亦被其書教壞了。"① 等到 1852 年將初刻本《太平詔書》重新刊刻頒行時,洪秀全便把初刻本中直接間接引用的孔孟之言或《詩》《書》語句或全部删去,或改稱古語。

1853 年 3 月,攻佔南京之後,太平天國對孔子和儒學的態度採取完全否定的政策,態度更爲激進。

太平天國設置"鐫刻衙"和"刷書衙",有組織、有計劃地大量出書,還設立删書局,删改《四書》《五經》。張德堅主編的《賊情匯纂》卷八"僞文告下"中"僞書、律諸條禁"條下記載太平天國明文規定:"凡一切妖書如有敢念誦教習者,一概皆斬。爾等静候删改鐫刻頒行之後,始准讀書","凡一切妖物妖文書一概燬化,如有私留者,搜出斬首不留","凡邪歌邪戲一概停止,如有聚衆演戲者,全行斬首"。②

咸豐四年(1854)正月二十七日丁卯(2 月 24 日),楊秀清以天父的名義反對洪秀全焚禁儒學和古書,他借天父之口發言,曰:"前曾貶一切古書爲妖書。但《四書》《十三經》,其中闡發天情性理者甚多,宣明齊家治國孝親忠君之道亦復不少。故爾東王奏旨,請留。其餘他書凡有合于正道忠孝者留之,近乎綺靡怪誕者去之。"但是並未扭轉洪秀全的決策。1855 年,地官丞相黄再興還重申:"凡一切孔孟諸子百家妖書邪説者盡行焚除,皆不准買賣藏讀者,否則問罪也。"③ 至 1856 年 9 月 1 日天京事變發生,楊秀清被殺,之後再没有任何人能夠對洪秀全進行絲毫制約。

1853 年,洪秀全頒佈《删改詩韻詔》,文曰:"發出《詩韻》一部,准朕所改,將其中一切鬼話、妖怪話、妖語、邪語,一概删去净盡。只存真話、正話,抄得好好繳進,候朕批閲刊刻。"④《詩韻》是何書? 方之光先生分析認爲,"《詩韻》當即《詩經》。天王删改儒家《四書》《五經》,明見於太平天國頒佈的《士階條例》内。太平天國禁讀儒家書,後來雖改爲删改後得閲讀,但仍不願以'經'許給儒書,所以改《詩經》爲《詩韻》。案:有一部檢查詩的音韻的工具書,名《詩韻》,與詔書中説的'將其中一切鬼話、妖怪話、妖語、邪語,一概删除净盡,只留真話、正話'的説法不合,而《詩經》則有太平天國需要的'真話、正話',也有太平天國反對的'鬼話、妖怪話、妖語、邪語'。至於天主改古籍名稱也有前例,如改許慎《説文》爲《其文》便是。據此看來,《詩韻》當是《詩經》的改名。"⑤《金陵省難紀略》書中之"洪賊改字删書"條目亦

① 《太平天國印書》,南京;江蘇人民出版社,1979 年,上册第 38 頁,。
② 中國史學會:《太平天國》(三),上海:上海人民出版社,1957 年,第 232 頁。
③ 中國史學會:《太平天國》(二),第 312 頁。
④ 太平天國歷史博物館:《太平天國文書彙編》,北京:中華書局,1979 年,第 39 頁。
⑤ 方之光:《太平天國與中國傳統文化》,江蘇省文史研究館編:《館員文存》,南京:鳳凰出版社,2003 年,第 204 頁注釋②。

曰："始以《四書》《五經》爲妖書，後經删改准閱，惟《周易》不用，他書涉鬼神喪祭者削去，《中庸》'鬼神爲德'章、《書・金縢》、《禮・喪服》諸篇，《左傳》'石言''神降'俱删，《孟子》則可以祀上帝，'上帝'上加'皇'字，《詩》'蕩蕩上帝''上帝板板'，皆加'皇'字。《論語》'夫子'改'孔某'，'子曰'改'孔某曰'。删削字典音注，止留'音某'二字，及《説文》作某解數字，改'説文'爲'其文'。又添删書衙，使春官丞相盧賢拔主其事，擇能文書手佐之。"① 洪秀全明言要親自主持删改儒家經典工作，且有一些初步的思路，但是迄今尚未發現太平天國刊行的《四書》《五經》删改本，估計一直到覆滅，洪秀全的删改工作實際上並没有多少進展。

學術發展有其自身内在的規律，經學典籍研究呼应时代的需求一般也是隱性的，與政治關聯比較隱微，滿清政府和太平天國嚴厲查禁《詩經》類著述，意在規範文化思想，掌控社會言論，震懾與引導並舉，對於學術發展的影響利大於弊，鑒古知今，後人應當引以爲戒。

（劉立志，南京師範大學文學院教授）

---

① 中國史學會：《太平天國》（四），第 719 頁。

周春與錢大昕古音學之争
——以《十三經音略》及相關書信爲例

李 科

[摘 要] 錢大昕《答周松靄同年書》與周春《答錢宫詹論毛詩叶韻書》圍繞周春所撰《十三經音略》一書的相關音韻問題發生了激烈的争論。通過對兩封書信的考論,可以發現周春提出的"凡叶音者,所叶之字必與本字同母"的認識,對叶音、諧聲與本字聲母不合的現象的注意,以及對顧炎武古音研究不講聲母而昌言復古的批評等,都很具有啟發性。但是,因爲周春在古音研究上缺乏歷史觀念,不明古今音變之理,既不能正確認識叶音説的錯誤,同時又囿於後出之三十六字母,不能正確認識上古到中古聲母的演變,從而影響了其《十三經音略》對古音研究的科學性。

[關鍵詞] 叶音 三十六字母 周春 錢大昕

　　清代海寧周春(1729—1815),字松靄,是乾嘉時期重要的考據學者、詩人以及藏書家。與錢大昕(1728—1804)、王鳴盛(1722—1797)爲乾隆十九年(1754)進士同年。後官廣西岑溪縣知縣。嘗師事齊召南(1703—1768),與盧文弨(1717—1795)、錢儀吉(1783—1850)、錢泰吉(1791—1863)、陳鱣(1753—1817)等多有交往。周春一生以讀書爲務,《清史列傳》謂其"所居凝塵滿室,插架環列,卧起其中者,三十餘年。四部七略,靡不瀏覽。究心字母,遂徧觀釋藏六百餘函,於韻學有得"。[①] 同時,周春筆耕不輟,著述甚豐,有《十三經音略》十二卷、《古文尚書冤詞補正》不分卷、《中文孝經》一卷、《孝經外傳》一卷、《爾雅補注》四卷、《小學餘論》二卷、《佛爾雅》八卷、《西夏書》十卷、《代北姓譜》二卷、《遼金元姓譜》一卷、《遼詩話》一卷、《耄餘詩話》不分卷、《選材録》一卷、《杜詩雙聲疊韻譜括略》八卷、《紅樓夢隨筆》不分卷等。其中《十三經音略》一書,"以陸氏《釋文》爲主,參以《説文》《玉篇》《廣韻》《五經文字》諸書",[②] "字必審音,音必歸母",[③] 是周春一生古音學及群經校勘成果的結晶。周春寫成《十三經音略》後,嘗求序於阮元(1764—1849)、錢大昕等人,但因爲錢大昕與周春對相關問題有不同意見,從而發生了争論。周春與錢大昕就《十三經音略》争論的具體内容,主要保存在錢大昕《潛研堂文集》卷三七《答周松靄同年書》及周春《十三經音略》卷末所附《答錢竹汀宫詹書》《答錢宫詹論毛詩叶韻書》三封書信中。其中又以《答周松靄同年書》《答錢宫詹論毛詩叶韻書》爲主。兹以二信爲綫索,結合《十三經音略》的具體内容,略叙二人關

---

① 王鍾翰點校:《清史列傳》卷六八《儒林傳下》,北京:中華書局,1987 年,第 5549 頁。
② 〔清〕周春:《十三經音略》卷首《凡例六則》,《叢書集成初編》第 1255 册,上海:商務印書館 1935 年影印《粤雅堂叢書》本,第 1 頁。
③ 〔清〕阮元:《十三經音略序》,《十三經音略》卷首,《叢書集成初編》第 1255 册,第 1 頁。

於古音研究的争論，以見二家古音學之異同及得失。

<h2 style="text-align:center">一</h2>

　　周春在古音學研究上，一方面傾向於宋吳棫和朱熹的叶音説，另一方面又以三十六字母爲歸，以字母爲核心去修正叶音説。指導周春以字母爲中心去修正叶音説的一條基本原則就是：“凡叶音者，所叶之字必與本字同母，此一定之理也。否則，隨字可叶，全無義例矣。”①周春之意，即所叶之字的讀音要與本字的聲母相同，叶音必須在這個前提之下，不能衹管韻母而不管聲母。這個原則實際上把字的聲和韻視爲一個整體，應該説這是一個正確的見解。他從這個原則出發，以三十六字母去考察朱子、吳棫之叶音及陳第、顧炎武等各家反切，試圖對各家所叶之音與本字字母不合的情況進行辨正。正是從這個原則出發，周春一方面對朱子《詩集傳》、吳棫《韻補》等所叶之音多有更改，另一方面又對陳第、顧炎武、閻若璩等各家多有批評。其撰成《十三經音略》後嘗求序於錢大昕，錢大昕針對其以三十六字母辨正朱子《詩集傳》、吳棫《韻補》之叶音以及批評顧炎武等的做法提出了異議，並對周春的看法進行了駁斥。錢大昕《答周松靄同年書》云：

　　　　久未奉書左右，伏想撰述日富，道遠不獲追隨講席，聞所未聞，良深悵惘。大製《十三經音略》，於聲音清濁、開合之理，剖析入微。唯是方音、師授各殊，足下所指誤讀之字，敝鄉即有未誤者，尺素不能覼縷也。前聞足下深詆亭林顧氏古音，而以吳才老叶韻爲善，私億足下尊崇考亭，不欲立異耳。今讀《毛詩叶音補正》一篇，於朱《傳》駁辨極多，即以“服”叶“蒲北反”言之，“扶服”讀“匍匐”，經典既有明證，轉輕脣爲重脣，於字母亦無觸背。再以《有狐》《侯人》《六月》諸篇證之，“服”與“職”“德”同韻，亦復何疑，而足下必改“符弗反”以從本母。夫三十六母出於唐末，又在陸法言、孫愐之後，足下既知六朝後出之書，不可以繩《三百篇》，又何必以晚出之字母繩《三百篇》耶？足下所譏於亭林者，特謂其不講字母，今才老與朱子已不能免於訾議，則又何責乎亭林？此僕之所以不敢附和也。承索拙序，自愧才非玄晏，不足以增太冲聲價，故遲回久之，無以下筆，伏唯垂宥。②

　　根據信中“承索拙序，自愧才非玄晏，不足以增太冲聲價，故遲回久之，無以下筆”云云，可知此信乃錢大昕就周春以《十三經音略》向其索序而做出的答復。錢大昕未能答應周春爲《十三經音略》撰序的原因，主要是對周春關於古音的一些看法不能認同。從此信中可以

---

① 〔清〕周春：《十三經音略》卷四《毛詩叶音辨正》，《叢書集成初編》第 1255 册，第 157 頁。
② 〔清〕錢大昕：《潛研堂文集》卷三六，陳文和主編：《嘉定錢大昕全集（增訂本）》第 9 册，南京：鳳凰出版社，2016 年，第 580 頁。

尋繹出，錢大昕認爲周春的古音研究存在如下兩方面的問題：其一，未能認識到經傳傳授的方音問題與師承的不同。錢大昕所謂"方音、師授各殊，足下所指誤讀之字，敝鄉即有未誤者"即是。其二，是關於字母與叶音問題，並由此而牽扯出關於顧炎武古音學評價的問題，這是二人古音争論的主要内容，也是錢大昕不爲其撰序的最重要的原因。具體而言，錢大昕認爲周春詆譏顧炎武而認同吴棫、朱子的叶音説，是出於學術上對朱子的尊崇。然而周春《毛詩叶音辨正》①中又對朱子《詩集傳》之叶音多有駁辨，如改"寤寐思服"之"叶蒲北反"爲"符弗翻"，錢大昕認爲"古無輕脣音"，古音輕脣轉重脣，又《詩經·有狐》《侯人》《六月》諸篇"服"與"職""德"同韻，故不必改爲"符弗翻"，且改"符弗翻"反而不能與"職""德"同韻。又，錢大昕更進一步認爲三十六字母出於唐末，以周春不可以六朝後出之韻書以繩《詩經》之字音的説法，②認爲也不當以晚出的三十六字母以繩《詩經》之字音，並且對周春譏顧炎武不講字母也提出質疑。

錢大昕此信蓋未寄出，後周春於其所刻文集中讀得此信，《答錢宫詹論毛詩叶韻書》云："讀大刻文集内有與春書，開益良多，曷勝感荷。"③周春讀到錢大昕此信後，對錢氏提出的第二方面的問題認爲"有不能無疑者"，④於是寫了《答錢宫詹論毛詩叶韻書》進行詳細地辯駁，云：

> 朱子《詩傳》叶音，初委門人編注，後爲公孫鑒所損益，元、明坊本又妄更張，非復朱子元書也。即吴才老之書，《毛詩補音》久佚，今僅存《韻補》，其合者十之七八，不合者十之一二，疑出後人改竄，亦非才老之舊。拙著於徐藏序中注之矣。夫辨非求是，正爲才老功臣；即精益求精，亦不失朱子之意。此乃至當不易者，非敢訾議朱子及才老也。特因才老必依物、職分部，故謂其"不宜以後出之韻上繩《三百篇》"。若叶韻必用字母，則不得不以字母繩叶韻，何嘗以字母繩《三百篇》哉！亭林《本音》之誤，具在《五書》，春不敢蹈妄議前賢之咎，所以拙著不過約略言之，其實繆難悉數。即一"服"字而論，其説正長矣。案：陸氏《經典釋文》於《詩·關雎》"寤寐思服"，及《有狐》《葛屨》《蜉蝣》《侯人》《采薇》《六月》《采芑》《文王》《下武》《文王有聲》《蕩》《泮水》諸"服"字竝無音，則其讀如字，房六翻，不待言矣。於"采芑"云："茀，音蒲，又音符。茀，蒲北翻，一音服。"此言"茀茀"一作"扶服"，故有兩音，非謂"服"字即"茀"字，必讀蒲北翻也。於《禮記·檀弓》云："扶服，竝如字。又上音蒲，下音蒲北翻，本又作匍匐，同。"此明言"扶服"與"匍匐"之爲二。若上音蒲，

---

① 按，錢大昕所謂《毛詩叶音補正》即《毛詩叶音辨正》。
② 《毛詩叶音辨正》"寤寐思服叶蒲北翻"下云："蒲北翻讀如匐，此以奉竝交互出切，叶入職韻也，不若叶符弗翻仍以本母出切，則音較逼近。況物與職本通，何必拘叶職韻，而以六朝後出之書上繩《三百篇》耶？"〔清〕周春：《十三經音略》卷四，《叢書集成初編》第 1255 册，第 158 頁。
③ 〔清〕周春：《十三經音略》附録，《叢書集成初編》第 1257 册，第 27 頁。
④ 〔清〕周春：《十三經音略》附録，《叢書集成初編》第 1257 册，第 27 頁。

則下音蒲北翻;若上音符,則下"服"字仍如字也。於《左傳》昭十三年云:"蒲,本又作'匍',同步都翻,又音扶,本亦作'扶'。伏,本又作'匐',同蒲北翻,又音服。"於昭二十一年云:"扶服,竝如字。上又音蒲,下又蒲北翻,本又作'匍匐',同。"此又言"服"一作"伏","扶服"一作"蒲伏"。三者相同,然必上作"匍",則下"服"字、"伏"字方讀蒲北翻。若上作"扶",則下"服"字、"伏"字仍如字讀也。又《戰國策》《史記》竝作"匍服",此"服"字自讀蒲北翻。《説苑》《漢書》竝作"扶服",此"服"字自讀房六翻。要之,房六翻,"服"字本音也;蒲北翻,"匍"字本音也。若"扶服"之"服"解作"匍匐",則亦是本音,何必云叶? 蓋惟通於"匍匐"之"扶服",方可讀蒲北翻。扶服爲輕脣雙聲,匍匐爲重脣雙聲,輕轉爲重,奉轉爲並,即今俗語之所謂是也。至其餘思服、衣服、服飾、服制諸"服"字,皆不可讀蒲北翻。善乎! 毛西河之言曰:"自'古無叶韻'之説出,而古人無文字,今人無語言。天下未有呼天下爲汀户、牛馬爲尼母而可以成世界者。倘必呼衣服爲衣匐,服制爲匐制,亦豈成世界乎!"我聞朱子曰:"古人音韻寬,後人分得密。"此至言也。試思有韻之文,莫古於《易》,莫尊於經,莫可信於孔子。而此一"服"字,《謙·象傳》與牧、得、其、國叶,此正古人韻寬之證,何以必欲合之於職,而必不可合之於屋? 況即欲叶入職韻,亦自有本母應叶之音。才老見服有匐音,遂以爲叶;而亭林并以"服"字之不與"匐"字通者,而盡讀爲匐,則尤失之矣。至於叶符弗翻,雖拘叶韻成例,而亦有至理存焉。蓋服之讀佛,與牧之讀墨,不過一轉移間,此正朱子所謂《詩》之音韻是自然如此,衹要便於諷詠也。又亭林於"伏"字下引《漢書·五行志》師古注曰"伏音房富翻",而釋之曰:"案:又音肆富、方二翻,竝當音備。"試問房富何可音備? 至"肆富、方二"四字,幾於别風准雨,令人不能思索。春雅不欲妄議前賢,偶因"服"字而及"伏"字,聊以見亭林之不講字母也。先生之文爲千古之傳文,即論爲千古之定論,必當斟酌盡善,故敢獻其芻蕘,惟冀恕罪而垂覽焉。幸甚,幸甚!　①

　　根據周春回信,其對錢大昕指出的第一個問題即方音與師傳不同的問題,似乎没有反駁,大概是認同錢氏之説。漢經秦火之後,經典流傳尤其是今文經及其經説的流傳,多靠口耳相傳而著竹帛,其間因方音差異而導致經傳在傳承過程中産生異文異讀是比較常見的現象。如顔師古《漢書注》引衛宏《定古文尚書序》云:"伏生老,不能正言,言不可曉也,使其女傳言教錯。齊人語多與潁川異,錯所不知者凡十二三,略以其意屬讀而已。"②又《詩經》在漢代有今文齊、魯、韓三家和古文毛氏,其經文與傳説之中的異文異讀蓋亦多有因方音、師傳不同而造成的。因此,周春對這方面問題並没有反駁錢大昕,但是對於錢大昕質疑其有關顧

① 〔清〕周春:《十三經音略》附録,《叢書集成初編》第1257册,第27—32頁。
② 〔漢〕班固撰,〔唐〕顔師古注:《漢書》卷八八《儒林傳》,北京:中華書局,1962年,第3603頁。

炎武古音研究和朱子、吳棫叶音問題的看法則進行了詳細地辯駁。

二

前面已經提到周春關於叶音説有一個基本原則，即《毛詩叶音辨正》所説的"凡叶音者，所叶之字必與本字同母"。正是在這個原則的指導下，周春認爲吳棫《韻補》和朱子《詩集傳》的叶音都應該與本字的聲母相同。因此，他在《十三經音略》中分別對《詩集傳》和《韻補》的叶音與本字聲母不同的情況進行了辨正。周春反駁錢大昕質疑其《毛詩叶音辨正》駁朱子《詩集傳》及吳棫《韻補》叶音，也正是在"所叶之字必與本字同母"的前提下進行的，信中所謂"若叶韻必用字母，則不得不以字母繩叶韻"即是。但是周春並不認爲《詩集傳》及吳棫《韻補》叶音與本字聲母不合全是朱子與吳棫的責任，根據信中内容可知：

其一，周春認爲朱子《詩集傳》的叶音是朱子委托門人編注的，並非出自朱子親手，且後又經過朱子之孫朱鑑損益，至元、明坊間刊刻，又多有更改。因此《詩集傳》之叶音並非朱子原貌。又吳棫《韻補》不合之十一二，周春也懷疑是出自後人改竄。同樣，在《毛詩叶音辨正》中也説朱子《詩集傳》"叶音初委門人編注，後又爲文公孫鑑所損益，以致不合愈多，有不必叶而叶者"。[1] 這樣，即回答了錢大昕關於周春以吳棫叶音爲善，尊奉朱子，却又駁辨二家叶音之説的質疑。事實上，《韻補》和《詩集傳》叶音與本字聲母不合的情況，大多是古今音演變而造成的。吳棫與朱子叶音，既有古音遺存，也有宋代時音，叶音與本字之聲母有合有不合的情況很正常，而周春以後出之三十六字母去推考，而没有考慮到聲母古今演變的情況，且爲維護吳棫和朱子權威而將二人叶音與本字聲母不合的原因推之後人改竄，殊非審慎之論。

其二，周春認爲其在《毛詩叶音辨正》《韻補辨正》中駁辨二家叶音與本字聲母不合的情況，正是沿襲二家治學的方法和精神，所謂"辨非求是，正爲才老功臣；即精益求精，亦不失朱子之意"。同時，周春認爲其所辨者"乃至當不易者，非敢訾議朱子及才老也"。今檢其書，如《毛詩叶音辨正》改"寤寐思服"之"服"叶"蒲北翻"爲"符弗翻"，[2] 實際上乃如錢大昕所言"轉輕脣爲重脣"。又如《周南·江有汜》"江有汜"之"汜"，《詩集傳》叶"羊里翻"，周春以爲"汜、以本叶，不必再叶"，[3] 其言甚是，古音汜、以皆爲之部，無煩臨時改讀。但是又以爲"今叶羊里翻，讀如以，此以喻母音叶邪母字，非"，[4] 則拘泥于三十六字母。按，上古聲母喻、邪爲鄰紐雙聲。又如《邶風·簡兮》"右手秉翟"之"翟"，《詩集傳》"叶直角翻"，周春云："既音笛而與籥、爵叶韻矣，當叶徒洛翻，則母（定）正而韻（藥）亦正。今依宅音（翟有宅音）。

① 〔清〕周春：《十三經音略》卷四《毛詩叶音辨正》，《叢書集成初編》第 1255 册，第 157—158 頁。

② 〔清〕周春：《十三經音略》卷四《毛詩叶音辨正》，《叢書集成初編》第 1255 册，第 158 頁。

③ 〔清〕周春：《十三經音略》卷四《毛詩叶音辨正》，《叢書集成初編》第 1255 册，第 161 頁。

④ 〔清〕周春：《十三經音略》卷四《毛詩叶音辨正》，《叢書集成初編》第 1255 册，第 161 頁。

而以澄母字出切音濯,又轉入覺韻何歟?"① 翟與籥、爵上古屬藥部,本押韻,周春指出《詩集傳》叶音之誤有其正確之處,但是依然昧于古音而拘於叶音之説,欲改"翟"字"叶徒洛翻"。按,古無舌上音,翟字笛與宅音上古皆爲定母,周春所謂"以澄母字出切音濯",實際上是拘於三十六字母,以中古的定母、澄母之分以衡上古定母。又《韻補辨正》所列不合諸字,如"控(溪)之姑紅翻(見)""否(非)之普悲翻(滂)""次(清)之才資翻(從)""藩、蕃(奉)之方愔翻(非)""祊(幫)之蒲光翻(竝)""毁、火(曉)之後五翻(匣)""上(禪)之矢忍翻(審)""旭(曉)之己有翻(見)""抱(竝)之普后翻(滂)"、"話(匣)之姑衛翻(見)""篤(端)、闒、脱(透)之徒對翻(定)"等,② 雖然所叶之音與本字字母不同,但都屬於同聲類。且周春所列諸字之聲母也不盡確,如"否"古音爲幫母而非非母。此外又如"務(奉)之謨逢翻(明)",③ 古無輕唇音,"務""謨"二字古聲母並屬唇音明母。又如"柯(見)之於離翻(影)",④ 根據王力先生《同源字論》上古見母與影母爲鄰紐。⑤ 又如"怠(定)、胎(透)之盈之翻(喻)",⑥ "盈"字乃喻母四等字,曾運乾先生有"喻四歸定"之説,⑦ 王力先生《漢語史稿》歸爲餘母,上古與端、透、定、泥、來並屬舌頭音,⑧ 儘管王力先生後來在《漢語語音史》中否定了此説,但其將上古喻四擬測爲[ʎ],而認爲是與[t]、[tʼ]、[d]同發音部位的邊音,⑨ 那麼怠、胎、盈的聲母亦讀音接近。又如"琊(喻)之詳余翻(邪)",古音喻、邪鄰紐,⑩ 且"琊"從"邪"得聲,作爲地名"琊琊",或作"琅邪"。又如"葚(禪)之知林翻(知)",⑪ 根據錢大昕"古無舌上音"之説,"知林翻"所叶之聲母當爲端母,舌、齒鄰紐,葚之叶知林翻,古音聲母相近。又如"瘳(穿)之憐蕭翻(來)",⑫ "瘳"字古音實爲透母,在上古聲母中透與來同屬舌頭音,瘳之音憐蕭翻爲旁紐雙聲。凡此等等,周春所辨《詩集傳》《韻補》叶音與本字聲母不合者,大多是以後世三十六字母爲據,對於古音聲母之分合演變及鄰紐、旁紐之關係缺乏認識,從而導致了如上疏誤。至於"霾、埋(明)之陵之翻(來)"⑬ 以及徐蒇序中所注諧聲字與本字字母不合的情況,周春在吳棫之後同樣注意到了上古同聲符的字可以押韻的現象,但是對於諧聲與本字字母不合的情況,依然拘泥於後出之三十六字母,而缺乏歷史的認識。因此,周春回信中所謂駁辨朱子及吳棫之叶音並非其所言"乃至當不易者",實如錢大昕言,是以三十六字母繩《三百篇》。

---

① 〔清〕周春:《十三經音略》卷四《毛詩叶音辨正》,《叢書集成初編》第 1255 册,第 164—165 頁。

② 以上見〔清〕周春:《十三經音略》卷四《韻補辨正》,《叢書集成初編》第 1255 册,第 215—217 頁。

③ 〔清〕周春:《十三經音略》卷四《韻補辨正》,《叢書集成初編》第 1255 册,第 215 頁。

④ 〔清〕周春:《十三經音略》卷四《韻補辨正》,《叢書集成初編》第 1255 册,第 215—216 頁。

⑤ 王力:《同源字典》,北京:中華書局,2014 年,第 18 頁。

⑥ 〔清〕周春:《十三經音略》卷四《韻補辨正》,《叢書集成初編》第 1255 册,第 216 頁。

⑦ 詳見曾運乾:《喻母古讀考》,《東北大學季刊》1927 年第 2 期,第 57—78 頁。

⑧ 詳見王力:《漢語史稿》,北京:中華書局,2013 年,第 66—67 頁。

⑨ 參見王力:《漢語語音史》,北京:中華書局,1987 年,第 24—26 頁。

⑩ 參見王力:《同源字典》,第 19 頁。

⑪ 〔清〕周春:《十三經音略》卷四《韻補辨正》,《叢書集成初編》第 1255 册,第 216 頁。

⑫ 〔清〕周春:《十三經音略》卷四《韻補辨正》,《叢書集成初編》第 1255 册,第 216 頁。

⑬ 〔清〕周春:《十三經音略》卷四《韻補辨正》,《叢書集成初編》第 1255 册,第 216 頁。

<h1 style="text-align:center">三</h1>

　　錢大昕針對周春詆讕顧炎武古音研究有過質疑，對此周春在信中也有大篇幅的反駁，最集中的是關於"癙寐思服"的"服"字的讀音，而爭論的核心依然是字母。周春在《韻補辨正》中對比吳棫與顧炎武二家古音研究時說："才老之叶《毛詩》多用唐韻，未免失之太拘，且閒有自亂其例者，雖朱子謂考古之功始於才老，然瑕瑜不掩，正賴後人之補救爲多，庶盡善而無疵也。至顧氏《韻補正》，論此書之合不合而不講字母，未知其以何爲憑，則其所云合不合者，不過任意武斷，同於無稽而已。"①周春所謂吳棫用唐韻而失之太拘，如信中言"特因才老必依物、職分部，故謂其'不宜以後出之韻上繩《三百篇》'"即是。吳棫用唐韻確實失之太拘，典型的就是其考察上古韻部系統是單純合併而未能離析唐韻，故其所歸納的九部"分韻雖寬，仍不免出韻"。②但是，此點並不適用於周春所言的物、職分部，周春實際上亦昧于古音。然而周春對此並沒有認識到，並且進一步批評顧炎武之古音學，以爲"顧亭林韻學之弊由於不講字母而高談復古"。③周春批評顧炎武不講字母而高談復古，有一定的道理，但是其所舉"服"字之例則多有未確。周春信中爲了回應錢大昕對其將"癙寐思服"之"服"叶"蒲北翻"改爲"符弗翻"的駁斥，歷舉《詩·谷風》《禮記·檀弓》，《左傳》昭十三年、昭二十一年之例，以證"扶服"與"匍匐"爲二音，"蒲北翻"非"服"字本音，從而認爲房六翻爲"服"字本音，蒲北翻爲"匐"字本音，祇有通於"匍匐"的"扶服"才可以讀"蒲北翻"，而一般的思服、衣服、服飾、服制諸"服"字，皆不可讀蒲北翻。按，周春以"服"字爲例的反駁並不能推翻錢大昕的駁斥，存在如下問題：

　　其一，周春所舉《經典釋文》關於"匍匐""扶服""蒲伏"的注音，並不能否定錢大昕古無輕唇音之說，而祇能說明《經典釋文》對聯綿字注音之凡例及"等"對聯綿字音節的制約作用。例如《釋文》於《詩·谷風》云："匍，音蒲，又音符。匐，蒲北反，一音服。"④周春認爲此例是說"匍匐"一作"扶服"，有兩音，非謂"服"字即"匐"字而必讀蒲北翻。又《禮記·檀弓》釋文："扶服，並如字。又上音蒲，下音蒲北反，本又作'匍匐'，音同。"⑤周春認爲此例是說"扶服"與"匍匐"爲二，如果上字音蒲，那麼下字就音蒲北翻，即匍匐本音；如果上字音符，那麼下"服"字就應該讀如字而非蒲北翻。又《左傳》昭十三年釋文："蒲，本又作'匍'，同步都反，又音扶，本亦作'扶'。伏，本又作'匐'，同蒲北反，又音服。"⑥昭二十一年："扶伏，並如

---

①〔清〕周春：《十三經音略》卷四《韻補辨正》，《叢書集成初編》第 1255 冊，第 221—222 頁。
② 王力：《清代古音學》，北京：中華書局，2013 年，第 2 頁。
③〔清〕周春：《十三經音略》卷四《毛詩古音考辨正》，《叢書集成初編》第 1255 冊，第 237 頁。
④〔唐〕陸德明：《經典釋文》卷五，上海：上海古籍出版社 1985 年影印北京圖書館藏宋刻本，第 226 頁。
⑤〔唐〕陸德明：《經典釋文》卷一一，第 678 頁。
⑥〔唐〕陸德明：《經典釋文》卷一九，第 1106 頁。

字。上又音蒲，下又蒲北反，本或作'匐匐'，同。"①周春認爲蒲伏、扶服（伏）、匐匐三者同，但是如果上字爲"匐"，那麽下"服"字、"伏"字都要讀蒲北翻；如果上字作"扶"，那麽下"服"字、"伏"字仍如字讀。這部分周春的分析甚細，並無什麽問題。實際上，這類現象即是"等"對上古聯綿字兩個音節的制約作用和《經典釋文》注音的一個體例，孫玉文先生在《從古代注音材料看"等"和聲調在聯綿詞構詞中的制約作用》一文中指出："聯綿詞'匐匐（扶服、扶伏、蒲伏）'中，第一個音節讀一等時，第二個音節必讀一等；第一個音節讀三等時，第二個音節必讀三等。不能第一個音節讀一等，第二個音節讀三等，或者相反。"②對於這個現象，從周春的分析中可以看出，周春似乎已經有所發現，但是周春因拘泥于三十六字母，依然在蒙昧疑似之間，且以此亦不能否定錢大昕古無輕唇音的説法。

其二，周春對"服"字讀音的分析，所依據的是六朝隋唐時期的注音材料，依然是拘守三十六字母和叶音説，沒有真正從上古的韻文和諧聲材料出發，也沒有利用後世叶音與本字聲母不合的現象去推考古音聲母的演變。

四

因爲缺乏歷史觀念，拘於後出之三十六字母，周春不能接受錢大昕古無輕唇音之説。同時，周春也不能接受陳第、顧炎武等對叶音的否定，以爲"陳氏雖謂今所稱叶皆古人本音，而其實不過宗吳氏叶音，稍爲變易"，③"《詩本音》暗襲才老，誤信季立，又堅執古文本音不叶之説，往往有難通處"。④因此，他在"凡叶音者，所叶之字必與本字同母"的原則下堅持叶音説，並以此去修正朱子、吳棫所叶之音，進而將"瘡寐思服"的"服"改叶"符弗翻"。針對錢大昕的反駁，周春在舉了《經典釋文》關於"扶服""匐匐"等讀音以否定古無輕唇音，證明"服"非"匐"而讀蒲北翻之後，又引毛奇齡之説，從字母的角度去維護叶音説："自'古無叶韻'之説出，而古人無文字，今人無語言。天下未有呼天下爲汀戸、牛馬爲尼母而可以成世界者。倘必呼衣服爲衣匐，服制爲匐制，亦豈成世界乎！"儘管周春引毛奇齡之言駁斥顧炎武反今之古的復古傾向有一定意義，但是也很難證明其將"服"字改叶"符弗翻"是正確的。因爲"服"叶"符弗翻"，雖然字母與本字合，但是"服"即爲物部，那麽與職部字押韻就很勉强。爲了解決這個問題，周春又端出了朱子所謂"古人音韻寬，後人分得密"爲説。並且舉《謙·象傳》中"服"與牧、得、其、國叶，以爲"此正古人韻寬之證，何以必欲合之於職，而必不可合之於屋"？雖然"牧""得""國"上古爲職部字，"其"爲之部字，之職對轉，但並不能證明古人韻

---

① 〔唐〕陸德明：《經典釋文》卷一九，第1125頁。
② 孫玉文：《從古代注音材料看"等"和聲調在聯綿詞構詞中的制約作用》，《武漢交通職業學院學報》2004年第3期，第65頁。
③ 〔清〕周春：《十三經音略》卷四《毛詩古音考辨正》，《叢書集成初編》第1255冊，第235頁。
④ 〔清〕周春：《十三經音略》卷四《詩本音辨正》，《叢書集成初編》第1255冊，第238頁。

寬即能"合之於屋"。從信中可以看出，周春自己也發現改"服"字爲"符弗翻"押韻有問題，所以説"況即欲叶入職韻，亦自有本母應叶之音"。換而言之，即周春堅持在叶音中聲母更重要，即便是將"服"字叶入職韻也必爲本母應叶之音。所以出於"凡叶音者，所叶之字必與本字同母"的原則，周春認爲"才老見服有匐音，遂以爲叶；而亭林并以'服'字之不與'匐'字通者，而盡讀爲匐，則尤失之矣"，而其改叶"符弗翻"，則"雖拘叶韻成例，而亦有至理存焉"。又周春回信的末尾指出顧炎武在"伏"字下引用《漢書·五行志》師古注曰"伏音房富翻"和自注"又音肄富、方二翻"，三者并不能切出備的音。從反切的角度而言，周春認爲房富、肄富、方二翻不能切出備音，確實是顧炎武的問題。按，肄富翻，肄古音爲餘母質部，富古音爲幫母職部，疑"肄富"當爲"富肄"之誤倒。雖然房富、富肄、方二翻不能切出備音，但是在上古音中則與備音近。由此可見，周春雖然能够提出顧炎武古音研究的一些問題，但是因爲自身對古音缺乏歷史的觀念，囿於後出之三十六字母和叶音説，所以其古音研究不但不能超過顧炎武，反而紕繆百出，難以服人。

上面通過對錢大昕與周春就《十三經音略》的相關問題而往來的論音書信的考論，可以發現周春的古音研究得失兼有，但是失多於得。周春的古音研究有其可取之處，如提出"凡叶音者，所叶之字必與本字同母"的認識，對叶音、諧聲與本字聲母不合的現象的注意，以及對顧炎武古音研究不講聲母而昌言復古的批評等，都很具有啓發性。如果能够在科學的古音觀念的指導下，結合上古的韻文和諧聲材料，對叶音、諧聲與本字聲母不合的現象進行系統分析推考，不僅可以補顧炎武古音研究之不足，而且對於聲母的研究也應該會起到一定的推動作用。但是，因爲周春在古音研究上缺乏歷史觀念，不明古今音變之理，既不能正確認識叶音説的錯誤，同時又囿於後出之三十六字母，不能正確認識從上古到中古聲母的演變，使得其《十三經音略》用力雖多，却不能得出讓人信服的成果。

附記：本文在撰寫過程中得到大連理工大學中文系趙圉員老師、北京大學中文系雷瑭洵博士和嚴旭博士的幫助，謹致謝忱！

（李科，中國社會科學院文學研究所助理研究員）

論近百年《宋史》研究與忽視經學
——從鄧廣銘先生《〈宋史·職官志〉考正》説起

吕友仁

[摘　要]　鄧廣銘先生是一位畢生嚴於律己、精益求精、樂於獎掖後進的史學大家,但鄧先生《〈宋史·職官志〉考正》却忽視經學。忽視經學的客觀原因是從民國元年開始的"大學廢止經科",主觀原因是不明白經學是史學的指導思想。《〈宋史·職官志〉考正》因忽視經學而導致誤校者三例,失校者八例,缺乏經學原始文獻支撐者三例,失源者五十九例。忽視經學是《宋史》學界的普遍現象,值得大書特書的是近百年來《宋史》研究中注意到引經的有三個閃光點。針對"二十四史"學界普遍忽視經學的現狀,提出三點建議:一是呼籲教育部在全國大學恢復經學學科,二是建議由中華書局牽頭組織全國經學力量從事'二十四史'及《清史稿》引經考"大項目,三是建議從事"二十四史"研究的學者自覺補課,加强經學修養。

[關鍵詞]　鄧廣銘　宋史　二十四史　經學

緒　論

（一）鄧廣銘先生是一個畢生嚴於律己、精益求精、樂於獎掖後進的史學大家。

　　衆所周知,鄧廣銘先生是史學大家,《宋史》研究的開山,德高望重。鄧先生《〈宋史·職官志〉考正》(以下簡稱《考正》)寫成于上世紀四十年代初。書成,就教于陳寅恪先生。陳寅恪先生寫了一篇《鄧廣銘〈宋史·職官志〉考證序》:"《宋史》一書,於諸正史中,卷帙最爲繁多。數百年來,真能熟讀之者,實無幾人。更何論探索其根據,比較其同異,藉爲改創之資乎? 鄧恭三先生廣銘,夙治《宋史》,欲著《宋史校正》一書,先以《〈宋史·職官志〉考證》一篇,刊布於世。其用力之勤,持論之慎,並世治《宋史》者,未能或之先也。……他日新宋學之建立,先生當爲最有功之一人,可以無疑也。……癸未一月二十七日陳寅恪書於桂林雁山別墅。"①　評價之高,寄望之重,躍然紙上。但鄧先生是一個嚴以律己、精益求精的學者,並不以有此"護身符"而拒諫飾非。例如,龔延明《宋史職官志補正》,就是"補正"鄧先生《考正》的,浙江古籍出版社 1991 年出版(另有中華書局 2009 年增訂本)。在此書出版前,鄧廣銘先

---

① 鄧廣銘:《鄧廣銘全集》第九卷,石家莊:河北教育出版社,2005 年,第 226—227 頁。亦載陳寅恪:《金明館叢稿二編》,北京:生活·讀書·新知三聯書店,2001 年,第 277—278 頁。按:癸未,即 1943 年。

生爲此書寫了一個如下鑒定意見:"半世紀以前,我曾撰寫《宋史職官志考正》一文,重點在於抉發該《志》所有材料的來源及纂修者們因不熟悉兩宋官制沿革而造成的諸多謬誤。然因寫作時限短促,思考多有不周,故在刊出之後,自行檢校,亦驚詫於其中頗多極不應有之疏失,其後日本學者宫崎市定在爲佐伯富的《宋史職官志索引》所寫序言中,對拙文的失誤之處亦間有指述。這説明,我的那篇文章祇能算作開'大輅'之先的'椎輪'。然而'大輅'却一直遲遲没有出現。直到八十年代末,國内學者中,才有杭大歷史系龔延明同志出而專心致志於宋代職官制度的研究,他除已先後發表了多篇具有較高質量的論文外,更以五個春秋的時間和精力,完成《宋史職官志補正》這一巨著,對該志的遍體鱗傷,細緻周詳地加核查、比證,每一條各都有理有據,説理都是極精當,證據都極確鑿,所以都具有極强的説服力。此後之研究宋代職官制度者,若能以此書作爲案頭必備之參考書,不唯可以不至爲《宋史·職官志》中那些歧互雜亂的記載而浪費時間和精力;而且,在誦習此書的過程當中,還可以領會到:龔延明同志的這一著作,真正做到了'去粗取精、去僞存真、由此及彼、由表及裏'的境地,這是祇有很深厚的根柢、很廣博的知識才能做到的。"[1] 這篇鑒定,可謂律己之嚴,毫不假借;而獎掖後學,不遺餘力。到了晚年,鄧廣銘先生還是堅持這種精益求精、追求完美的學風。他在接受採訪時説:"我研究宋史,寫了一些學術著作,但它們都有待修補、改正。我很想在有生之年,盡量減少差錯,以對得起後人。"[2] 律己之嚴,一以貫之,令人動容。筆者不才,後生晚學,鄧廣銘先生已歸道山,拙文無緣就教于鄧廣銘先生,敢請當世研究《宋史》的學者撥冗賜教,不勝企盼之至。

(二)爲什麽説"鄧廣銘先生《考正》忽視經學"

筆者這樣説的理由有二:

第一,據筆者調查,鄧廣銘先生《考正》十餘萬字,一字未及經學。而據筆者對《宋史·職官志》十二卷的調查,《宋史·職官志》引經甚多。有明引,有暗引,暗引是絶大多數。據統計,《宋史·職官志》明引經文 4 次。其中,徵引《周禮》3 次(其中 1 次稱作《周官》),徵引《尚書》1 次,分見點校本《宋史》的 3767 頁、4009 頁,此不贅。據統計,《宋史·職官志》暗引經文 132 次。其中,暗引《周禮》102 次,暗引《禮記》16 次,暗引《尚書》6 次,暗引《春秋左傳》3 次,暗引《毛詩》2 次,暗引《論語》2 次,暗引《孟子》1 次,具見拙文第二部分,此不贅。

大家知道,鄧先生《考正》是以溯源爲目的的,由於忽視了經學,就給溯源帶來了很多問題。

第二,鄧先生《考正》在溯源上非常倚重馬端臨《文獻通考》。

---

[1] 龔延明:《〈宋史職官志補正〉與兩位名家——爲紀念鄧廣銘先生誕辰一百周年而作》,載《光明日報》2007 年 3 月 1 日第 7 版。

[2] 鄧廣銘、歐陽哲生:《鄧廣銘教授談治學和歷史研究(代跋)》,劉隱霞、鄧小南編:《鄧廣銘學術文化隨筆》,北京:中國青年出版社,1998 年,第 290 頁。

鄧先生《〈宋史·職官志〉抉原匡謬》："本文也衹是就《宋史·職官志》與《通考·職官考》具有源流關係略事臚舉，以爲例證。"① 鄧先生《〈宋史·職官志〉考正·凡例》說："《宋史·職官志》之與上舉二書（吕按：謂《文獻通考》與《合璧事類》）相雷同者，必皆出自《通考》而與《合璧事類》則無直接因緣也。故於對讀考校之際，雖取章、劉、謝、馬諸家之書而並用之，就中實以用馬書之處爲尤多。"② 但很遺憾，鄧先生並沒有完全看懂《文獻通考》，並沒有物盡其用。爲什麼這樣説？ 因爲鄧先生忽略了馬端臨《文獻通考·自序》中的這句話："凡叙事則本之經史。"③ "本"者，追根之謂也，溯源之謂也。也就是説，馬端臨《文獻通考》的追根溯源，首先考慮的就是追根溯源到經書。謂予不信，試舉二例如下：

1. 第 3854 頁 7 行，④《宋史·職官三》："膳部郎中……掌牲牢、酒醴、膳羞之事。"

吕按：《文獻通考》卷五十二《職官考六》："膳部郎中一人。膳部，於《周官》即膳夫、凌人二職也。"⑤《周禮·天官·序官》"膳夫"鄭玄注"膳之言善也，今時美物曰珍膳。膳夫，食官之長也。"⑥ 又，《周禮·天官·膳夫》："掌王之食飲膳羞，以養王及后、世子。"鄭玄注："食，飯也。飲，酒漿也。膳，牲肉也。羞，有滋味者。凡養之具，大略有四。"⑦ 又，《周禮·天官·凌人》："凡外内饗之膳羞，鑑焉。凡酒漿之酒醴，亦如之。"鄭玄注："凌，冰室也。"⑧ 所謂"鑑焉"，猶今語"儲存在冰箱裏"。《文獻通考》此條的溯源信而有徵。

2. 第 3880 頁倒 5 行，《宋史·職官四》：尚醞，掌酒醴之事。注："尚醞有酒工。"

吕按：《文獻通考》卷五十五《職官考九》："良醞署令、丞，於《周官》有酒正中士、下士，掌酒之政令。"⑨《周禮·天官·序官》："酒正，中士四人，下士八人。"鄭玄注："酒正，酒官之長。"⑩ 又，《周禮·天官·酒正》："掌酒之政令，以式法授酒材。"鄭玄注："式法，作酒之法式。"⑪ 然則，酒正並不親自造酒，而是提供造酒的原料。親自造酒的是酒人。《周禮·天官·酒人》："掌爲五齊（吕按：音jì，指五種尚未濾去酒糟的濁酒）、三酒。"賈公彦疏："言'爲五齊、三酒'者，爲，猶作也。"⑫ 可知真正造酒的是酒人。酒人相當於史志注文中的"酒工"。《文獻通考》的溯源大方向正確，但在落實到《周禮》具體篇目上有差錯。

通過以上二例，可知筆者之言不誣。而鄧先生《考正》由於忽略了馬端臨《文獻通考》

---

① 鄧廣銘：《鄧廣銘全集》第九卷，第16頁。
② 鄧廣銘：《鄧廣銘全集》第九卷，第25頁。
③ 〔宋〕馬端臨著，上海師範大學古籍研究所、華東師範大學古籍研究所點校：《自序》，《文獻通考》第1冊，北京：中華書局，2011年，第3頁。
④ 〔元〕脫脫等：《宋史》，北京：中華書局，1977年，第3854頁。此頁碼行數，是指點校本《宋史》頁碼行數，下同。
⑤ 〔宋〕馬端臨著，上海師範大學古籍研究所、華東師範大學古籍研究所點校：《文獻通考》第3冊，第1522頁。
⑥ 〔漢〕鄭玄注，〔唐〕賈公彦疏，趙伯雄整理，王文錦審定：《周禮注疏》第1冊，北京：北京大學出版社，2000年，第12頁。
⑦ 〔漢〕鄭玄注，〔唐〕賈公彦疏，趙伯雄整理，王文錦審定：《周禮注疏》第1冊，第94頁。
⑧ 〔漢〕鄭玄注，〔唐〕賈公彦疏，趙伯雄整理，王文錦審定：《周禮注疏》第1冊，第154—155頁。
⑨ 〔宋〕馬端臨著，上海師範大學古籍研究所、華東師範大學古籍研究所點校：《文獻通考》第3冊，第1621頁。
⑩ 〔漢〕鄭玄注，〔唐〕賈公彦疏，趙伯雄整理，王文錦審定：《周禮注疏》第1冊，第15頁。
⑪ 〔漢〕鄭玄注，〔唐〕賈公彦疏，趙伯雄整理，王文錦審定：《周禮注疏》第1冊，第139頁。
⑫ 〔漢〕鄭玄注，〔唐〕賈公彦疏，趙伯雄整理，王文錦審定：《周禮注疏》第1冊，第151頁。

的每事必先溯源于經書，以爲溯源到《文獻通考》就到頂了，這就給《考正》的溯源帶來了諸多闕失。

（三）忽視經學的時代原因

民國元年（1912），蔡元培先生以中華民國臨時政府教育總長的身份在《全國臨時教育會議開會詞》中説："普通教育廢止讀經，大學校廢止經科。"[①] 以此爲開端，國民教育進入了一個廢止讀經的時代，迄今已經一個多世紀了。按照三十年一代來計算，已經有三四代人基本上不讀經書也不懂經學了。遺憾的是，就連史學大師陳寅恪先生也莫能外。知者，1948 年10 月 7 日陳寅恪先生在爲楊樹達《論語疏證》所作的序中説："寅恪平生喜讀中華乙部之作，間亦披覽天竺釋典，然不敢治經。"[②]

對於此舉的消極面，顧頡剛先生早在 1941 年寫成的《擬印行十三經新疏緣起（附目録）》中就發出感慨："自科舉廢而遂謬謂經學無與於人事，大師凋落，後學彷徨。苟由此道而不改，再歷數十年，經學固淪胥以亡，我民族精神其能弗涣離其本耶！"[③]李學勤先生則在 2010 年發表的《國學的主流是儒學，儒學的核心是經學》一文中説："當時由於强調接受西學，在這種情況之下，蔡元培先生做了這樣的一個決定。對於這一問題怎麽評價，大家可以見仁見智。可是經學被取消後，幾十年之後我們回過頭來看，確實發現了問題，那就是經學在很長一段時間成了禁區，很少有人願意去研究它，很少有人願意去碰它。"[④]筆者認爲，顧頡剛先生和李學勤先生分别爲上世紀與本世紀的經學成爲冷門絶學提出警示。

（四）忽視經學的主觀原因

竊以爲，忽視經學的主觀原因是我們對經史關係缺乏正確的認識，錯誤地認爲經、史、子、集四部，史就是史，於經何干？實則不然。調查證明，包括《宋史》在内的"二十四史"，引經極多。有明引，有暗引，以暗引居多。"二十四史"不僅引經極多，而且所引之經，是居高臨下、作爲指導思想而存在。這樣説，不是筆者的發明，請看古今學者有關經史關係的論述：

1. 劉勰《文心雕龍·史傳》："立義選言，宜依經以樹則；勸戒與奪，必附聖以居宗。"[⑤]王運熙、周鋒《文心雕龍譯注》之《史傳》題解云："第三部分論史書的體制與寫作。指出史書記載王朝的盛衰興廢，要寫出一代的制度和政治演變，表現勸戒與奪之旨，必須徵聖宗經。"[⑥]

2. 張之洞《書目答問》："由經學入史學者，其史學可信。"[⑦]

---

① 高平叔編：《蔡元培全集》第二卷，北京：中華書局，1984 年，第 264 頁。
② 陳寅恪：《陳寅恪先生全集》下册，臺北：里仁書局，1979 年，第 1375 頁。
③ 顧頡剛：《顧頡剛全集》第 33 册《寶樹園文存》卷一，北京：中華書局，2011 年，第 12 頁。
④ 李學勤：《國學的主流是儒學，儒學的核心是經學》，載《中華讀書報》2010 年 8 月 4 日第 15 版。
⑤ 〔南朝梁〕劉勰著，范文瀾注：《文心雕龍注》，北京：人民文學出版社，1962 年，第 286 頁。
⑥ 〔南朝梁〕劉勰著，王運熙、周鋒撰：《文心雕龍譯注》，上海：上海古籍出版社，1998 年，第 127 頁。
⑦ 〔清〕張之洞撰，范希曾補正：《書目答問補正》，上海：上海古籍出版社，2001 年，第 258 頁。

3. 黃侃《文心雕龍札記·徵聖第二》："猶不悟經史子集一概皆名爲文，無一不本於聖。"[①]
又，黃侃《文心雕龍札記·宗經第三》："宗經者，則古昔稱先王，而折衷於孔子也。"[②]

4. 呂思勉《中國史籍讀法》："要治古史的，于經學，必不可不先知門徑。"[③]

5. 熊十力《讀經示要》："經爲常道，不可不讀。夫學不本於經，即無根柢。"[④]

6.《顧頡剛讀書筆記》卷四有一篇標題爲《研究中國古史必由經學入手》的筆記。[⑤]

7. 范文瀾《經學講演録》中第一句話就是："經學與中國文化的關係很密切。"[⑥]

8. 馮友蘭在《中國哲學史》中説，在綿延兩千多年的經學時代，"諸哲學家所釀之酒，無論新舊，皆裝於古代哲學，大部分爲經學，之舊瓶內"。[⑦]

9. 程應鏐《國學講演録·經學舉例》："經學是我國學術思想的主幹，辛亥革命之前，談學術就不能不談經學。……我國思想史中，祇有隋唐的佛學，和春秋戰國的子學與經學無關，兩漢以後，脱離經學的學術思想是不存在的。"[⑧]

10. 饒宗頤《新經學的提出——預期的文藝復興工作》："五四以來，把經學納入史學，祇作史料來看待，不免可惜！……經書是我們的文化精華的寶庫，是國民思維模式、知識涵蘊的基礎；亦是先哲道德關懷與睿智的核心精義，不廢江河的論著。"[⑨]

11.《余英時教授談宗教、哲學、國學與東西方知識系統》："談到儒家'經學'問題，蒙文通（1894—1968）便説：清末學校改制以後，過去'經學'一科，便分裂入於數科。如《易》入哲學，《詩》入文學，《尚書》《春秋》入史學之類。此結果是原有的宏偉的'經學'竟化爲烏有，這是以西方的學術分類取代中國原有學問系統所造成的大弊病。"[⑩]

12. 李學勤《國學的主流是儒學，儒學的核心是經學》："在中國的歷史上，'經'的作用與地位與'史'是不一樣的，雖然古人説，剛日讀經，柔日讀史。左經右史。可是二者在歷史上、在傳統文化中的地位是不一樣的。不能認爲'經'與'史'是相等的，如果説這二者是相等的，那就等於把'經'在歷史上或者説在傳統文化中的地位否定了。"[⑪]

13. 彭林《經學應該成爲獨立的學科》："經史子集四部，不是並駕齊驅的關係，經學處於主導地位，是領軍的學術。"[⑫]

---

① 黃侃：《文心雕龍札記》，上海：上海古籍出版社，2000年，第12頁。
② 黃侃：《文心雕龍札記》，第15頁。
③ 呂思勉：《中國史籍讀法》，《呂思勉全集》第18冊，上海：上海古籍出版社，2016年，第374頁。
④ 熊十力：《熊十力全集》卷三，武漢：湖北教育出版社，2001年，第558頁、第691頁、第800頁。
⑤ 顧頡剛：《顧頡剛全集》，《顧頡剛讀書筆記》卷四，第268頁。
⑥ 中國社會科學院近代史研究所編：《范文瀾歷史論文選集》，北京：中國社會科學出版社，1979年，第300頁。
⑦ 馮友蘭：《中國哲學史》下，上海：華東師範大學出版社，2000年，第4頁。
⑧ 程應鏐：《流金集》，上海：上海古籍出版社，1995年，第143—144頁。
⑨ 饒宗頤：《饒宗頤二十世紀學術文集》卷四，北京：中國人民大學出版社，2009年，第6頁。
⑩ 陳致：《余英時教授談宗教、哲學、國學與東西方知識系統》，劉笑敢主編：《中國哲學與文化》第7輯《明清儒學研究》，桂林：廣西師範大學出版社，2010年，第227頁。
⑪ 李學勤：《國學的主流是儒學，儒學的核心是經學》，載《中華讀書報》2010年8月4日第15版。
⑫ 彭林：《經學應該成爲獨立的學科》，《光明日報》2011年1月17日第15版。

上述 13 位古今學者對經史關係的論述,雖然表述不同,但主旨一樣:研究古史,千萬不能忘記作爲指導思想的經學。

一、鄧先生《考正》因忽視經學而導致失誤舉例

(一)《考正》因忽視經學而導致誤校者 3 例

1. 第 58 頁^①:左僕射、右僕射……大祭祀則掌百官之警戒,視滌濯告潔,贊玉幣爵玷之事。(第 3789 頁 3—4 行)^②

《考正》案:《會要·尚書省門》引《神宗正史·職官志》,“警戒”作“誓戒”,“贊玉幣”作“奉玉幣”,“爵玷”作“進爵”。

呂按:鄧先生的按語可以説是出了三個異同校。但如果找到源頭,都會得出肯定的答案。《周禮·大宰》:“祀五帝則掌百官之誓戒……及執事,眡滌濯。……及祀之日,贊玉、幣、爵之事。”鄭玄注:“玉、幣所以禮神。玉與幣,各如其方之色。爵,所以獻齊酒。……三者執以從王,王至而授之。”賈公彥疏:“及,猶至也。至祭日,謂質明。贊,助也,執此玉、幣、爵三者,助而授王也。”^③

《文獻通考》卷七十八《郊社考》十一:“及祀之日,贊玉、幣、爵之事。”注:“玉、幣所以禮神。玉與幣,各如其方之色。爵,所以獻齊酒。不用玉爵,尚質也。三者執以從王,王至而授之。”^④

根據上引《周禮》與《文獻通考》,《考正》的三個異同校,都可以得出肯定的結論:《宋史》之“警戒”,當從《會要》作“誓戒”。《考正》之失在於忽略了原始文獻《周禮》。《宋史》之“贊玉幣”不誤,《會要》作“奉玉幣”則誤。這是一條徒亂人意的誤校。《宋史》“爵”下之“玷”字是個衍字。鄭注明言“三者執以從王”,賈疏明言“執此玉、幣、爵三者”,如果加上“玷”,就成了“四者”了,故應删去。這也是一條誤校。《會要》作“進爵”亦誤,因爲上文的“贊”字的賓語就是“玉、幣、爵”三者,容不得在“爵”字前再加一個“進”字。

2. 第 96 頁:(户部)尚書……大饗祀薦饌,則尚書奉俎(飲福則徹之)。(第 3848 頁 9 行)

《考正》案:“祀”上當有“祭”字。

呂按:《考正》按語誤。竊以爲,不是“‘祀’上當有‘祭’字”,而是“大饗祀”三字當作“大祭祀”,“饗”是“祭”字之誤。禮之大類有五,即吉禮(也叫祭禮)、凶禮、賓禮、軍禮、嘉禮。此文所言之“薦饌”“奉俎”“飲福”,皆是祭禮的内容,姑以“飲福”爲例:《周禮·夏官·

---

① 此類句前頁碼,是鄧先生《〈宋史·職官志〉考正》頁碼,見《鄧廣銘全集》第九卷,下同。
② 此類括注頁碼行數,是校點本《宋史》頁碼行數,下同。
③ 〔漢〕鄭玄注,〔唐〕賈公彦疏,趙伯雄整理,王文錦審定:《周禮注疏》第 1 册,第 55—57 頁。
④ 〔宋〕馬端臨著,上海師範大學古籍研究所、華東師範大學古籍研究所點校:《文獻通考》第 4 册,第 2401 頁。

大馭》："及祭，酌僕，僕左執轡，右祭兩軹，祭軌，乃飲。"賈公彦疏："飲者，若祭末飲福酒，乃始轢軓而去。"① 而"大饗"（大宴賓客）則是賓禮的内容。知者，《周禮·春官·大司樂》："大饗不入牲。"鄭玄注："大饗，饗賓客也。"② 可知此"大饗"一詞在上下文語境中是另類，不入群。《宋史》卷一六一《職官一》："左丞、右丞……大祭祀，酌獻、薦饌、進熟，則受爵酒以授僕射。"③"薦饌"前面也是"大祭祀"。據上引《周禮》和《宋史》，可知此處之"饗"乃"祭"字之誤。

3. 第 122 頁：大禮，設帷宫，張大次、小次（陳鹵簿、儀仗）。（第 3892 頁 9 行）

《考正》案：《通考·職官考》九《衛尉寺》條與此同。《會要·衛尉寺門》引《神宗正史·職官志》作"大禮則設帷宫帳次"。

呂按：《考正》的按語實際上也是出了一條異同校，但這條校勘記質量不高，是誤校，用不着出，出了則徒亂人意而已。換言之，《宋史·職官志》的志文是正確的。何以言之？姑無論此條志文與《通考·職官考》九《衛尉寺》條全同，讓我們先看《宋史》的内證。《宋史·禮二》："前二日遣官奏告。配帝之室，儀鸞司設大次、小次。"④ 又，《宋史·禮四》："知太常禮院趙君錫等狀：按《周官·掌次職》曰：'王大旅上帝則張氊案，祀五帝則設大次、小次。'"⑤ 再從原始證據來説，《周禮·天官·掌次》："朝日、祀五帝則張大次、小次。"鄭玄注："次，謂幄也。大幄，初往所止居也；小幄，謂接祭（謂羣臣交接相代而祭）退俟之處。"⑥ 綜合上述内證與原始證據，可知史志之文，有根有據，毋庸置疑。

（二）《考正》因忽視經學而導致失校者 8 例

1. 第 3852 頁 6—7 行：⑦（禮部）尚書……大祭祀則省牲，鼎鑊視滌濯。

呂按：《周禮·春官·大宗伯》："凡祀大神，享大鬼，祭大示（同"祇"），……眠滌濯，涖玉鬯，省牲鑊。"⑧《周禮·天官·小宰》鄭玄注引鄭司農云："大祭祀……宗伯視滌濯，涖玉鬯，省牲鑊。"⑨《新唐書·百官志》載光禄寺："卿一人……凡祭祀，省牲鑊。"⑩ 據以上三條，可知《宋史》因衍"鼎"字而破句也。此條志文當作"大祭祀則省牲鑊，視滌濯"。點校本《宋史》失校。

2. 第 3853 頁 1 行：（禮部）侍郎……同省牲及視饌腥熟之節。

---

① 〔漢〕鄭玄注，〔唐〕賈公彦疏，趙伯雄整理，王文錦審定：《周禮注疏》第 3 册，第 1004 頁。
② 〔漢〕鄭玄注，〔唐〕賈公彦疏，趙伯雄整理，王文錦審定：《周禮注疏》第 2 册，第 695 頁。
③ 〔元〕脱脱等：《宋史》第 12 册，第 3789 頁。
④ 〔元〕脱脱等：《宋史》第 8 册，第 2441 頁。
⑤ 〔元〕脱脱等：《宋史》第 8 册，第 2471 頁。
⑥ 〔漢〕鄭玄注，〔唐〕賈公彦疏，趙伯雄整理，王文錦審定：《周禮注疏》第 1 册，第 177—178 頁。
⑦ 此類頁碼行數，指點校本《宋史》頁碼行數，下同。
⑧ 〔漢〕鄭玄注，〔唐〕賈公彦疏，趙伯雄整理，王文錦審定：《周禮注疏》第 2 册，第 566 頁。
⑨ 〔漢〕鄭玄注，〔唐〕賈公彦疏，趙伯雄整理，王文錦審定：《周禮注疏》第 1 册，第 67 頁。
⑩ 〔宋〕歐陽修、〔宋〕宋祁：《新唐書》，北京：中華書局，1975 年，第 1247 頁。

呂按:《周禮·春官·小宗伯》:"大祭祀,省牲,眠滌濯。祭之日……省鑊。"鄭玄注:"省鑊,視亨腥熟。"① 馬端臨《文獻通考》卷九六《宗廟考六》:"大宗伯省鑊。"注:"省鑊,視亨腥熟。"② 然則,志文之"饌"字,蓋"亨"(同"烹")字之誤也。點校本《宋史》失校。

3. 第3853頁3行:蠟祭東西方,亦如之。

呂按:"東西方",當作"四方"。知者,《周禮·春官·大宗伯》:"以疈辜祭四方百物。"疈(音 pì)辜,謂將牲体分割和支解,這是祭地祇的歆神之禮。鄭玄注:"蠟(音 zhà)祭,《郊特牲》曰:'八蠟以記四方,四方年不順成,八蠟不通(即蠟祭應祭的八位神靈就不祭了),以謹民財也。'"③ 按:《禮記·郊特牲》鄭玄注:"四方,方有祭也。其方穀不熟,則不通於蠟焉,使民謹於用財。"孔穎達疏:"'八蠟以記四方'者,言蠟祭八神,因以明記四方之國,記其有豐稔、有凶荒之異也。'四方年不順成,八蠟不通'者,謂四方之內,年穀不得和順成熟,則當方八蠟之神不得與諸方通祭。所以然者,以謹慎民財,欲使不熟之方,萬民謹慎財物也。'順成之方其蠟乃通'者,謂四方之內,有順成之方,其蠟之八神乃與諸方通祭。所以然者,以蠟祭豐饒,皆醉飽酒食,使民歆羨也。"④ 簡言之,蠟祭就是中國乃至世界上最早的"狂歡節","家家扶得醉人歸"。《禮記·雜記下》記載:"子貢觀於蠟,孔子曰:'賜也,樂乎?'對曰:'一國之人皆若狂,賜未知其樂也。'"⑤ 但舉行蠟祭,有一個先決條件,就是東西南北四方,哪一方的穀物豐收了才能舉行,否則不能舉行。爲什麼?"醉飽酒食",是要花很多錢的呀!《文獻通考》卷八一《郊社考十四》也有"蠟祭四方"之語。⑥ 點校本《宋史》失校。

4. 第3854頁2—3行:主客郎中……凡郊勞、授館、宴設、賜予,辨其等而以式頒之。

呂按:《周禮·天官·掌皮》:"遂以式法頒皮革于百工。"⑦ "以式法"是《周禮》中的常用詞,凡七見,意思是"按照規矩"。《宋史·職官四》一見:"内酒坊,掌以式法授酒材。"⑧ 據以上二書,疑此條志文"以式"下脱"法"字。

5. 第3883頁2—3行:祭祀有大祠,有小祠……祭祀享則分樂而序之。

呂按:《周禮·春官·肆師》:"掌立國祀之禮,以佐大宗伯。立大祀,用玉帛、牲牷;立次祀,用牲幣;立小祀,用牲。"⑨ 宋陳祥道《禮書》卷八五:"《周禮》大祀、次祀、小祀,見於《肆師》。"⑩ 兩相對照,可知《宋史》志文脱"有中祠(即"次祀")"三字。《宋史》的"祠",與《周禮》的"祀"同義。《周禮·春官·大司樂》:"乃分樂而序之,以祭,以享,以祀。"鄭玄注:"分,

① 〔漢〕鄭玄注,〔唐〕賈公彦疏,趙伯雄整理,王文錦審定:《周禮注疏》第2冊,第579頁。
② 〔宋〕馬端臨著,上海師範大學古籍研究所、華東師範大學古籍研究所點校:《文獻通考》第5冊,第2931頁。
③ 〔漢〕鄭玄注,〔唐〕賈公彦疏,趙伯雄整理,王文錦審定:《周禮注疏》第2冊,第536—537頁。
④ 〔漢〕鄭玄注,〔唐〕孔穎達疏,呂友仁整理:《禮記正義》中冊,上海:上海古籍出版社,2008年,第1080—1081頁。
⑤ 〔漢〕鄭玄注,〔唐〕孔穎達疏,呂友仁整理:《禮記正義》下冊,第1675頁。
⑥ 〔宋〕馬端臨著,上海師範大學古籍研究所、華東師範大學古籍研究所點校:《文獻通考》第4冊,第2484頁。
⑦ 〔漢〕鄭玄注,〔唐〕賈公彦疏,趙伯雄整理,王文錦審定:《周禮注疏》第1冊,第209頁。
⑧ 〔元〕脱脱等:《宋史》第12冊,第3891頁。
⑨ 〔漢〕鄭玄注,〔唐〕賈公彦疏,趙伯雄整理,王文錦審定:《周禮注疏》第2冊,第587頁。
⑩ 〔宋〕陳祥道:《禮書》,文淵閣《四庫全書》本。

謂各用一代之樂。"賈公彥疏："上總云'六舞'，今分此六代之舞，尊者用前代，卑者用後代，使尊卑有序，故云序。"①此志文"祭祀享則分樂而序之"之所出。建議志文之"祭祀享"，標點作"祭、祀、享"，以提醒讀者這是三個大同小異的概念："祭祀之名，天神曰祀，地祇曰祭，人鬼曰享。"②點校本《宋史》失校。

6. 第3884頁倒1行至3885頁1行：協律郎，掌律呂以和陰陽之聲。

呂按："和"字誤，當作"合"。《周禮·春官·大師》："掌六律六同以合陰陽之聲。陽聲：黃鍾、大蔟、姑洗、蕤賓、夷則、無射；陰聲：大呂、應鍾、南呂、函鍾、小呂、夾鍾。"鄭玄注："以合陰陽之聲者，聲之陰陽各有合。"③點校本《宋史》失校。

7. 第3891頁倒1行：太官物料庫，掌預備膳食薦羞之物，以供太官之用，辨其名數，而會其出入。

呂按：志文之"辨其名數"，誤，當作"辨其名物"。《周禮》中"辨其名物"一語凡七見，《周禮·春官·小宗伯》："毛六牲，辨其名物。"賈公彥疏："言'辨其名物'者，若六牲，皆有名，若馬、牛、羊、豕、犬、雞。物，色也，皆有毛色。"④本頁上文"太官令，掌膳羞割烹之事。凡供進膳羞，則辨其名物"（3891頁8行），下文《宋史》卷一六五《職官五》凡三言"辨其名物"。綜合諸證，其誤顯然。點校本《宋史》失校。

8. 第3893頁1行：儀鸞司，掌供幕帟供帳之事。

呂按：第二個"供"字，不僅與第一個"供"字重複，而且與其上下文之"幕帟帳"三字不是同類項。《周禮·天官·幕人》："掌帷、幕、幄、帟、綬之事。"鄭玄注："在旁曰帷，在上曰幕。幕或在地，展陳于上。帷、幕皆以布爲之，四合象宮室曰帷，王所居之帳也。……帟，主在幕若幄中，坐上承塵。幄帟，皆以繒爲之。凡四物者，以綬連繫焉。"⑤疑此"供"字是"帷"字或"幄"字之訛。點校本《宋史》失校。

（三）《考正》校勘結論正確，但缺乏經學原始文獻支撐者3例

1. 第57頁：大祭祀則警戒執事官。（第3788頁2行）

《考正》案："警戒"，當從《通考·職官考五》"尚書省"條作"誓戒"。

呂按：《考正》案語是也，唯缺乏原始文獻證據。《周禮·天官·大宰》："祀五帝則掌百官之誓戒。"鄭玄注："誓戒，要之以刑，重失禮也。《明堂位》所謂'各揚其職，百官廢職服大刑'，是其辭之略也。"⑥不找到這條原始文獻，就不知道"誓戒"是什麼意思。

---

① 〔清〕孫詒讓撰，王文錦、陳玉霞點校：《周禮正義》第7冊，北京：中華書局，1987年，第1739頁。
② 〔漢〕孔安國傳，〔唐〕孔穎達疏，廖名春等整理，呂紹綱審定：《尚書正義》上冊，北京：北京大學出版社，2000年，第276頁。
③ 〔漢〕鄭玄注，〔唐〕賈公彥疏，趙伯雄整理，王文錦審定：《周禮注疏》第2冊，第714頁。
④ 〔漢〕鄭玄注，〔唐〕賈公彥疏，趙伯雄整理，王文錦審定：《周禮注疏》第2冊，第577頁。
⑤ 〔漢〕鄭玄注，〔唐〕賈公彥疏，趙伯雄整理，王文錦審定：《周禮注疏》第1冊，第174頁。
⑥ 〔漢〕鄭玄注，〔唐〕賈公彥疏，趙伯雄整理，王文錦審定：《周禮注疏》第1冊，第55頁。

2. 第 73 頁：衙司……掌大將、軍將名籍，第其勞而均其役使。（第 3810 頁倒 1 行—3811 頁 1 行）

《考正》案："勞"下疑當有"逸"字。

吕按：《考正》案語是也，唯缺乏文獻證據。兹從《周禮》中補充一證。《周禮·夏官·馬質》："馬及行，則以任齊其行。"鄭玄注："識其所載輕重及道里，齊其勞逸，乃復用之。"① 是"勞"下當有"逸"字。點校本《宋史》失校。

3. 96 頁：以受天下上貢，元會陳於庭。（第 3847 頁 1 行）

《考正》案："上貢"，當從《山堂考索》後集八《户部門》作"土貢"。

吕按：《考正》案語是也，唯漏掉了《文獻通考》證據。《文獻通考》卷五二《職官考六》："宋制……本曹但受天下之土貢，元會陳於庭而已。"②

(四)《考正》因忽視經學而導致失察溯源者 59 例。59 例之出典，《考正》皆未及一字，今次第考查如下

1. 第 3767 頁 6—7 行：③ 周公作六典，自天官冢宰而下，小大高下，各帥其屬以任其事，未聞建官而不任以事，位事而不命以官者。

吕按：《周禮·天官·大宰》："掌建邦之六典，以佐王治邦國。"鄭玄注引鄭司農云："治典，冢宰之職，故立其官，曰使帥其屬而掌邦治……教典，司徒之職，故立其官，曰使帥其屬而掌邦教。……禮典，宗伯之職，故立其官，曰使帥其屬而掌邦禮。……政典，司馬之職，故立其官，曰使帥其屬而掌邦政。……刑典，司寇之職，故立其官，曰使帥其屬而掌邦禁。"④ 此志文"周公作六典，自天官冢宰而下，小大高下，各帥其屬以任其事"之所出。

2. 第 3772 頁 10—12 行：九月，詔以太師、太傅、太保古三公之官……司徒、司空，周六卿之官……仍考周制，立三孤少師、少傅、少保，亦稱三少，爲三次相之任。

吕按：《尚書·周官》："立太師、太傅、太保，兹惟三公，論道經邦，燮理陰陽。"⑤ 此史志"詔以太師、太傅、太保古三公之官"之所出。《周禮·天官·序官》鄭玄注引鄭司農云："置冢宰、司徒、宗伯、司馬、司寇、司空，各有所職，而百事舉。"⑥ 此志文"周六卿之官"之所出。《尚書·周官》："少師、少傅、少保，曰三孤。貳公弘化，寅亮天地，弼予一人。"⑦ 此志文"仍考周制，立三孤少師、少傅、少保"之所出。

3. 第 3773 頁 9 行：政和中，改左、右僕射爲太宰、少宰。

---

① 〔漢〕鄭玄注，〔唐〕賈公彦疏，趙伯雄整理，王文錦審定：《周禮注疏》第 2 册，第 929 頁。
② 〔宋〕馬端臨著，上海師範大學古籍研究所、華東師範大學古籍研究所點校：《文獻通考》第 3 册，第 1519 頁。
③ 此頁碼行數，是中華書局點校本《宋史》頁碼行數，下同。
④ 〔漢〕鄭玄注，〔唐〕賈公彦疏，趙伯雄整理，王文錦審定：《周禮注疏》第 1 册，第 28 頁。
⑤ 〔漢〕孔安國傳，〔唐〕孔穎達疏，廖名春等整理，吕紹綱審定：《尚書正義》下册，第 569 頁。
⑥ 〔漢〕鄭玄注，〔唐〕賈公彦疏，趙伯雄整理，王文錦審定：《周禮注疏》第 1 册，第 6 頁。
⑦ 〔漢〕孔安國傳，〔唐〕孔穎達疏，廖名春等整理，吕紹綱審定：《尚書正義》下册，第 569 頁。

呂按：《周禮·天官·序官》：“乃立天官冢宰，使帥其屬而掌邦治，以佐王均邦國。”鄭玄注引鄭司農云：“冢宰，大宰也。”①《周禮·天官·小宰》：“掌邦之六典、八法、八則之貳。”孫詒讓《周禮正義》：“此掌大宰治法之副貳……以下皆佐大宰之事。”②此志文“太宰、少宰”之所出。

4. 第3808頁3—4行：户部，掌天下户口、税賦之籍……

呂按：《周禮·秋官·司民》：“掌登萬民之數，自生齒以上，皆書於版；辨其國中與其都鄙及其郊野，異其男女，歲登下其死生。”鄭玄注：“登，上也。男八月、女七月而生齒。版，今户籍也。下，猶去也。每歲更著生去死。”③馬端臨《文獻通考》卷五二《職官考六》“户部尚書”：“《周禮·地官》：‘大司徒之職，掌建邦之土地之圖與其人民之數。’”馬端臨按：“今户部之職與地官之任雖亦頗同，若徵其承受，考其沿襲，則户部合出於度支。度支，主計算之官也。算計之任，本出於《周禮·天官》之司會云。”④高承《事物紀原》亦云：“《周禮·司民》掌登萬民之數，即户部任也。”⑤

5. 第3838頁6—7行：司勳郎中……參掌勳賞之事。

呂按：《周禮·夏官·序官》：“司勳。”鄭玄注引鄭司農云：“勳，功也。此官主功賞。”⑥此志文“司勳郎中……參掌勳賞之事”之出典。

6. 第3851頁2行：祭之名有三：天神曰祀，地祇曰祭，宗廟曰饗。又有大祀、中祀、小祀之别。幣玉、牲牢、器服，各從其等。

呂按：《尚書·盤庚上》孔穎達疏云：“《周禮·大宗伯》祭祀之名，天神曰祀，地祇曰祭，人鬼曰享。”⑦《周禮·春官·大宗伯》：“掌建邦之天神、人鬼、地祇之禮，以佐王建保邦國。”鄭玄注：“立天神、地祇、人鬼之禮者，謂祀之、祭之、享之。”⑧此志文“祭之名有三，天神曰祀，地祇曰祭，宗廟曰饗”之所出。《周禮·春官·肆師》：“掌立國祀之禮，以佐大宗伯。立大祀，用玉帛牲牷；立次祀，用牲幣；立小祀，用牲。”⑨可知大祀、中祀、小祀的祭祀規格遞降，此志文“又有大祀、中祀、小祀之别。幣玉、牲牢、器服，各從其等”之所出。

7. 第3851頁4行：以六律、六同合陰陽之聲爲樂律，金、石、絲、竹、匏、土、革、木爲樂器。

呂按：《周禮·春官·大师》：“掌六律、六同以合陰陽之聲。陽聲：黄鍾、大蔟、姑洗、蕤賓、夷則、無射；陰聲：大吕、應鍾、南吕、函鍾、小吕、夾鍾。皆文之以五聲宫、商、角、徵、羽，皆播

---

① 〔漢〕鄭玄注，〔唐〕賈公彦疏，趙伯雄整理，王文錦審定：《周禮注疏》第1册，第6—7頁。
② 〔清〕孫詒讓撰，王文錦、陳玉霞點校：《周禮正義》第1册，第158頁。
③ 〔漢〕鄭玄注，〔唐〕賈公彦疏，趙伯雄整理，王文錦審定：《周禮注疏》第3册，第1105頁。
④ 〔宋〕馬端臨著，上海師範大學古籍研究所、華東師範大學古籍研究所點校：《文獻通考》第3册，第1516頁。
⑤ 〔宋〕高承撰，〔明〕李果訂，金圓、許沛藻點校：《事物紀原》，北京：中華書局，1989年，第243頁，下同。
⑥ 〔漢〕鄭玄注，〔唐〕賈公彦疏，趙伯雄整理，王文錦審定：《周禮注疏》第2册，第876頁。
⑦ 〔漢〕孔安國傳，〔唐〕孔穎達疏，廖名春等整理，吕紹綱審定：《尚書正義》上册，第276頁。
⑧ 〔漢〕鄭玄注，〔唐〕賈公彦疏，趙伯雄整理，王文錦審定：《周禮注疏》第2册，第529頁。
⑨ 〔漢〕鄭玄注，〔唐〕賈公彦疏，趙伯雄整理，王文錦審定：《周禮注疏》第2册，第587頁。

之以八音金、石、土、革、絲、木、匏、竹。"①是此節志文之所出。

8. 第3852頁8行:薦腥則奉籩豆、簠簋,及飲福徹之,祼則奉瓚臨鬯。

吕按:《周禮·春官·大宗伯》鄭玄注:"祭必先灌,乃後薦腥(按:謂進獻生肉)、薦孰。"②此史志"薦腥"之所出。《周禮·春官·内宗》:"掌宗廟之祭祀,薦加豆籩。"鄭玄注:"故書爲'籩豆'。"③此史志"奉籩豆"之所出。《周禮·地官·舍人》:"凡祭祀,共簠簋。"④此史志"奉簠簋"之所出。《周禮·夏官·大馭》賈公彦疏:"飲者,若祭末飲福酒,乃始轢軷而去。"⑤此史志"及飲福徹之"之所出。《周禮·天官·大宰》賈公彦疏:"若祼(音guàn,灌之本字)則用圭瓚也。"⑥此史志"祼則奉瓚"之所出。志文之"臨鬯",即《周禮·春官·大宗伯》之"涖玉鬯"。⑦"臨"與"涖"都有"親臨視察"之義。玉鬯是舀鬱鬯香酒的勺子,其柄是玉製品,故名。

9. 第3850頁倒5行:倉部郎中⋯⋯參掌國之倉庾儲積及其給受之事。

吕按:《文獻通考》卷五二《職官考六》:"倉部郎中一人,《周官》有倉人,主藏九穀。又有廪人,主藏九穀之數,賙賜、稍食。"⑧《周官·地官·倉人》:"掌粟人之藏,辨九穀之物以待邦用。"⑨《周禮·地官·廪人》:"掌九穀之數,以待國之匪頒、賙賜、稍食。"鄭玄注:"匪,讀爲分。分頒,謂委人之職諸委積也。賙賜,謂王所賜予給好用之式也。稍食,禄廪。⋯⋯數,猶計也。"⑩可以看出,《宋史》倉部郎中的職責源出《周禮·地官》的倉人、廪人,《通考》所説良是。

10. 第3853頁1—3行:歲祀昊天上帝⋯⋯祭太社、太稷、神州地祇⋯⋯祀九宫貴神、五帝、感生帝、朝日、夕月。

吕按:《周禮·春官·大宗伯》:"以禋祀祀昊天上帝。"⑪此志文"昊天上帝"之所出。《周禮·地官·大司徒》:"設其社稷之壝。"賈公彦疏:"謂於中門之外右邊,設大社、大稷。"⑫此志文"太社、太稷"之所出。《周禮·春官·大司樂》:"乃奏大蔟,歌應鍾,舞《咸池》,以祭地祇。"鄭玄注:"地祇,所祭於北郊,謂神州之神及社稷。"⑬此"神州地祇"之所出。《周禮·春官·小宗伯》:"兆五帝於四郊。"鄭玄注:"兆,爲壇之營域。五帝,蒼曰靈威仰⋯⋯赤曰赤熛怒⋯⋯

---

① 〔漢〕鄭玄注,〔唐〕賈公彦疏,趙伯雄整理,王文錦審定:《周禮注疏》第2册,第714頁。
② 〔漢〕鄭玄注,〔唐〕賈公彦疏,趙伯雄整理,王文錦審定:《周禮注疏》第2册,第541頁。
③ 〔漢〕鄭玄注,〔唐〕賈公彦疏,趙伯雄整理,王文錦審定:《周禮注疏》第2册,第664頁。
④ 〔漢〕鄭玄注,〔唐〕賈公彦疏,趙伯雄整理,王文錦審定:《周禮注疏》第2册,第502頁。
⑤ 〔漢〕鄭玄注,〔唐〕賈公彦疏,趙伯雄整理,王文錦審定:《周禮注疏》第3册,第1004頁。
⑥ 〔漢〕鄭玄注,〔唐〕賈公彦疏,趙伯雄整理,王文錦審定:《周禮注疏》第1册,第58頁。
⑦ 〔漢〕鄭玄注,〔唐〕賈公彦疏,趙伯雄整理,王文錦審定:《周禮注疏》第2册,第566頁。
⑧ 〔宋〕馬端臨著,上海師範大學古籍研究所、華東師範大學古籍研究所點校:《文獻通考》第3册,第1519頁。
⑨ 〔漢〕鄭玄注,〔唐〕賈公彦疏,趙伯雄整理,王文錦審定:《周禮注疏》第2册,第504頁。
⑩ 〔漢〕鄭玄注,〔唐〕賈公彦疏,趙伯雄整理,王文錦審定:《周禮注疏》第2册,第500—501頁。
⑪ 〔漢〕鄭玄注,〔唐〕賈公彦疏,趙伯雄整理,王文錦審定:《周禮注疏》第2册,第530頁。
⑫ 〔漢〕鄭玄注,〔唐〕賈公彦疏,趙伯雄整理,王文錦審定:《周禮注疏》第2册,第285—286頁。
⑬ 〔漢〕鄭玄注,〔唐〕賈公彦疏,趙伯雄整理,王文錦審定:《周禮注疏》第2册,第684頁。

黄曰含樞紐……白曰白招拒……黑曰汁光紀。"①此志文"五帝"之所出。《周禮·春官·大司樂》鄭玄注引《禮記·大傳》曰："王者必禘其祖之所自出。"②賈公彦疏："曰'王者必禘其祖之所自出'者，謂王者皆以建寅之月郊所感生帝。"②此志文"感生帝"之所出。《周禮·春官·典瑞》鄭玄注："天子常春分朝日，秋分夕月。"③此志文"朝日、夕月"之所出。綜上所述，可知《宋史·職官三》此節志文出自《周禮》的上述六官。

11. 第3854頁7行：膳部郎中……掌牲牢、酒醴、膳羞之事。

呂按：《文獻通考》卷五二《職官考六》："膳部郎中一人。膳部，於《周官》即膳夫、凌人二職也。"④《通考》此説是也。《周禮·天官·序官》"膳夫"鄭玄注："膳夫，食官之長也。"⑤《周禮·天官·膳夫》："掌王之食飲膳羞，以養王及后、世子。"鄭玄注："食，飯也。飲，酒漿也。膳，牲肉也。羞，有滋味者。"⑥《周禮·天官·凌人》："凡外内饔之膳羞，鑑焉。凡酒漿之酒醴，亦如之。"鄭玄注："凌，冰室也。"所謂"鑑焉"，猶今語"儲存在冰箱裏"。

12. 第3855頁倒3行：（兵部）尚書……大祀，奉魚牲及俎。

呂按：《周禮·天官·小宰》鄭玄注："鄭司農云：'大祭祀……司馬羞魚牲。'"⑦《周禮·夏官·大司馬》"大祭祀……羞牲魚"，鄭玄注引鄭司農云："大司馬主進魚牲。"⑧可以看出，兵部尚書的此項職責源出《周禮·夏官·大司馬》之職。

13. 第3856頁8—9行：（兵部）職方郎中……掌天下圖籍，以周知方域之廣袤，及郡邑、鎮砦道里之遠近。凡土地所產，風俗所尚，具古今興廢之因，州爲之籍。

呂按：《周禮·夏官·職方氏》："掌天下之圖，以掌天下之地，辨其邦國、都鄙、四夷、八蠻、七閩、九貉、五戎、六狄之人民與其財用，九穀六畜之數要，周知其利害。"鄭玄注："天下之圖，如今司空輿地圖也。"⑨可知宋代的兵部職方郎中的職責源出《周禮·夏官·職方氏》。

14. 第3856頁倒2行：駕部郎中……大禮，戒有司具五輅。

呂按：《周禮·春官·巾車》："王之五路：玉路……金路……象路……革路……木路。"⑩可知駕部郎中與《周禮·春官·巾車》有不解之緣。《周禮》無"輅"字，祇有"路"字。《左傳·桓公二年》："大路越席。"杜預注："大路，玉路，祀天車也。"孔穎達疏："路訓大也，君之所在，以大爲號。門曰路門，寢曰路寢，車曰路車，故人君之車，通以路爲名也。"看了這段孔疏，我們就會知道，"路"字很有講究，不可輕易地改作"輅"。據《説文》，"輅"的本義是"車

① 〔漢〕鄭玄注，〔唐〕賈公彦疏，趙伯雄整理，王文錦審定：《周禮注疏》第2册，第573頁。
② 〔漢〕鄭玄注，〔唐〕賈公彦疏，趙伯雄整理，王文錦審定：《周禮注疏》第2册，第690、692頁。
③ 〔漢〕鄭玄注，〔唐〕賈公彦疏，趙伯雄整理，王文錦審定：《周禮注疏》第2册，第627頁。
④ 〔宋〕馬端臨著，上海師範大學古籍研究所、華東師範大學古籍研究所點校：《文獻通考》第3册，第1522頁。
⑤ 〔漢〕鄭玄注，〔唐〕賈公彦疏，趙伯雄整理，王文錦審定：《周禮注疏》第1册，第12頁。
⑥ 〔漢〕鄭玄注，〔唐〕賈公彦疏，趙伯雄整理，王文錦審定：《周禮注疏》第1册，第94頁。
⑦ 〔漢〕鄭玄注，〔唐〕賈公彦疏，趙伯雄整理，王文錦審定：《周禮注疏》第1册，第67頁。
⑧ 〔漢〕鄭玄注，〔唐〕賈公彦疏，趙伯雄整理，王文錦審定：《周禮注疏》第2册，第922頁。
⑨ 〔漢〕鄭玄注，〔唐〕賈公彦疏，趙伯雄整理，王文錦審定：《周禮注疏》第3册，第1020—1021頁。
⑩ 〔漢〕鄭玄注，〔唐〕賈公彦疏，趙伯雄整理，王文錦審定：《周禮注疏》第2册，第837—842頁。

前橫木"。《説文解字注》曰:"近代用'輅'爲'路車'字,其淺俗不足道也。"①

15. 第 3859 頁 4 行:(刑部)尚書,掌天下刑獄之政令。凡麗於法者,審其輕重。

吕按:《周禮·秋官·序官》:"乃立秋官司寇,使帥其屬而掌邦禁,以佐王刑邦國。"鄭玄注:"禁,所以防姦者也。刑,正人之法。"② 然則此之"掌邦禁,刑邦國",即所謂"掌天下刑獄之政令"也。"刑獄"一詞,見於《周禮·秋官·序官》"朝士"賈公彦疏:"秋官雖爲刑獄所施,至於防禁之屬,皆在秋官。"③《周禮·秋官·掌戮》:"凡罪之麗於法者亦如之。"④ 是志文之所謂"凡麗於法者"之所出。《周禮·秋官·司刑》:"若司寇斷獄弊訟,則以五刑之法詔刑罰,而以辨罪之輕重。"⑤ 是志文"審其輕重"之所出。

16. 第 3859 頁 7 行:(刑部尚書)大祀,則尚書泲誓,薦熟則奉牲。

吕按:《周禮·秋官·大司寇》:"大祭祀,奉犬牲。若禋祀五帝,則戒之日,泲誓百官。"⑥ 是志文之"大祀,則尚書泲誓"之所出。《周禮·春官·大宗伯》:"以肆(音 tī,通"剔")獻祼享先王。"鄭玄注:"肆者,進所解牲體,謂薦孰時也。"⑦ 是志文之"荐熟則奉牲"之所出。

17. 第 3880 頁 8—10 行:殿中省……凡總六局:曰尚食,掌膳羞之事;曰尚藥,掌和劑診候之事;曰尚醖,掌酒醴之事;曰尚衣,掌衣服冠冕之事;曰尚舍,掌次舍幄帟之事;曰尚輦,掌輿輦之事。

吕按:《周禮·天官·内饔》:"掌王及后、世子膳羞之割亨、煎和之事。"⑧ 此志文"尚食,掌膳羞之事"之出典也。《周禮·天官·醫師》:"掌醫之政令。"孫詒讓《周禮正義》:"'掌醫之政令'者,掌衆醫療治、齊和之政及命令也。"⑨"齊和",即"和劑",謂藥物的劑量。此志文"尚藥,掌和劑診候之事"之出典也。《周禮·天官·酒正》:"掌酒之政令。"⑩ 酒正,酒官之長。《周禮·天官·漿人》:"掌共王之六飲:水、漿、醴、涼、醫、酏,入于酒府。"鄭玄注:"王之六飲,亦酒正當奉之。"⑪ 此志文"尚醖,掌酒醴之事"之出典也。《周禮·天官·宫正》:"次舍之衆寡。"次舍,謂官員入宮值夜的臨時住所。⑫ 此志文"次舍"之出典。《周禮·天官·幕人》:"掌帷、幕、幄、帟、綬之事。"⑬ 按:帷,在旁所張之布,作用如同牆壁。幕,帷上所張之布,作用如同頂棚。幕與帷結合在一起就像今天的帳棚。幄(音 wò),設在床上的小型帳棚,有點像今天的蚊

① 〔漢〕許慎撰,〔清〕段玉裁注:《説文解字注》,上海古籍出版社,1981 年,第 722 頁。
② 〔漢〕鄭玄注,〔唐〕賈公彦疏,趙伯雄整理,王文錦審定:《周禮注疏》第 3 册,第 1042 頁。
③ 〔漢〕鄭玄注,〔唐〕賈公彦疏,趙伯雄整理,王文錦審定:《周禮注疏》第 3 册,第 1044 頁。
④ 〔漢〕鄭玄注,〔唐〕賈公彦疏,趙伯雄整理,王文錦審定:《周禮注疏》第 3 册,第 1127 頁。
⑤ 〔漢〕鄭玄注,〔唐〕賈公彦疏,趙伯雄整理,王文錦審定:《周禮注疏》第 3 册,第 1109 頁。
⑥ 〔漢〕鄭玄注,〔唐〕賈公彦疏,趙伯雄整理,王文錦審定:《周禮注疏》第 3 册,第 1067 頁。
⑦ 〔漢〕鄭玄注,〔唐〕賈公彦疏,趙伯雄整理,王文錦審定:《周禮注疏》第 2 册,第 540—541 頁。
⑧ 〔漢〕鄭玄注,〔唐〕賈公彦疏,趙伯雄整理,王文錦審定:《周禮注疏》第 1 册,第 108 頁。
⑨ 〔清〕孫詒讓撰,王文錦、陳玉霞點校:《周禮正義》第 2 册,第 315 頁。
⑩ 〔漢〕鄭玄注,〔唐〕賈公彦疏,趙伯雄整理,王文錦審定:《周禮注疏》第 1 册,第 139 頁。
⑪ 〔漢〕鄭玄注,〔唐〕賈公彦疏,趙伯雄整理,王文錦審定:《周禮注疏》第 1 册,第 152 頁。
⑫ 〔漢〕鄭玄注,〔唐〕賈公彦疏,趙伯雄整理,王文錦審定:《周禮注疏》第 1 册,第 85 頁。
⑬ 〔漢〕鄭玄注,〔唐〕賈公彦疏,趙伯雄整理,王文錦審定:《周禮注疏》第 1 册,第 174 頁。

帳。帟（音yì），帳棚中座位上用以承塵的平幕。此志文"尚舍，掌幄帟之事"之出典也。《周禮·春官·序官》鄭玄注："巾車，車官之長。"①《周禮·春官·巾車》："輦車。"鄭玄注："輦車……后居宫中從容所乘……人輓之以行。"此志文"尚輦，掌輿輦之事"之出典也。

18. 第 3883 頁 1—2 行：太常寺……禮之名有五：曰吉禮，曰賓禮，曰軍禮，曰嘉禮，曰凶禮，皆掌其制度儀式。

呂按：《周禮·春官·大宗伯》："以吉禮事邦國之鬼神祇……以凶禮哀邦國之憂……以賓禮親邦國……以軍禮同邦國……以嘉禮親萬民。"②此志文"禮之名有五：曰吉禮，曰賓禮，曰軍禮，曰嘉禮，曰凶禮，皆掌其制度儀式"之所出。

19. 第 3885 頁 1—2 行：協律郎……舉麾鼓柷而樂作，偃麾、戛敔而樂止。凡樂，掌其序事。

呂按：《尚書·益稷》："夔曰：'戛擊。'"孔傳："戛擊柷敔，所以作止樂。"孔穎達疏："樂之初，擊柷以作之；樂之將末，戛敔以止之，故云'所以作止樂'。"③此志文"舉麾鼓柷而樂作，偃麾、戛敔而樂止"之所出。《周禮·春官·樂師》："凡樂，掌其序事。"④此志文"凡樂，掌其序事"之所出。

20. 第 3887 頁 1 行：宗正寺……卿掌叙宗派屬籍以别昭穆，而定其親疏。

呂按：《周禮·春官·小宗伯》："辨廟祧之昭穆，……掌三族之别，以辨親疏。"⑤此志文"掌叙宗派屬籍以别昭穆，而定其親疏"之所出。

21. 第 3891 頁 1—3 行：光禄寺卿……凡祭祀，共五齊、三酒、牲牢、鬱鬯及尊彝、籩豆、簠簋、鼎俎、鉶登之實。前期，飭有司辦具牲鑊，視滌濯，奉牲則告充告備，共其明水火焉。

呂按：《周禮·天官·酒正》："凡祭祀，以法共五齊、三酒，以實八尊。"⑥此史志"凡祭祀，共五齊、三酒"之所出。《周禮·天官·宰夫》："以牢禮之法掌其牢禮、委積、膳獻、飲食、賓賜之飧牽。"鄭玄注引鄭司農曰："牽，牲牢可牽而行者。"⑦此史志"牲牢"之所出。《周禮·天官·小宰》："凡祭祀，贊王幣爵之事、祼將之事。"鄭玄注："將，送也。祼送，送祼，謂贊王酌鬱鬯以獻尸謂之祼。"⑧此史志"鬱鬯"之所出。《周禮·春官·司尊彝》："掌六尊六彝之位。"⑨此史志"尊彝"之所出。《周禮·天官·籩人》："掌四籩之實。"鄭玄注："籩，竹器如豆者。"⑩此史志"籩豆"之所出。"籩豆"是兩種容器。竹製的叫做籩，木製的叫做豆。《周禮·地官·舍人》：

① 〔漢〕鄭玄注，〔唐〕賈公彦疏，趙伯雄整理，王文錦審定：《周禮注疏》第 2 册，第 527 頁。
② 〔漢〕鄭玄注，〔唐〕賈公彦疏，趙伯雄整理，王文錦審定：《周禮注疏》第 2 册，第 529、543、546、548、550 頁。
③ 〔漢〕孔安國傳，〔唐〕孔穎達疏，廖名春等整理，呂紹綱審定：《尚書正義》上册，第 151、153 頁。
④ 〔漢〕鄭玄注，〔唐〕賈公彦疏，趙伯雄整理，王文錦審定：《周禮注疏》第 2 册，第 705 頁。
⑤ 〔漢〕鄭玄注，〔唐〕賈公彦疏，趙伯雄整理，王文錦審定：《周禮注疏》第 2 册，第 575—576 頁。
⑥ 〔漢〕鄭玄注，〔唐〕賈公彦疏，趙伯雄整理，王文錦審定：《周禮注疏》第 1 册，第 145 頁。
⑦ 〔漢〕鄭玄注，〔唐〕賈公彦疏，趙伯雄整理，王文錦審定：《周禮注疏》第 1 册，第 81 頁。
⑧ 〔漢〕鄭玄注，〔唐〕賈公彦疏，趙伯雄整理，王文錦審定：《周禮注疏》第 1 册，第 73 頁。
⑨ 〔漢〕鄭玄注，〔唐〕賈公彦疏，趙伯雄整理，王文錦審定：《周禮注疏》第 2 册，第 607 頁。
⑩ 〔漢〕鄭玄注，〔唐〕賈公彦疏，趙伯雄整理，王文錦審定：《周禮注疏》第 1 册，第 157 頁。

"凡祭祀，共簠簋。"鄭玄注："方曰簠，圓曰簋，盛黍、稷、稻、粱器。"① 此史志"簠簋"之所出。《周禮·天官·內饔》："王舉則陳其鼎俎，以牲體實之。"② 此史志"鼎俎"之所出。《周禮·天官·亨人》："祭祀共大羹、鉶羹。"賈公彥疏："云'祭祀共大羹'者，大羹，肉湆，盛於登（瓦製祭器）。……云'鉶羹'者，皆是……調以五味，盛之於鉶器。"③ 此史志"鉶登"之所出。《周禮·天官·小宰》鄭玄注引鄭司農曰："大祭祀……宗伯視滌濯，沰玉甈，省牲鑊。"④ 此史志"辦具牲鑊，視滌濯"之所出。《周禮·地官·充人》鄭玄注："《特牲饋食之禮》曰：'宗人視牲，告充；舉獸尾，告備。'"⑤ 此史志"奉牲則告充告備"之所出。《周禮·天官·小宰》鄭玄注引鄭司農曰："大祭祀，……司寇奉明水火。"⑥ 此史志"共其明水火"之所出。明水火，即明水、明火。所謂明水，實際上就是用銅盤在夜間承接的露水。所謂明火，是指用陽燧（類似今日的凹透鏡）在日光下所取之火。

22. 第3891頁8—9行：太官令，掌膳羞割烹之事。凡供進膳羞，則辨其名物，而視食之宜，謹其水火之齊。祭祀共明水、明火，割牲取毛血牲體以爲鼎俎之實。

呂按：此條之引經驗證已多見于上文，此略。

23. 第3891頁倒4—倒3行：法酒庫……掌以式法授酒材，視其厚薄之齊……凡祭祀，供五齊、三酒，以實尊罍。

呂按：《周禮·天官·酒正》："掌酒之政令，以式法授酒材……掌其厚薄之齊……凡祭祀，以法共五齊、三酒，以實八尊。"⑦ 是《宋史》此節志文之所出，

24. 第3892頁2行：牛羊供應所，掌供大中小祀之牲牷及大官宴享膳羞之用。

呂按：《周禮·地官·牧人》："掌牧六牲而阜蕃其物，以共祭祀之牲牷。"鄭玄注："六牲，謂牛、馬、羊、豕、犬、雞。……牷，體完具。"⑧ 此志文"掌供大中小祀之牲牷"之所出。《周禮·天官·籩人》賈公彥疏："賓客之事，謂享燕時。"⑨ 此"享燕"即史志之"宴享"。《周禮·天官·凌人》："凡外內饔之膳羞，鑑焉。"⑩ 此志文"膳羞"之所出。

25. 第3892頁倒5行：衛尉寺……掌凡幄幕之事，大禮設帷宮，張大次、小次。

呂按：《周禮·天官·幕人》："掌帷、幕、幄、帟、綬之事。"⑪ 此史志"掌凡幄幕之事"之所出。《周禮·天官·掌舍》："爲帷宮。"⑫ 此史志"大禮設帷宮"之所出。《周禮·天官·掌次》："祀

① 〔漢〕鄭玄注，〔唐〕賈公彥疏，趙伯雄整理，王文錦審定：《周禮注疏》第2冊，第502頁。
② 〔漢〕鄭玄注，〔唐〕賈公彥疏，趙伯雄整理，王文錦審定：《周禮注疏》第1冊，第108頁。
③ 〔漢〕鄭玄注，〔唐〕賈公彥疏，趙伯雄整理，王文錦審定：《周禮注疏》第1冊，第114頁。
④ 〔漢〕鄭玄注，〔唐〕賈公彥疏，趙伯雄整理，王文錦審定：《周禮注疏》第1冊，第67頁。
⑤ 〔漢〕鄭玄注，〔唐〕賈公彥疏，趙伯雄整理，王文錦審定：《周禮注疏》第1冊，第387頁。
⑥ 〔漢〕鄭玄注，〔唐〕賈公彥疏，趙伯雄整理，王文錦審定：《周禮注疏》第1冊，第67頁。
⑦ 〔漢〕鄭玄注，〔唐〕賈公彥疏，趙伯雄整理，王文錦審定：《周禮注疏》第1冊，第139—145頁。
⑧ 〔漢〕鄭玄注，〔唐〕賈公彥疏，趙伯雄整理，王文錦審定：《周禮注疏》第1冊，第379頁。
⑨ 〔漢〕鄭玄注，〔唐〕賈公彥疏，趙伯雄整理，王文錦審定：《周禮注疏》第1冊，第162頁。
⑩ 〔漢〕鄭玄注，〔唐〕賈公彥疏，趙伯雄整理，王文錦審定：《周禮注疏》第1冊，第155頁。
⑪ 〔漢〕鄭玄注，〔唐〕賈公彥疏，趙伯雄整理，王文錦審定：《周禮注疏》第1冊，第174頁。
⑫ 〔漢〕鄭玄注，〔唐〕賈公彥疏，趙伯雄整理，王文錦審定：《周禮注疏》第1冊，第173頁。

五帝,則張大次、小次……合諸侯亦如之。"鄭玄注:"次,謂幄也。"① 此史志 "張大次、小次" 之所出。

26. 第3892頁倒5行:長貳晝夜巡徼,察其不如儀者。

呂按:《周禮·天官·宰夫》:"掌治朝之法。"鄭玄注:"治朝在路門之外……宰夫察其不如儀。"② 此史志 "察其不如儀者" 之所出。

27. 第3893頁倒3行:本寺但掌天子五輅。

呂按:《周禮·春官·巾車》:"王之五路:一曰曰玉路……金路……象路……革路……木路。"鄭玄注:"王在焉曰路。"此志文 "掌天子五輅" 之所出。

28. 第3904頁3行:(司農寺)卿掌倉儲委積之政令。

呂按:《周禮·地官·遺人》:"掌邦之委積以待施惠。"賈公彦疏:"倉人主藏穀,廩人主藏米。"③ 孫詒讓《周禮正義》"大司徒" 云:"凡儲聚禾米薪芻之屬,通謂之委積。"④ 此志文 "掌倉儲委積" 之所出。

29. 第3904頁8—9行:天子親耕藉田,有事于先農,則卿奉耒耜,少卿率屬及庶人以終千畝。

呂按:《禮記·月令》:"天子親載耒耜……帥三公、九卿、諸侯、大夫,躬耕帝藉。"⑤ 此志文 "天子親耕藉田" 之出典。《春秋·昭公十五年》:"二月癸酉,有事于武宮。"孔穎達疏:"有事,謂有祭事於武公之宮廟也。"⑥ 此志文 "有事于" 之出典。《周禮·天官·甸師》鄭玄注:"王以孟春躬耕帝藉,天子三推,三公五推,卿諸侯九推,庶人終於千畝。"⑦ 此志文 "庶人以終千畝" 之出典。

30. 第3907頁末行至3908頁1行:奉宸庫,掌供內庭,凡金玉、珠寶、良貨賄藏焉。

呂按:《周禮·天官·玉府》:"掌王之金玉、玩好、兵器,凡良貨賄之藏。"⑧《周禮·天官·大宰》鄭玄注:"金玉曰貨,布帛曰賄。"⑨ 此志文 "凡金玉、珠寶、良貨賄藏焉" 之出典也。

31. 第3908頁5行:布庫……辨其名物,以待給用。

呂按:《周禮·春官·司服》:"掌王之吉凶衣服,辨其名物。"⑩ 此志文 "辨其名物" 之出典。《周禮·天官·大府》鄭玄注:"凡貨賄,皆藏以給用耳。"⑪ 此志文 "以待給用" 之出典也。

---

① 〔漢〕鄭玄注,〔唐〕賈公彦疏,趙伯雄整理,王文錦審定:《周禮注疏》第1册,第177頁。
② 〔漢〕鄭玄注,〔唐〕賈公彦疏,趙伯雄整理,王文錦審定:《周禮注疏》第1册,第77頁。
③ 〔漢〕鄭玄注,〔唐〕賈公彦疏,趙伯雄整理,王文錦審定:《周禮注疏》第2册,第406—407頁。
④ 〔清〕孫詒讓撰,王文錦、陳玉霞點校:《周禮正義》第3册,第767頁。
⑤ 〔漢〕鄭玄注,〔唐〕孔穎達疏,呂友仁整理:《禮記正義》上册,第619頁。
⑥ 〔周〕左丘明傳,〔晉〕杜預注,〔唐〕孔穎達正義,浦衛忠等整理,楊向奎審定:《春秋左傳正義》第4册,北京:北京大學出版社,2000年12月,第1543頁。
⑦ 〔漢〕鄭玄注,〔唐〕賈公彦疏,趙伯雄整理,王文錦審定:《周禮注疏》第1册,第115頁。
⑧ 〔漢〕鄭玄注,〔唐〕賈公彦疏,趙伯雄整理,王文錦審定:《周禮注疏》第1册,第184頁。
⑨ 〔漢〕鄭玄注,〔唐〕賈公彦疏,趙伯雄整理,王文錦審定:《周禮注疏》第1册,第38頁。
⑩ 〔漢〕鄭玄注,〔唐〕賈公彦疏,趙伯雄整理,王文錦審定:《周禮注疏》第1册,第646頁。
⑪ 〔漢〕鄭玄注,〔唐〕賈公彦疏,趙伯雄整理,王文錦審定:《周禮注疏》第1册,第181頁。

32. 第 3910 頁倒 2 行—倒 1 行：凡釋奠于先聖、先師及武成王,則率官屬諸生共薦獻之禮。

　　呂按：《禮記·文王世子》："凡始立學者,必釋奠于先聖、先師。"鄭玄注："先聖,周公若孔子。"[1] 此志文"釋奠於先聖"之出典。《禮記·文王世子》："凡學,春官釋奠于其先師。"[2] 此志文"釋奠于先師"之出典。"釋奠於先聖"的規格大大高於"釋奠于先師"。先師指的是某一經的領軍人物,如"《詩》有毛公,《書》有伏生"之類。武成王之立廟很晚,據《舊唐書·肅宗紀》："改乾元爲上元,追封周太公望爲武成王,依文宣王例置廟。"[3]

33. 第 3911 頁 1 行：博士……以德行道藝訓導學者。

　　呂按：《周禮·地官·鄉大夫》："三年則大比,考其德行道藝而興賢者能者。"鄭玄注"賢者,有德行者。能者,有道藝者。"[4] 此志文"德行道藝"之出典。

34. 第 3911 頁 6—7 行：學長二人,掌序齒位,糾不如儀者。

　　呂按：《周禮·地官·黨正》："國索鬼神而祭祀,則以禮屬民而飲酒于序,以正齒位。"[5] 此志文"掌序齒位"之出典。"正齒位",按照年齡大小排座次。《周禮·天官·宰夫》鄭玄注："宰夫察其不如儀。"[6] 此志文"糾不如儀者"之出典。

35. 第 3915 頁倒 4—倒 3 行：樞密院言："古者出師,受成於學,文武弛張,其道一也。"

　　呂按：《禮記·王制》："天子將出征……受命於祖,受成於學。"鄭玄注"受成於學"："定兵謀也。"[7]《禮記·雜記下》："張而不弛,文、武弗能也;弛而不張,文、武弗爲也;一張一弛,文、武之道也。"[8] 此即志文"古者出師,受成於學,文、武弛張,其道一也"之出典。"文武"二字間應加頓號,並分別加上專名號。文,指周文王;武,指周武王。

36. 第 3917 頁 7—8 行：物勒工名,以法式察其良窳。

　　呂按：《禮記·月令》："物勒工名,以考其誠。"鄭玄注："勒,刻也,刻工姓名於其器,以察其信,知其不功致。"[9]《周禮·地官·鄙師》："察其媺惡而誅賞。"[10] 此志文"物勒工名,以法式察其良窳"之出典。

37. 第 3918 頁 2—3 行：染院,掌染絲枲幣帛。

　　呂按：《周禮·天官·染人》："掌染絲帛。""掌凡染事。"[11] 此志文"染院,掌染絲枲幣帛"

① 〔漢〕鄭玄注,〔唐〕孔穎達疏,呂友仁整理：《禮記正義》中冊,第 837 頁。
② 〔漢〕鄭玄注,〔唐〕孔穎達疏,呂友仁整理：《禮記正義》中冊,第 836 頁。
③ 〔後晉〕劉昫等：《舊唐書》第 1 冊,北京：中華書局,1975 年,第 259 頁。
④ 〔漢〕鄭玄注,〔唐〕賈公彥疏,趙伯雄整理,王文錦審定：《周禮注疏》第 1 冊,第 349 頁。
⑤ 〔漢〕鄭玄注,〔唐〕賈公彥疏,趙伯雄整理,王文錦審定：《周禮注疏》第 1 冊,第 358 頁。
⑥ 〔漢〕鄭玄注,〔唐〕賈公彥疏,趙伯雄整理,王文錦審定：《周禮注疏》第 1 冊,第 77 頁。
⑦ 〔漢〕鄭玄注,〔唐〕孔穎達疏,呂友仁整理：《禮記正義》上冊,第 503 頁。
⑧ 〔漢〕鄭玄注,〔唐〕孔穎達疏,呂友仁整理：《禮記正義》下冊,第 1675 頁。
⑨ 〔漢〕鄭玄注,〔唐〕孔穎達疏,呂友仁整理：《禮記正義》中冊,第 725 頁。
⑩ 〔漢〕鄭玄注,〔唐〕賈公彥疏,趙伯雄整理,王文錦審定：《周禮注疏》第 2 冊,第 474 頁。
⑪ 〔漢〕鄭玄注,〔唐〕賈公彥疏,趙伯雄整理,王文錦審定：《周禮注疏》第 1 冊,第 248、250 頁。

之出典。

38．第3918頁倒5—倒4行：將作監……元豐官制行，始正職掌。……監掌宫室、城郭、橋梁、舟車營繕之事……凡土木工匠板築造作之政令總焉。

呂按：《周禮·冬官·考工記》：“國有六職，百工與居一焉。”鄭玄注：“百工，司空事官之屬，於天地四時之職，亦處其一也。司空掌營城郭，建都邑，立社稷、宗廟，造宫室、車服、器械，監百工者。唐、虞已上，曰共工。”①《文獻通考》卷五七《職官考十一》“將作監”：“唐、虞共工，《周官》考工之官，蓋其職也。”②高承《事物紀原》亦云將作監：“唐、虞之共工，《周官·考工》之所記，皆將作之任也。”③

39．第3920頁倒1行：皮角場，掌收皮革、筋角，以供作坊之用。

呂按：《周禮·天官·獸人》：“凡獸入于腊人，皮、毛、筋、角，入于玉府。”賈公彦疏：“獸人所得禽獸，其中皮、毛、筋、角，擇取堪作器物者，送入於玉府，擬給百工飾作器物。”④此志文“掌收皮革、筋角，以供作坊之用”之出典。

40．第3922頁1行：凡治水之法，以防止水，以溝蕩水，以澮寫水，以陂池潴水。

呂按：《周禮·地官·稻人》：“以潴畜水，以防止水，以溝蕩水，以遂均水，以列舍水，以澮寫水。”⑤其中的“溝”“遂”“列”“澮”都是田間的排水溝，祇是其寬度、深度不同。此志文“以防止水，以溝蕩水，以澮寫水，以陂池潴水”之出典。

41．第3934頁倒3—倒2行：冰井務，掌藏冰以薦獻宗廟，供奉禁庭及邦國之用。若賜予臣下，則以法式頒之。

呂按：《周禮·天官·序官》“凌人”鄭玄注：“凌，冰室也。”⑥《周禮·天官·凌人》：“掌冰正（通“政”）。……祭祀共冰鑑，賓客共冰。……夏，頒冰掌事。”鄭玄注引鄭司農云：“掌冰政，主藏冰之政也。暑氣盛，王以冰頒賜，則主爲之。”⑦此本節志文之出典也。

42．第3970頁8行：提舉坑冶司，掌收山澤之所産及鑄泉貨，以給邦國之用。

呂按：《周禮·天官·大宰》：“以九職任萬民……三曰虞衡，作山澤之材。”鄭玄注：“虞衡，掌山澤之官。”⑧此志文“掌收山澤之所産”之出典。《周禮·天官·外府》：“掌邦布之入出，以共百物而待邦之用。”鄭玄注：“布，泉也。……其藏曰泉，其行曰布，取名於水泉，其流行無不徧。”⑨邦布，國家的法定貨幣。此志文“鑄泉貨，以給邦國之用”之出典。

43．第4001頁倒3行：當成周之世，治定制禮，首建六官，漢唐因之。

---

① 〔漢〕鄭玄注，〔唐〕賈公彦疏，趙伯雄整理，王文錦審定：《周禮注疏》第3册，第1236頁。
② 〔宋〕馬端臨著，上海師範大學古籍研究所、華東師範大學古籍研究所點校：《文獻通考》第3册，第1683頁。
③ 〔宋〕高承撰，〔明〕李果訂，金圜、許沛藻點校：《事物紀原》，第276頁。
④ 〔漢〕鄭玄注，〔唐〕賈公彦疏，趙伯雄整理，王文錦審定：《周禮注疏》第1册，第121頁。
⑤ 〔漢〕鄭玄注，〔唐〕賈公彦疏，趙伯雄整理，王文錦審定：《周禮注疏》第2册，第486頁。
⑥ 〔漢〕鄭玄注，〔唐〕賈公彦疏，趙伯雄整理，王文錦審定：《周禮注疏》第1册，第16頁。
⑦ 〔漢〕鄭玄注，〔唐〕賈公彦疏，趙伯雄整理，王文錦審定：《周禮注疏》第1册，第154—156頁。
⑧ 〔漢〕鄭玄注，〔唐〕賈公彦疏，趙伯雄整理，王文錦審定：《周禮注疏》第1册，第38頁。
⑨ 〔清〕孫詒讓撰，王文錦、陳玉霞點校：《周禮正義》第2册，第469頁。

呂按:《禮記·樂記》:"王者功成作樂,治定制禮。"① 意思是 "天下安定下來了,就要制定禮儀"。《周禮》之 "乃立天官冢宰……乃立地官司徒……乃立春官宗伯……乃立夏官司馬……乃立秋官司寇……乃立冬官司空",即 "首建六官" 之出典。

44. 第 4002 頁末行:吏部尚書宋琪等上奏曰:"王者六官,法天地四時之柄,百官之本,典教所出。"

呂按:《周禮·天官·小宰》:"以官府之六屬舉邦治:一曰天官,其屬六十,掌邦治……二曰地官,其屬六十,掌邦教……三曰春官,其屬六十,掌邦禮……四曰夏官,其屬六十,掌邦政……五曰秋官,其屬六十,掌邦刑……六曰冬官,其屬六十,掌邦事。"鄭玄注:"六官之屬,三百六十,象天地四時,日月星辰之度數,天道備焉。前此者,成王作《周官》,其志有述天授位之義,故周公設官分職以法之。"② 此志文 "王者六官,法天地四時之柄,百官之本,典教所出" 之所出。

45. 第 4003 頁倒 2—倒 1 行:周之六官,於是廢矣。

呂按:《周禮·天官·小宰》:"以官府之六屬舉邦治:一曰天官……二曰地官……三曰春官……四曰夏官……五曰秋官……六曰冬官。"③ 此 "周之六官" 之出典。

46. 第 4004 頁 7 行:唐、虞之時,建官惟百。

呂按:《尚書·周官》:"唐、虞稽古,建官惟百。"④ 此 "唐、虞之時,建官惟百" 之出典。

47. 第 4004 頁 8 行:《傳》云:"官不必備,惟其人。"

呂按:《尚書·周官》:"官不必備,惟其人。"孔安國傳:"三公之官,不必備員,惟其人有德,乃處之。"⑤ 此 "《傳》云" 之出典。

48. 第 4005 頁 3 行:十國爲連,周法斯在。

呂按:《禮記·王制》:"千里之外設方伯。五國以爲屬,屬有長;十國以爲連,連有帥。"⑥ 此 "十國爲連" 之出典。

49. 第 4005 頁 10 行—倒 4:知制誥楊億上疏言……今群官於半奉之中已是除陌,又於半奉三分之内,其二分以他物給之,鬻於市廛,十裁得其一二,曾餬口之不及,豈代耕之足云?

呂按:《禮記·王制》:"市廛而不稅。"鄭玄注:"廛,市物邸舍。稅其舍,不稅其物。"⑦ 此 "市廛" 之出典。《禮記·王制》:"諸侯之下士,視上農夫,禄足以代其耕也。"⑧ 此 "代耕" 之出典。

---

① 〔漢〕鄭玄注,〔唐〕孔穎達疏,呂友仁整理:《禮記正義》中册,第 1479 頁。
② 〔漢〕鄭玄注,〔唐〕賈公彥疏,趙伯雄整理,王文錦審定:《周禮注疏》第 1 册,第 64—65 頁。
③ 〔漢〕鄭玄注,〔唐〕賈公彥疏,趙伯雄整理,王文錦審定:《周禮注疏》第 1 册,第 64—65 頁。
④ 〔漢〕孔安國傳,〔唐〕孔穎達疏,廖名春等整理,呂紹綱審定:《尚書正義》下册,第 568 頁。
⑤ 〔漢〕孔安國傳,〔唐〕孔穎達疏,廖名春等整理,呂紹綱審定:《尚書正義》下册,第 569 頁。
⑥ 〔漢〕鄭玄注,〔唐〕孔穎達疏,呂友仁整理:《禮記正義》上册,第 468 頁。
⑦ 〔漢〕鄭玄注,〔唐〕孔穎達疏,呂友仁整理:《禮記正義》上册,第 532 頁。
⑧ 〔漢〕鄭玄注,〔唐〕孔穎達疏,呂友仁整理:《禮記正義》上册,第 455 頁。

上農夫，即能養活九口之家的農夫。

50. 第 4005 頁倒 3—倒 2 行：竊見今之結髮登朝，陳力就列，其奉也不能致九人之飽，不及周之上農。

　　呂按：《論語·季氏》："孔子曰：'求，周任有言曰："陳力就列，不能者止。"'"① 此 "陳力就列" 之出典。《禮記·王制》："制：農田百畝，百畝之分，上農夫（分到上等土地的一個農夫）食（即 "養活"）九人，其次食八人，其次食七人，其次食六人。"② 此 "其奉也不能致九人之飽，不及周之上農" 之出典。

51. 第 4006 頁倒 4 行：乃至太醫之微，司曆之賤，率荷蓼蕭之澤，亦疏石窌之封。

　　呂按：《左傳》哀公十二年："仲尼曰：'丘聞之，火伏而後蟄者畢，今火猶西流，司曆過也。'"③ 此志文 "司曆" 之出典。《毛詩·小雅·蓼蕭》小序："《蓼蕭》，澤及四海也。" 鄭玄箋："九夷、八狄、七戎、六蠻，謂之四海。"④ 此志文 "蓼蕭" 之出典。"蓼蕭" 應加書書名號。《左傳》成公二年："予之石窌。" 杜預注："石窌，邑名。濟北盧縣東有地名石窌。"⑤ 此志文 "石窌" 之出典。

52. 第 4009 頁倒 4—倒 3 行：右司諫孫何上言曰："……竊計今之班簿，臺省宮寺，凡八百員，玉石混淆，名品猥濫，異夫《虞書》考績、《周官》計治之法也。"

　　呂按：《尚書·舜典》："三載考績。" 孔傳："三年有成，故以考功。"⑥ 此志文 "《虞書》考績" 之出典。《周禮·天官·大宰》："八曰官計。" 鄭玄注引鄭司農曰："官計，謂三年則大計羣吏之治而誅賞之。"⑦ 此志文 "計治" 一詞之所出。"計" 者，考察也。

53. 第 4088 頁 6—7 行：舊德來朝，所宜加禮。且表優賢之意，用敦尚齒之風。

　　呂按：《禮記·祭義》："昔者有虞氏貴德而尚齒，夏后氏貴爵而尚齒，殷人貴富而尚齒，周人貴親而尚齒。"⑧ 此志文 "尚齒" 之出典。

54. 第 4088 頁倒 5 行：咸平五年，詔文武官年七十以上求退者，許致仕。

　　呂按：《禮記·曲禮上》："大夫七十而致事。" 鄭玄注："致其所掌之事於君而告老。"⑨ 此志文 "文武官年七十以上求退者，許致仕" 之出典。

55. 第 4089 頁倒 1 行：七十致仕，學者所知。而臣下引年自陳，分之常也。

① 〔魏〕何晏注，〔宋〕邢昺疏，朱漢民整理，張豈之審定：《論語注疏》，北京：北京大學出版社，2000 年，第 251 頁。
② 〔漢〕鄭玄注，〔唐〕孔穎達疏，呂友仁整理：《禮記正義》上冊，第 455 頁。
③ 〔周〕左丘明傳，〔晉〕杜預注，〔唐〕孔穎達正義，浦衛忠等整理，楊向奎審定：《春秋左傳正義》第 4 冊，第 1920 頁。
④ 〔漢〕毛亨傳，〔漢〕鄭玄箋，〔唐〕孔穎達疏，龔抗雲等整理，劉家和審定：《毛詩正義》第 2 冊，北京：北京大學出版社，2000 年 12 月，第 720 頁。
⑤ 〔周〕左丘明傳，〔晉〕杜預注，〔唐〕孔穎達正義，浦衛忠等整理，楊向奎審定：《春秋左傳正義》第 2 冊，第 801 頁。
⑥ 〔漢〕孔安國傳，〔唐〕孔穎達疏，廖名春等整理，呂紹綱審定：《尚書正義》上冊，第 98—99 頁。
⑦ 〔漢〕鄭玄注，〔唐〕賈公彥疏，趙伯雄整理，王文錦審定：《周禮注疏》第 1 冊，第 30—31 頁。
⑧ 〔漢〕鄭玄注，〔唐〕孔穎達疏，呂友仁整理：《禮記正義》下冊，第 1849 頁。
⑨ 〔漢〕鄭玄注，〔唐〕孔穎達疏，呂友仁整理：《禮記正義》上冊，第 25 頁。

　　呂按:《禮記·曲禮上》:"大夫七十而致事。"鄭玄注:"致其所掌之事於君而告老。"① 此"七十致仕"之出典。《禮記·内則》:"凡三王養老皆引年,八十者一子不從政,九十者其家不從政。"鄭玄注:"引户校年,當行復除也。"② 此"引年"之出典。

　　56.第4094頁倒6—倒5行:使長幼有序,獻酬有禮,人知里選之法,孝悌之義。

　　呂按:《禮記·祭統》:"凡賜爵,昭爲一,穆爲一,昭與昭齒,穆與穆齒。……此之謂長幼有序。"③ 此志文"長幼有序"之出典。《毛詩·小雅·楚茨》:"獻醻交錯。"④ 獻醻,謂主客互相敬酒。此志文"獻酬"之出典。明王志長《周禮注疏删翼》卷八引莊渠魏氏曰:"鄉舉里選之法,閭胥選於五比二十五家,小善亦取,故書'敬敏任恤'者;族師選於百家,累善乃取,故書'孝、弟、睦、婣、有學者',質美未學者弗與矣。黨正選於五百家,善有大焉而後取,故書'德行、道藝'者。其學皆已成才,於是州長考之,以核其實;鄉大夫賓興之,而拔其尤,其法可謂備矣。"⑤ 此志文"里選"之出典。在《周禮》中,鄉是最高級級行政區劃單位,轄一萬二千五百家。里,則是基層行政單位。在六鄉之中是二十五家爲一閭,在六遂之中是二十五家爲一里。《論語·學而》:"有子曰:'其爲人也孝弟,而好犯上者鮮矣。'"陸德明《音義》:"弟,本或作'悌'。"⑥ 此志文"孝悌"之出典。

　　57.第4145頁2行:文武群臣奉使於外,藩郡入朝,皆往來備饔餼。

　　呂按:《周禮·秋官·掌客》:"凡諸侯之禮……饔餼九牢……凡介、行人、宰、史,皆有殀饔餼,以其爵等爲之牢禮之陳數。"⑦ 此志文"饔餼"之出典。宋易袚《周官總義》卷二四:"熟食謂之饔,生物謂之餼。"⑧

　　58.第4145頁倒3行:職田……周自卿以下,有圭田不税。

　　呂按:《禮記·王制》:"圭田無征。"鄭玄注:"征,税也。《孟子》曰:'卿以下必有圭田。'治圭田者不税,所以厚賢也。"⑨ 此志文"圭田不税"之出典。

　　59.第4150頁2行:圭田欲以養廉。

　　呂按:《孟子·滕文公上》:"卿以下必有圭田,圭田五十畝。"趙岐注:"古者卿以下至於士,皆受圭田五十畝,所以供祭祀也。圭,潔也。"⑩ 所謂"圭,潔也",謂圭田之設,欲入仕者以廉潔自律也。此志文"圭田欲以養廉"之出典。

---

① 〔漢〕鄭玄注,〔唐〕孔穎達疏,吕友仁整理:《禮記正義》上册,第25頁。
② 〔漢〕鄭玄注,〔唐〕孔穎達疏,吕友仁整理:《禮記正義》中册,第1148頁。
③ 〔漢〕鄭玄注,〔唐〕孔穎達疏,吕友仁整理:《禮記正義》下册,第1886頁。
④ 〔漢〕毛亨傳,〔漢〕鄭玄箋,〔唐〕孔穎達疏,龔抗雲等整理,劉家和審定:《毛詩正義》第2册,第953頁。
⑤ 〔明〕王志長:《周禮注疏删翼》,文淵閣《四庫全書》本。
⑥ 〔魏〕何晏注,〔宋〕邢昺疏,朱漢民整理,張豈之審定:《論語注疏》,第3頁
⑦ 〔漢〕鄭玄注,〔唐〕賈公彥疏,趙伯雄整理,王文錦審定:《周禮注疏》第3册,第1215—1216頁。
⑧ 〔宋〕易袚:《周官總義》,文淵閣《四庫全書》本。
⑨ 〔漢〕鄭玄注,〔唐〕孔穎達疏,吕友仁整理:《禮記正義》上册,第532頁。
⑩ 〔漢〕趙岐注,〔宋〕孫奭疏,廖明春、劉佑平整理,錢逐審定:《孟子注疏》,北京:北京大學出版社,2000年,第164頁。

二、論忽視經學是《宋史》學界的普遍現象

筆者這裏所説的"忽視經學",其具體含義有三:一是對《宋史》的明引經文熟視無睹,二是對《宋史》的暗引經文忽焉不察,三是對馬端臨《文獻通考》的兩點優長(一是"凡叙事,本之經史",二是對緯緯持批判態度)缺乏認識。忽視經學之所以成爲《宋史》學界的普遍現象,竊以爲鄧廣銘先生《考正》是一個誘因,但更重要的則是時代的原因。説話要有證據,限於篇幅,筆者謹列舉 12 個證據如下:

(一)漆俠先生對《考正》的忽視經學毫未察覺

2000 年,漆俠先生在爲高紀春《〈宋史·本紀〉考證》所寫的序中説:"本世紀四十年代初,先師鄧廣銘恭三先生從問題最多最難的《宋史·職官志》入手,清理其史料來源,疏通其扦格難懂之處,抉發《宋史》纂修者們所以造成誤失的種種因素,著成《〈宋史·職官志〉考正》一書。這本著作既爲如何訂正《宋史》一書提供了範例,又爲進一步研究宋代典章制度開拓了新的領域,從而使《宋史》研究跨上一個新的臺階。是書當時譽滿學術界,陳寅恪先生之所以給以高度的評價……就是從這部書的成就及其對宋史研究所起的作用而言的。"[①]

(二)高紀春《〈宋史·本紀〉考證》的忽視經學

高紀春《〈宋史·本紀〉考證》38 万字,一字不及經學。是《宋史·本紀》沒有值得考證的經學問題嗎? 不是。姑舉一例以明之。祭天,這是中國古代的頭等大事,請看:

《太宗紀一》:"(雍熙元年十一月)丁巳,祀天地于圜丘。"(第 73 頁 3 行[②])
《真宗紀一》:"(咸平五年十一月)壬寅,祀天地于圜丘。"(第 118 頁倒 4 行)
《仁宗紀一》:"(天聖八年十一月)戊辰,祀天地于圜丘。"(第 189 頁 1 行)
《神宗紀一》:"(熙寧元年十一月)丁亥,祀天地于圜丘。"(第 269 頁倒 2 行)
《神宗紀三》:"(元豐六年十一月)丙午,祀昊天上帝于圜丘。"(第 311 頁 7—
8 行)
……

我们的問題是,爲什麽宋神宗元豐六年(1083)以前的祭天都是"祀天地于圜丘",即天地同祭;而從元豐六年開始變成了"祀昊天上帝于圜丘"? 質言之,祭祀的對象衹有天,沒有地了。這個問題够大了,還不值得"考證"一下嗎?

---

① 高紀春:《〈宋史·本紀〉考證》,石家莊:河北大學出版社,2000 年,第 1 頁。
② 此頁碼行數,指點校本《宋史》頁碼行數,下同。

馬端臨注意到了這個問題,他在《文獻通考》卷七一《郊社考四》徵引顧臨等説:"宋興,一祖六宗,皆合祭天地,其不合祭者,惟元豐六年一郊耳。"[①]就是對上述變化的總結。

但變化的原因何在呢?請看《文獻通考》卷七一的記載:

> 元豐六年冬至,郊祀昊天上帝,以太祖配。始罷合祭,不設皇地祇位。先是,樞密院陳襄等詳定郊廟禮文,上言曰:"伏承聖意,以天地合祭於圓丘爲非典禮之正,詔令更定。臣謹按《周禮·大司樂》:'以圜鐘爲宫,冬日至,於地上之圜丘奏之,六變以祀天神;以函鐘爲宫,夏日至,於澤中之方丘奏之,八變以祭地祇。'夫祀必以冬日至者,以其陽氣來復於上,天之始也。……祭必以夏日至者,以其陰氣潛萌於下,地之始也。……又《大宗伯》以禋祀、實柴、槱燎,祀其在天者,而以蒼璧禮之……祭其在地者,而以黄琮禮之,皆所以順其陰陽,辨其時位,倣其形色。此二禮之不得不異也。故求諸天而天神降,求諸地而地祇出,得以通精誠而逆福釐,以生烝民,以阜萬物,此百王不易之禮也。去周既遠,先王之法不行。漢元始中,姦臣妄議,不原經意,附會《周官》大合樂之説,謂當合祭。平帝從而用之,故天地共犢,禮之失自此始矣。……垂之本朝,未遑釐正。恭惟陛下恢五聖之述作,舉百王之廢墜,臣以謂既罷合祭,則南北二郊自當别祀。伏望陛下每遇親祠之歲,先以夏日至祭地祇於方丘,然後以冬日至祀昊天於圜丘,此所謂大者正也。"[②]

可謂原原本本。

清秦蕙田《五禮通考》稱贊説:"陳襄之言,據經考正,精確詳明,千古定論。神宗罷南郊合祭,親祀北郊,亦曠代卓識,惜終未之行耳。"[③]

諸如此類的問題,如果都一一"考證"明白,不僅自己長了學問,而且大有益于讀者,何樂而不爲?

(三)劉浦江對《考正》的忽視經學毫未察覺

劉浦江《鄧廣銘與二十世紀的宋代史學》:"宋代史學體系之建立,始於鄧廣銘。至 40 年代,鄧廣銘在宋史學界的權威地位已經得到史學大師們的承認。1943 年,陳寅恪在爲《宋史職官志考正》所作的序中評價説:'鄧恭三先生廣銘,夙治宋史,欲著《宋史校正》一書,先以《宋史職官志考正》一篇,刊布於世。其用力之勤,持論之慎,並世治宋史者,未能或之先

① 〔宋〕馬端臨著,上海師範大學古籍研究所、華東師範大學古籍研究所點校:《文獻通考》第 4 册,第 2209 頁。
② 〔宋〕馬端臨著,上海師範大學古籍研究所、華東師範大學古籍研究所點校:《文獻通考》第 4 册,第 2203—2204 頁。
③ 〔清〕秦蕙田纂,吕友仁等校點,北京大學《儒藏》編纂與研究中心編纂:《五禮通考》第 1 册,北京:北京大學出版社《儒藏》精華編本,2020 年,第 413—414 頁。

也。……他日新宋學之建立，先生當爲最有功之一人，可以無疑也。'"①

（四）李華瑞《〈宋史〉論贊評析》的忽視經學

先説一個小問題。李華瑞《〈宋史〉論贊評析》（下稱《評析》）説："司馬遷並未將'太史公曰'命名曰序曰贊，劉知幾《史通》卷四《論贊篇》和《序例篇》正式論列'太史公曰'爲序爲贊後，繼成爲通稱。"②竊以爲把"贊"的命名溯源歸之于《史通》，怕是晚了點。劉勰《文心雕龍·頌贊》："遷《史》固《書》，托贊褒貶。"范文瀾《文心雕龍注》："《史記》於紀傳之後，必綴'太史公曰'。《漢書》每篇之後，必加'贊曰'。"③他們分明是把《史記》的"太史公曰"視爲"贊"，與《漢書》的"贊曰"一例對待。可知南朝梁劉勰《文心雕龍》已經先發其端。下面言歸正傳。

李華瑞《評析》一文，一字不提經學，所以筆者説它"忽視經學"。姑以《宋史》開篇《太祖紀》的"贊曰"爲例。點校本《宋史》第50—51頁《太祖紀》贊曰：

昔者堯、舜以禪代（1），湯、武以征伐（2），皆南面而有天下（3）。四聖人者往，世道升降（4），否泰推移（5），當斯民塗炭之秋（6），皇天眷求民主（7），亦惟責其濟斯世而已。使其必得四聖人之才，而後以行其事畀之，則生民平治之期（8），殆無日也。

五季亂極，宋太祖起介胄之中（9），踐九五之位（10）。原其得國，視晉、漢、周亦豈甚相絶哉！及其發號施令，名藩大將，俯首聽命（11），四方列國（12），次第削平。此非人力所易致也。建隆以來，釋藩鎮兵權，繩贓吏重法，以塞濁亂之源。州郡司牧（13），下至令録、幕職，躬自引對，務農興學（14），慎罰薄斂（15），與世休息，迄於丕平。治定功成，制禮作樂（16）。在位十有七年之間，而三百餘載之基，傳之子孫，世有典則（17）。遂使三代而降，考論聲明文物之治（18），道德仁義之風（19），宋於漢唐，蓋無讓焉。嗚呼，創業垂統之君（20），規模若是，亦可謂遠也已矣（21）！

《太祖本紀》"贊曰"引經注釋：

（1）堯、舜以禪代：《尚書·堯典序》："昔在帝堯，聰明文思，光宅天下，將遜于位，讓于虞舜。"孔傳："遜，遁也。老使攝，遂禪之。"④

（2）湯、武以征伐：《尚書·湯誓序》："伊尹相湯伐桀……與桀戰于鳴條之野，作《湯誓》。"⑤《尚書·泰誓序》："惟十有一年，武王伐殷。一月戊午，師渡孟津，作《泰誓》。"⑥

---

①　劉浦江：《鄧廣銘與二十世紀的宋代史學》，《歷史研究》1999年第5期，第121頁。

②　李華瑞：《〈宋史〉論贊評析》，《史學集刊》2005年第3期，第48頁。

③　〔南朝梁〕劉勰著，范文瀾注：《文心雕龍注》，第158、173頁。

④　〔漢〕孔安國傳，〔唐〕孔穎達疏，廖名春等整理，吕紹綱審定：《尚書正義》上册，第26頁。

⑤　〔漢〕孔安國傳，〔唐〕孔穎達疏，廖名春等整理，吕紹綱審定：《尚書正義》上册，第226頁。

⑥　〔漢〕孔安國傳，〔唐〕孔穎達疏，廖名春等整理，吕紹綱審定：《尚書正義》下册，第317頁。

（3）南面而有天下：《周易·説卦》：“聖人南面而聽天下，嚮明而治。”①

（4）世道升降：《尚書·畢命》：“道有升降。”孔安國傳：“天道有上下交接之義。”②

（5）否泰推移：《周易·序卦》：“《泰》者，通也。物不可以終通，故受之以《否》。”③王弼《周易略例》：“《否》《泰》二卦，一屈一伸，更相推謝。”④

（6）塗炭：《尚書·仲虺之誥》：“有夏昏德，民墜塗炭。”⑤

（7）皇天眷求民主：《尚書·大禹謨》：“皇天眷命，奄有四海。”⑥《尚書·咸有一德》：“眷求一德，俾作神主。”孔安國傳：“天求一德，使伐桀，爲天地神祇之主。”⑦《尚書·多方》：“天惟時求民主，乃大降顯休命于成湯。”孔安國傳：“天惟是桀惡，故更求民主以代之。”⑧

（8）生民平治：《尚書·畢命》：“澤潤生民。”⑨《孟子·公孫丑下》：“夫天未欲平治天下也，如欲平治天下，當今之世，舍我其誰也！”⑩

（9）介胄：《禮記·曲禮上》：“介胄則有不可犯之色。”⑪

（10）九五之位：《周易·乾卦》：“九五：飛龍在天，利見大人。”⑫

（11）聽命：《左傳·僖公二十四年》：“鄭之入滑也，滑人聽命。”⑬

（12）列國：《左傳·昭公二十三年》：“叔孫曰：‘列國之卿，當小國之君，固周制也。’”⑭

（13）司牧：《左傳·襄公十四年》：“天生民而立之君，使司牧之，勿使失性。”⑮

（14）務農興學：《毛詩·鄘風·定之方中》鄭玄注：“教民稼穡，務農急也。”⑯《禮記·王制》：“無曠土，無游民，食節事時，民咸安其居，樂事勸功，尊君親上，然後興學。”⑰

（15）慎罰薄斂：《尚書·康誥》：“乃丕顯考文王，克明德慎罰。”⑱《左傳·昭公二十年》：“公説，使有司寬政、毀關、去禁、薄斂已責。”杜預注：“除逋責。”⑲

（16）治定功成，制禮作樂：《禮記·樂記》：“王者功成作樂，治定制禮。”鄭玄注：“功成、

---

① 〔魏〕王弼注，〔唐〕孔穎達疏，盧光明、李申整理，呂紹綱審定：《周易正義》，北京：北京大學出版社，2000 年，第 385 頁。

② 〔漢〕孔安國傳，〔唐〕孔穎達疏，廖名春等整理，呂紹綱審定：《尚書正義》下册，第 615 頁。

③ 〔魏〕王弼注，〔唐〕孔穎達疏，盧光明、李申整理，呂紹綱審定：《周易正義》，第 395 頁。

④ 〔三國魏〕王弼：《周易略例》，文淵閣《四庫全書》本。

⑤ 〔漢〕孔安國傳，〔唐〕孔穎達疏，廖名春等整理，呂紹綱審定：《尚書正義》上册，第 234 頁。

⑥ 〔漢〕孔安國傳，〔唐〕孔穎達疏，廖名春等整理，呂紹綱審定：《尚書正義》上册，第 104 頁。

⑦ 〔漢〕孔安國傳，〔唐〕孔穎達疏，廖名春等整理，呂紹綱審定：《尚書正義》上册，第 257 頁。

⑧ 〔漢〕孔安國傳，〔唐〕孔穎達疏，廖名春等整理，呂紹綱審定：《尚書正義》下册，第 540 頁。

⑨ 〔漢〕孔安國傳，〔唐〕孔穎達疏，廖名春等整理，呂紹綱審定：《尚書正義》下册，第 619 頁。

⑩ 〔漢〕趙岐注，〔宋〕孫奭疏，廖明春、劉佑平整理，錢遜審定：《孟子注疏》，第 149 頁。

⑪ 〔漢〕鄭玄注，〔唐〕孔穎達疏，呂友仁整理：《禮記正義》上册，第 101 頁。

⑫ 〔魏〕王弼注，〔唐〕孔穎達疏，盧光明、李申整理，呂紹綱審定：《周易正義》，第 7 頁。

⑬ 〔周〕左丘明傳，〔晉〕杜預注，〔唐〕孔穎達正義，浦衛忠等整理，楊向奎審定：《春秋左傳正義》第 2 册，第 480 頁。

⑭ 〔周〕左丘明傳，〔晉〕杜預注，〔唐〕孔穎達正義，浦衛忠等整理，楊向奎審定：《春秋左傳正義》第 4 册，第 1648 頁。

⑮ 〔周〕左丘明傳，〔晉〕杜預注，〔唐〕孔穎達正義，浦衛忠等整理，楊向奎審定：《春秋左傳正義》第 3 册，第 1063 頁。

⑯ 〔漢〕毛亨傳，〔漢〕鄭玄箋，〔唐〕孔穎達疏，龔抗雲等整理，劉家和審定：《毛詩正義》第 1 册，第 238 頁。

⑰ 〔漢〕鄭玄注，〔唐〕孔穎達疏，呂友仁整理：《禮記正義》上册，第 540 頁。

⑱ 〔漢〕孔安國傳，〔唐〕孔穎達疏，廖名春等整理，呂紹綱審定：《尚書正義》下册，第 425 頁。

⑲ 〔周〕左丘明傳，〔晉〕杜預注，〔唐〕孔穎達正義，浦衛忠等整理，楊向奎審定：《春秋左傳正義》第 4 册，第 1612 頁。

治定,同時耳。功主於王業,治主於教民。"①

（17）傳之子孫,世有典則:《尚書·五子之歌》:"明明我祖,萬邦之君,有典有則,貽厥子孫。"②

（18）聲明文物:《子夏易傳·序卦傳》:"文物以采之,聲明以揚之,焕然而有其文,而後盡其治也。"③

（19）道德仁義:《禮記·曲禮上》:"道德仁義,非禮不成。"④

（20）創業垂統:《孟子·梁惠王下》:"君子創業垂統,爲可繼也。"⑤

（21）亦可謂遠也已矣:《論語·顔淵》:"浸潤之譖,膚受之愬,不行焉,可謂明也已矣。"⑥

《宋史·太祖紀》"贊曰"凡270字,徵引經文竟然多達21條(28處),可謂夥矣。究其原因,"贊曰"既然承擔着褒貶的任務,如果不以經文爲標準,何以服人? 對這些暗引的經文毫不理會,能够説我們真正看懂了嗎?

（五）包偉民對《考正》的忽視經學毫未察覺

包偉民《鄧廣銘先生的學術風格》:"從1940年底至1942年春,先生受中英庚款董事會的資助,完成發表的《宋史職官志考證》。" 也就是這篇《考正》,贏得了陳寅恪先生 "其用力之勤,持論之慎,並世治宋史者,未能或之先也" 這樣的高度評價。⑦

（六）羅炳良《〈宋史〉研究·前言》的忽視經學

羅炳良《〈宋史〉研究·前言》:"迄今爲止的《宋史》研究中仍然存在着一些問題,有待於今後進一步認識和解決。首先,微觀研究較爲深入,而宏觀研究明顯缺乏。……其次,在對《宋史》的整體性研究中,一般概述編修過程的文章較多,而從理論上做出獨到評價的研究文章較少。……再次,對於《宋史》的評價,仍然圍繞傳統問題展開。"⑧

竊以爲,羅炳良先生所説的三個問題都不是主要問題;主要問題是普遍地忽視經學,拙文列舉的諸多實例可證。

（七）湯勤福、王志躍《宋史禮志辨證》的忽視經學

湯勤福、王志躍《宋史禮志辨證》(下稱《辨證》),⑨此書煌煌兩册,120萬字。承蒙作者

---

① 〔漢〕鄭玄注,〔唐〕孔穎達疏,呂友仁整理:《禮記正義》下册,第1479頁。
② 〔漢〕孔安國傳,〔唐〕孔穎達疏,廖名春等整理,呂紹綱審定:《尚書正義》上册,第214頁。
③ 《子夏易傳》,文淵閣《四庫全書》本。
④ 〔漢〕鄭玄注,〔唐〕孔穎達疏,呂友仁整理:《禮記正義》上册,第19頁。
⑤ 〔漢〕趙岐注,〔宋〕孫奭疏,廖明春、劉佑平整理,錢遜審定:《孟子注疏》,第75頁。
⑥ 〔魏〕何晏注,〔宋〕邢昺疏,朱漢民整理,張豈之審定:《論語注疏》,第180頁。
⑦ 包偉民:《鄧廣銘先生的學術風格》,載《南開學報(哲學社會科學版)》2015年第5期,第55頁。
⑧ 羅炳良編:《〈宋史〉研究·前言》《〈宋史〉研究》,北京:中國大百科全書出版社,2009年,第16頁。
⑨ 湯勤福、王志躍:《宋史禮志辨證》,上海:上海三聯出版社,2011年。

厚愛,贈我一套。我的讀後感是:從純史學的層面上來説,不乏創見;但從經學的角度來説,則乏善可陳。

《禮記·檀弓上》説:"君子之愛人也以德,細人(小人)之愛人也以姑息。"[①]筆者雖愚,也不願做"細人",願效法"君子",故坦陳四點拙見如下:

1.《禮志》明引經文而《辨證》没有看懂而致誤 12 例

需要説明的是,這 12 例是《宋史》點校者首先没有看懂,《辨證》受其誤導。

(1)《辨證》第 181 頁 5 行起:

> 又詔:"明堂之制,朕取《考工》互見之文,得其制作之本。夏后氏曰世室,堂脩二七,廣四脩一,五室三四步四三尺,九階,四旁兩夾窗。考夏后氏之制,名曰世室,又曰堂者,則世室非廟堂。脩二七,廣四脩一,則度以六尺之步,其堂脩十四步,廣十七步之半。又曰五室三四步四三尺者,四步益四尺,中央土室也;三步益三尺,木、火、金、水四室也。每室四户,户兩夾窗,此夏制也。商人重屋,堂脩七尋,崇三尺,四阿重屋,而又曰堂者,非寢也。度以八尺之尋,其堂脩七尋。又曰四阿重屋,阿者屋之曲也,重者屋之複也,則商人有四隅之阿,四柱複屋,則知下方也。周人明堂,度以九尺之筵。三代之制不相襲,夏曰世室,商曰重屋,周曰明堂,則知皆室也。東西九筵,南北七筵,堂崇一筵,五室,凡室二筵者,九筵則東西長,七筵則南北狹,所以象天,則知上圜也。……"(第 2473 頁)[②]

吕按:這段文字的標點很不達意,還有破句。標點者没有看出來這是宋徽宗以皇帝之尊在爲《周禮·考工記·匠人》作分段批講。先來一段經文,再來一段批講,如此反復。今試爲重新標點如下:

> 又詔:"明堂之制,朕取《考工》互見之文,得其制作之本。'夏后氏曰世室,堂脩二七,廣四脩一,五室,三四步,四三尺。九階,四旁兩夾窗'。考夏后氏之制,名曰世室,又曰堂者,則世室非廟。'堂脩二七,廣四脩一',則度以六尺之步,其堂脩十四步,廣十七步之半。又曰'五室,三四步,四三尺'者,四步益四尺,中央土室也;三步益三尺,木、火、金、水四室也。每室四户,户兩夾窗,此夏制也。'商人重屋,堂脩七尋,崇三尺,四阿,重屋',而又曰堂者,非寢也。度以八尺之尋,其堂脩七尋。又曰'四阿,重屋',阿者,屋之曲也;重者,屋之複也。則商人有四隅之阿,四柱複屋,則知下方也。'周人明堂,度以九尺之筵',三代之制不相襲,夏曰世室,商曰重屋,

---

① 〔漢〕鄭玄注,〔唐〕孔穎達疏,吕友仁整理:《禮記正義》上册,第 251 頁。
② 此括注頁碼指點校本《宋史》頁碼,下同。

周曰明堂，則知皆室也。'東西九筵，南北七筵，堂崇一筵，五室，凡室二筵'者，九筵則東西長，七筵則南北狹，所以象天，則知上圜也。……"①

加引號的都是經文，不加引號的都是宋徽宗的批講。原標點也有破句，"則世室非廟堂"句，"堂"字當屬下。

（2）《辨證》第247頁倒8行：《周官》："太祝掌六祝之辭，以事鬼神，示其福祥。"（第2499頁）

呂按：先説標點破句問題。"示"，音qí，同"祇"，地神也，字當屬上。不是"表示"的"示"字。《周禮·春官·凡以神仕者》："以冬日至致天神、人鬼，以夏日至致地示。"② 按：人神曰鬼，天神曰神，地神曰示（祇）。次説校勘問題。"其福祥"，《周禮·春官·大祝》作"祈福祥"，③ "其"當作"祈"。

（3）《辨證》第295頁9行引《宋史·禮六》《周禮》小司徒之職："凡小祭祀奉牛牲羞其肆。"（第2518頁）

呂按：標點不達意。第一，"小司徒之職"作爲篇名，應加書名號；第二，引文應作三個小句："凡小祭祀，奉牛牲，羞其肆。"肆，音tī，謂解剔牲体。《周禮·地官·大司徒》："祀五帝，奉牛牲，羞其肆。"賈公彥疏："羞，進也；肆，解也。謂於俎上進所解牲體於神坐前。"④

（4）《辨證》第297頁倒2行：孔穎達注《月令》曰："藏冰則用牡黍，啓唯告而已。"祭禮大、告禮小故也。（第2519頁）

呂按：這裏有三個問題。第一，引文的出處錯了；第二，引文少引了；第三，引文有錯字。找到引文的正確出處，這三個問題就迎刃而解。此段引文不是出自孔穎達注《禮記·月令》，而是出自《左傳·昭公四年》孔穎達疏："藏冰則祭用牲黍者，啓唯告而已。藏則設享祭之禮，祭禮大而告禮小故也。"⑤ "牲黍"，孔穎達《正義》作"牲黍"，是。此處"牲"作"牡"，蓋形近而誤。

（5）《辨證》第305頁倒8行：《周禮》："司服掌王之吉服，祭群小祀則服玄冕。"《注》謂宮中七祀之屬。（第2522頁）

呂按：此處徵引之經文、注文皆有誤。按：《周禮·春官·司服》："掌王之吉凶衣服……祭群小祀則玄冕。"鄭玄注："羣小祀，林澤墳衍、四方百物之屬。"⑥ 鄭玄注文中並無"宮中七祀之屬"之文。按《周禮·春官·小祝》："凡外内小祭祀……掌事焉。"賈公彥疏："其内小祀，

---

① 經文參見〔漢〕鄭玄注，〔唐〕賈公彥疏，趙伯雄整理，王文錦審定：《周禮注疏》第3冊，第1347—1349頁。
② 〔漢〕鄭玄注，〔唐〕賈公彥疏，趙伯雄整理，王文錦審定：《周禮注疏》第2冊，第869頁。
③ 〔漢〕鄭玄注，〔唐〕賈公彥疏，趙伯雄整理，王文錦審定：《周禮注疏》第2冊，第774頁。
④ 〔漢〕鄭玄注，〔唐〕賈公彥疏，趙伯雄整理，王文錦審定：《周禮注疏》第1冊，第319頁。
⑤ 〔周〕左丘明傳，〔晉〕杜預注，〔唐〕孔穎達正義，浦衛忠等整理，楊向奎審定：《春秋左傳正義》第3冊，第1377頁。
⑥ 〔漢〕鄭玄注，〔唐〕賈公彥疏，趙伯雄整理，王文錦審定：《周禮注疏》第2冊，第646頁。

謂宮中七祀之等。"① 賈疏與史志之 "注謂宮中七祀之屬" 相吻合。然則,史志此數句蓋史臣誤記,正確的表述當是:《周禮》:"凡外内小祭祀,掌事焉。" 疏謂宮中七祀之屬。

(6)《辨證》第 379 頁 4 行:國子司業蔣静言:"……衮,公服也,達於上。鄭氏謂公衮無升龍,誤矣。"(第 2550 頁)

吕按:檢《周禮·春官·司服》鄭玄注,無 "公衮無升龍" 之文。而賈公彦疏引舊説云:"上公亦九章,與天子同,無升龍,有降龍。"② 然則此 "鄭氏" 當作 "賈氏",蓋言者誤記而致誤。

(7)《辨證》第 454 頁倒 2 行:"按《禮》,祝延尸入奥,灌後乃出延牲。"(第 2584 頁)

吕按:"灌後乃出延牲",《續資治通鑑長編》(下稱《長編》)卷三一九元豐四年十一月辛卯條、《通考》卷一○二《宗廟考》一二皆作 "灌後王乃出迎牲",是。《周禮·天官·内宰》:"大祭祀,后裸獻則贊。" 鄭玄注:"謂祭宗廟,王既裸而出迎牲,后乃從後裸也。"③ 然則《宋史》脱一 "王" 字,"迎牲" 誤作 "延牲"。

(8)《辨證》第 1013 頁 14 行:"伏以忌日不樂,嘗載《禮經》。"(第 2889 頁)

吕按:"忌日不樂" 四字應加引號,見《禮記·檀弓上》,④ 一字不差。此《禮經》即指《禮記》。

(9)《辨證》第 1066 頁倒 12 行:"且周制,……小史掌卿大夫之家賜謚請誄。"(第 2914 頁)

吕按:"請",《宋會要·禮》五八之一載孫奭引《周禮》及《長編》卷一○六天聖六年二月載王曄言皆作 "讀",⑤ 當據改。《周禮·春官·小史》:"卿大夫之喪,賜謚讀誄。"⑥

(10)《辨證》第 1080 頁倒 10 行:太常禮院議:"……(《禮記》)又曰:'三年之喪,人道之至大也。'"(第 2923 頁)

吕按:"大",《禮記·三年問》作 "文",當據改。孔穎達疏云:"'三年之喪,人道之至文者也',言三年喪禮,於人道之中,至極文理之盛者。"⑦ 簡言之,三年之喪的講究最多。

(11)《辨證》第 1087 頁 2 行:按《儀禮》:"父卒繼母嫁,爲之服期。" 謂非生己者,故父卒改嫁,降不爲己母。(第 2927 頁)

吕按:標點可議者有二:第一,"父卒繼母嫁" 是《儀禮·喪服》的原文,⑧ 一字不差;而 "爲之服期" 不是原文,是兩制等推論,不當引。第二,"降不爲己母",當標作 "降,不爲己母"。降,謂降低服喪規格;"不爲己母",謂這一條不是針對生身之母來説的。當標作:按《儀禮》"父

① 〔漢〕鄭玄注,〔唐〕賈公彦疏,趙伯雄整理,王文錦審定:《周禮注疏》第 2 册,第 798 頁。
② 〔漢〕鄭玄注,〔唐〕賈公彦疏,趙伯雄整理,王文錦審定:《周禮注疏》第 2 册,第 658 頁。
③ 〔漢〕鄭玄注,〔唐〕賈公彦疏,趙伯雄整理,王文錦審定:《周禮注疏》第 1 册,第 212 頁。
④ 〔漢〕鄭玄注,〔唐〕孔穎達疏,吕友仁整理:《禮記正義》上册,第 234 頁。
⑤ 〔宋〕李燾撰,上海師範大學古籍整理研究所,華東師範大學古籍研究所點校:《續資治通鑑長編》第八册,北京:中華書局,1995 年,第 2464 頁。
⑥ 〔漢〕鄭玄注,〔唐〕賈公彦疏,趙伯雄整理,王文錦審定:《周禮注疏》第 2 册,第 822 頁。
⑦ 〔漢〕鄭玄注,〔唐〕孔穎達疏,吕友仁整理:《禮記正義》下册,第 2191 頁。
⑧ 〔漢〕鄭玄注,〔唐〕賈公彦疏,彭林整理,王文錦審定:《儀禮注疏》下册,北京:北京大學出版社,2000 年,第 660 頁。

卒繼母嫁"，爲之服期，謂非生己者，故父卒改嫁，降，不爲己母。

（12）《辨證》第 1087 頁倒 9 行：《儀禮》《禮記正義》，古之正禮……爲父後者，爲出母無服。（第 2928 頁）

呂按：有兩處標點錯了。第一，"正義"二字不應放在書名號內。此處是指《儀禮》《禮記》二經，不是指的唐人作的《正義》。《儀禮》據説是孔子作的，《禮記》是七十子後學作的，總而言之，是聖賢作的，所以才有資格被稱作"古之正禮"。唐人的《正義》談不上"古之正禮"。第二，"爲父後者，爲出母無服"出自《儀禮・喪服》："出妻之子，爲父後者，則爲出母無服。"①應加引號。

2.《辨證》對《宋史・禮志》的暗引經文渾然不覺

姑以《宋史・禮十一》爲例，筆者得出其暗引經文 13 例。這 13 例，《辨證》祇知道與《會要》《長編》《通考》等宋代文獻比來比去，就是沒有想到經學。

（1）《辨證》第 470 頁倒 11 行：詳定郊廟奉祀禮文所言："今太廟四時雖有薦新，而孟享禮料無祠禴蒸嘗之別。伏請春加韭卵，夏加麥魚，秋加黍豚，冬加稻鴈，……以應古禮。從之"（第 2594 頁倒 2 行）②

呂按：《春秋公羊傳・桓公八年》："春曰祠。（何休注：薦尚韭卵。祠，猶食也，猶繼嗣也。春物始生，孝子思親繼嗣而食之，故曰祠。）夏曰礿（同"禴"）。（何休注：薦尚麥魚，始熟可礿，故曰礿。）秋曰嘗。（何休注：薦尚黍豚。嘗者，先辭也。秋穀成者非一，黍先熟，可得薦，故曰嘗。）冬曰烝。（何休注：薦尚稻鴈。烝，衆也，氣盛貌。冬萬物畢成，所薦衆多，芬芳備具，故曰烝。無牲而祭謂之薦）。"③此節《公羊傳》及何休注，就是詳定郊廟奉祀禮文所建言之理論根據。

（2）《辨證》第 473 頁 8 行：詳定郊廟禮文所言："古者納牲之時，王親執鸞刀，啓其毛，而祝以血毛詔於室。"（第 2596 頁 11 行）

呂按：《禮記・禮運》孔穎達疏："迎牲而入，至於庭，故《禮器》云：'納牲詔於庭。'王親執鸞刀，啓其毛，而祝以血毛告於室。"④此節《禮記》孔疏即詳定郊廟禮文所建言之根據也。

（3）《辨證》第 474 頁 1 行：又言："宜令戶部陳歲貢以充庭實，如古禮，仍以龜爲前，金次之，玉帛又次之，餘居後。"（第 2596 頁倒 1 行）

呂按：《禮記・禮器》："龜爲前列，先知也。金次之，見情也。"⑤此志文"龜爲前，金次之"之出典也。"龜爲前，金次之"應加引號。

（4）《辨證》第 475 頁 4 行：又請："諸廟各設莞筵紛純，加繅席畫純，于戶內之東西面。"

---

① 〔漢〕鄭玄注，〔唐〕賈公彦疏，彭林整理，王文錦審定：《儀禮注疏》下冊，第 660 頁。
② 此括號中的頁碼行數是點校本《宋史》頁碼行數，下同。
③ 〔漢〕公羊壽傳，〔漢〕何休解詁，〔唐〕徐彦疏，浦衛忠整理，楊尚奎審定：《春秋公羊傳注疏》，北京：北京大學出版社，2000 年，第 105—106 頁。
④ 〔漢〕鄭玄注，〔唐〕孔穎達疏，呂友仁整理：《禮記正義》中冊，第 897 頁。
⑤ 〔漢〕鄭玄注，〔唐〕孔穎達疏，呂友仁整理：《禮記正義》中冊，第 1013 頁。

（第 2597 頁 7 行）

　　呂按：《周禮·春官·司几筵》："凡封國、命諸侯,王位設黼依,依前南鄉設莞筵紛純（音 zhǔn,鑲邊）,加繅（音 zǎo,通"藻"）席畫純。"①此即志文之出典。"設莞筵紛純,加繅席畫純"應加引號,"西面"前應加逗號。

　　（5）《辨證》第 475 頁倒 6 行：又言："古者宗廟九獻,皇及后各四,諸臣一。"（第 2597 頁 9 行）

　　呂按：《周禮·春官·司尊彝》鄭玄注："此凡九酌,王及后各四,諸臣一,祭之正也。"②此即"又言"之出典也。

　　（6）《辨證》第 477 頁倒 10 行：又請："命刑部尚書一員以奉大牲,兵部尚書一員奉魚十有五。"（第 2598 頁 8 行）

　　呂按："奉大牲"之"大",乃"犬"字之誤。《周禮·秋官·大司寇》："大祭祀,奉犬牲。"③《周禮》之大司寇,即宋代之刑部尚書也。作爲旁證,《長編》卷三一八元豐四年十月甲戌："伏請設刑部尚書一員以奉犬牲,兵部尚書一員以奉魚。"④點校本《宋史》失校,《辨證》亦未指出。《周禮·天官·小宰》鄭玄注引鄭司農云："大祭祀……司馬羞魚牲。"⑤《周禮》之大司馬,相當於宋代的兵部尚書。諸位看看,宋代的刑部尚書、兵部尚書幹什麼活兒,以《周禮》爲據。

　　（7）《辨證》第 477 頁倒 9 行：又請："其祼將于室,朝踐于堂,饋熟于室,則於奧設莞筵紛純,加繅席畫純,加次席黼純,左右玉几。"（第 2598 頁 9 行）

　　呂按：《周禮·春官·司几筵》："凡大朝覲,設黼依,依前南鄉,設莞筵紛純,加繅席畫純,加次席黼純,左右玉几。"即此節"設莞筵紛純"以下四句之出典。

　　（8）《辨證》第 477 頁倒 6 行：又請："鉶三,設于豆之南。南陳牛鉶居北,羊鉶在牛鉶之南。"（第 2598 頁 10 行）

　　呂按：標點有破句。"南陳"二字當屬上爲句,即標作："鉶三,設于豆之南,南陳。"南陳者,謂向南陳列之。《儀禮·特牲饋食禮》："主婦設兩敦黍稷于俎南,西上（即以西爲上）,及兩鉶芼,設于豆南,南陳。"⑥

　　（9）《辨證》第 478 頁倒 8 行：又請："太官令取肝,以鸞刀制之,洗于鬱鬯,貫以膋（音 liáo,脂肪）,燎于爐炭,祝以肝膋入,詔神于室,又出以隋祭于戶外之左,三祭于茅俎。"（第 2599 頁 3 行）

　　呂按：《禮記·郊特牲》鄭玄注："取牲膟（音 lǜ,牲血）膋,燎于爐炭,洗肝于鬱鬯而燔之,

①〔漢〕鄭玄注,〔唐〕賈公彥疏,趙伯雄整理,王文錦審定：《周禮注疏》第 2 冊,第 617 頁。
②〔漢〕鄭玄注,〔唐〕賈公彥疏,趙伯雄整理,王文錦審定：《周禮注疏》第 2 冊,第 608 頁。
③〔漢〕鄭玄注,〔唐〕賈公彥疏,趙伯雄整理,王文錦審定：《周禮注疏》第 3 冊,第 1067 頁。
④〔宋〕李燾：《續資治通鑒長編》第 22 冊,北京：中華書局,1985 年,第 7690—7691 頁。
⑤〔漢〕鄭玄注,〔唐〕賈公彥疏,趙伯雄整理,王文錦審定：《周禮注疏》第 1 冊,第 67 頁。
⑥〔漢〕鄭玄注,〔唐〕賈公彥疏,彭林整理,王文錦審定：《儀禮注疏》下冊,第 989 頁。

入以詔神於室，又出以墮于主。"① 此志文"洗于鬱鬯"云云之出典。

（10）《辨證》第481頁6行：又言："圭瓚之制，親祀以塗金銀瓚，有司行事以銅瓚，其大小長短之制，皆不如禮，請改以應古制。"（第2600頁6行）

呂按：《周禮·考工記·玉人》："四圭，尺有二寸，以祀天。……土圭，尺有五寸，以致日，以土地。祼圭，尺有二寸，有瓚，以祀廟。……圭璧五寸，以祀日月星辰。"② 是其例也。志文之所謂"皆不如禮"，謂皆不合乎《周禮》的規定。

（11）《辨證》第490頁3行：詳定所言："天子諸侯，物熟則薦，不以孟仲季爲限。"（第2603頁倒7行）

呂按：《禮記·王制》孔穎達疏："若天子、諸侯禮尊，物熟則薦之，不限孟仲季。"③ 可知詳定所建言的根據是《禮記》孔疏。

（12）《辨證》第490頁12行：詳定所言："今春不薦鮪，誠爲闕典。請季春薦鮪，無則闕之。"（第2603頁倒3行）

呂按：《禮記·月令》："季春之月，薦鮪于寢廟。"④ 可知詳定所建言的根據是《禮記》。

（13）《辨證》第492頁1行：比部員外郎何天衢言："祭不欲數，數則煩；祭不欲疏，疏則怠。先王建祭祀之禮，必得疏數之中，未聞一日之間遂行兩祭者也。"（第2604頁6行）

呂按：點校本《宋史》這個標點很不達意，它没有表現出何天衢的據經建言，似乎都是何天衢自己的話。按《禮記·祭義》："祭不欲數，數則煩；祭不欲疏，疏則怠。"⑤ 一字不差。這四句經文是何天衢建言的理論根據，應加引號。

《宋史·禮志》凡28卷，僅此一卷的暗引已達13例，整個《宋史·禮志》的暗引之多，可以想見。

3.《辨證》完全忽略了緯書對《宋史·禮志》的巨大影響

《辨證》不僅完全忽視了經書，而且完全忽視了緯書，令人一再惋惜。在《宋史》的其他"志"中，緯書可以忽略，唯獨《禮志》不可。爲什麽？因爲《宋史·禮志》是《宋史》徵引緯書的大本營，是緯書的重災區。《禮志》講的吉、凶、賓、軍、嘉五禮，其中的吉禮，也叫祭禮，是五禮中的最重要部分。而祭禮的理論根據主要來自"十三經"中的《禮記》《周禮》《儀禮》，習稱"三禮"。而"三禮"的注家是東漢鄭玄；而鄭玄又是相信讖緯的，"十三經"的其他注家都不信緯，祇有鄭玄信緯。但鄭玄在經學界的權威最高，高到"寧道孔聖誤，諱聞鄭、服非"（見《舊唐書·元行冲傳》）的地步。職此之故，《宋史·禮志》也深受鄭玄信緯的影響。

下面我們就舉例説明緯書對《宋史·禮志》的影響。據《宋史·禮一》，歲之大祀三十，其

---

① 〔漢〕鄭玄注，〔唐〕孔穎達疏，呂友仁整理：《禮記正義》中册，第1096頁。

② 〔漢〕鄭玄注，〔唐〕賈公彦疏，趙伯雄整理，王文錦審定：《周禮注疏》第1册，第1313—1316頁。

③ 〔漢〕鄭玄注，〔唐〕孔穎達疏，呂友仁整理：《禮記正義》上册，第530頁。

④ 〔漢〕鄭玄注，〔唐〕孔穎達疏，呂友仁整理：《禮記正義》上册，第647頁。

⑤ 〔漢〕鄭玄注，〔唐〕孔穎達疏，呂友仁整理：《禮記正義》下册，第1806頁。

中包括"冬至圜丘祭昊天上帝,正月上辛又祀感生帝"① 兩項大祀。讓我們檢視一下,這兩項大祀祭的都是什麼神靈,其理論根據又何在?

（1）冬至圜丘祭昊天上帝,即南郊,這是天字第一號的大祭,祭的是那位神靈?《宋史·禮二》禮儀使趙安仁道出個中奧秘:"天皇大帝,即北辰耀魄寶也。"② 趙安仁怎麼知道的呢?源自《周禮》鄭玄注與賈公彥疏。《周禮·大宗伯》:"以禋祀祀昊天上帝。"鄭玄注:"昊天上帝,冬至於圜丘所祀天皇大帝。"賈疏:"案《爾雅》云:'北極謂之北辰。'鄭注云:'天皇,北辰耀魄寶。'"③ "北辰耀魄寶"出自何書呢?孫詒讓《周禮正義·大宗伯》引金榜云:"鄭注《大宗伯》'昊天上帝',以爲北辰耀魄寶,本於《春秋緯》。"④

（2）《宋史·禮三》:"感生帝,即五帝之一也。帝王之興,必感其一。乾德元年,太常博士聶崇義言:'皇帝以火德上承正統,請奉赤帝爲感生帝,每歲正月,別壇而祭,以符火德。'事下尚書省集議,請如崇義奏。"⑤

呂按:祭感生帝,這是祇有帝王之家才能享受的排場,其理論根據亦來自緯書。《禮記·大傳》:"禮,不王不禘。王者禘其祖之所自出,以其祖配之。"鄭玄注:"王者之先祖,皆感大微五帝之精以生,蒼則靈威仰,赤則赤熛怒,黃則含樞紐,白則白招拒,黑則汁光紀。皆用正歲之正月郊祭之,蓋特尊焉。"⑥ 鄭注中的"蒼則靈威仰"以下五帝,就是《宋史》所說的"五帝"。宋史所說的"赤帝",即赤熛怒。鄭注的感生帝五帝之說,未言出處,而孔穎達疏給我們點明了:"注云'蒼則靈威仰'至'汁光紀'者,《春秋緯文耀鉤》文。"⑦

4.《辨證》對《文獻通考》對讖緯持批判態度毫無認識

馬端臨《文獻通考》對讖緯持批判態度,實屬難能可貴。不僅在"三通"中是獨此一家,而且與《宋史·禮志》的信奉讖緯大異其趣。《辨證》對此也毫無認識,令人惋惜。姑舉二例如下:

（1）《文獻通考·郊社考一》馬端臨按:"祀天莫大於郊,祀祖莫大於配天。四代之郊,見於《祭法》。經文簡略,後之學者,莫不求之鄭注,而注之叢雜牴牾如此。康成注《三禮》,凡祀天處,必指以爲所祀者某帝,其所謂天者非一帝,故其所謂配天者,亦非一祖。於是釋'禘、郊、祖、宗',以爲或祀一帝,或祀五帝,各配以一祖,其病蓋在於取讖緯之書解經。"⑧

（2）《文獻通考·郊社考十一》馬端臨按:"五帝之祀,見於《周禮》,五帝之義,見於《家語》,其說本正大也。自秦漢間,廢祀天之禮,而以所謂郊祀者,祀於五時,名曰五帝。鄭康成

① 〔元〕脫脫等:《宋史》第 8 冊,第 2425 頁。
② 〔元〕脫脫等:《宋史》第 8 冊,第 2436 頁。
③ 〔漢〕鄭玄注,〔唐〕賈公彥疏,趙伯雄整理,王文錦審定:《周禮注疏》第 3 冊,第 530、534 頁。
④ 〔清〕孫詒讓撰,王文錦、陳玉霞點校:《周禮正義》第 5 冊,第 1310 頁。
⑤ 〔元〕脫脫等:《宋史》第 8 冊,第 2461 頁。
⑥ 〔漢〕鄭玄注,〔唐〕孔穎達疏,呂友仁整理:《禮記正義》中冊,第 1349 頁。
⑦ 〔漢〕鄭玄注,〔唐〕孔穎達疏,呂友仁整理:《禮記正義》中冊,第 1162—1163 頁。
⑧ 〔宋〕馬端臨著,上海師範大學古籍研究所、華東師範大學古籍研究所點校:《文獻通考》第 4 冊,第 2077 頁。

解經,習聞秦漢之事,遂於經所言郊祀,多指爲祀五帝。且據緯書爲之名字,東曰靈威仰,南曰赤熛怒,西曰白招拒,北曰叶光紀,中曰含樞紐。"①

以上四條拙見,不知然否? 幸湯勤福、王志躍二君有以教我。

（八）王曾瑜《宋朝禮制研究的重大進展：評〈宋史禮志辨證〉》的忽視經學

王曾瑜《宋朝禮制研究的重大進展：評〈宋史禮志辨證〉》(下稱《重大進展》)説："此書無疑是宋朝禮制研究的一個重大進展,是近年來少見的、學術分量十分厚重的成功之作,從而在根本上扭轉了宋朝禮制研究的落後狀態。……編纂此類作品的絕對要求就是嚴謹細緻,不憚繁難,肯下真功夫、死功夫和苦功夫,此書對目前浮躁的學風而論,確是一劑良藥。"②

呂按：坦白地説,筆者不同意王曾瑜先生對《辨證》的上述評價,過譽了。在上文,筆者對湯勤福、王志躍《宋史禮志辨證》談了四條批評意見,敢請王曾瑜先生過目。除此之外,筆者針對王曾瑜先生關於學風的評語再補充三點拙見：

1.《辨證》統計廿四史《禮志》卷數有誤

《宋史禮志辨證》在《緒論》的開頭説：除《宋志》外,廿四史中有《禮志》者,《史記》1卷(稱《禮書》),《漢書》有《禮樂》1卷,《後漢書》有《禮志》2卷、《祭祀》3卷,《晉書》3卷,《宋書》5卷,《南齊書》2卷,《魏書》4卷,《北齊書》7卷(稱《禮儀》),《隋書》7卷,《舊唐書》7卷,《新唐書》有《禮樂》12卷,其中"樂"爲2卷,《舊五代史》2卷,《遼史》6卷,《金史》11卷,《元史》稱《禮樂》,共5卷,(其中"樂"4卷),《祭祀》6卷,《明史》14卷,共92卷。

呂按：《史記》八書中的《封禪書》,是專講祭禮的,應予納入,此其一。《漢書》中有一篇《郊祀志》,作者遺漏了,此其二。作者説"《北齊書》7卷(稱《禮儀》)"。筆者核查了李百藥《北齊書》50卷,内含本紀8卷,列傳42卷,根本就沒有"志",一卷也沒有,更甭説七卷。原書具在,可覆按也,此其三。《遼史》的《禮志》是5卷,卷49至卷53,不是6卷,此其四。據以上四點,廿四史有《禮志》92的總數中,應增加《史記》1卷,增加《漢書》1卷,減去所謂《北齊書》7卷,減去《遼史》1卷,最後的總數是86卷。一道簡單的算術題都算錯了,是"嚴謹細緻,不憚繁難"的學風嗎?

2.《辨證》開篇的統計廿四史《禮志》序文字數的字數也錯了

《宋史禮志辨證》之《禮一》45頁：五代之衰亂甚矣,其禮文儀注往往多草創,不能備一代之典。宋太祖興兵間,受周禪,收攬權綱,一以法度振起故弊。

《辨證》按：此爲《禮志》序文起始之語,整篇序文長達1507字,在諸志中僅次於《職官志》。其他諸史《禮志》序字數如下：《史記》251字,《漢書》473字,《後漢書》55字,《晉書》473字,《宋書》305字,《南齊書》379字,《魏書》341字,《隋書》879字,《舊唐書》661字,《遼

---

① 〔宋〕馬端臨著,上海師範大學古籍研究所、華東師範大學古籍研究所點校：《文獻通考》第4冊,第2405頁。
② 彭衛主編：《歷史學評論》第一卷,北京：社會科學文獻出版社,2013年,第329頁。

史》277 字,《金史》148 字,《元史》242 字,《明史》115 字。

吕按：竊以爲,《辨證》上述統計數字並不準確。爲什麼？第一,《史記·封禪書》的序文122 字失於統計(見點校本《史記》1355 頁);第二,《漢書·郊祀志》的序文 155 字失於統計(見點校本《漢書》1149 頁);第三,《後漢書·祭祀志》的序文 86 字失於統計(見點校本《後漢書》3157 頁)；第四,《金史·禮志》的序文不是 148 字,而是 534 字(見點校本《金史》691—692 頁)。謂予不信,可覆按也。這也是一道簡單的算術題竟然做錯,談得上"嚴謹細緻,不憚繁難"嗎！

3.行文拖沓,水分太大

姑舉一例:《辨證》第 471 頁:六年十一月,帝親祠南郊。前期三日,奉仁宗、英宗徽號册實于太廟。……有司奏解嚴,轉仗赴南郊。(第 2595—2596 頁)

吕按:《辨證》這段徵引《禮志》文字總數是 669 字。爲了比對,《辨證》作者又徵引《宋會要輯稿》云云,也是一字不落,大約也是 669 字左右。實際上,《禮志》與《輯稿》祇有四個字不同,用得着把《宋會要輯稿》一字不落地照搬嗎？動動腦筋,少説也可簡省 400 個字。這種"行文拖沓,水分太大"是《辨證》貫穿全書的行文風格,算起細賬來,怕是要以十萬字爲單位往下精簡。這不禁使人想起鄧廣銘先生《〈宋史職官志〉考正》的行文風格,那是簡潔明快,惜字如金,與《辨證》形成鮮明對比。

根據以上三點,《辨證》的學風如何,識者自有明鑒。

(九)李方元博士論文《〈宋史·樂志〉研究》的忽視經學

李方元博士論文《〈宋史·樂志〉研究》(揚州大學,2001 年。下稱"李文")第五章之第二節《〈宋史·樂志〉的資料狀況及其特點》在談到徵引文獻時説:"據筆者統計,《宋史·樂志》徵引文獻總出現次數超過 150 次。其中徵引頻次最高的是《周禮》,超過 25 次。"

筆者認爲這兩個數字都太離譜。第一個數字,李文説"徵引文獻的總次數超過 150 次",竊以爲非常離譜。爲什麼？因爲《宋史·樂志》十七卷,其中十卷是樂章,共有樂章 1689 首,一章或八句(大多數),或四句,基本上都是句句暗引經文,因爲經文典雅。姑且按照一章引經四句來計算,就是 6756 次！這與 150 次相比,是不是有天壤之别！謂予不信,姑舉一例如下:

《宋史·樂志七》第 3070 頁倒 3 行:我將我享,涓選休成。執事有恪,惟寅惟清。樂既六變,肅雍和鳴。高高在上,庶幾是聽。

吕按:《毛詩·周頌·我將》:"我將我享。"① 《毛詩·商頌·那》:"執事有恪。"② 《尚書·舜典》:

---

① 〔漢〕毛亨傳,〔漢〕鄭玄箋,〔唐〕孔穎達疏,龔抗雲等整理,劉家和審定:《毛詩正義》第 3 册,第 1528 頁。
② 〔漢〕毛亨傳,〔漢〕鄭玄箋,〔唐〕孔穎達疏,龔抗雲等整理,劉家和審定:《毛詩正義》第 3 册,第 1687 頁。

"夙夜惟寅,直哉惟清。"①《周禮·大司樂》:"若樂六變,則天神皆降。"②《毛詩·周頌·有瞽》:"蕭雍和鳴。"③《毛詩·周頌·敬之》:"高高在上。"④《毛詩·周頌·有瞽》:"先祖是聽。"⑤

不難看出,這首八句的樂章就有七句引經。其中四句的引經是一字不差。

第二個數字,李文説《宋史·樂志》"徵引頻次最高的是《周禮》,超過 25 次"。據筆者調查,李文説的衹是明引,還有暗引《周禮》27 條(31 次)没有進入他的眼界。謂予不信,請看:

1. 四年春,遣拾遺孫吉取成都孟昶偽宫縣至京師。(第 2940 頁 10 行)⑥

吕按:《周禮·春官·小胥》:"正樂縣(音 xuán)之位:王宫縣,諸侯軒縣。"鄭玄注引鄭司農云:"宫縣,四面縣;軒縣,去其一面。……四而象宫室,四面有牆,故謂之宫縣。'"⑦"宫縣"一詞,源出《周禮》。

2. 昔軒轅氏命伶倫截竹爲律,後令神瞽協其中聲。(第 2948 頁倒 2 行)

吕按:《周禮·春官·大司樂》鄭玄注:"《國語》曰:'……古之神瞽,考中聲而量之,以制度律均鍾。'言以中聲定律,以律立鍾之均。"⑧

3. 時有上言,以爲雷鼓八面,前世用以迎神。(第 2951 頁 6 行)

吕按:《周禮·地官·鼓人》:"以雷鼓鼓神祀。"鄭玄注:"雷鼓,八面鼓也。神祀,祀天神也。"⑨

4. 章得象等言:"鐸者,所謂通鼓也;鐲者,所謂和鼓也;鐃者,所謂止鼓也。"(第 2952 頁倒 2 行)

吕按:《周禮·地官·鼓人》:"以金鐲和鼓……以金鐃止鼓,以金鐸通鼓。"⑩是其出典。

5. 或奏言:"柷,……鄭康成以爲設椎其中撞之。"(第 2953 頁到 5 行)

吕按:《毛詩·周頌·有瞽》孔穎達疏:"《皋陶謨》注云:'柷,狀如漆筩,中有椎,合之者,設椎其中而撞之。'"⑪

6. 攻金之工百五十三,攻木之工二百十六,攻皮之工四十九,刮摩之工九十一,搏埴之工十六,設色之工百八十九。(第 2955 頁 10 行)

吕按:《周禮·考工記》:"凡攻木之工七,攻金之工六,攻皮之工五,設色之工五,刮摩之工五,搏埴之工二。"鄭玄注:"攻,猶治也。"⑫

---

① 〔漢〕孔安國傳,〔唐〕孔穎達疏,廖名春等整理,吕紹綱審定:《尚書正義》上册,第 93 頁。
② 〔漢〕鄭玄注,〔唐〕賈公彦疏,趙伯雄整理,王文錦審定:《周禮注疏》第 2 册,第 689 頁。
③ 〔漢〕毛亨傳,〔漢〕鄭玄箋,〔唐〕孔穎達疏,龔抗雲等整理,劉家和審定:《毛詩正義》第 3 册,第 1562 頁。
④ 〔漢〕毛亨傳,〔漢〕鄭玄箋,〔唐〕孔穎達疏,龔抗雲等整理,劉家和審定:《毛詩正義》第 3 册,第 1583 頁。
⑤ 〔漢〕毛亨傳,〔漢〕鄭玄箋,〔唐〕孔穎達疏,龔抗雲等整理,劉家和審定:《毛詩正義》第 3 册,第 1562 頁。
⑥ 括注頁碼是指點校本《宋史》頁碼,下同。
⑦ 〔漢〕鄭玄注,〔唐〕賈公彦疏,趙伯雄整理,王文錦審定:《周禮注疏》第 2 册,第 712 頁。
⑧ 〔漢〕鄭玄注,〔唐〕賈公彦疏,趙伯雄整理,王文錦審定:《周禮注疏》第 2 册,第 679 頁。
⑨ 〔漢〕鄭玄注,〔唐〕賈公彦疏,趙伯雄整理,王文錦審定:《周禮注疏》第 1 册,第 372 頁。
⑩ 〔漢〕鄭玄注,〔唐〕賈公彦疏,趙伯雄整理,王文錦審定:《周禮注疏》第 1 册,第 374—375 頁。
⑪ 〔漢〕毛亨傳,〔漢〕鄭玄箋,〔唐〕孔穎達疏,龔抗雲等整理,劉家和審定:《毛詩正義》第 3 册,第 1561 頁。
⑫ 〔漢〕鄭玄注,〔唐〕賈公彦疏,趙伯雄整理,王文錦審定:《周禮注疏》第 3 册,第 1245 頁。

7.追考成周分樂之序,辨正二舞容節。（第 2956 頁 1 行）

呂按:《周禮·春官·大司樂》:"乃分樂而序之。"鄭玄注:"分,謂各用一代之樂。"①

8.知制誥王洙奏:"言鍾磬依律數爲大小之制者,經典無正文,惟鄭康成立意言之,亦自云假設之法。"（第 2968 頁 7 行）

呂按:《周禮·考工記·鳧氏》鄭玄注:"鍾之大數,以律爲度,廣長與圜徑,假設之耳。"②

9.竊惟天神皆降,地祇皆出。（第 2972 頁倒 2—1 行）

呂按:《周禮·春官·大司樂》:"若樂六變,則天神皆降。……若樂八變,則地祇皆出"。③

10.先振鐸以通鼓,乃擊鼓以警戒。（第 2975 頁 6 行）

呂按:《周禮·地官·鼓人》:"以金鐸通鼓。"鄭玄注:"鐸,大鈴也,振之以通鼓。"④

11.次擊鼓,以金錞和之,以金鐲節之。（第 2975 頁 8 行）

呂按:《周禮·地官·鼓人》:"以金錞和鼓,以金鐲節鼓。"⑤

12.請樂縣内去散鼓,設晉鼓以鼓金奏。（第 2976 頁 9 行）

呂按:《周禮·地官·鼓人》:"以晉鼓鼓金奏。"鄭玄注:"晉鼓,長六尺六寸。金奏,謂樂作,擊編鍾。"⑥

13.古者,瞽矇、眡瞭皆掌播鼗,所以節一唱之終。（第 2976 頁 11 行）

呂按:《周禮·春官·瞽矇》:"掌播鼗。"鄭玄注:"播,謂發揚其音。"⑦《周禮·春官·眡瞭》:"掌凡樂事播鼗。"⑧ 此志文"皆掌播鼗"之出典。

14.以天子禮求之,凡樂事播鼗,擊頌磬、笙磬,以鍾鼓奏九夏,是皆在庭之樂。（第 2976 頁倒 4 行）

呂按:《周禮·春官·眡瞭》:"掌凡樂事播鼗,擊頌磬、笙磬。"⑨《周禮·春官·鍾師》:"凡樂事,以鍾鼓奏《九夏》。"⑩

15.六曰祭祀、享無分樂之序。（第 2983 頁 5 行）

呂按:"祭祀"中間應加頓號,這是兩個不同的概念（地神曰祭,天神曰祀,人鬼曰享）。應標作:六曰祭、祀、享,無分樂之序。《周禮·春官·大司樂》:"乃分樂而序之,以祭,以享,以祀。"⑪

---

① 〔漢〕鄭玄注,〔唐〕賈公彦疏,趙伯雄整理,王文錦審定:《周禮注疏》第 2 冊,第 682 頁。
② 〔漢〕鄭玄注,〔唐〕賈公彦疏,趙伯雄整理,王文錦審定:《周禮注疏》第 3 冊,第 1293 頁。
③ 〔漢〕鄭玄注,〔唐〕賈公彦疏,趙伯雄整理,王文錦審定:《周禮注疏》第 2 冊,第 689 頁。
④ 〔漢〕鄭玄注,〔唐〕賈公彦疏,趙伯雄整理,王文錦審定:《周禮注疏》第 1 冊,第 375 頁。
⑤ 〔漢〕鄭玄注,〔唐〕賈公彦疏,趙伯雄整理,王文錦審定:《周禮注疏》第 1 冊,第 374 頁。
⑥ 〔漢〕鄭玄注,〔唐〕賈公彦疏,趙伯雄整理,王文錦審定:《周禮注疏》第 1 冊,第 373 頁。
⑦ 〔漢〕鄭玄注,〔唐〕賈公彦疏,趙伯雄整理,王文錦審定:《周禮注疏》第 2 冊,第 725 頁。
⑧ 〔漢〕鄭玄注,〔唐〕賈公彦疏,趙伯雄整理,王文錦審定:《周禮注疏》第 2 冊,第 726 頁。
⑨ 〔漢〕鄭玄注,〔唐〕賈公彦疏,趙伯雄整理,王文錦審定:《周禮注疏》第 2 冊,第 726 頁。
⑩ 〔漢〕鄭玄注,〔唐〕賈公彦疏,趙伯雄整理,王文錦審定:《周禮注疏》第 2 冊,第 734 頁。
⑪ 〔漢〕鄭玄注,〔唐〕賈公彦疏,趙伯雄整理,王文錦審定:《周禮注疏》第 2 冊,第 682 頁。

16.《禮》"登歌下管"，貴人聲也。（第 2977 頁 6 行）

呂按：此《禮》指《周禮》，《宋史·樂志》引文少引了。"貴人聲也"四字也當引。"登歌下管，貴人聲也"二句，是《周禮·春官·大師》鄭玄注引鄭司農的原話。[①]

17. 以磬氏之法摩其旁。（第 2985 頁 8—9 行）

呂按：《周禮·考工記·磬氏》："已上則摩其旁，已下則摩其端。"[②] 所謂"已上"，謂聲音太清；所謂"已下"，謂聲音太濁。這裏是説用《周禮·磬氏》所載之法。

18. 鐘三等，王朴鐘所謂"聲疾而短聞"者也，阮逸、胡瑗鐘所謂"聲舒而遠聞"者也，惟李照鐘有旋蟲之制。（第 2985 頁 9 行）

呂按：《周禮·考工記·鳧氏》："鍾大而短，則其聲疾而短聞。鍾小而長，則其聲舒而遠聞。""鍾縣謂之旋，旋蟲謂之幹。"鄭玄注："旋屬鍾柄，所以縣之也。鄭司農云：'旋蟲者，旋以蟲爲飾也。'"[③]

19. 又云："舞，上下促，以横爲修，從爲廣，舞廣四分。"今亦去徑之二分以爲之間，則舞間之方常居銑之四也。舞間方四，則鼓間六亦其方也。鼓六、鉦六、舞四。（第 2989 頁倒 3—2 行）

呂按：《宋史·樂志》引文又少引了。這一段話中的"今亦去徑之二分以爲之間，則舞間之方常居銑之四也。舞間方四，則鼓間六亦其方也。鼓六、鉦六、舞四"，也是《周禮·考工記·鳧氏》鄭玄注文，[④] 當引而未引。

20. 今臣所鑄編鐘十二，皆從其律之長，故鐘口十者，其長十六以爲鐘之身。（第 2990 頁 2 行）

呂按：應標作：今臣所鑄編鐘十二，皆從其律之長，故"鐘口十者，其長十六"，以爲鐘之身。理由："鐘口十者，其長十六"，是《周禮·考工記·鳧氏》鄭玄注文，[⑤] 此處是暗引。

21. 陽造始而爲之倡，故以金錞和鼓；陽動而不知已，故以金鐲節鼓。陽之用事，有時而終，故以金鐃止鼓。時止則止，時行則行，天之道也，故以金鐸通鼓。（第 3009 頁 3 行）

呂按：《周禮·地官·鼓人》："以金錞和鼓，以金鐲節鼓，以金鐃止鼓，以金鐸通鼓。"[⑥]

22. 以靁鼓鼓天神，因天聲以祀天也；以靈鼓鼓社祭，以天爲神，則地爲靈也；以路鼓鼓鬼享，人道之大也。（第 3011 頁倒 2 行）

呂按：此七句是一邊引《周禮》文，一邊解説。應標作："以靁鼓鼓天神"，因天聲以祀天也；"以靈鼓鼓社祭"，以天爲神，則地爲靈也；"以路鼓鼓鬼享"，人道之大也。爲什麽？因爲

---

① 〔漢〕鄭玄注，〔唐〕賈公彥疏，趙伯雄整理，王文錦審定：《周禮注疏》第 2 册，第 719 頁。
② 〔漢〕鄭玄注，〔唐〕賈公彥疏，趙伯雄整理，王文錦審定：《周禮注疏》第 3 册，第 1321—1322 頁。
③ 〔漢〕鄭玄注，〔唐〕賈公彥疏，趙伯雄整理，王文錦審定：《周禮注疏》第 3 册，第 1295、1292 頁。
④ 〔漢〕鄭玄注，〔唐〕賈公彥疏，趙伯雄整理，王文錦審定：《周禮注疏》第 3 册，第 1292 頁。
⑤ 〔漢〕鄭玄注，〔唐〕賈公彥疏，趙伯雄整理，王文錦審定：《周禮注疏》第 3 册，第 1292—1293 頁。
⑥ 〔漢〕鄭玄注，〔唐〕賈公彥疏，趙伯雄整理，王文錦審定：《周禮注疏》第 2 册，第 374—375 頁。

"以雷鼓鼓天神,以靈鼓鼓社祭,以路鼓鼓鬼享"三句,乃《周禮·春官·鼓人》文。①

23. 則明堂宜同郊祀,用禮天神六變之樂。(第3020頁倒5行)

吕按:《周禮·春官·大司樂》:"凡六樂者,一變而致羽物及川澤之祇,再變而致嬴物及山林之祇,三變而致鱗物及丘陵之祇,四變而致毛物及墳衍之祇,五變而致介物及土祇,六變而致象物及天神。"鄭玄注:"變,猶更也,樂成則更奏也。"②此即"六變之樂"出典。

24. 禮經蕃樂出於荒政。(第3031頁7行)

吕按:應標作:《禮經》蕃樂出於荒政。《周禮》,又叫《禮經》。蕃樂出於荒政之事,見《周禮·地官·大司徒》:"以荒政十有二聚萬民……九曰蕃樂。"③

25. 詔禮官議之,咸言:"警場本古之鼖鼓,所謂夜戒守鼓者也。"(第3303頁4行)

吕按:《周禮·夏官·鼓人》:"凡軍旅,夜鼓鼖。"鄭玄注:"鼖,夜戒守鼓也。"④

26. "鞮鞻氏掌夷樂與其聲歌,祭祀則和而歌之,燕亦如之。"(第3303頁倒2行)

吕按:《周禮·春官·鞮鞻氏》:"掌四夷之樂與其聲歌,祭祀則龡而歌之,燕亦如之。"⑤

27. 然古鞮鞻氏掌四夷樂,韎師、旄人各有所掌,以承祭祀,以供宴享。(第3362頁3行)

吕按:此節文字,暗引三條《周禮》如下:

(1)《周禮·春官·鞮鞻氏》:"掌四夷之樂與其聲歌,祭祀則龡而歌之,燕亦如之。"⑥

(2)《周禮·春官·韎師》:"掌教韎樂,祭祀則帥其屬而舞之。大饗亦如之。"鄭玄注:"舞之以東夷之舞。"⑦

(3)《周禮·春官·旄人》:"掌教舞散樂,舞夷樂。"鄭玄注:"夷樂,四夷之樂。"⑧

根據以上兩點,筆者懷疑,作者真正看懂《宋史·樂志》了嗎?

(十)王志躍博士論文《〈宋史禮志〉研究》的忽視經學

王志躍博士論文《〈宋史禮志〉研究》(下稱《研究》,上海師範大學,2010年)粗讀一過,我的讀後感是兩句話:該研究的沒有研究,不該研究的研究了。此話怎講?《研究》對《宋史·禮志》的明引經文,視而不見,一字不提。據統計,《宋史·禮志》28卷,明引經文凡147次。其中,明引《禮記》55次(含徵引作"禮經""《記》曰""按禮"及《禮記》四十九篇中的篇名),明引《周禮》41次(含徵引作"《周官》"及《周禮》的篇名),明引《儀禮》12次(含徵引作"《禮經》"及《儀禮》篇名),明引《春秋左傳》13次(大多稱作《春秋傳》),明引《詩經》15次(含

① 〔漢〕鄭玄注,〔唐〕賈公彥疏,趙伯雄整理,王文錦審定:《周禮注疏》第1册,第372—373頁。
② 〔漢〕鄭玄注,〔唐〕賈公彥疏,趙伯雄整理,王文錦審定:《周禮注疏》第2册,第687頁。
③ 〔漢〕鄭玄注,〔唐〕賈公彥疏,趙伯雄整理,王文錦審定:《周禮注疏》第1册,第306頁。
④ 〔漢〕鄭玄注,〔唐〕賈公彥疏,趙伯雄整理,王文錦審定:《周禮注疏》第1册,第375頁。
⑤ 〔漢〕鄭玄注,〔唐〕賈公彥疏,趙伯雄整理,王文錦審定:《周禮注疏》第2册,第743—744頁。
⑥ 〔漢〕鄭玄注,〔唐〕賈公彥疏,趙伯雄整理,王文錦審定:《周禮注疏》第2册,第743—744頁。
⑦ 〔漢〕鄭玄注,〔唐〕賈公彥疏,趙伯雄整理,王文錦審定:《周禮注疏》第2册,第740頁。
⑧ 〔漢〕鄭玄注,〔唐〕賈公彥疏,趙伯雄整理,王文錦審定:《周禮注疏》第2册,第740頁。

徵引作《詩》及《詩經》篇名），明引《孝經》4 次，明引《公羊傳》3 次，明引《爾雅》3 次，明引《尚書》1 次，明引《家語》（即《孔子家語》）1 次。此外，明引《禮緯》1 次。這 147 次的明引經文和緯文，《宋志》爲什麽請它們來湊熱鬧？ 這怎麽就沒有引起作者的少許思考呢？ 此所謂 "該研究的沒有研究"。

《研究》第四章是 "研討篇"，"研討篇" 之第二節是《〈宋史·禮志〉與〈朱子家禮〉的不同命運探研》，《研究》説："《宋志》與《朱子家禮》，前者可以説是官方禮的代表，而後者則是民間禮的典型。"

俗話説，不是同類項不能相比。從目録學分類來説，《朱子家禮》是經部書，《宋志》則是史部書，不具備可比性，此其一。説《宋志》是 "官方禮的代表" 也不成立，因爲 "官方禮的代表" 不是《宋志》，而是現存的《政和五禮新儀》。《四庫全書總目》之《政和五禮新儀》提要："是書頗爲朱子所不取。然北宋一代典章，如《開寶禮》《太常因革禮》《禮閣新儀》，今俱不傳，惟是書僅存，亦攷掌故所必資也。"① 此其二。楊英《近四十年來宋元明清朱子〈家禮〉、鄉約及民間家禮文獻研究》在論及王志躍《研究》此節時説："然而，《宋志》與《家禮》性質和資料來源均極爲不同，因此，將《家禮》與其他禮制文獻做對比研究，恐要在充分考慮它們孳生背景、依存土壤的條件下進行。"② 竊以爲楊文説得有道理。此其三。此所謂 "不該研究的研究了"。

（十一）王兵碩士論文《〈宋史·輿服志〉研究》的忽視經學

王兵《〈宋史·輿服志〉研究》（上海師範大學，2013 年）的忽視經學表現在：

第一，一字不提經學。明引的不提，暗引的更別説了。據筆者統計，《宋史·輿服志》明引《周禮》18 次（内含稱以《周官》、僅稱《周禮》篇名及稱以《禮》者），明引《禮記》8 次（内含稱以《記》曰及單稱《禮記》篇名者）。至於暗引則更多，筆者未暇統計，但可以告訴諸位的是，《宋史·輿服一》的開門見山第一句話："昔者聖人作輿，軫之方以象地，蓋之圜以象天。" 就是暗引《周禮》。其中的 "軫之方以象地，蓋之圜以象天" 就是出自《周禮·考工記·輈人》："軫（車庮）之方也，以象地也；蓋之圜也，以象天也。"③

第二，《宋史·輿服志》還有一個嚴重的錯誤，被王兵輕輕放過。《宋史·輿服志》持天子冕旒前後十二（即二十四旒）之説，見點校本《宋史·輿服三》3523 頁、3525 和 3529 頁。而 "冕旒前後十二" 之説是錯誤的。爲什麽？ 從經書上來説，《禮記》《周禮》都是持天子衹有前旒十二之説的；從 "二十四史" 來説，《宋史》以前的正史《輿服志》或《禮儀志》，也都是持前旒十二説的。《後漢書·輿服志》説得尤其明白："皆有前無後。"④ 而《遼史》《金史》《元史》《明

---

① 〔清〕永瑢等：《四庫全書總目》，北京：中華書局，1965 年，第 702 頁。
② 楊英《近四十年來宋元明清朱子〈家禮〉、鄉約及民間家禮文獻研究》，《孔子研究》2019 年第 5 期，第 97 頁。
③ 〔漢〕鄭玄注，〔唐〕賈公彥疏，趙伯雄整理，王文錦審定：《周禮注疏》第 3 册，第 1281 頁。
④ 〔南朝宋〕范曄撰，〔唐〕李賢等注：《後漢書》，北京：中華書局，1965 年，第 3663 頁。

史》的《輿服志》則都持"天子冕旒前後十二"之説,可能就是受到《宋史·輿服志》的影響。

在當代有關古代服飾的著作中,持"二十四旒"説者可謂鋪天蓋地,連沈從文《中國古代服飾研究》也莫能外。這個問題,説來話長。這裏祇談兩點。第一,錯誤的根源是《禮記》《周禮》的鄭玄注。難怪顧頡剛先生在《古史辨自序》中説:"訓詁中最有權威的是鄭玄,他曾遍注群經,學問最博,而留下的新問題最多。他的經注,可駁的實在太多了。"①第二,欲知正確解讀,建議先看下面三家著作:清人江永《禮記訓義擇言》、②吕思勉《中國制度史》第五章《衣服》、③錢玄《三禮辭典》之"冕"字條,此不贅。④

(十二)倪其心主編《宋史全譯》⑤的經文誤譯

以《宋史全譯》卷一六八《職官八》爲例,摘出其中 6 例:

1.《全譯》第 3314 頁倒 13 行:⑥當成周之世,治定制禮,首建六官。

吕按:《全譯》將"治定制禮"譯作"制定禮法",誤。《禮記·樂記》:"王者功成作樂,治定制禮。"⑦此處是暗引經文,當譯作"天下安定了就要制定禮儀"。

2.《全譯》第 3315 頁倒 7 行:吏部尚書宋琪等上奏曰:"王者六官,法天地四時之柄。"

吕按:《全譯》將這兩句引文譯作"尚書省六部很重要,掌管天地四時之權",錯了。《周禮·天官·小宰》鄭玄注:"六官之屬,三百六十,象天地四時日月星辰之度數……故周公設官分職以法之。"⑧這就是"王者六官,法天地四時之柄"的出典。當譯作"《周禮》六官的職能,是效法天地與春夏秋冬四時的權柄"。

3.《全譯》第 3317 頁 11 行:《傳》云:"官不必備,惟其人。"

吕按:《全譯》把"《傳》云"譯作"《傳》中説",很不負責任。你可以去查查,這就是《尚書·周官》的原話呀!當譯作"《尚書·周官》上説"。

4.《全譯》第 3317 頁末行:十國爲連,周法斯在。

吕按:《全譯》將"十國爲連"譯作"十國統一",太離譜了!《禮記·王制》:"十國以爲連,連有帥。"⑨據此,建議譯作"十個諸侯國爲一連,連的長官叫做帥"。

5.《全譯》第 3318 頁倒 15 行:竊見今之結髮登朝,陳力就列,其奉也不能致九人之飽,不及周之上農。

---

① 顧頡剛:《古史辨自序·戰國秦漢間人的造偽與辨偽》——《司馬遷與鄭玄的整齊故事》,石家莊:河北教育出版社,2000 年,第 168 頁。

② 〔清〕江永:《禮記訓義擇言》,文淵閣《四庫全書》本。

③ 吕思勉:《中國制度史》,上海:上海教育出版社,2001 年,第 162 頁。

④ 錢玄等編著:《三禮辭典》,南京:江蘇古籍出版社,1998 年,第 704—705 頁。

⑤ 倪其心主編:《宋史全譯》,上海:漢語大詞典出版社,2004 年。

⑥ 此頁碼行數,見《宋史全譯》第 5 册,下同。

⑦ 〔漢〕鄭玄注,〔唐〕孔穎達疏,吕友仁整理:《禮記正義》中册,第 1479 頁。

⑧ 〔漢〕鄭玄注,〔唐〕賈公彦疏,趙伯雄整理,王文錦審定:《周禮注疏》第 1 册,第 64—65 頁。

⑨ 〔漢〕鄭玄注,〔唐〕孔穎達疏,吕友仁整理:《禮記正義》上册,第 468 頁。

呂按：《全譯》將"陳力就列"譯作"努力爲官"，有點離譜。按：《論語·季氏》："孔子曰：'求，周任有言曰：陳力就列，不能者止。'"① 楊伯峻《論語譯註》"陳力就列"的譯文是"能够貢獻自己的力量，這再任職"。②

（6）《全譯》第 3319 頁 10 行：苴茅建社，固不可以遽行；翼子詒孫，亦足稽於舊典。

呂按：《全譯》將"翼子詒孫"譯作"留待子孫"，太離譜。《毛詩·大雅·文王有聲》："詒厥孫謀，以燕翼子。"③ 是其出典。程俊英先生《詩經譯註》將這兩句譯作"留下安民好謀略，保護兒子把國享"，④ 可以參考。

以上十二家，有的是鄧先生的受業弟子，有的是受到鄧先生稱讚的學者，其中不少是名家；有的是博士論文，有的是碩士論文，等等。可以看出，他們研究《宋史》的思路無一不是忽視了經學，因而導致諸多失誤。

三、值得大書特書的近百年來《宋史》研究注意到引經的三個閃光點

（一）上海社會科學院法學研究所編《宋史刑法志注釋》《宋史刑法志注釋續集》⑤ 揭示志文暗引經文六例：

1.《注釋》第 27 頁：欲民無犯，而亂獄滋豐。（第 4961 頁 4 行）⑥

注釋：亂獄滋豐——這是《左傳》的原句，見昭公六年傳。這裏説明各種犯罪事件反而愈多。

2.《注釋》第 68—69 頁：太祝刁衎上疏言："古者投姦人於四裔，今乃遠方囚人盡歸象闕。"（第 4971 頁 1 行）

注釋：投姦人於四裔——四裔，邊遠地區。這裏引用《尚書·堯典》所載"流共工于幽洲，放驩兜于崇山"。

呂按：編者點明了"古者投姦人於四裔"的出典。如果能再加上"竄三苗于三危，殛鯀于羽山"兩句，湊够四裔，就更好了。

3.《注釋續集》第 88—89 頁：樞密使文彥博亦上言："唐末、五代，用重典以救時弊，故法律之外，徒流或加至於死。國家承平百年，當用中典。"（第 5009 頁 7 行）

注釋：中典——刑法輕重適中。見《周禮·秋官·大司寇》："大司寇之職掌建邦之三典以佐王刑邦國，請（當作"詰"）四方。一曰刑新國用輕典，二曰刑平國用中典，三曰刑亂國用

① 〔魏〕何晏注，〔宋〕邢昺疏，朱漢民整理，張豈之審定：《論語注疏》，第 251 頁。
② 楊伯峻：《論語譯注》，北京：中華書局，1980 年，173 頁。
③ 〔漢〕毛亨傳，〔漢〕鄭玄箋，〔唐〕孔穎達疏，龔抗雲等整理，劉家和審定：《毛詩正義》第 3 册，第 1237 頁。
④ 程俊英：《詩經譯注》，上海：上海古籍出版社，1985 年，522 頁。
⑤ 上海社會科學院政治法律研究所編：《宋史刑法志注釋》，北京：群衆出版社，1979 年。上海社會科學院法學研究所編：《宋史刑法志注釋（續集）》，北京：群衆出版社，1982。
⑥ 此括注頁碼，指點校本《宋史》頁碼，下同。

重典。"

4.《注釋續集》第 95—96 頁：上以廣好生之德，下則無一夫不獲之冤。（第 5011 頁倒 2 行）

注釋：上以廣好生之德，下則無一夫不獲之冤——"好生之德"，見《尚書·大禹謨》。"一夫不獲"，見《尚書·説命下》。這兩句的意思是説，皇上行仁政，人民則一個也不會被冤枉。

5.《注釋續集》第 119 頁：蘇頌元豐中嘗建議："請依古置圜土。"（第 5019 頁倒 4 行）

注釋：請依古置圜（huán，環）土——圜土，古代監獄的名稱，見《周禮·地官》。

呂按：如果出典寫作《周禮·地官·比長》，讀者查找起來就更方便了。

6.《注釋續集》第 136 頁：金作贖刑，蓋以鞭朴之罪，情法有可議者，則寬之也。（第 5021 頁 1 行）

注釋：金作贖刑——見《尚書·舜典》。

呂按：比較而言，《宋史刑法志注釋》對《宋志》的暗引經文没有發現的例子更多。在這裏我們不求全責備，主要是談它的優點、閃光點，希望《宋史》學界能夠發揚光大。

（二）龔延明《宋史職官志補正》的徵引《周禮》解決疑難問題

龔延明《宋史職官志補正》第 529 頁[1]：王炳上言　尚書省，國家藏典籍、典治教之府。（第 4001 頁倒 4 行）

《歷代名臣奏議》與《宋志》同，而《長編》却作"興治教"。鄧廣銘《考正》則援引《長編》，以《宋志》之"典治教"爲非。然據《周禮》"太宰之職"掌"建邦六典"，其一、二典則爲"治典""教典"，則"治"與"教"當爲大宰所典掌之内容，《宋志》作"典治教之府"似無誤。故仍以"典治教"爲妥，不必改也。

《周禮》卷一"天官冢宰"第一："大宰之職，掌建邦之六典，以佐王治邦國。一曰治典，以經邦國，以治官府，以紀萬民。二曰教典，以安邦國，以教官府，以擾萬民。"

呂按：看到這一條，不禁拍案。竊以爲龔先生的結論是正確的。爲什麽？因爲龔先生是以原始文獻《周禮》爲證據，原原本本。遺憾的是，龔延明《宋史職官志補正》600 多頁，48 萬字，僅此一條。雖然僅此一條，也讓我們看到了希望所在。星星之火，可以燎原嘛！

（三）王曾瑜談校點《宋會要輯稿》的體會説到了《周禮》《儀禮》

王曾瑜《宋朝禮制研究的重大進展：評〈宋史禮志辨證〉》説："20 世紀因工作需要，曾經校點了《宋會要輯稿》禮類的某些部分，方粗知其中的甘苦，不能讀通諸如《周禮》《儀禮》等古籍，就根本無法進行歷代禮制的研究。"[2]

呂按：王曾瑜先生這幾句話確實是説到了點子上。如果王先生這話早説 30 年，並爲《宋

① 龔延明：《宋史職官志補正》，杭州：浙江古籍出版社，1991 年，第 529 頁。
② 王曾瑜：《宋朝禮制研究的重大進展：評〈宋史禮志辨證〉》，彭衛主編：《歷史學評論》第一卷，北京：社會科學文獻出版社，2013 年，第 329 頁。

史》學界留意，將是一大無量功德。在此，我想給王先生的上述説法做一點補充：除了《周禮》《儀禮》外，建議加上《禮記》。《禮記》這部書，從學術史觀點來看，是後來居上，出盡風頭。傳統的説法是，《周禮》是周公作的，《儀禮》是孔子作的，而《禮記》的作者是七十子後學。排資論輩，至多是老么。但到了唐初孔穎達奉敕編寫《五經正義》，《周禮》《儀禮》都沒有入選，入選的是《禮記》。即以《宋史·禮志》而論，據統計，明引《禮記》55次，明引《周禮》41次，明引《儀禮》12次，也有助於説明問題。更不要説《禮記》中的《大學》《中庸》兩篇，朱熹把它們編入《四書》，明清時期，更是紅得發紫。

筆者衷心希望，像這樣的閃光點數量愈來愈多，亮度愈來愈大，以至於成爲《宋史》研究的常態。

四、針對"二十四史"學界忽視經學的三點建議

筆者在這裏不使用"《宋史》學界"而使用"'二十四史'學界"的表述，是因爲我認爲忽視經學的問題不是僅僅存在於《宋史》學界，詳見拙文《請注意經學——爲點校本"二十四史"及〈清史稿〉修訂進一言(上)》，載北京大學《儒家典籍與思想研究》第13輯，茲不贅。

第一點建議：呼籲教育部在全國大學恢復經學學科。解鈴還須繫鈴人。民國元年，蔡元培先生以臨時政府教育總長的身份宣佈"大學廢止經科"；今天，由中華人民共和國教育部來宣告"大學恢復經學學科"，孰云不宜！蔡元培先生宣佈"大學廢止經科"的時代背景是向西方學習；今天，教育部宣告"大學恢復經學學科"的時代背景是文化自信。蔡元培先生今日復生，定是與時俱進也。

經學與孔子密不可分。今天，孔子得到黨和國家領導人的最高禮遇。據權威媒體報導，2013年11月26日，習近平到曲阜孔府考察，並來到孔子研究院。桌子上擺放着展示孔子研究院系列研究成果的書籍和刊物，他一本本饒有興趣地翻看。看到《孔子家語通解》《論語詮解》兩本書，他拿起來翻閱，説："這兩本書我要仔細看看。"

2014年5月4日，習近平總書記來到北大人文學苑，87歲的著名哲學家湯一介從研究室走出來歡迎習近平，總書記快步迎上去同湯教授親切握手。在湯教授研究室裏，總書記同他促膝交談，瞭解《儒藏》編纂情況，贊揚他爲中華優秀傳統文化繼承、發展、創新作出了很大貢獻。

2014年9月24日，習近平出席紀念孔子誕辰2565周年國際學術研討會暨國際儒學聯合會第五屆會員大會開幕會並發表重要講話。他指出："孔子創立的儒家學説以及在此基礎上發展起來的儒家思想，對中華文明產生了深刻影響，是中國傳統文化的重要組成部分。""中國人民正在爲實現'兩個一百年'奮鬥目標而努力，其中全面建成小康社會中的'小康'這個概念，就出自《禮記·禮運》，是中華民族自古以來追求的理想社會狀態。使用'小康'這個概念來確立中國的發展目標，既符合中國發展實際，也容易得到最廣大人民理解和

支持。”

習近平主席的講話及其實際行動,值得我們認真學習,認真思考,認真貫徹。

今天大學重建的經科,祇是大學衆多學科之一,這與從漢到清一統天下的經學有本質不同。

第二點建議:建議由中華書局牽頭,組織全國經學力量,繼“二十四史”點校、“二十四史”點校本修訂,再搞一個大工程,名字叫作“‘二十四史’及《清史稿》引經考”。具體地説,就是把“二十四史”及《清史稿》中的明引經文全部規範化,把“二十四史”及《清史稿》中的暗引經文全部明朗化。這項工程完成後,就意味着“二十四史”及《清史稿》中的引經(明引和暗引)難題將一勞永逸地徹底解決,那種遇到“二十四史”引經就趑趄不前的時代將一去不再復返! 這是一件利己、利人、利子孫、利世界的大好事! 功在當代,利在千秋。

“二十四史”的“前四史”雖然都有古注,但據調查,並不理想。第一,古注過於簡單,影響今人理解; 第二,那些古人認爲是家喻户曉、無人不知的引經就不注了,但對於今天的讀者來説,統統是陌生面孔; 第三,古人也有偶爾注錯的。

第三點建議: 在前兩項建議未見實施以前,呼籲“‘二十四史’學界”同仁自覺補課,加强經學修養,以免誤己誤人。

(吕友仁,河南師範大學文學院教授)

《史記》校札十則

王永吉

[摘　要]　文章對中華書局點校本《史記》修訂本提出修訂意見十條,涉及《殷本紀》《周本紀》《秦本紀》《秦始皇本紀》《高祖本紀》《吕太后本紀》六篇中正文及三家注的文字及標點問題。

[關鍵詞]　《史記》三家注　校勘　標點

　　中華書局點校本《史記》通行已久,嘉惠學林。2013 年點校本《史記》修訂本出版,訂補點校本疏漏甚夥,對於《史記》及三家注文本質量大有提升。然百密一疏,修訂本亦有未盡善之處。今就平日閲讀所見,撰爲札記十則,以供修訂本再版增訂時參考。

渡河南　涉河南

《史記》卷三《殷本紀》:

> 帝盤庚之時,殷已都河北,盤庚渡河南,復居成湯之故居,迺五遷,無定處。乃遂涉河南,治亳,行湯之政,然後百姓由寧,殷道復興。①

　　吉按:"盤庚渡河南復居成湯之故居"一句,標點宜作:"盤庚渡河,南復居成湯之故居"。"乃遂涉河南治亳"一句,標點宜作:"乃遂涉河,南治亳"。兩句中動詞"渡"與"涉"的賓語爲"河",而非"河南"。"南"字屬下,作狀語爲長。標點本於"河"字下加專名綫,或以"南"爲動詞。但此類情況,《史記》往往加"而"字連接,以免誤解。如《項羽本紀》:"項梁乃以八千人渡江而西。"②"且籍與江東子弟八千人渡江而西,今無一人還。"③《樂書》:"濟河而西。"④《平津侯主父列傳》:"死者不可勝數,終不能踰河而北。"⑤

---

① 〔漢〕司馬遷撰,〔南朝宋〕裴駰集解,〔唐〕司馬貞索隱,〔唐〕張守節正義:《史記》卷三,北京:中華書局,2014 年,第131—132 頁。
② 〔漢〕司馬遷撰,〔南朝宋〕裴駰集解,〔唐〕司馬貞索隱,〔唐〕張守節正義:《史記》卷七,第382 頁。
③ 〔漢〕司馬遷撰,〔南朝宋〕裴駰集解,〔唐〕司馬貞索隱,〔唐〕張守節正義:《史記》卷七,第424 頁。
④ 〔漢〕司馬遷撰,〔南朝宋〕裴駰集解,〔唐〕司馬貞索隱,〔唐〕張守節正義:《史記》卷二四,1459 頁。
⑤ 〔漢〕司馬遷撰,〔南朝宋〕裴駰集解,〔唐〕司馬貞索隱,〔唐〕張守節正義:《史記》卷一一二,第3578 頁。

周太史伯陽讀史記曰

《史記》卷四《周本紀》：

> 周太史伯陽讀史記曰："周亡矣。"①

吉按："曰"上宜加逗號。史記爲史書記載之意。"讀史記曰"連讀，易使人誤以爲"周亡矣"三字出自伯陽所讀史書之記載，其實三字爲太史伯陽讀史而興歎之語也。下文所載夏后氏二龍之事，即伯陽所讀之史也，末云"太史伯陽曰：'禍成矣，無可奈何！'"即照應此"周亡矣"之歎。

帝太戊聞而卜之使御

《史記》卷五《秦本紀》：

> 中衍鳥身人言。帝太戊聞而卜之使御，吉，遂致使御而妻之。自太戊以下，中衍之後，遂世有功，以佐殷國，故嬴姓多顯，遂爲諸侯。②

吉按："帝太戊聞而卜之使御吉遂致使御而妻之"一句，標點宜作："帝太戊聞而卜之：使御，吉。遂致使御而妻之。"蓋中衍鳥身人言，帝太戊初聞此異，未知妖祥，故卜之，"使御吉"，乃占卜視兆之結論。"遂致使御而妻之"，乃謂太戊從占。"卜之使御"連讀，似太戊聞此異人即欲使御，而占問吉凶，意太突兀。"中衍之後遂世有功"連讀，不必斷開。

初一泰平

《史記》卷六《秦始皇本紀》録秦始皇碣石刻石文：

> 遂興師旅，誅戮無道，爲逆滅息。武殄暴逆，文復無罪，庶心咸服。惠論功勞，賞及牛馬，恩肥土域。皇帝奮威，德并諸侯，初一泰平。墮壞城郭，決通川防，夷去險阻。地勢既定，黎庶無繇，天下咸撫。男樂其疇，女修其業，事各有序。惠被諸産，

---

① 〔漢〕司馬遷撰，〔南朝宋〕裴駰集解，〔唐〕司馬貞索隱，〔唐〕張守節正義：《史記》卷四，第186頁。
② 〔漢〕司馬遷撰，〔南朝宋〕裴駰集解，〔唐〕司馬貞索隱，〔唐〕張守節正義：《史記》卷五，第224頁。

久並來田，莫不安所。羣臣誦烈，請刻此石，垂著儀矩。[①]

此文起首突兀。清人嚴可均謂："上脱九句，此頌三句爲韻。"[②] 容庚謂："前缺一簡，凡三韻，共三十六字。"[③] 容氏甚至仿寫三十六字，以示其大意。此文三句一韻，前九句韻脚爲：息、服、域，上古音在職部，《廣韻》皆在入聲。後半部分換韻，韻脚：阻、撫、序、所、矩，上古音在魚部，《廣韻》皆在上聲。唯中間一句"皇帝奮威，德并諸侯，初一泰平"，韻脚爲"平"字，上古音在耕部，又爲平聲，似不協韻，疑字有誤。

《史記》共錄秦始皇刻石文凡六通：泰山刻石、琅邪刻石、之罘刻石、之罘刻石東觀、碣石刻石、會稽刻石。除琅邪刻石爲兩句一韻外，其餘皆三句一韻。而文中又皆換韻，琅邪刻石用之、錫、陽、職、魚凡五部韻，其餘皆用兩部韻。換韻之例，同一韻部韻脚數量爲六或十二。

這一押韻數字規律，與《詩經》《楚辭》甚至本屬秦國的《石鼓文》皆不同，當爲秦始皇時所獨創。這一韻例的創新，又或是當時衆多制度創新的一部分。戰國秦漢時流行五德終始學説，秦始皇自以秦爲水德。秦滅六國之後，一系列制度變革均以此爲理論基礎。《秦始皇本紀》云："方今水德之始。""數以六爲紀，符、法冠皆六寸，而輿六尺，六尺爲步，乘六馬。"[④] 數字尊崇"六"，以之爲法度，蓋因水爲陰，《周易》九爲陽數，六爲陰數，故秦始皇規定"數以六爲紀"。三爲六之半，十二爲六之倍。故刻石文辭三句一韻，即便如琅邪刻石兩句一韻，其同一韻部韻脚數量亦爲六個。文字最長的會稽刻石，衹用了陽部、耕部字，但同韻韻脚爲十二個。

王國維在考察簡册制度時，也注意到了這一點，他説："簡之長短，皆二十四之分數，牘皆五之倍數，意簡者秦制，牘者漢制歟？案《史記·秦始皇本紀》：'數以六爲紀，符、法冠皆六寸。'六寸之符，本爲最短之策。自是而一尺二寸正得其二倍；二尺四寸正得其四倍。又以秦一代制度推之，無往而不用六爲紀。秦刻石文以三句爲一韻，一句四字，三句十二字。十二字者，六之一倍也。故碣石刻石文九韻，一百八字，爲六之十八倍。泰山、之罘、東觀、嶧山諸刻，皆十二韻，一百四十四字，爲六之二十四倍。會稽刻石二十四韻，二百八十八字，爲六之四十八倍。唯瑯琊臺刻石頌文二句一韻，然用三十六韻，二百八十八字，亦六之四十八倍也。不獨字數爲然，以韻數言之，則九者六之一倍有半，十二者六之二倍，二十四者六之四倍，三十六者又六之自乘數也。"[⑤]

以上探究，是爲了説明碣石刻石中"皇帝奮威，德并諸侯，初一泰平"一句，韻脚當爲魚部字。因爲此前九句，三句一韻，已用了職部的"息""服""域"三個韻脚，而如容庚所言，此

① 〔漢〕司馬遷撰，〔南朝宋〕裴駰集解，〔唐〕司馬貞索隱，〔唐〕張守節正義：《史記》卷六，第322頁。
② 〔清〕嚴可均：《全上古三代秦漢三國六朝文》卷一〇《全秦文》，北京：中華書局，1958年，第122頁。
③ 容庚：《秦始皇刻石考》，《容庚學術著作全集》第22册《頌齋述林》，北京：中華書局，2011年，第567頁。
④ 〔漢〕司馬遷撰，〔南朝宋〕裴駰集解，〔唐〕司馬貞索隱，〔唐〕張守節正義：《史記》卷六，第306頁。
⑤ 王國維：《簡牘檢署考》，謝維揚、房鑫亮主編：《王國維全集》第二卷，杭州：浙江教育出版社，2009年，第491—492頁。

前尚有脱文三韻三十六字，故依例當换韻。而此句之後，用了魚部"阻""撫""序""所""矩"五字爲韻脚，因此"初一泰平"的"平"字處，應當用一魚部字協韻，如此韻脚方足六個，乃合當時韻例。

明人凌稚隆云："按'泰平'疑是'泰宇'，方叶韻。"[①] 嚴可均云："（泰平）當作'泰宇'。"[②] 或本凌氏。清人江有誥也指出，"平"字"當作宇"。[③] 今按凌氏、嚴氏、江氏説是，"宇""平"形近而誤。"宇"上古音在魚部，與"阻""撫""序""所""矩"協韻。泰宇，即天下也。《宋大詔令集》卷一二〇《天聖八年南郊赦天下制》："益竭藎臣，以康泰宇。"[④] 《全遼文》卷一〇《道宗皇帝哀册》："冀泰宇之不撓。保長年而克固。"[⑤] "初一泰宇"，謂始皇帝初始統一天下也，此意在秦始皇刻石文中多次出現。如《泰山刻石》"初并天下"，[⑥] 《琅邪刻石》後序"今皇帝并一海内"，[⑦] 《之罘東觀刻石》"闡并天下"，[⑧] 《會稽刻石》"平一宇内"，[⑨] "皇帝并宇"。[⑩] 稱"泰宇""天下""海内""宇内"，《之罘刻石》又稱"宇縣"，其義一也。

司馬貞、張守節於秦始皇刻石文辭用韻皆有關注，其有不合韻讀者，《索隱》皆加解釋，而不見説此"泰平"，疑唐人所見本尚不誤。清人梁玉繩《史記志疑》録《史記評林》凌稚隆説，張文虎《札記》未及。點校本《史記》修訂本校勘記亦付闕如，此處宜出校記，存凌稚隆説，提示讀者留意。

宣平侯女爲孝惠皇后時無子

《史記》卷九《吕太后本紀》：

> 宣平侯女爲孝惠皇后時，無子，詳爲有身，取美人子名之，殺其母，立所名子爲太子。[⑪]

吉按："宣平侯女爲孝惠皇后時無子"一句，標點宜改作："宣平侯女爲孝惠皇后，時無子"，"時無子"連讀。"宣平侯女爲孝惠皇后"，述"孝惠皇后"爲何人也，再言"時無子"，故

---

① 〔明〕凌稚隆輯：《史記評林》卷六《秦始皇本紀》，明萬曆四年（1576）凌氏刻本，第 22 頁 b 上欄。

② 〔清〕嚴可均：《全上古三代秦漢三國六朝文》卷一〇《全秦文》，第 122 頁。

③ 〔清〕江有誥：《先秦韻讀》，《音韻學叢書》，成都：四川人民出版社 1957 年影印渭南嚴氏刊本，《秦文》第 5 頁。

④ 〔宋〕佚名編：《宋朝大詔令集》卷一二〇，《續修四庫全書》第 456 册，上海：上海古籍出版社 2002 年影印北圖藏清抄本，第 394 頁下欄 b。

⑤ 陳述輯校：《全遼文》卷一〇，北京：中華書局，1982 年，第 274 頁。

⑥ 〔漢〕司馬遷撰，〔南朝宋〕裴駰集解，〔唐〕司馬貞索隱，〔唐〕張守節正義：《史記》卷六，第 312 頁。

⑦ 〔漢〕司馬遷撰，〔南朝宋〕裴駰集解，〔唐〕司馬貞索隱，〔唐〕張守節正義：《史記》卷六，第 316 頁。

⑧ 〔漢〕司馬遷撰，〔南朝宋〕裴駰集解，〔唐〕司馬貞索隱，〔唐〕張守節正義：《史記》卷六，第 320 頁。

⑨ 〔漢〕司馬遷撰，〔南朝宋〕裴駰集解，〔唐〕司馬貞索隱，〔唐〕張守節正義：《史記》卷六，第 332 頁。

⑩ 〔漢〕司馬遷撰，〔南朝宋〕裴駰集解，〔唐〕司馬貞索隱，〔唐〕張守節正義：《史記》卷六，第 333 頁。

⑪ 〔漢〕司馬遷撰，〔南朝宋〕裴駰集解，〔唐〕司馬貞索隱，〔唐〕張守節正義：《史記》卷九，第 511 頁。

有"詳爲有身"之舉,如此叙述乃有條理。

怠與臺爲韻

《史記》卷六《秦始皇本紀》:"皇帝明德,經理宇内,視聽不怠。"《索隱》:"怠,協旗、疑韻,音銅綦反。故《國語》范蠡曰'得時不怠,時不再來',亦以怠與臺爲韻。"①

張文虎《札記》:"《越語》范蠡語以怠、來、災、之爲韻,無'臺'字,此'臺'乃'來'字之誤。凌作'時',亦非。"②

吉按:中華書局點校本《史記》據張文虎《札記》改"臺"字爲"來",③並無版本依據。點校本《史記》修訂本回改爲"臺"字,校勘記云:

> "臺",疑當作"來"。《國語·越語》下:"臣聞之:得時無怠,時不再來,天予不取,反爲之災;贏縮轉化,後將悔之。"張文虎《札記》卷一:"《越語》范蠡語以怠、來、災、之爲韻,無'臺'字,此'臺'乃'來'字之誤。"④

今按張文虎謂"臺"當作"來",非也,張氏蓋未明《索隱》之意,故有此論。司馬貞認爲之罘刻辭"視聽不怠"句與下文"咸有章旗""事無嫌疑"兩句協韻。"旗"字《廣韻》渠之切,"疑"字《廣韻》語其切,二字皆爲平聲,然"怠"字《廣韻》徒亥切,定母上聲海韻。此在唐時亦當如此,故司馬貞謂"怠"當讀平聲,乃得與"旗""疑"協韻,司馬貞甚至爲"怠"字新擬反切,音銅綦反。司馬貞進而爲自己找到證據,即《國語·越語》下:"臣聞之:得時無怠,時不再來,天予不取,反爲之災;贏縮轉化,後將悔之。"⑤范蠡之語,"怠"與"來""災""之"協韻,來、災、之三字皆平聲,此與秦始皇之罘刻辭相類,在司馬貞看來,"怠"亦當讀爲平聲。"怠"本爲定母上聲海韻,讀爲平聲,則入咍韻,定母咍韻,"臺"音是也,⑥故司馬貞舉"臺"字爲例,因云"以怠與臺爲韻"。由此可見,《索隱》中"臺"字並非出於某一文本依據,而是司馬貞舉以標音而已。張文虎拘於文本,以"臺"當爲《國語》之"來"字,未明《索隱》本意,非是。

《史記》所記秦始皇泰山刻石、琅邪臺刻石、之罘刻石、東觀刻石、碣石刻石、會稽刻石諸文辭皆爲韻文,或兩句一韻,或三句一韻,韻腳易辨。司馬貞對此有所關注,如本卷"刻所立石,其辭曰"《索隱》:"其詞每三句爲韻,凡十二韻。下之罘、碣石、會稽、三銘皆然。"⑦又下文

---

① 〔漢〕司馬遷撰,〔南朝宋〕裴駰集解,〔唐〕司馬貞索隱,〔唐〕張守節正義:《史記》卷六,第320頁。
② 〔清〕張文虎:《校刊史記集解索隱正義札記》卷一,北京:中華書局,2012年,第72頁。
③ 〔漢〕司馬遷撰,〔南朝宋〕裴駰集解,〔唐〕司馬貞索隱,〔唐〕張守節正義:《史記》卷六,第250頁。
④ 〔漢〕司馬遷撰,〔南朝宋〕裴駰集解,〔唐〕司馬貞索隱,〔唐〕張守節正義:《史記》卷六,第373頁。
⑤ 上海師範大學古籍整理組校點:《國語》卷二一《越語》下,上海:上海古籍出版社,1978年,第652—653頁。
⑥ 方孝岳編:《廣韻韻圖》外轉第十三,北京:中華書局,2012年,第74頁。
⑦ 〔漢〕司馬遷撰,〔南朝宋〕裴駰集解,〔唐〕司馬貞索隱,〔唐〕張守節正義:《史記》卷六,第312頁。

“頌秦德，明得意。曰”《索隱》：“二句爲韻。”① 又“登之罘，刻石。其辭曰”《索隱》：“三句爲韻，凡十二韻。”② 司馬貞進而對刻辭韻讀加以説明。

但司馬貞的時代，對於古韻尚不通曉。司馬貞對秦始皇刻石文辭押韻的解釋，也多是基於唐代的用韻情況與習慣，難免偏誤。如琅邪臺刻石“東有東海，北過大夏”，“夏”與“土”“户”“者”“馬”“宇”爲韻，上古音皆在魚部。而《索隱》於“大夏”下注云：“協韻音户。下‘無不臣者’音渚。‘澤及牛馬’音姥。”③《廣韻》土、户在上聲姥韻，夏、者、馬在上聲馬韻。故司馬貞改“夏”字音户，“者”音渚，“馬”音姥，以求協韻。又如之罘刻石“承順聖意”，“意”與“德”“服”“極”“則”“式”爲韻，上古音皆在職部。《廣韻》德、服、極、則、式皆在入聲，唯“意”字在去聲志韻，故《索隱》於“意”下注云：“協韻音憶。”憶爲入聲職韻，如此一讀則六句皆押入聲韻。司馬貞不明古音，祇求刻辭與唐人用韻相合，而採用改讀的辦法，實承六朝以來協韻之流弊。

點校本《史記》修訂本保留“臺”字，未改爲“來”字，是謹慎的做法，但校勘記仍受張文虎誤説影響。

山上臨河有大倉

《史記》卷八《高祖本紀》：“漢王軍滎陽南，築甬道屬之河，以取敖倉。”張守節《正義》：

> 孟康云：“敖，地名，在滎陽西北，山上臨河有大倉。”④

吉按：“敖地名在滎陽西北山上臨河有大倉”一句，標點宜改作：

> 敖，地名，在滎陽西北山上，臨河，有大倉。

《正義》此注在釋“敖”，斷爲四小句，其主語皆承“敖”。若以“山上臨河有大倉”爲句，則使人疑惑：敖非山名，此“山”何來？

超通爲跳

《史記》卷八《高祖本紀》：“漢王跳，獨與滕公共車出成皋玉門，北渡河，馳宿脩武。”司

---

① 〔漢〕司馬遷撰，〔南朝宋〕裴駰集解，〔唐〕司馬貞索隱，〔唐〕張守節正義：《史記》卷六，第314頁。
② 〔漢〕司馬遷撰，〔南朝宋〕裴駰集解，〔唐〕司馬貞索隱，〔唐〕張守節正義：《史記》卷六，第319頁。
③ 〔漢〕司馬遷撰，〔南朝宋〕裴駰集解，〔唐〕司馬貞索隱，〔唐〕張守節正義：《史記》卷六，第316頁。
④ 〔漢〕司馬遷撰，〔南朝宋〕裴駰集解，〔唐〕司馬貞索隱，〔唐〕張守節正義：《史記》卷八，第471頁。

馬貞《索隱》:

> 如淳曰:"跳,走也。"晉灼按:《劉澤傳》"跳驅至長安"。《説文》音徒調反。《通俗文》云"超通爲跳"。①

吉按:"超通"諸本同,當作"超踊"。如淳、晉灼以爲此跳字通"逃"。司馬貞另有新解,謂字當讀爲徒調反(今音tiào),即《説文》本義也。《説文·足部》:"跳,躍也。"②即跳跃之義。司馬貞又引《通俗文》證之。《通俗文》原書已佚,馬國翰《玉函山房輯佚書》有輯本,此條即據《史記·高祖本紀》"漢王跳"《索隱》,亦作"超通"。③錢坫《説文斠詮》引《通俗文》作"超踊",④是也。《説文·足部》:"踊,跳也。"⑤又《走部》:"超,跳也。""趯,踊也。"⑥超、踊、跳、趯,四字同義。又《辵部》:"通,達也。"⑦與"跳"字義不相涉。通、踊,形近而誤。

齊之西界聊攝也

《史記》卷八《高祖本紀》:"張春渡河擊聊城。"張守節《正義》:

> 《括地志》云:"故聊城在博州聊城縣西二十里。春秋時齊之西界。聊,攝也。戰國時亦爲齊地。秦漢皆爲東郡之聊城也。"⑧

吉按:"春秋時齊之西界聊攝也"一句標點當作:

> 春秋時齊之西界聊、攝也。

聊、攝爲二地名。《左傳·昭公二十年》:"聊、攝以東,姑、尤以西,其爲人也多矣。"杜預注:"聊、攝,齊西界也。"⑨

---

① 〔漢〕司馬遷撰,〔南朝宋〕裴駰集解,〔唐〕司馬貞索隱,〔唐〕張守節正義:《史記》卷八,第473頁。
② 〔漢〕許慎:《説文解字》,北京:中華書局,2013年,第41頁。
③ 〔清〕馬國翰輯:《玉函山房輯佚書》,上海:上海古籍出版社,1990年,第2287頁。
④ 〔清〕錢坫:《説文斠詮》,丁福保編:《説文解字詁林》,北京:中華書局,1988年,第2742頁。
⑤ 〔漢〕許慎:《説文解字》,第40頁。
⑥ 〔漢〕許慎:《説文解字》,第30頁。
⑦ 〔漢〕許慎:《説文解字》,第34頁。
⑧ 〔漢〕司馬遷撰,〔南朝宋〕裴駰集解,〔唐〕司馬貞索隱,〔唐〕張守節正義:《史記》卷八,第488頁。
⑨ 〔晉〕杜預集解:《春秋經傳集解》卷二四,上海:上海古籍出版社,1988年,第1462頁。

姬內官也　姬是內官

《史記》卷九《吕太后本紀》："及高祖爲漢王，得定陶戚姬。"裴駰《集解》：

> 如淳曰："姬音怡，衆妾之總稱也。《漢官儀》曰'姬妾數百'。"蘇林曰："清河國有妃里，而題門作'姬'。"瓚曰："《漢秩禄令》及《茂陵書》姬，内官也，秩比二千石，位次倢伃下，在七子、八子之上。"

司馬貞《索隱》：

> 如淳音怡，非也。《茂陵書》曰"姬是内官"，是矣。[1]

吉按：《集解》"漢秩禄令及茂陵書姬内官也"一句，標點宜作：

> 《漢秩禄令》及《茂陵書》：姬，内官也，

《索隱》"茂陵書曰姬是内官是矣"一句，標點當作：

> 《茂陵書》曰姬是内官，是矣。

"姬是内官"一句乃唐人司馬貞語，非《茂陵書》原文，不當加引號。《茂陵書》爲漢武帝時公牘，西漢末於茂陵出土，其時尚無"是"作係詞之語法。

（王永吉，南京師範大學文學院副教授）

---

① 〔漢〕司馬遷撰，〔南朝宋〕裴駰集解，〔唐〕司馬貞索隱，〔唐〕張守節正義：《史記》卷九，第 504 頁。

《史記》三家注引《爾雅》古注校考

吳善松

[摘　要]《史記》三家注徵引《爾雅》舍人、樊光、李巡、孫炎四家古注,剔除重複共 37 條,其中僅爲三家注徵引而未見於他書者有 9 條,三家注徵引較他書更爲完備者有 10 條,輯佚價值較大。逐條考辨後可知三家注在徵引《爾雅》這些古注時,有遵從《史記》改注、徵引前後不一以及偶有錯誤等問題,而修訂本《史記》仍存在值得商榷的標點與校勘問題,包括標點失誤 8 處,脱文 4 處,訛文 1 處。清人各家《爾雅》古注輯本中,以臧庸《爾雅漢注》、馬國翰《玉函山房輯佚書》、黄奭《爾雅古義》三家最爲完備。余蕭客《爾雅鉤沉》早出而所見不廣,葉蕙心《爾雅古注斠》於前人輯本參考較少,故皆有所疏漏。

[關鍵詞]　史記三家注　爾雅古注　輯佚

有學者曾對《史記》三家注所引《爾雅》經文及郭璞注進行過詳細考辨,但郭璞之前的諸家古注尚未有詳細討論者。[①] 今將三家注所引《爾雅》諸家古注蒐爲一編,剔除重複,共得 37 條,包括舍人注 3 條,樊光注 2 條,李巡注 14 條,孫炎注 18 條,各附於相應經文之下,逐條考辨,互訂訛誤。《爾雅》古注的清人輯本衆多,今選取余蕭客、臧庸、馬國翰、黄奭、葉蕙心五家,[②] 考察各輯本優劣及其輯佚時對《史記》三家注之利用,以期對《史記》修訂本校勘和《爾雅》古注輯佚有所幫助。

一、舍人注

1.《釋言》:"臞,瘠也。"[③]

《司馬相如列傳》"形容甚臞",【索隱】舍人云:"臞,瘦也。"(117/3703)[④]

---

① 胡濤《〈史記〉三家注引〈爾雅〉述考》(《書目季刊》第四十八卷第四期,第 53—79 頁)對三家注引《爾雅》的研究,多有可商榷之處。程金造《史記索隱引書考實》僅列《索隱》引《爾雅》各家注,而未加詳考(北京:中華書局,1998 年)。應三玉《〈史記〉三家注研究》僅統計三家注引書次數,亦未加考辨(南京:鳳凰出版社,2008 年)。三家注引《爾雅》舍人注三次,應書誤作兩次。又將孫炎《爾雅注》與《禮記注》合併統計,不能體現三家注引書實際。

② 〔清〕余蕭客輯:《古經解鉤沉·爾雅鉤沉》,日本内閣文庫藏清乾隆刻本。〔清〕臧庸輯:《爾雅漢注》,國家圖書館藏清嘉慶間承德孫氏刻《問經堂叢書》本。〔清〕馬國翰輯:《玉函山房輯佚書·經編爾雅類》,《續修四庫全書》第 1203 册,上海:上海古籍出版社 2002 年影印清姆嬛館刻本。〔清〕黄奭輯:《爾雅古義》,國家圖書館藏清道光間甘泉黄氏刻、光緒間印《漢學堂叢書》本。〔清〕葉蕙心輯:《爾雅古注斠》,國家圖書館藏清光緒二年李氏半畝園刻本。文中皆簡稱作"某某輯本"或"某氏輯本"。

③ 文中所引《爾雅》經文皆出自清阮元校刻《十三經注疏》之《爾雅注疏》,中華書局 1980 年版。爲避免繁瑣,不再一一標明頁碼。若涉及關鍵異文,則取别本校勘。

④ 文中所引《史記》三家注皆出自點校本《二十四史》修訂本之《史記》(〔漢〕司馬遷撰,〔南朝宋〕裴駰集解,〔唐〕司馬貞索隱,〔唐〕張守節正義,趙生群等修訂:《史記》,北京:中華書局,2019 年),文中簡稱"修訂本《史記》"。在每條之後括號内注明卷數和頁碼,以便按覈。

案：舍人此注他書未見徵引，諸家輯本同，皆據此。

2.《釋訓》："夸毗，體柔也。"

《屈原賈生列傳》"夸者死權兮"，【索隱】犍爲舍人注《爾雅》云"夸毗，卑身屈己也"。（84/3031）

案：宋刊《釋文》引舍人曰："卑身屈己也。"[1] 與《索隱》同。臧庸、馬國翰輯本據《釋文》和《索隱》。黃奭、葉蕙心輯本據《釋文》，余蕭客漏輯此條。

3.《釋木》："楓，欇欇。"

《司馬相如列傳》"華氾欈欀"，【索隱】犍爲舍人曰："楓爲樹厚葉弱莖，大風則鳴，故曰楓。"（117/3673）

案：舍人此注，他書未見徵引。臧庸、馬國翰、黃奭、葉蕙心輯本皆據此，惟葉氏輯本誤倒作"大則風鳴"。余蕭客漏輯此條。宋本《藝文類聚》卷八九引《爾雅》曰："楓，聶。天風則鳴，故曰聶聶。樹似白楊，葉圓而岐，有脂而香，今之楓香。"[2] 其中"楓，聶"乃《爾雅》之文，惟"欇"作"聶"，且不重。"天風則鳴"至"今之楓香"是注文誤入正文。"天風則鳴"，《太平御覽》卷九五七所引亦作"天"。"天風則鳴"即舍人注"大風則鳴"，"天""大"蓋傳寫之誤。"樹似白楊"以下乃郭注之文，今本郭注作"楓樹似白楊，葉員而岐，有脂而香，今之楓香是"。[3]

二、樊光注

1.《釋詁》："晊，大也。"

《司馬相如列傳》"文王改制，爰周郅隆"，【索隱】樊光云"郅，可見之大也"。（117/3713）

案：此注他書未見徵引，各家輯本皆據《索隱》，臧庸、黃奭輯本改作"晊"，馬國翰、葉蕙心輯本作"郅"。余蕭客漏輯此條。王念孫云："作'至'者是也，作'晊'者涉上文'眅'字從日而誤。……樊本蓋已誤'晊'，字從日，故云'可見之大'。《索隱》引樊注作'郅'者，以正文云'爰周郅隆'（"郅隆"即"至隆"，作"郅"者借字耳），故從正文作'郅'，以省繁文，非謂樊本作'郅'也。若作'郅'，則字從邑，不得言'可見之大'矣。《釋文》所列諸本皆無作'郅'者，以是明之。"[4] 據之可知《釋詁》原文作"至"，樊光本訛作"晊"，《索隱》又據《史記》正文"爰周郅隆"改作"郅"。此種改字在經典注疏中常見。《史記索隱》引應劭曰"郅，至也"，《漢書注》引文穎曰"郅，至也"，[5] 亦可爲證。然王氏云"晊"字涉上文"眅"字從日而誤，又

① 〔唐〕陸德明：《經典釋文》卷二九，《中華再造善本》影印中國國家圖書館藏宋元遞修本，北京：北京圖書館出版社，2003年，第17頁a。
② 〔唐〕歐陽詢：《藝文類聚》卷八九，《中華再造善本》影印上海圖書館藏宋刻本，北京：北京圖書館出版社，2004年，第7頁a。
③ 〔清〕阮元校刻：《十三經注疏》，北京：中華書局，1980年，第2637頁上欄。
④ 〔清〕王引之撰，虞思徵等校點：《經義述聞》卷二六，上海：上海古籍出版社，2018年，第1560頁。
⑤ 〔漢〕班固撰，〔唐〕顔師古注：《漢書》卷五七，北京：中華書局，1964年，第2602頁。

云從日便可訓作"可見之大",實無明證。胡承珙云:"'至'爲'眰'之省,'胵'爲'眰'之誤。《玉篇》目部云'眰,視也,真日切',《集韻》'眰'亦從見作'睍'。……據此知'郅'與'眰'通,'眰'有'視'義,故樊以爲'可見之大'。"① 則樊光所見本或作"眰"字,故云"可見之大",後來傳抄訛誤作"眰"。

2.《釋草》:"蘄茝,蘪蕪。"

《司馬相如列傳》"昌蒲,江離蘪蕪,諸蔗猼且",【索隱】樊光曰"藁本一名蘪蕪,根名蘄芷"。(117/3645)

案:此注他書未見徵引,各家輯本皆據《索隱》,惟"蘪"作"蘪",余蕭客漏輯此條。宋刊《釋文》:"蘪,亡悲反,本今作'蘪'。"② 與《索隱》引樊光合,知《爾雅》古本有作"蘪"者。《説文》:"蘪,蘪蕪也,從艸麋聲。"③《管子·地員》:"蓮與蘪蕪,藁本白芷。"④ 可知"蘪"以從艸爲正字,《索隱》或據《史記》正文改字。"藁"又作"稟"。《文選·上林賦》"稟本射干"李善注引郭璞曰:"稟本,稟茇也。"⑤ 黃奭輯本作"藁木"誤。

三、李巡注

1.《釋器》:"康瓠謂之甈。"

《屈原賈生列傳》"斡弃周鼎兮寶康瓠",【索隱】《爾雅》云"康瓠謂之甈"。甈音丘列反。李巡云"康謂大瓠也"。(84/3023)

案:《文選·弔屈原文》"寶康瓠",李善注引李巡云:"大瓠瓢也。"⑥ 瓢,瓠瓜所制勺。《説文》:"甈,康瓠,破罌也。"段注:"康之言空也,瓠之言壺也。"又《説文》"瓠"段注:"《七月》傳曰:'壺,瓠也。'此謂叚借也。"⑦ 故《釋器》郭注云:"瓠,壺也。""瓠"乃"壺"之假借,壺與甈、罌皆瓦器,非瓠瓜之"瓠",《文選注》作"瓠瓢"誤。余蕭客、馬國翰、葉蕙心輯本據《文選注》,臧氏輯本據《索隱》,黃氏輯本合二書之説作"康謂大瓠瓢也"。

2.《釋器》:"金鏃翦羽謂之鍭。"

《五宗世家》"私作樓車鏃矢",【索隱】李巡注《爾雅》"金鏃,以金爲箭鏑"。(59/2556)

案:《文選·過秦論》"亡矢遺鏃之費",李善注引李巡《爾雅注》曰:"鏃,以金爲箭鏃也。"箭鏃,胡氏《考異》云:"袁本、茶陵本'鏃'作'鏑'是也。"⑧ 與《索隱》合。各家輯本皆據《索

① 朱祖延主編:《爾雅詁林》卷上,湖北教育出版社,1996年,第58頁。
② 〔唐〕陸德明:《經典釋文》卷三〇,第5頁a。
③ 〔漢〕許慎撰,〔清〕段玉裁注,許惟賢整理:《説文解字注》,南京:鳳凰出版社,2018年,第43頁上欄。
④ 〔唐〕房玄齡注:《管子》卷一九,《中華再造善本》影印中國國家圖書館藏宋刻本,北京:北京圖書館出版社,2004年,第3頁b。
⑤ 〔梁〕蕭統編,〔唐〕李善注:《文選》卷八,北京:中華書局,2020年,第125頁上欄a。
⑥ 〔梁〕蕭統編,〔唐〕李善注:《文選》卷六〇,第832頁上欄b。
⑦ 〔漢〕許慎撰,〔清〕段玉裁注,許惟賢整理:《説文解字注》,第1110頁上欄、590頁上欄。
⑧ 〔梁〕蕭統編,〔唐〕李善注:《文選》卷五一,第708頁下欄a。《胡氏考異》卷九,第966頁上欄b。

隱》，惟余蕭客、葉蕙心輯本作"鏃"，與胡刻本《文選》注同。葉本經文誤作"金鏃翦羽謂之
鏃"，或依李注改《爾雅》，或據別本《爾雅》改李注。《玉篇》："鏃，箭鏃也。"①《文選注》引李
巡單言"鏃"，何來"金"義？是據正文而刪改。《釋器》邢疏："以金爲鏃，齊羽者名'鏉'。"
則李巡注當作"金鏃"，以《索隱》爲正。

3.《釋天》："在寅曰攝提格。"

《曆書》"游兆攝提格征和元年"，【正義】李巡注《爾雅》云："萬物承陽而起，故曰攝提
格。格，起也。"（26/1516）

《天官書》"以攝提格歲"，【索隱】案：《爾雅》"歲在寅爲攝提格"。李巡云"言萬物承陽
起，故曰攝提格。格，起也"。（27/1566）

案：《開元占經》卷二三引李巡注同。②臧庸、馬國翰、黃奭輯本俱列三書，臧、黃誤記《占
經》卷數作"三十三"。葉蕙心輯本據《索隱》。各家惟臧庸輯本作"承"，與《索隱》《正義》
合，其餘均作"乘"，不知何據。余蕭客輯本謂"宋本《春秋疏》十一"，檢原書未見此注，且各
家未云，當是誤記。

4.《釋天》："在卯曰單閼。"

《曆書》"彊梧單閼二年"，【正義】李巡云："言陽氣推萬物而起，故曰單閼。"單，盡；閼，
止也。（26/1516）

《天官書》"單閼歲"，【索隱】在卯也。歲星二月晨出東方。《爾雅》云"卯爲單閼"。李
巡云："陽氣推萬物而起，故曰單閼。"單，盡也。閼，止也。（27/1567）

《屈原賈生列傳》"單閼之歲兮"，【索隱】《爾雅》云"歲在卯曰單閼"。李巡云"單閼，起
也，陽氣推萬物而起，故曰單閼"。（84/3027）

案：《占經》卷二三引李巡云："日在卯，言陽氣推萬物而起，故曰單閼。單，盡也。閼，起
也。"③較三家注完備。"閼，起也"與《屈賈列傳索隱》同，清抄本、大德堂抄本作"閼，止也"，
與《曆書正義》《天官書索隱》同，明抄本誤作"正"。④又宋刊本、通志堂本《釋文》引李云"土
也"，抱經堂本作"上"。⑤各家輯本均有此注，余蕭客、葉蕙心據《天官書索隱》，余氏誤記作
"宋本《春秋疏》十一"。臧庸、馬國翰、黃奭皆據《占經》《屈賈列傳索隱》。臧庸、黃奭並云
《釋文》作"土"字誤，《索隱》《正義》作"止"是"上"字之誤。馬國翰、葉蕙心云《釋文》引
作"上也"，葉氏又疑《索隱》"止"爲"上"之譌。然"閼"未聞有訓"上"者。《漢書·景十三

---

① 〔梁〕顧野王撰，呂浩校點：《大會廣益玉篇》卷一八，北京：中華書局，2019 年，第 601 頁。
② 〔唐〕瞿曇悉達：《唐開元占經》卷二三，《四庫全書》第 807 冊，臺北：臺灣商務印書館 1983 年影印文淵閣本，第 345 頁
　　上欄a。
③ 〔唐〕瞿曇悉達：《唐開元占經》卷二三，第 345 頁上欄b。
④ "清抄本"是指國家圖書館藏清抄本《大唐開元占經》，"大德堂抄本"是指國家圖書館藏明大德堂抄本《開元占經》，"明
　　抄本"是指國家圖書館藏明抄本《大唐開元占經》，均用國圖網站公佈的高清灰度膠片。
⑤ 〔唐〕陸德明：《經典釋文》卷二九，第 25 頁a。"通志堂本"是指哈佛大學圖書館藏清康熙刻本《通志堂經解》之《經典
　　釋文》，"抱經堂本"是國家圖書館藏清乾隆間盧氏抱經堂刻本《抱經堂叢書》之《經典釋文》。

王傳》"今臣雍閼不得聞",顏師古注:"雍讀曰壅。雍,塞也。閼,猶止也,音烏曷反。"①是"閼"訓"止",爲"雍遏"之義。《淮南子·天文訓》"單閼之歲",高誘注:"單,盡。閼,止也。陽氣推萬物而起,陰氣盡止也。"②與李巡注同。又《占經》卷二三引孫炎云:"殫,猶申也,閼雍之物於此盡申也。"③"殫"訓作"申","申"通"伸",陽氣推萬物而起,故閼雍之物盡伸。所解雖與李、高有異,將"閼"訓作"止"却不謀而合。故《曆書正義》《天官書索隱》作"止"爲是。《釋文》作"土",當形近而訛。今修訂本《曆書正義》《天官書索隱》未將"單,盡(也)。閼,止也"標作李巡注,《屈賈列傳索隱》"單"下誤脫"盡也",當據改。

5.《釋天》:"在辰曰執徐。"

《曆書》"徒維執徐三年",【正義】李巡云:"伏蟄之物皆敷舒而出,故云執徐也。"(26/1516)

《天官書》"執徐歲",【索隱】《爾雅》"辰爲執徐"。李巡云:"伏蟄之物皆敦舒而出,故曰執徐。執,蟄;徐,舒也。"(27/1567)

案:"伏蟄之物",四庫本、清抄本《占經》卷二三引作"言蟄之物",宋刊《釋文》作"言蟄物"。"敦舒",《曆書正義》《占經》《釋文》皆作"敷舒"。"執蟄徐舒也",《曆書正義》脫,《釋文》在"言蟄物"上。④余蕭客輯本據《天官書索隱》,誤記作"宋本《春秋疏》十一"。臧庸、黃奭輯本據《占經》《曆書正義》,葉蕙心輯本據《釋文》。馬國翰輯本作"振舒",不知何據。又《釋文》下二句在"言蟄物"上,馬氏云"無下二句",誤。衆本皆作"敷舒",又《占經》引孫炎云"勾者必達,蟄伏之物盡敷舒也"。⑤"敷"訓爲"布",訓爲"散",又訓爲"舒"。⑥敷舒,即蟄伏之物布散舒展,則以《曆書正義》作"敷"爲是。

6.《釋天》:"在未曰協洽。"

《曆書》"昭陽汁洽二年",【正義】李巡云:"言陰陽化生,萬物和合,故曰協洽也。"(26/1518)

《天官書》"叶洽歲",【索隱】《爾雅》云"在未爲叶洽"。李巡云:"陽氣欲化萬物,故曰協洽。協,和;洽,合也。"(27/1568)

案:《占經》卷二三引李巡云:"言陰陽欲和,萬物和合,故曰協洽,和也。"⑦清抄本、明抄本、大德堂抄本作"言陰陽欲化",大德堂抄本又脫"和也",當以《索隱》《正義》所引爲勝。臧、馬、黃、葉氏輯本並作"言陰陽化生,萬物和合,故曰協洽也。協,和也;洽,合也",當是取《曆書正義》《天官書索隱》《占經》整合而成。郝氏《義疏》載《占經》引李巡注同,而葉氏云

① 〔漢〕班固撰,〔唐〕顏師古注:《漢書》卷五三,第2424頁。
② 何寧:《淮南子集釋》卷三,北京:中華書局,1998年,第287頁。
③ 〔唐〕瞿曇悉達:《唐開元占經》卷二三,第345頁上欄b。
④ 〔唐〕陸德明:《經典釋文》卷二九,第25頁a。
⑤ 〔唐〕瞿曇悉達:《唐開元占經》卷二三,第345頁下欄a。
⑥ 宗福邦等主編:《故訓匯纂·支部》,北京:商務印書館,2003年,第970頁。
⑦ 〔唐〕瞿曇悉達:《唐開元占經》卷二三,第346頁上欄a。

僅出自《占經》，疑承襲郝氏。今修訂本《天官書索隱》引李巡注原脱"協洽"二字，《校勘記》云："據耿本、黄本、彭本、柯本、凌本、殿本補。"① 余氏輯本即脱此二字，邵氏《正義》所引不脱。

7.《釋天》："在申曰涒灘。"

《天官書》"涒灘歲"，【索隱】涒漢歲。《爾雅》云"在申爲涒漢"。李巡曰："涒漢，物吐秀傾垂之貌也。"（27/1569）

案："漢"，《曆書正義》《占經》卷二三、《一切經音義》卷一七引孫炎注作"灘"同。"物"，《曆書正義》《一切經音義》引作"萬物"。臧庸、黄奭據《曆書正義》《占經》《一切經音義》，葉蕙心據《一切經音義》，均輯作孫炎注，臧、黄並云《天官書索隱》誤作李巡注。余蕭客、馬國翰輯本據《天官書索隱》輯作李巡注，馬氏云"當是巡載二説，而孫炎取此説耳"。又《一切經音義》卷一七引李巡注云："言萬物皆循精氣，故曰涒灘。涒，單，盡也。"② 此即馬氏所云李巡第二説。"循"，四庫本、清抄本《占經》作"脩其"，明抄本、大德堂本作"修其"。蓋臧氏、馬氏、黄氏、葉氏輯本據《占經》《一切經音義》整合作"循脩其"，惟葉氏輯本"脩"作"修"。葉氏承襲前人，却祇云出自《一切經音義》，求簡反而失真。

8.《釋天》："在酉曰作噩。"

《曆書》"尚章作噩二年"，【正義】李巡云："作鄂，萬物皆落枝起之貌也。"（26/1518）

《天官書》"作鄂歲"，【索隱】《爾雅》"在酉爲作鄂"。李巡云"作咢，皆物芒枝起之貌"。（27/1569）

案：此説他書未見徵引。《釋文》云"噩，本或作咢"，《天官書索隱》引作"咢"，即據《釋文》或本。《正義》引李巡、《索隱》引《爾雅》作"鄂"，當據《天官書》"作鄂歲"改。《正義》"萬物皆落"，《索隱》引作"皆物芒"，張文虎云"未知孰誤"。③ 臧庸輯作"作鄂，萬物皆芒枝起之貌也"，整合《索隱》《正義》而成，馬國翰、黄奭輯本襲之。馬氏又注明《天官書索隱》之誤。余蕭客、葉蕙心輯本據《天官書索隱》，且葉氏改"咢"作"鄂"。《占經》卷二三引孫炎曰："作愕者，物落而枝起之貌。"卷二三引李巡曰："在酉，言萬物墜落，故曰作愕。作，索也；愕，茂也。"④ 郝氏《義疏》："'茂'當作'落'。《天文》篇注：'作鄂，零落也。萬物皆陊落。'義本李巡可證。"⑤ 郝氏《義疏》"愕"皆引作"鄂"，葉氏輯本實襲郝氏。《占經》清抄本、明抄本、大德堂本"茂"皆作"落"，可爲郝氏補證，則《曆書正義》所引爲是，《天官書索隱》"落"誤作"芒"。

① 〔漢〕司馬遷撰，〔南朝宋〕裴駰集解，〔唐〕司馬貞索隱，〔唐〕張守節正義，趙生群等修訂：《史記》卷二七，第 1616 頁。
② 徐時儀校注：《一切經音義三種校本合刊》（修訂本），上海：上海古籍出版社，2012 年，第 363 頁下欄。
③ 〔清〕張文虎：《校刊史記集解索隱正義札記》卷三，北京：中華書局，2012 年，第 317 頁。
④ 〔唐〕瞿曇悉達：《唐開元占經》卷二三，第 346 頁下欄 a。
⑤ 〔清〕郝懿行撰，王其和等點校：《爾雅義疏》卷中之三，北京：中華書局，2018 年，第 557 頁。

9.《釋天》："在戌曰閹茂。"

《曆書》"焉逢淹茂三年"，【正義】李巡云："言萬物皆蔽冒，故曰閹茂。閹，蔽也。茂，冒也。"（26/1519）

案：《占經》卷二三引李巡注同，又《天官書索隱》引孫炎注同（參見孫炎注 8）。《曆書正義》所引下二句原脱"閹""也""茂"三字，修訂本《史記》已據補。余蕭客據《索隱》輯作孫炎注；臧庸、馬國翰、黃奭、葉蕙心輯本皆據《正義》《占經》輯作李巡注，並注明《索隱》引作孫炎説；葉蕙心云"《索隱》引作孫炎，疑譌"。《占經》卷二三又引孫炎云："霜閹茂物，使俱落也。"[1] 參考前文馬國翰所説，則此注孫炎載二説，李巡取其一。

10.《釋天》："在丑曰赤奮若。"

《曆書》"彊梧赤奮若六年"，【正義】李巡云："陽氣奮迅萬物而起，無不若其性，故曰赤奮若。赤，陽色；奮，迅也；若，順也。"（26/1520）

《天官書》"赤奮若歲"，【索隱】《爾雅》"在丑爲赤奮若"。李巡云："言陽氣奮迅。若，順也。"（27/1570）

案：《曆書正義》所引較完備，四庫本《占經》卷二三引同，惟"不"上脱"無"字，"陽色"上脱"赤"字，又"色"作"也"；《天官書索隱》脱"萬物"至"迅也"二十字。余蕭客輯本據《索隱》。臧庸、馬國翰、黃奭輯本皆據《正義》《占經》，惟脱"赤"字。臧、黃云疑脱一"赤"字，却未補。郝氏《義疏》亦脱，已據《淮南子·天文》注補。葉蕙心輯本據《正義》，不脱，實出自郝氏《義疏》。

11.《釋天》："載，歲也。夏曰歲，商曰祀，周曰年，唐虞曰載。"

《五帝本紀》"九歲，功用不成"，【正義】《爾雅·釋天》云："載，歲也。夏曰祀，周曰年，唐、虞曰載。"李巡云："各自紀事，示不相襲也。"（1/25）

案，《正義》引脱"歲商曰"三字，《書·堯典》正義引同。又《春秋序》正義引作"夏歲，商祀，周年，唐虞載，各自紀事。堯舜三代，示不相襲也"，[2] 較之更爲完備。余蕭客、臧庸、黃奭輯本據《春秋序》正義。馬國翰據《書·堯典》正義、《五帝本紀正義》，云"《史記正義》無'示'字"，是其所據本誤脱。各家輯本皆繫於經文"夏曰歲，商曰祀，周曰年，唐虞曰載"下，於經義最合，惟葉蕙心據《書·堯典》正義繫於"載，歲也"下，又據《春秋序》正義繫於"商曰祀"下，頗不合理。

12.《釋天》："大辰，房、心、尾也。"

《天官書》"東宮蒼龍，房、心"，【索隱】案：《爾雅》云"大辰，房、心、尾也"。李巡曰"大辰，蒼龍宿，體最明也"。（27/1547）

案：馬國翰輯本據之，而今修訂本《史記》誤將"體"字屬下句。余、臧、黃、葉氏輯本皆

① 〔唐〕瞿曇悉達：《唐開元占經》卷二三，第 346 頁下欄 b。
② 〔清〕阮元校刻：《十三經注疏》，第 1703 頁下欄。

據《左傳·昭公十七年》正義,其引李巡曰:"大辰,蒼龍宿之體,最爲明,故曰房、心、尾也。"①
又《左傳正義》引李巡曰:"大火,蒼龍宿心,以候四時,故曰辰。"辰",《春秋公羊傳注疏》引
作"大辰"。②余、臧、馬、黃輯本皆據《公羊疏》,而葉氏輯本據《左傳正義》。此二條李注,余
氏輯本分别繫於"大辰,房、心、尾也"與"大火謂之大辰"下,分爲兩節,與郭注同,最爲合理。
臧、馬、黃輯本並繫於"大辰,房、心、尾也。大火謂之大辰"之末,作一節。葉氏輯本二注並
繫於"大辰,房、心、尾也"之下,殊誤。

13.《釋天》:"扶摇謂之猋。"

《司馬相如列傳》"歷駭飈",【正義】飈音必遥反。《爾雅》云"扶摇"。暴風從下升上,故
曰飈。（117/3681）

案:《詩·谷風》正義引李巡曰:"扶摇,暴風從下升上,故曰焱。焱,上也。"③《玉燭寶典》
卷一、《釋天》邢疏所引同。臧庸、馬國翰、黃奭皆據《詩》正義、邢疏輯作李巡注,余、葉輯本
僅據《詩》正義。故此所引當是李巡注,"飈"乃據《史記》正文改。今修訂本當補改作:"〔李
巡注〕《爾雅》云:'扶摇,暴風從下升上,故曰飈。'"

14.《釋山》:"再成,英。一成,坯。"

《夏本紀》"東過雒汭,至于大邳",【正義】李巡云:"山再重曰英,一重曰邳。"（2/90）

案:此引作"邳",當據正文所改。《書·禹貢》"至于大伾"《釋文》云"伾,本又作岯,音
丕",④孔疏引李巡同此,而"邳"作"岯",⑤即《釋文》所稱或本。《爾雅》經文作"坯",郭注引
《書》作"伾",《釋文》云"坯,或作伾",⑥或即《禹貢》之本。伾、岯、坯通,皆俗字。《説文》:
"坯,丘一成者也。從土不聲。"⑦可知"坯"爲正字。各家輯本據《禹貢》正義,除余蕭客輯本
外皆作"坯",或據《爾雅》經文改。

四、孫炎注

1.《釋詁》:"艐,至也。"

《司馬相如列傳》"糾蓼叫奡蹋以艐路兮",【索隱】孫炎云:"艐,古'界'字也。"
（117/3705）

案:宋刊《釋文》引孫云:"古届字。"⑧通志堂本同,抱經堂本作"届"。臧庸、馬國翰、黃

---

① 〔清〕阮元校刻:《十三經注疏》,第 2082 頁中欄。
② 〔清〕阮元校刻:《十三經注疏》,第 2082 頁中欄、2324 頁中欄。
③ 〔清〕阮元校刻:《十三經注疏》,第 459 頁中欄。
④ 〔唐〕陸德明:《經典釋文》卷三,第 10 頁 b。
⑤ 〔清〕阮元校刻:《十三經注疏》,第 151 頁下欄。
⑥ 〔唐〕陸德明:《經典釋文》卷二九,第 31 頁 a。
⑦ 〔漢〕許慎撰,〔清〕段玉裁注,許惟賢整理:《説文解字注》,第 1202 頁。
⑧ 〔唐〕陸德明:《經典釋文》卷二九,第 2 頁 a。

奭、葉蕙心輯本皆據抱經堂本。《説文》：“屉，行不便也。一曰極也。”段注：“《釋詁》《方言》皆曰：‘𡱈，至也。’郭云：‘𡱈，古屈字。’按，古用𡱈，今用屈也。𡱈、屈雙聲。”①“𡱈”“屈”古今字，“屈”又俗作“届”。②《索隱》引作“界”不知何據，程金造云：“此界字應作屈，聲之譌也，屈方訓至。”③

2.《釋詁》：“叙，緒也。”

“史記集解序”，【正義】序，緒也。孫炎云，謂端緒也。（4035）

案：此注他書未見徵引。臧庸、馬國翰、黃奭、葉蕙心輯本皆據此，余蕭客漏輯。《漢書·韋玄成傳》顏師古注云：“序，緒也。謂端緒也。”④《一切經音義》卷一八引《爾雅》曰：“叙，緒也。謂端緒也。”⑤皆與此同，疑脱“孫炎云”三字。修訂本《史記》此處標點當作：“孫炎云：‘謂端緒也。’”

3.《釋詁》：“禋，祭也。”

《五帝本紀》“禋于六宗”【正義】孫炎云：“禋，絜敬之祭也。”（1/30）

案：《書·舜典》正義、《左傳·隱公十一年》正義引孫炎注同，各家輯本同。臧庸據《五帝本紀正義》，余蕭客、葉蕙心據《書·舜典》正義，馬國翰、黃奭俱列三書。

4.《釋器》：“甌瓿謂之瓵。”

《貨殖列傳》“糱麴鹽豉千荅”，【集解】徐廣曰：“或作‘台’，器名有瓵。孫叔然云瓵，瓦器，受斗六升合爲瓵。音貽。”【索隱】鹽豉千蓋。下音貽。孫炎説云“瓵，瓦器，受斗六合”，以解此，蓋非也。（129/3974）

案：此注他書未見徵引。臧庸、馬國翰、黃奭、葉蕙心皆據此輯作“瓵，瓦器，受斗六升”，郝氏《義疏》引同，而余蕭客漏輯。《説文》“瓵，甌瓿謂之瓵”段注云：“徐廣曰：‘或作台，器名有瓵。孫叔然云：瓵，瓦器，受斗六升。台當爲瓵，音貽。’按今《史記》譌舛，爲正之如此。”⑥王氏《述聞》所引與段氏同，今點校本《經義述聞》標引作孫炎注之語，⑦亦非。徐廣既云“或作‘台’，器名有瓵”，則“台當爲瓵，音貽”不當是徐廣之言，疑乃裴駰解釋徐氏之言。今修訂本《史記》，《集解》“台”誤作“合”，且標點失誤，當改作：“徐廣曰：‘或作‘台’，器名有瓵。孫叔然云：“瓵，瓦器，受斗六升。”’〔台〕（合）爲瓵，音貽。”《索隱》引孫炎注或據《集解》，而於裴駰語未盡删，故衍“合”字。

---

① 〔漢〕許慎撰，〔清〕段玉裁注，許惟賢整理：《説文解字注》，第 699 頁下欄。
② 《康熙字典》：“屈，俗作届，从由，非。”（漢語大詞典編纂處整理：《康熙字典：標點整理本》，上海：漢語大詞典出版社，2005 年，第 240 頁中欄）
③ 程金造：《史記索隱引書考實》卷一，第 172 頁。
④ 〔漢〕班固撰，〔唐〕顏師古注：《漢書》卷七三，第 3122 頁。
⑤ 徐時儀校注：《一切經音義三種校本合刊》（修訂本），第 389 頁下欄。
⑥ 〔漢〕許慎撰，〔清〕段玉裁注，許惟賢整理：《説文解字注》，第 1108 頁下欄。
⑦ 〔清〕王引之撰，虞思徵等校點：《經義述聞》卷二七，第 1661 頁。

5.《釋天》：“在卯曰單閼。”

《屈原賈生列傳》“單閼之歲兮”，【索隱】孫炎本作“蟬焉”。蟬猶伸也。（84/3027）

案：《占經》卷二三引孫炎云：“殫，猶申也，閼壅之物於此盡申也。”[1] 臧庸、馬國翰、黃奭輯本皆據《占經》，黃氏、馬氏云《史記索隱》引孫炎本作“殫焉”。《釋文》云“又音蟬”，[2] 恰與今本《索隱》合，蓋馬、黃所見本誤。郝氏《義疏》存《索隱》《占經》二説，葉蕙心輯本據之，最爲完備。據《占經》，“蟬猶伸也”亦孫炎注文，修訂本《史記》此處漏加引號。

6.《釋天》：“在午曰敦牂。”

《曆書》“商橫敦牂後元元年”，【正義】孫炎注《爾雅》云：“敦，盛也。牂，壯也。言萬物盛壯也。”（26/1517）

《天官書》“敦牂歲”，【索隱】《爾雅》云“在午爲敦牂”。孫炎云“敦，盛；牂，壯也。言萬物盛壯”。（27/1568）

案：《占經》卷二三引孫炎注與《天官書索隱》同，余蕭客、葉蕙心輯本據之。臧庸、馬國翰、黃奭輯本俱列三書。《曆書正義》原脱“孫炎注”三字，今修訂本《史記》據《天官書索隱》及三家注引書體例補足。

7.《釋天》：“在申曰涒灘。”

《曆書》“橫艾涒灘始元元年”，【正義】孫炎注《爾雅》云：“涒灘，萬物吐秀傾垂之貌也。”（26/1518）

案：《占經》卷二三、《一切經音義》卷一七引孫炎注同，《天官書索隱》引作李巡注。臧庸、葉蕙心輯作孫炎注，馬國翰、黃奭存二説。參見李巡注 7。

8.《釋天》：“在戌曰閹茂。”

《天官書》“閹茂歲”，【索隱】《爾雅》云“在戌曰閹茂”。孫炎云“萬物皆蔽冒，故曰閹茂。閹，蔽；茂，冒也”。（27/1569）

案：《占經》卷二三、《曆書正義》引李巡注同。余蕭客據《天官書索隱》輯作孫炎注。臧庸、馬國翰、葉蕙心據《占經》《曆書正義》輯作李巡注，並注明《索隱》作孫炎注。黃奭輯本兼存二説。參見李巡注 9。

9.《釋天》：“在亥曰大淵獻。”

《曆書》“端蒙大淵獻四年”，【正義】孫炎云：“淵獻，深也。獻萬物於天，深于藏蓋也。”（26/1519）

《天官書》“大淵獻歲”，【索隱】《爾雅》云“在亥爲大淵獻”。孫炎云：“淵，深也。大獻萬物於深，謂蓋藏之於外耳。”（27/1570）

案：各家輯本與《天官書索隱》同，臧庸、馬國翰、黃奭、葉蕙心又謂出自《占經》，而檢《占

---

① 〔唐〕瞿曇悉達：《唐開元占經》卷二三，第 345 頁上欄 b。
② 〔唐〕陸德明：《經典釋文》卷二九，第 25 頁 a。

經》各本未有與此同者。清抄本《占經》卷二三引孫炎云："淵，深也。獻萬物於大，深謂蓋藏也。"與《曆書正義》略同。郝氏《義疏》載《占經》引李巡注與此同，蓋各家或襲臧氏、郝氏之説。邵氏《正義》據《天官書索隱》。

10.《釋天》："在子曰困敦。"

《曆書》"游兆困敦五年"，【正義】孫炎云："困敦，混沌也。言萬物初萌，混沌於黄泉之下也。"（26/1519）

《天官書》"困敦歲"，【索隱】《爾雅》"在子爲困敦"。孫炎云："困敦，混沌也。言萬物初萌，混沌於黄泉之下也。"（27/1570）

案：《索隱》《正義》引孫炎注同，《占經》卷二三引孫炎亦同，各家輯本同。

11.《釋天》："載，歲也。夏曰歲，商曰祀，周曰年，唐虞曰載。"

《五帝本紀》"九歲，功用不成"，【正義】孫炎云："歲，取歲星行一次也。祀，取四時祭祀一訖也。年，取禾穀一熟也。載，取萬物終更始也。載者，年之別名，故以載爲年也。"（1/25）

案：《書·堯典》正義引孫炎同。《詩·雲漢》正義、《左傳·昭公七年》正義引孫炎云："四時一終曰歲，取歲星行一次也。年，取年穀一熟。"《春秋序》正義引孫炎曰："載，始也，取物終更始也。歲，取歲星行一次也。祀，取四時祭祀一訖也。年，取年穀一熟也。"又《左傳·宣公三年》正義引"載，取物終更始""祀，取祭祀一訖""年，取年穀一熟"三句，邢疏引"取四時祭祀一訖"一句。[①]《一切經音義》卷一四引《爾雅注》云："一終名歲，又取歲星行一次也。"[②] 不詳誰氏。據各書所引及《史記》校勘記，[③] 作"年穀"是，與文義合。比照各家輯本，臧庸、黄奭輯本最爲完備，但未分節。馬國翰輯本説解最詳，但所引文字有脱誤。葉蕙心輯本分節最細，或本郭注本，但注文與經文對應不合理。余蕭客、葉蕙心漏輯《史記正義》所引"載者，年之別名，故以載爲年也"一句。葉氏云出自《書·洪範》正義、《書·洛誥》正義者，查而未見，蓋葉氏誤記。余氏云出自《猗覺寮雜記》卷三者，亦本自《書·堯典》正義。朱翌《猗覺寮雜記》卷上云："《書》正義孫炎曰：'季，取禾穀一熟。'"[④] 此書另有《學海類編》六卷本，或余氏所據。

12.《釋天》："壽星，角、亢。天根，氐也。"

《天官書》"氐爲天根"，【索隱】《爾雅》云"天根，氐也"。孫炎以爲角、亢下繫於氐，若木之有根也。（27/1549）

案：《一切經音義》卷九引孫炎同，各家輯本同。

---

① 〔清〕阮元校刻：《十三經注疏》，第563頁上欄、2051頁中欄、1703頁下欄、1868頁下欄、2608頁上欄。"年穀"，《詩·雲漢》正義所引脱作"穀"。

② 徐時儀校注：《一切經音義三種校本合刊》（修訂本），第300頁下欄。

③ 〔漢〕司馬遷撰，〔南朝宋〕裴駰集解，〔唐〕司馬貞索隱，〔唐〕張守節正義，趙生群等修訂：《史記》卷一，第59頁。

④ 〔宋〕朱翌撰，朱凱、姜漢春整理：《猗覺寮雜記》卷上，朱易安、傅璇琮等主編：《全宋筆記》第三編第十册，鄭州：大象出版社，2008年，第42頁。

13.《釋天》:"北陸,虛也。"

《天官書》"虛、危",【索隱】《爾雅》云"玄枵,虛也"。又云"北陸,虛也"。解者以陸爲道。孫炎曰"陸,中也;北方之宿中也"。(27/1561)

案:《詩·七月》正義、《左傳·昭公四年》正義、《釋天》邢疏引孫炎曰:"陸,中也。北方之宿,虛爲中也。"[1] 余蕭客輯本據《天官書索隱》,其他各輯本據《詩》正義、《左傳》正義。又《索隱》云"解者以陸爲道",黃奭輯作衆家注。《天官書索隱》脱"虛爲"二字,當據補:"孫炎曰:'陸,中也;北方之宿,〔虛爲〕中也。'"

14.《釋天》:"大梁,昴也。"

《天官書》"昴、畢間爲天街",【索隱】《爾雅》云:"大梁,昴。"孫炎云:"昴、畢之間,日、月、五星出入要道,若津梁也。"(27/1559)

案:此注他書未見徵引。各家輯本皆據此,惟葉氏輯本多"則是大梁橋梁爲義也"一句。郝氏《義疏》亦據之云:"則是大梁取橋梁爲義也。"[2] 葉氏本自郝氏《義疏》,誤將郝氏語輯作孫炎注,又誤脱"取"字。

15.《釋天》:"濁謂之畢。"

《天官書》"畢曰罕車",【索隱】《爾雅》云"濁謂之畢"。孫炎以爲掩兔之畢或呼爲濁,因名星云。(27/1558)

案:《詩·盧令》"襄公好田獵畢弋"正義引孫炎曰:"掩兔之畢,或謂之噣,因名星云。"又引李巡、郭璞注皆作"噣",[3] 是舊本有作"噣"者。《毛詩釋文》云"本亦作濁",[4] 或與《索隱》所據相同。郝氏《義疏》云:"濁,或作'噣',又作'躅',皆象形,兼取聲也。"[5] 余蕭客輯本據《索隱》,臧庸、馬國翰、黃奭輯本據《詩》正義。葉氏輯本云《詩·漸漸之石》正義,當是誤記。余氏、臧氏輯本作"因名星",馬氏輯本作"因名星也",黃氏、葉氏輯本作"因以名星",與《索隱》、《盧令》正義均不同。郝氏《義疏》據《詩·盧令》正義引作"因以名星",或爲黃、葉所據。

16.《釋天》:"咮謂之柳。"

《天官書》"柳爲鳥注,主木草",【索隱】《爾雅》云"鳥喙謂之柳"。孫炎云"喙,朱鳥之口,柳其星聚也"。(27/1555)

案:此注他書未見徵引,各家輯本皆據此。《釋文》引《爾雅》"噣謂之柳"。《説文》:"噣,喙也。"段注:"《曹風》:'不濡其咮。'毛曰:'咮,喙也。'《玉篇》引'不濡其噣'。咮、噣二同,朱聲、蜀聲同部也。亦假借作'注',《爾雅》'咮星',《史記》、《考工記》注作'注'是也。亦作'啄',《詩·韓奕》傳:'厄,烏噣也。'厄同軶,烏噣,《釋名》《小爾雅》作'烏啄'。"[6] 咮、喙、

---

① 〔清〕阮元校刻:《十三經注疏》,第393頁中欄、2033頁下欄、2609頁中欄。
② 〔清〕郝懿行撰,王其和等點校:《爾雅義疏》卷中之三,第576頁。
③ 〔清〕阮元校刻:《十三經注疏》,第353頁中欄。
④ 〔唐〕陸德明:《經典釋文》卷五,第28頁a。
⑤ 〔清〕郝懿行撰,王其和等點校:《爾雅義疏》卷中之三,第577頁。
⑥ 〔漢〕許慎撰,〔清〕段玉裁注,許惟賢整理:《説文解字注》,第94頁下欄。

喝、注、啄五字皆假借通用,郝氏《義疏》亦有討論。

17.《釋天》:"何鼓謂之牽牛。"

《天官書》"牽牛爲犧牲,其北河鼓",【索隱】《爾雅》云:"河鼓謂之牽牛。"孫炎曰:"河鼓之旗十二星,在牽牛北,或名河鼓爲牽牛也。"(27/1564)

案:《詩·大東》正義作"或名爲河鼓,亦名爲牽牛",《釋天》邢疏引孫炎作"或名爲何鼓,亦名牽牛",[①]與《索隱》異。余、臧、黃、葉氏輯本據《索隱》,馬氏據《詩》正義、邢疏。《天官書》謂河鼓在牽牛北,河鼓與牽牛爲二星,然《爾雅》以河鼓、牽牛爲一星。郝氏《義疏》云:"今驗牽牛三星,牛六星。《天官書》誤以牛星爲牽牛,故以何鼓、牽牛爲二星。"又引牟廷相曰:"考諸經典,無名牛宿曰牽牛者。《天官書》云'牽牛爲犧牲,其北何鼓',蓋星家失傳自此始。"[②]足以訂《史記》之訛。河鼓三星,又名牽牛,其中星河鼓二最亮,俗名牛郎星,與織女星隔銀河相望。《荆楚歲時記》:"牽牛星,荆州呼爲河鼓,主關梁。"[③]故郭注:"今荆楚人呼牽牛星爲'擔鼓'。擔者,荷也。"[④]是也。《史記》誤河鼓、牽牛爲二星,孫炎、李巡注[⑤]《爾雅》亦因之而誤,胡承珙更是據《史記》誤改《爾雅》。[⑥]《索隱》引孫炎作"或名河鼓爲牽牛",較《詩》正義、邢疏爲勝。

18.《釋天》:"明星謂之启明。"

《天官書》"察日行以處位太白",【索隱】孫炎注《爾雅》,以爲晨出東方高三丈,命曰启明;昏見西方高三舍,命曰太白。(27/1577)

案,《詩·大東》正義引孫炎曰:"明星,太白也。出東方高三舍,今曰明星。昏出西方高三舍,今曰太白。"[⑦]《釋天》邢疏引同。余蕭客輯本據《索隱》,又改"启明"作"明晨","昏"作"昬"。臧庸輯本據《索隱》,又據《詩》正義、邢疏增"明星,太白也"。馬國翰輯本據《詩》正義、邢疏,又增改作"晨出東方高三丈",改兩"今"字爲"命"。黃奭輯本同臧庸,惟改"昏見"作"昏出"。葉蕙心輯本據《詩》正義,又增"晨"字,改"明星"作"启明"。《爾雅》郭注云:"晨見東方爲启明,昏見西方爲太白。"《詩·大東》云:"東有启明,西有長庚。"毛傳:"日旦出謂明星爲启明,日既入謂明星爲長庚。"[⑧]太白,又曰明星,今曰金星,晨出東方爲启明,昏現西方爲長庚,孫炎注、郭注俱誤。《爾雅》僅謂"明星"爲"启明",舉其一也。

結論:《史記》三家注共引《爾雅》郭璞之前的古注共 51 條(剔除重複共 37 條),數量上

---

① 〔清〕阮元校刻:《十三經注疏》,第 461 頁下欄、2609 頁中欄。
② 〔清〕郝懿行撰,王其和等點校:《爾雅義疏》卷中之三,第 579—580 頁。
③ 〔梁〕宗懍撰,〔隋〕杜公瞻注,姜彥稚輯校:《荆楚歲時記》,北京:中華書局,2020 年,第 56 頁。
④ 〔清〕阮元校刻:《十三經注疏》,第 2609 頁上欄。
⑤ 邢疏引李巡云:"何鼓、牽牛,皆二十八宿名也。"(〔清〕阮元校刻:《十三經注疏》,第 2609 頁中欄)
⑥ 〔清〕胡承珙撰,郭全芝校點:《毛詩後箋》卷二〇,合肥:黃山書社,1999 年,第 1046—1047 頁。
⑦ 〔清〕阮元校刻:《十三經注疏》,第 461 頁下欄。
⑧ 〔清〕阮元校刻:《十三經注疏》,第 2609 頁上欄、461 頁下欄。

雖不如《經典釋文》《五經正義》所引多，[①]但其中僅爲三家注徵引而未見於他書者有 9 條，三家注徵引較他書更爲完備者有 10 條，其價值毋庸贅言。當然，三家注在徵引《爾雅》古注時也存在某些問題：一，遵從《史記》改注，如《索隱》引樊光注"邨""廩"，《正義》引李巡注"邘""飍"，皆是據《史記》正文而改，這在《文選注》和《五經正義》中也存在。二，徵引前後不一，集中體現在《天官書索隱》和《曆書正義》徵引李巡注或孫炎注解釋歲陽、歲陰名時，所引同一條注各有詳略，或有異文，往往可互爲補充。三，有徵引錯誤，如《曆書正義》引李巡注"敷舒"，《天官書索隱》引"敷"誤作"敦"，形近而訛，又如《曆書正義》《天官書索隱》引李巡注"闕，止也"，《屈原賈生列傳索隱》引"止"誤作"起"，後人臆改。中華書局修訂本《史記》已校出三家注脱文 3 處，皆據以補足。我們通過逐條考辨三家注所徵引《爾雅》古注，發現修訂本《史記》仍存在某些值得商榷的標點與校勘問題，包括標點失誤 8 處，脱文 4 處，訛文 1 處，可據上文改正。清人各家輯本中，余蕭客《爾雅鉤沉》最爲早出，蓋所見不廣，又無所承襲，故脱訛較多，未臻詳備。臧庸《爾雅漢注》、馬國翰《玉函山房輯佚書》、黃奭《爾雅古義》所輯最爲完備，往往參照衆本，並俱列出處與各本差異，間或以按語辨別是非。馬國翰、黃奭輯本承自臧庸，而馬氏又偶有發明。葉蕙心《爾雅古注斠》晚出，却於前人輯本參考較少，絕大部分承襲郝氏《義疏》，而不核驗原書，故亦有疏漏。我們可對清人《爾雅》古注輯本進行專書研究，進而展開對《爾雅》古注的全面討論，最終完成《爾雅》古注彙輯彙校彙考，"復原"《爾雅》古注全貌。

（吳善松，陝西師範大學文學院中國古典文獻學專業碩士研究生）

[①]《經典釋文》《五經正義》引《爾雅》古注情況，可參看竇秀艷《雅學文獻學研究》第三、四章（北京：中國社會科學出版社，2015 年）。

讀《漢書·異姓諸侯王表》札記

戎輝兵

[摘　要]　本文就《漢書·異姓諸侯王表》一卷比勘北宋景祐本、南宋慶元本、宋末元初白鷺洲書院本、元大德本、明正統本、明汲古閣本、清武英殿本、清金陵書局本等古本八種,以本書前後互證,旁核《史記》《通鑑》諸書,參以各家校詁考訂成果,就前人未及或其論尚有遺義者,撰成札記凡 16 條。

[關鍵詞]　漢書　異姓諸侯王表　校勘　考訂

　　筆者近年有幸得見《漢書》宋元以來諸多善本。現就《漢書·異姓諸侯王表》,將各本比勘一過,校以《史》《漢》《通鑑》諸書相關內容,參以各家校詁考訂,就諸家未及或其論尚有遺義者,董理成札記,以求教于方家。

　　文中對校《漢書》各本爲:北宋刻遞修本(舊稱“景祐本”),簡稱北宋本;宋慶元元年(1195)建安劉元起刻本,簡稱慶元本;宋末元初白鷺洲書院刻本,簡稱白鷺洲本;元大德九年(1305)太平路儒學刻明成化正德遞修本,簡稱大德本;明正統八年(1443)刻本,簡稱正統本;明崇禎十五年(1642)毛氏汲古閣刻十七史本,簡稱汲本;清乾隆四年(1739)武英殿刻本,簡稱殿本;清同治八年(1869)金陵書局刻本,簡稱局本。文中條目《漢書》正文及顏注文字,爲中華書局 1962 年版點校本,並一一標明頁、行、欄、格,以便稽覈。

　　1.應劭曰:“禁民聚語,畏其謗己。箝,緘也。箝與鉗同。”晉灼曰:“許慎云‘箝,籋也’。”師古曰:“晉説是也。謂箝籋其口,不聽妄言也,即所謂禁耦語者也。箝音(某)[其]占反。籋音躡。”(頁 364,行 16—頁 365,行 1)

　　“籋”,北宋本作“籋”,慶元本、白鷺洲本作“籤”,大德本、正統本、汲本、殿本、局本作“籋”。《説文》:“籋,箝也。从竹爾聲。”①《字彙補》:“籤,箝也。”②疑“籋”正“籤”俗,《字彙補》“籤,箝也”之“箝”爲“箝”之形訛。《漢書·爰盎鼂錯傳》:“而君自閉箝天下之口,而日益愚。”師古曰:“箝,籋也。”③北宋本、慶元本、白鷺洲本、大德本、正統本、汲本、殿本、局本均作“籋”。

　　2.王田市始,故齊(將)[王]。(頁 366,2 欄 10 格)

　　“將”,北宋本、慶元本、白鷺洲本、大德本、正統本作“王”,汲本作“將”,殿本作“王”,局

---

① 〔漢〕許慎撰,〔宋〕徐鉉校定:《説文解字》,北京:中華書局,2013 年,第 92 頁下欄。
② 〔清〕吳任臣:《字彙補》,《續修四庫全書》第 233 册,上海:上海古籍出版社,2002 年,第 613 頁下欄。
③ 〔漢〕班固撰,〔唐〕顏師古注:《漢書》卷四九,北京:中華書局,1962 年,第 2272—2273 頁。

本作 "將"。《漢書·高帝紀》:"羽自立爲西楚霸王……徙齊王田巿爲膠東王。" [1]《漢書·陳勝項籍傳》:"徙齊王田巿爲膠東王。" [2]《史記·秦楚之際月表》:"王田巿始,故齊王。" [3] 錢大昭《漢書辨疑·異姓諸侯王表》:"《項羽傳》:徙齊王田巿爲膠東王。此當云'故齊王'。" [4] 作 "王" 是。

3. 歇以陳餘爲代王,號(安成)[成安]君。(頁 369,2 欄 7 格)

"號",北宋本、慶元本、白鷺洲本、大德本、正統本、汲本、殿本、局本均作 "號"。《史記·秦楚之際月表》亦作 "號"。《史記·項羽本紀》:"成安君陳餘棄將印去,不從入關,然素聞其賢,有功于趙,聞其在南皮,故因環封三縣。" [5]《史記·高祖本紀》:"封成安君陳餘河間三縣,居南皮。" [6] 事在漢元年二月。之前,陳餘即稱成安君。趙歇以陳餘爲代王,在漢元年十月。陳餘稱成安君,已故事矣。梁玉繩《史記志疑·秦楚之際月表》:"'號'字乃'故'字之誤。" [7]

"安成",北宋本、大德本、正統本、汲本、局本作 "安成",慶元本、白鷺洲本、殿本作 "成安"。《漢書·韓彭英盧吳傳》:"趙王、成安君陳餘聞漢且襲之,聚兵井陘口,號稱二十萬。" [8]《史記·秦楚之際月表》作 "成安"。王先謙《漢書補注·異姓諸侯王表》:"先謙曰:官本'安成'作'成安',是。" [9]

4. 田榮弟橫反城陽,擊假,假奔楚。殺假。(頁 370,3 欄 8 格—頁 371,1 欄 8 格)

"假奔楚殺假",北宋本、慶元本、白鷺洲本、大德本、正統本、汲本、殿本、局本均作 "假奔楚殺假"。《史記·秦楚之際月表》:"田榮弟橫反城陽,擊假,走楚,楚殺假。" [10] 王先謙《漢書補注·異姓諸侯王表》:"先謙曰:'楚'下當更有'楚'字。《月表》有。" [11] 劉光蕡《前漢書校勘札記·異姓諸侯王表》:"《史表》重'楚'字。案重'楚'字是。" [12]《漢書·陳勝項籍傳》:"田榮即引兵歸,逐王假。假亡走楚,相田角亡走趙。角弟閒,故將,居趙不敢歸。田榮立儋子巿爲齊王。梁已破東阿下軍,遂追秦軍。數使使趣齊兵俱西。榮曰:'楚殺田假,趙殺田角、田閒,乃發兵。'梁曰:'田假與國之王,窮來歸我,不忍殺。'趙亦不殺角、閒以巿于齊。" [13]《漢書·魏

---

① 〔漢〕班固撰,〔唐〕顏師古注:《漢書》卷一,第 28 頁。
② 〔漢〕班固撰,〔唐〕顏師古注:《漢書》卷三一,第 1810 頁。
③ 〔漢〕司馬遷撰,〔南朝宋〕裴駰集解,〔唐〕司馬貞索隱,〔唐〕張守節正義:《史記》卷一六,北京:中華書局,2014 年,第 939 頁。
④ 〔清〕錢大昭:《漢書辨疑》卷三,張舜徽主編:《二十五史三編》第 3 冊,長沙:嶽麓書社 1994 年影印本,第 247 頁下欄。
⑤ 〔漢〕司馬遷撰,〔南朝宋〕裴駰集解,〔唐〕司馬貞索隱,〔唐〕張守節正義:《史記》卷七,第 403 頁。
⑥ 〔漢〕司馬遷撰,〔南朝宋〕裴駰集解,〔唐〕司馬貞索隱,〔唐〕張守節正義:《史記》卷八,第 463 頁。
⑦ 〔清〕梁玉繩撰《史記志疑》卷一〇,北京:中華書局,1981 年,第 467 頁。
⑧ 〔漢〕班固撰,〔唐〕顏師古注:《漢書》卷三四,第 1867 頁。
⑨ 〔漢〕班固撰,〔清〕王先謙補注,上海師範大學古籍整理研究所整理:《漢書補注》第 2 冊,上海:上海古籍出版社,2008 年,第 503 頁。
⑩ 〔漢〕司馬遷撰,〔南朝宋〕裴駰集解,〔唐〕司馬貞索隱,〔唐〕張守節正義:《史記》卷八,第 948 頁。
⑪ 〔漢〕班固撰,〔清〕王先謙補注,上海師範大學古籍整理研究所整理:《漢書補注》第 2 冊,第 504 頁。
⑫ 〔清〕劉光蕡:《前漢書校勘札記》,吳平等輯:《〈漢書〉研究文獻輯刊》第 8 冊,北京:國家圖書館出版社 2008 年影印陝甘味經刊書處刊本,第 22 頁下欄。
⑬ 〔漢〕班固撰,〔唐〕顏師古注:《漢書》卷三一,第 1800 頁。

豹田儋韓王信傳》："而榮怒齊之立假，乃引兵歸，擊逐假。假亡走楚……項梁既追章邯，章邯兵益盛，項梁使使趣齊兵共擊章邯。榮曰：'楚殺田假，趙殺角、閒，乃出兵。'楚懷王曰：'田假與國之王，窮而歸我，殺之不誼。'趙亦不殺田角、田閒以市于齊。"① 實楚未殺假。

5. 子尉嗣爲王（頁375,1欄4格）

"尉"，北宋本、慶元本、白鷺洲本、大德本、正統本、汲本、殿本、局本均作"尉"。本表下文，漢五年："漢虜尉。"②《漢書·高帝紀》："初，項羽所立臨江王共敖前死，子尉嗣立爲王，不降。遣盧綰、劉賈擊虜尉。"③《漢書·韓彭英盧吳傳》："項籍死，使綰別將，與劉賈擊臨江王共尉。"④《漢書·荊燕吳傳》："漢王因使賈將九江兵，與太尉盧綰西南擊臨江王共尉，尉死，以臨江爲南郡。"⑤《史記·荊燕世家》："漢王因使劉賈將九江兵，與太尉盧綰西南擊臨江王共尉。共尉已死，以臨江爲南郡。"⑥《史記·韓信盧綰列傳》："漢五年冬，以破項籍，乃使盧綰別將，與劉賈擊臨江王共尉，破之。"⑦ 作"尉"。《通鑑·漢紀三》亦作"尉"。《史記·高祖本紀》："故臨江王驩爲項羽叛漢。"《集解》引徐廣曰："一作'尉'。"⑧《史記·秦楚之際月表》："臨江王驩始，敖子。"⑨ 作"驩"。

6. 復趙，王張耳始，漢立之。（頁375,4欄6格）

此表立張耳爲趙王繫于秦正四年（本表漢三年）十一月。《漢書·高帝紀》："（四年）十一月……漢立張耳爲趙王。"⑩《史記·秦楚之際月表》："趙王張耳始，漢立之。"⑪ 亦繫于四年十一月。《漢書·張耳陳餘傳》："四年夏，立耳爲趙王。"⑫ 夏燮《校漢書八表·異姓諸侯王表》："按漢滅趙，至是復立張耳爲趙王。《本紀》繫之于十一月，與《表》合，惟《耳傳》以爲四年夏。按十一月本秦正之四年，疑《傳》中'夏'字誤也。"⑬

7. 十二月乙丑，耳薨。（頁377,5欄6格）

"十二月乙丑"，北宋本、慶元本、白鷺洲本、大德本、正統本、汲本、殿本、局本均作"十二月乙丑"。《漢書·張耳陳餘傳》："四年夏，立耳爲趙王。五年秋，耳薨，謚曰景王。"⑭ 本表上文載秦正四年（本表漢三年）十一月："復趙，王張耳始，漢立之。"⑮ 此表云趙王張耳立十二月

① 〔漢〕班固撰，〔唐〕顏師古注：《漢書》卷三三，第1847—1848頁。
② 〔漢〕班固撰，〔唐〕顏師古注：《漢書》卷一三，第377頁。
③ 〔漢〕班固撰，〔唐〕顏師古注：《漢書》卷一，第50頁。
④ 〔漢〕班固撰，〔唐〕顏師古注：《漢書》卷三四，第1891頁。
⑤ 〔漢〕班固撰，〔唐〕顏師古注：《漢書》卷三五，第1900頁。
⑥ 〔漢〕司馬遷撰，〔南朝宋〕裴駰集解，〔唐〕司馬貞索隱，〔唐〕張守節正義：《史記》卷五一，第2420頁。
⑦ 〔漢〕司馬遷撰，〔南朝宋〕裴駰集解，〔唐〕司馬貞索隱，〔唐〕張守節正義：《史記》卷九三，第3198頁。
⑧ 〔漢〕司馬遷撰，〔南朝宋〕裴駰集解，〔唐〕司馬貞索隱，〔唐〕張守節正義：《史記》卷八，第479頁。
⑨ 〔漢〕司馬遷撰，〔南朝宋〕裴駰集解，〔唐〕司馬貞索隱，〔唐〕張守節正義：《史記》卷五一，第953—954頁。
⑩ 〔漢〕班固撰，〔唐〕顏師古注：《漢書》卷一，第45頁。
⑪ 〔漢〕司馬遷撰，〔南朝宋〕裴駰集解，〔唐〕司馬貞索隱，〔唐〕張守節正義：《史記》卷一六，第954頁。
⑫ 〔漢〕班固撰，〔唐〕顏師古注：《漢書》卷三二，第1839頁。
⑬ 〔清〕夏燮：《校漢書八表》卷一，〔清〕梁玉繩等：《史記漢書諸表訂補十種》，第178頁。
⑭ 〔漢〕班固撰，〔唐〕顏師古注：《漢書》卷三二，第1839頁。
⑮ 〔漢〕班固撰，〔唐〕顏師古注：《漢書》卷一三，第375頁。

薨,薨在五年十月。《史記·秦楚之際月表》高祖四年十一月:"趙王張耳始,漢立之。"①《史記·秦楚之際月表》高祖五年七月、趙二年九月:"耳薨,諡景王。"②趙王張耳立二十一月薨。《通鑑·漢紀三》:"(秋七月)趙景王耳、長沙文王芮皆薨。"③按:本表漢三年十一月,乃"復趙,王張耳始"之一月;此格"十二月",此乃趙之紀年月數,非漢之紀年月數。

8.敖廢爲侯。(頁 378,4 欄 6 格)

"敖廢爲侯",北宋本、慶元本、白鷺洲本、大德本、正統本、汲本、殿本、局本表均繫於八年。《漢書·高帝紀》、《高惠高后文功臣表》、《張耳陳餘傳》,《史記·張耳陳餘列傳》,《通鑑·漢紀四》均繫於九年。朱一新《漢書管見·異姓諸侯王表》:"《高紀》及《張耳傳》皆作九年,《功臣侯表》亦云宣平侯張敖以九年封。此列八年下,似誤。"④劉光蕡《前漢書校勘札記·異姓諸侯王表》:"案:《高紀》廢敖事在九年,《通鑑》從《紀》。此作'八年',誤。"⑤

9.初置淮陽國。(頁 380,4 欄 4 格)

"初置",北宋本、慶元本、白鷺洲本、大德本、正統本、汲本、殿本、局本均作"初置"。《史記·漢興以來諸侯王表》"淮陽",高祖元年《索隱》:"十一年,封子友。後二年,爲郡。高后元年,復爲國,封惠帝子彊。"⑥此表,高后元年:"復置淮陽國。四月辛卯,初王懷王彊元年。彊,惠帝子。"⑦王念孫《讀書雜志·漢書第二·異姓諸侯王表》:"念孫案:'初置'當依《史表》作'復置'。《地理志》云:淮陽國,高帝十一年置。《高五王傳》:趙幽王友十一年立爲淮陽王,孝惠元年徙王趙。是既徙之後,國除爲郡。至惠帝崩後,高后復置淮陽國以封所詐立惠帝子彊,不得言初置也。此涉上文'初置魯國'而誤。"⑧朱一新《漢書管見·異姓諸侯王表》:"新案:王氏之説非也。《史記·漢興以來諸侯王表》乃合同異諸王爲一表,故趙幽王之封徙已見上文。至此則可言'復置'。《漢書》同姓異姓諸王判爲兩表,趙幽王之封徙乃在同姓諸侯王表内。此處前無所承,焉得不言'初置'?兩書體例既殊,文義亦因之而變。王氏徒執一以論,宜鑿枘之不相入矣。博學好古如王氏,猶或不達此例。信乎古書之難讀也。"⑨案:本表前曾置常山國,趙分爲"常山""王張耳始,故趙將"、"代""王趙歇始,故趙王"。⑩《漢書·高帝紀》:"二月,羽自立爲西楚霸王。……趙相張耳爲常山王。"⑪亦見《漢書·張耳陳餘傳》。後陳餘攻常山王耳,耳歸漢。本表漢二年(《高帝紀》繫于三年),斬陳餘,滅趙王歇。本表漢三年(《張

① 〔漢〕司馬遷撰,〔南朝宋〕裴駰集解,〔唐〕司馬貞索隱,〔唐〕張守節正義:《史記》卷一六,第 954 頁。
② 〔漢〕司馬遷撰,〔南朝宋〕裴駰集解,〔唐〕司馬貞索隱,〔唐〕張守節正義:《史記》卷一六,第 960 頁。
③ 〔宋〕司馬光編著,〔元〕胡三省音注,標點資治通鑑小組校點:《資治通鑑》卷一一,北京:中華書局,1956 年,第 363 頁。
④ 〔清〕朱一新:《漢書管見》卷一,張舜徽主編:《二十五史三編》第 3 册,長沙:嶽麓書社 1994 年影印本,第 344 頁下欄。
⑤ 〔清〕劉光蕡:《前漢書校勘札記》,吳平等輯:《〈漢書〉研究文獻輯刊》第 8 册,第 22 頁下欄。
⑥ 〔漢〕司馬遷撰,〔南朝宋〕裴駰集解,〔唐〕司馬貞索隱,〔唐〕張守節正義:《史記》卷一七,第 970—971 頁。
⑦ 〔漢〕司馬遷撰,〔南朝宋〕裴駰集解,〔唐〕司馬貞索隱,〔唐〕張守節正義:《史記》卷一七,第 981—983 頁。
⑧ 〔清〕王念孫:《讀書雜志》,南京:江蘇古籍出版社,1985 年影印本,第 191 頁。
⑨ 〔清〕朱一新:《漢書管見》卷一,張舜徽主編:《二十五史三編》第 3 册,長沙:嶽麓書社 1994 年影印本,第 344 頁下欄。
⑩ 〔漢〕班固撰,〔唐〕顏師古注:《漢書》卷一三,第 366 頁。
⑪ 〔漢〕班固撰,〔唐〕顏師古注:《漢書》卷一,第 28 頁。

耳陳餘傳》繫于四年），立耳爲趙王。本表，前未曾置魯、淮陽、呂三國。故本表云"初置魯國"、"初置淮陽國"、"復置常山國"、"初置呂國"。朱一新説殆是。

10. **十月癸丑，王義始，故襄城侯。**（頁381，2欄6格）

"十月癸丑"，北宋本、慶元本、白鷺洲本、大德本、正統本、汲本、殿本、局本均作"十月癸丑"。《史記·漢興以來諸侯王年表》："七月癸巳，初王義元年。"①《通鑑·漢紀五》："（高后二年）秋，七月，恒山哀王不疑薨……癸丑，立襄成侯山爲恒山王，更名義。"②夏燮《校漢書八表·異姓諸侯王表》："不疑之薨，《本紀》繫之七月。呂台之薨，《史記》本紀繫之十一月。是二王之薨，同在高后二年也。《漢》紀台薨無月。據此表，不疑薨于七月，至十月，始以義嗣封。而證之《史表》，義嗣封在七月癸巳，是一薨一嗣皆在同月。推曆是年十月無癸丑。《通鑑》書義封于七月癸丑。七月壬辰朔，癸巳在二日，癸丑在二十二日。疑不疑之薨在癸巳，而義之嗣在癸丑，《史表》誤以薨之日爲嗣之日，而《班表》又誤'七'爲'十'耳。《通鑑》據《班表》日分而改入七月，似温公所見《漢書》本作七月，不作十月。不然《考異》何以不及也？義即弘之更名，弘，《史記》作'山'。呂嘉之嗣封，《史表》書於十一月癸亥。是台之薨，嘉之嗣，亦在同月也。"③案：若作"十月"，則下年矣，作"七月"當是。

"王義始，故襄城侯"，北宋本、慶元本、白鷺洲本作"王義始，故襄成侯"，大德本、正統本、汲本、殿本、局本作"王義始，故襄城侯"。《漢書·外戚恩澤侯表》作"襄城侯義"。《漢書·高后紀》："弘爲襄城侯。"④《史記·呂太后本紀》："子山爲襄城侯。"司馬貞《索隱》："按：下文更名義，又改名弘農。《漢書》襄城侯唯云名弘，蓋史省文耳。按《志》，襄城屬潁川。"⑤《史記·漢興以來諸侯王年表》："義，孝惠子，故襄城侯。"⑥《通鑑·漢紀五》："（高后元年）辛卯，封所名孝惠子山爲襄城侯。"⑦作"襄城"。《通鑑·漢紀五》："（高后二年）秋，七月，恒山哀王不疑薨……癸丑，立襄成侯山爲恒山王，更名義。"⑧作"襄成"。

11. **共王若嗣。**（頁381，2欄20格）

"若"，北宋本作"若"，慶元本、白鷺洲本作"右"，大德本、正統本、汲本、殿本、局本作"若"。《漢書·韓彭英盧吳傳》作"右"，《史記·漢興以來諸侯王年表》亦作"右"。

12. **嘉坐驕廢。十一月，王呂産始。**（頁382，3欄8格—頁383，1欄8格）

北宋本在8格，慶元本在7格，白鷺洲本在8格，大德本在9格，正統本在8格，汲本在9格，殿本、局本在8格。此表上文"四月辛卯，王呂台始，高后兄子"、"台薨，謚曰肅。子嘉嗣

① 〔漢〕司馬遷撰，〔南朝宋〕裴駰集解，〔唐〕司馬貞索隱，〔唐〕張守節正義：《史記》卷一七，第983頁。
② 〔宋〕司馬光編著，〔元〕胡三省音注，標點資治通鑑小組校點：《資治通鑑》卷一三，第422頁。
③ 〔清〕夏燮：《校漢書八表》卷一，〔清〕梁玉繩等：《史記漢書諸表訂補十種》，第183頁。
④ 〔漢〕班固撰，〔唐〕顏師古注：《漢書》卷三，第96頁。
⑤ 〔漢〕司馬遷撰，〔南朝宋〕裴駰集解，〔唐〕司馬貞索隱，〔唐〕張守節正義：《史記》卷九，第510頁。
⑥ 〔漢〕司馬遷撰，〔南朝宋〕裴駰集解，〔唐〕司馬貞索隱，〔唐〕張守節正義：《史記》卷一七，第984頁。
⑦ 〔宋〕司馬光編著，〔元〕胡三省音注，標點資治通鑑小組校點：《資治通鑑》卷一三，第420頁。
⑧ 〔宋〕司馬光編著，〔元〕胡三省音注，標點資治通鑑小組校點：《資治通鑑》卷一三，第422頁。

爲王"均在 8 格,故此亦當在 8 格。朱一新《漢書管見·異姓諸侯王表》:"此當屬七格,汪本亦誤列八格。"①殆誤。

"十一月",北宋本、慶元本、白鷺洲本、大德本、正統本、汲本、殿本、局本均作"十一月"。《史記·吕太后本紀》:"六年十月,太后曰吕王嘉居處驕恣,廢之,以肅王台弟吕産爲吕王。"②《史記·漢興以來諸侯王年表》作:"七月丙辰,吕産元年。"③夏燮《校漢書八表·異姓諸侯王表》:"按廢嘉立産,《史記》本紀通書之六年十月,而《年表》則廢嘉後,以七月丙辰爲吕産元年。證之于紀,不應封産反在廢嘉之前,且六年七月亦無丙辰,疑史表誤十爲七耳。此以封産繫之十一月。校之《史表》,相差一月。"④案:夏説可商,殆疑不明漢初至太初元年以十月爲歲首,十月在七月前。

13. 十一月丁巳,王大始,故平昌侯。(頁 383,2 欄 8 格)

"十一月",北宋本作"十一月",慶元本、白鷺洲本作"十二月",大德本、正統本、汲本、殿本、局本作"十一月"。《史記·吕太后本紀》:"二月,徙梁王恢爲趙王。吕王産徙爲梁王,梁王不之國,爲帝太傅。立皇子昌平侯太爲吕王。"⑤作"二月"。《史記·漢興以來諸侯王年表》作"二月"。⑥梁玉繩《史記志疑·漢興以來諸侯王年表》:"《紀》作'二月'是,此言'七月',與《漢表》言'十一月'同誤。'丁卯',它本並作'丁巳',與《漢表》合。"⑦夏燮《校漢書八表·異姓諸侯王表》:"按吕産以二月徙王梁,乃以吕國封太。是封太在後。時用秦正,十一月在前,吕産尚未徙,何緣封太? 且七年正月己丑晦,上推十一月辛酉朔,其月無丁巳也。《史表》繫王太于七月丁巳,丁巳爲七月之朔。此表十一月『十一』二字,疑七字分書之誤也。"⑧案:夏説可商:一、殆未參合《史記·吕太后本紀》"二月,徙梁王恢爲趙王。吕王産徙爲梁王,梁王不之國,爲帝太傅。立皇子昌平侯太爲吕王",作"二月";二、據《顓頊日曆表》,高后七年七月戊午朔,無丁巳;二月庚寅朔,丁巳爲二十八日。⑨趙生群師《讀〈漢書·諸侯王表〉札記》:"按:'十一月'乃'二月'之誤。高后七年十一月辛酉朔,無丁巳。《吕太后本紀》云:'二月,徙梁王恢爲趙王。吕王産徙爲梁王。'《漢表》梁國欄亦云:'二月,王吕産始。'"⑩得之。

"平昌",北宋本、慶元本、白鷺洲本、大德本、正統本、汲本、殿本、局本均作"平昌"。本

---

① 〔清〕朱一新:《漢書管見》卷一,張舜徽主編:《二十五史三編》第 3 册,長沙:嶽麓書社 1994 年影印本,第 345 頁上欄。
② 〔漢〕司馬遷撰,〔南朝宋〕裴駰集解,〔唐〕司馬貞索隱,〔唐〕張守節正義:《史記》卷九,第 512 頁。
③ 〔漢〕司馬遷撰,〔南朝宋〕裴駰集解,〔唐〕司馬貞索隱,〔唐〕張守節正義:《史記》卷一七,第 987 頁。
④ 〔清〕夏燮:《校漢書八表》卷一,〔清〕梁玉繩等:《史記漢書諸表訂補十種》,第 183—184 頁。
⑤ 〔漢〕司馬遷撰,〔南朝宋〕裴駰集解,〔唐〕司馬貞索隱,〔唐〕張守節正義:《史記》卷九,第 513 頁。
⑥ 〔漢〕司馬遷撰,〔南朝宋〕裴駰集解,〔唐〕司馬貞索隱,〔唐〕張守節正義:《史記》卷一七,第 1044 頁,本卷校勘記〔一九〕:"二月",原作"七月"。梁玉繩《志疑》卷一〇:"《紀》作'二月'是。"據《顓頊日曆表》,高后七年七月戊午朔,無丁巳;二月庚寅朔,丁巳爲二十八日。今據改。
⑦ 〔清〕梁玉繩撰《史記志疑》卷一〇,第 482 頁。
⑧ 〔清〕夏燮:《校漢書八表》卷一,〔清〕梁玉繩等:《史記漢書諸表訂補十種》,第 184 頁。
⑨ 〔漢〕司馬遷撰,〔南朝宋〕裴駰集解,〔唐〕司馬貞索隱,〔唐〕張守節正義:《史記》卷一七,第 1044 頁,校勘記(一九)。
⑩ 趙生群:《讀漢書諸侯王表札記》,《文教資料》1988 年第 6 期,第 119 頁。

書卷一八《外戚恩澤侯表》、《史記·吕太后本紀》、《史記·惠景間侯者年表》作"昌平"。①《史記·漢興以來諸侯王年表》高后七年："王太元年。惠帝子。"《索隱》："吕太，故昌平侯。縣名，屬上谷也。"②檢《漢書·地理志(下)》上谷郡有昌平，無平昌。殆作"昌平"是。

14. 偃廢爲侯。（頁383，3欄2格）

偃廢爲侯，本表繫于高后八年。《漢書·高惠高后文功臣表》"宣平武侯張敖"下四格："高后二年，侯偃爲魯王，孝文元年復爲侯。"③《史記·漢興以來諸侯王年表》偃"廢爲侯"繫於孝文元年，在位年數"九"。④梁玉繩《史記志疑·漢興以來諸侯王年表》："案：偃無九年，已於前年九月廢矣，《吕后紀》及《漢表》可據。此宜移'廢爲侯'三字於前年，而衍去'九'字。"⑤案：梁説可商。《史記·吕太后本紀》："(高后八年八月)辛酉，捕斬吕禄，而笞殺吕嬃。使人誅燕王吕通，而廢魯王偃。"⑥《通鑑·漢紀五》："(高后八年九月)辛酉，捕斬吕禄而笞殺吕嬃。使人誅燕王吕通而廢魯王張偃。"⑦《史記·張耳陳餘列傳》："高后崩，諸吕無道，大臣誅之，而廢魯元王及樂昌侯、信都侯。孝文帝即位，復封故魯元王偃爲南宮侯，續張氏。"⑧《漢書·張耳陳餘傳》："高后崩，大臣誅諸吕，廢魯王及二侯。孝文即位，復封故魯王偃爲南宮侯。"⑨《史記·吕太后本紀》："(高后八年)後九月晦日己酉，至長安，舍代邸。大臣皆往謁，奉天子璽上代王，共尊立爲天子。代王數讓，群臣固請，然後聽。"⑩時以十月爲歲首，至九月則歲終，後九月則閏月。後九月晦日己酉，則爲高后八年歲終。廢魯王偃，確在高后八年；復封故魯元王偃爲南宮侯，則在孝文元年。《史表》《漢表》皆合二年事於一年中，以至於此。疑當於相應之表分別之。

15. 七月癸丑，王吕通。八月，漢大臣共誅通。（頁383，3欄倒7格）

"七月"，北宋本、慶元本、白鷺洲本、大德本、正統本、汲本、殿本、局本均作"七月"。《史記·吕太后本紀》："八年十月，立吕肅王子東平侯吕通爲燕王。封通弟吕莊爲東平侯。"⑪《史記·漢興以來諸侯王年表》："十月辛丑，初王通元年。肅王子，故東平侯。九月誅，國除。"⑫

① 〔漢〕司馬遷撰，〔南朝宋〕裴駰集解，〔唐〕司馬貞索隱，〔唐〕張守節正義：《史記》卷九，第523頁，本卷校勘記〔九〕："昌平"，原作"平昌"，據毛利本改。按：本書卷一九《惠景間侯者年表》云太封昌平侯，《索隱》：縣名，屬上谷。《漢書》卷一八《外戚恩澤侯表》亦作"昌平"。《漢書》卷二八下《地理志》下，上谷郡有昌平，無平昌。
② 〔漢〕司馬遷撰，〔南朝宋〕裴駰集解，〔唐〕司馬貞索隱，〔唐〕張守節正義：《史記》卷一七，第989—990頁。
③ 〔漢〕班固撰，〔唐〕顏師古注：《漢書》卷一六，第596頁。"高后二年，侯偃爲魯王"，"二年"，殆誤。本表、《史記·吕太后本紀》《史記·漢興以來諸侯王年表》偃爲魯王，系于高后元年。
④ 〔漢〕司馬遷撰，〔南朝宋〕裴駰集解，〔唐〕司馬貞索隱，〔唐〕張守節正義：《史記》卷一七，第992頁。
⑤ 〔清〕梁玉繩《史記志疑》卷一〇，第483—484頁。
⑥ 〔漢〕司馬遷撰，〔南朝宋〕裴駰集解，〔唐〕司馬貞索隱，〔唐〕張守節正義：《史記》卷九，第519頁。案：丞相陳平、太尉周勃、朱虚侯劉章等誅諸吕，《史記·吕太后本紀》《漢書·高后紀》，皆系於八月。殆誤，當爲九月。
⑦ 〔宋〕司馬光編著，〔元〕胡三省音注，標點資治通鑑小組校點：《資治通鑑》卷一三，第435頁。
⑧ 〔漢〕司馬遷撰，〔南朝宋〕裴駰集解，〔唐〕司馬貞索隱，〔唐〕張守節正義：《史記》卷八九，第3137頁。
⑨ 〔漢〕班固撰，〔唐〕顏師古注：《漢書》卷三二，第1843頁。
⑩ 〔漢〕司馬遷撰，〔南朝宋〕裴駰集解，〔唐〕司馬貞索隱，〔唐〕張守節正義：《史記》卷九，第520頁。
⑪ 〔漢〕司馬遷撰，〔南朝宋〕裴駰集解，〔唐〕司馬貞索隱，〔唐〕張守節正義：《史記》卷九，第513—514頁。
⑫ 〔漢〕司馬遷撰，〔南朝宋〕裴駰集解，〔唐〕司馬貞索隱，〔唐〕張守節正義：《史記》卷一七，第990—991頁。

夏燮《校漢書八表·異姓諸侯王表》："按燕王建以七年九月薨，國絶。至是，初置燕國，以王呂通。……《史記·高后紀》立通在八年十月。表繫之十月辛丑。據此則封通正在王建薨之後一月。若八年七月，則高后已崩，安得有封通事？此表七月'七'字，確係'十'字之誤。辛丑、癸丑，同在八年十月，所據本各不同耳。"① 案：夏説"七"爲"十"字之誤，雖是；然其所據失當：云"若八年七月，則高后已崩，安得有封通事"，可商。本書卷三《高后紀》，《史記·呂太后本紀》，皆云高后崩于秋七月辛巳，爲七月晦日，而癸丑爲七月二日。七月癸丑，時高后未崩，七月癸丑王通，未必不可。趙生群師《讀〈漢書·諸侯王表〉札記》："按：通弟庀因呂通爲王而繼封東平侯，《外戚表》庀封侯在高后八年五月，通爲燕王，必在此之前，而表云'七月癸丑'，誤。《史表》云：'十月辛丑，初王通元年。'《呂太后本紀》亦云：'八年十月，立呂肅王子東平侯呂通爲燕王。封通弟呂莊（即漢表之呂庀）爲東平侯。'當據正。"② "庀封侯在高后八年五月，通爲燕王，必在此之前，而表云'七月癸丑'，誤"，所據確信無疑。《通鑑·漢紀五》："八年，冬，十月，辛丑，立呂肅王子東平侯通爲燕王；封通弟莊爲東平侯。"③ 可證。

"八月"，北宋本、慶元本、白鷺洲本、大德本、正統本、汲本、殿本、局本均作"八月"，《漢書·高后紀》《史記·呂太后本紀》皆繫於八月。《漢書·外戚恩澤侯表》："（呂通）八年爲燕王，九月，反，誅。"④《史記·漢興以來諸侯王年表》："十月辛丑，初王通元年。肅王子，故東平侯。九月，誅，國除。"⑤ 趙生群師《讀〈漢書·諸侯王表〉札記》："《史表》誅呂通在高后八年九月，此云'八月'，疑誤。《外戚表》亦云：'（呂通）八年爲燕王，九月，反，誅。'"⑥ 案：丞相陳平、太尉周勃、朱虛侯劉章等誅諸呂，《史記·呂太后本紀》、《漢書·高后紀》，皆繫於八月。殆誤，當爲九月。《史記·孝文本紀》："高后八年七月，高后崩。九月，諸呂呂産等欲爲亂，以危劉氏，大臣共誅之，謀召立代王，事在《呂后》語中。"⑦《史記·呂太后本紀》"八月庚申旦，平陽侯窋行御史大夫事，見相國産計事"，《漢書·高后紀》"八月庚申，平陽侯窋行御史大夫事，見相國産計事"之"庚申"，及《史記·呂太后本紀》下文"辛酉""壬戌""戊辰"，檢《顓頊日曆表》，九月辛亥朔，分別爲九月十日、十一日、十二日、十八日。"八月庚申旦"，司馬光《通鑑·漢紀五》作"九月庚申旦"，《考異》曰："《史記本紀》'八月庚申旦'上有'八月丙午'。《漢書·高后紀》亦云'八月庚申'。今以《長曆》推之，下'八月'，當爲'九月'。"⑧ 梁玉繩《史記志疑·呂太后本紀》："《通鑑考異》云：上有'八月丙午'，此當作'九月'。"⑨《通鑑考異》得之。故

① 〔清〕夏燮：《校漢書八表》卷一，〔清〕梁玉繩等：《史記漢書諸表訂補十種》，第 184 頁。
② 趙生群：《讀漢書諸侯王表札記》，《文教資料》1988 年第 6 期，第 119—120 頁。
③ 〔宋〕司馬光編著，〔元〕胡三省音注，標點資治通鑑小組校點：《資治通鑑》卷一三，第 429 頁。
④ 〔漢〕班固撰，〔唐〕顏師古注：《漢書》卷一八，第 679 頁 3 欄 5 格。
⑤ 〔漢〕司馬遷撰，〔南朝宋〕裴駰集解，〔唐〕司馬貞索隱，〔唐〕張守節正義：《史記》卷一七，第 990—991 頁。
⑥ 趙生群：《讀漢書諸侯王表札記》，《文教資料》1988 年第 6 期，第 120 頁。
⑦ 〔漢〕司馬遷撰，〔南朝宋〕裴駰集解，〔唐〕司馬貞索隱，〔唐〕張守節正義：《史記》卷九，第 525 頁。
⑧ 〔宋〕司馬光編著，〔元〕胡三省音注，標點資治通鑑小組校點：《資治通鑑》卷一三，第 433 頁。
⑨ 〔清〕梁玉繩撰《史記志疑》卷七，第 250 頁。

《通鑑·漢紀五》"辛酉,捕斬吕禄而笞殺吕嬃。使人誅燕王吕通而廢魯王張偃"[①]繫於高后八年九月。

16. 靖王産嗣。（頁 384,2 欄倒 1 格）

"産",北宋本作"産",慶元本、白鷺洲本作"差",大德本、正統本、汲本、殿本、局本作"産"。《漢書·韓彭英盧吳傳》作"差"。《史記·漢興以來諸侯王年表》作"著"。《史記·屈原賈生列傳》："於是天子後亦疏之,不用其議,乃以賈生爲長沙王太傅。"《索隱》："誼爲傅是吳芮之玄孫産襲長沙王之時也,非景帝之子長沙王發也。"[②]作"産"。《史記·屈原賈生列傳》："賈生爲長沙王太傅三年,有鵩飛入賈生舍,止于坐隅。"《正義》："漢文帝《年表》云吳芮之玄孫差襲長沙王也。傅爲長沙靖王差之二年也。"[③]作"差"。《史記卷一百六吳王劉濞列傳》："吳王劉濞敬問膠西王、膠東王、菑川王、濟南王、趙王、楚王、淮南王、衡山王、廬江王、故長沙王子。"《集解》："徐廣曰：'吳芮之玄孫靖王著,以文帝七年卒,無嗣,國除。'"[④]作"著"。未知孰是,待考。

附記：本文寫作,受業師趙生群,《漢書》修訂組主持人汪桂海,《漢書》審訂組許逸民、張文强諸先生教益良多,謹致謝忱!

（戎輝兵,金陵科技學院副教授）

---

① 〔宋〕司馬光編著,〔元〕胡三省音注,標點資治通鑑小組校點：《資治通鑑》卷一三,第 435 頁。
② 〔漢〕司馬遷撰,〔南朝宋〕裴駰集解,〔唐〕司馬貞索隱,〔唐〕張守節正義：《史記》卷八四,第 3021 頁。
③ 〔漢〕司馬遷撰,〔南朝宋〕裴駰集解,〔唐〕司馬貞索隱,〔唐〕張守節正義：《史記》卷八四,第 3026 頁。
④ 〔漢〕司馬遷撰,〔南朝宋〕裴駰集解,〔唐〕司馬貞索隱,〔唐〕張守節正義：《史記》卷一〇六,第 3422、3424 頁。

"洞朱"考*

楊曉斌

[摘　要]《後漢書·禮儀志下》《後漢書·輿服志上》《宋書·禮志》《晉書·輿服志》《通典·禮》《通志·器服略第二》等,以及其他典籍裏出現的"洞朱",均當作"彤朱"。因"彤朱"中的"彤"字與"彫"通用,因此轉寫作"彫朱";又由於"彫朱"與"洞朱"形近,於是在抄寫或刻印等流傳環節中又訛作"洞朱"。"彤朱"就是指用紅顔色雕畫文飾。

[關鍵詞]　洞朱　彤朱

在《後漢書》《宋書》等多種典籍中,有"洞朱"一詞多次出現。但"洞朱"不成文辭,讀之不明其義,文字應當有錯訛。

《後漢書》卷九六《禮儀志下》:

> 諸侯王、公主、貴人皆樟棺,洞朱,雲氣畫。公、特進樟棺黑漆。中二千石以下坎侯漆。[1]

《後漢書》卷一一九《輿服志上》:

> 輕車,古之戰車也。洞朱輪輿,不巾不蓋,建矛戟幢麾,轙轙弩服。[2]

不僅中華書局點校本《後漢書》中此二處作"洞朱",殿本、百衲本、汲古閣本《後漢書》中此二處均作"洞朱"。

《宋書》卷一八《志·禮五》:

> 輕車,古之戰車也。輪輿洞朱,不巾不蓋,建矛戟幢麾,置弩於軾上,駕二。[3]

此處殿本、百衲本、汲古閣本《宋書》也均作"洞朱"。

之後成書的很多重要典籍因襲《後漢書》或《宋書》,也作"洞朱"。《北堂書鈔》依據《後

---

* 本文是國家社會科學基金項目"胡風東漸與漢魏文學新變"(18BZW041)的階段性成果。

[1]〔南朝宋〕范曄撰,〔唐〕李賢等注:《後漢書》卷九六《禮儀志下》,北京:中華書局,1965年,第3152頁。
[2]〔南朝宋〕范曄撰,〔唐〕李賢等注:《後漢書》卷一一九《輿服志上》,第3650頁。
[3]〔梁〕沈約:《宋書》(修訂本)卷一八《志·禮五》,北京:中華書局,2018年,第546頁。

漢書·輿服志》，在卷一四一“車部下·輪十三”專門設有“洞朱輪”條，其下載：

又云：“輕車，古之戰車也。洞朱輪輿，不巾不蓋。”今案，見《續漢書·輿服志》上篇。①

《晉書》卷二五《志·輿服》：

輕車，駕二，古之戰車也。前後二十乘，分居左右。輿輪洞朱，不巾不蓋，建矛戟麾幢，置弩箙於軾上。②

《通典》卷六四“禮·戎車”：

漢因周，有輕車，朱輪輿，不巾不蓋，建矛戟幢麾，轙軛弩箙。……晉制，輕車，駕二馬，古之戰車也。前後二十乘，分居左右。輿輪洞朱，建矛戟麾幢，置弩於軾上。③

《通志》卷四八《器服略第二》“戎車”：

晉制，輕車，駕二馬，古之戰車也。前後二十乘，分居左右，輿輪洞朱，建矛戟麾幢，置弩於軾上。④

《東漢會要》卷九“輿服上·輕車”：

輕車，古之戰車也。洞朱輪輿，不巾不蓋，建矛戟幢麾，轙軛弩箙。⑤

《玉海》卷八〇“車服·漢東京鹵簿”：

《輿服志》：輕車，洞朱輪輿。⑥

① 〔唐〕虞世南撰，〔清〕孔廣陶校注：《北堂書鈔》卷一四一，北京：中國書店1989年影印南海孔氏刻本，第588頁下欄。
② 〔唐〕房玄齡等：《晉書》卷二五《志·輿服》，北京：中華書局，1974年，第755頁。
③ 〔唐〕杜佑撰，王文錦等點校：《通典》卷六四，北京：中華書局，1988年，第1798頁。
④ 〔宋〕鄭樵：《通志》卷四八《器服略第二》，北京：中華書局1987年影印萬有文庫十通本，第618下欄—619頁上欄。其中“獸車”，當作“戰車”，蓋形近而誤。
⑤ 〔宋〕徐天麟：《東漢會要》卷九，上海：上海古籍出版社，1978年，第128頁。
⑥ 〔宋〕王應麟：《玉海》卷八〇，南京：江蘇古籍出版社；上海：上海書店1987年影印光緒九年浙江書局刻本，第1474頁上欄。

《玉海》卷一四六"兵制·漢輕車"：

> 《輿服志》：輕車，古之戰車也，洞朱輪輿，不巾不蓋，建矛戟幢麾，輖輗弩以服。①

唐宋以後還有很多典籍也都相因襲或抄襲，作"洞朱""洞朱輪輿"或"輪輿洞朱"，不再一一列舉。

"洞朱"，不辭，不是一個漢語的詞彙。"洞朱輪輿"或"輪輿洞朱"，都不成文句，讀之不明其義。

顏師古在注《漢書》時，引證採用了《續漢書》中的"彤朱"一詞。《漢書》卷五九《張湯傳》附《張安世傳》："（張）安世復强起視事，至秋薨。天子贈印綬，送以輕車介士。"顏師古注："輕車，古之戰車。《續漢書》曰：'彤朱輪輿，不巾不蓋，畜矛戟幢（也）麾，琱弩。'介士謂甲士也。畜，插也。琱，皮篋盛弩也。"②惠棟注意到顏師古注《漢書》時引作"彤朱"，在《後漢書補注》卷二四《輿服志第二十九》"輿服上"的"洞朱輪輿"條下特指出："洞，顏籀引作'彤'。"③王先謙在《漢書補注》和《後漢書集解》中引錄了顏師古和惠棟的注，《漢書補注·列傳》卷二九《張湯傳》"送以輕車介士"下補注亦引錄顏師古注《漢書》的注文，作"彤朱輪輿"。④《後漢書集解·輿服志上第二十九》"輕車古之戰車也洞朱輪輿"條下《集解》又引證："惠棟曰：洞，顏籀引作'彤'。"⑤

沈家本認爲"洞朱"的"洞"字應當是"洞"字，《諸史瑣言》卷一二《續漢書志瑣言》"輕車·洞朱輪輿"："《張安世傳》注引'彤朱輪輿'，此'洞'字乃'洞'字之僞。"⑥"洞"，通"彤"。

結合上下文意推斷，"洞朱"一詞的意思是指用紅顏色畫文飾，"洞朱"當作"彤朱"。彤，飾畫，畫爲文飾；該義項起源甚早。《左傳·宣公二年》"晉靈公不君，厚斂以彤牆"，晉杜預注："彤，畫也。"⑦《荀子·大略篇》"天子彤弓，諸侯彤弓，大夫黑弓，禮也"，唐楊倞注："彤，謂彤畫爲文飾。彤弓，朱弓。此明貴賤服御之禮也。"⑧

在"彤"字的使用中，有作假借者，與"洞"通用。《古今韻會舉要》卷六："洞，通作'彤'。《語》'歲寒，然後知松柏之後彤'，亦通作'雕'。"⑨

由以上例證可見，"洞朱"字本當作"彤朱"，因其中"彤"與"洞"通用，因此轉寫作"洞

---

① 〔宋〕王應麟：《玉海》卷一四六，第 2693 頁下欄。

② 〔漢〕班固撰，〔唐〕顏師古注：《漢書》卷五九《張湯傳》附《張安世傳》，北京：中華書局，1962 年，第 2653 頁。

③ 〔清〕惠棟：《後漢書補注》卷二四《輿服志第二十九》，清嘉慶九年馮集梧刻本，第 9a 葉。

④ 〔漢〕班固撰，〔清〕王先謙補注，上海師範大學古籍整理研究所整理：《漢書補注》卷二九《張湯傳》，上海：上海古籍出版社，2008 年，第 4258 頁、第 4259 頁。

⑤ 〔清〕王先謙：《後漢書集解·輿服志上第二十九》，北京：中華書局 1984 年影印虛受堂刊本，第 1347 頁上欄。

⑥ 〔清〕沈家本：《諸史瑣言》卷一二《續漢書志瑣言》，《沈寄簃先生遺書》（乙編），歸安沈氏刻本，第 23a—23b 葉。

⑦ 楊伯峻編著：《春秋左傳注》（修訂本），北京：中華書局，1990 年，第 655 頁。

⑧ 〔清〕王先謙撰，沈嘯寰、王星賢點校：《荀子集解》，北京：中華書局，1988 年，第 487 頁。

⑨ 〔元〕黃公紹、〔元〕熊忠著，甯忌浮整理：《古今韻會舉要》，北京：中華書局，2000 年，第 131 頁。

朱”。由“彤朱”轉寫爲“洞朱”後，又因爲“洞朱”與“洞朱”形近，於是在抄寫或刻印等流傳環節中又訛作“洞朱”。“彤朱”，就是指用紅顏色雕畫文飾。“輪輿彤朱”或“彤朱輪輿”，其義是指在車輪、車輿上用紅顏色雕畫文飾，或者説是用紅顏色給車輪、車輿雕畫文飾。

綜上，《後漢書·禮儀志下》《後漢書·輿服志上》《宋書·禮志》《晉書·輿服志》《北堂書鈔》“車部下·輪十三·洞朱輪”條、《通典》“禮·戎車”條、《通志·器服略第二》“戎車”條、《東漢會要》“輿服上·輕車”條、《玉海》“車服·漢東京鹵簿”條、《玉海》“兵制·漢輕車”條，以及其他典籍裏出現的“洞朱”，均當作“彤朱”。

（楊曉斌，陝西師範大學文學院教授）

《南史》所涉蕭詧事迹與《周書·蕭詧傳》的史源關係

計小豪

[摘 要] 《南史》中張纘、杜岸等人傳記中涉及蕭詧的記載,並不完全因襲《梁書》,而多與《周書·蕭詧傳》一致,通過比列《梁書》《周書》《南史》的相關内容,可以發現《南史》有關蕭詧的記載是在《梁書》所載的基礎上,參用《周書·蕭詧傳》同源的史料而成。因此《周書》與《南史》可作爲勘正彼此文本訛誤的他校材料。《梁書》《周書》由於傳主身份、政治背景等因素導致叙述同一事件的傾向與態度截然相反,《南史》則在相對中立的立場上做出一定的權衡折中。

[關鍵詞] 南史 周書 蕭詧 史源學

引 言

　　蕭詧爲梁武帝蕭衍之孫、昭明太子蕭統第三子。侯景之亂引發蕭氏諸王相互攻伐,其中梁元帝蕭繹與蕭譽、蕭詧兄弟的叔侄相争影響巨大,此後蕭譽敗亡,蕭詧向西魏稱藩借兵滅殺蕭繹並建立西梁。西梁先後爲西魏、北周、隋之藩屬,故蕭詧雖爲蕭梁宗室,却於《周書》《北史》有傳,而不見傳於《梁書》《南史》。① 李延壽《南史》所載梁代史事,研究者多以《梁書》與之作比對研究,但《梁書》張纘等人傳記所涉的蕭詧事迹,《南史》並不完全因襲,而有大量内容同於《周書·蕭詧傳》。此現象可以反映出編纂者對史料的取捨思路和治史的傾向,兩部史書的同源之處也可作爲勘正彼此文本訛誤的他校材料。

　　南北七史在宋初就已殘缺,宋仁宗嘉祐時曾下詔校修,但遷延數朝方得以完成,這與七史書多脱誤導致校讎艱難不無關係,② 歷來刊刻七史,無不慨歎校訂之難,其中《周書》的殘缺情況尤其嚴重,有部分内容是以《北史》和唐人史鈔補入。中華書局點校《周書》時在前人研究基礎上重新檢查,得出殘缺情況爲:"卷一八、卷二四、卷二六、卷三一、卷三二共五卷全缺;卷三六可能全缺,可能半缺;卷二一大半缺。此外,也有宋初未缺而傳世各本脱去的大段文字,如卷六《武帝紀下》、卷三九《杜杲傳》都脱去幾百字,但《册府元龜》引文却没有缺。"③《蕭詧傳》在卷四八,不在其中。《北史·蕭詧傳》文句較《周書》有明顯的簡省,就二書《蕭詧傳》而言並無以《北史》補《周書》的迹象。因此本文以今本《周書·蕭詧傳》基本保

---

① 蕭詧的孫女爲隋煬帝皇后,在《隋書·外戚列傳》也有少量記載;其兄蕭譽見傳於《梁書》《南史》,與蕭紀等叛王比列。

② 魯明、胡珂:《北宋校刻南北朝七史事發微》,《中華文史論叢》2018年2月,總第一三〇期,第290—294頁。

③ 〔唐〕令狐德棻等:《周書》,《出版説明·四》,北京:中華書局,1971年,第8頁。

留原貌爲前提作討論。

一、《南史》相關記載與《周書·蕭詧傳》史料同源處

(一)《南史·張纘傳》

梁元帝蕭繹與蕭譽、蕭詧争權交戰,蕭譽攻殺蕭繹世子蕭方等,蕭繹攻殺蕭譽,蕭詧借兵滅蕭繹,這些連環事件直接導致梁元帝政權的覆滅和西梁政權的建立,從而影響了南北朝的政治格局。根據諸史籍記載,此事肇起於蕭譽與張纘交惡,張纘貽書蕭繹報告蕭譽兄弟謀反。《梁書·張纘傳》《南史·張纘傳》《周書·蕭詧傳》都記載了此事件的始末,内容比列如下:

《梁書·張纘傳》	《南史·張纘傳》	《周書·蕭詧傳》
纘初聞邵陵王綸當代己爲湘州,其後定用河東王譽,纘素輕少王,州府候迎及資待甚薄,譽深銜之。及至州,遂托疾不見纘,仍檢括州府庶事,留纘不遣。會聞侯景寇京師,譽飾裝當下援,時荆州刺史湘東王赴援,軍次郢州武城,纘馳信報曰:"河東已竪檻上水,將襲荆州。"王信之,便回軍鎮,荆、湘因構嫌隙。①	初聞邵陵王綸當代己爲湘州,其後更用河東王譽。纘素輕少王,州府候迎及資待甚薄。譽深銜之。及至州,譽遂托疾不見纘,仍檢括州府庶事,留纘不遣。會聞侯景寇建鄴,譽當下援。湘東王時鎮江陵,與纘有舊,纘將因之以斃譽兄弟。時湘東王與譽及信州刺史桂陽王慥各率所領入援臺,下硤至江津,譽次江口,湘東王屆郢州之武城。屬侯景已請和,武帝詔罷援軍。譽自江口將旋湘鎮,欲待湘東至,謁督府,方還州。纘乃貽湘東書曰:"河東戴檻上水,欲襲江陵;岳陽在雍,共謀不逞。"江陵遊軍主朱榮又遣使報云:"桂陽住此欲應譽、詧。"湘東信之,乃鑿船沈米,斬纘而歸。至江陵,收慥殺之。②	梁武帝以詧兄河東王譽爲湘州刺史,徙湘州刺史張纘爲雍州以代詧。纘恃其才望,志氣矜驕,輕譽少年,州府迎候有闕。譽深銜之。及至鎮,遂托疾不與纘相見。後聞侯景作亂,頗凌蔑纘。纘懼爲所擒,乃輕舟夜遁,將之雍部,復慮詧拒之。梁元帝時鎮江陵,與纘有舊,纘將因之以斃詧兄弟。會梁元帝與譽及信州刺史、桂陽王慥各率所領,入援金陵。慥下峽至江津,譽次江口,梁元帝屆郢州之武成。屬侯景已請和,梁武帝詔罷援軍。譽自江口將旋湘鎮,慥欲待梁元帝至,謁督府,方還州。纘時在江陵,乃貽梁元帝書曰:"河東戴檻上水,欲襲江陵。岳陽在雍,共謀不逞。"江陵遊軍主朱榮又遣使報云:"桂陽住此,欲應譽、詧。"梁元帝信之,乃鑿船沉米,斬纘而歸。至江陵,收慥殺之。③

《南史·張纘傳》與《梁書·張纘傳》《周書·蕭詧傳》可對應部分如上所示。《南史·張纘傳》此處前半與《梁書·張纘傳》基本相同,後半則與《周書·蕭詧傳》的相關部分高度一致,所異者無非"梁元帝""湘東王"的稱謂而已。細觀内容,可發現《南史》取《梁書》處爲事件前因,即張纘與蕭譽兄弟在職務交接時産生了矛盾;與《周書·蕭詧傳》相合之處則較《梁書》更加詳細,兼載蕭繹殺桂陽王蕭慥之事。

此後張纘仍赴雍州替任蕭詧,但爲蕭詧所控制,欲起事反被囚,最終被蕭詧的士兵所害。

---

① 〔唐〕姚思廉:《梁書》卷三四《張纘傳》,北京:中華書局,1973年,第502頁。
② 〔唐〕李延壽:《南史》卷五六《張纘傳》,北京:中華書局,1975年,第1387—1388頁。
③ 《周書》卷四八《蕭詧傳》,第856—857頁。

其事於三處傳記中的記載如下：

《梁書·張纘傳》	《南史·張纘傳》	《周書·蕭詧傳》
尋棄其部伍，單舸赴江陵，王即遣使責讓詧，索纘部下。既至，仍遣纘向襄陽，前刺史岳陽王詧推遷未去鎮，但以城西白馬寺處之。會聞賊陷京師，詧因不受代。州助防杜岸紿纘曰："觀岳陽殿下必不容使君，使君素得物情，若走入西山，招聚義衆，遠近必當投集，又帥部下繼至，以此義舉，無往不克。" 纘信之，與結盟約，因夜遁入山。岸反以告詧，仍遣岸帥軍追纘。纘衆望岸軍大喜，謂是赴期，既至，即執纘並其衆，並俘送之。始被囚繫。尋又逼纘剃髮爲道人。其年，詧舉兵襲江陵，常載纘隨後。及軍退敗，行至溠水南，防守纘者慮追兵至，遂害之，棄屍而去，時年五十一。①	纘尋棄其部曲，攜其二女，單舸赴江陵。湘東遣使責讓詧，索纘部下，仍遣纘向雍州。前刺史岳陽王詧推遷未去鎮，但以城西白馬寺處之。會聞賊陷臺城，詧因不受代。州助防杜岸紿纘曰："觀岳陽不容使君，使君素得物情，若走入西山義舉，事無不濟。" 纘以爲然。因與岸兄弟盟，乃要雍州人席引等於西山聚衆。乃服婦人衣，乘青布輿，與親信十餘人奔引等。杜岸馳告詧，詧令中兵參軍尹正等追討。纘以爲赴期，大喜，及至並禽之。纘懼不免，請爲沙門，名法緒。② 詧襲江陵，常載纘隨後，逼使爲檄，固辭以疾。及軍退敗，行至溠水南，防守纘者慮追兵至，遂害之，棄屍而去。③	纘因進至州。詧遷延不受代，乃以西城居之，待之以禮。軍民之政，猶歸於詧。詧以攜其兄弟，事始於纘，將密圖之。纘懼，請元帝召之。元帝乃徵纘於詧，詧留不遣。杜岸兄弟紿纘曰："民觀岳陽殿下，勢不仰容。不如且往西山，以避此禍。使君既得物情，遠近必當歸集，以此義舉，事無不濟。" 纘深以爲然，因與岸等結盟詧。纘又要雍州人席引等於西山聚衆。纘乃服婦人衣，乘青布輦，與親信十餘人出奔。引等與杜岸馳告詧。詧令中兵參軍尹正共岸等率兵追討，並擒之。纘懼不免，因請爲沙門。……初，詧囚張纘於軍，至是，先殺纘而後退焉。④

同樣可以發現，《南史》此部分的前半部分及關於張纘之死的記載應當是因襲了《梁書》，邀席引等聚衆及 "服婦人衣，乘青布輿" 等記載則與《周書·蕭詧傳》同，而《梁書》並無記載。

(二)《南史·杜岸傳》

在蕭詧兄弟與蕭繹叔侄相爭的過程中，地方豪帥杜岸在兩勢力之間的搖擺反復一定程度上激化了雙方的矛盾。《南史·杜岸傳》對史料的選取也呈現出和《南史·張纘傳》相同的特點。前面張纘事迹中提到杜岸背叛張纘投向蕭詧，此人之後又背叛蕭詧投奔蕭繹並攻打蕭詧的本城襄陽。《梁書·杜岸傳》《南史·杜岸傳》《周書·蕭詧傳》對此事的記載如下：

---

① 《梁書》卷三四《張纘傳》，第 502—503 頁。
② "法緒"，《通鑒》及《通鑒紀事本末》作 "法纘"。
③ 《南史》卷五六《張纘傳》，第 1388 頁。
④ 《周書》卷四八《蕭詧傳》，第 857—858 頁。

《梁書·杜岸傳》	《南史·杜岸傳》	《周書·蕭詧傳》
岸字公衡。少有武幹,好從橫之術。**太清中,與剛同歸世祖**,世祖以爲持節、平北將軍、**北梁州刺史,封江陵縣侯**,邑一千戶。岸因請襲襄陽,世祖許之。岸乃晝夜兼行,先往攻其城,不克,岳陽至,遂走依其兄巘於南陽,巘時爲南陽太守。岳陽尋遣攻陷其城,岸及巘俱遇害。①	岸字公衡,太清中,與剛隨岳陽王詧攻荊州,同歸元帝。**帝以爲北梁州刺史,封江陵縣侯**。岸請以五百騎襲襄陽,去城三十里,城中覺之。詧夜知其師掩襄陽,以岸等襄陽豪帥,於是夜遁歸襄陽。岸等知詧至,遂奔其兄南陽太守巘於廣平。詧遣將尹正、薛暉等攻拔之,獲巘、岸等並其母妻子女,並斬於襄陽北門。詧母龔保林數岸於衆,岸曰:「老婢教汝兒殺汝叔,乃枉殺忠良。」詧命拔其舌,臠殺而烹之。盡誅諸杜宗族親者,幼弱下蠶室,又發其墳墓,燒其骸骨,灰而揚之,並以爲漆髆。及建鄴平,剛兄弟發安寧陵焚之,以報漆髆之酷,元帝亦不責也。②	杜岸之降也,請以五百騎襲襄陽。去城三十里,城中覺之。蔡大寶乃輔詧母保林龔氏,登陴閉門拒戰。會詧夜至,龔氏不知其敗,謂爲賊也,至曉見詧,乃納之。岸等以詧至,遂奔其兄巘於廣平。詧遣將尹正、薛暉等攻拔之,獲巘、岸等,並其母妻子女,並於襄陽北門殺之。盡誅諸杜宗族親者,其幼稚疎屬下蠶室。又發掘其墳墓,燒其骸骨,灰而揚之。③

　　經過比列對照,《南史·杜岸傳》與《梁書·杜岸傳》相同的部分較有限,在太清中投歸蕭繹事的記載上可看出同源的迹象;《南史》載杜岸襲擊襄陽失敗宗族遭屠戮之事與《周書·蕭詧傳》相關文段有明顯同源。其中有一處明確的證據,即杜岸襲襄陽不成退依其兄杜巘(《梁書》作"巘"),三部史書均有記載,《梁書》載投奔地點爲"南陽",因其兄爲南陽太守;《周書》不言官職,地點書"廣平"與《梁書》不同;《南史》也記載其兄爲南陽太守,但投奔地點則書"廣平"與《周書》相同。《南史》此處很可能是對不同的記載作了折中的處理。

(三)其他可能同源的文本

　　《周書》卷四八不僅有《蕭詧傳》,還附有蕭詧子孫及蕭詧西梁政權的股肱大臣蔡大寶等傳記,其中載蕭詧大臣傅准:

　　　　傅准,北地人。祖照,金紫光祿大夫。父諝,湘東王外兵參軍。准有文才,善詞賦。以西中郎參軍隨詧之鎮。官至度支尚書。④

　　傅准祖父傅照於《梁書》《南史》(皆作"傅昭")皆有傳,《梁書·傅昭傳》不附傅准事迹,僅附"長子諝,尚書郎,臨安令。次子肱"。⑤《南史·傅昭傳》附傅準⑥傳云:

① 《梁書》卷四六《杜岸傳》,第 643 頁。
② 《南史》卷六四《杜岸傳》,第 1557 頁—第 1558 頁。
③ 《周書》卷四八《蕭詧傳》,第 858 頁。
④ 《周書》卷四八《傅准傳》,第 873 頁。
⑤ 《梁書》卷二六《傅昭傳》,第 395 頁。
⑥ 《南史》作"傅準",與《梁書》"傅准"爲同一人。

長子谞,位尚書郎,湘東王外兵參軍。谞子準有文才,梁宣帝時,位度支尚書。①

此處《南史》不同於《梁書》而基本同於《北史》,如載傅谞"湘東王外兵參軍"之職,不載傅昭次子傅肱。值得注意的是,《南史》所言"梁宣帝"即蕭詧,蕭詧因爲叛立在《梁書》中幾乎避而不談,更不可能稱其帝號,故《南史》此處必不依從《梁書》。

又《南史·蕭譽傳》,文本基本因襲《梁書·蕭譽傳》,但也有可能因《周書·蕭詧傳》改動個別語段的迹象:

《梁書·蕭譽傳》	《南史·蕭譽傳》
未幾,侯景寇京邑,譽率軍入援,至青草湖,臺城没,有詔班師,譽還湘鎮。時世祖軍於武城,新除雍州刺史張纘密報世祖曰:"河東起兵,岳陽聚米,共爲不遜,將襲江陵。"世祖甚懼,**因步道間還**,遣諮議周弘直至譽所,督其糧衆。②	未幾,侯景寇建鄴,譽入援,至青草湖,臺城没,有詔班師,譽還湘鎮。時元帝軍於武城,新除雍州刺史張纘密報元帝曰:"河東起兵,岳陽聚米,將來襲江陵。"元帝甚懼,**沈米斷纘而歸**。因遣諮議周弘直至譽所督其糧衆。③

所異之處除了"世祖""元帝"這樣的稱謂之外,主要在於《梁書》"因步道間還",《南史》爲"沈米斷纘而歸",《周書·蕭詧傳》有"梁元帝信之,乃鑿船沉米,斬纘而歸",《南史·張纘傳》基本相同(見前文)。此處的不同,很可能是依據了《周書·蕭詧傳》同源的材料所做的改動。

綜前文所述,《南史》記載的與西梁蕭詧相關的事迹,是在《梁書》所載的基礎上,參用了與《周書·蕭詧傳》同源的史料而成,甚至很可能直接參用了《周書·蕭詧傳》。

二、《南史》蕭詧相關記載與《周書·蕭詧傳》的對勘

中華書局《南史》《北史》點校本書前《〈南史〉〈北史〉出版説明》中提到:"除版本校勘外,還參校了《宋書》《南齊書》《梁書》《陳書》《魏書》《北齊書》《周書》《隋書》和《通志》。因爲《南·北史》本是節删八書,它的原則是'若文之所安,則因而不改',這八部史書當然可以作爲校勘的主要根據。"④點校者確實意識到二史八書相互校勘的重要性。然而細觀《校勘記》對二史八書之互校,往往以南朝諸書校《南史》,北朝諸書校《北史》,或《南·北史》互校。此處同源文本分見於《南史》《周書》中,且傳主不同,故而在當時校勘時未能注意。二史八書的互校,當不僅限於兩兩對應的平行校對,還需要考慮南北史籍在文本上的交叉影響。

對讀《南史》中與《周書·蕭詧傳》同源的文本並參考《梁書》,可作討論者如下:

---

① 《南史》卷六〇《傅昭傳》,第1470頁。
② 《梁書》卷五五《河東王譽傳》,第829頁。
③ 《南史》卷五三《蕭譽傳》,第1314頁。
④ 《南史》,《〈南史〉〈北史〉出版説明》,第9頁。

(一)《南史·張纘傳》兩處脱"憺"字

《南史·張纘傳》	《周書·蕭督傳》
時湘東王與譽及信州刺史桂陽王憺各率所領入援臺，下硤至江津，譽次江口，湘東王屆郢州之武城。	會梁元帝與譽及信州刺史、桂陽王憺各率所領，入援金陵。憺下峽至江津，譽次江口，梁元帝屆郢州之武成。
譽自江口將旋湘鎮，欲待湘東至，謁督府，方還州。	譽自江口將旋湘鎮，憺欲待梁元帝至，謁督府，方還州。

由上表可見，較之《周書》，《南史》於"下峽至江津"前及"欲待湘東至"前均少一"憺"①字，參核文意，皆當爲脱文。如無"憺"字，"下峽至江津"的主語爲蕭繹、蕭譽、蕭憺三人，"欲待湘東至"的主語爲蕭譽。蕭憺鎮信州，在今重慶一帶，蕭譽、蕭繹所治在今湖南、湖北，從地理位置來看衹有蕭憺才可以"下峽至江津"；前句蕭譽既"將旋湘鎮"，與"欲待梁元帝至，謁督府，方還州"顯然矛盾，下文"至江陵，收憺殺之"也正説明"欲待梁元帝至，謁督府，方還州"的主語是蕭憺。《資治通鑒·梁紀》："及臺城陷，諸王各還州鎮，譽自湖口歸湘州。桂陽王憺以荆州督府留軍江陵，欲待繹至拜謁，乃還信州。"②也言明蕭譽返鎮，蕭憺留軍。兩處均不可無"憺"字，《南史》此處脱文，當據《周書》補正。

(二)《南史·張纘傳》《周書·蕭督傳》"引等"句讀

《南史·張纘傳》	《周書·蕭督傳》
纘以爲然。因與岸兄弟盟，乃要雍州人席引等於西山聚衆。乃服婦人衣，乘青布輿，與親信十餘人奔引等。杜岸馳告督，督令中兵參軍尹正等追討。纘以爲赴期，大喜，及至並禽之。	纘深以爲然，因與岸等結盟誓。纘又要雍州人席引等於西山聚衆。纘乃服婦人衣，乘青布輿，與親信十餘人出奔。引等與杜岸馳告督。督令中兵參軍尹正共岸等率兵追討，並擒之。

《南史·張纘傳》也出現兩處省去主語"纘"，但均不影響文意。《南史》"與親信十餘人奔引等杜岸馳告督"，《周書》作"與親信十餘人出奔引等與杜岸馳告督"，《周書》"奔"前多"出"字，故此句至"出奔"已完整；"引等"後有"與"字，則"引等"屬下讀與"杜岸"並列，並爲"馳告督"的主語。多出的兩個字造成了兩處文意有截然不同的差異，也直接反映在點校本的標點上。

雍州人席引等，③除此事外再無記載。《建康實録》載此事：

① 1980年南京栖霞區出土梁桂陽王蕭融夫婦墓誌，王氏墓誌文末附刻子孫信息中有"息憺，年二"之語，"憺"當即蕭憺，或可正史書訛字。可參見阮國林《南京梁桂陽王肖融夫婦合葬墓》（《文物》1981年第12期，第8—13頁）、趙超《漢魏晉南北朝墓誌彙編》（天津：天津古籍出版社，2008年，第25—27頁）等。

② 〔宋〕司馬光編著，〔元〕胡三省音注：《資治通鑒》卷一六二梁武帝太清三年，北京：中華書局，1956年，第5013頁。

③ 中華書局點校本《周書》《南史》均在"席引"下劃專名綫，則以"席引"作人名，而"等"爲等人之意。本文傾向於將"席引等"作人名。有佛教術語譯曰"等引"，《成唯識論述記》云："言等引者，一引一故名等引。謂身心中所有分位安和之性平等之時名之爲等，此由定力故此位生，引生等故名爲等引。"蕭梁尚佛，人名常用佛教術語，如梁元長子蕭方等，"席引等"可能也屬此類。

其將杜岸招纘出奔,纘乃服婦人衣,乘青布輦,與親信十人出。杜岸馳報詧。詧遣兵討擒之。①

《建康實錄》並没有提到席引等。至於席引等究竟是與張纘一起被擒獲,還是與杜岸一起背叛張纘,實在難以徵考,衹好存疑。

(三)《梁書·杜岸傳》《南史·蕭詧傳》"南陽""廣平"之異

《梁書·杜岸傳》	《南史·杜岸傳》	《周書·蕭詧傳》
岳陽至,遂走依其兄巘於南陽,巘時爲南陽太守。	岸等知詧至,遂奔其兄南陽太守巘於廣平。	岸等以詧至,遂奔其兄巘於廣平。

《册府元龜·將帥部》引文與《梁書》同,作"南陽"。

根據本文的分析,《南史》此處所以與《梁書》相異,乃是採用了與《周書·蕭詧傳》同源的史料,當有更正的意圖。

杜岸投奔其兄的地點是"於南陽"還是"於廣平",點校者已然注意到這個問題,《南史》此卷校勘記云:

"廣平"梁書作"南陽",云"遂走依其兄巘於南陽,巘時爲南陽太守"。按廣平、南陽並爲雍州領郡。②

校勘記所據蓋爲《南齊書·州郡志》,南陽、廣平皆爲雍州屬郡。廣平爲南朝僑郡,"晉渡江,僑置廣平郡於襄陽,宋以漢南陽郡之朝陽爲實土";③南陽郡比較特殊,處於南北朝分界區域,在連年戰爭中數次易主。爲了安置戰亂流民,天監十年(511)梁朝曾析武陵郡僑置南陽,然而僑置南陽與襄陽的距離遥遠,且此時蕭詧自江陵北歸,杜岸不可能迎面向南逃遁,因此假使杜巘在南陽,也應當在雍州之南陽。④

南陽在襄陽之北,廣平在襄陽西北。二郡皆去襄陽不遠,都符合杜岸圍攻襄陽失敗後逃亡地點的條件。然而在南北之間的多次戰争中,南陽、新野數易其主。杜岸敗逃,事在梁太清三年(549),同年也是西魏大統十五年。《周書·文帝紀》載:"(大統)十五年春,太祖遣大將軍趙貴帥軍至穰,兼督東南諸州兵,以援思政",⑤又《元和郡縣圖志》:"後魏既克南陽,於此城(穰)置荆州",⑥穰初爲南陽郡屬縣,此時爲新野郡屬縣,而新野已在南陽之南,西魏陳兵

---

① 〔唐〕許嵩撰,張忱石點校:《建康實錄》卷一八《後梁·中宗宣皇帝》,北京:中華書局,1986 年,第 736 頁。
② 《南史》卷六四,第 1569 頁"校勘記〔九〕"。
③ 吕思勉:《兩晉南北朝史》,上海:上海古籍出版社,2005 年,第 571 頁。
④ 北朝所置廣州南陽,與此處無關。
⑤ 《周書》卷二《文帝紀下》,第 31 頁。
⑥ 〔唐〕李吉甫撰,賀次君點校:《元和郡縣圖志》卷二一《山南道二·鄧州·穰》,北京:中華書局,1983 年,第 533 頁。

於此,可知此時南陽已入西魏之手,南朝太守杜巘顯然不會在北朝境内。蕭督從江陵撤軍北歸,杜岸向西北往廣平逃遁的路綫也是合理的。因此杜巘或領南陽太守之職,而其時實在廣平。《南史》的折中處理是允當的。

三、《南史》的史料取捨與所涉内容可能的史料來源

(一)《梁書》與《周書》記載的差異與原因

對比上文《梁書》與《周書》在同一事件的記載,可以發現兩書的叙述和措辭會根據傳主的立場有或明顯或微妙的不同。如張纘向蕭繹報告蕭譽兄弟將謀反一事,《梁書·張纘傳》但言"馳信報",《周書·蕭督傳》則點明其借刀殺人的意圖;張纘赴任被蕭督扣留,《梁書·張纘傳》云"但以城西白馬寺處之",以見出蕭督的輕慢無禮,《周書·蕭督傳》則謂蕭督"乃以西城居之,待之以禮",對照前文張纘以輕慢少王開罪於蕭譽,甚至有蕭督以德報怨的意味;張纘出家,《梁書》載其爲蕭督所逼,《周書》"纘懼不免,因請爲沙門",則是爲求自保的主動示弱。又如《周書》載張纘"服婦人衣,乘青布輿"狼狽出奔,於《梁書》中絶口不提;杜岸策反張纘後旋即投向蕭督,不久又背叛蕭督轉而攻其本城,以反復背叛換求上位政治資本的行徑,《梁書·杜岸傳》僅以"好從横之術"一筆帶過。叙述上詳略和措辭的差異都體現了兩部史書都有爲傳主隱晦修飾的意圖,有各自的書寫傾向。

姚氏父子修撰《梁書》多據梁代國史。梁代的國史體系十分完備,但國史的客觀性也受到影響,如梁元帝奪位的許多記載都有增美諱惡的曲筆存在,《梁書》傳記中也多有飾終之詔。因曲筆太多,言詞過於簡净,故《南史》增《梁書》事迹最多,同樣是姚思廉編定,《南史》於《陳書》則無甚增删,對比可見梁代國史修纂頗受政治左右。比如本文討論的自立西梁的蕭督,在梁代國史中無疑是個極爲敏感的人物,不僅没有傳,且從前文的史料比列來看,與他直接有關的事迹,叙述也是能省則省,避之猶恐不及;其兄蕭譽,在《梁書》中與蕭紀等反王同列,傳中竟無一語提及蕭督,令人納罕。張纘、杜岸,不僅是蕭督的對立面,且與梁元帝蕭繹有舊,[1]又有親人後代任梁元帝高官,如張纘次子張希,尚梁簡文帝第九女海鹽公主;杜岸之弟杜崱,頗爲元帝所重,加侍中,進爵爲公,故張纘、杜岸在梁代國史的叙述語境裏當然是需要諱飾的正面人物。

《周書》也存在對蕭督的諱飾。劉知幾《史通》對《周書》評價不高,認爲《周書》祇憑牛弘《周史》"重加潤色","不能别求他述,用廣異聞",且"其書文而不實,雅而無檢,真迹甚寡,客氣尤煩","遂使周氏一代之史,多非實録者焉"。[2]牛弘爲隋代重臣,尤受隋煬帝楊廣所重,

① 張纘與梁元帝相善,三部史書皆提及,張纘死後,梁元帝更是作文悼念;杜岸之弟杜崱與梁元帝有舊,見《梁書·杜崱傳》。
② 〔唐〕劉知幾著,〔清〕浦起龍通釋,王煦華整理:《史通通釋》卷一七《雜説中》"周書",上海:上海古籍出版社,2009年,第467—468頁。

而隋煬帝蕭皇后,正是蕭詧的孫女,西梁在隋代雖被罷廢,但西梁蕭氏搖身成爲外戚皇親,對於蕭詧史事的書寫極有可能受到影響。在令狐德棻等修定《周書》的時代,蕭氏仍然在朝堂有相當大的影響力,太宗時期的名列淩煙閣功臣、多次擔任宰相的蕭瑀,也是蕭詧之孫。甚至蕭瑀本人就曾在李淵時期參與過前代史書的修撰工作。① 這樣看來,《周書》對於蕭詧能有"蓋有英雄之志,霸王之略"的評價就不令人意外了。

可見,《梁書》《周書》因爲各自的政治因素,對蕭詧相關史實的書寫持有不同的立場,這點在《梁書》中尤爲明顯,到李延壽修撰《南史》時,面對關於蕭詧事迹有截然相反傾向的史料,就需要做出取捨和折中。

(二)《南史》的史料取捨

《南史》增《梁書》之處於南朝四史中最多,對於《梁書》濃厚的政治色彩和由此而産生的對史事的省略和諱飾,李延壽是很不認同的。本文討論的現象正是他對這些修飾隱諱的史傳做出了大刀闊斧的增改的典型案例。

相較《梁書》,《南史·張纘傳》在張纘寫信報告蕭詧兄弟謀反與張纘邀人聚義兩個事件上作了增添;在《杜岸傳》中,增補蕭詧屠戮杜岸親族之事。這幾起事件於傳主而言都是不光彩的事迹,《梁書》在叙述詳略及措辭上都有較明顯的掩飾。《南史》的增補不僅將事件始末交代得更加詳實清楚,也顯得更真實公正。在《周書·蕭詧傳》相關内容之外,《南史·杜岸傳》載杜岸失敗宗族遭戮之事,較《周書》多杜岸辱罵蕭詧母親龔保林一事,於《周書·蕭詧傳》的立場上,此事無關緊要且有損傳主形象自然不會記載,而於《杜岸傳》中則可豐富和凸顯傳主杜岸壯烈就義的形象。清代學者趙翼曾這樣評價李延壽修史:"李延壽專以博采見長,正史所有文詞必删汰之,事迹必臠括之,以歸簡净。而於正史所無者,凡瑣言碎事,新奇可喜之迹,無不補綴入卷。"② 李延壽補充史料具有務博務新的特點,充分反映在他對張纘和杜岸等人傳記的增補上。

《南史》所涉蕭詧事迹之所以與《周書·蕭詧傳》有很密切的關係,可能存在一些客觀原因。李延壽於《北史》中的《自序》提到:"十五年,任東宫典膳丞日,右庶子、彭陽公令狐德棻又啓延壽修《晉書》,因兹復得勘究宋、齊、魏三代之事所未得者","其《南史》先寫訖,以呈監國史、國子祭酒令狐德棻,始末蒙讀了,乖失者亦爲改正,許令聞奏。次以《北史》諮知,亦爲詳正。"③ 李延壽修、呈、改定南北史都和令狐德棻有一定聯繫,令狐德棻及《周書》對《南史》涉及北朝史尤其是北周史史實的影響應當是存在的。和《周書》一樣,考慮到李延壽所

---

① 唐武德五年十二月李淵下詔命蕭瑀等修六代史,見《唐大詔令集》卷八一《命蕭瑀等修六代史詔》,北京:中華書局,2008 年,第 466 頁。又見於《舊唐書》卷七三《令狐德棻傳》、《新唐書》卷一〇二《令狐德棻傳》、《唐會要》卷六三"修前代史"條、《册府元龜》卷五五四、卷五五六、《全唐文》卷二《修魏周隋梁齊陳史詔》。
② 〔清〕趙翼著,王樹民校證:《廿二史劄記校證》(訂補本),北京:中華書局,2013 年,第 214 頁。
③ 〔唐〕李延壽:《北史》卷一〇〇《序傳》,北京:中華書局,1974 年,第 3343—3344 頁。

處的時代，爲顯貴的蕭氏修飾的可能性也是存在的。這些都是《南史》涉蕭詧事多與《周書·蕭詧傳》相同的可能原因。

除了上述可能存在的客觀因素，李延壽的個人理念應該起到了更大的作用。李延壽没有梁代國史修撰的正統主義和非此即彼的政治立場，他"解放"蕭紀、蕭譽的反王地位，將他們附在梁宗室之下就彰顯了他的態度，相對中立的立場也使得他可以在不同傾向的史料中折衷取材。總體而言，相較《梁書》，《南史》涉及蕭詧的記載不僅更加詳實豐富，也要客觀得多。

（三）《周書·蕭詧傳》及《南史》所增内容可能的史料來源

《南史》中有關蕭詧的記載與《周書·蕭詧傳》有同源關係，但並不能直接説明《南史》就是據《周書·蕭詧傳》增改。且《周書·蕭詧傳》的史源從何處而來，也值得思考。當然，作爲西魏、北周的藩屬，西梁史事見載於北朝歷史檔案中也不足爲奇，這是首先可以想到的史料來源。

《隋書·經籍志》中，除了正史《梁書》底本姚察撰《梁書帝紀》七卷，還有梁中書郎謝吳（一作昊）撰《梁書》四十九卷（本一百卷）、陳領軍大著作郎許亨撰《梁史》五十三卷這些南朝官方史料，還有劉璠《梁典》三十卷、蕭世怡[①]《淮海亂離志》四卷、何之元《梁典》三十卷、姚勗《梁後略》十卷、蕭韶《太清紀》十卷等，這些史書都是《梁書》《南史》編修中可能參用的史料，其中如劉璠、蕭世怡在江陵梁元帝政權覆滅後都由南入北，理論上其著史已脱離了梁元帝時的政治立場限制，很可能會有與梁陳官方國史相異的記載，也可能是《周書·蕭詧傳》的史源。

根據《周書》卷四八載：

> 詧之在藩及居帝位，以蔡大寶爲股肱，王操爲腹心，魏益德、尹正、薛暉、許孝敬、薛宣爲爪牙，甄玄成、劉盈、岑善方、傅準、褚珪、蔡大業典衆務。張綰以舊齒處顯位，沈重以儒學蒙厚禮。自餘多所獎拔，咸盡其器能。及歸纂業，親賢並用，將相則華皎、殷亮、劉忠義，宗室則蕭欣、蕭翼，民望則蕭確、謝溫、柳洋、王湜、徐岳，外戚則王凝、王誦、殷建，文章則劉孝勝、范迪、沈君游、君公、柳信言，政事則袁敞、柳莊、蔡延壽、甄翊、皇甫兹。故能保其疆土，而和其民人焉。[②]

可見在蕭詧的傀儡小朝廷中，百官規制仍一應俱全。另外《周書》卷四八《蕭欣傳》云：

---

① 此書撰人記載不一，有蕭世怡、蕭圓肅、蕭大圜（一作"圓"）三説，未詳執是。可參看〔清〕姚振宗撰，劉克東等整理：《隋書經籍志考證》，北京：清華大學出版社，2014 年，第 597—599 頁。本文取《隋書·經籍志》。
② 《周書》卷四八《蕭詧傳》，第 866 頁。

　　蕭欣，梁武帝弟安成康王秀之孫，煬王機之子也。幼聰警，博綜墳籍，善屬文。
詧踐位，以欣襲機封。歷侍中、中書令、尚書僕射、尚書令。歸之二十三年，卒，贈司
空。欣與柳信言，當歸之世，俱爲一時文宗。有集三十卷。又著《梁史》百卷，遭亂
失本。[①]

　　梁代的國史修撰體系在西梁政權中也得到了因承保留，蕭欣的《梁史》可謂是純然西梁
立場的西梁國史，雖然至唐初修史時已不見其本，不排除其殘存隻鱗片爪及其史料散入其他
史書的可能性。此爲《周書·蕭詧傳》及《南史》所參用史料的又一可能史源。

（計小豪，清華大學歷史系博士研究生）

---

① 《周書》卷四八《蕭欣傳》，第874頁。

唐宋科舉帖經興廢考論*

彭　健

[摘　要]　科舉帖經是唐於射策、對策等課試外設立的考試項目，考試方法類似現今的默寫填空題。明經射策“不讀正經，抄撮義條”等考端是帖經設置的直接原因；唐初統治者崇經重儒及“漢學”上升的學術背景是帖經興起的根本原因。帖經在施行過程中歷經變革，帖經場次、出題方式、贖帖方法等多有調整，並於北宋熙寧科改中被廢除。究其原因，安史之亂削弱唐王朝思想禁錮，不悖先儒的學術路徑受到衝擊，“漢學”日益鬆動；受新春秋學派“舍傳求經”的影響，韓愈、李翱等疑古駁經的推動，“宋學”萌芽、發展並於北宋中後期漸居學術主流，經義闡釋受到重視。帖經重章句注疏的考試辦法難以滿足新的人才選拔要求，帖經項被“大義”試取代。

[關鍵詞]　唐宋科舉　帖經　疏不破注　舍傳求經　漢宋之爭

　　隨着“制度與文學”研究範式的漸次形成和研究的不斷深入，[①]“科舉與文學”已成爲“制度與文學”研究領域中的重鎮，成果豐碩。從相關研究成果來看，唐宋“科舉與文學”的研究主要從以下方面展開：一是致力於從制度層面對科舉考試類別、科目、方法等的考證，[②] 二是科舉與文學關係探討，[③] 三是科舉與經學關係研究。[④] 然而，上述研究對唐宋科舉制度中的重要考試項目帖經雖有涉及，但其論述多是附帶性的，並未將唐宋帖經作爲整體予以討論。帖經興於唐，歷經五代而終於宋，作爲中國科舉選拔的考試項目施行了約三百九十年，可以説意義非凡。鑒於此，本文擬以唐宋帖經爲研究對象，並嘗試從漢、宋學升降這一視角揭示帖經之興、變、亡的發展過程，借此審視政治權力與學術思想碰撞下的帖經制度變遷，加深對帖經文化的認識，以進一步推動科舉制度及其文化意義的研究。

---

* 本文是國家社會科學基金重點項目“中古書籍制度文獻整理及其與文學之關係研究”（21 AZW 006）的階段性成果。

① 關於“制度與文學”研究範式的形成和發展，詳見吳夏平：《“制度與文學”研究範式的形成和發展》，《貴州師範大學學報（社會科學版）》2014年第6期；吳夏平：《“制度與文學”研究的成就、困境及出路》，《北京大學學報（哲學社會科學版）》2017年第5期；饒龍隼：《中國文學制度研究的統合與拓邊》，《清華大學學報（哲學社會科學版）》2020年第5期。

② 唐宋科舉制度的代表性研究有，吳宗國：《唐代科舉制度研究》，北京：北京大學出版社，2010年；陳飛：《唐代試策考述》，北京：中華書局，2002年；俞鋼：《唐代明經科試的體系、方式及其地位變化》，《上海師範大學學報（哲學社會科學版）》2010年第5期；陳秀宏：《唐宋科舉制度研究》，北京：北京師範大學出版社，2012年；等等。

③ 唐宋科舉與文學關係的代表性研究有程千帆：《唐代進士行卷與文學》，上海：上海古籍出版社，1980年；傅璇琮：《唐代科舉與文學》，北京：中華書局，2020年；徐曉峰：《唐代科舉與應試詩研究》，北京：北京大學出版社，2015年；祝尚書：《宋代科舉與文學》，北京：中華書局，2008年；彭健：《唐代科舉帖經變遷下的文學現象》，《五邑大學學報（社會科學版）》2021年第3期；諸葛憶兵：《宋代科場論述文論略》，《齊魯學刊》2020年第1期；等等。

④ 唐宋科舉與經學關係的代表性研究有，趙俊波：《唐代試賦的命題研究——以詩賦題目與九經的關係爲中心》，《四川師範大學學報（社會科學版）》2011年第1期；洪銘吉：《唐代科舉明經進士與經學之關係》，臺北：文津出版社，2013年；方笑一：《經學、科舉與宋代古文》，杭州：浙江大學出版社，2017年；等等。

一、帖經之興與"漢學"上升

帖經作爲唐宋科舉課試項目,考查方式較爲特別。杜佑《通典》:"帖經者,以所習經掩其兩端,中間開唯一行,裁紙爲帖,凡帖三字,隨時增損,可否不一,或得四、得五、得六者爲通。"[①]帖經類似今天的默寫填空題,意在考查舉子背誦書寫之功。帖經以大經《禮記》《左氏春秋》,中經《周禮》《儀禮》《毛詩》,小經《周易》《尚書》《公羊春秋》《穀梁春秋》,兼經《孝經》《論語》等儒家經典文本及其注疏爲主要帖試內容,[②]所涉科目以最受舉子歡迎的明經、進士二科爲主。[③]然而,唐科舉草創初期,二科未見帖經試:"其初止試策,貞觀八年,詔加進士試讀經史一部。"[④]明經試墨策(射策),進士試時務策及加試性質的試讀。此時帖經尚未進入科考系統。那麼,帖經始於何時?明經、進士帖經又是如何興起?

關於科舉帖經的記載,較早可追述到調露二年(680)考功員外郎劉思立的奏請:

> 至調露二年,考功員外郎劉思立始奏二科並加帖經。其後,又加《老子》《孝經》,使兼通之。[⑤]

劉氏上奏的第二年(永隆二年681),朝廷頒佈《條流明經進士詔》(簡稱《條流詔》),詔令:"明經每經帖試,錄十帖得六已上者;進士試雜文兩首,識文律者:然後並令試策日,仍嚴加捉搦。"[⑥]自此,明經、進士[⑦]突破唐初以來的一場試,發展爲兩場試,即明經由一場試墨策變爲第一場帖經,第二場試時務策;進士改一場試時務策爲首場試雜文,第二場試時務策。每場定去留,唐宋科舉帖經自此而始。

這便引出新的思考。自唐武德四年(621)開科取士以來,科舉考試以射策、對策、試讀等

---

① 〔唐〕杜佑撰,王文錦等點校:《通典》卷一五《選舉三》,北京:中華書局,1988年,第356頁。
② 唐帖經對象乃儒家經典(正、兼經)文本及其注疏,後因當權者的喜好及穩定政權的需要,非儒家經典的《老子》及《臣軌》亦等同於兼經《孝經》《論語》,成爲試帖對象。相關記載見《通典·選舉三》:"長壽二年,太后自製《臣軌》兩篇,令貢舉習業,停《老子》。"同卷載:"神龍二年二月,制貢舉人停《臣軌》,依舊習《老子》。"〔唐〕杜佑撰,王文錦等點校:《通典》卷一五《選舉三》,第354—355頁。
③ 唐代科舉考試科目雖多,但長期穩定施行且備受青睞的唯有明經、進士二科而已,恰如唐人杜佑《通典·選舉三》載:"自是士族所趨嚮,唯明經、進士二科而已。"(〔唐〕杜佑撰,王文錦等點校:《通典》卷一五《選舉三》,第354頁)另:以儒家經典作爲帖試對象之帖經課試,有明經、進士、博學、齋郎試幾科。其中博學、齋郎試二科因開科較少,且相關文獻缺略,無甚帖經課試記錄,不予討論。
④ 〔唐〕杜佑撰,王文錦等點校:《通典》卷一五《選舉三》,第354頁。按:陳飛先生認爲"試讀"經史可能是"帖讀"或"讀帖"經史,即口試帖經。(陳飛:《唐代進士科"止試策"考論——兼及"三場試"之成立》,《歷史研究》2002年第3期,第37頁)筆者以爲,"試讀"經史可能是考察舉子以"離經"斷句爲基礎的誦讀,可視作是爲永隆二年(681)以後的科舉考試改革,尤其是進士試帖及試"史策"做準備。(參拙文《唐代進士科"試讀"考論》,《河南理工大學學報(社會科學版)》2020年第2期,第92—99頁)
⑤ 〔唐〕杜佑撰,王文錦等點校:《通典》卷一五《選舉三》,第354頁。
⑥ 〔宋〕宋敏求:《唐大詔令集》,北京:商務印書館,1959年,第549頁。
⑦ 進士"試讀"經史一部,屬臨時加試性質,未能長期穩定地施行,不能算作真正意義上的二場試。

爲課試項目,何以劉思立打破長期施行的課試傳統而奏請帖經? 何以劉氏的奏請很快引起朝廷的重視,並予以制度化確立?

儘管相關文獻缺略,仍可借助《條流明經進士詔》探尋一二。抄録詔文如下:

> 學者立身之本,文者經國之資,豈可假以虛名,必須徵其實效。如聞明經射策,不讀正經,抄撮義條,才有數卷。進士不尋史傳,惟讀舊策,共相模擬,本無實才。所司考試之日,曾不揀練,因循舊例,以分數爲限。至於不辨章句、未涉文詞者,以人數未充,皆聽及第。其中亦有明經學業該深者,惟許通六經,進士文理華贍者,竟無甲科。銓綜藝能,遂無優劣。試官又加顏面,或容假手,更相屬請,莫憚糾繩。由是僥倖路開,文儒漸廢,興廉舉孝,因此失人,簡賢任能,無方可致。自今已後,考功試人,明經每經帖試,録十帖得六已上者;進士試雜文兩首,識文律者,然後並令試策曰,仍嚴加捉搦。……即爲恒式。[①]

借助《條流詔》可知,其時科考弊端頻出:其一,明經射策,“不讀正經,抄撮義條”;進士不尋史傳,記誦舊策,相互模擬。其二,有司不加簡練,對於不辨章句和未涉文詞的明經、進士舉子,皆以人數未充,允其及第。其三,考官“又加顏面,或容假手,更相屬請,莫憚糾繩”,在人才選拔和評定時缺少公允。正是上述因由,促使朝廷對科舉制度進行改革。帖經的設置,目的是督促舉子閱讀朝廷規定的儒經典籍,彌補“抄撮義條”、不辨章句等不足。

就科舉制度本身而言,上述科考弊病是引發劉思立奏請的直接原因。然而,對帖經興起的認識,還應當透過科考制度表層,結合唐初文教政策和“漢學”上升的學術背景加以審視。

唐立國之初,乾坤雖定,國家百廢待興,亟待建設。出於穩定和發展的雙重需要,王朝掌權者試圖借助儒學重建秩序。高祖初定京邑,便於國子學立周公、孔子廟,四時祭拜。對儒學名士,“詳考所宜,當加爵土”。[②]太宗即位,廣徵天下儒士,拜爲學官,更多次臨幸國學,令祭酒、博士講學。對於能通一大經的學子,“咸得署吏”。[③]太宗還於“國學增築學舍”,“太學、四門博士亦增置生員”,[④]培養通曉經典的儒學人才。太宗不僅重視儒士及儒學人才的培養,自身也嗜好儒學,曾言所好者,“惟在堯、舜之道,周、孔之教,以爲如鳥有翼,如魚依水,失之必死,不可暫無耳”。[⑤]太宗對儒學的重視和推崇,意在發揮儒學的“通經致用”功能,效法漢代君臣,以“《禹貢》治河,以《洪範》察變,以《春秋》決獄,以三百五篇當諫書”。[⑥]如《貞觀政要》載貞觀二年(628)太宗君臣對話:“太宗問黃門侍郎王珪曰:‘近代君臣治國,多劣於前

① 〔宋〕宋敏求:《唐大詔令集》,第 549 頁。
② 〔後晉〕劉昫等:《舊唐書》卷一八九《儒學上》,北京:中華書局,1975 年,第 4940 頁。
③ 〔後晉〕劉昫等:《舊唐書》卷一八九《儒學上》,第 4941 頁。
④ 〔後晉〕劉昫等:《舊唐書》卷一八九《儒學上》,第 4941 頁。
⑤ 〔唐〕吳兢:《貞觀政要》卷六《慎所好第二十一》,上海:上海古籍出版社,1978 年,第 195 頁。
⑥ 〔清〕皮錫瑞:《經學歷史》,北京:中華書局,1981 年,第 90 頁。

古,何也?'對曰:'古之帝王爲政,皆志尚清静,以百姓之心爲心。近代則唯損百姓以適其欲,所任用大臣,復非經術之士。漢家宰相,無不精通一經,朝廷若有疑事,皆引經決定,由是人識禮教,理致太平。近代重武輕儒,或參以法律,儒行既虧,淳風大壞。'太宗深然其言。"① 凡疑難諸事,皆依經而決。

統治者效法漢儒依經治國,經籍文本的選擇尤爲重要。自漢武帝施行"罷黜百家,表章六經"之文教政策以來,儒家典籍日益經典化。其後,儒學歷經魏晉六朝數百年的發展,典籍繁雜,學派分裂,文人學士各師各法。既出於政權穩定和學術一統的需要,也是爲了依經治國有經可依,經籍文本的整理和勘定勢在必行。貞觀四年(630),唐太宗以"經籍去聖久遠,文字多訛謬",② 詔顏師古考定《五經》;其後又因"儒學多門,章句繁雜",③ 詔顏師古、孔穎達等諸儒,撰定《五經正義》,作爲學習和考試使用的教材。值得注意的是,太宗君臣在整理古籍、注經釋文方面也繼承漢儒重家法師承的傳統。漢儒尤其是東漢學者爲不改變或曲解前人之説,往往恪守經文,弱於對儒經義理的闡發,故而將音韻、文字、訓詁、名物典章等作爲經典闡釋的重要方面。顏師古對儒經進行校訂,在保留古本原貌基礎上多"引晉、宋以來古本"。④ 孔穎達對《五經》進行注疏,重在文字糾謬,對儒經經文以及前人之注,皆遵循漢儒"師之所傳,弟之所受,一字毋敢出入,背師説即不用"⑤ 的注經辦法,旨在前人基礎上進行疏解,決不突破前人的注解。這種承"漢學"⑥ 而來,不允許發揮個人見解,不重義理的闡釋方式形成唐初"疏不破注"的學術特色。

以《五經正義》爲代表的"疏不破注"之學術思想主要有兩方面的影響:一是結束了南北經學分裂、衆儒紛争的儒學局面,唐代進入"經學統一時代";⑦ 二是掃除諸儒異説,控制經籍的解釋權。如武周長安三年(703),王元感上《尚書糾謬》《春秋振滯》《禮記繩愆》《孝經》等書稿,學士祝欽明、郭山惲等固守先儒章句,見元感"詆先儒同異,不憚,數沮詰其言"。⑧ 然而,政治權力和學術思想的雙重一統僅僅依靠經籍整理遠遠不够,朝廷意識到學術思想的傳播和接受,最便捷和最有效的方式莫過於學校教育和科舉考試,《五經正義》隨即成爲唐代官學教育和科舉考試的統一教材。不僅如此,有關方面還對科舉考試做出變革,選擇一種與"疏不破注"學術思想相契合的課試辦法。永隆二年(681)詔令的帖經課試正好適用於"漢學"發展而來的唐初學術。帖經以經文注疏爲帖試内容,每條帖試三字,考生想要通過帖經

① 〔唐〕吳兢:《貞觀政要》卷一《正文體第二》,第 14 頁。
② 〔後晉〕劉昫等:《舊唐書》卷一八九《儒學上》,第 4941 頁。
③ 〔後晉〕劉昫等:《舊唐書》卷一八九《儒學上》,第 4941 頁。
④ 〔唐〕吳兢:《貞觀政要》卷七《崇儒學第二十七》,第 220 頁。
⑤ 〔清〕皮錫瑞:《經學歷史》,第 77 頁。
⑥ 文中"漢學",是清人對漢代學者注重文字考證和名物訓詁等研究傳統的稱謂;"宋學"又稱爲"新儒學",乃宋代學者不滿漢儒的治學方法,另辟重義理闡釋的學術路徑;又因唐宋之際"宋學"處於萌芽、過渡階段,尚未成一派之學,爲便於表述與區別,故用"新學"代稱。
⑦ 〔清〕皮錫瑞:《經學歷史》,第 193 頁。
⑧ 〔宋〕歐陽修、〔宋〕宋祁:《新唐書》卷一九九《王元感傳》,北京:中華書局,1975 年,第 5666 頁。

考試，祇需熟記儒經經文注解，通曉文字書寫，不必對經文義理有自己的理解和闡釋。帖經這種略顯呆板、僵化、按部就班的考試方式切合"漢學"重文字訓詁、名物典章考證而弱於義理闡釋的學術路徑，加快了《五經正義》的推行和傳播，進一步擴大"疏不破注"的學術影響，維護了唐初學術思想的統一，其作用更勝射策、對策、試讀等課試項目。由此可見，除去明經舉子射策等考端的影響，唐初統治者崇經重儒及"漢學"上升的學術背景是帖經興起的根本因素。

二、帖經之變與"漢學"鬆動

自唐永隆二年（681）詔令明經試帖始，帖經逐漸發展並在課試場次、出題方式、及第標準等方面形成一定的體例。《唐六典・尚書吏部》云：

> 諸明經試兩經，進士一經，[1] 每經十帖。《孝經》二帖，《論語》八帖。每帖三言。通六已上，然後試策。……其進士帖一小經及《老子》（原注：皆經、注兼帖）。[2]

同書卷四《尚書禮部》載爲：

> 原注：諸明經試每經十帖、《孝經》二帖、《論語》八帖、《老子》兼注五帖，每帖三言，通六已上，然後試策十條，通七，即爲高第。……凡進士先帖經，然後試雜文及策（原注：舊例帖一小經並注，通六已上；帖《老子》兼注，通三已上，然後試雜文兩道、時務策五條）。[3]

結合文獻可知唐試帖初期的帖經細則：其一，帖經場次。明經帖經位於兩場試中的第一場；進士帖加試小經，位於諸場試的首場。其二，出題方式。二科出題方式均爲中間"開唯一行"，盡帖平文。其三，試帖內容及條數。朝廷對此做了限定：以明二經爲例，需通"大經、小經各一，若中經二"，[4] 即大中小經兼《論語》等四十帖；進士小經並注《老子》兼注二十帖。其四，及第標準。一般爲十帖通六，餘皆不第。

唐試帖初期雖形成了相對穩定的體例和範式，但隨着帖經的施行，新的考試弊端日益顯現，帖經體例亦隨之不斷調整。帖經重在熟識書寫之功，考試相對容易，故舉人積多，難以取

---

① "永隆詔"僅規定帖經作爲明經必試項目之一，並未言及進士試帖。永隆二年（681）後有進士帖小經之例，但多是加試性課試，並未形成定制，取捨仍以雜文和時務策爲主。開元二十五年（737），朝廷頒佈《條制考試明經進士詔》詔令進士帖大經，帖經作爲進士必試科目之一得以確立。

② 〔唐〕李林甫等撰，陳仲夫點校：《唐六典》卷二《尚書吏部》，北京：中華書局，1992 年，第 45 頁。

③ 〔唐〕李林甫等撰，陳仲夫點校：《唐六典》卷四《尚書禮部》，第 109 頁。

④ 〔宋〕歐陽修、〔宋〕宋祁：《新唐書》卷四四《選舉志上》，第 1160 頁。

捨。考官爲改變這一局面,棄帖平文,多於"孤章絶句""疑似參互"[①]等尋之難知處帖試,帖經難度增加。爲了通過考試,考生另擇他法,將孤、絶、幽、隱的章句注疏改編成易於習誦的詩賦加以熟記,難點盡數知悉。帖經出題方式的改變,雖有利於取捨難題的解決,但舉子疏於讀經,皆誦改編而來的詩賦,導致《六經》未嘗開卷,《三史》盡皆掛壁。[②]帖經積弊,浸轉成俗,科舉改革迫在眉睫。

玄宗開元二十五年(737),朝廷頒佈《條制考試明經進士詔》(簡稱《條制詔》)進行科改,詔云:

> 致理興化,必在得賢,强識博聞,可以從政。且今之明經進士,則古之孝廉秀才,近日以來,殊乖本意。進士以聲韻爲學,多昧古今;明經以帖誦爲功,罕窮旨趣。安得爲敦本復古,經明行修? 以此登科,非選士取賢之道也。其明經自今已後,每經宜帖十,取通五已上,免舊試一帖。仍案問大義十條,取通六已上,免試經策十條,令答時務策三首。……其進士宜停小經,準明經例,帖大經十帖,取通四已上,然後準例試雜文及策,考通與及第。……其所問明經大義日,仍須對同舉人考試,庶能否共知,取捨無愧。有功者達,可不勉與。[③]

《條制詔》總結了明經、進士之弊,並提出整改措施:首先是考試場次。明經、進士皆試三場:明經首場帖經,第二場改墨策爲問大義,第三場答時務策;進士棄帖小經,改帖大經,次試雜文,後試時務策。帖經位於二科第一場。其次是帖試內容及條數。除進士帖大經外,餘皆與《條流詔》無異。最後是及第標準。明經通五、進士通四爲過,相較《條流詔》通六的及第標準,難度降低。對於帖經多於"疑似參互"處試帖的根本問題,詔令中並未作出回應。此外,《條制詔》中有兩點頗爲關鍵:一是問大義的設置。所謂問大義,即以朝廷規定的儒家經典文本注疏爲問,考生口頭作答,形式相較靈活,舉子解答經義時可稍作發揮,對帖經"帖誦爲功,罕窮旨趣"具補救作用。[④]二是進士帖大經。進士舉子善文而不精經,帖經怪、難的出題方式致使舉子多有落第者,並逐漸造成"進士以帖經爲大厄"。[⑤]爲避免黜落人才,對於聲名較高的舉子,有司允其作詩"贖帖",以抵帖經之落。

正是上述調整,致使後來對帖經的討論主要圍繞兩方面展開:一是帖經場次的調整;二是帖經存廢與經義的爭議。從相關記載來看,首場帖經之制施行得並不平穩。天寶十一載(751),進士孫季卿向楊國忠建言先試雜文,後帖經,則無遺才,楊國忠以爲然。孫氏建言最終

---

① 〔唐〕杜佑撰,王文錦等點校:《通典》卷一五《選舉三》,第 356 頁。
② 〔後晉〕劉昫等:《舊唐書》卷一一九《楊綰傳》,第 3430 頁。
③ 〔清〕董誥等:《全唐文》卷三一《條制考試明經進士詔》,北京:中華書局,1983 年,第 344—345 頁。
④ 參拙文《唐代明經科口試問大義考》,《寧夏師範學院學報》2019 年第 2 期,第 47—51 頁。
⑤ 〔宋〕王讜撰,周勛初校證:《唐語林校證》卷八《補遺》,北京:中華書局,1987 年,第 714 頁。

未能施行,却顯示出帖經首場地位的動搖。爲鞏固帖經地位,有關方面對帖經怪、難的出題方式進行了改革。同一年,禮部侍郎楊浚主張:改中間"開唯一行"爲"開爲三行","不得帖斷絶、疑似之言"。① 同年十二月,朝廷詔"每帖前後,各出一行",② 者、也、之、乎等相類之處,並不須帖。"倒拔"、聱牙的出題方式雖被摒棄,但考生專誦章疏業已成俗,不通經義的局面並未改變。

關於帖經場次發生變化。如大曆九年(774)閆濟美進士試,十二月三日雜文放榜,四日帖經,帖經位於進士三場試中的第二場,居於雜文試之後。又《唐摭言·争解元》載元和年間科考:"令狐文公鎮三鋒,時及秋賦,榜云:'特加置五場。'蓋詩、歌、文、賦、帖經,爲五場。"③ 五場試多爲特例,帖經位於詩、歌、文、賦之後的第五場,其地位不言而喻。可見,首場帖經之制遭到破壞。

除却考試場次的調整,帖經存廢與經義之争也是長期討論的話題。寶應二年(763),禮部侍郎楊綰請停"明經、進士及道舉"。④ 其後,國子司業歸崇敬奏"請無帖經,但於所習經中問大義二十",⑤ 增加問大義題量。大曆中,洋州刺史趙匡奏請:"諸試帖一切請停,惟令策試義及口問。"⑥ 楊綰、歸崇敬等人奏停帖經,加大對問大義的考查,欲拯救舉子衹記帖括、不通經義之弊。然而,上述顛覆性奏請均未被應允。原因之一或如陳飛先生所言:"因爲它所全盤抛棄的不僅僅是已經實行了一百六十年之久的科舉考試的制度和名稱,同時還有長期積累下來的習慣、傳統、心理以及行爲和行政方式等等。"⑦ 這種情況下欲施行新的考試制度是行不通的。

"請無帖經"雖未被採納,但其言已爲朝廷關注並做出回應。大和七年(833)八月,禮部奏:"進士舉人,先試帖經,並略問大義……次試議、論各一首,……其所試詩、賦並停者,伏請帖大小經各十帖。"⑧ 禮部奏請是對以詩"贖帖"及取士重詩賦的整改,欲從制度上鞏固帖經地位,同時增加經義比重。隨着朝廷取其折中,"請准大和六年以前格處分",⑨ 大和改制宣告結束。科舉帖經於唐末未有大變。

逮及五代,唐代科舉制度爲五代諸國承襲,帖經亦成爲五代科考系統中的課試項目。如後周廣順三年(953)權知貢舉趙上交奏文云:

九經舉人,元帖經一百二十帖,墨義三十道。臣今欲罷帖經,於諸經對墨義一

① 〔唐〕杜佑撰,王文錦等點校:《通典》卷一五《選舉三》,第356頁。
② 〔清〕董誥等:《全唐文》卷二五《定禮部試帖經制》,第287頁。
③ 〔五代〕王定保撰,陽羨生校點:《唐摭言》卷二《争解元》,上海:上海古籍出版社,2017年,第11頁。
④ 〔宋〕歐陽修、〔宋〕宋祁:《新唐書》卷四四《選舉志上》,第1166—1167頁。
⑤ 〔後晉〕劉昫等:《舊唐書》卷一四九《歸崇敬傳》,第4018—4019頁。
⑥ 〔唐〕杜佑撰,王文錦等點校:《通典》卷一七《選舉五》,第421頁。
⑦ 陳飛:《唐代試策考述》,北京:中華書局,2002年,第54頁。
⑧ 〔宋〕王溥:《唐會要》卷七五《選部下》,《叢書集成初編》第825冊,上海:商務印書館,1935年,第1381頁。
⑨ 〔宋〕王溥:《唐會要》卷七五《選部下》,第1381頁。

百五十道。五經元帖經八十帖,墨義二十道,今欲罷帖經,令對墨義一百道。明經元帖書五十帖,今欲罷帖書,令對義五十道。……進士元試詩賦各一首,帖書二十帖,對義五道,欲罷帖書,別試雜文二首,試策並仍舊。①

五代帖經承中晚唐而來並發生新變,其新變主要有兩點:一是試帖數量。明二經五十帖,五經八十帖,九經一百二十帖,帖經條數增加。二是及第標準。明經及第要求不詳;進士則通三即放。帖經不通三者,予以及第,來年秋賦,"詞人所習一大經,許令對義目"。②五代發展唐以詩"贖帖"的救贖辦法,代之以義目"贖帖"。義目以儒經經義爲考查内容,進士帖經已名存實亡。

不唯如此,五代士子也承襲唐人廢帖經、試經義的改革路徑。唐明宗天成三年(928),禮部貢院據鄉貢劉英甫經中書陳狀:"請對經義九十道,以代舊格帖經。"③後晉天福五年(940),禮部侍郎張允以明經"多不究義,唯攻帖書"④爲由奏請取消明經。再如前文援引趙上交奏請罷帖經,廢口義,加大對墨義的考查。對於此,有關方面糅合近例舊規,參而用之:即去泛義、口義,明經試墨義,帖經、對策依舊;進士"別試雜文,其帖書、對義請依元格"。⑤帖經作爲課試項目得以留存。

需要進一步探討的是,自唐設立帖經以來,科舉帖經就處在不斷的變遷中。帖經之變固然受其自身"帖誦爲功"弊病及科舉取士重詩賦的影響。但若深入探究,帖經變遷實是特定時期學術環境的產物,即"漢學"鬆動及"新學"萌動的結果。

唐初朝廷雖實現學術和思想的一統,文禁森嚴,但並非學人士子皆服膺於官方獨尊的學術思想。如前文所列王元感,其著述因有悖先儒而受譏諷,然徐堅、劉知幾、張思敬等人發現王書閃光處,"惜其異聞,每爲助理,聯疏薦之",⑥魏知古更是贊其"《五經》指南也"。⑦劉知幾曾舉證《孝經》非鄭玄注,"《易》無子夏傳,《老子》書無河上公注",⑧隨即遭到宰相宋璟及諸儒質疑。元行冲、范行恭等撰《類禮義疏》成,張說駁其與"先儒第乖,章句隔絕",⑨最終未立於官學。上述事例表明,在唐人師漢、"疏不破注"佔據主流的社會環境下,少數學者試圖背離《五經正義》並闡述己説,均未獲得官方的認可和支持。此種學術環境下的帖經自設立以來,施行得頗爲平穩,帖經位於明經、進士試中的第一場,課試成績直接決定舉子能否進入第二、三場的課試。雖然此階段的帖經在課試中暴露出"帖誦爲功"等不足,但因王權與

① 〔宋〕王欽若等編纂,周勛初等校訂:《册府元龜》卷六四二《貢舉部》"條制四",南京:鳳凰出版社,2006年,第7417頁。
② 〔宋〕王欽若等編纂,周勛初等校訂:《册府元龜》卷六四一《貢舉部》"條制三",第7409頁。
③ 〔宋〕王溥:《五代會要》卷二三《科目雜録》,上海:上海古籍出版社,1978年,第372頁。
④ 〔宋〕薛居正等:《舊五代史》卷一四八《選舉志》,北京:中華書局,1976年,第1979—1980頁。
⑤ 〔清〕董誥等:《全唐文》卷八五二《條陳貢舉試義奏》,第8947—8948頁。
⑥ 〔宋〕歐陽修、〔宋〕宋祁:《新唐書》卷一九九《王元感傳》,第5666頁。
⑦ 〔宋〕歐陽修、〔宋〕宋祁:《新唐書》卷一九九《王元感傳》,第5666頁。
⑧ 〔宋〕歐陽修、〔宋〕宋祁:《新唐書》卷一三二《劉子玄傳》,第4522頁。
⑨ 〔後晉〕劉昫等:《舊唐書》一〇二《元行冲傳》,第3178頁。

學術思想雙重統一的影響,帖經雖歷經改革,其課試地位仍然重要。①

　　帖經地位的衰落,大致可以玄宗天寶年作爲界限。天寶時期,佛道二學歷經百餘年的發展,隱然與儒學呈三足鼎立之勢,②承漢學而來重章疏輕義理的主流思想受到衝擊。尤其是稍後的安史之亂以及相續而來的宦官專權、朋黨相爭、藩鎮割據等打破李唐王權一統,"漢學" 失其尊位,新的學術思想和學派也隨之萌芽,學術亦由一統而趨於多元化。

　　"新學" 的肇端可追述到初盛唐時期。初盛唐時王元感、劉知幾、元行冲等曾對官方意識代表的《五經正義》進行糾謬,尤其是劉氏《史通》中《惑經》《申左》等篇目,多有對《三傳》的質疑,實已開新春秋學派駁古疑經的先例。然而,真正極具影響力的當屬啖助、陸質、趙匡等爲代表的新春秋學派。新春秋學派以駁 "疏不破注" 與反《五經正義》獨尊爲目標,要求 "舍傳求經",掃除一切附會,從源頭探尋六經經義。譬如啖助,長於《春秋》,有感 "傳已互失經旨,注又不盡傳意,《春秋》之意幾乎泯滅"。③ 故不本所承,摒棄先儒注疏,耗十年之功,"考三家短長,縫綻漏闕",④ 號爲《春秋集傳》。啖助不作漢唐章句注疏,發揮己意之學,被認爲 "實導宋人之先路"。⑤ 啖助之後,趙匡、陸質等承其餘緒,繼續開拓。尤其是陸質,曾師事啖、趙二公,盡得真傳。陸質集二公之學,撰成《春秋集傳辯疑》《春秋集傳纂例》等著述,進一步擴大新春秋學派的影響。其後,韓愈、李翱等循着前人重釋儒經經義的學術路徑,加大對先儒的批判。如《論語》載子貢言,"夫子之文章,可得而聞也;夫子之言性與天道,不可得而聞也"。⑥ 孔安國祖述其意,認爲夫子之性與天道,深微而不可得聞。韓愈一駁二人之論,直言孔説未得精蘊,"性與天道一義也"。⑦ 李翱進一步闡釋:"天命之謂性",天亦有性,"天人相與一也"。⑧ 韓、李不僅駁斥先儒注疏,還改易文字,變更經文次序。據統計,韓愈、李翱《論語筆解》摘孔安國注 43 條,駁 34 條;摘包咸注 19 條,駁 18 條;摘周氏注 2 條,駁 1 條;摘馬融注 14 條,駁 13 條;摘鄭玄注 11 條,駁 10 條;摘王肅注 3 條,駁 2 條。改易《論語》文字 16 處,變更經文次序 2 處,主張刪除經文 1 處。⑨ 凡此種種,皆反映安史之亂以後,社會局勢發生巨變,不僅官方思想隨之鬆動,新的學術思想也應時而起。

　　面對世風澆漓、王朝衰微的局面,部分士人欲以 "新學" 拯救時弊。然而,王朝復興力量

---

① 開元二十五年(737)雖詔令明經口試問大義及試時務策,實際取捨仍以帖經爲主。問大義是帖經試項的補充,因考試 "不行文字","覆視無憑",舉子多有微詞,課試成績多作參考,未起決定作用;時務策更是 "禮試而已"(〔唐〕杜佑撰,王文錦等點校:《通典》卷一七《選舉五》,第 421 頁),並未真正舉行。進士雖出現以詩 "贖帖" 現象,僅限有司内部調整,未見官方發佈詔令。總體而言,至開元中後期,帖經雖有所衰落,但尚處於較高地位。

② 自唐高祖立國,便秉承 "三教雖異,善歸一揆" 的政策發展儒道釋,其後歷經太宗、高宗、武周,儒學處於獨尊之位,玄宗時遍注《孝經》《金剛經》《道德經》,儒道釋三家並立。

③ 〔唐〕陸淳:《春秋集傳纂例》卷一,《景印文淵閣四庫全書》經部第 146 册,臺北:臺灣商務印書館,1989 年,第 381 頁。

④ 〔宋〕歐陽修、〔宋〕宋祁:《新唐書》卷二〇〇《啖助傳》,第 5705 頁。

⑤ 〔清〕永瑢等:《四庫全書總目》卷二六,北京:中華書局,1965 年,第 213 頁。

⑥ 〔唐〕韓愈、〔唐〕李翱:《論語筆解》卷上,《景印文淵閣四庫全書》經部第 196 册,第 8 頁。

⑦ 〔唐〕韓愈、〔唐〕李翱:《論語筆解》卷上,《景印文淵閣四庫全書》經部第 196 册,第 8 頁。

⑧ 〔唐〕韓愈、〔唐〕李翱:《論語筆解》卷上,《景印文淵閣四庫全書》經部第 196 册,第 8 頁。

⑨ 唐明貴:《論韓愈、李翱之〈論語筆解〉》,《孔子研究》2005 年第 6 期,第 98—106 頁。

來源於人才,帖經作爲人才選拔系統中的重要課試辦法,其以"帖誦爲功""不究義理"的弊病由來已久。若無新變,以此選拔的舉子實難勝任中興之務,對科舉帖經的改革勢在必行。遂有前文梳理之情況,或上書增加問大義以試經義;或施行以詩"贖帖"彌補不足;或奏請"試帖一切請停","惟令試義及口問";等等。誠然,"疏不破注"獨尊的學術一統雖已被突破,學術思想也變得多元化,但衰敗中的唐王朝仍極力地維護《五經正義》的官方地位,固守不悖先儒的學術傳統。王朝統治者唯恐別樣的經典闡釋方式一開,紛争遂起,進而引發動蕩和危機。同時,朝廷也不能完全無視科舉弊端及"新學"的存在和影響。在面對新興士人的科改要求,朝廷或改變帖經出題方式,變"開唯一行"爲"開爲三行",改帖"孤經絶句"爲"盡帖平文",不帖"斷絶、疑似之言";或降低帖經及第標準;或調整問大義題量;或默許以詩"贖帖"的存在;或容許帖經場次的調整;等等。雖有變革,但均未從根源上清除帖經之弊,不曉經義的帖經得以留存。事實上,天寶以後科舉帖經的變革與存廢争議,其背後是漢唐儒學重師承家法、固守章句之學術思想與"新學"重經義的對立和争鬥。這可借助一二事例補充説明,如晚唐文宗"喜經術",重用鄭覃等巨儒,欲展中興之志,但當宰相李石向其舉薦施士匄所撰《春秋》時,卻以"穿鑿之學,徒爲異同"[1]拒之。施士匄是與啖助、趙匡、陸質等一樣顯名於世的學者,文宗視其《春秋》爲"穿鑿之學",乃出於維護官方學術思想之目的。不僅如此,安史之亂以後戰禍頻繁,經籍多有錯亂,文宗令諸儒校正訛謬,於太學創立"石壁九經",統一儒經文本。官方極力維護不悖先儒的學術思想,作爲重要保障的帖經自然難以廢除。

"漢學"與"新學"的博弈延續到五代諸國,當權者爲鞏固"疏不破注"的學術思想,不僅蹈襲有唐一代的帖經課試,還加大了帖經題量。爲保證帖經制度的施行,有關方面還勘定並統一儒經典籍,如後漢乾祐元年(948),國子監奏勘校並雕印《九經》,後周廣順三年(953),國子監事田敏獻"印板《九經》書,《五經文字》《九經字樣》各二部",[2]皆爲帖經考試提供範本。與此同時,由於"新學"發展的影響,對科舉帖經的改革亦未停止。如後唐禮部貢院及鄉貢劉英甫,後晉侍郎張允及後周趙上交等建言,或以經義代帖經,或罷帖經,或變以詩"贖帖"爲義目"贖帖",或加大墨義課試等。無不彰顯"新學"影響下士人破除帖經"帖誦爲功"、探求經義治世的要求。儘管收效甚微,未能解決帖經之弊,但對帖經的變革並未因此而停滯。

三、帖經的廢除與"宋學"上升

北宋以降,不僅繼承唐、五代倚重的科舉選拔制度,還對之加以發展和完善,形成由下而上之州、省及殿試三級考試制度。作爲試經方式之一的帖經,於宋代科考中是如何課試的?其後又有怎樣的發展?《文獻通考·選舉三》記載了相關情形:

---

① 〔宋〕歐陽修、〔宋〕宋祁:《新唐書》卷二〇〇《儒學下》,第 5707 頁。
② 〔宋〕王溥:《五代會要》卷八《經籍》,第 129 頁。

　　宋朝禮部貢舉,設進士、九經、五經、開元禮、三史、三禮、三傳、學究、明經、明法等科,……凡進士,試詩、賦、雜文各一首,策五道,帖《論語》十帖,對《春秋》或《禮記》墨義十條。九經,帖書一百二十帖,對墨義六十條。五經,帖書八十帖,對墨義五十條。[①]

　　相較而言,宋初諸科[②](五經、九經)帖經在課試場次、試帖數量等與五代無異;進士則變帖書三十帖爲十帖,位於四場試中的第三場,對義五道變爲墨義十條,經義課試有所加強。宋初雖蹈襲前代的帖經考試,但當權者對待帖經的態度有別於前代。如太宗太平興國八年(983),帝謂宰相曰:"比聞有僧道還俗應舉者,場屋混淆。進士須通經義,遵周、孔之教;或止習浮淺文章,殊非務本之道。"[③]欲解決場屋混淆、進士文章浮華膚淺這一問題,關鍵在於進士舉子須通經義,解決方法是"進士免貼經,只試墨義二十道,皆以經中正文大義爲問題"。[④]可見,在官方看來,帖經並非課試經義的最佳選擇。需要注意的是,此前雖有楊綰、趙匡、歸崇敬等建言取消帖經,但均爲臣子奏議。最高統治者親自干預,並提議"進士免帖經"者尚屬首例。儘管次年(984)進士"復帖經",[⑤]但從科舉帖經發展史上來看,意義較爲重大,它爲後來帖經課試被取締提供先例和心理準備。

　　事實上,帖經於北宋已走到末路,廢除帖經的呼聲越來越高。仁宗慶曆三年(1043),執政大臣范仲淹上《答手詔條陳十事疏》,其"精貢舉"提出"諸科墨義之外,更通經旨,使人不專辭藻",[⑥]則講學必興。慶曆四年(1044),翰林學士宋祁等循着范仲淹之路建言:"進士並試三場:先試策二道,一問經史,二問時務;次試論一首;次試詩、賦各一首。三場皆通考去留。舊試帖經墨義,今並罷。……諸科舉人,九經、五經並罷填帖,六場皆問墨義。"[⑦]范、宋等主張明經罷填帖,問墨義,進士帖經、墨義並停。但二者之意未能施行。隨着范仲淹新政的失敗,新的執政者意趣相左,"前所更定令悉罷",[⑧]帖經重回科舉課試體系。

　　自唐五代以來,一邊是有關方面爲加強對"疏不破注"學術思想的管控,保留帖經考試,並爲不曉經義的考生大開方便之門,以維持人才選拔制度得以正常施行;另一邊卻不遺餘力地對科舉制度進行調整,試圖扭轉舉子因帖誦而不通經義之弊。正是一退一進,維護與改革

---

① 〔元〕馬端臨:《文獻通考》卷三〇《選舉考三》,北京:中華書局,1986年,第283頁。
② 北宋科舉考試科目由唐、五代發展而來,大體包括進士、諸科兩類:進士與唐五代無異;諸科又設五經、九經、三禮、三傳、三史、開元禮、明法等。唐五代常科代表之一的明經(二經、五經、九經)被納入諸科範疇,且北宋初期尚無"明經"這一科目,至仁宗嘉祐二年(1057),於諸科外置"明經科",課試問大義及時務策。綜上,北宋以帖經作爲考試項目的有進士、諸科(五經、九經)幾科。
③ 〔清〕畢沅編著:《續資治通鑑》卷十二,北京:中華書局,1979年,第288頁。
④ 〔清〕畢沅編著:《續資治通鑑》卷十二,第288頁。
⑤ 〔元〕脫脫等:《宋史》卷一五五《選舉一》,北京:中華書局,1977年,第3607頁。
⑥ 〔宋〕范仲淹著,李勇先、王蓉貴校點:《范仲淹全集》,成都:四川大學出版社,2007年,第529頁。
⑦ 〔清〕徐松輯,劉琳、刁忠民、舒大剛、尹波等校點:《宋會要輯稿·選舉三·科舉條制》,上海:上海古籍出版社,2014年,第5298—5299頁。
⑧ 〔元〕脫脫等:《宋史》卷一五五《選舉一》,第3613—3614頁。

的對壘、攻訐,使得長期以來對帖經的變革皆不徹底。帖經之弊的解決,實屬熙寧四年(1071)王安石主持的變革:

> 神宗熙寧二年二月,議更貢舉法:罷詩賦、明經、諸科,以經義、論、策試進士。……於是卒如王安石議,罷明經及諸科;進士罷詩賦,各占治《詩》《書》《易》《周禮》《禮記》一經,兼以《論語》《孟子》。每試四場,初大經,次兼經,大義凡十道,次論一首,次策三道,禮部試即增二道,中書撰大義式頒行,試義者須通經有文采乃爲中格,不但如明經墨義,粗解章句而已……中格即取。①

王安石參照並發展了范仲淹的科改條例。就課試科目而言,以帖經、墨義爲主要試項之諸科(五經、九經)予以廢除。進士雖得以幸存,但其課試項目變化較大,不僅備受争議的帖經、墨義試項被取消,甚至長期以來備受青睞的詩賦亦未能幸免,一併廢除。就課試場次來看,進士先試經義,次論、策。最後是課試要求,進士所試策、論與傳統的課試體例差距不大,而取代帖經、墨義試項的經義有着獨特的體式,由"中書撰大義式頒行"。不僅體式有規定,其文體還須文采與内容兼備。可見,新興經義試兼容了對儒經義理與文法辭藻的考查,是對帖經"帖誦爲功""不究經義",墨義"粗解章句"的回應。歷經多次變革的帖經課試自此退出科舉舞臺。

科舉帖經自施行以來,其僵化死板的課試方式備受詬病,歷代士人銳意變革,均未能扭轉帖經考試長期以來的積弊。何以熙寧科改帖經被徹底廢除?這與主流學術思想,即"漢學"的下降和"宋學"的上升有關。

前文已表,帖經的施行與唐初"疏不破注"、固守章句的學術思想有關。"安史之亂"以後,新春秋學派"舍傳求經",開啓疑古駁經的新思潮。儘管在朝仍以不駁先儒章疏的"漢學"爲主,但其鉗制力不斷受到"新學"衝擊。"新學"歷經唐末五代的發展,其要求重釋經典,注重"經世致用"的學術路徑,爲宋人承襲並發揚。宋人王應麟引陸游評介:"唐及國初,學者不敢議孔安國、鄭康成。況聖人乎!自慶曆後,諸儒發明經旨,非前人所及。然排《繫辭》,毁《周禮》,疑《孟子》,譏《書》之《胤征》《顧命》,黜《詩》之序,不難於議經,況傳注乎!"② 陸氏之言概括了唐至北宋中期的學術發展情況。北宋雖已立國,但初期的"統治者竭力提倡黄老'清静無爲'之術,把它作爲治國的指導思想。七八十年間,因循守舊、不知變化的所謂'俗儒'之氣彌漫整個官場,形成政治風尚的最大特色"。③ 這使得宋初"學者不敢議孔安國、鄭康成",帖經選拔制度因此得以沿用。然而,隨着北宋王朝内憂外患日益加重,"清静無爲"、因循守

---

① 〔元〕馬端臨:《文獻通考》卷三一《選舉考四》,第 293 頁。

② 〔宋〕王應麟著,〔清〕翁元圻等注,樂保群、田松青、吕宗力校點:《困學紀聞》卷八《經説》,上海:上海古籍出版社,2008 年,第 1095 頁。

③ 劉復生:《北宋中期儒學復興運動》,臺北:文津出版社,1991 年,第 126 頁。

舊的風尚無法拯救時弊,部分士子捨棄先儒注疏,轉向儒經本旨以求富民强國之法,胡瑗、石介、孫復、劉敞等爲其中代表。

　　胡瑗有《春秋要義》《周易口義》等著述,其解經必以理勝,講求明體達用,故置經義、治事二齋,以求經義治事,發揮儒經致用功能。同一時期的石介,主張"通明經術,不由注疏之説",① 認爲經義是心與聖人之意的契合。又如孫復,曾學《春秋》,因不滿先儒注疏,著《尊王發微》十二篇,闡發《春秋》義理,言意多異於先儒。其價值爲歐陽修稱贊,認爲孫復"治《春秋》,不惑傳注,不爲曲説以亂經。……得於經之本義爲多"。② 四庫館臣評其"過於深求,而反失《春秋》之本旨者"。③ 所謂"深求",即是突破前人傳注,以己意出發,對經文作義理闡發。再如劉敞,不盡承《三傳》,"斷以己意",被視爲"宋代改《經》之例","得《經》意者爲多"。④ 可以這麼説,宋人承襲唐啖助、趙匡、陸質、韓愈等人破除漢儒不駁章疏、掃除先儒附會、直抵儒經本旨之學術路徑,進而注重經義闡釋及義理治國。宋儒"新學"逐漸取代漢唐章句之學,成爲主流學術思想。故此,以章句注疏爲課試對象的帖經自然不適合新的學術環境,這裏不妨以神宗皇帝與王安石對話佐證:

　　　　(王安石)拜參知政事。上謂曰:"人皆不能知卿,以爲卿但知經術,不曉世務。"安石對曰:"經術正所以經世務,但後世所謂儒者,大抵皆庸人,故世俗皆以爲經術不可施於世務爾。"上問:"然則卿所施設以何先?"安石曰:"變風俗,立法度,最方今之所急也。"上以爲然。⑤

　　王安石變法是爲了闡發經義,以經術經世務。帖經課試重於章句注疏而弱於義理闡發,且在施行過程中依經而填,多以背誦爲主,自然無法以經術拯救積貧積弱的北宋王朝,被廢除亦屬必然。事實上,王安石此次變法較爲徹底,不僅廢除科舉帖經課試,以"粗解章句"爲表徵的墨義亦被取締,代之以儒術經世務的"經義"考試。爲保證新法得以順利進行,王安石還重釋《書》《詩》《周禮》,題爲《三經新義》,作爲士子學習和考試的教材。正如宋人王應麟言:"自漢儒至於慶曆間,談經者守訓詁而不鑿。《毛經小傳》出而稍尚新奇矣,至《三經義》行,視漢儒之學若土梗。"⑥ 自此,强調家法章句的"漢學"逐漸隱去,"宋學"重義理之學術思想漸成主流。帖經亦在學術思想變化中歷經變遷,最終退出科舉舞臺。

①〔宋〕石介:《上范思遠書》,北京大學《儒藏》編纂與研究中心編:《儒藏精華編》第205册《徂徠石先生全集》,北京:北京大學出版社,2014年,第210頁。
②〔宋〕歐陽修著,李逸安點校:《歐陽修全集》,北京:中華書局,2001年,第457—458頁。
③〔清〕永瑢等:《四庫全書總目》卷二六《春秋尊王發微》,第214頁。
④〔清〕永瑢等:《四庫全書總目》卷二六《春秋傳》,第215頁。
⑤〔元〕脱脱等撰:《宋史》卷三二七《王安石傳》,第10544頁。
⑥〔宋〕王應麟著,〔清〕翁元圻等注,欒保群、田松青、吕宗力校點:《困學紀聞》卷八《經説》,第1094頁。

結　語

帖經興廢的發展脈絡，是社會主流思潮變遷在科考制度中的顯現。因此，對唐宋帖經制度的研究，不僅是科舉制度變遷史研究，也是學術史、思想史、文化史乃至經學史的研究。

帖經課試之興，源於唐初王權與學術思想雙重統一的需要。帖經特有的課試方式與初盛唐“疏不破注”、不悖先儒師説的“漢學”相契合，二者合力更加穩固官方一統的學術壁壘。帖經於初盛唐形成相對穩定的體例：出題方式爲“中間開唯一行”，盡帖平文。其後爲便於取捨，有帖“孤經絕句”“疑似參互”之言；課試場次位於諸場試的首場；明經十帖通五、通六及格，進士十帖通四爲過。

隨着王權削弱及官方思想鬆動，“漢學”一統的學術狀態被打破。新春秋學派“舍傳求經”學術路徑的提出，韓愈、李翱等疑古駁經的開拓，衝擊着“疏不破注”的學術思想。新的課試要求被提出，帖經制度發生變化：其一，出題方式改爲“開爲三行”，不帖“斷絕、疑似之言”；帖經場次亦經第一場到第二、第五場之變。其二，及第標準降爲通三即過；“贖帖”方式亦由以詩“贖帖”發展爲義目“贖帖”。其三，加大問大義、墨義、對義等的考查，以補試帖“不究經義”之弊。帖經存、廢備受討論，章句與經義之爭成爲科舉改革的主要内容。宋儒胡瑗、孫復、劉敞及王安石等於儒經義理中尋求中興之法，“疏不破注”的學術思想被摒棄，重義理治世務的學術要求致使帖經被廢除，義理與文采並重的“經義”登上科舉舞臺，開啓科舉試大義的新紀元。

（彭健，上海大學文學院博士研究生）

敦煌僞經《救疾經》校録考論

徐漢傑

[摘　要] 《救疾經》是中國人模仿佛經所編撰的一部僞經,流行於南北朝隋唐時期,宋代以後亡佚。此經在敦煌文獻中共存有 46 件寫本。本文以 BD 14760 爲底本,參校上博 50、S. 2467 等寫本,對經文加以釋校。在此基礎上,考定此經的編寫時間大致在五世紀中葉到六世紀中葉之間,編寫目的可能是爲了應對當時社會上的反佛思潮。經中反復出現的七佛名號,預示着此經的民間屬性;經中宣揚的禮佛寫經有救疾除病之功效,迎合了廣大民衆的實際需求,使此經得以在後世廣泛傳抄流布。

[關鍵詞] 救疾經　護教　七佛信仰　救贖

《救疾經》,全稱《救護衆生惡疾經》,又名《救病經》《救疾病經》等,是一部在中國本土編撰的佛教僞經。南北朝隋唐時期,此經在社會上流傳甚廣,宋代以後亡佚不傳。值得慶幸的是敦煌、吐魯番文獻中保存了一些《救疾經》寫本,使得此經能够重見天日。《救疾經》的再度發現,引來了中外學者的關注。20 世紀 30 年代,日本學者高楠順次郎所編《大正藏》第 85 册《古佚部》,曾根據敦煌所出寫本,首次校録了《救疾經》的經文。[①] 然而由於當時條件的限制,《大正藏》所收《救疾經》選取的底本及校本皆非足本,致使録文開頭處的 11 行缺失近半。我國學者王宇、王梅根據旅順博物館藏吐魯番寫本,對《大正藏》版《救疾經》的録文進行了訂補。[②] 遺憾的是旅博藏《救疾經》寫本幾乎都爲殘片,二王所録並未補足此經全文。之後,馬俊傑利用新發現的三件《救疾經》殘片,在二王録文的基礎上又增補了 15 字。[③] 不過馬氏所録經文仍未完整。此外,曹凌的《中國佛教疑僞經綜録》一書較爲全面地調查了《救疾經》的存世寫本和其在後人著述中的徵引情況。[④] 總之,前賢的研究大多集中於資料的公佈與經文的整理,對於此經的産生背景及其對後世的影響等歷史性問題的考察,則涉及甚少。鑒於此,本文擬在前人研究的基礎上對敦煌所出《救疾經》的經文重新作一校録,並對該經的産生及其盛行的原因做進一步的探討。

---

① 〔日〕高楠順次郎編:《大正藏》第 85 册,東京:大正新修大藏經刊行會,1972 年,第 1361—1362 頁。
② 王宇、王梅:《〈救疾經〉補刊》,收入鄭炳林、樊錦詩主編:《敦煌佛教與禪宗學術討論會文集》,西安:三秦出版社,2007 年,第 225—266 頁。
③ 馬俊傑:《旅順博物館藏〈救疾經〉殘片考》,收入王振芬、榮新江主編:《絲綢之路與新疆出土文獻:旅順博物館百年紀念國際學術研討會論文集》,北京:中華書局,2019 年,第 230—254 頁。
④ 曹凌:《中國佛教疑僞經綜録》,上海:上海古籍出版社,2011 年,第 250—252 頁。

一、敦煌所出《救疾經》寫本調查與校録

　　隨着敦煌文獻的陸續公佈,我們發現在目前已知的敦煌文書中共存有《救疾經》寫本 46 件。其卷號分别是 BD 3780、BD 3781、BD 5308、BD 6083、BD 7504、BD 8010、BD 8314、BD 14431、BD 14548、BD 14760、P.4563、S.1198、S.1978、S.1451、S.2467、S.2867、S.6095、S.6285、S.9705、S.9809、S.9812、S.9852、S.10143、S.10263、S.12275、S.12404、Ф 135、Дx 2711、Дx 2712、Дx 4712、Дx 6346、Дx 6815、Дx 7618、Дx 7800、Дx 9442、Дx 14657、Дx 15731、Дx 15926、Дx 16017、Дx 16209、Дx 18209、上博 50 號、敦研 77 號、大谷大學藏敦煌遺書 11 號、重慶市博物館藏敦煌遺書 4 號、許承堯藏本。[①] 在這些寫本中僅有 BD 14760、上博 50 號、S.2467 三個卷號的寫本較爲完整,其餘均爲殘卷。殘卷中亦不乏本爲一卷,後被撕裂爲兩卷或數卷者,如 Дx 2711+Дx 2712、BD 3780+BD 3781、S.9852+S.9812、S.12275+ Дx 16017、Дx 15731+Дx 15926、S.9705+BD 8010 等多個卷號可以綴合成一組。[②]

　　1932 年出版的《大正藏》第 85 册《古佚部》曾以英藏 S.2467 號爲底本,大谷大學藏敦煌本和英藏 S.1198 號寫卷爲校本,録出此經經文。然而由於條件限制,當時選取的底本與校本並非足本,導致録文開頭處有 11 行缺失近半。近年來,隨着各地所藏敦煌文獻相繼公佈,越來越多的《救疾經》寫本被發現,其中不乏經文完整者。這爲我們重新整理一個更加完善的經本提供了可能,也有助於我們對此經展開更加深入的討論。今以經文内容保存完好的 BD 14760 號《救疾經》寫經爲底本,參校上博 50 號(以下簡稱"甲本")、S.2467 號(以下簡稱"乙本")等,採用新式標點,對其經文重新校録如下:

佛説救疾經一卷

　　爾時佛在娑羅雙樹間,臨般涅盤時,舍利弗、阿難及無量諸天、菩薩、摩訶薩、諸大弟子、一切諸天人皆來集會。佛還正坐,告阿難言:"吾當入般涅盤,吾欲將諸弟子、一切諸天人、摩訶薩[1]並與眷屬等游巡國界,安行,人民無諸苦惱、惡鬼侵害、諸魔[2]繞亂,世界和順,善敬三寶,皆悉恭敬,世諦無餘侵害三寶者。"佛安行周遍國内,回來本處,路見三人,身體瘡穢,不可附近,面目興腫,鬚眉墮落,言語不轉,衣服染汗,身負荷擔,細步徐行[3],復似疾人,以乞耳爲命。

---

① 曹凌的《中國佛教疑僞經綜録》(第 251—252 頁)一書共統計《救疾經》敦煌寫本 38 號,張小豔的《敦煌疑僞經六種殘卷綴合研究》(《文獻》2017 年第 1 期,第 31 頁)共統計《救疾經》敦煌寫本 43 號,筆者在張文的基礎上新增 S.1198、S.1978 和許承堯藏本三號。其中許氏藏本尚未公佈,據鮑義來《許承堯與敦煌遺書拾級》(《檔案》2001 年第 5 期,第 24 頁)一文介紹,許承堯於 1940 年將此寫卷贈予時任國民黨第二十三集團軍司令唐式遵。

② 第一組由《俄藏敦煌文獻》整理者發現(見《俄藏敦煌文獻》第 10 册,上海:上海古籍出版社,1998 年,第 7—8 頁),第二組由《國圖藏敦煌遺書》整理者發現(見《國家圖書館藏敦煌遺書》第 52 册《叙録》,北京:北京圖書館出版社,2007 年,第 16 頁),後四組由張小豔發現(見《敦煌疑僞經六種殘卷綴合研究》,第 32—34 頁)。

佛問此三人："汝何而來,何國之子?"此三人各皆默然。佛便慇懃問之,三問不答。佛即以善方便化之,三人答言："我等是幽厄之子,用何苦問。"佛問此三人："汝之所疾,從何所起,由何所得?"三人答言："我之所患,不知何由,不覺痛癢,瘡遂增廣。願世尊說病本緣,使我開解。"佛即告阿難,並集眷屬,乃至七佛名字,悉來集坐:"吾爲此人觀其宿業。"即調七佛:第一唯衛佛,第二式佛,第三隨葉佛,第四拘樓秦佛,第五拘那含牟尼佛,第六迦葉佛,第七釋迦文佛。此七佛悉來集坐。佛復問七佛言："三人病,是誰與之?"七佛從西面起,各各答言："我無與者。"佛即入三昧禪定,諦觀三病,知疾本緣。七佛白言："世尊,此疾不從他生,即自招患發之與。是金剛密跡見惡人,以金剛杵打之,唾面生瘡,鬚眉即落,由犯三寶使之然也。"佛即問金剛密跡:"復何因緣與此三人病也?"金剛答言:"世尊,我願恒在佛左右,爲護三寶故,不令惡人侵害,如來[4]善心沉沒。我見此三人,一犯如來,毀損[5]尊像;二犯正法,陵盜經[6]像,斷滅聖教,善法沉塞;三犯聖僧,欺害大眾,能使四道眾僧,遂從陵滅。"金剛密跡白佛言:"設犯餘神,病不如此,鬚眉不落,其瘡癢膿,世有可治。犯三寶者,非世諦之師可能治也。面目生光,身中脂出。"金剛密跡白佛言:"我先願世[7]尊得道之時,恒在佛左右,爲防三寶,使眾魔[8]、惡鬼、惡人不來侵惱。若有惡人陵辱、竊盜三寶者,我金剛杵打之頭[9],如阿梨樹落地七分。"金剛密跡[10]白佛言:"此三人者[11],一從父母,並及[12]七世,罪累相牽,受此惡報。或從自身,微犯不覺,設有故犯,不時懺悔,罪遂增厚。治此惡病,唯有歸心諸佛,悔心七佛,髮露金剛至心願,七佛威力,可令消滅重罪。"

佛告一切眾生:"凡三寶物,有人取者,不問隱顯,入手幾倍?"七佛答言:"若是佛物,入手十倍,十年不還,密跡生憤,能使取者惡病;若是經像之物,入手七倍,七年不還,能使取者惡病;若是眾僧常住之物,入手五倍,五年不還,故生欺捍,能使取者惡病。"阿難白佛言:"世尊,閻浮提人多生不信,謂無三寶,侵犯者眾,招致惡病,罪積無數。"閻浮提人煞父母、害法儀及伯仲星曆有契者,煞之正身,能使惡病。若有人保任是實者,六齋之日,佛前誓者,使人交報。或四天王下,或太子下,或使者下,或三十三天下,或大仙人下,或剎命下,或金剛力士下。當下之日,注人善惡,宜行善事,不宜作惡。或有偷劫經像之物,知如故爲,使人惡病。或舉持[13]金銀銅鐵,或有闇取三寶之物,及以錢粟絹帛之物,經年有如不還,能使人惡病。或人咒誓,燒佛形像,推擬佛身;或燒煮聖容;或[14]點滅經句;或將內人僧伽藍內宿;或將內人入佛塔裏,共內人言語信要;或共內人共相貪模;或身生往返[15]。如此之事,能使人惡病。如此之事,久久當病,不至三年。或有人闇取他人齋米、供齋之調,知而故取,能使人惡病。若有人取他彩色,與他內人,受者知情,與者同[16]罪,二人俱病。或有人[17]闇取僧尼雜器,知而不還,能使人病。若有人共經像牛驢行,不淨行,能使人病。雖是畜生擬作經像,乃至三年病。或有人將內人入三寶屋,行不淨法,能使人病。若有人妻掠凈行尼,能使人病。若有人安經像屋裏,無木函盛之,在下共内人止宿,能使人病。不出三年,一切身招惡病,宜以苦重懺悔。罪從心生,罪從心滅;心如天堂,心如地獄;仰手是天堂,覆手是地獄。欲滅身中重罪,至心懺悔,罪從[18]懈退。

佛告七佛及金剛密跡、諸大菩薩及諸眷屬:"此三病人,云何可濟?"金剛大士以發本緣,今者可滑,方便方宜救濟,得免此人病苦,世稱"如來大慈大悲"。七佛各各白言世尊:"衆生蠢蠢,皆有佛性,此人之病,易除消滅。"今[19]自問之,金剛密跡是吾長兄,阿難是吾小弟,吾之眷屬數不可計。阿私陀仙能禁毒氣,阿羅羅仙能咒惡鬼,三十三天能下法水,雪山大醫能降妙藥,甘露法津能潤枯涸。阿闍世王身犯重罪,尚有可消,身瘡除滅。佛以方便,身復如故。不消不滅,是病[20]者心中生也。佛即以觀心虛實,化作大坑,方圓四千步,滿中火炭[21],問阿闍世王:"汝能入此大坑,除滅汝罪,瘡痍平復?"阿闍世王言:"若能滅我罪,我當即入。"阿闍世王即從[22]佛前燒香發願,踊身入火。入已,水擠掖變爲浴池,衆罪消滅。譬如有人堰長流水,從上如堰,在下[23]則止。從諸佛歸悔,重罪則滅。不信經語,輕罪難滅。

佛告諸疾人:"吾教汝,但當至心!百日之中,請大德法師[24]治齋,日日禮七佛名字,日日禮金剛密跡,日日禮無量壽佛。一日之中,造成一卷《救疾經》[25],百日之中,行道懺悔,百卷成就,作《濟度經》,可免此宿殃患耳。"莫生不信,瘡遂增廣。佛語不虛,經云非謬。正法之言,甚深甚善。諸佛語大弟子,此經名《救護衆生惡疾經》,令流布閻浮提,人有疾者知聞。

《救疾經》一卷

【校注】

[1]"一切諸天人、摩訶薩",甲、乙本皆作"及諸菩薩摩訶"。

[2]"魔"字,原作"摩",據甲本改。

[3]原無"行"字,據甲、乙本補入。

[4]"如來",原作"三來",據甲、乙本改。

[5]"毀損",原作"善心",據甲、乙本改。

[6]"經"字,原作"氵",據甲、乙本改。

[7]原缺"世"字,據甲、乙本補。

[8]"衆魔",原作"衆衆摩",據甲、乙本改。

[9]"打之頭",甲、乙本皆作"碎其頭"。

[10]"金剛密跡",原作"金剛跡",據甲、乙本改。

[11]"此三人者",原作"世尊人者",據甲、乙本改。

[12]"及"字,原作"乃",據甲、乙本改。

[13]"持"字底本不清,據甲、乙本補入。

［14］原無 “或” 字,據甲本補入。

［15］“返” 字,原作 “及”,據甲本改。

［16］“同”,甲本作 “同”,乙本作 “因”。

［17］原無 “人” 字,據甲本補入。

［18］“罪從”,甲、乙本皆作 “莫生”。

［19］“今” 字,甲本誤作 “金”。

［20］“是病” 二字,原衍作 “是病是病”。

［21］“火炭”,甲本作 “炭火”。

［22］“從” 字,原作 “以”,據甲本改。

［23］“如堰在下” 四字底本殘缺,據甲、乙本補入。

［24］“法師”,原作 “治師”,據甲、乙本改。

［25］“《救疾經》”,原作 “《救病經》”,據甲、乙本改。

二、《救疾經》編撰年代與編撰目的蠡測

（一）編撰年代

要想對《救疾經》做一個歷史性的考察,首先必須明確此經的編撰時間。然而與絶大多數僞經一樣,《救疾經》的編撰時間並没有明確的記載。幸運的是根據文獻記載的雪泥鴻爪和此經經文的引用譯經情況,我們大致還是可以對其編撰時代作一個推斷。

在佛史材料中,《救疾經》最早被隋代《法經録》著録,並收入僞經目録。不過此經真正的出現時間,應該比成書於隋開皇十四年（594）的《法經録》要早得多。北宋趙明誠《金石録》卷三收録有北齊河清二年（563）所刻 “《救疾經偈》碑” 一種。[①] 曹凌曾據此判斷在 6 世紀中期以《救疾經》爲名的經典就已經在北方傳播。[②] 趙明誠《金石録》所載是傳世文獻中最早的一條關於《救疾經》的材料,故以此證明《救疾經》的出現時間不晚于北齊河清二年（563）應該是較爲中肯的。

關於《救疾經》出現時間的上限問題則很少有人討論。我們在整理《救疾經》的過程中發現,此經雖是一部中國本土撰述的僞經,但其經文内容却受到了諸多翻譯經典的影響。若將這些翻譯經典的出現時間做一考察,對於我們確定《救疾經》出現的時間上限大有裨益。下文我們將《救疾經》所化譯經的内容擇取出來,並作表分析（表 1）,借此來框定其編撰時代:

---

① 〔宋〕趙明誠撰,金文明校證:《金石録校證》,桂林: 廣西師範大學出版社,2005 年,第 39 頁。

② 曹凌:《中國佛教疑僞經綜録》,第 254 頁。

表 1：《救疾經》化用譯經文字比較分析表

序號	《救疾經》經文	相關譯經經文	譯者與譯經名稱	翻譯時間	備考
1	若有人保任是實者，六齋之日，佛前誓者，使人交報。或四天王下，或太子下，或使者下，或三十三天下，或大仙人下，或剎命下，或金剛力士下。當下之日，注人善惡，宜行善事，不宜作惡。	齋日責心慎身守口，諸天齋日伺人善惡……四天神王即因四鎮王也，各理一方，常以月八日，遣使者下，案行天下，伺察帝王、臣民、龍、鬼、蜎蜚蚑行蠕動之類，心念口言身行善惡。十四日遣太子下，十五日四天王自下，二十三日使者復下，二十九日太子復下，三十日四王復自下。四王下者，日月五星二十八宿，其中諸天僉然俱下。	釋智嚴、釋寶雲譯《四天王經》	宋元嘉四年（427）①	《救疾經》中關於六齋日的叙述與《四天王經》中的叙述的極爲相似，據此可以推測《救疾經》在編造時應該參考了《四天王經》。
2	佛即以觀心虛實，化作大坑，方圓四千步，滿中火炭，問阿闍世王："汝能入此大坑，除滅汝罪，瘖痪平復？"阿闍世王言："若能滅我罪，我當即入。"阿闍世王即從佛前燒香發願，踊身入火。入已，水擠披變爲浴池，衆罪消滅。	過去久遠無量阿僧祇劫，此閻浮提有大國王，名曰梵天王，有太子，字曇摩鉗·……爾時太子，求法不獲，愁悶懊惱。時天帝釋知其至誠，化作婆羅門來詣宮門……婆羅門言："汝今若能作大火坑，令深十丈，滿中熾火，自投於中以供養者，吾乃與法。"爾時太子，即如其言，作大火坑……（太子）輒自並身，投於火坑。天地大動，虛空諸天，同時號哭，淚如盛雨。即時，火坑變成花池，太子於中坐蓮花臺，諸天雨華乃至於膝。	曇學（又稱慧覺）、威德等八人譯《賢愚經》	宋元嘉二十二年（445）②	《救疾經》雖然將入火坑滅罪的主角換成了阿闍世王，但其主要情節仍與《賢愚經》的曇摩鉗太子本生故事十分相似，據此推測《救疾經》中的這段經文應該受到了《賢愚經》的影響。
3	衆生蠢蠢皆有佛性	一切衆生悉有佛性	曇無讖譯《大般涅槃經》	北涼玄始十年（421年）③	東晉義熙十四年（418年）法顯、佛馱跋陀羅譯出《大般泥洹經》，宣揚"一切衆生皆有佛性"，但他們將"一闡提"排除在外，認爲其不能成佛。所謂"一闡提"是指那些不具信心、斷了成佛善根的人。北涼玄始十年（421年）曇無讖譯出《大般涅槃經》，正式將"一切衆生悉有佛性，一闡提也可成佛"的觀點納入經典。《救疾經》中三位不敬三寶的疾人即可稱之爲"一闡提"。此經稱三位疾人也有佛性，應該是繼承自《大般涅槃經》的思想。

---

① 〔梁〕釋僧祐：《出三藏記集》，北京：中華書局，1995 年，第 59 頁。
② 〔梁〕釋僧祐：《出三藏記集》，第 351 頁。
③ 〔梁〕釋僧祐：《出三藏記集》，第 52 頁。

續表

序號	《救疾經》經文	相關譯經經文	譯者與譯經名稱	翻譯時間	備考
4	（金剛密跡白佛言：）若有惡人陵辱、竊盜三寶者，我金剛杵打之頭，如阿梨樹落地七分。	（諸羅刹女言：）若不順我呪，惱亂說法者，頭破作七分，如阿梨樹枝。如殺父母罪，亦如壓油殃，鬥秤欺誑人，調達破僧罪，犯此法師者，當獲如是殃。	鳩摩羅什譯《妙法蓮華經》	後秦弘始年間（399—416）①	關於"如阿梨樹落地七分"這個譬喻最早見於《妙法蓮華經》卷七《陀羅尼品第二十六》的偈語。此偈是羅刹女對夜叉、羅叉、餓鬼等所說，宣告一切人非人等莫要惱亂宣說《法華經》者，如果有違反則使其頭裂破作七分如阿梨樹。《救疾經》雖將護法的主角從諸羅刹女換成了金剛密跡，但其沿襲自《法華經》的痕迹依舊很明顯。

從上表可知，《救疾經》經文所化用經典的譯出時間最晚都没超過五世紀中葉，借此可以推斷此經的編撰時間也絶不會早於五世紀中葉。再結合趙明誠《金石録》的記載，可知《救疾經》的具體編寫應該在五世紀中葉到六世紀中葉之間。

（二）編撰目的及歷史背景

從經文内容來看，《救疾經》主要講述了佛陀釋迦牟尼携衆弟子巡遊，路遇三位因不敬三寶而"身體瘡穢，不可附近，面目興腫，鬚眉墮落，言語不轉"的疾人，佛陀心生悲憫，告訴他們救治之法的故事。同時經中還列舉了"偷劫經像之物""舉持金銀銅鐵"，"閻取三寶之物，及以錢粟絹帛之物，徑年有如不還"，"呪誓燒佛形像"，"燒煮聖容，點滅經句"，"將内人僧伽藍内宿"，"將内人入佛塔裏，共内人言語信要"，"共内人共相貪模"，"閻取他人齋米、供齋之調，知而故取"，"閻取僧尼雜器，知而不還"，"共經像牛驢行，不净行"，"將内人入三寶屋，行不净法""妻掠净行尼"，"安經像屋裏，無木函盛之，在下共内人止宿"等多種不净行爲也將使人得病。此外，經末流通分中還出現了"莫生不信，瘡遂增廣。佛語不虚，經云非謬"等勸誡信衆莫犯三寶的語句。根據這些内容，不難看出編寫此經的目的應該是想借助不敬三寶將會患病的恫嚇，讓民衆對佛教產生敬畏之心，使得佛教得以護持。

那麽爲何當時會出現《救疾經》這樣一部護教類僞經呢？我們認爲此經的出現與當時的社會背景有一定的關係。在《救疾經》出現的五至六世紀，佛教經歷了幾百年的發展，在中國大地上的繁盛程度已達到了無可復加的地步。而隨着佛教的蓬勃發展，由此產生的社會矛盾也日益顯現。劉宋元嘉十二年（435）丹陽尹蕭摹之上奏宋文帝，云："佛化被於中國，已歷四代，形像塔寺，所在千數，進可以擊心，退足以招勸。而自頃以來，情敬浮末，不以精誠

---

① 〔隋〕法經：《衆經目録》，《大正藏》第55册，第217頁。

爲至,更以奢競爲重。舊宇頹弛,曾莫之修,而各務造新,以相姱尚。甲第顯宅,於兹殆盡,材竹銅彩,糜損無極,無關神祇,有累人事。建中越制,宜加裁檢,不爲之防,流遁未息。"① 這封奏疏反映的正是當時佛教徒因過分追求佛像塔廟的數量和華麗程度導致社會資源無度浪費的現象。此外,僧團猥濫、戒律廢弛等問題亦爲當時人所詬病。如劉宋大明二年(458)宋孝武帝劉駿下詔痛斥僧團穢雜之狀,云:"佛法訛替,沙門混雜,未足扶濟鴻教,而專成逋藪。加奸心頻發,凶狀屢聞,敗亂風俗,人神交怨。"②

佛教的過度發展已嚴重影響到了當時統治者的統治。北魏太延四年(438年),太武帝下詔滅佛,自此"佛淪廢終帝世積七八年"。③ 於是,經像被毀,僧人被殺的慘劇頻頻發生,佛教在中國北方遭遇了一次史無前例的挫折。南朝統治者雖没開展像北魏太武帝那樣的大規模滅佛運動,但社會上的反佛聲音却從未停息。元嘉時期(424—453),僧人慧琳撰出《均善論》(又稱《白黑論》),文章通過白學先生(代表儒教和道教)與黑學道士(代表佛教)相互辯難,對佛教宣揚的"緣起性空""净土思想""地獄輪回"等學説多有譏評。慧琳本人還因此獲得宋文帝賞識,並邀入宫中討論國事,盛讚其爲"黑衣宰相"。《均善論》撰出後不久,何承天又相繼寫出《達性論》《與宗居士書》《答顏光禄》《報應問》等論文,批判佛教的"神不滅"論,反對因果報應説。南齊永年年間(483—493),范縝又以"浮屠害政,桑門蠹俗"爲由撰寫了著名的《神滅論》,揭露宣揚"神不滅"論的危害,並發揚了"形存神存,形謝神滅"的無神論觀點。

總之,在五、六世紀的中國,伴隨佛教的蓬勃發展,反佛的吶喊從未停息,而《救疾經》就是在這樣的時代環境下應運而生,經中所説"閻浮提人多生不信,謂無三寶,侵犯者衆,招致惡病,罪積無數"等語,即是僞經編造者對反佛人士發出的譴責與警告。

三、《救疾經》與南北朝時期的七佛信仰

在《救疾經》的經文中出現了諸多關於七佛的描寫。所謂"七佛"其實是指釋迦牟尼佛及在其之前出現的六位過去佛,分别是:第一唯衛佛,第二式佛,第三隨葉佛,第四拘樓秦佛,第五拘那含牟尼佛,第六迦葉佛,第七釋迦摩尼佛。④ 如本經開篇講到佛陀爲觀三疾人宿業,調來七佛解説疾人得病緣由,七佛解釋到,此疾不從他生,而是由於侵犯三寶所致,點出了此經宣揚不敬三寶將會患病的主題。之後,經文又借金剛密跡之口,説出"治此惡病,唯有歸心諸佛,悔心七佛,髮露金剛至心願,七佛威力,可令消滅重罪"之語,強調了七佛在救贖疾人中

---

① 〔南朝梁〕沈約:《宋書》卷九七《夷蠻傳》,北京:中華書局,1974年,第2386頁。
② 〔南朝梁〕沈約:《宋書》卷九七《夷蠻傳》,第2386頁。
③ 〔北齊〕魏收:《魏書》卷一一四《釋老志》,北京:中華書局,1974年,第3035頁。
④ 又有第一毘婆屍佛、第二屍棄佛、第三毘舍浮佛、第四拘樓孫佛,第五拘那含牟尼佛、第六迦葉佛、第七釋迦牟尼佛之説,實乃同一梵語之轉訛。

的作用。除此之外，在經末流通分中，佛陀亦告誡三位病人，要想免除禍患，必須"日日禮七佛名字"，再次重申七佛之神通。根據這些内容不難看出《救疾經》與七佛信仰有着千絲萬縷的聯繫。

那麽這部偽經爲何會把對三位疾人的救贖寄託於七佛之上呢？我們認爲首先這應當與南北朝時期已有大量七佛經典被譯介到中國本土有一定的關係。七佛信仰源於印度，在《增一阿含經》《長阿含經》等原始佛典中都有詳述七佛的品序。大約從兩晉時期開始，七佛經典就被介紹到了中國。此後隨着佛教翻譯事業的發展與壯大，越來越多的七佛經典被翻譯出來。據粗略統計，在《救疾經》出現以前，涉及七佛内容的經典就有東晉失譯人《七佛八菩薩所説神咒經》、東晉曇無蘭《佛説摩尼禄亶經》、北魏失譯人《七佛父母姓字經》、後秦佛陀耶舍和竺佛念《長阿含經》卷一《大本經》、東晉佛陀跋陀羅《觀佛三昧海經》卷十《念七佛品》、後秦鳩摩羅什《大智度論》卷九《十方諸菩薩來釋論》、後秦佛陀耶舍《四分律比丘戒本》、南朝梁失譯人《虛空藏菩薩問七佛陀羅尼經》等數十種之多。這些經典大多描述了七佛的種種神通，及觀想、禮拜七佛將會帶來的好處。值得注意的是，其中有多部經典展現的正是七佛在治療疾病中的神通。如東晉失譯人《七佛八菩薩所説神咒經》云："第一維衛佛，説有一萬八千病，以一咒悉已治之。此陀羅尼名'穌盧都呵'……疾病劫起悉能穰之，疫鬼入國能驅遣之……第二式佛，所説陀羅尼名'胡穌多'……衆生一切病苦消滅無餘……第四拘留秦佛，所説大陀羅尼名'金剛幢三昧'，並能療治三界五濁衆生，諸惡煩惱、瘡疣、重病，一切業障及以報障諸垢煩惱障，悉能除滅。"[①] 又如南朝梁失譯人《虛空藏菩薩問七佛陀羅尼經》中不僅反復出現七佛所説神咒"欲爲一切衆生除一切病故，欲除一切惡鬼障難故"的表述，甚至還列舉了團風、白癬、癲病、困病、眼痛、身生惡瘡、頭痛病、風病、耳痛、腹痛、齒痛等具體疾病的應對方法。可見，在七佛經典中，以治療疾病來體現七佛神通的現象極爲普遍。故此可以推測，《救疾經》的編撰者很可能就是受到了這些經典的影響，因而將三位疾人的救贖也歸於七佛之下。

隨着七佛經典的翻譯與傳播，七佛信仰也逐漸傳到了中國，並被廣大民衆所接受。而偽經《救疾經》出現的五至六世紀，正是七佛信仰在中國最爲盛行的時期。現在我們仍能看到不少當時人們敬造七佛形象留下的材料，現選取部分，列舉如下：

1. 雲岡石窟第35窟門口東側楣拱龕龕下造像發願文云："惟大代延昌四年（515）正月十四日，恒雍正□□尉，都統化尚舊宫二常主匠，爲亡弟安鳳翰造彌勒並七佛、立侍菩薩。"[②]

2. 龍門石窟古陽洞南壁"道宋造像龕"造像發願文云："大魏永平元年（508）歲

① 〔東晉〕失譯人：《七佛八菩薩所説神咒經》，《大正藏》第21册，第536頁—537頁。
② 〔日〕水野清一、〔日〕長廣敏雄：《雲岡石窟》第2卷《雲岡金石録》，京都大學人文科學研究所，1955年，第6頁。

在戊子，清州桃泉寺道宋，自彼□浮慶，蒙三寶之飯依，缽餘造彌勒像一區並七佛二菩薩，衆容俱具。以此微福，普及一切含生，同見彌勒，悟無生□，願願從心。"①

3. 龍門石窟古陽洞窟頂"信士龕"造像發願文云："太和廿年（498）二月十五日，信士佛弟子爲七佛、父母、生死眷屬造彌勒像一區。"②

4. 麥積山石窟第4窟（即上七佛閣）造像銘文據庾信《秦州天水郡麥積崖佛龕銘並序》云："大都督李允信者，籍於宿植，深悟法門，乃于壁之南崖，梯雲鑿道，奉爲亡父造七佛龕。"③

上文所舉發願文的地理分佈極爲廣泛，可見當時的七佛信仰已遍及中國各地。造像主們通過敬造七佛形象，或爲親人，或爲自身，求得福田利益的行爲，正是民衆對七佛崇拜的集中表現。特別是在龍門古陽洞南壁"信士龕"中，雖祇造刻了一尊彌勒像，但此造像的發願文却將七佛與父母、生死眷屬等一同列爲祈福對象，足見七佛在造像者心中之分量。因此，我們認爲《救疾經》之所以選擇七佛作爲救贖三疾人的關鍵人物，應該與七佛在當時民衆心中的崇高地位是分不開的。

當然，我們也必須意識到，七佛信仰雖然在南北朝時期極爲盛行，但其受衆一般還是以生活於社會中下層的普通民衆爲主。王雁卿在調查雲岡石窟的七佛造像時指出："七佛雕刻少見於皇家、官家開鑿的窟室，而且有七佛的雕刻也均處於不明顯的地方，不反映雕鑿整體石窟的主題思想……這就有可能寓意在民間流行着七佛信仰，民間造像發願雕刻七佛。"④雲岡石窟所反映的現象也決非個例，20世紀以來考古工作者先後在甘肅武威、酒泉、敦煌和新疆吐魯番等地區發現了十四座北涼時期的石塔，這些石塔的造型基本相似，塔體都刻有七佛形象，學者們將其視爲北涼時期七佛信仰盛行的有力證據。⑤而從塔身留下的發願文來看，這些石塔皆爲普通信衆功德建造，而未發現品級職位顯赫人物之記述。⑥可見，南北朝時期的七佛信仰，還是在民間信衆之中更爲流行。而作爲一部中國人撰述的僞經，《救疾經》的受衆大多也是生活於社會中下層的普通民衆，其編造者選取七佛作爲救贖疾人的關鍵人物，無疑能夠更好地迎合普通民衆的信仰需求，拉近他們與經典之間的距離，從而使此經能夠更好地弘通。

---

① 劉景龍、李玉昆主編：《龍門石窟碑刻題記匯録》，北京：中國大百科全書出版社，1998年，第510—511頁。
② 轉引自魏文斌：《關於十六國北朝七佛造像諸問題》，收入魏文斌、吳葒：《甘肅佛教石窟考古論集》，北京：民族出版社，2009年，第137頁。
③ 〔北周〕庾信撰，〔清〕倪璠注：《庾子山集注》，北京：中華書局，1980年，第674頁。
④ 王雁卿：《雲岡石窟七佛造像題材淺析》，收入雲岡研究院編：《2005年雲岡國際學術研討會論文集》，北京：文物出版社，2006年，第259頁。
⑤ 魏文斌：《關於十六國北朝七佛造像諸問題》，收入魏文斌、吳葒：《甘肅佛教石窟考古論集》，第104頁。
⑥ 張寶璽：《北涼石塔藝術》，上海：上海辭書出版社，2006年，第43頁。

四、《救疾經》的傳抄與流布

在歷代經録中，《救疾經》雖被定性爲偽經，但在很長一段時間裏，此經不僅没有被禁絶，反而還在社會上廣爲流傳。從敦煌寫本反映的情況來看，《救疾經》的抄寫流布，從南北朝到歸義軍時期，一直未曾斷絶。[①] 敦煌藏經洞甚至還保存了一件五代僧人道真所編的佛經目録——《見一切入藏經目録》，現編號爲BD14129。這件文書是敦煌三界寺的藏經目録，其題作於"長興五年(934)歲次甲午六月十五日"，[②] 借此可以説明最晚到後唐長興五年(934)，《救疾經》還在敦煌地區流通。除敦煌以外，《救疾經》還在其它多個地區傳播。趙明誠《金石録》所收北齊河清二年(563)"《救疾經偈》碑"，可以説明在六世紀中期此經就已在華北地區流傳。旅順博物館藏諸吐魯番文書，日本出口氏藏吐魯番文書130號，德國國家圖書館藏吐魯番文書Ch/U 6281號[③] 等《救疾經》殘片的發現，更是説明了此經在西域等地亦有流傳。

前文我們雖然已經指出《救疾經》最初的編撰動機很可能是爲護持佛教而編造的，但在後世的傳抄過程中，此經的護教屬性卻並未得到重視。在敦煌藏經洞發現的《救疾經》寫本中，P.4563和上博50兩件文書留下了寫經者抄寫此經緣由的題記，分別云：

> P.4563：開皇十五年(595)九月一日，清信弟子談永和敬造《救疾病經》百卷，願一切衆生，藉此之因，所有疾者，並蒙除差，六道四生，並同斯福。
> 上博50：武德六年(623)四月廿七日，清信佛弟子索行善敬造。願閻浮提中所有幽厄疾病者，藉此福田悉除，普及六道蒼生，咸同斯慶。

從中可知這兩件《救疾經》寫本都是信衆爲祈願疾病驅除而抄寫的。值得注意的是P.4563號文書的抄寫者談永和應該是受到了《救疾經》經文"一日之中，造成一卷《救疾經》，百日之中，行道懺悔，百卷成就，作《濟度經》，可免此宿殃患耳"的影響，從而抄寫此經百卷。其虔誠程度，可見一斑。無獨有偶，敦煌所出BD8314《救疾經》寫本後有"卌四"字樣，BD14431《救疾經》寫本後有"卌五"字樣，這兩卷寫經字迹相似，疑是同一個人所抄。此人很可能也將此經抄寫了百卷，而BD8314和BD14431應該就是這百卷之中的第44和45卷。因此不難推測這兩個《救疾經》寫本應該也是爲了免遭禍患，行道懺悔而抄寫的。可見，在後世的傳抄過程中，傳抄者更關心的應該是此經宣揚的禮佛寫經有救疾除病之功效。

此外，《救疾經》的經文也經常被後世佛學著作所徵引。如隋代智顗《方等三昧行法》云：

---

① 根據各敦煌文獻圖録的整理者研究，敦煌《救疾經》寫本以唐代最多，其中BD8314、BD14431、S.1198等幾號抄於南北朝時期，BD5308等則應該是歸義軍時期的作品。

② 長興是後唐明宗的第二個年號，此年號實際祇有四年(930—933)，這裏可能是因敦煌地處西北消息閉塞而致。

③ 參見曹凌：《中國佛教疑偽經綜録》，第252頁。

"行人若見相知，負三寶物，可回心向三寶懺悔，求乞倍償。若雖少，猶相現者，將知行者過去今生。負貸三寶過多，不可備償。故《救疾經》云：'佛物出手十倍，法物七倍，僧物五倍。'若年淹積，不可憶知。行者，今生復無依報，廣更求乞，則妨行道。復惱檀越，行人爾時須知，轉心從今生盡菩提際，當乞三寶申寬，誓當不負，願勿障道，乃至成就法身，一時報償也。"[1]智顗認爲侵佔佛物、冒犯三寶將會遭受惡疾報應，必須虔心懺悔，方能解脱，故舉《救疾經》中行道懺悔時所列賠償，可見智顗本人亦將《救疾經》當作了救贖懺悔之經典。

總之，作爲護教經典而編造的《救疾經》，在後世的流傳過程中，其護教屬性逐漸被人們所淡忘，而經中宣揚的禮佛懺悔有救疾除病功效的觀念却逐漸得到了人們的重視。可能也正是由於這種價值認同的轉變，讓《救疾經》更容易被廣大民衆所接受，從而走入普通信衆的日常。

（徐漢傑，浙江師範大學邊疆研究院講師）

---

[1] 〔隋〕智顗：《方等三昧行法》，《大正藏》第46册，第946頁。

現存文瀾閣《建炎以來繫年要録》版本考述*
——兼談"金人地名考證"的價值

常志峰

[摘　要]　現存文瀾閣本《建炎以來繫年要録》是太平天國戰亂之後，由丁申、丁丙兄弟收攏爐餘舊帙並加以補抄而成。其中，丁氏所收舊帙中不光存有文瀾閣原始抄本，還夾雜着文宗閣或文匯閣的原本。至於補抄之部分，乃丁氏利用自家八千卷樓所藏南三閣《要録》抄本爲底，輔之以蜀中蕭藩刻本抄成。現存文瀾閣本《要録》是一個集文瀾閣原本、文宗或文匯閣原帙以及丁氏補抄內容三部分組成的"百衲"本，且《要録》諸本卷尾的"金人地名考證"，可視爲釐清其版本系統和版本層次的關鍵內容。

[關鍵詞]　建炎以來繫年要録　文瀾閣本　丁氏抄配　南三閣傳抄本　金人地名考證

《建炎以來繫年要録》（以下簡稱《要録》）是記載宋高宗一朝三十六年史事的重要史籍，其目前存有十餘種清抄本，這些版本構成了一個版本系統。從目前的梳理和研究來看，《要録》的版本情況尚沒有完全釐清，[①] 然其整個系統大體可分爲兩層，一者爲《四庫全書》北四閣本及其衍生本；另一層次則爲南三閣本與其相關版本，北四閣及相關版本情況經過往研究已有了一個大致脈絡，南三閣版本則有待進一步梳理。南三閣《四庫全書》唯存文瀾閣爐餘之書，其經數次抄配遂成今日之全帙面貌，考察現存文瀾閣《要録》的抄配情況或可成爲窺探南三閣系統《要録》版本情況的一個突破口，而打開這一突破口的"鑰匙"則爲各卷尾翻譯、音轉互有差異的"金人地名考證"。

一、參合抄補：現存文瀾閣本《要録》的補抄之探

現藏於浙江圖書館的文瀾閣本《要録》卷帙完整，與文淵閣本、文津閣本一般無二。然衆所周知，文瀾閣《四庫全書》乃經兵火書厄之後，由幾代學人數次補抄，方得今日之完帙。所以現存文瀾閣本《要録》是否爲補抄？補抄情況幾何？需要做一基本釐清。

---

*　本文是國家社會科學基金重點項目"《建炎以來繫年要録》編纂與版本研究"（17 AZS 001）階段性研究成果。

① 參見聶樂和：《〈建炎以來繫年要録〉研究》，北京師範大學碩士學位論文，北京，1987 年；沈如泉：《略談〈建炎以來繫年要録〉的版本問題》，《西南交通大學學報（社會科學版）》2008 年第 5 期，第 88—91 頁；辛更儒：《上海圖書館藏清抄本〈建炎以來繫年要録〉初考》，《國際社會科學雜志（中文版）》2011 年第 4 期，第 167—173 頁；胡坤：《上海圖書館藏清抄本〈建炎以來繫年要録〉再考》，《文史》2017 年第 1 輯，第 201—206 頁；胡坤：《臺灣藏清鈔本〈建炎以來繫年要録〉版本蠡測》，《文史》2018 年第 2 輯，第 87—106 頁。

文瀾閣《四庫全書》的補抄工作分別是：光緒七年(1881)至光緒二十四年(1898)丁申兄弟等人主持的大規模補抄；1915 年浙江圖書館錢恂先生組織的補抄,因彼時爲乙卯年,遂稱"乙卯補抄"；1923 年由張宗祥先生組織的"癸亥補抄"以及 1932 年進行的"壬申補抄"。對於歷次補抄工作,主持者都留下了一些工作記錄,通過這些記錄可以確定具體書籍的補抄情況。[1] 而針對《要録》一書,可從民國時期錢恂等先生留下的《壬子文瀾閣所存書目》(以下簡稱《壬子書目》)覓得相關補抄情況,是目有載：

　　《建炎以來繫年要録》二百卷(七十二册　計補抄者四十八册)
　　　　舊抄存：卷一至十四；卷二十一至二十五；卷三十至三十九；卷五十八至六十一；卷六十九至七十七；卷八十四、五；卷一百三十至一百三十二；卷一百三十六至一百五十三；卷一百九十三；卷一百九十五、六。舊抄附考證,補抄考證不全。[2]

這裏的補抄記錄明確記載了《要録》各卷目哪些是經過補抄,哪些是"舊抄"所存,且其補抄行爲確定不會在錢恂先生主持的"乙卯補抄"之後。而且結合清末《文瀾閣恭鈔四庫全書待訪目》一書中就已經没有《要録》之記載,[3] 以及現存文瀾閣《要録》版心别無年份標識等後續的補抄特徵等情況,[4]《壬子書目》所載之補抄情況應當是錢恂等對丁氏光緒補抄情況的一個總結,而非錢氏主持之"乙卯補抄"。這一點也在民國十八年(1929)楊立誠先生所編《文瀾閣目索引》中得到進一步印證。[5] 所以除上文所載的舊抄存目外,《要録》其他卷目應當都是丁氏所補,現存《要録》則可稱之爲"丁補本"。[6]

丁氏在補抄文瀾閣《四庫全書》時,主要依靠自家八千卷樓藏書,對照《八千卷樓書目》,其恰收藏有《要録》一書,其目載："《建炎以來繫年要録》二百卷,宋李心傳撰。抄本。蕭氏刊本。"[7] 所以其補抄工作很可能依托於手中的《要録》本子。追溯八千卷樓藏書之流轉,其於光緒三十四年(1908)盡入江南圖書館,尔後幾經機構變遷,藏書爲今南京圖書館繼承,而對照其各時段館藏目錄,《要録》被著録的情況如下,《江南圖書館書目》載："《建炎以來繫年要録》宋李心傳,抄本,三十六本。"[8]《江蘇省立國學圖書館圖書總目》的記載則更爲詳細：

---

① 例如周慶雲、張宗祥、張鄞等先生留下的補抄之相關記錄,參見周慶雲輯：《補抄文瀾閣四庫闕簡記錄》,民國十五年(1926)刻本；張宗祥等：《補抄文瀾閣四庫闕簡記錄》,復旦大學古籍部藏刻本,索書號：572016,1926 年；張鄞：《丁氏補抄文瀾閣四庫全書闕簡追紀》,《浙江省立圖書館月刊》第 1 卷第 2 期,1932 年 4 月。

② 章箴：《壬子文瀾閣所存書目》卷二,杭州：浙江公立圖書館,1923 年。此目共經過兩次整理,初次爲民國元年(壬子年)錢恂任浙江省立圖書館館長時着手編成,共五卷。其後民國十二年,章箴在前書基礎上補缺漏若干,並於卷末增《文瀾閣目補》一卷。

③ 〔清〕佚名：《文瀾閣恭鈔四庫全書待訪目》,《四庫全書目録資料三種》,北京：中華書局,2016 年。

④ 在丁氏補抄之後的歷次補抄工作中,基本會在補抄書目的版心之處標明"乙卯補抄""癸亥補抄"等。

⑤ 楊立誠：《文瀾閣目索引》,杭州：杭州大方伯浙江省立圖書館四庫目略發行處,1929 年,第 126 頁。

⑥ 本文所謂"丁補本",含"補抄"和"補配"兩重含義。

⑦ 〔清〕丁仁：《八千卷樓書目》,《續修四庫全書》第 921 册,上海：上海古籍出版社,2002 年,第 111 頁上。

⑧ 〔清〕江南圖書館：《江南圖書館書目》,《明清以來公藏書目匯刊》第 25 册,北京：北京圖書館出版社,2008 年,第 396 頁。

《建炎以來繫年要録》，二百卷，宋井研李心傳，鈔本，丁書，善乙三七，三六册；又一部二百卷，同上，光緒仁壽蕭氏校刊本，史二一，六〇册。①

現南京圖書館藏清抄本《要録》（以下簡稱"南圖本"，索書號 GJ/EB/112556），四庫館臣提要之葉鈐有三方印鑑，其自上而下分別是："四庫著録"火紋長方朱地白文印、"江蘇省立第一圖書館藏書"朱文方印以及"八千卷樓藏書之記"朱文方印，結合書目與印鑑信息，南圖本必是丁氏八千卷樓所藏之抄本。②其中"四庫著録"更是丁氏補抄文瀾閣《四庫全書》所用底本的標識印鑑，③所以南圖本極有可能就是丁氏補抄時之底本。而通過進一步比對具體文本，發現南圖本與丁補本的補抄部分有如下特殊的共同之處：

（1）卷四六，紹興元年八月己巳條後缺 850 餘字，二本所缺内容完全一致，且南圖本留有三葉空白，文瀾閣本亦留有相應空白葉。這樣大規模的缺文還有很多，甚至愈往後篇幅愈巨。

（2）卷九三，紹興五年九月丁亥條後缺。其自丁亥條尾"聖慈許臣解罷前件職任，除在外合人差遣，或宫觀一次。……"直至其卷尾全部缺失，計缺 2270 字左右，南圖本與現存文瀾閣本同缺，且所缺位置、内容完全一致。

除了大篇幅的相同缺頁之外，在某些特殊訛誤的地方，二者亦有共同之處，例如：卷三〇尾"金人地名考證"：

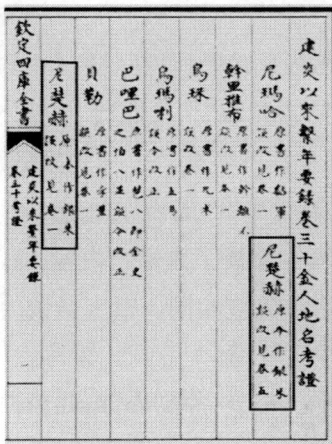

影印版文瀾閣本④　　　　　　南圖本⑤

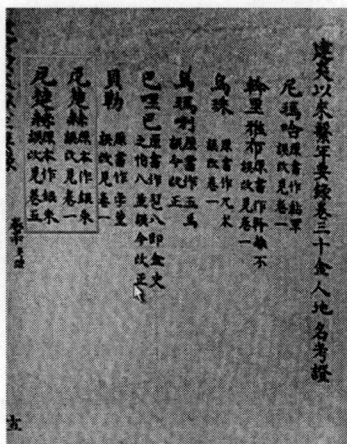

---

① 江蘇省立國學圖書館：《江蘇省立國學圖書館圖書總目》，《明清以來公藏書目匯刊》第 33 册，北京：北京圖書館出版社，2008 年，第 78 頁。

② 臺灣"中央研究院"傅斯年圖書館現藏有一《要録》清抄本（以下簡稱"傅圖本"，索書號 A 922.5202 161），其卷一第一葉 a 面鈐有"八千卷樓所藏"朱文長方印，此本爲四十八册，與江南圖書館繼承八千卷樓藏《要録》三十六册不同。按照《八千卷樓書目》來看，確實未言明其收藏有幾種抄本，或許傅圖本亦爲丁氏收藏過，但筆者通過内容，尤其是四庫館臣提要和卷尾"金人地名考證"的比較之後，基本可以判斷傅圖本與丁補本是不同的。也就是説，丁氏在補抄《要録》時並没有利用到傅圖本，至於個中緣由則有待進一步研究。

③ 慕騫：《錢塘丁氏藏書印記漫録》，載《浙江省立圖書館月刊》1932 年第七、八期合刊，第 118 頁。

④ 〔宋〕李心傳：《建炎以來繫年要録》，《文瀾閣四庫全書》第 320 册，杭州：杭州出版社 2015 年影印本，第 461 頁上。

⑤ 此頁之圖購於南京圖書館古籍部。

如上圖示,此考證即爲卷三〇出現的两條"尼楚赫"之考證,丁補本與南圖本所誤衍内容完全一致,且不見於其它版本。①

除了以上這些内容,尚有諸多特殊細節也是南圖本和丁補本所共有的,從這些特殊之處可以看出,光緒年間丁氏在補抄《要録》時確實利用了南圖本。但是在進一步對勘中也發現二者存在着差異,甚至在很多補抄卷目中,南圖本似乎並非唯一的材料來源。而在《八千卷樓書目》中,確實除了南圖本這一抄本之外,還載有"蕭氏刊本",此蕭氏刊本即四川仁壽縣蕭藩刻本(以下簡稱"蕭刻本")。蕭刻本初刻付梓於光緒五年(1879),其後又於光緒八年(1882)校刻,所以丁氏於光緒八年之後開啓的補抄工作,極有可能就利用到了自家所藏之蕭刻本。而在比對蕭刻本與丁補本文本之後,也發現在如下内容上有特殊相合之處:

(1)丁補本卷六三紹興三年六月乙巳條:"今江、浙月椿錢,蓋自紹興二十三年始。"文淵閣本記作"自紹興二年始",其它版本均記作"二年",唯有蕭刻本和丁補本誤作"二十三年";

(2)丁補本卷六八紹興三年九月戊午條:"臺諫論事不合己事不合己意,則怒形於色,六也。"這裏的"不合己事不合己意"有重沓,對照文淵閣本此處應作:"臺諫論事不合己意",其它諸本皆與文淵閣本同,而蕭刻本恰與丁補本所抄一致;

(3)丁補本卷八一紹興四年十月辛丑條尾作:"御史張致遠三上章,論其擾民,同竟罷去。"然對比文淵閣本與其它諸本,此句之後綴有小字注文:"同三月庚辰放罷",而蕭刻本亦是缺失;

(4)丁補本卷一〇六紹興六年十月丙申條:"綱後死於貶所(趙甡之《中興遺史》:'睿思殿祗候李綱者,……頤浩聞之,下大理寺除名勒停,潯州編管,死貶所。'甡之繫此事於紹興三年二金使麟、猊爲前驅,金以精騎繼之萬一出此,枝捂不暇矣。……此月癸卯趙鼎呈注)於是淮東宣撫使韓世忠統兵過淮,遇敵騎兵阿里雅貝勒等力戰,既而亦還楚州。"對比文淵閣本發現,上段文字自"金使麟、猊爲前驅"以下皆爲丙申條後丁酉條之内容,總計漏抄 512 字,其它諸版本與文淵閣本一致,唯蕭刻本與丁補本所缺完全相同。以上括號内爲原文中注文小字。

(5)丁補本卷一五五紹興十六年六月癸丑條載:"癸丑,左朝奉郎、知彭州彭宾前通判邛州,牒避親舉人不實,會赦,猶降一官。"此處文淵閣本作:"癸丑,左朝奉郎知彭州彭宾會赦,猶降一官,以前通判邛州,牒避親舉人不實故也。"此句二本皆可言通,所以互爲異文。而其它版本,如南圖本和上海圖書館藏清抄本又作:"左朝奉郎、知彭州彭宾前通判邛州,牒避親舉人不實,會赦,猶降一官。癸丑,監察御史巫伋面對,請申嚴有司所在刑獄不得輒爲非法之具,如錢塘、仁和二邑,所用浮匣命繩之類,不得復用,違者俱抵罪。詔刑部禁止。"可見丁補本癸丑下所繫内容在後二本之前,位置不一。蕭刻本則與丁補本内容一致,且位置相同。

---

① 圖中丁補本"尼楚赫"條考證是一上一下,與南圖本位置不一,其原因在於南圖本乃素紙抄成,無柵欄之限,而丁補本抄紙柵欄不够,衹能順延而下,便宜抄之。

（6）丁補本卷一五六紹興十七年十一月戊子條至十二月辛卯條："戊子，諸王宮大小學教授林天騭、葉絑並兼權秘書省校勘書籍官，用提舉官秦熺請也。十有二月辛卯朔詔諸州見管編配命官，及事干邊界情理重用刑部請也。寶謨閣待制、提舉江州太平觀張致遠卒。"而此處文淵閣及其它諸本皆作："戊子諸王宮大小學教授……秦熺請也。是月金主宣復歸上京。十有二月辛卯朔，詔諸州見管編配命官，及事干邊界情理重害之人，各仰遵守見行成法，不得擅行移放，令提刑司常切檢察，用刑部請也。寶謨閣待制、提舉江州太平觀張致遠卒。"可見丁補本與蕭刻本缺"是月"條内容，且十二月辛卯條後文字與衆本比勘亦有缺。

（7）卷一八六紹興三十年九月壬寅條丁補本與蕭刻本皆抄止於"……館職復故事召試自此始。上覽必大……"句處，其後至卷末皆缺失，計有7280餘字，而衆本皆不缺。[1]

通過上述文本比較之後，基本可以得出蕭刻本與南圖本同爲丁補本之補抄底本的結論。至於丁氏借助兩個本子爲底一齊補抄的原因，其很可能在於南圖本中存在很多訛誤錯漏，這從上文例證之舉隅以及柳詒徵先生夾存於南圖本書中的箋注，[2] 即可得窺。至於蜀中仁壽蕭藩刻本，其恰刊成於丁氏補抄之際，故而爲丁氏所用，而且筆者在比對中發現其補抄工作對於蕭刻本的倚重越往後越重。除此以外，丁補本還有兩篇書前的四庫館臣提要，其中與南圖本一致者爲後一篇，位置在全書總目録之後。目録之前所附提要，其館臣校呈時間留白未填，内容與《四庫全書總目》（"浙本"）之提要相同，[3] 所以前篇提要應當是抄録自當時丁氏能夠利用到的總目提要。

二、三閣釐析：丁氏補抄本中所存舊抄之版本考訂

丁補本中補抄之内容基本可以確定來自於南圖本和蕭刻本，其卷目數也符合前文《壬子書目》之載，但是依常理推之，《壬子書目》中"舊抄存"的卷册乃兵火厄餘，是否能夠保存完整，值得懷疑。清修《四庫全書》有一個顯著特徵，即其每一册首尾都會鈐有乾隆皇帝印鑑，如"文淵閣《四庫全書》"，每册卷首鈐"文淵閣寶"朱文方印，其册卷尾鈐"乾隆御覽之寶"朱文方印，以其爲代表的北四閣都有各閣寶印，易作分辨。[4] 而南三閣《四庫全書》每册則會在首鈐"古稀天子之寶"白文方印，尾鈐"乾隆御覽之寶"朱文方印，我們不妨以乾隆印鑑對

---

① 按：刊成於清光緒庚子年（1900）的廣雅書局本以仁壽蕭氏刻本爲底本，故而此處與蕭刻本所缺一致，且在"上覽必大"後注有小字"以下原缺"。

② 柳詒徵先生夾箋有三：一者載："此係據乾隆五十一年閣本抄録，與仁壽蕭氏刻本多有不同，蕭書係據乾隆三十九年《四庫》未定本抄出，不知付刊時何以未求得最後定本一校，廿四年十一月二日柳詒徵記。"其二載具體由缺文的卷目：《建炎以來繫年要録》净少：十五至廿一，廿六至廿七，四十至五十七，八十六至百○五，百○八至百廿三，百廿五至百廿九，百卅三至百卅四，百四十七，百七十一至百七十六，百七十九至百八十，百八十三至百八十四，百八十七至百九十二，二百，其少七十七卷。此箋計七十七卷誤，應爲八十八卷；第三張箋條與上條一致，亦爲缺失内容之卷目，校兩箋卷目一致。

③ 〔清〕永瑢等：《四庫全書總目》，北京：中華書局，2016年，第426頁。

④ 中國第一歷史檔案館：《纂修四庫全書檔案》，上海：上海古籍出版社，1997年，第2386—2387頁。

相關卷目加以對照,丁補本前後鈐印狀況如下:

（1）全書目録首鈐"古稀天子之寶",卷一尾鈐"乾隆御覽之寶";（2）卷二首鈐,卷三尾鈐;（3）卷四首鈐,卷五尾鈐;（4）卷六首鈐,卷八尾鈐;（5）卷九首鈐,卷一一尾鈐;（6）卷一二首鈐,卷一四尾鈐;（7）卷二一首鈐,尾亦鈐;（8）卷二二首鈐,卷二五尾鈐;（9）卷三〇首鈐,卷三二尾鈐;（10）卷三三首鈐,卷三五尾鈐;（11）卷三六首鈐,卷三九尾鈐;（12）卷五八首鈐,卷六一尾鈐;（13）卷六九首鈐,卷七三尾鈐;（14）卷七四首鈐,卷七七尾鈐;（15）卷八四首鈐,卷八五尾鈐;（16）卷一三〇首鈐,卷一三二尾鈐;（17）卷一三六首鈐,卷一三七尾鈐;（18）卷一三八首鈐,卷一四一鈐;（19）卷一四二首鈐,卷一四五尾鈐;（20）卷一四六首鈐,……;（21）卷一四八首鈐,卷一五〇尾鈐;（22）卷一五一首鈐,卷一五三尾鈐;（23）卷一九三首鈐,尾亦鈐;（24）卷一九五首鈐,卷一九六尾鈐。

經對照來看,《壬子書目》的記載幾乎全部與丁補本之乾隆印鑑鈐印情況契合,但是也會發現《壬子書目》漏載了總目録,且在卷一四六之後並沒有順接哪一卷使之符合每册前後鈐印的特徵。除了這些細節之外,由於南三閣每册首尾之鈐印均爲一致,也不得不讓人思考——以上丁補本卷目中是否會存在文宗或文匯閣本參入其中的情況。

要解決上述疑惑最直接的方式就是找到一部文瀾閣原抄本的傳抄本與丁補本進行對勘,而在過往的版本調查和研究中,能够確定和南三閣《要録》有關的傳抄本分别是：中山大學圖書館藏清抄本《要録》(以下簡稱"中大本",索書號00461)和南圖本,其判斷主要基於二本書前四庫館臣提要所載之校呈時間。對於《要録》一書而言,現存北三閣所呈時間分别爲：文淵閣,乾隆三十八年(1773)十一月;文溯閣,乾隆四十七年(1782)十一月;文津閣,乾隆四十九年(1784)八月。[1]中大本和南圖本書前館臣提要校呈時間分别爲：乾隆五十一年(1786)八月與乾隆五十一年十月。所以從時間來看,提要標明乾隆五十年之後的傳抄本基本不會是北四閣傳抄本,且南三閣繕校全竣的時間爲乾隆五十二年(1787)四月,[2]亦在時間下限内,故而將中大本和南圖本作爲丁補本的比照對象是合理的。在經過文本内容上的比勘之後發現,中大本與丁補本的"舊抄"内容相似度極高,舉隅其相同特徵如下：

一者,三個版本《要録》的很多卷尾都載有館臣用於改譯人名、地名等方面的"金人地名考證",而考證要麽在出現卷目和數量上有差别,要麽在考證内容上各有不同。南圖本有卷尾"金人地名考證"者三十四卷,中大本有考證者計九十七卷,丁補本則存四十七卷,且丁補本有考證的卷目全部都是《壬子書目》中的"舊抄"所存。在考證出現的卷目位置上,中大

---

① 黄愛平：《四庫全書纂修研究》,北京：中國人民大學出版社,1989年,第151頁。
② 中國第一歷史檔案館：《纂修四庫全書檔案史料》,上海：上海古籍出版社,1997年,第1987頁。

本與丁補本有四十三卷考證完全一致，而與南圖本位置一致者爲三十三卷，所以南圖本在存有考證的卷目數量上必然是遠不及文瀾閣原抄本的。再從考證内容上比較，中大本與丁補本内容基本一致者有四十卷，其細微差别也衹在於個別字眼的誤差。

再者，中大本中有很多朱、墨筆校補之處，其中在卷一三九紹興十一年二月乙未條天頭空白處墨筆有補：

> 乙未一條漏小注，今補。《中興聖政》："何俌《龜鑑》曰：'敵之戰於柘皋也，十萬鐵騎夾道而陣，其勢豈可當哉！張俊、楊沂中等主之，觀其晝夜疾馳，聲援相接，民兵團結，分據江津。或守馬家渡以示吾之有備，或據和州以過敵之要沖，卒使諸將捷書繼至，而軍聲大振矣。是役也，蓋自兵興以來，未有今日之盛，又豈偶然之故哉！'"

同卷紹興十一年二月己亥條天頭空白處的朱筆校補迻録如下：

> 己亥條下漏小注照刻本補。《中興聖政》："何俌《龜鑑》曰：'文事必有武備，我高宗未嘗專事於文，而浸忘乎武也。吾觀講和之後，吾國君臣勉搜儆申訓，嘗若寇至之無日。'八月六日，上曰：'有備無患，縱使和議以成，□□□弛兵備。'□□戒數論邊事，謂當以和爲表，以備爲里，以戰爲不得已。□□諭曰：'此極當之論也。'"九年，上謂大□□："□□講和，戰守之備，何可必弛？□□復□茶馬司，乘此閒暇，廣武備以戒不虞。"十年，陳淵謂和戰二議不可偏執，上謂淵曰："今日之和，非惟不可偏执，自當以戰爲主。"十一年，上曰："虜退，使當措置淮南，修築城壁，要當事事有備，常爲寇至之防。"則知高宗之所以開紹中興者，其自治之事，蓋已先定也。

卷一四三紹興十一年十二月癸巳條，第九葉b面：

> 小貼子：據貼黄稱，契勘岳飛次男岳雷，係同岳飛一處送下，今来照證得岳雷别（無干涉罪犯，緣爲岳飛故，節減飲食成病，合依條召家）人入侍，就令岳雷入侍看覷，候斷下案内人日，（召家人入侍就入岳雷入侍看覷候斷下案内人日）所有岳雷亦乞一就處分降下。小貼子稱，所有僧泽一，合下本處依條施行。

前一括號内文字爲校補者葉下朱筆記載，爲校者補原文之缺；後一括號内文字爲中大本所衍，校者以朱筆點涂改删。此處所缺、所衍之内容位置與丁補本完全一致，且它本皆無。

卷一九一紹興三十一年七月戊寅條朱筆校補：

戊寅條下脱去一條，今校蕭氏刻本補：

> 左朝奉郎、知光化州廖顯言："軍賊凌鐵等見在雷、化州境內嘯聚，未能討蕩，望將雷州改除武守，仍許節制高、容、廉、化四州軍馬。遇有盜賊，會合兵丁掩捕，合用錢糧，令轉運司應副。"從之。時東南第十二將高居弁會五州巡尉官兵與戰，鐵敗死。

綜上，在比較中大本和丁補本之後，卷一三九所缺內容與丁補本完全相符，而卷一九一中大本校補的內容在丁補本中却是齊整的，對比《壬子書目》所存卷目，卷一三九爲"舊抄"存目，卷一九一爲補抄卷目，恰説明中大本與丁補本中所存舊抄內容完全一致。故而，在對比卷末"金人地名考證"和上述幾處特殊文本內容之後，可以確定中大本即爲文瀾閣《要錄》乾隆原抄本之傳抄本。

繼而，將中大本與丁補本中舊抄存卷進行比勘，二者的"金人地名考證"情況比較如下：

卷一一卷五，考證同；卷六一卷八，無考證，二本同；卷九一一四，考證同；卷二一，考證同；卷二二，無考證，二本同；卷二三，考證同；卷二四，無考證，二本同；卷三一，考證同；卷三二一三四，無考證，二本同；卷三五一三七，考證同；卷三八、三九，無考證，二本同；卷五八，考證同；卷五九、六〇，無考證，二本同；卷六一，考證同；卷六九一七二，無考證，二本同；卷七四，考證同；卷七五、七六，無考證，二本同；卷七七，考證同；卷八四、八五，考證同；卷一三〇、一三一，考證同；卷一三六，無考證，二本同；卷一三七一一四三，考證同；卷一四四，無考證，二本同；卷一四五、一四六，考證同；卷一四七，無考證，二本同；卷一四八一一五〇，考證同；卷一九三，考證同；卷一九五、一九六，考證同。

計丁補本除目錄外舊抄存六十八卷，而與中大本考證基本相同者有六十一卷，其中包括相同位置卷目的"無考證"者，結合《壬子書目》與每册前後鈐印的對比，很多細節上的差異就顯現出來。前文所提到的卷一四六卷首鈐印，但卷尾和卷一四七尾都沒有鈐印，直接順接了卷一四八首鈐"古稀天子之寶"，所以卷一四六爲首的這一册應當不是完帙，而是經過補抄成册。此外，在中大本與丁補本的"金人地名考證"比較上，有七卷是有所不同的。這七卷中，卷二五、卷七三、卷一三二、卷一五一、一五二、一五三都是中大本有考證，而丁補本中"舊抄"存卷沒有考證的。而上述卷目都是丁補本"舊抄"所存，且有前後印鑑完備之特徵，再結合上述"金人地名考證"等差別，基本可以認定卷二二一二五、卷六九一七三、卷一三〇一一三二、卷一五一一一五三這四册爲文宗閣或文匯閣本混入之册。

此外，前文所言南圖本校呈時間爲"乾隆五十一年十月"，若其不是文瀾閣傳抄本，那就祇可能是傳抄自文宗閣或者文匯閣本，再將丁補本與南圖本作內容對勘，發現如下幾點：首先，前述丁補本總目錄後館臣提要與南圖本之提要相同，而丁補本的全書目錄首鈐"古稀天子之寶"，卷一尾鈐"乾隆御覽之寶"，館臣提要恰在目錄和卷一之間，所以這一册可以認定爲文宗或者文匯閣本參入。前文文本比勘中，卷三〇之"金人地名考證"，南圖本與丁補本皆多出"尼楚赫"考證一條，且中大本無此條考證，恰此卷又是《壬子書目》"舊抄"存卷，所以丁補本卷三〇也並非文瀾閣原抄本,其所在卷三〇一卷三二之册,乃是同鈐有乾隆印鑑的其它二閣版本。通過上述比勘和梳理,目前基本可確定丁補本中至少存在五册文宗或文匯閣本《要録》,其分別是:(1)目録一卷一;(2)卷二二一二五;(3)卷三〇一三二;(4)卷六九一七三;(5)卷一三〇一一三二。

綜上所述,現存《壬子書目》中所載《要録》"舊抄"卷目應當是文瀾閣原抄本與文宗閣或文匯閣本的集成之峽,彼時丁氏補配文瀾閣《四庫全書》時將南三閣之另外二閣原書一並匯入的情況當爲實情。此外,現今浙江圖書館所藏文瀾閣《四庫全書》中定不乏像《要録》這種南三閣本混同的情況,而在鑑定南三閣版本上,除了在内容上進行細緻比勘,學界也總結了通過原本鑑別的幾個方面,其中尤以封面色差、題簽和裝潢等方面之差別爲重。[1] 如能將文瀾閣本文本内容和相關特點進一步結合,互成"經緯",對於釐清文瀾閣原抄本、文宗或文匯閣本原峽以及歷次補抄之卷目,也不啻良方。例如 2016 年公佈的第五批《國家珍貴古籍名録》中記載,四川師範大學圖書館藏有清乾隆内府寫南三閣四庫全書本《要録》,其殘存兩卷,分別爲卷一七五至一七六。[2] 嗣後若條件允許依上法甄別之,即可進一步確定其版本。

三、餘論:《要録》的版本之鑰——"金人地名考證"

由於《要録》一書的《永樂大典》本和修《四庫》時的相關工作本早已佚失,所以諸《四庫》本以及圍繞其而形成的抄本、刻本成爲了現階段的版本構成。除了文淵閣本、文津閣本、文溯閣本,目前存世的《要録》版本有:臺灣"國家圖書館"藏清抄本(臺圖本)、遼寧圖書館藏清孔繼涵抄本(遼圖本)、上海圖書館藏清抄本(上圖本)、江蘇無錫圖書館藏清抄本(錫圖本)、上海復旦大學藏清抄本(復旦藏本有二,一爲全本,一爲殘本)、臺灣"中央研究院"傅斯年圖書館藏清抄本(傅圖本)、重慶圖書館藏清抄本(重圖本),以及前文所提到的文瀾閣抄配本、南圖本、中大本和川師大殘卷,另加蕭氏、廣雅書局二刻本。這些版本因爲形成時間各不相同,其版本的鑑定和層次的梳理,除了在内容上的比勘之外,最直接的方式就是:書前四庫館臣提要以及各卷後金人地名考證的比較。

在鑒定和梳理《要録》版本情況時,我們發現在閣本完成之前,很多館臣私抄本就已經流轉於各書家之間了,比如臺圖本、遼圖本、上圖本、錫圖本、復旦二本等。這些版本首先在館臣提要的校上時間上就要比文淵閣本早,文淵閣本乃乾隆三十八年十一月校上,而上述諸本則題爲乾隆三十八年十月,其中臺圖本等在内容比勘時也發現比文淵閣本更爲原始,其中

---

① 陳東輝:《〈四庫全書〉絹面顔色考辨》,《社會科學戰線》1997 年第 3 期,第 224—226 頁;童正倫:《文瀾閣〈四庫全書〉原本散見與鑑别》,《圖書館研究與工作》2012 年第 4 期,第 63—64 頁;張群:《〈四庫全書〉南三閣本封面考》,載《四庫學》第 6 輯,北京:社會科學文獻出版社,2019 年,第 177—187 頁。

② 中國國家古籍保護中心、中國國家圖書館編:《第五批國家珍貴古籍名録圖録》第 2 册,北京:國家圖書館出版社,2016 年,第 173—174 頁。

清廷之違碍字詞多有留存，這些字詞中就有金朝人、地名未做音轉之原始保留情況，其規律就是私抄版本越早，保留越多。所以在早期的私抄本中，卷尾之金人地名考證很少，例如臺圖本與孔抄本就完全没有卷尾考證，而上圖本、錫圖本、復旦二本就開始在第九卷和第十卷有了考證。繼早期私抄本之後，從文淵閣本開始卷尾考證數量就開始驟增，各版本在考證出現的卷目及人名、地名、職官等的音轉譯語上都存在很大差異。但按照四庫館臣的書前提要中所言：

> 其書中所載金人、地等名音譯均多舛誤。謹依《欽定金史國語解》之例，詳加訂正，别爲考證，附載篇末，用以訂訛傳信。[①]

依館臣之言，《要録》考證部分的内容應該是完全統一的，但是其呈現的狀態却是相互不同，差異很大。而且南三閣版本系統的丁補本、南圖本、中大本的館臣書前提要甚至記載：

> 所載金國人名、官名、地名，音譯均多舛誤，謹遵《欽定金史國語音義》，詳加訂正，别爲考證，附載各卷之末。[②]

《欽定金史國語解》和《欽定金史國語音義》兩個標準的存在顯然將《要録》初分爲兩個層次。而以丁補本、南圖本和中大本等南三閣版本系統爲例，其不光與北四閣版本系統的考證完全不同，自言依照《欽定金史國語音義》的南三閣各版本自身的金人、地名改譯也都“各自爲政”，没有統一的標準。在數量上南圖本有卷尾“金人地名考證”者三十四卷，中大本有考證者計九十七卷，[③] 而對於同一金人、地名的譯法，暫以卷八七末考證爲例：

> 南圖本：尼瑪哈（原卷作黏罕，誤，改，見。）
> 　　　　斡喇布（原書作斡離不，誤，改，見卷一。）
> 　　　　伊都（原書作餘都，誤，改，見卷一。）
> 　　　　札木（原書作蟾目，誤，今改正。）
> 　　　　洛索貝勒（原書作婁宿孛堇，誤，今改正。）
> 　　　　固新（原書作兀室，誤，改，見卷一。）
> 中大本：尼瑪哈（原書作黏罕，誤，改，見卷一）。
> 　　　　斡里雅布（原書作斡離不，誤，改，見卷一。）

---

① 按：文淵閣本、文津閣本、文溯閣本、傅圖本、重圖本、蕭刻本、廣雅本等皆寫作“《欽定金史國語解》之例詳加訂正，别爲考證”。
② 《欽定金史國語音義》爲南三閣本系統所獨有。
③ 文淵閣有九十九卷，傅圖本有一百一十一卷，重圖本有一百七卷等等，數量皆有不同。

伊都（原書作餘都，誤，改，見卷一。）

棟摩（原書作蟾目，誤，今改正。）

罗索貝勒（原書作委宿宇堇，誤，今改正。）

乌舍（原書作兀室，誤，改，見卷一。）

　　造成這種差異的原因可能就在於《欽定遼金元三史國語解》一書的成書問題。按照文淵閣本《國語解》中館臣提要所言，其校呈於"乾隆五十四年二月"，那四十七年就奉敕編撰的書何以直到五十四年才校呈。關於這一點，劉浦江先生認爲："起碼到乾隆五十二年四月，《欽定遼金元三史國語解》連書名都尚未最後確定"，而且"遼、金、元三史的改譯工作完成在前，《三史國語解》的編纂成書在後"，"在乾隆四十六年以後，遼、金、元三史的改譯工作實際上仍在繼續進行"，"《三史國語解》遲遲不能最後定稿。"①因爲一直沒有定稿，所以《國語解》才會在提要中有着不同的名稱，而考證之間各自呈現的差異成爲了我们分辨不同版本和層次的重要依據，也爲後續的版本研究提供了充分的材料。

（常志峰，復旦大學歷史學系中國史博士研究生）

①　劉浦江：《從〈遼史·國語解〉到〈欽定遼史語解〉——契丹語言資料的源流》，載《欧亚學刊》2004 年第 4 期，北京：中華書局，第 151—153 頁。

《通鑑前編》文獻考疑

孫曉磊

[摘　要]　金履祥《通鑑前編》十八卷、《舉要》二卷,元天曆元年(1328)初刊於婺州路儒學。明清刊刻《通鑑前編》,更改此書之處頗多,原貌被模糊,使得學者間著録及研究歧見紛出。今以静嘉堂文庫藏初刊元本爲準的,證以明慎獨齋本、歸仁齋本及清宋犖本、率祖堂本、《四庫》本,辨正源流,諟正譌謬。明清諸本多改題《通鑑前編》曰《通鑑綱目前編》,並變其體例爲綱目體,致使學者有誤認爲後者即其初名;又多將二卷《舉要》新釐定爲三卷,致使學者多誤認爲原即三卷;又多附以陳桱《外紀》一卷,學者有誤認爲此卷亦爲金履祥作。《通鑑前編》卷前《〈通鑑前編〉表》爲鄭允中作,非學者所云爲金履祥自作或許謙作。

[關鍵詞]　金履祥　通鑑前編　考疑

金履祥(1232—1303),本名祥,後更開祥,再更履祥,字吉父,自號次農,卒謚文安,學者稱仁山先生。宋理宗紹定五年壬辰生於婺州蘭谿(今屬浙江金華),元成宗大德七年癸卯卒,得年七十二。金履祥師事同郡王柏,因王柏而登何基之門。何基乃朱熹高弟黃榦弟子。金履祥因王、何二氏而得宗朱熹之學,自是造詣精進,學遂有成。《元史·金履祥傳》稱其:"凡天文、地形、禮樂、田乘、兵謀、陰陽、律曆之書,靡不畢究。"[①]《宋元學案·北山四先生學案序録》全祖望讚曰:"金文安公尤爲明體達用之儒,浙學之中興也。"[②]金履祥一生著述宏富,嘗撰作《尚書表注》二卷、《大學章句疏義》一卷、《論語集注考證》十卷、《孟子集注考證》七卷、《仁山文集》四卷,又編有《濂洛風雅》七卷,批注《禮記》二十卷,而其《通鑑前編》一書更是金氏三十餘年心力所萃,網羅遺失,議論明達,開迪後學。

一、《通鑑前編》的成書與刊刻

《通鑑前編》起帝堯元載甲辰,止周威烈王二十三年戊寅,凡一千九百五十五年,[③]弟子許謙嘗述及其師撰作《通鑑前編》緣由,曰:

> 先生嘗謂司馬文正公作《資治通鑑》,秘書丞劉恕作《外紀》以記前事,顧其志

---

①　〔明〕宋濂等:《元史》卷一八九《金履祥傳》,北京:中華書局,1976年,第4316頁。

②　〔清〕黃宗羲撰、〔清〕全祖望補修,陳金生、梁運華點校:《宋元學案》卷八二《北山四先生學案》,北京:中華書局,1986年,第2725頁。

③　〔宋〕金履祥:《〈通鑑前編〉後序》,〔宋〕金履祥:《通鑑前編》卷前附,元天曆元年(1328)婺州路儒學刊本,第1頁a。

不本於經而信百家之説,是非既繆於聖人,此不足以傳信。自帝堯以前,不經夫子所定,固野而難質。夫子因魯史以作《春秋》,始於魯隱之元,實周平王之四十九年也。然王朝列國之事,非有玉帛之使,則魯史不得而書,非聖人筆削之所加。况左氏所記,或闕或誣,凡若此類,皆不得以辟經爲辭。乃用邵氏《皇極經世曆》、胡氏《皇王大紀》之例,損益折衷,一以《尚書》爲主,下及《詩》《禮》《春秋》,旁採舊史、諸子,表年繫事,復加訓釋,斷自唐堯以下,接于《通鑑》之前,勒爲一書,名曰《通鑑前編》。①

金履祥在其後序中解釋劉恕《通鑑外紀》"不足以傳信" 之緣由,曰:

> 劉道原《外紀》之作,《尚書》不入,雖曰尊經避聖,然帝王之事,捨《尚書》則諸家真稗官小説之流耳。今不敢從《外紀》之例,而從胡氏《大紀》之例焉。②

金氏又在其《〈通鑑前編〉序》中表明《通鑑前編》史料取捨之原則,曰:

> 今本之以經,翼之以史子傳記,附之以諸家之論,且考其繫年之故,解其辭事,辨其疑誤,如東萊呂氏《大事記》,而不敢傲其例,起帝堯元載,止周威烈王二十三年,接于《資治通鑑》,名曰《通鑑前編》。③

金履祥《通鑑前編》之作,乃是用邵雍《皇極經世曆》、胡宏《皇王大紀》之例,損益折中,以《尚書》爲主,兼括《詩》《禮》《春秋》之大旨,旁及舊史、諸子,表年繫事,凡所引書,輒加訓釋以裁正其義,終以不離本經者爲是,其用意在前續《資治通鑑》,亦在矯正《通鑑外紀》嗜博好奇之病,故《四庫全書總目》評《通鑑前編》云:"援據頗博。其審定群説,亦多與經訓相發明。在講學諸家中,猶可謂究心史籍,不爲游談者矣。"④

元世祖至元十七年庚辰(1280)《通鑑前編》書成,⑤《元史・金履祥傳》載金氏嘗與許謙言道:

> 二帝三王之盛,其徵言懿行,宜後王所當法,戰國申、商之術,其苛法亂政,亦後

① 〔元〕許謙:《〈通鑑前編〉序》,〔宋〕金履祥:《通鑑前編》卷前附,第 3 頁 b—第 4 頁 b。
② 〔宋〕金履祥:《〈通鑑前編〉後序》,〔宋〕金履祥:《通鑑前編》卷前附,第 1 頁 a。
③ 〔宋〕金履祥:《〈通鑑前編〉序》,〔元〕蘇天爵:《國朝文類》卷三二,元至正二年(1342)杭州路西湖書院刊本,第 13 頁 b—第 14 頁 a。
④ 〔清〕永瑢等:《四庫全書總目》卷四七,北京:中華書局,1965 年,第 428 頁下欄。
⑤ 〔明〕徐袍:《宋仁山金先生年譜》"元世祖至元十七年庚辰、先生四十九歲" 條,清光緒十三年(1887)金華教諭鎮海謝駿德刻本,第 27 頁 a。

王所當戒,則是編不可以不著也。^①

《通鑑前編》雖完稿,但直至金氏辭世,此書竟未得付梓,身後乃由許謙校刊以傳世。柳貫《故宋迪功郎史館編校仁山先生金公行狀》云:

> 先生歿時,凡所著書,僅僅脫稿,而未及有所正定,故悉以授許謙。謙尤能遵稟遺志,益加讎校,今皆刻板以傳。^②

許謙《上劉約齋書》嘗憶及其師託付《通鑑前編》之事,云:

> (先師仁山金某吉父)其於《書》則因蔡氏之舊,而發其所未備。其微辭奧義,則本朱子而斷於理。勒成若干卷,名曰《通鑑前編》。某受業師門,昔嘗竊窺一二,而未獲見其全書。至於病革,猶刪改未已。將易簣,則命其二子曰:"《前編》之書,吾用心三十餘年,平生精力盡於此。吾所得之學,亦略見於此矣。吾爲是書,固欲以開學者,殆不可不傳,然未可泛傳也。吾且歿,宜命許某次錄成定本。此子他日或能爲吾傳此書乎!"某聞之,抱書感泣。今既繕寫成集矣。^③

黃溍《白雲許先生墓志銘》亦云:

> 金先生所著《論語孟子考證》《資治通鑑前編》皆未遑刊定,垂歿以屬之先生。今二書得以大備而盛行,先生力也。^④

元文宗天曆元年戊辰(1328),《通鑑前編》終得付梓,許謙《〈通鑑前編〉序》言及校刊經過,曰:

> 先生之歿,今二十有五年矣。是書雖存世,亦莫能知者。謙永懷夙昔之話言,獨抱遺編而太息。門人御史臺都事汝南郭炯爲南臺御史日,嘗欲刊行是書,有志而未果。今肅政廉訪使平陽鄭公允中,爰始解驂,聿崇正學,尚論格人,章明善道,載閱是編,三復嘉歎,謂宜立於學官,傳之後世。乃詢之監憲左吉公,亦克欣贊,暨僚列賓佐,罔不協從。亟命有司鋟諸文梓,共捐秩祿以佐其費。厥功告備,將表上送官,

---

① 〔明〕宋濂等:《元史》卷一八九《金履祥傳》,第 4317 頁。
② 〔元〕柳貫:《柳待制文集》卷二〇,民國十三年(1924)永康胡宗楙校鋟《續金華叢書》本,第 7 頁 a—b。
③ 〔元〕許謙撰,蔣金德點校:《許白雲先生文集》卷三,《許謙集》,杭州:浙江古籍出版社,2014 年,第 984 頁。
④ 〔元〕黃溍著,王頲點校:《黃溍集》卷二一,杭州:浙江古籍出版社,2013 年,第 775 頁。

而命謙爲之序。①

官刻《通鑑前編》,浙江道肅政廉訪使鄭允中襄助之力頗多。今考吳師道《請鄉學祠金仁山先生》云:

《通鑑前編》近蒙本道憲司命婺學刊行,事聞臺府,表上送官。②

陸心源《皕宋樓藏書志》載錄一舊抄本金氏《論孟集注考證》所附李桓序(至元三年丁丑,1337),云:

婺學者,先生之鄉校也。既嘗刻其《通鑑前編》之書矣。③

許謙所謂“命有司錄諸文梓”,吳師道、李桓所謂“婺學”,即婺州路儒學。《宋元版刻圖釋》載錄靜嘉堂文庫所藏《通鑑前編》爲“元天曆元年(1328)婺州路儒學刊本”,④ 即此次初刻之本。葉德輝《郎園讀書志》載錄此書曰:“元天曆元年第一次刻本,出自履祥門人許謙所傳,而門人御史臺都事汝南郭炯請於肅政廉訪使平陽鄭允中,率僚佐助貲刊行。”⑤ 其說是也。今考羅振常《善本書所見錄》載錄金氏《通鑑前編》有“宋刊本”,⑥ 實乃誤錄。

二、《通鑑前編》稱名考疑

前揭金履祥前序稱其書“接於《資治通鑑》”,許謙序亦稱其師之書“接于《通鑑》之前”,金氏前序、許氏序均稱其書“名曰《通鑑前編》”,《元史·金履祥傳》語同,⑦ 且元天曆元年(1328)婺州路儒學初刊本(下稱“元刊本”⑧)各卷端皆題“通鑑前編”,則金氏此書稱名不應有所歧異。然而,明劉氏慎獨齋正德元年(1506)刻、萬曆二年(1574)補刻本(下稱“慎獨

① 〔元〕許謙:《〈通鑑前編〉序》,〔宋〕金履祥:《通鑑前編》卷前附,第5頁a—第6頁a。
② 〔元〕吳師道:《吳禮部文集》卷二〇,民國十三年(1924)永康胡宗楙校鋟《續金華叢書》本,第1頁a—b。
③ 〔清〕陸心源:《皕宋樓藏書志》卷一〇,北京:中華書局,1990年,第118頁上欄。
④ 陳堅、馬文大撰輯:《宋元版刻圖釋》第3冊,北京:學苑出版社,2008年,第205頁。
⑤ 葉德輝撰,楊洪升點校:《郎園讀書志》卷三,上海:上海古籍出版社,2019年,第128頁。
⑥ 羅振常遺著,周子美編訂:《善本書所見錄》卷二,上海:商務印書館,1958年,第37頁。
⑦ 〔明〕宋濂等:《元史》卷一八九《金履祥傳》,第4317頁。
⑧ 元天曆元年戊辰婺州路儒學初刊本(簡稱“元刊本”),日本靜嘉堂文庫藏,原徐子宇、陸心源(皕宋樓)舊藏,共二十册,《前編》十八卷、《舉要》二卷,凡二十卷。每葉二十行,行二十二字,小字雙行同,綫黑口,無魚尾,左右雙邊,版心(書口)上記大、小字數,下記刻工姓名。《前編》卷前爲許謙《通鑑前編〉序》,次爲鄭允中《通鑑前編〉表》,次爲金履祥後序。《前編》卷一八末有“門人御史臺都事汝南郭炯校正”“門人金華許謙校正”字兩行。

齋本")及楊氏歸仁齋嘉靖三十九年(1560)重刻本(下稱"歸仁齋本"①)、清康熙四十六年(1707)宋犖奉敕校刊本(下稱"宋犖本"②),各卷端皆題"資治通鑑綱目前編",稱名多"綱目"二字。金履祥撰寫《通鑑前編》乃是爲前續司馬光《資治通鑑》,而非朱熹《資治通鑑綱目》,故其書不得稱《資治通鑑綱目前編》。今考葉德輝《郋園讀書志》云:

> (《通鑑前編》)俗本或題《通鑑綱目前編》,殊不知全書並非專仿《綱目》,安得以"綱目"之名加之?③

《增訂四庫簡明目録標注》邵懿辰論此亦云:

> 題《綱目前編》者,爲後人所亂。④

金履祥《通鑑前編》一書,緣何而被題作《資治通鑑綱目前編》?《四庫全書總目》論此而曰:

> 《通鑑綱目》刊本,或以此書爲冠,題曰《通鑑綱目前編》,亦後來所改名。⑤

四庫館臣之意,乃謂世人叢刻《通鑑綱目全書》時,多將《通鑑前編》冠於朱熹《資治通鑑綱目》前,遂將金氏書改題曰《資治通鑑綱目前編》。那麼,改題者又爲何人?《四庫全書總目》又曰:

---

① 明弘治十一年戊午(1498)劉氏慎獨齋刻朱熹《資治通鑑綱目》五十九卷,弘治十七年甲子(1504)刻商輅《續資治通鑑綱目》二十七卷,正德元年丙寅刻、萬曆二年甲戌補刻《資治通鑑綱目前編》十八卷、陳桱《資治通鑑綱目前編外紀》一卷。劉氏所刻《綱目前編》十八卷,實即金履祥《通鑑前編》一書,惟金氏書之二卷《舉要》未刻。明嘉靖三十九年庚申楊氏歸仁齋重刻《通鑑綱目全書》一百八卷,包括朱熹《資治通鑑綱目》五十九卷、陳桱《資治通鑑綱目前編外紀》一卷、金履祥《資治通鑑綱目前編》十八卷、《舉要》三卷、商輅《續資治通鑑綱目》二十七卷。日本內閣文庫藏有一部慎獨齋配補歸仁齋本,共十四冊(番號:漢 8767),含《外紀》一卷、《前編》十八卷、《舉要》三卷,其中《外紀》及《前編》卷一至卷一〇爲慎獨齋所刻,《前編》卷一一至卷一八、《舉要》則爲歸仁齋所刻。慎獨齋所刻版式每半葉十行,行二十二字,小字雙行同,黑口,四周雙邊,雙順魚尾,歸仁齋所刻爲四周單邊,而其餘版式則與慎獨齋同。《前編》卷前抄録鄭允中《〈通鑑前編〉表》,次刊許謙《〈通鑑綱目前編〉序》,卷一八末抄録金履祥後序。許謙序後有"皇明正德丙寅慎獨齋新刊行"、《前編》卷八末有"萬曆甲戌歲慎獨齋重梓"、《舉要》卷三末有"皇明嘉靖庚申歸仁齋重梓行"等牌記。
② 清康熙四十六年丁亥宋犖奉敕校刊《御批資治通鑑綱目全書》一百九卷(簡稱"宋犖本"),內府刻,聖祖玄燁批,哈佛大學漢和圖書館藏,五十冊,包括朱熹《資治通鑑綱目》五十九卷、首一卷、金履祥《資治通鑑綱目前編》十八卷、《舉要》三卷、陳桱《資治通鑑綱目前編外紀》一卷、商輅《續資治通鑑綱目》二十七卷。每半葉十一行,行二十二字,小字雙行同,黑口,雙順魚尾,四周雙邊。金氏書先刻《舉要》,後刊《前編》。《舉要》卷前有康熙四十六年《御製資治通鑑綱目全書叙》一篇。
③ 葉德輝撰,楊洪升點校:《郋園讀書志》卷三,第 128 頁。
④ 〔清〕邵懿辰撰,邵章續録:《增訂四庫簡明目録標注》卷五,北京:中華書局,1959 年,第 218 頁。
⑤ 〔清〕永瑢等:《四庫全書總目》卷四七,第 428 頁下欄。

陳仁錫稍變其(即《通鑑前編》——引者注)體例,改題曰《通鑑綱目前編》,與《綱目》合刊,以補朱子所未及。①

張煦侯論此而云:

今之彙刻《通鑑綱目》者,皆以金氏之書冠於紫陽正編之前,而以《綱目前編》爲題矣。其事起於明季之陳仁錫。②

陳仁錫生於萬曆七年己卯(1579),卒於崇禎七年甲戌(1634),而前揭慎獨齋本、歸仁齋本均已改題曰《資治通鑑綱目前編》,早於陳氏,則知改題金氏書之人非始於陳仁錫。

《通鑑前編》體例,原與《資治通鑑》《資治通鑑綱目》均異。陸心源《元槧〈通鑑前編〉跋》論此曰:

是書集經傳史子之文,按年編次,曰《通鑑》;每年各爲表,題曰《舉要》。雖名《通鑑》,實仿《綱目》之例。惟《舉要》低三格,《通鑑》皆頂格。此則小變乎涑水、紫陽之例者也。③

耿文光《萬卷精華樓藏書記》曰:

是書之體,與涑水《通鑑》異,與朱子《綱目》亦異。即以《舉要》爲題,低三格書之;以所引之書頂格大書;惟訓釋及案語以小字夾注附綴於後。④

《四庫全書總目》曰:

凡所引經傳子史之文皆作大書,惟訓釋及案語則以小字夾注附綴於後。蓋避朱子《綱目》之體,而稍變《通鑑》之式。後來浙江重刻之本,列《舉要》爲綱,以經傳子史之文爲目,而訓釋仍錯出其間,已非其舊。⑤

元刊本《通鑑前編》所引經傳史子之文皆大書,即單行大字,其頂格者爲《通鑑》,低三格

① 〔清〕永瑢等:《四庫全書總目》卷八八,第755頁下欄。
② 張煦侯:《通鑑學》,合肥:安徽人民出版社,1981年,第138頁。
③ 〔清〕陸心源:《儀顧堂續跋》卷六,北京:中華書局,1990年,第274頁上欄。
④ 〔清〕耿文光:《萬卷精華樓藏書記》卷二九,北京:中華書局,1993年,第292頁下欄。
⑤ 〔清〕永瑢等:《四庫全書總目》卷四七,第428頁下欄。

者爲《舉要》,《舉要》爲《通鑑》之綱;惟訓釋及案語則以小字夾注附綴於後,即以雙行小字附綴於經傳史子文後。《通鑑前編》末附二卷《舉要》,則是裒聚《前編》低三格所書者,因其用雙行小字注明每條出處,故又別爲二卷。前揭慎獨齋本、歸仁齋本、宋犖本,雖皆題曰《資治通鑑綱目前編》,而其體例皆與元刊本類同。

《通鑑前編》後世重刻(鈔),有大變其體例者,乃列《舉要》爲綱,即用單行大字、大書,但不再低三格,而是頂格;以經傳史子之文爲目,即用雙行小字、低一格,不再大書、頂格;訓釋仍錯出其間,即訓釋及案語仍用雙行小字,錯出於經傳史子文間。清雍正、乾隆年間金華金氏刻《率祖堂叢書》本(下稱"率祖堂本"[①])、乾隆年間四庫館編修《四庫全書》本(下稱"《四庫》本"[②]),均是此一體例。《通鑑前編》體例經此大變,更趨近於朱子《綱目》,而迥異於原貌,故丁丙《善本書室藏書志》曰:"(元刊本)大異乎後來復刻之以《舉要》爲綱,以經傳史子爲目,其訓釋或錯出其間之本矣。"[③]周中孚《鄭堂讀書記》曰:"元刊不似後來合併之本,有類朱子《綱目》之式焉。"[④]

鄧邦述《群碧樓善本書録》曾載録其所藏本金氏書曰:

《資治通鑑綱目前編》十八卷、《舉要》三卷、《外紀》一卷。二十四册。宋金履祥編。《外紀》,元陳子桱(經)編。元刻本。[⑤]

又曰:

以陳子桱(經)之《外紀》刊於卷首,而下署"書林楊氏歸仁齋刊"云云,疑元時刊本也。元時坊本每稱書林,其刻手亦不似明,在吾齋廿年而不能辨。今將別去,故書數語以諗後之鑒者。[⑥]

鄧氏疑其所藏之本乃元時刊本,故仍著録爲"元刻本",實乃誤録。鄧氏此本必爲明刻,而非元刊,無需致疑。一、此本爲二十四册,元本祇二十册;二、此本有陳桱《外紀》一卷,元

① 清雍正、乾隆年間金華金氏刻《率祖堂叢書》,其《通鑑前編》一書(簡稱"率祖堂本"),含《外紀》一卷、《前編》十八卷、《舉要》三卷,乃乾隆十年乙丑(1745)金履祥十八世孫金律重梓,義烏圖書館藏。每半葉十一行,行二十三字,小字雙行同,黑口,雙對魚尾,四周單邊。《前編》卷前爲金履祥《〈通鑑前編〉前序》,次爲許謙序,次爲鄭允中表,卷一八末爲金履祥《〈通鑑前編〉後序》,又有金律跋一篇。
② 清乾隆三十七年壬辰(1772)開四庫館編修《四庫全書》,《通鑑前編》收入史部編年類(簡稱"《四庫》本"),乃依據邵晉涵家藏本抄録,包括《前編》十八卷、《舉要》三卷。《前編》卷前有館臣所撰提要一篇,次爲金履祥《〈通鑑前編〉前序》,次爲許謙序,次爲鄭允中《進〈通鑑前編〉表》。臺灣商務印書館 1986 年將文淵閣《四庫全書》影印出版,上海古籍出版社 1987 年據以重印,《通鑑前編》收録在第 332 册。
③ 〔清〕丁丙:《善本書室藏書志》卷七,北京:中華書局,1990 年,第 482 頁上欄。
④ 〔清〕周中孚:《鄭堂讀書記》卷一六,北京:中華書局,1993 年,第 94 頁。
⑤ 鄧邦述撰,金曉東整理:《群碧樓善本書録》卷二,上海:上海古籍出版社,2014 年,第 77 頁。
⑥ 鄧邦述撰,金曉東整理:《群碧樓善本書録》卷二,第 77 頁。

本無,明本有;三、此本《舉要》爲三卷,同明本,元本爲二卷;四、此本題曰《資治通鑑綱目前編》,稱名多“綱目”二字,同明本,元本祇曰《通鑑前編》。另,明坊本亦多稱“書林”,[①]不必皆定作元本。

金履祥之書,初名《通鑑前編》,體例與司馬光《資治通鑑》、朱熹《資治通鑑綱目》皆異,元刊本是其明證;其後,明人叢刻《通鑑綱目全書》時,多將《通鑑前編》冠於朱熹《資治通鑑綱目》前,遂改題曰《資治通鑑綱目前編》,稱名雖改,而體例不變,明慎獨齋本、歸仁齋本是其明證;再後,《通鑑前編》因改題曰《資治通鑑綱目前編》,致使重刻之時,有大變其體例者,以使其能名實相副,清率祖堂本是其明證。此中流變,不可不知。嚴紹璗誤録靜嘉堂文庫所藏元刊本《通鑑前編》作《資治通鑑綱目前編》,[②]是以改題之名爲其初名。

三、《通鑑前編舉要》卷數考疑

今考《元史·金履祥傳》述及《通鑑前編》卷數而曰:

> 斷自唐堯以下,接于《通鑑》之前,勒爲一書,二十卷,名曰《通鑑前編》。[③]

金履祥後序曰:

> 右《通鑑前編》,起帝堯元載甲辰,止周威烈王二十三年戊寅,凡一千九百五十五年,通爲十八卷。[④]

許謙《〈通鑑前編〉序》曰:

> 斷自唐堯以下,接于《通鑑》之前,勒爲一書,名曰《通鑑前編》,凡十有八卷,《舉要》二卷。[⑤]

許氏“凡十有八卷,《舉要》二卷”,柳貫《故宋迪功郎史館編校仁山先生金公行狀》、[⑥]王

---

① 今人鞏本棟説:“明人私刻、坊刻的名稱很多,如書院、精舍、書堂、書屋、堂、館、齋、山房、草堂、書林等,刻書的數量亦衆。”(鞏本棟:《論明人整理宋集的成績》,莫礪鋒編:《誰是詩中疏鑿手:中國詩學研討會論文集》,南京:鳳凰出版社,2007年,第312頁)

② 嚴紹璗編著:《日藏漢籍善本書録》,北京:中華書局,2007年,第413頁。

③ 〔明〕宋濂等:《元史》卷一八九《金履祥傳》,第4317頁。

④ 〔宋〕金履祥:《〈通鑑前編〉後序》,〔宋〕金履祥:《通鑑前編》卷前附,第1頁a。

⑤ 〔元〕許謙:《〈通鑑前編〉序》,〔宋〕金履祥:《通鑑前編》卷前附,第4頁b。

⑥ 〔元〕柳貫:《柳待制文集》卷二〇,第5頁a。

褘《擬元儒林傳》語同，①是知《通鑑前編》爲十八卷、《通鑑前編舉要》爲二卷，凡二十卷。筆者目驗靜嘉堂文庫所藏元刊本，卷數確如前述。元刊本《通鑑前編舉要》二卷，明清諸本將其新釐定爲三卷，如歸仁齋本、宋犖本、率祖堂本、《四庫》本等皆如此，乃是將原卷二“九月，王崩，太子泄心踐位”句後，即周簡王十四年崩後内容新釐定爲卷三，新卷編年始於周靈王元年。《舉要》僅是卷數改變，文字、内容無增删，故河田羆論及元刊本《通鑑前編》云：“《舉要》：《提要》及《跋》（即《四庫全書總目提要》及《儀顧堂續跋》——引者注）共作三卷，而此本二卷，而非闕卷。”②

《舉要》卷數在後世諸本中被析分，却爲元刊本的著録帶來紛擾，如《鄭堂讀書記》、《五十萬卷樓藏書目録初編》、《宋元版刻圖釋》著録元刊本《舉要》爲“二卷”，③而《皕宋樓藏書志》《儀顧堂續跋》《善本書室藏書志》《萬卷精華樓藏書記》《日藏漢籍善本書録》誤將元刊本《舉要》著録爲“三卷”。④另，葉德輝《郎園讀書志》著録元刊本《舉要》原爲“二卷”，該書點校本“二卷”作“三卷”，其校勘記云：“據丁丙《善本書室藏書志》所著録本改。”⑤是受丁氏誤導。

前揭元刊本《通鑑前編》卷前許謙《〈通鑑前編〉序》及鄭允中《〈通鑑前編〉表》均謂《舉要》爲“二卷”，慎獨齋本、率祖堂本、《四庫》本爲諧調新釐定卷數而徑改序文作“三卷”，後兩本又徑改表文亦作“三卷”。

四、《通鑑前編外紀》作者考疑

陳桱，字子經，元人，嘗撰《通鑑續編》二十四卷，陳氏自序云：

> 余讀歷代史，輯事之大者爲《筆記》百卷，乃取《筆記》盤古至高辛爲《通鑑世編》一卷，唐天復至周亡、遼夏初事爲《通鑑外編》一卷，宋有國至歸於大元爲《通鑑新編》廿二卷，總之爲廿四卷，合名曰《通鑑續編》。⑥

周伯琦《〈通鑑續編〉序》曰：

① 〔明〕王褘：《王忠文公文集》卷一四，明嘉靖元年(1522)歷城張齊刻本，第25頁b。
② 〔日〕河田羆撰，杜澤遜等點校：《靜嘉堂秘籍志》卷四，上海：上海古籍出版社，2016年，第116頁。
③ 〔清〕周中孚：《鄭堂讀書記》卷一六，第94頁；莫伯驥，曾貽芬整理：《五十萬卷樓藏書目録初編》卷四，北京：中華書局，2016年，第225頁；陳堅、馬文大撰輯：《宋元版刻圖釋》第3册，第205頁。
④ 〔清〕陸心源：《皕宋樓藏書志》卷二二，第240頁上欄；河田羆嘗指正《皕宋樓藏書志》此誤而曰：“三卷，當作二卷。”（《靜嘉堂秘籍志》卷四，第117頁）；〔清〕陸心源：《儀顧堂續跋》卷六，第274頁上欄；〔清〕丁丙：《善本書室藏書志》卷七，第482頁上欄；〔清〕耿文光：《萬卷精華樓藏書記》卷二九，第292頁上欄；嚴紹璗編著：《日藏漢籍善本書録》，第413頁。
⑤ 葉德輝撰，楊洪升點校：《郎園讀書志》卷三，第129頁。
⑥ 〔元〕陳桱：《〈通鑑續編〉序》，〔元〕陳桱：《通鑑續編》卷前附，元至正二十五年(1365)刊本，第15頁b—第16頁a。

近世浙東大儒金仁山氏,由威烈王而上溯其年代,始陶唐氏,悉本諸《書》,名曰《通鑑前編》,而陶唐之前茫焉。四明陳君樫子經甫世其史學,尊承先志,纂輯前聞,凡方冊所載,若盤古氏至高辛氏,考紀其概爲第一卷,以冠金氏之所述。又摭契丹、遼氏建國之始,並於五代爲第二卷。宋有國三百二十年爲二十二卷。總之爲卷二十有四,名之曰《通鑑續編》。①

《四庫全書總目》云:

> (陳)樫以司馬氏《通鑑》、朱子《綱目》並終於五代,其周威烈王以上雖有金履祥《前編》,而亦斷自陶唐,因著此書。首述盤古至高辛氏,以補金氏所未備,爲第一卷;次摭契丹在唐及五代時事,以志其得國之故,爲第二卷;其二十二卷皆宋事,始自太祖,終於二王,以繼《通鑑》之後,故以"續編"爲名。②

金履祥《通鑑前編》叙事始自帝堯,而陳樫則前續金氏之書,述盤古至高辛爲《通鑑世編》一卷,即《通鑑續編》首卷。明刻《通鑑前編》多附綴陳氏此卷而以《外紀》名之,經劉弘毅音釋、吳勉學增定,遂成定本,故而慎獨齋本《外紀》卷端下題"後學四明陳子經編輯""後學京兆劉弘毅音釋",而率祖堂本卷端則題"元四明陳子經編輯""明新安吳勉學增定"。今考《增訂四庫簡明目録標注》邵懿辰云《通鑑前編》有所謂"明劉弘毅音釋本",③范邦甸《天一閣書目》、莫友芝《郘亭知見傳本書目》同,④王重民嘗指正《標注》之誤而云:"(劉)弘毅僅爲《外紀》撰《音釋》也。"⑤是則范氏、莫氏亦同此誤。

《四庫全書總目》云:

> 金履祥因劉恕《通鑑外紀》失之嗜博好奇,乃蒐採經傳,上起帝堯,下逮周威烈王,作《通鑑前編》。又括全書綱領,撰爲《舉要》殿於末。復摭上古軼聞,撰爲《外紀》冠於首。⑥

周中孚《鄭堂讀書記》云:

---

① 〔元〕周伯琦:《〈通鑑續編〉序》,〔元〕陳樫:《通鑑續編》卷前附,第2頁a—第3頁a。
② 〔清〕永瑢等:《四庫全書總目》卷四七,第428頁下欄。
③ 〔清〕邵懿辰撰,邵章續録:《增訂四庫簡明目録標注》卷五,第218頁。
④ 〔清〕范邦甸等撰,江曦、李婧點校:《天一閣書目》卷二之一,上海:上海古籍出版社,2010年,第102頁;〔清〕莫友芝:《郘亭知見傳本書目》卷四,張劍、張燕嬰整理:《莫友芝全集》第4冊,北京:中華書局,2017年,第286頁。
⑤ 王重民:《中國善本書提要》,上海:上海古籍出版社,1983年,第95頁。
⑥ 〔清〕永瑢等:《四庫全書總目》卷八八,第755頁下欄。

履祥所撰《外紀》列于《前編》之首，又所撰《舉要》列于《前編》之末。①

二書云《舉要》爲金履祥作，是，而謂《外紀》亦爲金氏所作，大誤。《中國叢書綜録續編》亦以《外紀》爲金履祥撰作，②同誤。

五、《〈通鑑前編〉表》作者考疑

《通鑑前編》卷前附有一篇《〈通鑑前編〉表》，表不署名，難以窺知作者名姓。范邦甸《天一閣書目》"金履祥撰表曰" 云云，③下乃節引《〈通鑑前編〉表》文，則是以該表爲金履祥自作。李修生主編《全元文》載録該表文，歸入許謙名下，④則又是以該表作者爲許謙。

《〈通鑑前編〉表》首云：

> 臣采録到金華儒士金履祥撰次《通鑑前編》十八卷、《舉要》二卷，官爲鋟梓，裝褫成二十册，隨表上進。⑤

今據該表首行文則知其非金履祥自作甚明，而亦非許謙所作，否則不當徑呼其師名姓。前揭許謙《〈通鑑前編〉序》云：

> 今肅政廉訪使平陽鄭公允中，爰始解驂，聿崇正學，尚論格人，章明善道，載閲是編，三復嘉歎，謂宜立於學官，傳之後世。乃詢之監憲左吉公，亦克欣贊，暨僚列賓佐，罔不協從。亟命有司鋟諸文梓，共捐秩禄以佐其費。厥功告備，將表上送官，而命謙爲之序。

陸心源《元槧〈通鑑前編〉跋》據許氏此序而曰：

> （《通鑑前編》）前有許謙序、浙江道肅政廉訪使鄭允中《〈通鑑前編〉表》，表不署名，以許白雲序考得之。⑥

---

① 〔清〕周中孚：《鄭堂讀書記》卷三五，第 166 頁。
② 施廷鏞編撰：《中國叢書綜録續編》，北京：北京圖書館出版社，2003 年，第 122 頁。
③ 〔清〕范邦甸等撰，江曦、李婧點校：《天一閣書目》卷二之一，第 102 頁。
④ 李修生主編：《全元文》卷七八一，《全元文》第 25 册，南京：江蘇古籍出版社，2001 年，第 3 頁；鳳凰出版社編：《全元文（索引）》，南京：鳳凰出版社，2005 年，第 328 頁。題爲《進〈通鑑前編〉表》。
⑤ 佚名：《〈通鑑前編〉表》，〔宋〕金履祥：《通鑑前編》卷前附，第 1 頁 a。
⑥ 〔清〕陸心源：《儀顧堂續跋》卷六，第 274 頁上欄。

今考《元史·金履祥傳》述及《通鑑前編》曰:"天曆初,廉訪使鄭允中表上其書于朝。"[1]章贊《仁山金文安公傳略》語同,[2]是爲陸心源考得此表爲鄭允中所作之明證。

結　語

金履祥撰《通鑑前編》十八卷、《舉要》二卷,身後由門人許謙、郭炳校正,又得鄭允中襄助,元天曆元年初刊於婺州路儒學。明清兩代刊刻《通鑑前編》更改金氏書之處頗多,將《通鑑前編》改題曰《通鑑綱目前編》,繼而變其體例爲綱目體,又將二卷《舉要》新釐定爲三卷,再將陳桱《通鑑世編》冠於金氏書前而稱曰《外紀》,並爲之音釋、增訂,凡此種種,皆爲《通鑑前編》著録及研究增添衆多紛擾,諸如《通鑑前編》稱名、《通鑑前編舉要》卷數、《通鑑前編外紀》作者、《〈通鑑前編〉表》作者等,學者間歧見紛出。今以元刊本《通鑑前編》爲準的,證以明慎獨齋本、歸仁齋本及清宋犖本、率祖堂本、《四庫》本,辨正源流,諟正譌謬,使其不致棼如亂絲,倘有一得之見而有助益於《通鑑前編》研究,是亦拙文之幸。

(孫曉磊,浙江師範大學人文學院、江南文化研究中心副教授)

---

① 〔明〕宋濂等:《元史》卷一八九《金履祥傳》,第4317頁。
② 〔明〕章贊:《仁山金文安公傳略》,清雍正九年(1731)金華藕塘金律重梓《仁山先生金文安公文集》附卷,第11頁a。

胡虔《四庫全書附存目録》所據《總目》稿本考*
——兼論浙本《總目》的底本來源

理凌雲

[摘　要]　成書於乾隆五十八年的《四庫全書附存目録》是胡虔摘録《四庫全書總目》存目書的重要成果,其抄存時間爲乾隆五十六年,早於浙本、殿本《總目》。將其與稿本及刊本《總目》對勘,發現《附存目録》收書情況及所載書名、卷數、作者等與之不盡相同。總結以上異同規律,可知《附存目録》的底本爲内府稿本《總目》的一份録副本,由於録副歷時較長,其所據稿本也跨越了乾隆四十六年二月首次進呈本和後續進呈本《總目》,包括它們的部分修改稿。通過對比發現,浙本《總目》的文本内容及底本性質和《附存目録》高度一致,二者所據或爲同一份録副本《總目》。這對於《總目》稿抄本研究、浙本與殿本《總目》異同研究等《總目》編纂史研究或有助益。

[關鍵詞]　胡虔　四庫全書附存目録　四庫全書總目

作爲纂修《四庫全書》而産生的重要成果,《四庫全書總目》(以下簡稱《總目》)直至乾隆六十年(1795)才有刻本問世,此前僅有各種形式的稿抄本。其中,浙本(乾隆六十年十月)又先於殿本(乾隆六十年十一月)而出,且二者存在不少差異。關於二者所據的底本以及産生差異的原因,學界已有不少討論,其中殿本是以四庫館最終修定的稿本爲底本而刊刻的,這一點幾無疑義,而浙本的底本則衆説紛紜。一直以來,學界認爲浙本翻刻自殿本,此説以中華書局影印浙本《總目》的《出版説明》爲代表(1964年)。後來,崔富章先生提出浙本並非翻自殿本,其底本實源於文瀾閣抄本《總目》,[①]此説在《總目》纂修史上具有重要意義,漸已爲學界廣泛接受。近又有南京圖書館韓超先生據南圖所藏《總目》稿本得出的最新研究成果——浙本底本爲南圖稿本《總目》。[②]可見,浙本《總目》的底本問題還有探討空間。關於《總目》的纂修過程,隨着稿抄本《總目》的不斷公開,人們有了更多認識,但也有很多問題並未得到解决,比如《總目》到底有多少層次的稿本形態,浙本《總目》所據底本處於《總目》纂修中的哪一層次及其如何從内府流至浙江、浙江官紳刊刻過程、浙本殿本差異原因及優劣等,均有進一步研究之必要。本文即以胡虔《四庫全書附存目録》(以下簡稱《附存目録》)

---

*　本文是國家社科基金重大項目"四庫提要彙輯彙校彙考"(15ZDB075)、國家社科基金一般項目"四庫提要經部辨正"(18BZW092)的階段性成果。論文的寫作得到江慶柏、楊新勛老師及同門羅毅峰、陳丹琪等人的幫助,謹致謝忱。

① 崔富章:《〈四庫全書總目〉武英殿本刊竣年月考實——"浙本翻刻殿本"論批判》,《浙江大學學報(人文社會科學版)》,2006年第1期。
② 韓超:《浙本〈四庫全書總目〉底本及其成書過程的再討論——南京圖書館藏〈總目〉殘稿初探》,《圖書館雜誌》2020年第12期。

爲切入點，嘗試對上述問題或部分問題進行解答。

一、胡虔及《附存目録》概況

胡虔（1753—1804），字雛君，號楓原，安徽桐城人。早年受業於姚鼐之門，乾隆五十二年入江西學政翁方綱幕府，結識翁氏弟子謝啓昆，並相約纂修《西魏書》。五十三年，與謝啓昆等於南昌纂修《南昌府志》。五十六年，入湖廣總督畢沅幕府，與章學誠等纂修《史籍考》及《湖北通志》。五十七年，入江南河庫道謝啓昆幕府。五十九年秋，謝氏調任浙江按察使，胡虔隨之入浙，並助謝纂輯《小學考》等書。六十年秋，謝調任山西按察使，虔留杭州，入杭嘉湖道秦瀛幕府，並主講紹興書院。嘉慶元年（1796），舉孝廉方正。二年，謝啓昆復至杭州，任浙江布政使，虔再入謝啓昆幕。四年，謝氏遷廣西巡撫，虔同往，並助其纂修《廣西通志》。九年，卒於廣東。①胡氏個人著作傳於今者僅有《識學録》及《柿葉軒筆記》各一卷。

胡虔於乾隆五十六年在武昌節署得觀《四庫全書總目》，並將其中存目書抄出，編成《附存目録》一書，書後有跋語一篇述其經過，因胡虔事迹留存不多，兹迻録如下：

> 辛亥三月，虔在武昌節署得恭讀《欽定四庫全書提要》，竊以宋以來著録之存於今者，若《崇文總目》已無序釋，《讀書志》《書録解題》雖能略述本書大旨，然亦無所發明。惟《提要》於二千年學術之流別是非，疏通辨證，實爲講學談藝之津梁，非自昔著録家所能幾。士生文教昌明之世，共知學有本原，何其幸與！書凡二百卷，力不能繕寫，又正目已有知不足齋刻本，乃録其存目，校而藏之。其尚有鈔胥字畫之誤，壬子在江寧，與淩仲子廷堪復詳校之，竝釐爲十卷云。乾隆五十八年四月桐城胡虔謹識。②

跋中所言知不足齋刻本正目指的是杭州刻本《四庫全書簡明目録》（以下簡稱《簡目》），此書由趙懷玉於乾隆四十七年從内府録副帶出，後經刊刻，廣爲流傳。由於《簡目》祇收著録書，未及存目，所以胡虔才“録其存目，校而藏之”，並於乾隆五十七年和淩廷堪在江寧做了校對工作，最終於乾隆五十八年將其刊刻出來。

《附存目録》計十卷，依《總目》經史子集四部分類，四類下又分小類，專收《總目》存目書，載録書名、卷數、作者，未收提要。除乾隆五十八年刻本外，光緒十年學海堂亦有重刊。

《附存目録》問世後，對其利用與研究的論著並不多見，清嘉道間周中孚《鄭堂讀書記》曾將其與刊本《總目》做對比：

---

① 參尚小明：《胡虔生平繫年》，《中國典籍與文化》2005 年第 4 期。
② 〔清〕胡虔：《四庫全書附存目録》書後跋語，日本國立國會圖書館藏清乾隆五十八年刻本。本文所用《附存目録》皆爲此本，不再另外出注。

今以沈刊《提要》本核之，門類次序悉仍其舊，間有增減，書名異同，或鈔錄之誤。惟所載書目，或《提要》有而此本無者，計有九種；或此本有而提要無者，計有三十二種。曾見存目舊鈔本，係照館中初編之稿錄出，與是本無異，知雒君即據初稿本編定付刊，故與沈《提要》刊本不同。①

周中孚所言沈氏刊本《提要》，即浙本《總目》，《鄭堂讀書記》"欽定四庫全書總目二百卷"條下標注爲"湖州沈氏刊本"可以爲證，沈氏或爲參與浙本校刊的沈青、沈萬樓諸人。②周氏較早發現了《附存目錄》與刊本《總目》的差異，尤其是收書情況，但並未做更深入的研究。今人陳旭東在此基礎上重新比對計算，得出二者收書差異的最新數字，並相應做了分析。③此外，杜澤遜先生《四庫存目標注》據《附存目錄》補入《總目》未收之書，亦多有利用。

二、《附存目錄》所據《總目》稿本蠡測

胡虔在武昌節署所見《總目》目前恐已難見，但可以肯定的是，它絕非刊本《總目》，因爲浙本、殿本《總目》遲至乾隆六十年才刊刻完成，故其所見當爲内府稿本經錄副而流至湖北的一份抄本《總目》。我們知道，第一份稿本《總目》完成於乾隆四十六年二月，今天可以看到的有上海圖書館、國家博物館、臺北"國家圖書館"（以下分別簡稱上圖、國博、臺北圖）所藏殘稿；④第二份則在乾隆四十七年七月完成，此後直至殿本刊刻，《總目》都處於不斷修改完善狀態，今天可以看到的有中國國家圖書館、天津圖書館、遼寧省圖書館（以下分別簡稱國圖、天圖、遼圖）等處所藏殘稿。⑤那麼胡虔所見抄本處於《總目》稿本的哪一層次呢？下面通過《附存目錄》與稿本、刊本《總目》的對勘或許可以得出答案。

---

① 〔清〕周中孚：《鄭堂讀書記》，北京：中華書局，1993 年，第 150 頁。

② 參浙本《總目》所附阮元《附紀》，〔清〕永瑢等：《四庫全書總目》，北京：中華書局，1965 年，第 1837 頁。

③ 陳旭東：《〈四庫全書總目〉較〈四庫全書附存目錄〉書目增删及原因探析》，《山東圖書館學刊》2011 年第 4 期。

④ 參看沈津：《校理〈四庫全書總目提要〉殘稿的一點新發現》，《中華文史論叢》1982 年第 1 輯；崔富章：《〈四庫全書總目〉版本考辨》，《文史》1992 年總第 35 輯；劉浦江：《四庫提要源流管窺——以陳思〈小字錄〉爲例》，《文獻》2014 年第 5 期；苗潤博：《臺北"國家圖書館"藏〈四庫全書總目〉殘稿考略》，《文獻》2016 年第 1 期；夏長樸：《上海圖書館藏〈四庫全書總目〉殘稿編纂時間蠡探》，《四庫學》2017 年第 1 輯；張玄：《上海圖書館藏〈四庫全書總目〉殘稿小説家類考》，《文獻》2019 年第 4 期；陳恒舒：《上海圖書館藏〈四庫全書總目〉殘稿發覆——以清代别集爲例》，《文獻》2019 年第 4 期；張昇：《上海圖書館藏〈欽定四庫全書總目提要〉稿本解題》，《四庫全書總目稿鈔本叢刊》書前解題，上海：上海科學技術文獻出版社，2021 年。

⑤ 參看王菡：《國家圖書館所藏〈四庫全書總目〉稿本述略》，《文學遺產》2006 年第 2 期；劉浦江：《天津圖書館藏〈四庫全書總目〉殘稿研究》，《文史》2014 年第 4 輯；夏長樸：《重論〈天津圖書館藏紀曉嵐删定四庫全書總目稿本〉的編纂時間》，《湖南大學學報》2016 年第 6 期；夏長樸：《試論國家圖書館藏〈四庫全書總目〉稿本殘卷的編纂時間》《中國四庫學》2019 年第 3 輯；楊新勛：《中國國家圖書館藏〈欽定四庫全書總目〉稿本解題》，《四庫全書總目稿鈔本叢刊》書前解題；游帥：《遼寧省圖書館〈欽定四庫全書總目〉稿本解題》，《四庫全書總目稿鈔本叢刊》書前解題。

由於《附存目録》所據的底稿較刊本《總目》爲早，[①] 故而可以通過對比二者差異來探求其底稿的層次及抄寫時間。二者最直觀的差異體現在收書情況上，其中，《附存目録》未收而刊本《總目》存目新增之書有七種：[②]

部類		書名	作者	備注
經部	易類	《易觀》四卷	清胡淳撰	
史部	傳記類總録之屬	《友于小傳》二卷	明紀廷相撰	
	地理類雜記之屬	《增補武林舊事》八卷	明朱廷焕撰	
	政書類禮典之屬	《明謚考》三十八卷	明葉秉敬撰	
子部	道家類	《實地論》二卷	舊本題明春和子撰	此處原爲《紫陽道院集》。
集部	別集類	《南園詩鈔》十卷	清尤世求撰	天圖稿剪貼補入。
	總集類	《天籟集》二卷	明釋無相撰	此處原爲《四大家文選》。

另外，《附存目録》有而刊本《總目》存目所無者有三十四種書：

部類		書名	作者	備注
經部	五經總義類	《經學淵源録》三十卷	清黃琳撰	
史部	別史類	《尚史》	清李鍇撰	原案：此部已抄入《全書》。
	詔令奏議類	《龔端毅奏疏》八卷	清龔鼎孳撰	國圖稿有，未删。
		《兼濟堂奏疏》無卷數	清魏裔介撰	國圖稿有，未删。
	傳記類名人之屬	《宋三大臣彙志》二十一卷	明鄭鄬編	國圖稿有，未删。刊本《總目》此處爲《梅墟先生別録》。
	傳記類總録之屬	《劍陽名儒録》一卷	明李璧編	國圖稿有批語："此名人類中之書，誤刊於此，已改正。"首尾勾删。
	傳記類雜録之屬	《明道書院紀績》四卷	清章秉法撰	國圖稿首尾勾删。
	史鈔類	《春秋左傳類解》二十卷	明劉績撰	國圖稿有，未删。
		《左氏始末》十二卷	明唐順之撰	國圖稿有，未删。
		《春秋貫玉》四卷	明顏鯨撰	國圖稿有，未删。
		《春秋類編》三十二卷	明秦渝撰	國圖稿有，未删。
		《左記》十二卷	明章大吉撰	國圖稿有，未删。

---

① 本文所言"《附存目録》底稿"指《附存目録》所據的内府所抄稿本《總目》，據其録副而出者稱爲"《附存目録》底本"或"録副本"；某稿抄本《總目》底稿或原稿，如天圖底稿或天圖原稿，指的是天圖稿本《總目》未經修改以前的稿本形態，以示區分。

② 以下表格所列書名、卷數、作者皆以《附存目録》爲準，稿本及刊本《總目》視需要於其後專門列出。另，本文所用浙本《總目》爲〔清〕永瑢等：《四庫全書總目》，北京：中華書局，1965 年；殿本《總目》爲〔清〕紀昀等：《武英殿本四庫全書總目》，北京：國家圖書館出版社，2019 年；天圖稿本爲〔清〕永瑢、紀昀等：《紀曉嵐删定〈四庫全書總目〉稿本》，北京：國家圖書館出版社，2011 年；國圖稿本、遼圖文溯閣抄本《總目》爲〔清〕紀昀等：《四庫全書總目稿鈔本叢刊》，上海：上海科學技術文獻出版社，2021 年；文瀾閣抄本《總目》爲陳東輝主編：《文瀾閣四庫全書提要匯編》，杭州：杭州出版社，2017 年；臺北圖稿本爲〔清〕紀昀：《四庫全書總目提要》，臺北圖所藏清乾隆間四庫館批改底稿本。

續表

部類		書名	作者	備注
史部	史鈔類	《左傳分國紀事》二十二卷	明孫范撰	國圖稿有,未删。
		《左傳經世》十卷	清魏禧撰	國圖稿有,未删。
		《左傳分國纂略》十六卷	清盧元昌撰	國圖稿有,未删,"略"作"要"。
	地理類總志之屬	《海内奇觀》十卷	明楊爾曾撰	國圖稿有,未删。
	地理類總録之屬	《地圖綜要》無卷數	明朱紹本、吳學儼、朱國達、朱國幹同撰	國圖稿首尾勾删。
	政書類邦計之屬	《歷代茶榷志》一卷	清蔡方炳撰	
	政書類軍政之屬	《歷代馬政志》一卷	舊本題清蔡方炳撰	
	史評類	《續資治通鑒綱目廣義》十七卷	明張時泰撰	
子部	術數類占候之屬	《天元玉曆祥異賦》無卷數	明洪熙中官撰	
	術數類雜技術之屬	《字觸》六卷	清周亮工撰	
	藝術類書畫之屬	《煙雲過眼録》二十卷	清周在浚撰	
	雜家類雜纂之屬	《宋稗類鈔》八卷	清潘永固編①	天圖稿有,未删,刊本《總目》入著録書子部類書類。
		《食色觀》六卷	清張芳編	天圖稿有,未删。
	雜家類雜編之屬	《賴古堂藏書》無卷數	清周亮工編	天圖稿有簽條:"《賴谷堂藏書》,周亮工編,宋字刻本已删,底本亦應勾去,以歸畫一。"
	小説家類瑣語之屬	《花史》二十七卷	明仲遵撰	
	道家類	《紫陽道院集》二卷	明范應虚撰	
集部	別集類	《吳非熊集》八卷	明吳兆撰	
		《賴古堂詩集》四卷	清周亮工撰	天圖稿首尾勾删。
		《問山詩集》十卷《文集》八卷《紫雲詞》一卷	清丁煒撰	天圖稿首尾勾删,旁批"扣"字。
	總集類	《四大家文選》八卷	明陶珽編	天圖稿有,未删。
		《三家文鈔》三十二卷	清宋犖撰	天圖稿有,未删。
		《新安二布衣詩》八卷	清王士禛編	天圖稿首尾勾删。

　　這三十四種書,有二十三種是見於國圖或天圖稿的,並且多數沒有删除痕迹,其中《尚史》《宋稗類鈔》和周亮工諸人的著作尤其值得我們關注。乾隆五十二年三月至八月,李清、周亮工等人著作被定爲違礙之作,旋遭撤燬,後將空出的位置以他書代替,即將存目書中李

---

① "固"爲"因"之訛字,《總目》不誤。

鍇《尚史》迻入著録，代替李清《南北史合注》；將潘永因《宋稗類鈔》迻入著録，代替李清《諸史同異録》和《不知姓名録》。① 而《附存目録》仍存周亮工著作《字觸》《賴古堂藏書》《賴古堂詩集》，並且李鍇《尚史》和潘永因《宋稗類鈔》也在存目之列，可知《附存目録》底稿此處的抄寫時間在五十二年八月之前。

另外，丁煒《問山詩集》十卷《文集》八卷《紫雲詞》一卷提要雖見於天圖原稿，後來却被删去，檢《纂修四庫全書檔案》知，此書於乾隆四十八年四月明確禁燬：

> 前蒙發下丁煒所著《問山集》四本，臣等詳細閲看，其中字句謬妄之處，謹逐一簽出呈覽。查是書經兩淮採進，現在四庫全書内列入存目。前此該總纂等因存目書内恐有違礙應燬之本，呈請總裁奏明，派員覆閲辦理。而是書因該館提調遺漏送閲，是以未經列入彙奏應燬之數，應請即行撤燬，其存目之處一併扣除。并行文福建巡撫雅德查出板片，解京銷燬。至從前遺漏之該提調官，應請交部議處。總纂官未經查出，亦屬疎忽，應請一併交部察議。②

上命切峻如此，直指此書，故天圖稿删去此篇提要，並旁批"扣"字，以示扣除。而《附存目録》仍存此書，可知其底稿此處抄寫時間在禁燬之前。

《附存目録》底稿成書時間較早的證據還有很多，比如書名差異：

部類		書名	作者	稿本《總目》	殿本《總目》
史部	雜史類	《明馭倭録》九卷	明王士騏撰	天圖底稿：《明馭倭録》九卷，後圈去"明"字。	《馭倭録》九卷
	傳記類總録之屬	《天監録》一卷	不著撰人名氏	國圖底稿：《天監録》一卷，後改"監"爲"鑒"。	《天鑒録》一卷
	地理類都會郡縣之屬	《成化陝西志》三十卷	明伍餘福撰	國圖底稿：《成化陝西志》三十卷，後删"成化"二字。	《陝西志》三十卷
集部	別集類	《寶制堂私録》二卷	明劉節撰	國圖底稿：《寶制堂私録》二卷，後删"私"字。	《寶制堂録》二卷
		《疣贅録》九卷《續録》二卷	明顧夢圭撰	國圖底稿：《疣贅録》九卷《續録》二卷，後調改"疣贅"二字順序。	《贅疣録》九卷《續録》二卷

以上書名，《附存目録》皆同於國圖、天圖底稿，而殿本《總目》則同於修改稿，這是由於《附存目録》底稿對應部分的抄寫時間在國圖、天圖稿修改之前，未及吸收修改意見，從而保持修改前的面貌，而殿本《總目》刊刻在後，已然吸收。

---

① 《纂修四庫全書檔案》第一三一二檔（乾隆五十三年十月十五日）："以上各函，現因違礙撤去，另換《尚史》《宋稗類鈔》二種抵補，仍按照二書次序排入。"中國第一歷史檔案館編：《纂修四庫全書檔案》，上海：上海古籍出版社，1997年，第2137—2139頁。

② 中國第一歷史檔案館編：《纂修四庫全書檔案》第九七八檔（乾隆四十八年四月十七日），第1726—1727頁。

此外,還有作者的差異。如史部傳記類聖賢之屬的清宋際慶長同撰《闕里廣志》二十卷,國圖底稿作者同,然有兩處批語,一爲朱筆"脱一字",一爲墨筆"寫副本時'慶'字上'際'字下暫空一字,俟查補",顯然國圖底稿此處作者有誤,館臣審閲時雖已發現,却不知確切姓名,便旁批數語以作標記,待查清後再作完善。而《附存目録》一如國圖底稿,未作改動,其底稿此處抄寫時間當在國圖稿修改前。殿本則已經修改,作"宋際、李慶長同撰"了。

鑒於《附存目録》底本部分抄寫時間可能早於國圖、天圖稿的修改,而國圖、天圖稿與乾隆四十七年七月進呈的《總目》修改本接近,其底稿則承自更早的乾隆四十六年二月首次進呈本《總目》的修改本,[①] 因此也不能排除《附存目録》底稿爲首次進呈本《總目》的可能。上圖藏稿本《總目》被認爲是首次進呈本《總目》的殘稿,將《附存目録》與上圖稿本對比,我們會有新的發現:

部類		書名	作者	上圖稿本《總目》	天圖稿本《總目》	殿本《總目》
集部	別集類	《芸暉館棄》十四卷	明茅翁積撰	上圖底稿:《芸暉館棄》十四卷,後改"四"爲"三"。	《芸暉館棄》十三卷	《芸暉館棄》十三卷
		《皆非集》二卷附《一枝軒吟草》一卷	明萬達甫撰	《皆非集》二卷附《一枝軒吟草》一卷	《皆非集》二卷附《一枝軒吟草》二卷	《皆非集》二卷附《一枝軒吟草》二卷
		《寶綸堂集》五卷	清許纘曾撰	《寶綸堂集》五卷	《寶編堂集》五卷	《寶編堂集》五卷
		《雙溪草堂詩集》一卷附《遊西山詩》一卷	清王晉徵撰	清王晉徵撰	清汪晉徵撰	清汪晉徵撰

以上諸書書名、作者或卷數,《附存目録》皆同於上圖原稿,而與天圖稿及殿本《總目》有異,可知《附存目録》底稿此處抄寫時間要早於天圖稿。又明茅翁積《芸暉館棄》一例尤爲重要,因爲《附存目録》並未像天圖稿和殿本《總目》一樣吸收上圖稿將十四卷改爲十三卷的修改意見,説明《附存目録》底稿此處抄寫時間早至上圖稿此條修改之前。

那麽是否可以就此認爲《附存目録》的底稿即首次進呈本《總目》呢?事實並非如此簡單,因爲《附存目録》的部分內容又是明確吸收了上圖稿甚至國圖、天圖稿的修改意見的。最明顯的就是收書情況,如上圖稿經部孝經類存目有元江直方《孝經外傳》、史部傳記類總録之屬有清高世泰《五朝三楚文獻録》(上圖稿標記"燬"字)、子部儒家類存目有清尹會一《吕語集粹》(上圖稿標記"不寫"二字)、集部別集類存目有明何良臣《説劍齊別梓》(上圖稿標記"燬"字)等書,上圖稿所收這些書或標記禁燬,或沒有任何標記,皆不見於《附存目録》。另外國圖稿删除的一些書也不見於《附存目録》,如史部傳記類存目有明朱國楨《開國臣傳》和《遜國臣傳》,國圖底稿尚存,然國圖修改稿已將二篇提要删去,《附存目録》無有。其他修改

① 參夏長樸:《試論國家圖書館藏〈四庫全書總目〉稿本殘卷的編纂時間》;以及楊新勛師:《中國國家圖書館藏〈欽定四庫全書總目〉稿本解題》。

文字，《附存目録》也多有吸收，如史部傳記類明吳伯與《宰相守令合宙》，上圖底稿作“吳伯興”，後圈改“興”爲“與”；子部儒家類明胡纘宗《願學編》，上圖底稿作“原學編”，後改“原”爲“願”；子部儒家類明馮從吾《馮子節要》十四卷，上圖底稿作“十九卷”，後改爲“十四卷”；經部禮類明朱朝瑛《讀禮記略記》四十九卷，天圖底稿作“無卷數”，後改作四十九卷；經部四書類舊本題宋王應麟《論語孟子考異》，“舊本題”三字爲天圖底稿所無，後補入。以上數例，《附存目録》皆同於上圖、天圖修改稿。

由此可知，《附存目録》底本的録副對象並非某一份《總目》稿本，而是自以上圖稿本爲代表的乾隆四十六年首次進呈本至以國圖、天圖稿本爲代表的後續進呈本，包括它們的修改本；《附存目録》底本的録副時間也非一時，而是歷經較長時期，其中抄寫較早的部分在上圖稿修改以前，抄寫較晚的部分則已吸收國圖、天圖修改稿的內容。結合《總目》二百卷數量之大以及録副工作的隱秘性等情況來看，録副者在四庫館內本職工作之餘陸續抄録《總目》的可能是存在的，而且此一工作持續數年之久，跨越了《總目》首次進呈本及後續進呈本，而且與二者的修訂時間有部分重合。

三、《附存目録》與浙本《總目》的關係

浙本《總目》與殿本《總目》的差異可謂“四庫學”研究領域的一大公案，韓超利用南圖稿本《總目》及文瀾閣抄本《總目》得出浙本底本爲四庫館早期稿本的結論，是《總目》編纂史研究的最新成果，廓清了學術界對浙本底本爲文瀾閣抄本《總目》的錯誤認知。藉助於《附存目録》，我們能得出相似結論，並且對浙本、殿本《總目》產生差異的原因會有更清晰的認識。

試仍以書名差異爲例對諸本進行比較：

部類		書名	作者	稿本《總目》	浙本《總目》	殿本《總目》
經部	小學類韻書之屬	《詩韻辯略》二卷	明楊貞一撰	天圖稿：《詩音辯略》二卷	《詩韻辯略》二卷	《詩音辨略》二卷
		《音韻清濁鑑》三卷	清王祚禎撰	天圖稿：《音韻清濁鑑》三卷	《音韻清濁鑑》三卷	《音韻鑑》三卷
史部	編年類	《歷代二十一傳殘本》十二卷	明程元初撰	臺北圖稿：《歷年二十一傳殘本》十二卷；天圖稿：《歷年二十一傳殘本》十二卷	《歷代二十一傳殘本》十二卷	《歷年二十一傳殘本》十二卷
	詔令奏議類	《文襄公奏疏》十五卷附《年譜》一卷	清李之芳撰	國圖稿：《文襄公奏疏》十五卷附《年譜》一卷	《文襄公奏疏》十五卷附《年譜》一卷	《文襄奏疏》十五卷附《年譜》一卷
	傳記類總錄之屬	《天監録》一卷	不著撰人名氏	國圖底稿：《天監録》一卷，後改“監”爲“鑒”。	《天監録》一卷	《天鑒録》一卷
	目録類金石之屬	《蒼潤軒碑跋》一卷《續跋》一卷	明盛時泰撰		《蒼潤軒碑跋》一卷《續跋》一卷	《蒼潤軒碑跋紀》一卷《續紀》一卷

續表

部類		書名	作者	稿本《總目》	浙本《總目》	殿本《總目》
子部	儒家類	《論學要語》一卷《洞語》一卷《接善編》一卷《人倫外史》一卷	明劉陽撰	上圖稿：《論學要語》一卷《洞語》一卷《接善編》一卷《人倫外史》一卷	《論學要語》一卷《洞語》一卷《接善編》一卷《人倫外史》一卷	《劉兩峰集》四卷
	術數類占卜之屬	《九天元妙課》一卷	不著撰人名氏	上圖稿：《九天元妙課》一卷	《九天元妙課》一卷	《九天元女課》一卷
集部	別集類	《疣贅錄》九卷《續錄》二卷	明顧夢圭撰	國圖底稿：《疣贅錄》九卷《續錄》二卷，後調改"疣贅"二字順序。	《疣贅錄》九卷《續錄》二卷	《贅疣錄》九卷《續錄》二卷
		《寶綸堂集》五卷	清許纘曾撰	上圖稿：《寶綸堂集》五卷；天圖稿：《寶編堂集》五卷	《寶綸堂集》五卷	《寶編堂集》五卷
		《與梅堂遺集》十二卷《耳書》一卷《鮓話》一卷	清佟世思撰	天圖稿：《與梅堂遺集》十二卷	《與梅堂遺集》十二卷《耳書》一卷《鮓話》一卷	《與梅堂遺集》十二卷
		《桐陰書屋集》二卷	清朱崇勳撰	天圖稿：《桐隱書屋集》二卷	《桐陰書屋集》二卷	《桐隱書屋集》二卷

　　觀察以上書名可以發現，殿本《總目》和浙本《總目》呈現兩個系統，其中殿本《總目》有和臺北圖、國圖、天圖稿相同的（包括修改稿），也有另作他文的，如《音韻鑑》和《文襄奏疏》，前者當是《總目》後來又經修改，後者當是殿本誤刊；浙本《總目》則和《附存目錄》保持一致，而又和上圖、臺北圖稿或部分國圖、天圖底稿相同。兩個系統內部是保持高度一致的，包括錯訛之處，如楊貞一《詩音辯略》，此書《總目》標注圖書來源爲編修汪如藻家藏本，檢《國子監學正汪交出書目》，有"《詩音辨》一本"，[①] 另據杜澤遜先生《四庫存目標注》，國家圖書館藏明萬曆四十七年凌一新刻本正文首題即"詩音辯略"，次題"新都楊貞一孟公著，門人凌一新藎臣校"。[②] 可知書名作"音"者是，作"韻"者非，而浙本《總目》和《附存目錄》同誤。另如程元初《歷年二十一傳殘本》，臺北圖、天圖稿和殿本《總目》皆不誤，《附存目錄》和浙本《總目》同誤"年"爲"代"。[③] 殿本系統也有類似錯訛的地方，如許纘曾《寶綸堂集》，浙本《總目》和《附存目錄》同於上圖稿本不誤，天圖稿本和殿本《總目》則同誤"綸"爲"編"，當是天圖稿本誤抄，殿本《總目》承之未改。另如朱崇勳《桐陰書屋集》，浙本《總目》同於《附存目錄》不誤，天圖稿本和殿本《總目》則誤作"桐隱書屋集"。[④]

　　浙本《總目》和《附存目錄》保持高度一致的情況不僅表現在書名上，還表現在作者上：

---

① 吳慰祖校訂：《四庫採進書目》，北京：商務印書館，1960 年，第 181 頁。

② 杜澤遜：《四庫存目標注》，北京：中華書局，2007 年，第 479 頁。

③ 參杜澤遜：《四庫存目標注》，第 525—526 頁。

④ 參杜澤遜：《四庫存目標注》，第 3345 頁。

部類		書名	作者	稿本《總目》	浙本《總目》	殿本《總目》
經部	書類	《尚書剩義》四卷	清黃璘撰	天圖稿: 清黃燐撰	清黃璘撰	清黃燐撰
史部	雜史類	《蜀國春秋》十八卷	明荀廷詔撰	天圖稿: 明荀廷詔撰	明荀廷詔撰	明荀廷詔撰
	詔令奏議類	《平倭四疏》三卷	明張煥撰	國圖稿: 明章煥撰	明張煥撰	明章煥撰
	傳記類聖賢之屬	《闕里廣志》二十卷	清宋際慶長同撰	國圖底稿: 清宋際慶長同撰,有兩批語:"脱一字","寫副本時'慶'字上'際'字下暫空一字,俟查補"。	清宋際慶長同撰	清宋際、李慶長同撰
	史評類	《石溪史話》八卷	清劉鳳起撰		清劉鳳起撰	清劉風起撰
子部	儒家類	《大儒粹語》二十八卷	清顧棟高撰	上圖稿: 清顧棟南撰	清顧棟高撰	清顧棟南撰
		《愚齋反經録》十六卷	清謝王寵撰		清謝王寵撰	清王寵撰
	雜家類雜考之屬	《古今釋疑》十八卷	清方中履撰		清方中履撰	清方履中撰
集部	別集類	《益齋存藁》一卷	明翁正春撰	天圖稿: 明翁任春撰	明翁正春撰	明翁任春撰
		《雙溪草堂詩集》一卷附《遊西山詩》一卷	清王晉徵撰	上圖稿: 清王晉徵撰; 天圖稿: 清汪晉徵撰	清王晉徵撰	清汪晉徵撰

　　此中浙本系統和殿本系統亦各有錯訛,如章煥《平倭四疏》,《總目》標注圖書來源爲浙江鄭大節家藏本,檢《浙江省第五次鄭大節呈送書目》,"《平倭四疏》三卷,明章煥著",[①] 國圖稿本及殿本《總目》不誤,而浙本《總目》和《附存目録》同誤爲"張煥"。此外還有黃燐《尚書剩義》,天圖稿和殿本《總目》不誤,浙本和《附存目録》同誤"燐"爲"璘";[②] 劉風起《石溪史話》,殿本《總目》不誤,浙本《總目》和《附存目録》同誤"風"爲"鳳";[③] 顧棟南《大儒粹語》,上圖稿及殿本《總目》不誤,浙本《總目》和《附存目録》同誤爲"顧棟高";[④] 汪晉徵《雙溪草堂詩集》,浙本《總目》和《附存目録》承上圖稿誤作"王晉徵",天圖稿和殿本《總目》不誤,天圖底稿當經校改。浙本系統不誤而殿本系統有誤的,如謝王寵《愚齋反經録》,浙本和《附存目録》不誤,殿本誤作"王寵",[⑤] 且提要誤作"寵字愚齋";方中履《古今釋疑》,浙本和《附存目録》不誤,殿本誤作"方履中"。[⑥]

　　另外,此種差異還表現在卷數上:

部類		書名	作者	稿本《總目》	浙本《總目》	殿本《總目》
經部	五經總義類	《説經劄記》八卷	明蔡汝楠撰		《説經劄記》八卷	《説經劄記》六卷

---

① 吳慰祖:《四庫採進書目》,第 117 頁。
② 參杜澤遜:《四庫存目標注》,第 160 頁。
③ 參杜澤遜:《四庫存目標注》,第 1041—1043 頁。
④ 參杜澤遜:《四庫存目標注》,第 1502—1503 頁。
⑤ 參杜澤遜:《四庫存目標注》,第 1528 頁。
⑥ 參杜澤遜:《四庫存目標注》,第 1905—1906 頁。

續表

部類		書名	作者	稿本《總目》	浙本《總目》	殿本《總目》
史部	傳記類總錄之屬	《事編內篇》六卷	明孫慎行撰	上圖、國圖稿:《事編內篇》八卷	《事編內篇》六卷	《事編內篇》八卷
	史評類	《宋史闡幽》一卷	明許浩撰		《宋史闡幽》一卷	《宋史闡幽》二卷
子部	儒家類	《讀書小記》三十一卷	清范爾梅撰		《讀書小記》三十一卷	《讀書小記》三十卷
	類書類	《古今好議論》十五卷	明呂一經編	天圖稿:《古今好議論》十卷	《古今好議論》十五卷	《古今好議論》十卷
集部	別集類	《芸暉館槀》十四卷	明茅翁積撰	上圖底稿:《芸暉館槀》十四卷,後改"四"爲"三";天圖稿:《芸暉館槀》十三卷	《芸暉館槀》十四卷	《芸暉館槀》十三卷
		《皆非集》二卷附《一枝軒吟草》一卷	明萬達甫撰	上圖稿:《皆非集》二卷附《一枝軒吟草》一卷;天圖稿:《皆非集》二卷附《一枝軒吟草》二卷	《皆非集》二卷附《一枝軒吟草》一卷	《皆非集》二卷附《一枝軒吟草》二卷
	總集類	《柳黃同聲集》二卷	明杜桓編	天圖稿:《柳黃同聲集》三卷	《柳黃同聲集》二卷	《柳黃同聲集》三卷
		《六李集》三十四卷	明內鄉李氏二世六人之詩	天圖稿:《六李集》三十二卷	《六李集》三十四卷	《六李集》三十二卷

　　以上卷數差異亦明確表現爲浙本和殿本兩個系統的差異,不再一一分析,僅就孫慎行《事編內篇》作一討論。孫氏此書,上圖、國圖稿及殿本《總目》皆作八卷,而《附存目錄》及浙本《總目》同作六卷。《總目》於此書標注"江蘇巡撫採進本",檢《四庫採進書目》中《江蘇省第二次書目》有"《事編內篇》四本",[①]無卷數。而《浙江省第四次汪啓淑家呈送書目》及《浙江採集遺書總錄》(以下簡稱《浙錄》)亦有此書,皆作"《事編》六卷"。[②]此處或非二者底本之誤,極有可能是其校改之迹。據《浙錄》點校説明,《浙錄》於乾隆四十年刊刻完成,盧文弨曾做批校,是此書成書較早,已爲時人所用。[③]故浙本《總目》校刊者據《浙錄》校改此處卷數不無可能,而《附存目錄》此處與之相同,表明二者文本來源或即一處。

　　此外,浙本《總目》和《附存目錄》在用字方面也保持高度一致:

　　如《像鈔》《玩易微言摘鈔》《周易摘鈔》《周禮三註粹鈔》《讀易隨鈔》《四書窮鈔》等所用"鈔"字,浙本《總目》和《附存目錄》皆爲"鈔",天圖稿本和殿本《總目》皆爲"抄";《王介菴奏槀》《密勿槀》《桃谷遺槀》《鹿原存槀》《東麓槀》《半洲槀》等所用"槀"字,浙本《總

---

① 吳慰祖:《四庫採進書目》,第 30 頁。

② 吳慰祖:《四庫採進書目》,第 99 頁;〔清〕沈初等撰,杜澤遜、何燦點校:《浙江採集遺書總錄》,上海:上海古籍出版社,2010 年,第 234 頁。

③ 另據韓超研究,南圖稿中的"盧校"或即盧文弨。參見其《浙本〈四庫全書總目〉底本及其成書過程的再討論——南京圖書館藏〈總目〉殘稿初探》一文。

目》和《附存目録》皆爲"稾"，殿本《總目》則爲"稿"；明王肯堂《尚書要旨》《論語義府》，兩處人名，浙本《總目》和《附存目録》皆作"王肎堂"，天圖稿本和殿本《總目》則作"王肯堂"，清毛奇齡《越語肎緊録》，前者仍用"肎"，殿本用"肯"；明童維巖，浙本《總目》和《附存目録》同作"巖"，天圖稿本和殿本《總目》則作"岩"；清曹庭棟《昏禮通考》，浙本《總目》和《附存目録》同作"昏"，國圖稿本和殿本則作"婚"；清龔廷歷《稽古訂譌》及清吕治平《五經辨譌》等"譌"字，浙本《總目》和《附存目録》作"譌"，殿本《總目》則作"訛"，不勝枚舉。

由上述對比可知，浙本《總目》和《附存目録》在書名、卷數、作者、用字等内容上保持着高度的一致性，甚至二者錯訛及校改之處也保持相同，這種現象絶不是偶然的，我們有理由相信浙本《總目》的底本和《附存目録》的底本或即同一份抄本《總目》，至少同出一源，都是内府《總目》稿本的録副本，且文本形態貫穿首次進呈本《總目》（如上圖、臺北圖稿本）和後續進呈本（如國圖、天圖稿本），其下限至後者部分條目的修改。

當然，二者不同之處也不少，比如清朱董祥《殘本經史緒言》，《附存目録》誤作《殘本諸史緒言》，《兩江第一次書目》及翁方綱分纂稿皆作"經史緒言"，[①] 浙本、殿本《總目》皆不誤。如果浙本底本與《附存目録》同一來源，那麼浙本是如何做到與殿本一致的呢？一種可能是它利用文瀾閣抄本《總目》做了校勘，文瀾閣抄本《總目》約於乾隆五十八年入藏，[②] 浙本校刊時是有機會看到的（韓超文中已舉出數例），然而文瀾閣抄本却作"殘本諸史緒言"，説明浙本此處利用了其他材料，或者據常識及書例做了校改。另外如清湯斯祐《亦廬詩集》、清林麟焴《玉巖詩集》七卷，前者作者及後者卷數，《附存目録》分別誤作"湯斯祈""共七卷"，文瀾閣抄本同之，浙本、殿本則保持一致不誤。浙本類似此種書名、作者、卷數的校改還有不少，往往與殿本保持一致，這適以説明浙本校刻者校勘之功，與上述結論並不衝突。

四、浙本《總目》底本來源新探

上文我們已經從文本内容上論證了浙本《總目》和《附存目録》的同源關係，除此之外，我們還應該尋找史料的佐證，以下試作梳理。

胡虔於乾隆五十六年入湖廣總督畢沅幕府，當年在武昌節署得觀抄本《總目》，並據之抄録存目書，此抄本今不得見，胡氏亦未記載其所由來，然同在畢沅幕府的章學誠却有相關綫索可供稽考。章學誠在乾隆五十三年三月初一有《與洪稚存博士書》，内中涉及抄本《總目》事，今不煩節録如下：

　　……檢閲《明史》及《四庫子部目録》，中間頗有感會，增長新解。惜不得足下

① 吳慰祖：《四庫採進書目》，第 46 頁；〔清〕翁方綱撰，吳格整理：《翁方綱纂四庫提要稿》，上海：上海科學技術文獻出版社，2005 年，第 1020 頁。
② 崔富章：《文瀾閣〈四庫全書總目〉殘卷之文獻價值》，《文獻》2005 年第 1 期。

及虛谷、仲子諸人相與縱橫其議論也！然蘊積久之，會當有所發洩。不知足下及仲
子此時檢閱何書？《史部提要》已鈔畢否？《四庫集部目録》便中檢出，俟此間《子
部》閱畢送上，即可隨手取《集部》發交來力也。《四庫》之外，《玉海》最爲緊要，除
藝文、史部毋庸選擇外，其餘天文、地理、禮樂、兵刑各門，皆有應采輯處，不特藝文
一門已也。此二項迄工，廿三史亦且漸有條理，都門必當有所鈔寄。彼時保定將家
既來，可以稍作部署。①

　　信中，章學誠明確説出他有《總目》抄本，而且史部已經借與洪亮吉和凌廷堪(字仲子)
抄寫，子部和集部尚在己處，其時他正在閱讀子部提要，並表示待子部閱畢，即將子部、集部
繼續送與洪氏抄寫。關於此抄本的來歷，章氏雖未明言，但結合其語"都門必當有所鈔寄"，
此本或爲章氏好友從京城寄來。章氏本人雖未在京參與四庫纂修工作，然其有多位師友在館
者，如朱筠、邵晉涵、任大椿等人，所以極有可能是章的師友在館中録副一份《總目》寄與章，
而後他又分別借與洪亮吉、凌廷堪、胡虔等人抄寫，祇是文獻無徵，不知録副者爲誰。洪亮吉、
凌廷堪與胡虔對録副本《總目》的來源或有所知情，尤其是胡虔，他不僅親眼見到此抄本，還
抄録並校刻了《附存目録》，後來又長期在謝啓昆幕府，襄助謝氏纂修大量書籍，其中謝氏領
銜請示校刊浙本《總目》時，②胡虔正追隨謝氏在浙。我們或許可以就此大膽猜測，浙本《總
目》的底本或即洪、凌抄自章學誠處的抄本《總目》，③此本經胡虔等人相與校勘，後藉謝氏之
力以恭發文瀾閣抄本《總目》名義刊行，掩人耳目。④雖然此一猜測暫時沒有更多材料證實，
但是浙本《總目》的文本內容却和《附存目録》保持高度一致，具有同源性，上文已作論述。
　　另外，浙本《總目》和《附存目録》性質類似，也保留了自上圖底稿至國圖、天圖修改稿
的內容，以下略作分析，也藉以證明其文本內容與文瀾閣抄本《總目》的關係。⑤
　　(一)宋吕祖謙《十七史詳節》二百七十三卷，上圖稿及國圖底稿作：

　　　　……故朱子稱其史學分外子細。存是一編，俾儒者知前人讀書，必貫徹首尾。
　　即所刪節之本，而用功之深至可以概見。則此二百七十三卷者，雖不能盡諸史之全，
　　而足以爲宋儒不廢史學之明證，則所裨者亦不尠矣。

① 〔清〕章學誠：《章氏遺書》，1922年吳興劉氏嘉業堂刊本，第二十二卷。按，夏長樸《〈四庫全書總目〉"浙本出於殿本"
　　説的再檢討》一文對章氏書信已有徵引，然未深入討論，文載《中國四庫學》第三輯，北京：中華書局，2019年；又收入
　　其《四庫全書總目發微》一書，北京：中華書局，2020年。
② 據浙本《總目》書後所附阮元《附紀》，請示"恭發文瀾閣藏本校刊以惠世人"數人，爲首者即謝啓昆。〔清〕永瑢等：《四
　　庫全書總目》，第1837頁。
③ 也有一種可能，即胡虔另抄一份《總目》，但考慮到《總目》卷帙浩繁，另外胡虔本人也明言當初祇録副存目是由於《總
　　目》"書凡二百卷，力不能繕寫"，所以另抄一份《總目》的可能性不大。
④ 謝啓昆於乾隆五十九年秋方任浙江按察使(阮元《附紀》載其爲布政使有誤，布政使爲其嘉慶二年再任之職)，六十年秋
　　即調任山西按察使，而浙本《總目》於六十年十月已告完成，成書如此之速，或其校勘工作早已進行。
⑤ 本文所用文瀾閣抄本《總目》爲其原抄部分。

國圖修改稿作：

> ……故朱子稱其史學分外子細。附存其目，俾儒者知前人讀書，必貫徹首尾。即一刪節之本，而用功深至已如此，足以爲宋儒不廢史學之明證也。

文瀾閣抄本《總目》作：

> ……故朱子稱其史學分外子細。附存其目，俾儒者知前人讀書，必貫徹首尾。即所刪節之本，而用功之深至可以概見。則此二百七十三卷者，雖不能盡諸史之全，而足以爲宋儒不廢史學之明證，則所裨者亦不尠矣。

浙本《總目》作：

> ……故朱子稱其史學分外仔細。附存其目，俾儒者知前人讀書，必貫徹首尾。即所刪節之本，而用功之深至可以概見。則此二百七十三卷者，雖不能盡諸史之全，而足以爲宋儒不廢史學之明證也。

殿本《總目》作：

> ……故朱子稱其史學分外子細。附存其目，俾儒者知前人讀書，必貫徹首尾。即一刪節之本，而用功之深至已如此，足以爲宋儒不廢史學之明證也。

由此異文可知，國圖底稿承自上圖稿，後經數次刪改，其中文瀾閣抄本《總目》吸收前期修改意見，將"存是一編"改作"附存其目"，而其他修改意見則未及吸收。浙本《總目》較文瀾閣抄本《總目》又多有吸收，將"則所裨者亦不尠矣"刪去，在"明證"後補一"也"字收尾。但"所"改爲"一"、"可以概見"至下一句刪改作"已如此"兩條仍未吸收，顯然係國圖稿此處修改較晚，浙本底本未及見。而殿本《總目》則對國圖稿刪改意見幾乎全部吸收。[①]
（二）宋吕祖謙《東漢精華》十四卷，上圖稿及國圖底稿作：

> 蓋是書乃閱史之時摘録於册……與洪邁《經史法語》均非有意著爲一書者也。

國圖修改稿作：

---

① "用功之深"的"之"字，國圖修改稿已刪，殿本仍在，此或疏漏所致，但也不能排除爲館臣有意保留的結果。

蓋閲史之時摘録於冊……與洪邁《經史法語》均非有意著書者也。

文瀾閣抄本《總目》作:

蓋是書乃閲史之時摘録於冊……與洪邁《經史法語》均非有意著爲一書者也。

浙本《總目》作:

蓋是書乃閲史之時摘録於冊……與洪邁《經史法語》均非有意著書者也。

殿本《總目》作:

蓋閲史之時摘録於冊……與洪邁《經史法語》均非有意著書者也。

與上書類似,國圖《東漢精華》提要稿也經歷了數次修改,並且直觀地體現在此後不同時期的《總目》中,其中,文瀾閣抄本《總目》同於上圖稿及國圖原稿;浙本《總目》吸收了將"爲一"删除的意見;殿本《總目》則又將"是書乃"的删除意見吸收,呈現爲最終的形態。

(三)明唐順之《史纂左編》一百二十四卷,國圖底稿作:

乃贊書世猶多相詬病,而是編獨未有糾其失者,蓋亦耳食之徒,震於順之之名,而不敢議也。

國圖修改稿作:

乃贊書猶多相詬病,而是編獨未有糾其失者,殆震於順之之名,不敢輕議歟。

文瀾閣抄本作:

乃贊書世猶多相詬病,而是編獨未有糾其失者,蓋亦耳食之徒,震於順之之名,而不敢議也。

浙本《總目》作:

乃贊書世猶多相詬病,而是編獨未有糾其失者,**殆**震於順之之名,不敢議歟。

殿本《總目》作:

乃贅書猶多相詬病,而是編獨未有糾其失者,**殆**震於順之之名,不敢輕議歟。

此篇提要,文瀾閣抄本《總目》抄成較早,未及吸收國圖稿修改意見,浙本《總目》吸收將"蓋亦耳食之徒"删改爲"殆"以及將末句"而"字删除的意見,"議也"圈删爲"輕議歟"一條,浙本吸收有偏差,故與殿本有異,至於國圖稿將"世"字圈去的意見,浙本底本當未及見。

(四)宋程大昌《雍録》十卷,國圖底稿作:

> 在輿記之中,固爲最善之本也。

國圖修改稿作:

> 在輿記之中,固爲善本也。

文瀾閣抄本《總目》作:

> 在輿記之中,固爲最善本也。

浙本《總目》作:

> 在輿記之中,固爲最善之本也。

殿本《總目》作:

> 在輿記之中,固爲善本也。

與前三例不同,浙本《總目》未吸收國圖修改意見,説明其底本此處抄寫時間當較晚,而文瀾閣抄本《總目》已部分吸收修改意見,殿本《總目》則全然吸收。

(五)清彭定求《南畇文集》十二卷,天圖底稿作:

> 故自奇逢以下,皆根柢於姚江,未能參酌朱、陸之間,各擇其善……定求是集……而持論則亦兼採二家,無所偏倚云。

天圖修改稿作:

故自奇逢以下，皆根柢於姚江，而能參酌朱、陸之間，各擇其善……定求是集……而持論亦兼採二家，無所偏倚云。

文瀾閣抄本《總目》作：

故自奇逢以下，皆根柢於姚江，而能參酌朱、陸之間，各擇其善……定求是集……而持論亦兼採二家，無所偏倚云。

浙本《總目》作：

故自奇逢以下，皆根柢於姚江，而能參酌朱、陸之間，各擇其善……定求是集……而持論則兼採二家，無所偏倚云。

殿本《總目》作：

故自奇逢以下，皆根柢於姚江，而能參酌朱、陸之間，各擇其善……定求是集……而持論亦兼採二家，無所偏倚云。

此篇提要，浙本《總目》吸收天圖稿將"未"改作"而"的意見，而未及吸收"則"改作"亦"，文瀾閣抄本《總目》及殿本《總目》則全然吸收，可以推知，此處文字浙本《總目》底本的抄寫時間在文瀾閣《總目》抄寫之前。

結合以上數例可以得知，浙本《總目》是明確吸收了國圖、天圖稿本《總目》的修改意見的，而且它的吸收情況和文瀾閣抄本《總目》不盡相同，説明浙本底本與文瀾閣抄本《總目》的抄寫時間互有交叉，浙本的文本自然不是承襲自文瀾閣抄本，而是稿本《總目》修改過程中的一個錄副本。

另外，也可將浙本《總目》與文溯閣抄本《總目》等進行對比，看出諸本由於抄寫時間不同導致的異文情況。遼圖文溯閣抄本《總目》抄寫於乾隆四十八年四月至八月，[①] 已吸收部分天圖稿修改意見，如卷一百三十三雜家類存目《無事編》提要末句"疏陋可知矣"五字，天圖稿已圈删，文溯閣抄本已無，而浙本《總目》尚有，可知浙本此處底稿的抄寫時間在文溯閣抄本之前，未及見天圖稿修改意見。

又如清牟允中《庸行篇》八卷提要，"允中字叔庸，天津衛人"，天圖稿圈删"衛"字，文溯閣抄本《總目》無此字，浙本仍有，亦可見浙本底本此處抄成較文溯閣《總目》爲早。

---

① 參琚小飛：《文溯閣抄本〈欽定四庫全書總目〉解題》，《四庫全書總目稿鈔本叢刊》書前解題。

又如舊題明徐一夔編《藝圃蒐奇》十八卷《補闕》二卷，"……《醴泉筆録》即江休復《嘉祐雜志》，蘇軾《格物麤談》即僞本《物類相感志》，俞琰《月下偶談》即《席上腐談》……"天圖稿將"蘇軾《格物麤談》即僞本《物類相感志》"劃去，文溯閣抄本《總目》已無此句，浙本《總目》尚有，亦可見浙本底本此處抄寫時間較文溯閣《總目》爲早。

另外，浙本《總目》承襲自上圖稿本的例證也很普遍，韓超文中已作較詳細論述，茲舉南圖稿以外數例：

（一）經部小學類南唐徐鍇《説文解字篆韻譜》五卷，上圖底稿作：

下平聲内一先二仙後，別出三宣一部，然魂部之下，注痕部附字，而宣部則不著別分，似乎《切韻》原有此部。考唐宋韻部之分合，悉有門徑可按，惟此一部，杳不知所從來。或此書部分，鍇亦以李舟《切韻》定之，非陸法言之《切韻》，故分合不同歟？

上圖修改稿作：

下平聲内一先二仙後，別出三宣一部，又魂部之下，注痕部附字，宣部則不著別分，似乎《切韻》原有此部，殆不可曉。或此書部分，鍇亦以李舟《切韻》定之，故分合不同歟？

殿本《總目》從之，作：

下平聲内一先二仙後，別出三宣一部，又魂部之下，注痕部附字，宣部則不著別分，似乎《切韻》原有此部，殆不可曉。或此書部分，鍇亦以李舟《切韻》定之，故分合不同歟？

浙本《總目》則雜糅二者：

下平聲内一先二仙後，別出三宣一部，然魂部之下，注痕部附字，而宣部則不著別分，似乎《切韻》原有此部，殆不可曉。或此書部分，鍇亦以李舟《切韻》定之，非陸法言之《切韻》，故分合不同歟？

殿本《總目》最後成書，對上圖稿的修改意見全然吸收，浙本《總目》則部分吸收，部分又保留原始面貌,顯然這些内容是直接承襲自上圖原稿的。①

(二)子部天文算法類清胡亶《中星譜》一卷(上圖稿作"無卷數"),上圖底稿"乃於二十八舍之外,益以大角、貫索、天市、帝座、織女、河鼓、天津、北落師門、土司空、天囷五車、參左肩、參右足、天狼、南北河、軒轅大星、太微、帝座等十七星",②上圖稿删"太微帝座"四字,浙本仍有,殿本則無。其實,提要此處所述十七星有誤,檢《中星譜》原書,實作:大角、貫索大星、帝座、織女大星、河鼓中星、天津大星、北落師門、土司空、天囷大星、五車大星、參宿右足、參宿左肩、天狼、南河南星、北河南星、軒轅大星、五帝座,計十七星。殿本删改後仍有誤,其中天市無,天囷、五車爲二星,南北河爲南河南星和北河南星二星,缺五帝座。

(三)子部天文算法類清梅文鼎《曆算全書》六十卷,上圖底稿"問答之詞"中的"詞",後圈改作"辭",浙本《總目》仍作"詞",殿本《總目》改作"辭"。又"次曰《二銘補註》,乃所解《仰儀銘》及補《簡儀銘》",上圖稿删"乃所"及"及補",浙本作"次曰《二名補註》,乃所解《仰儀銘》及《簡儀銘》",明確没有吸收將"乃所"删除的意見,而"及補"字衹保留了"及"字,吸收有誤,殿本兩處文字皆已删除。其實當以不删爲勝,試看《二銘補註》正文:"《簡儀》紀載明析,而弗録銘辭;《仰儀》則僅存銘辭,而弗詳制度。"③所以文鼎有針對性地對二銘進行補註,其中,對於"弗詳制度"的《仰儀銘》重點做解的工作,對於"弗録銘辭"的《簡儀銘》重點做補的工作。上圖底稿用"解""補"區分二書,符合作者原意,而删除"補"後則少一層區分意思。

(四)子部天文算法類明顧應詳《弧矢算術》一卷,上圖底稿"不載開方算式,大抵開諸乘方法尚爲當時疇人所習",上圖稿改"大抵"爲"疑",浙本《總目》仍作"大抵",殿本《總目》則作"欸"。按,"疑"字書寫潦草,後期稿本誤作"欸"字,並爲殿本《總目》所承襲。又"應詳遂演爲是書,名其編曰《弧矢算術》",上圖删"名其"二字,浙本仍有,殿本作"應詳遂演爲是書,名曰《弧矢算術》",吸收修改意見有偏差。另末句"與《測圓海鏡分類釋術》之作相同,亦專其數,使學者可考而已",上圖稿改作"與《測圓海鏡分類釋術》所失略同,其可資初學之講肄者亦相等也";殿本作"與《測圓海鏡分類釋術》所失略同,至其可資初學之講肄者亦略相等也",基本吸收上圖修改意見,而又增"至""略"二字;浙本則作"與《測圓海鏡分類釋術》之作略同,其可資初學之講肄者亦略相等也","之作略同"顯係雜糅上圖底稿和修改稿,無"至"字,而增下"略"字則同於殿本,此現象當是浙本以上圖底稿爲底本,而據後期稿抄本《總目》(比如部分文瀾閣抄本《總目》)校改後的面貌。

浙本《總目》據文瀾閣抄本《總目》做校改工作,韓超文中已舉出較多例證,此不贅述,然而其遺漏未校的地方也有很多,以上數例已可管窺,更有甚者,如明湛若水《遵道録》提要,

---

① 浙本同於殿本的修改,也有可能是浙本在校刊時據文瀾閣抄本《總目》校改的結果,首先,後者部分内容抄寫較晚,較多吸收了稿本修改意見;另外,浙本未吸收的修改意見多爲單字或較小異文,很有可能是浙本校刊時疏漏所致。

② 句讀據上圖稿朱圈斷句。

③ 〔清〕梅文鼎:《曆算全書·二銘補註》卷首,雍正元年兼濟堂刻本。

浙本《總目》完全同於上圖底稿,^①殿本《總目》則與上圖稿差異較大,當是在其基礎上又經修改。

結語: 通過以上對《附存目録》和稿本、刊本《總目》複雜關係的比勘梳理,我們可以發現,浙本《總目》和《附存目録》有着高度的一致性,除可資比對的文字内容相同外,二者對稿本《總目》修改意見的吸收情况也很類似,這都與殿本《總目》存在明顯差異。結合史料記載可知,浙本《總目》與《附存目録》的底本當爲同一份抄本《總目》,其較早來源可以推至章學誠處,其抄寫對象則跨越了乾隆四十六年二月首次進呈本(如上圖、臺北圖稿)與後續進呈本《總目》(如國圖、天圖稿),甚至包括後者的部分修改稿,應當是某四庫館臣在内府長期録副的産物。

另外,關於浙本、殿本《總目》的差異我們也可以得出更清晰的認識: 殿本《總目》以四庫館最終修訂的稿本《總目》爲底本刊刻而成,浙本《總目》則以館内較早期稿本《總目》的録副本爲底本,而又經浙江官紳校刊而成(校勘資料包括文瀾閣抄本《總目》《簡目》及《浙録》等)。二者存在異文,係因各自所據《總目》稿本層次不同,也與它們對稿本修改意見的吸收程度、各自的校改、誤刊等情况有關。總體而言,浙本《總目》底本層次相對較早,但它又校以吸收了後期修改意見的文瀾閣抄本《總目》,故而其主要内容同於晚出的殿本《總目》;由於浙本《總目》校刊者的疏漏,其部分文字内容保留了早期的文本形態,與殿本《總目》形成明顯差異,這既是浙本《總目》雜糅性質誤導學界的一個重要原因,也是留與後人探求真相的重要證據。至於内府稿本《總目》的録副流出者,由於文獻無徵,我們暫時還無法得知,需要做進一步的研究。

(理凌雲,復旦大學出土文獻與古文字研究中心、"古文字與中華文明傳承發展工程"協同攻關創新平臺博士研究生)

---

① 上圖稿於 "若水得力於獻章,每教人静坐" 間補入 "而獻章",浙本無,殿本此處又經修改。按,將此篇浙本提要歸爲遺漏未校,是基於其底本來源較早而校本文瀾閣抄本《總目》層次較晚,上圖修改意見已被乾隆四十七年七月進呈的《總目》吸收,而南三閣的續辦於四十七年七月開啓,文瀾閣抄本《總目》亦當吸收上圖稿修改意見,由於今存文瀾閣抄本《總目》無此篇提要,故遺漏未校的説法尚無法坐實。

絲路廉吏李恂生平事迹考*

趙玉龍

[摘　要]　歷代絲綢之路上涌現出了許多廉潔奉公、正直賢能的官吏，東漢時期的李恂就是其中之一。關於李恂的生平事迹，《後漢書》本傳語焉不詳，經過考索，可以確定其生卒年的大致時限是公元 52 年至 147 年上下；"司空張敏、司徒魯恭等各遣子饋糧"一事的時間發生在安帝永初三年（109）；李恂任侍御史，持節出使幽州的時間在公元 79 至 87 年間；李恂被免去張掖太守的時間是和帝永元二年（90）。通過李恂的人生經歷，可看出其廉潔奉公、堅守名節、剛毅果敢的政治品格，他的這些優秀品質，對同鄉人王符及其《潛夫論》的創作產生了影響。

[關鍵詞]　李恂　生卒年　政治品格　王符

"絲綢之路"亦稱"絲路"，是我國古代重要的政治、經濟、文化、軍事、外交通道，綿亘萬里，曾一度有"使者相望於道，商旅不絕於途"（《史記·大宛列傳》）的繁盛景象。自西漢張騫"鑿空"之後，貫通亞歐大陸的絲綢之路就被開闢，在後世歷代王朝中得到了繼承和發展。河西走廊又是陸上絲綢之路的黄金路段，是各民族交流交融的重要舞臺，其中，古絲綢之路主要的三條綫路均從長安出發，經過不同路綫，至武威、張掖匯合，再沿河西走廊至敦煌。

伴隨着絲綢之路的開通和逐漸繁榮，在絲綢之路上涌現出了許多爲國爲民、賢能廉潔、道德高尚、追求正義的官吏，東漢時期的李恂就是其中一位。李恂，字叔英，安定臨涇（今甘肅鎮原）人，《後漢書》有傳。後世人在論及古代廉吏和賢能官吏時，也常談到李恂，如宋代費樞所撰《廉吏傳》中就有李恂。遺憾的是，長期以來對這樣一位安貧樂道、堅守正義、勤政爲民的良吏賢臣研究不多，特別是其生卒年和生平事迹的幾大重要時間點，至今不清，學界對其爲官的行事品性也總結不够。因此，本文試圖在鈎稽、爬梳相關史料的基礎上，對李恂研究的相關問題作出解答。爲便於討論，現將《後漢書·李恂列傳》原文録入如下：

> 李恂字叔英，安定臨涇人也。少習《韓詩》，教授諸生常數百人。太守潁川李鴻請署功曹，未及到，而州辟爲從事。會鴻卒，恂不應州命，而送鴻喪還鄉里。既葬，留起冢墳，持喪三年。
>
> 辟司徒桓虞府。後拜侍御史，持節使幽州，宣布恩澤，慰撫北狄，所過皆圖寫山川、屯田、聚落百餘卷，悉封奏上，肅宗嘉之。拜兖州刺史。以清約率下，常席羊皮，服布被。遷張掖太守，有威重名。時大將軍竇憲將兵屯武威，天下州郡遠近莫不修

---

①　本文是國家社科基金青年項目"《潛夫論》文本的構建與東漢學術的演進研究"（20CZW027）的階段性成果。

禮遺,恂奉公不阿,爲憲所奏免。後復徵拜謁者,使持節領西域副校尉。西域殷富,多珍寶,諸國侍子及督使貰胡數遺恂奴婢、宛馬、金銀、香罽之屬,一無所受。北匈奴數斷西域車師、伊吾,隴沙以西使命不得通,恂設購賞,遂斬虜師,縣首軍門。自是道路夷清,威恩並行。

遷武威太守。後坐事免,步歸鄉里,潛居山澤,結草爲廬,獨與諸生織席自給。會西羌反畔,恂到田舍,爲所執獲。羌素聞其名,放遣之。恂因詣洛陽謝,時歲荒,司空張敏、司徒魯恭等各遣子饋糧,悉無所受。徙居新安關下,拾橡實以自資。年九十六卒。①

一、李恂生卒年問題

《後漢書》本傳載李恂"年九十六卒",但對其生卒年的具體時間卻並未提及,其他史料也無涉及。筆者據本傳記載,以及本傳提及的相關人物事迹,擬對李恂的生卒年作出考索,這對研究李恂的思想以及人生軌迹具有重要意義。

《後漢書》本傳載述李恂的一生,曾與潁川太守李鴻、司徒桓虞、肅宗(漢章帝)、大將軍竇憲有關聯,又提及晚年司空張敏、司徒魯恭等各遣子送糧一事。桓虞、竇憲都是章帝時人。據《後漢書·張敏列傳》記載,張敏在安帝永初元年(107)至六年(112)爲潁川太守,代周章爲司空。②《後漢書·魯恭列傳》載,魯恭一生兩次任司徒,一次在和帝永元十三年(101);一次在安帝永初元年(107)至三年(109),③根據《後漢書·李恂列傳》"司空張敏、司徒魯恭等各遣子饋糧,悉無所受"的記載,祇有在安帝時,即公元107至109年間,司空張敏、司徒魯恭在贈送李恂糧食一事上才有重合,所以魯恭遣子送糧應在永初元年至三年間。這時李恂應處在晚年的時光。

由於史料闕如,我們可據以上分析,再結合《後漢書》本傳對李恂"年九十六卒"的明確記載,這樣大體可判斷李恂出仕爲官主要在章帝時期,晚年生活於安帝年間。如果將章帝建初元年(76)和安帝永初元年(107)作爲李恂生平的一個區間,上下各推二十年,就是光武帝中元元年(56)和順帝永建二年(127),期間共有七十二年,與李恂九十六卒還相差二十五年。再結合本傳對李恂早年爲太守李鴻"持喪三年",以及晚年"徙居新安關下,拾橡實以自資"經歷的記載,據此再上下各浮動數年,按常理推斷,李恂成年後出仕爲官,其生年應在光武帝朝後期,卒年應在順帝後期或桓帝早期,至晚不超過桓帝時期,時間上大致是公元52年至

① 〔南朝宋〕范曄撰,〔唐〕李賢等注:《後漢書》卷五十一,北京:中華書局,1965年,第1683—1684頁。下引《李恂列傳》中文字,如無特別説明,不再出注。

② 〔南朝宋〕范曄撰,〔唐〕李賢等注:《後漢書》卷四十四,第1504頁。

③ 詳參《後漢書》卷二十五《魯恭列傳》,第878頁;《後漢書》卷五《安帝紀》,第207頁。

147 年上下。這樣，可基本確定李恂的生卒年時代。

二、李恂生平事迹中三個關鍵時間點的確定

梳理李恂的一生，他曾在幽州、兗州、張掖、西域、武威數地爲官，但早年"教授諸生常數百人"以及晚年"步歸鄉里，潛居山澤，結草爲廬，獨與諸生織席自給"，這都是在其家鄉臨涇所經歷，其廉潔、正直、高尚的作風連久居邊陲的羌人都熟知，當因羌亂被抓獲後，"羌素聞其名，放遣之"，可見李恂的聲名早已遠近聞名，在當地及周邊應有一定的影響。

《後漢書》本傳對李恂仕宦生涯的記載有較明顯的先後順序，從"後拜侍御史""後復徵拜謁者""遷武威太守，後坐事免"的時間綫索便可知曉。然而在李恂一生的仕履中，究竟出任某官職在何時，由於《後漢書》本傳没有明確的記載，人們一直不得而知，這對研究李恂的生平和思想造成一定障礙，很難具體結合時代背景進行深入分析。基於此，筆者鉤沉索引，確定了李恂生平中的三大關鍵時間點。

其一是：李恂"辟司徒桓虞府，後拜侍御史"的具體時間段。桓虞，字仲春，馮翊萬年人，在章帝建初四年（79）至章和元年（87）任司徒。^①據此，《後漢書》本傳載李恂"辟司徒桓虞府"就應在公元 79 至 87 年間，這也是李恂仕宦生涯的第一個階段，應在李恂人生的早年。這當中有兩種情形，第一種：李恂在桓虞府的時間與桓虞任司徒的時間一致，這樣李恂任侍御史的時間就應在公元 87 年之後；第二種：李恂在桓虞府的時間較短，在公元 87 年前，也即桓虞被免去司徒一職之前，李恂就被任命爲了侍御史，這一時間段應在公元 79 至 87 年間。再結合肅宗章帝的在位時間是公元 75 至 88 年間，所以，李恂出任侍御史的時間不可能在公元 87 年之後，應在公元 79 至 87 年間。因此，李恂任侍御史，持節出使幽州，"宣布恩澤，慰撫北狄，所過皆圖寫山川、屯田、聚落百餘卷，悉封奏上，肅宗嘉之"一事，應發生在章帝建初四年（79）至章和元年（87）間。

其二是：李恂被免去張掖太守的具體時間。《後漢書》本傳載："遷張掖太守，有威重名。時大將軍竇憲將兵屯武威，天下州郡遠近莫不修禮遺，恂奉公不阿，爲憲所奏免。"文中所言竇憲屯兵武威一事，《後漢書》中有三次提及：

第一次，《後漢書》卷四《和帝紀》："（永元二年）秋七月乙卯，大將軍竇憲出屯涼州。"^②

第二次，《後漢書》卷十六《鄧訓列傳》："永元二年（90），大將軍竇憲將兵鎮武威。"^③

第三次，《後漢書》卷二十三《竇憲列傳》："（竇）憲獨不受封，遂將兵出鎮涼州。"^④

武威古稱涼州，是河西走廊重鎮。由此，我們可判定李恂被免去張掖太守的時間應是和

---

① 參王雲度：《秦漢史編年》下，南京：鳳凰出版社，2011 年，第 817、839 頁。
② 〔南朝宋〕范曄撰，〔唐〕李賢等注：《後漢書》卷四，第 171 頁。
③ 〔南朝宋〕范曄撰，〔唐〕李賢等注：《後漢書》卷十六，第 611 頁。
④ 〔南朝宋〕范曄撰，〔唐〕李賢等注：《後漢書》卷二十三，第 818 頁。

帝永元二年（90）。

其三是："司空張敏、司徒魯恭等各遣子饋糧"的具體時間。根據上文第一部分的論析，我們已知，祇有在公元 107 至 109 年間，司空張敏和司徒魯恭在贈送李恂糧食一事上才有重合，所以魯恭遣子送糧當在永初元年至三年間，但究竟具體是哪一年，《後漢書》本傳沒有明確記載，祇是給我們提供了解決這一問題的綫索，其中云："恂因詣洛陽謝。時歲荒……。"《後漢書·安帝紀》就載安帝永初三年（109）三月："京師大飢，民相食。壬辰，公卿詣闕謝。"①這恰與《後漢書·李恂列傳》中的記載相一致，再結合《安帝紀》對魯恭任職司徒的記載："（永初元年）夏五月甲戌，長樂衛尉魯恭爲司徒""（永初三年）壬寅，司徒魯恭免"。②由此，我們可斷言"司空張敏、司徒魯恭等各遣子饋糧"的具體時間是安帝永初三年（109）。

三、李恂的爲學爲人與政治品格

李恂年九十六卒，在東漢社會屬長壽，其一生跌宕輾轉，在各個人生階段都有着非凡的表現。根據《後漢書》本傳的相關記載，我們可看出李恂的爲學爲人與政治品格。

首先，少習《韓詩》，教授生徒。經學作爲漢代的主流學術，掌握、學習經學的情況，對士人的入仕有着重要的影響。東漢經學在西漢的基礎上有所發展，經師衆多，經學學術繁盛。李恂身處其中，自然受到了經學學術的濡染和影響。祇是，在今古文經學者相互詰難的情形下，李恂選擇了研習今文經的《韓詩》，且在學成後開辦私學，很受門徒歡迎，"諸生常數百人"。李恂之外，當時的很多文人也習《韓詩》，如《後漢書·方術列傳上》載："廖扶，字文起，汝南平輿人也。習《韓詩》《歐陽尚書》，教授常數百人。"③《方術列傳下》載："公沙穆，字文義……自爲兒童，不好戲弄，長習《韓詩》。"④另如，東漢時期的著名學者王符、鄭玄等人，也習《韓詩》。總之，在研習學問上，李恂是一位以《詩經》教授，并受人愛戴的隴右大學者。

其次，爲府主李鴻守喪三年。東漢時期，有門生故吏爲府主宗師服喪的習俗，這幾乎成爲當時的道德規範之一，有的多至三年，如《後漢書·桓鸞列傳》載桓鸞："年四十餘，時太守向苗有名迹，乃舉鸞孝廉，遷爲膠東令。始到官而苗卒，鸞即去職奔喪，終三年然後歸。"⑤李恂爲府主李鴻服喪亦是其中典型的一例。在李恂人生的早期，太守李鴻是最先發現其才華并決定委以官職的，曾"請署功曹"，但李恂還未到任，"而州辟爲從事"。當時恰遇李鴻去世，李恂爲表達知遇之恩，沒有"應州命"，而是送李鴻喪葬還歸潁川鄉里，并自覺爲其守喪三年。由此可見李恂的一片忠心和對故主的深切懷念。

---

① 〔南朝宋〕范曄撰，〔唐〕李賢等注：《後漢書》卷五，第 212 頁。
② 參見《後漢書》卷五《安帝紀》，第 207 頁，第 212 頁。
③ 〔南朝宋〕范曄撰，〔唐〕李賢等注：《後漢書》卷八十二上，第 2719 頁。
④ 〔南朝宋〕范曄撰，〔唐〕李賢等注：《後漢書》卷八十二下，第 2730 頁。
⑤ 〔南朝宋〕范曄撰，〔唐〕李賢等注：《後漢書》卷三十七，第 1259 頁。

再次,出使幽州,圖寫山川。李恂作爲侍御史出使幽州,圖寫山川、屯田和聚落,得到章帝的嘉賞,這在李恂的仕宦生涯和人生中是一件大事,也對邊疆治理和漢代人了解幽州的山川聚落做出了一定貢獻。其事迹在後世也多被提及,如唐代李德裕《唐故左神策軍護軍中尉兼左街功德使知内侍省事劉公神道碑》中就載:"得李恂之圖書,乃知聚落,觀千秋之畫地,盡見山川,加朝議大夫内侍省内常侍,復歸舊鎮,報忠勞也。"[1]這是借李恂事迹以突顯宦官領袖劉弘規在邊疆治理方面的獨特貢獻,可見其事迹在後世的影響。

第四,清廉自守,克己奉公。在兖州刺史任上,李恂"以清約率下,常席羊皮,服布被",以身作則,給下屬官吏作出了榜樣。在張掖太守任上,李恂"有威重名",當大將軍竇憲討伐匈奴,屯兵武威之時,當時遠近州郡的大小官吏紛紛向竇憲示好,贈送禮品,而唯獨李恂"奉公不阿",清正廉潔,不討好竇憲,自然遭到竇憲的懷恨,并被奏免。加之,《後漢書·竇憲傳》記載竇憲"性果急,睚眦之怨莫不報復",培植黨羽,恃勢作惡,罷免李恂也就很自然了。

李恂後轉任西域副校尉,由於當地殷富,珍寶衆多,"諸國侍子及督使賈胡數遺恂奴婢、宛馬、金銀、香罽之屬",但李恂"一無所受",以儉修身,清廉克己。文中"侍子"是指西域諸國的王子,西域諸國在臣服漢王朝之後,"皆遣子入侍"(《後漢書》卷八十八),相當於人質。[2]公元 94 年,西域就被班超所征服,"於是五十餘國悉納質内屬"(《後漢書》卷八十八)。侍子、督使和賈胡爲了在李恂管轄的西域地區獲得方便,得到照顧,於是不斷向李恂行賄,這也一定程度上反映出了當時絲路貿易的繁盛。

李恂長期在絲綢之路沿綫做官,商旅往來,貿易頻繁,投機專營、貪污受賄的機會很多,但李恂始終以朝廷國家利益爲重,公而忘私,一直保持着高潔、良好的政治品格。班固在《後漢書》贊中就稱頌:"李叟勤身,甘飢辭饋。"李恂的這一品行也得到了後人的充分肯定,如瞿同祖《漢代社會結構》"資料編"中的"階級"部分就專列有"李恂廉潔"。[3]李恂清儉務實的作風,對後代的文學創作也有一定意義,如唐代詩人李瀚在《蒙求》詩中明言:"田豫儉素,李恂清約。"(《全唐詩》卷八百八十一)。

第五,果敢剛毅,守邊有方。李恂在爲官守邊的過程中,表現出了雷屬風行,剛毅有爲的才識。《後漢書》本傳載:"北匈奴數斷西域車師、伊吾,隴沙以西使命不得通,恂設購賞,遂斬虜師,縣首軍門。自是道路夷清,威恩並行。"可見李恂在治理邊患方面的政治才能。

第六,豁達清貧,堅守名節。李恂晚年生活清苦,但他都能坦然面對,即使是災荒年月,也不接受他人饋贈,後"徙居新安關下,拾橡實以自資"。這件事對後世文人影響很大,他們多以李恂晚年"拾橡實以自資"來形容生活的清苦和艱難,如徐陵《爲陳宣帝與周冢宰宇文護論邊境事書》中就説:"拾橡之尤,想應無忽。"[4]李恂的名節亦被後人所推崇,如清代湘籍

---

① 〔唐〕李德裕撰,傅璇琮、周建國校箋:《李德裕文集校箋》上,北京:中華書局,2018 年,第 633 頁。

② 參楊聯陞:《國史上的人質》,見其《國史探微》,北京:新星出版社,2005 年,第 76—88 頁。

③ 瞿同祖著,邱立波譯:《漢代社會結構》,上海:上海人民出版社,2007 年,第 327—328 頁。

④ 〔陳〕徐陵撰,許逸民校箋:《徐陵集校箋》,北京:中華書局,2008 年,第 806 頁。

學者李壽蓉就根據李恂生平事迹，寫有《新樂府·拾橡實》，其文云：

> 臨涇山中一草廬，諸生織席奉老儒。手中芫蒲且自織，零落羊皮舊時席。公亦嘗領西域守武威，中多寶物不沾一絲。暮年窮獨，苦無豆粥。可憐歲荒，拾橡作谷。新安關，止誰屋，白頭老翁九十六。①

此詩以樂府詩的形式將李恂的一生作了精闢概括，反映了李恂豁達清貧，一生窮獨高尚、堅守名節的品格。

四、李恂與王符之關係

李恂和王符都是東漢時期的思想家、政論家，關於二人之關係，史料無載，《後漢書》中二人本傳也未提及，前代學者的相關研究成果也無涉及，但通過爬梳相關文獻史料，考察二人的人生仕履，再綜合分析他們所處之時代背景，可知李恂的爲學爲人與政治品格對王符學術與政治思想的形成應有很大關係，並産生過重要影響。這一點研究者從未注意到，之所以這樣講，主要是基於以下幾方面的根據。

第一，李恂與王符是同鄉，且二人主要生活在同一時期。《後漢書·王符列傳》載："王符，字節信，安定臨涇人也。"② 這與范曄在《李恂列傳》開頭記載李恂籍貫的文字一致，説明二人都是安定臨涇人。關於王符的生卒年代，歷來學界爭議較大，馬世年先生在分析總結前人説法的基礎上，將其生年定爲公元80年左右，卒年斷在公元165年前後，其年壽在85歲上下，這個看法是比較接近王符人生的實際情況的。③ 再結合本文第一部分對李恂生卒年的討論，可知，王符雖晚于李恂，但二人在東漢章帝、和帝、安帝、順帝，甚至桓帝時期有交集。儘管目前無法知曉二人是否曾見過面，有過深入交流，但可以確定的是，王符肯定知道家鄉的廉吏李恂，以及他的爲官事迹。《王符列傳》載：

> 後度遼將軍皇甫規解官歸安定，鄉人有以貨得雁門太守者，亦去職還家，書刺謁規。規臥不迎，既入而問："卿前在郡食雁美乎？"有頃，又白王符在門。規素聞符名，乃驚遽而起，衣不及帶，屣履出迎，援符手而還，與同坐，極歡。④

我們從皇甫規"素聞符名，乃驚遽而起"，以及對待雁門太守和王符的不同態度，可以看

---

① 〔清〕李壽蓉撰，袁慧光校點：《李壽蓉集》，長沙：嶽麓書社，2011年，第258頁。
② 〔南朝宋〕范曄撰，〔唐〕李賢等注：《後漢書》卷四十九，第1630頁。
③ 參見馬世年：《潛夫論譯注》"前言"，北京：中華書局，2018年，第3頁。
④ 〔南朝宋〕范曄撰，〔唐〕李賢等注：《後漢書》卷四十九，第1643頁。

出,王符在當地以及當時社會上的聲名和地位,他雖終身不仕,但很受人們敬重。

《後漢書》對李恂的記載,也可看出李恂在當時社會上有一定聲名和影響,爲人們所敬仰。特別是他晚年"步歸鄉里",在西羌反叛被執獲後,就由於"羌素聞其名",才倖免於難,被"放遣"。李恂廉潔、正直、高尚的人格事迹就連遠在邊陲的羌人都知曉,更何況是關心國家政治、心繫百姓安危的同鄉人王符呢!李恂和王符都是當時安定臨涇地區遠近聞名的人物,他們二人彼此熟知當是情理之中的事。

第二,李恂與王符在學術上一脈相承。據《後漢書》二人本傳記載,李恂"少習《韓詩》,教授諸生常數百人",可知李恂早年在當地開辦私學,招生授徒,有一定影響,而且主要講授今文經的《韓詩》,這對王符《詩》學思想的形成有一定影響。雖然王符晚李恂將近三十年,但在學術傳承上,李恂開辦的私學及其培養的弟子在臨涇地區應是形成了一定的學術風氣。王符作爲土生土長的安定人,"少好學,有志操"(《後漢書·王符列傳》),且長期生活在家鄉,這不能不影響到他的學術思想。王符《潛夫論》中大量徵引和化用《詩經》中語句,十卷三十六篇,幾乎篇篇引用《詩經》,就連最後一篇《叙録》亦如此,這就充分説明了這一點。根據劉毓慶、郭萬金的統計,《潛夫論》引《詩》多達 110 處,[1] 可見王符的《詩》學修養及其對《詩經》文本的重視。

第三,李恂人格特性和政治品格對王符有影響。根據前文論析,李恂清廉克己,以儉修身,爲官重視民瘼,同情百姓,奉公不阿,這些優秀的品質或隱或現地對王符產生了影響,並集中體現在《潛夫論》的創作上。由於李恂的政治建樹和美好名聲,一定程度上激發了王符"立言"以傳後世的思想。《潛夫論·叙録》中就説:"夫生於當世,貴能成大功,太上有立德,其下有立言。"[2] 這可以説是王符的創作宗旨。王符作《浮侈》篇,反對虛浮與奢侈,也可看作是對李恂"清約率下"品格的踐行。另外,在體察同情百姓苦難方面,王符也多有專論,如《愛日》:"國之所以爲國者,以有民也。"[3]《救邊》:"國以民爲基,貴以賤爲本。"[4] 等。再加上王符處士的身份,其直接參與政治建設,建功立業、造福百姓是不可能的,唯一能做的就是著書立説,宣傳自己的政治主張,關懷世情,自覺追求個人價值的實現,以明其道,使自己的思想長久地流傳,獲得人們的認可,實現像李恂一樣有價值、有意義的人生目標。

通過上面的討論,李恂在王符的人生價值和志向追求等方面都產生了一定的影響,特別是王符的政治思想,仔細分析《潛夫論》各篇和王符的一生,隨處可見李恂影響的迹象,從王符身上也能看到李恂的影子。

---

① 參見劉毓慶、郭萬金:《從文學到經學——先秦兩漢詩經學史論》,上海:華東師範大學出版社,2009 年,第 392 頁。

② 〔漢〕王符撰,〔清〕汪繼培箋,彭鐸校正:《潛夫論箋校正》,北京:中華書局,2014 年,第 608 頁。

③ 〔漢〕王符撰,〔清〕汪繼培箋,彭鐸校正:《潛夫論箋校正》,第 274 頁。

④ 〔漢〕王符撰,〔清〕汪繼培箋,彭鐸校正:《潛夫論箋校正》,第 347 頁。

五、餘論

　　李恂一生主要在安定臨涇、張掖和武威等絲綢之路沿綫爲官，而張掖、武威地處河西走廊，一直是絲綢之路上的黃金路段。李恂生卒年和主要事迹發生時間的確定，對研究李恂的思想和漢代廉政文化都有重要意義。同時，這對於推動絲路廉吏文化以及弘揚和發展絲路精神也有一定價值。李恂爲人爲官品行端方、正身潔己、廉潔自律，從學習、傳承優秀傳統文化的角度講，李恂的治績和爲官品格，對現代官員的行政治理能力也有一定啟發意義。

　　漢代安定地區有着濃厚的學術文化氛圍，李恂、王符之外，安定地區出現過的賢能正直的文人和士大夫還有東漢名將皇甫規、碩儒梁松等；漢之後，有西晉武將胡奮，北朝文士胡方回、胡叟，北魏重臣胡國珍，北魏宣武帝皇后胡充華，北魏武將胡虔，北齊大臣胡長粲，南齊大臣席闡文、名將田弘，北周良臣席固，中唐循吏皇甫鏞，宋代"飛虎將軍"向寶，武將曲端、楊政，金時名將張中孚、張中彥，明將仇鉞等，他們正直賢能、忠君愛國的精神和獨立風標，或隱或現地都受到李恂和王符的影響。

（趙玉龍，内蒙古師範大學文學院講師）

明清《問津院志》編纂考論*

吳　晗

[摘　要]　本文對明清時代的《問津院志》的版本與編纂情況作了整體考察,辨析了萬曆本《院志》的修纂者與過程,澄清了當前學界對該志主修者的一些臆斷,明確了黄彦士并非院志主修者,釐清了萬曆本《院志》、康熙本《院志》和道光本《院志》各自的編纂者與修撰過程,對光緒本《院志》的文獻價值作了初步實證分析,指出了一些瑕瑜互見之處。
[關鍵詞]　問津院志　編纂　文獻考辨

明清時代的書院教育模式曾經培養了許多人才,創造了一時輝煌,也留下了許多書院建築、書院志書和頗爲深厚的書院文化,引起了當代學界的廣泛關注。其中,湖北武漢的問津書院,作爲一個歷經毀葺交替而弦歌不絶,並留存有完整書院志記載的書院,也進入了學界研究視野,相關成果時時推出。[①]但由於資料缺乏,有關研究還存在不少拓展空間,如《問津院志》的研究即處於簡單介紹階段,有些問題需要進一步論證。

一、有序無文: 萬曆本《院志》究竟誰主修

關於明清《問津院志》(以下簡稱"院志")的編纂歷程和版本,已知的情況是: 黄彦士撰序的萬曆本《院志》,王掄士主持編纂的康熙本《院志》,萬承宗、張履恒主持編修的道光本《院志》和王會鰲主持續修的光緒本《院志》。除光緒本《院志》外,其他院志今已亡佚無存,當前祇能根據光緒本《院志》内容和卷首序文,來追溯並推斷各個版本的編纂情況。

現存光緒本《院志》卷首存録7篇序文,從前到後依次是: 清光緒三十一年王會鰲撰寫的《續修問津院志序》、明黄彦士爲萬曆院志撰寫的《問津舊志原序》,清康熙四十四年王掄士撰寫的《康熙院志原序》及王民皥、王風采、王封溁各自爲康熙院志撰寫的三篇《序》,清道光二十年萬承宗撰寫的《庚子院志原序》,並依次附有光緒本院志八卷、康熙本院志九卷、道光本院志十卷及卷首的目録,這是我們據以考辨明清《問津院志》修撰情況的主要文獻資料。

萬曆本《院志》原本無存,僅有黄彦士撰寫的《問津舊志原序》,爲我們提供了一些信息。其序首段交代曰"吾郡諸同志以問津書院落成,爰輯院志",並向其請序一事,接着又説"唯

---

*　本文是國家社科基金度重大項目《清人文集"經義"整理與研究》(17ZDA259)的階段性成果。
① 有關問津書院研究的論文有十多篇,並有李森林先生的專著《江黄學府——問津書院》(香港:香港天馬圖書有限公司,2002年)等。

詳觀卷第,考其序次本末",最後還有"是志適成"一語。這表明萬曆本《院志》是在書院落成後緊接着編纂完成的,而後才向黃氏請序。但後面的序文並未提及《院志》的具體卷次與内容,及編修時間、主修人員等信息,僅在文末署"明巡撫中州黃彥士撰"。[1] 近年黃樹先所著《循理書院志》"問津書院"條謂"問津書院移建後,黃奇士即參與修纂《問津院志》"。[2] 百度百科"問津院志"條則直接説:"中州巡撫黃彥士主修並作序言。"可惜均未標明資料出處,而據我們所掌握的資料,這兩種説法是缺乏根據的,兹考述如下。

關於萬曆本《院志》,能找到的文獻資料不多。首先,從黃氏序中可以肯定的是萬曆本《院志》是編成了的,而且是在問津書院建成命名之後不久。其次,院志是由參與建院的"諸同志"編纂,既然書院剛剛建成和命名,歷史不長,實際内容不多,院志篇幅也就肯定不大。其三,清代康熙本《院志》與萬曆本《院志》沒有前後相續的繼承關係,這從《康熙院志原序》中可推知,該序作者自稱對於纂修院志,心有疑難,云:"宋元明龍、耿、蕭、王諸君子講學盛事,盡付劫灰","書闕有間,從何所徵?"這説明編纂康熙院志時,萬曆院志已亡佚不存。而主事者對序作者説:"古今之殘闕者多矣,豈獨問津一志?但以吾夫子一經過化,數千百年相傳,經臺、書場、墨池、車埠、山川,古迹爛然,且有廟有祀,有禮樂器數,有牲醴時日拜獻儀注,有田畝以供享祀,有督理以時修茸,有歷代理學語録、贈遺金石、不刊碑版文字,有正宗、知津會業以存先正講學遺意,是皆不足記乎?"[3] 其中"豈獨問津一志"一語更是明確肯定了萬曆院志當時已佚亡的事實;後面的意思是説,雖然舊院志沒有了,但我們還有這麽多遺存古迹,和書院日常這麽豐富的活動與相應文字記載,重編《問津書院志》仍然是有必要的且有可能的。

那麽,要弄清萬曆院志的編纂情況,就不能不稍梳理一下參與萬曆問津書院建設"諸同志"的情況,這些情況在現存院志的相關卷次中是可以梳理出一些頭緒的。

黃彥士所撰"原序",除了能據之推導出萬曆院志已編成,且是在問津書院落成命名後即開始編纂的這一綫索外,對參與修建書院與編纂院志"諸同志"的情況沒有任何交代。據光緒本《院志》卷二"建置上"載,問津書院落成於萬曆四十三年,並説"鄒元標記其事"。[4] 所以,我們首先能依靠的資料就是鄒元標的這篇《問津書院記》,此記一載於鄒氏個人文集《願學集》,一載於光緒本《院志》卷六,名曰《碑記》,兩者微有差異,留待下一節再辯。這裏我們先引鄒氏文集所載《記》涉及修建書院人員的資料:"兹地自元宋來代有祠,久而圮。明雖有祠,而湫隘不稱。頃侍御彭公昆仲及諸生蕭繼忠等入而舉祀事,四顧愀然曰:'此非可以妥吾夫子之靈。'謀新之,詘於力,以告郡太守王公。太守曰:'此司土者責',遂捐俸爲倡,司李

---

① 趙所生、薛正興主編:《中國歷代書院志》第 3 册,南京:江蘇教育出版社,1995 年,第 658 頁下欄 a—b。
② 黃樹先:《循理書院志》,武漢:華中科技大學出版社,2017 年,第 13 頁。
③ 趙所生、薛正興主編:《中國歷代書院志》,第 659 頁上欄 b。
④ 趙所生、薛正興主編:《中國歷代書院志》,第 677 頁下欄 a。

許公及郡邑佐之。侍御黃公吉士適在里,捐重金佐之成。"[1] 侍御黃公吉士指黃岡籍在外爲官御史的黃彦士,進士出身,光緒本《院志》所載則是 "黃公伯仲適在里",即黃彦士及其弟黃奇士二人;這裏的意思是説,在外爲官的黃彦士兄弟在書院籌建時,恰好在家鄉,於是捐重金資助。這裏的彭公昆仲,指明代麻城人彭好古(號熙陽)、彭遵古(號旦陽)兩兄弟,皆進士出身,官至御史,當時常到問津書院講學。蕭繼忠也是麻城人,耿定向的弟子,時講學於首善書院、白鹿洞書院。王太守即時任黃州知府王世德,浙江永康人,進士出身。此記接着説,書院落成,"走使問記吉水鄒子",就是説,鄒元標所撰 "記" 是在書院落成後受主事者派人來邀請他撰寫的,鄒氏吉水人,亦是進士出身。其次可資參考的是康熙院志所載《書院本末原序》,不著撰者,載於光緒本《院志》卷六。是序對參與修建萬曆問津書院的主事者交代得比較清楚,稱:"康侯蕭先生,舊爲耿公門弟子,值衡山甯太虛先生講學郡城,歲萬曆三十四年。進蕭先生與晉吾先生商建正宗會館,以次修舉問津書院,兩先生謙讓未遑。庚戌,與彭侍御尚寶昆仲、晉吾王公、大壯孫公、心宇方公及諸同志謀新,紬於力,以告郡守,王公捐俸爲倡,嗣是,太守李公、邑侯莊晏二公、侍御黃公與諸同志佐之,廼移建今地。""蓋自萬曆四十四年,歷三朝,三十年如一日""問津之盛遂擅天下"。[2] 這裏的康侯蕭先生即蕭繼忠,康侯是其字;甯太虛,名咸,衡陽人,國子監生,以講學爲業;彭好古兄弟同至尚寶卿官,故稱其 "侍御尚寶";王晉吾,名陞,黃岡人,舉人出身,官至泗州太守;孫大壯,黃岡人,進士,官至江西右參政;方心(一作新)宇,黃岡人,官至真定知府;李公指時任黃岡知縣李希沆,進士,陝西慶陽人;侍御黃公指黃彦士,莊、晏二人則爲鄉豪。庚戌,即萬曆三十八年。另外,光緒本《院志》在卷首孔子 "聖像" 後的按語中云 "萬曆四十三年,郡守王世德、推官許士奇,暨彭、黃、蕭、王諸人,以廟制湫隘,移建今地,規制宏敞"。[3] 這就比較集中地點出了當時參與修建書院的主要人士彭熙陽、黃彦士、蕭繼忠、王陞等。

據此《問津書院記》《書院本末原序》及上面所述問津書院落成於萬曆四十三年等情況推斷,問津書院從萬曆三十八年始謀,到萬曆四十三年落成,費時六年;"爰輯院志",至次年院志修成,這是合乎邏輯的,因爲問津書院甫成,歷史不長,資料不多,輯成無須多少時日。故李森林《江黃學府——問津書院》中的 "問津書院大事記" 直接書寫 "萬曆四十四年,問津書院志成",[4] 應該是根據此記此序和黃彦士的序作出的判斷。但上述資料没有任何有關黃氏兄弟參與修院志的記載,更没有提及誰主修的事。那麼,我們祇有再追溯這些參與者的傳記資料。《問津院志》卷五《彭好古傳》云 "問津興起,熙陽兄弟之力居多";[5]《蕭繼忠傳》

---

① 〔明〕鄒元標:《願學集》卷五下,《四庫全書》第1294册,上海:上海古籍出版社1987年影印文淵閣本,第219頁下欄b—221頁上欄b。

② 趙所生、薛正興主編:《中國歷代書院志》,第777頁上欄a。

③ 趙所生、薛正興主編:《中國歷代書院志》,第666頁下欄b。

④ 李森林:《江黃學府——問津書院》,香港:香港天馬圖書有限公司,2002年,第3頁。

⑤ 趙所生、薛正興主編:《中國歷代書院志》,第744頁上欄b。

云"與同郡黄武皋、彭熙陽、王晉吾合力遷建問津書院"，①這裏的武皋即黄彦士的號；《問津院志》卷五《王陞傳》云，王晉吾"見問津舊院圮壞，與蕭、彭諸人移建今處"；②《王世德傳》云"與推官許士奇修建問津書院，買備祀田"；③《許士奇傳》云"司理黄州……與太守王世德協修問津書院"，④可見上述《碑記》所云"司李"當爲"司理"之誤；《甯咸傳》云"至黄郡，勉王陞、蕭繼忠建正宗會館，移築問津書院以講學焉"。⑤《黄彦士傳》云"差撫中州""以亢直左遷告歸，於二程祠側建甘露書院，又與弟奇士、彭好古、王、蕭諸人移建問津舊院，以時講學其間，至老不輟"。⑥奇士之傳則不涉問津書院半字。孫大壯、方新宇、李希沆之傳，也不及參與修建問津書院事。這樣，總體來看，當時參與修建問津書院的官紳有黄州府太守王世德、推官許士奇，黄岡縣知縣李希沆，鄉賢彭好古遵古兄弟、王陞、黄彦士奇士兄弟、孫大壯、方新宇，學者蕭繼忠及鄉豪莊、晏二人等。這些人就是黄氏序中所謂"諸同志"，但上述資料及《明史》中相關傳記中，祇有他們參與修建書院的事迹，而不載他們修纂院志事，我們祇能根據黄氏序，推斷他們既是書院建設的主要參與者，又是"爰輯院志"者。尚可進一步參考的傳記資料還有府縣志中關於黄彦士兄弟二人的傳記。《黄岡縣志》的傳比較簡單，祇有兄弟二人籍貫黄陂，一進士一舉人，一官御史，一官户部司務等廖廖數語。王澤弘撰寫的《黄武濱先生傳》即黄奇士的傳，武濱是其號，傳文亦簡略無新。⑦黄奇士早於其兄去世，彦士爲之作《南京户部司務、前國子監學正仲弟守拙公行狀略》，近4000字，較爲詳盡地記述了黄奇士56年人生歷程和爲學爲人情况。⑧從中可知，黄奇士小彦士二歲，生於隆慶辛未年（1571），卒於天啟丙寅年（1626），那麽黄彦士當生於1569年。但其中仍無一語提及黄奇士參與修纂《問津書院志》的事，祇在奇士的著作中列有《問津紀略》，已佚，這究竟是一本書還是一篇文章，其中内容如何，均不得而知。據此祇能推測，黄奇士可能與其兄彦士一起參與了萬曆本院志的修纂工作。

　　另外，光緒院志還載有上述參與修建書院者的一些書信，其中尚有若干信息可參考。一是在涉及問津書院修建的書信中，主體要麽是蕭繼忠寫給其他參與者的信，要麽是其他參與者寫給蕭繼忠的信，顯示出蕭繼忠是修建書院的主事者；二是黄彦士有一《與康侯》的信，信的大意是蕭繼忠邀請他來問津書院，他因事纏身不能如約，並説："弟按中州之期不出旬餘，相去益遠，返從問道，更在何時。敝邑朋友有志書院者不少，然百里負笈，貧士所難。先生志學篤，居止近，任其責者非先生而誰？益勉旃大圖振起，令弟遠聽相契鼓躍也。"⑨從這段話

①　趙所生、薛正興主編：《中國歷代書院志》，第744頁下欄b。
②　趙所生、薛正興主編：《中國歷代書院志》，第743頁下欄a。
③　趙所生、薛正興主編：《中國歷代書院志》，第745頁上欄b。
④　趙所生、薛正興主編：《中國歷代書院志》，第750頁上欄a。
⑤　趙所生、薛正興主編：《中國歷代書院志》，第745頁上欄a。
⑥　趙所生、薛正興主編：《中國歷代書院志》，第742頁下欄a—b。
⑦　〔明〕王澤弘：《黄武濱先生傳》，黄樹先：《循理書院志》，第8—9頁。
⑧　〔明〕黄彦士：《南京户部司務、前國子監學正仲弟守拙公行狀略》，黄樹先：《循理書院志》，第3—7頁。
⑨　趙所生、薛正興主編：《中國歷代書院志》，第778頁上欄b。

可以推斷蕭繼忠書信的內容就是邀約黃彥士前來主持修建書院或編纂院志或撰寫院志序之事，但黃氏身在外而不能如約，且認爲此事非蕭氏莫屬，因爲蕭氏本人就在問津書院。此信內容至少可以據之排除黃彥士主修院志一説。而從文獻記載來看，問津書院改建並正式命名以前，蕭繼忠即主講於該院，改建過程中又始終是主要聯絡人，改建後又繼續"主院數十年"，[1] 故無論是修建書院還是編纂院志，蕭氏應該是實際主持者，但由於他身無官位，衹是知名主講學者，當時也可能由本地主官者如黃州知府王世德，或在外爲官者如彭熙陽、黃彥士等掛名主持者。

二、層累遞編：《問津院志》的成書階段

從現有文獻資料看，萬曆院志後，清代先後有康熙院志九卷、道光院志和光緒續修院志。考光緒本《院志》卷首，附有"續修問津院志纂輯姓氏""舊志墨本參輯姓氏""康熙院志纂修姓氏"和"道光庚子院志參輯姓氏"四種修纂人員名單。[2] 其中，第一種指光緒年間王會釐主持修纂院志的參與者，署"後學王會釐總纂，梅植、徐鍾俊總輯，王作宗、尤聲璸參輯"，後面還有總校、圖繪、經理、校刊等人員名單，時間是光緒三十一年夏。[3] 第二種則需要稍作辨析。"舊志墨本參輯姓氏"列了三十九人姓名，除王風采外，與後面第三種"康熙院志纂修姓氏"完全不同，但正因爲"王風采"同時出現在這兩種"姓氏"名單中，而且兩份名單中的人員有許多是父子、兄弟關係，如第二種姓氏中的"鄒亙初"是第三種姓氏中"鄒江遐"的父親等，我們才得以知道這裏所謂"舊志墨本"，應該指的是修纂康熙院志時所纂輯、所參考的問津書院舊志資料，主要由這三十九人提供。而從萬曆四十四年（1616）問津書院首部院志，到康熙四十四年（1705）新志修成，中間相隔 90 年，故這裏所謂"舊志"應該不僅是指萬曆年的舊志，而是包括了萬曆舊志在內的康熙四十四年前歷代歷年有關問津書院志的文字資料。從字面意義來看，此處"墨本"應該是指院志正式編纂或刊刻前的稿本、各種資料抄本等。這裏説是"參輯"而不是"纂輯"，則表明這些人是當時參加收輯各種資料的人員，應該也包括提供家藏各種資料的人員，後面的正式"纂修姓氏"名單中沒有這些人的名字（王風采除外），更能説明這些人衹是提供資料者，不是正式參與編纂者。證之王掄士《康熙院志原序》，其中説到，雖然舊志"盡付劫灰"，但歷代各種遺存與文字資料還有不少，故云："爰考郡邑前後志、儒先語録遺書、家乘軼事，並訪問各故舊子弟，所傳凡片文隻字，事稍關乎此者，無不備録……共成九卷。"又舉例説"雨山太史徧發群書，積日累月，互相考訂，始得稍有所集"。雨山太史即陳雨山，名大章，進士。可見，康熙院志修纂過程中，曾廣泛發動鄉邦士人搜集各種有關問津書院志書的資料，也應該包括了口述史資料，形成了所謂"舊志墨本"和三十九人的抄輯人

---

① 鄧洪波：《儒學詮釋的平民化：明代書院講學的新特點》，《湖南大學學報（社會科學版）》2005 年第 3 期，第 300 頁。

② 趙所生、薛正興主編：《中國歷代書院志》，第 665—666 頁上欄 b。

③ 趙所生、薛正興主編：《中國歷代書院志》，第 665 頁上欄 a—b。

員名單。康熙本《院志》，前後經歷墨本舊志至定本付梓的過程，編纂過程歷時較久。《康熙院志原序》對此過程有較爲詳細的記載："乙酉春正（康熙四十四年，1705），忽甘叔、棟瞻過余，以志事相命"，"余逡巡唯唯，遜謝不敢辭"，終於編成了九卷本院志。① 這裏的"甘叔"是鄒江退的字，新洲人，光緒院志卷五"講學列傳"其本傳説他"少從父讀書問津"，"王掄士纂修《問津院志》，江退佐其搜括，不辭寒暑"。棟瞻是鄉紳王化龍的號。王掄士序的落款時間是"乙酉夏五端陽前一日"，可見康熙院志從謀始到初成費時約半年。與王掄士序同時的王民皞《序》載"今諸生鄒亘初等繼踵前休，規模粗備，謀將輯爲記載，以示來兹。謂皞適官斯土，屬筆弁言"，② 但序文空洞，是純粹的官員文章。不過，由此數語，可知鄒亘初父子都參與了康熙院志的資料搜集與纂修工作。稍後的王風采《序》則提供了進一步的細節："從甥以三慨然以修志爲己任，蒐羅考核，漁獵其所未備，閲數月書成，質訂於太史氏陳雨山。采雖毫不任勞，亦間抒管見，參會其間。甲午冬，以三自武寧捐俸授梓。"③ "以三"即王掄士的字，是王風采的侄外甥，可見王掄士不僅是康熙院志的主修者，也是院志梓刊的主要捐資者。甲午即康熙五十三年（1714）。又光緒院志"建置上"載：康熙"五十四年，靖之鎬、劉鋒、王漢業以公款梓刊王掄士編輯《院志》，陳大章、王風采、宋如辰、祝軒齡公同校訂"。④ 可見，康熙本《院志》從"乙酉春"始修，到"甲午冬"始得捐資刊刻，中間相隔了十年。

　　道光本《院志》，則經歷了曹翰修纂嘉慶墨本舊志到萬承宗、張履恒主持修纂成册的過程。光緒本院志卷五"鄉賢列傳"《曹翰傳》載其"嘉慶中，管理院事。見志乘已踰百年，急須修輯，因蒐羅掌故，纂成墨本。未及校刊而卒。易簀時有句云'只爲問津書一帙，百年遺憾在黄岡'，可以知其志矣"。⑤ 曹翰，字尊江，黄岡人，其祖曹本榮是順康時代進士、侍讀學士。自曹翰嘉慶墨本舊志到道光本《院志》的過程，萬承宗《庚子院志原序》記述得比較詳細："洎今歲秋，來涖祀畢，適理事梅玉亭、孫文庵、操揮五諸子，爲言續修前志之舉。""三子爲言：同里曹子尊江嘗恣意裒集，具有成稿。曹故篤行士，窮年矻矻，於舊志多所發明，又加以三子釐訂，則慮始難而圖終固易矣。先是，宋小阮先生慨倡斯議而齎志以没，迄曹子甫理就緒而又未及校刊。""所幸前人采輯既成，可藉之爲藍本，就三子所釐訂者，重加修飾，俾無罣漏支離之弊。""今且剞劂而登於新，邑人士皆樂爲輸貲恐後，則藉力宏而收功也速。維時董厥成者玉亭三子，而修舉所自賴曹子爲多。"⑥ 萬承宗，字梓巖，光緒本院志卷五"鄉賢列傳"其本傳載："道光庚子續修《問津院志》共十卷。"⑦ 由此可見，萬承宗、張履恒主持纂修的道光本《院志》是在曹翰於嘉慶年間私自修輯的院志稿本基礎上修纂而成的，約刊刻於道光二十年（庚子，1840）。

---

① 趙所生、薛正興主編：《中國歷代書院志》，第659頁上欄b—下欄a。
② 趙所生、薛正興主編：《中國歷代書院志》，第659頁下欄b。
③ 趙所生、薛正興主編：《中國歷代書院志》，第660頁上欄b。
④ 趙所生、薛正興主編：《中國歷代書院志》，第678頁上欄a。
⑤ 趙所生、薛正興主編：《中國歷代書院志》，第760頁上欄b。
⑥ 趙所生、薛正興主編：《中國歷代書院志》，第661頁上欄a—下欄b。
⑦ 趙所生、薛正興主編：《中國歷代書院志》，第760頁上欄a。

　　光緒本《問津院志》是王會鰲受時任問津書院理事徐國均、王用霖、沈蔭芝委託修纂，並於光緒三十一年刊刻告成，王會鰲《續修問津書院志序》有詳細記叙，此不再論。

　　綜上所述，明清《問津院志》的編纂分别經歷了萬曆本《院志》、康熙墨本舊志、康熙本《院志》、嘉慶曹翰墨本舊志、道光本《院志》、光緒本《院志》六個階段，這六個階段由不同時代、不同人員參與修纂，但在内容取材上又呈現因循和層累疊加的特點。

三、瑕瑜互見：光緒本《院志》的文獻學價值

　　光緒本《院志》廣泛引用府州縣志和《三楚文獻録》《大清一統志》《闕里志》《禮樂總圖》以及康熙本《院志》和道光庚子本《院志》等資料原文，其中《先正》《藝文》等篇幅記述大量和書院有關涉的人物傳記和詩文，其中部分記載是現今已經失傳或他書未詳的内容，就這一點來説，光緒本《院志》有保存文獻之功，爲今後整理、輯佚、研究相關内容提供了資料，是前人整理文獻的重要成果，對於保存地方優秀傳統文化具有很大意義。但是，光緒本《院志》也不可避免存在記述失察、内容錯訛、衍文脱文等問題。因此，分析光緒本《院志》的文獻價值，指出其中一些紕謬之處，對今後參考與閲讀其書是有助益的。

　　先談光緒本《院志》的優長之處。如卷六“藝文”載陳文樞《重修書院碑記》文曰：“前此兩廡之改建，則乾隆八年癸亥歲也。”①考乾隆和光緒年間修纂的《黄岡縣志》和《黄州府志》，均收入了陳文樞《重修問津書院記》一文，但都把“癸亥”寫成了“癸酉”。②乾隆八年（1743）爲癸亥年，十八年（1753）爲癸酉年，二者前後相差 10 年之久，且光緒本《院志》卷二《建置上》載：“（乾隆）八年，黄自芳、夏英俊、操鵬等，以院中久有蟻患，募衆撤去東西舊祠，改作兩廡通風，東廡四間……西廡四間。”③可證《黄岡縣志》《黄州府志》所載記文有誤字。

　　又如光緒本《院志》卷五“名宦”胡潔傳載：“胡潔，江西豐城進士，雲南曲靖衛籍。正德間，知黄岡縣，廉介勤敏。院路側有‘孔子使子路問津處’古碑，潔構亭覆其上。後累官都御史。”後加按語曰：“《黄岡縣志》：胡潔，江西豐城人。問津書院舊志及《孔子山碑亭記》皆云‘雲南人’。後考《歷科進士題名録》：‘胡潔，正德戊辰進士，係雲南曲靖衛籍，江西豐城人。’故並書之。”④此處胡潔傳記以按語形式考察了其籍貫信息，補充了《黄岡縣志》和問津書院舊志記載不詳的内容。除此之外，張緒、耿定力等人的傳記也分别以按語的形式體現了《院志》編纂者的考辨成果，糾正了與他文有異議的内容。可見，光緒本《院志》在編纂時進行了一定的文獻考證和辨誤工作，增强了它的文獻學價值。

---

① 趙所生、薛正興主編：《中國歷代書院志》，第 772 頁下欄 a。
② （乾隆）《黄岡縣志》，卷十五，清乾隆二十四年刻本。《黄岡縣志》記載和光緒本《院志》記載篇名有不同，但作者和内容是一致的，是同一篇文章。
③ 趙所生、薛正興主編：《中國歷代書院志》，第 678 頁上欄 b。
④ 趙所生、薛正興主編：《中國歷代書院志》，第 749 頁下欄 b—750 頁上欄 a。

　　再看其不足之處。如光緒本《院志》卷五"鄉賢列傳"王掄士傳載其於"丁酉歲纂輯《問
津院志》九卷"。① 這裏的"丁酉"顯然是乙酉之誤，因爲王掄士的《康熙院志原序》的落款
時間明確記載是"康熙四十四年乙酉夏（1705）"，而刊刻在乙未年（康熙五十四年，1715），"丁
酉"則是康熙五十六年（1717），年代相差了十二年。又如光緒本《院志》卷五"名宦列傳"李
之蘭傳載其雍正間任黄岡教諭，"戊戌成進士"。② 考雍正在位時間短，並無"戊戌年"而有"庚
戌年"，即雍正八年；再查雍正八年（1730）庚戌科殿試金榜，李之蘭正是這一年第三甲賜同
進士出身，可見光緒院志的"戊戌"應是"庚戌"之誤。再如前文提到，鄒元標《問津書院記》
一載於光緒本《院志》，一載於鄒元標《願學集》。比對後發現《願學集》所收最爲完整，而光
緒本《院志》所收較簡略，可能的原因是《願學集》所收爲原文，院志所收是刻成碑記後的删
節版，因爲碑刻版面有限，不能不精簡。但值得注意的是，院志所收删節本，不僅僅是删除冗
餘字句的問題，而是存在事實差異與語意不同，讀者利用時不可不知。兹將差異之處對比如
下，以資讀者。

《問津書院碑記》 （光緒本《問津院志》）③	《問津書院記》 （《願學集》）④
聖人之道，無微弗曁，雖俎豆遍天下，一遊憩處，猶切羹牆，人心不死，夫子萬古如生也。問津書院自宋元來，代有祠，久而圮。明雖有祠，而湫隘不稱。頃彭公侍御昆仲、大參孫公輩人而舉祀，咸四顧愀然曰："此非可以妥吾夫子之靈。"謀新之，詘於力，以告郡太守，王公遂捐俸爲之倡，嗣是郡伯李公及司理、邑侯佐之。侍御黄公伯仲適在里，與諸同志捐金佐之成。後爲殿，祀先聖；中爲堂，前爲門。右祠祀仲子，左祠祀有功兹土諸有道鄉先生。顔曰"問津書院"。歲時祀罷，群諸縉紳及弟子切磋於斯，甚盛舉也。走使問記吉水鄒子。	夫聖人之道，無微弗曁，雖俎豆遍天下，一遊憩處，猶切羹牆之見，人心不死，夫子萬古如生也，即一問津處可見已。兹地自元宋來代有祠，久而圮。明雖有祠，而湫隘不稱。頃侍御彭公昆仲及諸生蕭繼忠等人而舉祀事，四顧愀然曰："此非可以妥吾夫子之靈。"謀新之，詘於力，以告郡太守王公，太守曰："此司土者責"，遂捐俸爲倡，司李許公及郡邑佐之。侍御黄公吉士適在里，捐重金佐之成。後爲殿，祀先聖；中爲堂，前爲門。左爲祠祀諸有功兹土，而右祀諸有道鄉先生至止者。顔曰"問津書院"。歲時祀罷，群諸縉紳及弟子切磋於斯，甚盛舉也。走使問記吉水鄒子。

① 趙所生、薛正興主編：《中國歷代書院志》，第 756 頁下欄 b。
② 趙所生、薛正興主編：《中國歷代書院志》，第 751 頁下欄 b。
③ 趙所生、薛正興主編：《中國歷代書院志》，第 768 頁下欄 b—769 頁上欄 a。
④ 〔明〕鄒元標：《願學集》卷五下，第 219 頁下欄 b—221 頁上欄 b。

《問津書院碑記》 （光緒本《問津院志》）③	《問津書院記》 （《願學集》）④
……	……
惟是思夫子覺世之心甚切，問津之意隱而不發，而長沮以夫子爲"知津"，乃再問，桀溺以"避人""避世"爲言。夫人在覆載中，乾父坤母，民胞物與，故曰"仁者，人也"。天下寧有孑立之聖賢哉？夫既無孑立之聖賢，窮而親師取友，以明此道，達而濟濟師師，以公此道，皆吾儒分内事。此彭、黄諸君子之重興斯地，而皆以竟吾夫子津津覺世之意也。諸君至止，其思我夫子當時與子路依依棲棲，不得行其志於天下，一師一弟，周旋不舍，乃託之乎沮、溺，窮而無聊之情，可悲也！又想一片榛莽地，今蔚爲文明之場，縉紳結轍，吾夫子精神如聚一堂，可幸也！聚而問，問而思，思而知津途不遠，舉足便是，諸君子開兹堂奥之意不孤矣。 ……	惟是思吾夫子覺時之心甚切，問津之意隱而不發，而長沮以夫子爲"知津"，亦不言夫子何以"知津"？子路又不究長沮何以知津。許夫子乃再問桀溺，溺以"避人""避世"爲言，其見去長沮遠甚。夫子不得不明言吾非斯人之徒誰與？則直示天下以通津而億萬世不出此彀中也。夫人在蓋載中，乾父坤母，民胞物與，故曰"仁者，人也"。天下寧有孑立之聖賢哉？夫既無孑立之聖賢，窮而親師取友，以明斯道，達而濟濟師師，以公此道，皆吾儒分内事。此彭、黄諸君子之重興斯地，而皆以竟吾夫子津津覺世之意也。諸君至止，其思我夫子當時與子路依依棲棲，不得行其志於天下，一師一弟，周旋不舍，乃託之乎沮、溺，窮而無聊之情，可悲也！又思一片榛莽地，今鬱爲文明之場，縉紳結轍吾夫子精神如聚一堂，可幸也！又進而思夫子於時有顯教，有密教，顯教如問官問禮之類是也，問津一語則密教矣。上接精一之傳，下衍一貫之緒，所謂曲而中、肆而隱者也。往過來續越津者不知幾許，獨許夫子知津，其必有所指而不可以言説意相求者，可參也。聚而問，問而思，思而知津塗不遠，舉足便是，諸君子開兹堂奥之意不孤矣！ ……

通過上表對比可以看出，兩者關鍵差異有二。第一，事實與人名差異。如光緒本《院志》記載是"彭公侍御昆仲、大參孫公輩入而舉祀，嗣是郡伯李公及司理、邑侯佐之，侍御黄公伯仲適在里，與諸同志捐金佐之成"。孫公指孫大壯，李公指李希沆。而《願學集》所載則是"頃侍御彭公昆仲及諸生蕭繼忠等入而舉祀事，司李許公及郡邑佐之，侍御黄公吉士適在里，捐重金佐之成"。"司李"顯然是"司理"之誤，許公即許士奇。又如《願學集》中"左爲祠祀有功兹土，而右祀諸有道鄉先生"的記載與問津書院的建置格局不一致，顯然失實，應以光緒本《院志》"右祠祀仲子，左祠祀有功兹土諸有道鄉先生"的記載爲准。第二，内容與思想脱節。從上表可以看出，爲光緒本《院志》所删的一些文字表現了作者對經典的某種理解與思考，如"其見去長沮遠甚。夫子不得不明言吾非斯人之徒誰與？則直示天下以通津而億萬世不出此彀中也"。"又進而思夫子於時有顯教，有密教，顯教如問官問禮之類是也，問津一語則密教矣。上接精一之傳，下衍一貫之緒，所謂曲而中、肆而隱者也。往過來續越津者不知幾許，獨許夫子知津，其必有所指而不可以言説意相求者可參也"等，顯然是作者對"問津"出典的一種個人理解與深思，體現出作者的價值取向和學術觀點。

從上述考察可以看出，光緒本《院志》文字記載可以説是瑕瑜互見、瑕不掩瑜，具有較高的文獻價值。

（吴晗，中國人民大學清史研究所博士研究生）

《清代人物生卒年表》補闕*

李建江

[摘　要]　江慶柏《清代人物生卒年表》共輯録約 25000 位清人，在文獻基礎方面對學術研究有莫大之功。筆者檢清代地方志文獻，輯得 86 位詩人的生卒年信息，可補年表之闕。

[關鍵詞]　清代人物生卒年表　詩人　地方志

　　江慶柏《清代人物生卒年表》（以下簡稱《年表》）著録清代約 25000 人的字號、生卒年、籍貫，嘉惠學林，厥功甚偉。其後魯小俊、華建銘、胡春麗、陳鴻森、史岩松、肖亞男等指瑕考補，使得此作更臻於善。筆者近檢清代文獻，於地方志輯得 86 位清代詩人的生卒年信息，可補《年表》之闕，謹據之以作考録。因文獻來源不同，所考生卒年或亦有出入，故本文僅備一説。

　　1. 丁斌，著有《雨香書屋吟草》六卷。《年表》著録其生年爲嘉慶二十四年（1819），卒年不詳。按民國《閩侯縣志》云：“咸豐元年，補蕪湖縣知縣。”“次年遽卒。”① 則其卒年當爲咸豐二年（1852）。

　　2. 丁立瀛，《詞綜補遺》收其《瑞鶴仙》詞。《年表》著録其生年爲道光二十四年（1844），卒年不詳。按民國《續丹徒縣志》云：“丁未夏，卒於家，年六十有四。”② 則其卒年當爲丁未，即光緒三十三年（1907）。

　　3. 丁百川，著有《榕溪詩稿》。《年表》著録其生年爲康熙五十三年（1714），卒年不詳。按民國《蕭山縣志稿》云：“壽至八十二。”③ 則其卒年當爲乾隆六十年（1795）。

　　4. 丁腹松，著有《左山集》十二卷。《年表》著録其生年爲康熙二年（1663），卒年不詳。按《五山全志》云：“卒年八十。”④ 則其卒年當爲乾隆七年（1742）。

　　5. 于學諡，著有《焚餘詩草》二卷。《年表》著録其生年爲乾隆十七年（1752），卒年不詳。按嘉慶《莒州志》云：“卒年三十有五。”⑤ 則其卒年當爲乾隆五十一年（1786）。

　　6. 于蔚華，著有《深柳書堂詩集》八卷、《退思堂詩集》四卷。《年表》著録其生年爲乾隆

---

*　本文是國家社科基金重大項目“南社文獻集成與研究”（16ZDA183）的階段性成果。

①　歐陽英修，陳衍纂：《閩侯縣志》卷八三，1933 年刊本。
②　張玉藻修，高覲昌纂：《續丹徒縣志》卷一二上，1930 年刻本。
③　張宗海修，楊士龍纂：《蕭山縣志稿》卷一三，1935 年鉛印本。
④　〔清〕劉名芳纂修：《五山全志》卷九，清乾隆十六年（1751）南通州徐氏刻本。
⑤　〔清〕許紹錦纂修：《莒州志》卷一〇，清嘉慶元年（1796）刊本。

五十年（1785），卒年不詳。按光緒《秀山縣志》云：“十二年六月卒。”① 則其卒年當爲嘉慶十二年（1807）。

7. 馬汝舟，著有《貽穀堂詩文集》。《年表》著録其生年爲乾隆二十一年（1756），卒年不詳。按道光《章丘縣志》云：“終年七十有六。”② 則其卒年當爲道光十一年（1831）。

8. 馬秀儒，著有《晚香堂詩集》四卷。《年表》著録其生年爲乾隆五十五年（1790），卒年不詳。按民國《續安丘新志》云：“卒年七十六。”③ 則其卒年當爲同治四年（1865）。

9. 王紘，著有《一畝園擬古》。《年表》著録其生年爲康熙九年（1670），卒年不詳。按道光《重修膠州志》云：“年七十五卒於家。”④ 則其卒年當爲乾隆九年（1744）。

10. 王大樞，著有《詩序輯説》二卷、《陶詩析疑》。《年表》著録其生年爲雍正十年（1732），卒年不詳。按同治《太湖縣志》云：“卒年八十七。”⑤ 則其卒年當爲嘉慶二十三年（1818）。

11. 王大鶴，著有《鳴笠山房詩集》《思存集》。《年表》著録其生年爲雍正九年（1731），卒年不詳。按光緒《通州志》云：“卒年七十有一。”⑥ 則其卒年當爲嘉慶六年（1801）。

12. 王丕厘，著有《仰坡集古近體詩》四卷。《年表》著録其生年爲道光二十七年（1847），卒年不詳。按《問津書院志》云：“卒年五十四。”⑦ 則其卒年當爲光緒二十六年（1900）。

13. 王令樹，著有《暎日堂詩集》。《年表》著録其生年爲康熙元年（1662），籍貫江蘇泰興，其他不詳。按嘉慶《重修泰興縣志》云：“王令樹，字桐孫。”“卒年六十有四。”⑧ 光緒《泰興縣志》云：“王令樹，字樹人，別字桐孫。”⑨ 據此可知其字樹人，又字桐孫，卒年爲雍正三年（1725）。

14. 王永祺，著有《草香居詩文集》，與姚培謙輯有《元詩百一鈔》八卷。《年表》著録其卒年爲乾隆三十一年（1766），生年不詳。按乾隆《婁縣志》云：“年六十六卒。”⑩ 則其生年當爲康熙四十年（1701）。

15. 王百齡，《西園瓣香集》卷下收録其詩。《年表》著録其字芝田，生年爲乾隆三十五年（1770），卒年不詳。按民國《咸寧長安兩縣續志》云：“王百齡，字介眉，一字芝田。”“年六十七卒。”⑪ 則其字又字介眉，卒年爲道光十六年（1836）。

16. 王會英，著有《鴻雪軒詩集》八卷、《荆華書屋課藝》十二卷、《館閣詩集》。《年表》

① 〔清〕王壽松等修，〔清〕李稽勛等纂：《秀山縣志》卷三，清光緒十七年（1891）刊本。
② 〔清〕吳璋修，〔清〕曹楙堅纂：《章丘縣志》卷一一，清道光十三年（1833）刻本。
③ 孫維均修，馬步元纂：《續安丘新志》卷一七，1920 年刊本。
④ 〔清〕張同聲修，〔清〕李圖纂：《重修膠州志》卷二七，清道光二十五年（1845）刊本。
⑤ 〔清〕符兆鵬修，〔清〕趙繼元纂：《太湖縣志》卷二二，清同治十一年（1872）刊本。
⑥ 〔清〕高建勛修，〔清〕王維珍纂：《通州志》卷八，清光緒九年（1883）刻本。
⑦ 〔清〕王會厘等纂：《問津書院志》卷五，清光緒三十一年（1905）刻本。
⑧ 〔清〕凌坮、〔清〕張先甲修，〔清〕張福謙纂：《重修泰興縣志》卷五，清嘉慶十八年（1813）刻本。
⑨ 〔清〕楊激雲修〔清〕顧曾烜纂：《泰興縣志》卷二一，清光緒十二年（1886）刻本。
⑩ 〔清〕謝庭薰修，〔清〕陸錫熊纂：《婁縣志》卷二六，清乾隆五十三年（1788）刊本。
⑪ 翁檉修，宋聯奎纂：《咸寧長安兩縣續志》卷一五，1936 年鉛印本。

著録其生年爲道光十一年(1831),卒年不詳。按民國《利津縣續志》云:"年七十八歲卒。"① 則其卒年當爲光緒三十四年(1908)。

17. 王孝咏,著有《後海書堂遺文》二卷、《煮石山房集》九卷。《年表》著録其生年爲康熙二十九年(1690),卒年不詳。按道光《蘇州府志》云:"年八十三卒。"② 則其卒年當爲乾隆三十七年(1772)。

18. 王貽典,著有《笙寒樓詩鈔》。《年表》著録其卒年爲光緒三十三年(1907),生年不詳。按民國《續纂泰州志》云:"以疾卒於京,年四十九。"③ 則其生年當爲咸豐九年(1859)。

19. 王培新,著有《蓄墨復齋詩鈔》。《年表》著録其生年爲道光四年(1824),卒年不詳。按民國《滄縣志》云:"卒年七十有三。"④ 則其卒年當爲光緒二十二年(1896)。

20. 王謹微,著有《峴椒詩文集》。《年表》著録其生年爲順治十二年(1655),卒年不詳。按乾隆《襄陽府志》云:"卒年八十六歲。"⑤ 則其卒年當爲乾隆五年(1740)。

21. 雲中官,著有《雲軒臣詩稿》。《年表》著録其字軒以,生年爲康熙十一年(1672)。按乾隆《廣德直隸州志》云:"雲中官,字軒臣,號澹庵。"⑥《廣德州志》云:"卒年四十四。"⑦ 則可知其另有字號,卒年爲康熙五十四(1715)。

22. 方鑄,著有《華胥赤子詩集》十卷。《年表》據《華胥赤子歌》著録其生年爲道光三十年(1850),下注"會試卷履歷作咸豐元年(1851)生",卒年不詳。按民國《安徽通志稿》云:"民國八年卒,年六十九。"⑧ 則其卒年當爲1919年,而生年應是履歷所載之咸豐元年(1851)。

23. 方澍,著有《嶺南吟稿》二卷。《年表》著録其卒年爲1930年,生年不詳。按民國《安徽通志稿》云:"民國十九年卒,年七十四。"⑨ 則其生年當爲咸豐七年(1857)。

24. 甘禾,著有《愛廬詩集》。《年表》著録其生年爲康熙四十八年(1709),卒年不詳。按同治《南昌府志》云:"年六十三以疾卒於官。"⑩ 則其卒年當爲乾隆三十六年(1771)。

25. 艾濂,著有《蟲吟草》。《年表》著録其字玉溪,生年爲乾隆三十七年(1772),卒年不詳。按咸豐《鄧川州志》云:"字齊周,號玉溪。""年六十六卒於家。"⑪ 據此可知其字齊周,玉溪爲其號,卒年爲道光十七年(1837)。

26. 石成瑛,著有《三味齋詩集》《浙遊漫草》。《年表》著録其生年爲乾隆五十五年

① 王廷彥修,蓋爾佶纂:《利津縣續志》卷七,1935年鉛印本。
② 〔清〕宋如林修,〔清〕石韞玉纂:《蘇州府志》卷一〇一,清道光四年(1824)刻本。
③ 鄭輔東修,王貽牟纂:《續纂泰州志》卷二四,1941年鈔本。
④ 張鳳瑞修,張坪纂:《滄縣志》卷八,1933年鉛印本。
⑤ 〔清〕陳鍔纂修:《襄陽府志》卷二七,清乾隆二十五年(1760)刻本。
⑥ 〔清〕胡文銓修,〔清〕周應業纂:《廣德直隸州志》卷三四,清乾隆五十九年(1794)刊本。
⑦ 〔清〕胡有誠修,〔清〕丁寶書纂:《廣德州志》卷四〇,清光緒七年(1881)刻本。
⑧ 安徽通志館:《安徽通志稿·藝文考稿》,1934年鉛印本。
⑨ 安徽通志館:《安徽通志稿·藝文考稿》,1934年鉛印本。
⑩ 〔清〕許應鑅修,〔清〕曾作舟纂:《南昌府志》卷四二,清同治十二年(1873)刻本。
⑪ 〔清〕鈕方圖修,〔清〕侯允欽纂:《鄧川州志》卷一二,清咸豐四年(1854)刊本。

（1790），卒年不詳。按同治《義寧州志》云："咸豐五年，城陷，成瑛倚門罵賊，遇害。"① 則其卒年當即咸豐五年（1855）。

27. 盧生甫，著有《戀敬齋詩稿》《讀律質疑》。《年表》著録其生年爲康熙六年（1667），其他不詳。按乾隆《平湖縣志》云："盧生甫，字仲山。""卒於官，年六十有七。"② 據此可知其字仲山，卒年爲雍正十一年（1733）。

28. 葉存仁，著有《補拙詩草》。《年表》著録其籍貫湖北江夏，卒年爲乾隆二十九年（1764），其他不詳。按乾隆《江夏縣志》云："葉存仁，字心一，號墨村。""二十九年卒於山東濟南公署，年五十五歲。"③ 據此可知其字號，生年爲康熙四十九年（1710）。

29. 申士秀，著有《尚志軒詩集》一卷。《年表》著録其生年爲康熙五十三年（1714），卒年不詳。按道光《濟南府志》云其曾"知四川慶符、安、石泉三縣。""戊戌殁於任。"④ 則其卒年當爲乾隆四十三年（1778）。

30. 史澄，《退思軒詩集》十卷、《退思軒詩存》二卷。《年表》著録其生年爲嘉慶十九年（1814），卒年不詳。按宣統《番禺縣續志》云："卒年七十七。"⑤ 則其卒年當爲光緒十六年（1890）。

31. 寧泉，著有《壺天門館詩草》。《年表》著録其卒年爲光緒十二年（1886），生年不詳。按民國《貴州通志》云："年七十終。"⑥ 則其生年當爲嘉慶二十二年（1817）。

32. 成占春，著有《海琴仙館詩》六卷。《年表》著録其生年爲道光二十八年，下注云："成占春生於道光二十八年十二月十四日，公曆爲 1849 年 1 月 8 日。"卒年不詳。按民國《續修興化縣志》云："卒年五十九。"⑦ 則其卒年當爲光緒三十三年（1907）。

33. 畢憲曾，著有《揖山樓詩集》十八卷。《年表》著録其生年爲乾隆二十四年（1759），卒年不詳。按民國《太倉州志》云："卒年七十。"⑧ 則其卒年當爲道光八年（1828）。

34. 吕熾，著有《雙桂軒存稿》二卷。《年表》著録其籍貫廣西臨桂，卒年爲乾隆四十三年（1778），其他不詳。按嘉慶《臨桂縣志》云："吕熾，字克昌，號闇齋。""年七十八卒於家。"⑨ 據此可知其字號，生年爲康熙四十年（1701）。

35. 朱協亮，著有《蓮峰集》。《年表》著録其卒年爲康熙五十七年（1718），生年不詳。按乾隆《海寧州志》云："晚遭父喪，泣血三年，遂以疾卒，年僅五十。"⑩ 則其生年當爲康熙八年

① 〔清〕王維新修，〔清〕徐家傑纂：《義寧州志》卷二四，清同治十二年（1873）刻本。
② 〔清〕高國楹修，〔清〕沈光曾纂：《平湖縣志》卷七，清乾隆十年（1745）刻本。
③ 〔清〕陳元京修，〔清〕范述之纂：《江夏縣志》卷一〇，清乾隆五十九年（1794）刻本。
④ 〔清〕王贈芳修，〔清〕成瓘纂：《濟南府志》卷五三，清道光二十年（1840）刻本。
⑤ 〔清〕梁鼎芬修，〔清〕丁仁長纂：《番禺縣續志》卷二〇，1931 年重印本。
⑥ 劉顯世修，楊恩元纂：《貴州通志》，1948 年鉛印本。
⑦ 李恭簡修，魏儁纂：《續修興化縣志》卷一三，1934 年鉛印本。
⑧ 王祖畬纂：《太倉州志》卷二一，1919 年刻本。
⑨ 〔清〕蔡呈韶修，〔清〕胡虔纂：《臨桂縣志》卷二九，清嘉慶七年（1802）修光緒六年（1880）補刊本。
⑩ 〔清〕戰效曾修，〔清〕高瀛洲纂：《海寧州志》卷一一，清乾隆修道光重刊本。

（1669）。

36.朱百遂,著有《息庵詩文稿》。《年表》著録其生年爲道光二十五年（1845）,卒年不詳。按民國《寶應縣志》云:"卒於官,年五十九。"① 則其卒年當爲光緒二十九年（1903）。

37.朱錦琮,著有《治經堂詩文集》二十卷、《續編》四卷、《外集》四卷、《續編》一卷。《年表》著録其生年爲乾隆四十五年（1780）,卒年不詳。按光緒《海鹽縣志》云:"年八十一卒。"② 則其卒年當爲咸豐十年（1860）。

38.任清漣,著有《秋浦詩集》。《年表》著録其生年爲順治三年,下注云:"任清漣生於順治三年十二月二十三日,公曆爲1647年1月28日。"卒年不詳。按乾隆《新會縣志》云:"卒年四十八。"③ 則其卒年當爲康熙三十三年（1694）。

39.莊世驥,著有《坐花草堂詩集》一卷。《年表》著録其生年爲道光元年（1821）,卒年不詳。按光緒《青浦縣志》云:"卒年五十有一。"④ 則其卒年當爲同治十年（1871）。

40.劉樞,著有《西澗舊廬詩稿》三卷附《詩餘》一卷。《年表》著録其生年爲乾隆五十二年（1787）,卒年不詳。按同治《上海縣志》云:"年七十六卒。"⑤ 則其卒年當爲同治元年（1862）。

41.劉需,著有《綠蔭亭詩草》一卷。《年表》著録其生年爲乾隆五十年（1785）,卒年不詳。按光緒《廣州府志》云:"年三十九卒。"⑥ 則其卒年當爲道光三年（1823）。

42.許賡皞,著有《平遠堂詩集》六卷、《蘿月詞》二卷。《年表》著録其卒年爲道光二十二年（1842）,生年不詳。按民國《建甌縣志》云:"醉後登仙掌絶巔,失足墜崖而亡,年甫三十,士林深爲惋惜。"⑦ 則其生年當爲嘉慶十八年（1813）。

43.孫卓,著有《甓社齋詩稿》。《年表》著録其字予立,生年爲順治十二年（1655）,卒年不詳。按嘉慶《宣城縣志》云:"孫卓,字予立,號如齋。""暴病卒,得年三十六。"⑧ 據此可知其號如齋,卒年爲康熙二十九年（1690）。

44.嚴廷典,著有《義亭詩鈔》《燕遊草》《宦遊草》《粵遊草》。《年表》著録其生年爲乾隆七年（1742）,卒年不詳。按同治《奉新縣志》云:"卒年五十六。"⑨ 則其卒年當爲嘉慶二年（1797）。

45.嚴思濬,著有《潛庵詩鈔》。《年表》著録其生年爲雍正八年（1730）,卒年不詳。按民

① 馮煦纂:《寶應縣志》卷一二,1932年鉛印本。
② 〔清〕王彬修,〔清〕徐用儀纂:《海鹽縣志》卷一六,清光緒二年（1876）刊本。
③ 〔清〕王植纂修:《新會縣志》卷九,清乾隆六年（1741）刻本。
④ 〔清〕汪祖綬修,〔清〕熊其英纂:《青浦縣志》卷一九,清光緒四年（1878）刊本。
⑤ 〔清〕應寶時修,〔清〕俞樾纂:《上海縣志》卷二一,清同治十一年（1872）刊本。
⑥ 〔清〕戴肇辰修,〔清〕史澄纂:《廣州府志》卷一三一,清光緒五年（1879）刊本。
⑦ 詹宣猷修,蔡振堅纂:《建甌縣志》卷三三,1929年鉛印本。
⑧ 〔清〕陳受培修,〔清〕張燾纂:《宣城縣志》卷一七,清嘉慶刻本。
⑨ 〔清〕吕懋先修,〔清〕帥方蔚纂:《奉新縣志》卷八,清同治十年（1871）刻本。

國《分宜縣志》云："年四十七,未竟其用而卒。"① 則其卒年當爲乾隆四十一年(1776)。

46.嚴錫綋,著有《香岩詩文集》。《年表》著録其字號輔衡、杜沼,生年爲雍正五年(1727),卒年不詳。按嘉慶《餘杭縣志》云："嚴錫綋,字度昭。""卒年六十有九。"② 則其又字度昭,卒年爲乾隆六十年(1795)。

47.嚴錫綬,著有《艾堂集》。《年表》著録其字艾堂,卒年爲乾隆二十三年(1758),生年不詳。按嘉慶《餘杭縣志》云："嚴錫綬,字鹿湖。""卒年五十有九。"③ 則其又字鹿湖,生年當爲康熙三十九年(1700)。

48.勞潼,著有《荷經堂古詩文稿》三卷。《年表》著録其卒年爲嘉慶六年(1801),生年不詳。按道光《南海縣志》云："制軍吉公慶聞其學行,遣僚屬造廬,請主講越華書院,潼已病篤矣。尋卒,年六十八。"④ 則其生年當爲雍正十二年(1734)。

49.楊有涵,著有《遠香亭詩鈔》四卷。《年表》著録其生年爲雍正三年(1725),卒年不詳。按同治《臨江府志》云："卒年七十四。"⑤ 則其卒年當爲嘉慶三年(1798)。

50.楊廷英,著有《杜詩注》,另有詩集。《年表》著録其生年爲康熙二十一年(1682),卒年不詳。按同治《南昌府志》云："年六十七卒。"⑥ 則其卒年當爲乾隆十三年(1748)。

51.楊國璋,著有《心畊書屋詩稿》一卷。《年表》著録其字號達夫、璧人,生年爲道光二十九年(1849),卒年不詳。按民國《大埔縣志》云："楊國璋,字璧臣。""己未正月卒。"⑦ 則其又字璧臣,卒年爲己未,即 1919 年。

52.楊殿梓,著有《雨厓詩集》八卷。《年表》著録其字號琴齋、雨崖,生年爲乾隆五年(1740),卒年不詳。按同治《清江縣志》云："楊殿梓,字睿材,號琴齋。""年六十五卒。"⑧ 則其又字睿材,卒年爲嘉慶九年(1804)。

53.李相,著有《怡山詩草》十三卷。《年表》著録其生年爲同治元年(1862),卒年不詳。按民國《新纂雲南通志》云："惜年四十二而卒。"⑨ 則其卒年當爲光緒二十九年(1903)。

54.李天錫,著有《寄傲山房詩存》。《年表》著録其生年爲道光三十年(1850),卒年不詳。按民國《貴州通志》云："民國九年卒,年七十一歲。"⑩ 則其卒年即爲 1920 年。

55.李從龍,著有《培根堂文集》。《年表》著録其籍貫山西太原,生年爲康熙四十二年

---

① 蕭家修修,歐陽紹祁纂:《分宜縣志》卷八,1940 年石印本。
② 〔清〕張吉安修,〔清〕朱文藻纂:《餘杭縣志》卷二五,1919 年重刊本。
③ 〔清〕張吉安修,〔清〕朱文藻纂:《餘杭縣志》卷二五,1919 年重刊本。
④ 〔清〕潘尚楫修,〔清〕鄧士憲纂:《南海縣志》卷三九,清同治八年(1869)刻本。
⑤ 〔清〕德馨修,〔清〕朱孫詒纂:《臨江府志》卷二四,清同治十年(1871)刻本。
⑥ 〔清〕許應鑅修,〔清〕曾作舟纂:《南昌府志》卷四五,清同治十二年(1873)刻本。
⑦ 劉織超修,温廷敬纂:《大埔縣志》卷二二,1943 年鉛印本。
⑧ 〔清〕潘懿修,〔清〕朱孫詒纂:《清江縣志》卷八,清同治九年(1870)刊本。
⑨ 龍雲,周鍾嶽纂修:《新纂雲南通志》卷七八,1949 年鉛印本。
⑩ 劉顯世修,楊恩元纂:《貴州通志》,1948 年鉛印本。

（1703），其他不詳。按道光《太原縣志》云："李從龍,字彥臣。""年五十八卒。"① 據此可知其字彥臣,卒年爲乾隆二十五年（1760）。

56.李鳳雛,著有《梧岡詩集》。《年表》著録其卒年爲雍正二年（1724）,生年不詳。按《金華徵獻略》云："卒於京邸,年七十矣。"② 則其生年當爲順治十二年（1655）。

57.李汝霖,著有《求是齋文集》。《年表》著録其籍貫河南永城,生年爲康熙八年（1669）,其他不詳。按光緒《永城縣志》云："李汝霖,字雨蒼,號斂庵,晚號山骨老人。""卒年九十五。"③ 則其字號可知,卒年爲乾隆二十八年（1763）。

58.李孝先,著有《葛園居士詩集》。《年表》著録其生年爲同治八年（1869）,卒年不詳。按民國《賀縣志》云："年五十九病卒。"④ 則其卒年當爲1927年。

59.李啓隆,著有《留盦詩存》一卷。《年表》著録其卒年爲1920年,生年不詳。按宣統《番禺縣續志》云："年七十六卒。"⑤ 則其生年當爲道光二十五年（1845）.

60.李昌昱,《慧力寺志》《清江縣志》收其詩。《年表》著録其生年爲康熙五十五年（1716）,卒年不詳。按乾隆《鄞縣志》云："卒年七十九。"⑥ 則其卒年當爲乾隆五十九年（1794）。

61.李佩琳,著有《停雲山館詩文集》。《年表》著録其生年爲道光六年（1826）,卒年不詳。按民國《宜春縣志》云："年六十五而卒。"⑦ 則其卒年當爲光緒十六年（1890）。

62.李周南,著有《洗桐軒詩文集》。《年表》著録其生年爲乾隆四十二年（1777）,卒年不詳。按光緒《增修甘泉縣志》云："以微疾卒,年七十一。"⑧ 則其卒年當爲道光二十七年（1847）。

63.李承銜,著有《自怡軒集》,《年表》著録其字雲浦,生年爲道光三年（1823）,卒年不詳。按光緒《丹徒縣志摭餘》云："李承銜,字雲甫。""年六十五卒。"⑨ 則其又字雲甫,卒年當爲光緒十三年（1887）。

64.李繼聖,著有《尋古齋詩集》八卷、《續集》一卷。《年表》著録其生年爲康熙三十五年（1696）,卒年不詳。按同治《常寧縣志》云："年七十二卒。"⑩ 則其卒年當爲乾隆三十二年（1767）。

65.李曾裕,著有《舒嘯樓詩》《舒嘯樓詞》二卷。《年表》著録其生年爲嘉慶十五年

① 〔清〕楊國泰纂修:《太原縣志》卷一〇,清道光六年（1826）刊本。
② 〔清〕王崇炳:《金華征獻略》卷一二,清雍正十年（1732）刻本。
③ 〔清〕岳廷楷修,〔清〕吕永輝纂:《永城縣志》卷二〇,清光緒刻本。
④ 韋冠英修,梁培煐纂:《賀縣志》卷八,1934年鉛印本。
⑤ 〔清〕梁鼎芬修,〔清〕丁仁長纂:《番禺縣續志》卷三二,1921年重印本。
⑥ 〔清〕錢維喬纂修:《鄞縣志》卷一七,清乾隆五十三年（1788）刻本。
⑦ 謝祖安修,蘇玉賢纂:《宜春縣志》卷一七,1940年石印本。
⑧ 〔清〕徐成敭修,〔清〕陳浩恩纂:《增修甘泉縣志》卷一四,清光緒七年（1881）刊本。
⑨ 〔清〕李丙榮續纂:《丹徒縣志摭餘》卷八,1918年刻本。
⑩ 〔清〕玉山修,〔清〕李孝經纂:《常寧縣志》卷八,清同治九年（1870）刻本。

（1810），卒年不詳。按民國《上海縣續志》云："卒年八十有一。"① 則其卒年當爲光緒十六年（1890）。

66．李裕澤，著有《敬業堂詩文存稿》。《年表》著録其生年爲道光十六年（1836），卒年不詳。按民國《重修信陽縣志》云："卒於河州任所，年五十有八。"② 則其卒年當爲光緒十九年（1893）。

67．李裕堂，著有《詩文選稿》。《年表》著録其生年爲乾隆五十年（1785），卒年不詳。按民國《續修陝西通志稿》云："卒年五十七。"③ 則其卒年當爲道光二十一年（1841）。

68．李登螭，著有《九峰齋遺稿》一卷。《年表》著録其生年爲乾隆三十八年，下注云："李登螭生於乾隆三十八年十二月二十四日，公曆爲 1774 年 2 月 4 日。"卒年不詳。按光緒《遵化通志》云："十五年考滿歸覲，旋卒，年六十有二。"④ 則其卒年當爲道光十五年（1835）。

69．李嘉秀，著有《虛白堂文集》。《年表》著録其生年爲乾隆四十九年（1784），卒年不詳。按同治《嘉定府志》云："年七十，壽終於九峰書院。"⑤ 則其卒年當爲咸豐三年（1853）。

70．李擢英，著有《退思齋詩草》四卷。《年表》著録其生年爲咸豐元年，下注云："李擢英生於咸豐元年十二月十五日，公曆爲 1852 年 2 月 4 日。"卒年不詳。按民國《商水縣志》云："卒年七十。"⑥ 則其卒年當爲 1921 年。

71．吳相，著有《染緑山房文稿》。《年表》著録其字長梅，生年爲康熙九年，下注云："吳相生於康熙九年十二月二十六日，公曆爲 1671 年 2 月 5 日。"卒年不詳。按同治《寧洋縣志》云："吳相，字長梅，號麟山。""行年五十有三，考終京第。"⑦ 則可知其號麟山，卒年爲雍正元年（1723）。

72．吳兆榮，著有《寓生居詩存》二卷。《年表》著録其卒年爲 1922 年，生年不詳。按民國《安徽通志稿》云："民國十一年卒，年七十二。"⑧ 則其生年當爲咸豐元年（1851）。

73．吳浚宣，著有《思紅吟館詩草》八卷、《繡春集》八卷。《年表》著録其生年爲道光十九年（1839），卒年不詳。按民國《海寧州志稿》云："卒年七十六。"⑨ 則其卒年當爲乾隆二十九年（1764）。

74．何傳中，著有《禮耕山房詩草》。《年表》著録其生年爲道光二十九年（1849），卒年不詳。按民國《重修信陽縣志》云："以丙申五月卒。"⑩ 則其卒年當爲丙申，即光緒二十二年

---

① 吳馨修，姚文枬纂：《上海縣續志》卷一八，1918 年鉛印本。
② 陳善同纂：《重修信陽縣志》卷二六，1936 年鉛印本。
③ 宋伯魯，吳廷錫纂修：《續修陝西通志稿》卷七四，1934 年鉛印本。
④ 〔清〕何崧泰修，〔清〕史樸纂：《遵化通志》卷四八，清光緒十二年（1886）刻本。
⑤ 〔清〕文良修，〔清〕陳堯采纂：《嘉定府志》卷三四，清同治三年（1864）刻本。
⑥ 徐家璘修，楊凌閣纂：《商水縣志》卷一七，1918 年刻本。
⑦ 〔清〕董鍾驤修，〔清〕陳天樞纂：《寧洋縣志》卷九，1935 年鉛印本。
⑧ 安徽通志館：《安徽通志稿·藝文考稿》，1934 年鉛印本。
⑨ 朱錫恩續纂：《海寧州志稿》卷二九，1922 年鉛印本。
⑩ 陳善同纂：《重修信陽縣志》卷二六，1936 年鉛印本。

（1896）。

75．何探源，著有《咏梅山館詩文集》。《年表》著録其生年爲嘉慶二十四年（1819），卒年不詳。按同治《大埔縣志》云：“卒於官，年五十五。”① 則其卒年當爲同治十二年（1873）。

76．余弼，著有《獻草酬花室遺文》。《年表》著録其生年爲道光十一年（1831），卒年不詳。按光緒《嘉興縣志》云：“卒之日，年纔五十有二。”② 則其卒年當爲光緒八年（1882）。

77．鄒洪緯，著有《栢香亭文集》。《年表》著録其生年爲咸豐十年（1860），卒年不詳。按光緒《丹徒縣志摭餘》云：“以積勞致疾不起，年四十七。”③ 則其卒年當爲光緒三十二年（1906）。

78．應寶時，著有《射雕詞》二卷。《年表》著録其卒年爲光緒十六年（1890），生年不詳。按光緒《永康縣志》云：“以年二十有四，中道光甲辰恩科舉人。”④ 道光甲辰，即道光二十四年（1844），則其生年當爲道光元年（1821）。

79．汪浧，著有《穫經堂初稿》三十六卷。《年表》著録其生年爲乾隆九年（1744），卒年不詳。按光緒《江西通志》云：“年七十四卒。”⑤ 則其卒年當爲嘉慶二十二年（1817）。

80．汪炯，著有《桃花村人詩》。《年表》著録其卒年爲道光二十四年（1844），生年不詳。按同治《續纂江寧府志》云：“既補諸生。沉潛於學，以勞瘵得咯血疾，懼爲母憂，諱不言。及母卒，痛益深。既免喪，遂卒，年三十二。”⑥ 則其生年當爲嘉慶十八年（1813）。

81．汪灝，著有《倚雲閣詩集》一卷。《年表》著録其號畏庵，生年爲順治八年（1651），卒年不詳。按民國《臨清縣志》云：“汪灝，字文漪，號畏庵，晚號天泉生。”“卒年六十七。”⑦ 則可知其字文漪，别號天泉生，卒年爲康熙五十六年（1717）。

82．汪有典，著有《望古集》六卷。《年表》著録其生年爲康熙二十四年（1685），卒年不詳。按光緒《續修廬州府志》云：“年七十一卒。”⑧ 則其卒年當爲乾隆二十年（1755）。

83．汪寶樹，著有《東渠詩存》《東渠文存》。《年表》著録其生年爲道光十七年（1837），卒年不詳。按民國《重修泰安縣志》云：“乙巳冬改武强，又四月引疾去，以候選道員隱天津，又四年卒。”⑨ 乙巳即1905年，“又四月”“又四年”後，可知其卒年當爲宣統二年（1910）。

84．汪桂月，著有《抒抱軒詩鈔》十卷、《亦寄齋文存》十二卷。《年表》著録其字號秀林、養園，卒年爲咸豐元年（1851），生年不詳。按民國《安徽通志稿》云：“汪桂月，字秀林，號玉

① 〔清〕張鴻恩纂修：《大埔縣志》卷一七，清光緒二年（1876）刻本。
② 〔清〕趙惟崳修，〔清〕石中玉纂：《嘉興縣志》卷二六，清光緒三十四年（1908）刻本。
③ 〔清〕李丙榮續纂：《丹徒縣志摭餘》卷八，1918年刻本。
④ 〔清〕李汝爲修，〔清〕潘樹棠纂：《永康縣志》卷八，1932年石印本。
⑤ 〔清〕曾國藩修，〔清〕劉繹纂：《江西通志》卷一六三，清光緒七年（1881）刻本。
⑥ 〔清〕蔣啓勛纂，〔清〕汪士鐸纂，〔清〕陳作霖分纂：《續纂江寧府志》卷五，清光緒十年（1884）重印本。
⑦ 張自清修，張樹梅等纂：《臨清縣志·人物志》，1934年鉛印本。
⑧ 〔清〕黃雲修，〔清〕林之望等纂：《續修廬州府志》卷四四，清光緒十一年（1885）刊本。
⑨ 葛延瑛修，孟昭章纂：《重修泰安縣志》卷八，1929年泰安縣志局鉛印本。

民,晚號養園。"咸豐元年卒,年七十九。"① 則其又號玉民,生年爲乾隆三十八年(1773)。

85. 沙增齡,著有《菊潭詩鈔》八卷。《年表》著録其生年爲乾隆三十六年(1771),卒年不詳。按同治《如皋縣續志》云:"年八十四卒。"② 則其卒年當爲咸豐四年(1854)。

86. 沈湘,著有《夢川老漁集》。《年表》著録其生年爲乾隆四十八年(1783),卒年不詳。按民國《海寧州志稿》云:"壽至八十一歲。"③ 則其卒年當爲同治二年(1863)。

以上就86位清代詩人的生卒年加以考補,以期對學術研究有基礎之助。因所據文獻全爲地方志,考録或有舛漏之處,則待方家正之。

（李建江,山東大學文學院博士研究生）

---

① 安徽通志館:《安徽通志稿·藝文考稿》,1934年鉛印本。
② 〔清〕周際霖修,〔清〕周頊纂:《如皋縣續志》卷八,清同治十二年(1873)刊本。
③ 朱錫恩續纂:《海寧州志稿》卷二九,1922年鉛印本。

徐用錫藝術交遊雜考

周録祥

［摘　要］　徐用錫是康雍乾年間著名學者、書法家,所著《圭美堂集》保存了其與許多書畫家詩歌唱和、文藝品評、書畫題識等的交遊材料。考察他與宋恭貽、赫奕、劉巖、秦道然、何焯、曹曰瑚、蔣廷錫等書畫名家的交遊,有助於瞭解徐用錫書法學習和書畫交流、藝術品鑒等情況,對同期書畫家的藝術生活、書畫藝術史的研究也有較大參考價值。

［關鍵詞］　徐用錫　圭美堂集　交遊　藝術文獻

　　徐用錫(1657—1736後)是清康雍乾年間著名學者,《清史稿》卷五〇三《藝術二》有傳,稱其"從李光地遊,究心樂律、音韻、曆數、書法"。又是著名書法家,"用錫鄉舉出姜宸英之門,與何焯同爲光地客,論書多與二家相出入。精于鑒別古人,言筆法亦多心得,著《字學劄記》二卷,載《圭美堂集》中"。其《圭美堂集》二十六卷,《四庫全書總目》卷一八四(別集類存目十一)著録。前十卷爲詩,後十六卷爲各體文及雜著,較之康雍乾諸名家並不突出,《圭美堂集》中除音韻學論文《字學音韻辨》及《字學劄記》中的書論外,最有研究價值的,還是其中的藝術文獻資料。

　　《圭美堂集》中頗多唱和之作,徐用錫雅好書法,與結交往還的頗多書畫名家,如李光地、宋恭貽、赫奕、劉巖、秦道然、何焯、曹曰瑚、蔣廷錫、汪鶚、程鳴、張伯龍等,互有酬唱贈答。徐用錫詩文中所展現的與書畫名家的結交始末、詩歌唱和、軼聞逸事、書畫創作、題詠饋贈乃至收藏傳承,很有研究價值。清初書畫藝術史料較爲零散,書畫史研究時有遺憾,對徐用錫藝術交流的深入探究,不僅有助於瞭解其書法學習和書畫交流、藝術品鑒等情況,對同期書畫家的藝術生活、書畫藝術史的研究也有較大參考價值。

　　徐用錫受知其座師、著名書法家李光地,詩文中與其交往的内容最多,另文論述;梁巘亦曾介紹徐用錫與其同年進士著名書法家張照的書法交往及諸多細節,[①] 徵引《圭美堂集》之《同年張得天雨中見寄依韻奉酬》《得天以湖穎十矢見貽置肩輿中失去其半戲作短句爲謝》諸詩,此不贅述,今再詳考其與宋恭貽等人交遊,大體以年壽爲序:

1. 宋恭貽

　　宋恭貽(1643—1725),字稚恭,一字芸夫,號滋庵,江蘇鹽城人,宋曹子。康熙二十九年

---

① 張照:《張照與徐用錫交遊考》,《理論界》2014年第6期,第96—98頁

（1690）庚午科順天鄉試舉人。補中書，康熙五十七年（1718）曾任河南鄢陵知縣。著有《鶴陰書屋集》。書法二王，楊賓議論書法時所稱"射陵父子"，即指宋曹及宋恭貽。事迹具光緒《鹽城縣誌》卷十六。

《阮葵生集》"宋恭貽"條云："鹽城宋滋庵恭貽有詩才，繪《高孝子望親廬圖》，便徵詩以褒之。孝子父高特聘，宿遷諸生，崇禎甲申聞變，即棄家去。其兄求之數年不得。久之，聞海上賣卜奇中，兄往卜之，云當即相見。察其懷狀，即特聘也，強之歸。生一子尚友，一日短衣持雨蓋出，不知所之。尚友長成，數十年無消息，遂築望親樓於峒峿山中，每遇過客輒詢訪，聲淚並下。宋經其地，異之，紀其事而繪圖焉。"[1] 高特聘與徐用錫爲世交，宋恭貽爲繪《高孝子望親廬圖》，多人題詩，即徐用錫爲之紹介。徐用錫康熙己亥（1719）曾撰《宋滋庵令鄢陵寄贈》[2]述宋恭貽奉母之教，及高齡（時已七十六歲）出令鄢陵之不易。雍正甲辰（1724），徐用錫有《甲辰春友人自鹽城至得滋菴手書知其祔葬事畢喜賦長句》（P472），對宋恭貽之家貧深爲掛懷，並深喜其祔葬事畢。徐用錫又有《宋滋庵以王石谷所寄〈煙竹〉畫扇將付其次子珇收藏索題》（P443），可見名畫寄贈及父子傳藏之端緒。

2. 赫奕

赫奕（1655—1731），字澹士，號南谷、竹崿、青崿，別號碧巖簫史，姓赫舍里氏，滿州正黄旗。康熙末年，官至工部尚書。性澹泊，琴書之外專事於畫，初學黄鼎，繼爲王原祁弟子。山水宗法元人，而獨開生面，迥異時流。筆意蒼勁，墨氣淹潤，山石林木，無不規橅原祁，時有南王北赫之稱。

徐用錫早年受赫奕提點，兩人交誼深厚，《圭美堂集》卷十三有《竹崿先生小傳》，述其生平甚詳，其中云："先生嘗自歎：'吾於琴與畫，實心知其意，恨不得屏居閒暇，專精以詣其所欲至。'著有《琴說》。於畫山水，獨心折婁東王少司農麓台，謂虞山王翬工力亦深，婁東於繪事少所許可，爲先生首屈指焉，想其契合，有不在楮墨間者。"（P543）尤加意於其藝術趣尚與成就。兩人時有畫書題詠贈寄，如《澹士以寄懷詩意寫畫見寄依韻題此》（P422）、《青崿先生寄贈〈疏林碧嶂圖〉并惠短咏喜賦有懷》（P445）、《題赫尚書寄著色大幅山水》《又題小幅水墨山水》（P517）。也有一些詩作，寫日常交往，抒懷念之情，如《慈光西樓懷赫尚書》（P428）、《丁酉秋初寄武夷貢茗與赫公澹士》（P445）、《戊戌夏日途間和竹崿贈別原韻》（P445）、《看雪憶赫尚書》（P447）、《戊戌初夏竹崿先生聞余將歸促與話別草草相對悽咽盈襟分手後馬上口占先生亦往督職事所在矣》（P475）、《途間依韻和竹崿先生扇頭贈別之作》（P475）、《澹士以安溪永逝爾我遠離爲第一字成詩見寄依韻答之》（P480）、《答澹士》（P480）、《辛丑立

① 〔清〕阮葵生著，王澤强點校，張强主編：《阮葵生集》下，西安：陝西人民出版社，2009 年，第 1264 頁。
② 〔清〕徐用錫：《圭美堂集》，《清代詩文集彙編》第 200 册，上海：上海古籍出版社 2010 年影印清華大學圖書館藏乾隆十五年刻本，第 477 頁。以下《圭美堂集》所引皆爲此本，頁碼標於正文。

春前二日柬赫司空澹士》（P485）、《楚遊每遇名勝輒懷赫尚書即用見寄原韻》（P514），共和五首（《寒谿》《赤壁》《峴山》《萬山》《習家池》），可見交遊之深。

3. 劉巖

劉巖（1656—1716），字大山，江南江浦（今江蘇南京）人。康熙四十二年（1703）進士。任編修。後涉戴名世南山案入獄，赦罪後隸漢軍籍。著有《拙修齋稿》《大山詩》《石樵詩集》等。吳楫《劉大山先生傳》："幼敏慧，妙於音律，善繪事，尤喜弈，以善弈名里中。"[①]

《雪橋詩話三集》卷四："徐壇長初名杏，康熙乙丑從高高齋遊。高齋名東生，字麓隱，爲金壇十子之一。己巳倩昭陽顧瑟如作《京江負笈圖》……卷中如孫勷子未、劉輝祖靜山、劉巖大山及何義門，皆當時以時藝名者。"[②]這段負笈歲月，徐用錫記憶深刻，三十餘年後曾作《京口憶舊》詩，序云："康熙乙丑，余負笈從金壇高高齋先生讀書鶴林、北固間，今三十餘年矣。江山在目，舊感盈襟，因賦五絶句。"（P513）康熙己巳（1689），倩興化顧符稹爲作《京江負笈圖》，一時藝林名流如劉巖等多予題辭。

劉巖中進士後在京任編修，徐用錫時客李光地家，得常與往還。康熙四十八年（1709）八月十四日晚，徐用錫曾同劉謙、劉巖、戴名世、儲在文、黎志遠、成文等登黑窰廠高臺玩月，有詩《己丑八月十四晚同劉益侯納言大山前輩及戴褐夫儲禮執黎寧先同年登黑窰廠高臺玩月成子絅齋携酒肴至飲至夜分即事一首用禮執原韻》（P433），諸人一時和作頗多。時常亦有酬唱（《又和劉大山前輩韻送乾御》，P469）。晚年徐用錫曾作《連夜夢安溪師絅齋寧先湘芷義門大山立侯感賦》："聚散存亡來去風，知君若個賦幽通。平生師友淵源意，盡到篷窗一夢中。"（P514）可知劉巖爲其關係至爲密切、情誼最爲深厚諸師友之一。

4. 秦道然

秦道然（1658—1747），字雒生，號南沙，又號泉南山人。江南無錫人。康熙四十八年（1709）徐用錫同科進士，改庶吉士。官至禮科給事中。因曾任胤禟之師，雍正間下詔獄，乾隆元年（1736）方解。《清朝書畫家筆錄》稱其善書，書法出入李邕、顏真卿，尤工漢隸。著《困知私記》《明儒學錄》。

《圭美堂集》卷三有《贈秦南沙斧形石硯歌》（P434），云："月中桂樹不受斫，天風吹落吳剛斧。鞭龍駕鳳苦搜尋，不知何年溷市賈。我昨緩步慈仁廊，抖搜塵沙形製古。由來神物石爲質，潦倒文房伴迂腐。購歸望含呼洗磨，十斛清流千細楮。須臾皴剥露精神，炯炯清瑩

① 馬在淵：《劉介廉先生編年考》，蘭州：甘肅人民出版社，2012年，第60頁。
② 楊鍾羲撰集，劉承幹參校：《雪橋詩話三集》，北京：北京古籍出版社，1991年，第155頁。

堪對語。池中墨銹旁光澤,鱼子薰烧鏡出土。玉泉波注龍香丸,不待研磨已媚嫵。他時南沙笑我頑,斷石零磚堆成堵。是日突来色懊悵,口不言愛手勤撫。春光淡泡墮瓶花,坐視脉脉我心許。屢見廟市依形求,饑疲空歸日卓午。脱手相贈如償負,不比元英陳大吕。我愛何必爲我私,但須是物得其所。君文雅健書格清,視我齊晉臨邞莒。曉牕開後弄秋晴,夜燈孤處深春雨。蠅頭筆飽掃千枝,擘窠汁濃盡一斝。短歌爲餞結石交,雄製韓碑搴石鼓。擩染平步掌絲綸,雲流電掣墨花吐。玉堂材大難久用,好注丹經鎮巖洞。爛柯一度輕千春,疑君本是看棋人。"將自己慧眼購得斧形石硯後,秦道然的懊惱與艷羡寫得活靈活現,同時盛贊秦道然書法成就遠超自己,故慨然以石硯相贈,兩人因而結爲"石交"。又作有《雒生贈英石研山賦謝》(P434),則秦道然投桃報李,回贈以英石研山,故作。卷六亦有《庚寅正月十一日與秦南沙夜話聞誦近詩即次其韻》(P469),其中"越渚吴山成二老,他年莫負話殘燈",可見交誼之深。又有《與成絅齋冒雨過雒生留飲絅齋往他處余獨騎歸》(P441)、《和南沙移居原韻》(P469)。

5. 何焯

何焯(1661—1722),初字潤千,更字屺瞻,晚號茶仙,江蘇長洲(今蘇州)人。士林稱"義門先生"。康熙四十三年(1704)進士,授編修。精於楷行,筆墨精妙,從皆以得其尺牘爲榮。

徐用錫與何焯同爲李光地門下,交往甚密,時有唱和題贈。袁枚《隨園詩話補遺》卷二:"余丙辰入都,胡稚威引見徐壇長先生,己丑翰林,年登大耋。少游安溪李文貞公之門,所學一以安溪爲歸。詩不求工,而間有性靈流露處。《贈何義門》云:'通籍不求仕,作文能滿家。坐環耽酒客,門擁賣書車。'真義門實録也。"[1] 此詩即《八月八日夢何義門柬札中有詩句云文明分泰乙三逕有繁華足成寄蔣子遵》:"文明分泰乙,三逕有繁華。通籍不求仕,作文能滿家。座環耽酒客,門擁賣書車。無度東南美,幽通信未賒。"(P444)可見其相知之深。

何焯書法造詣深厚,書論尤獨具慧眼,徐用錫時與探討,深受其影響。徐用錫《跋汪箕臺蘭亭》稱:"吾友義門學士、虛舟給諫與吾同好,又俱以書名,用張我軍,三人爲衆矣。"(P619)因何焯、王澍與自己都認同思古齋本《蘭亭集序》爲最佳,引爲同好。徐用錫不少碑帖題跋參考、引述了何焯的説法,如《顔書臧公神道碑跋》:"前列銜名'李秀巖'下二字殘蝕,不可辨識。何義門謂余是'補勒'字,即指後希讓渭北節度使,前只觀察使耳,書碑時尚未加贈,故云'補勒',而金薤琳琅直以'篆額'二字實之,障後人目矣。"(P613)《真賞齋鍾帖跋》:"義門向余云:真賞齋鍾帖,李太僕信之甚真,祝京兆便有異議……"(P615)《書婁子柔戲鴻堂帖跋後》:"何義門學士爲余言:戲鴻堂初乃木刻……"也曾爲何焯所獲碑帖題識(《義門學士摹蘭亭跋》,P615)。但徐用錫對何焯水平并非盲目推崇,亦有客觀中肯的批評,

---

[1] 〔清〕袁枚著,王英志校點批注:《隨園詩話》,南京:南京出版社,2020年,第347頁。

如"近書家江浙人數三家,姜葦間、陳香泉、何義門。……何臨仿唐人甚熟,實得古人筆法,只自己面目少,塌著筆描字,不是提著筆寫字"。(P591)

日常交往中,或共同感慨於同仁之窮且益堅(如《顧嗣宗帆湘集序》:"顧子年逾異糧,尚困躓諸生中,寬夕綽夕,無幾微悒鬱無聊之色,筆耕硯穫以奉親而教其子,其鄉之先達何義門每爲余道之。" P529)或同遊觀花,如康熙五十一年(1712),徐用錫曾作《值所與同年張趾肇約晚同義門何前輩過怡園看杏花義門牽于他事余久侍師座趾肇遲予輩不至遽歸至花下者余一人而已賦呈趾肇並獻何前輩》(P414),記載與張起麟、何焯諸人相約看花,而各自因事未集的一段經歷。稱何焯爲前輩,蓋因其進士及第早徐用錫五年,其年齒尚小徐用錫四歲。後張起麟有怡園看杏花詩,何焯楷書便面贈徐用錫,徐用錫有詩《趾肇同年怡園遲余看杏花詩義門前輩楷書便面見貽寶如合璧喜用原韻志之》(P471),堪稱佳話。

康熙六十一年(1722)八月五日,何焯卒,年六十二,徐用錫得其死訊,有《壬寅八月五日得義門先生凶問》(P425)三首,紀兩人交遊,並悼之。其一云:"官齋借息偃,陳編數蕭晨。伐鼓通朝報,秋雨闇將昏。吾友久脾疾,褒邮展絲綸。失聲我何爲,俊氣無斯人。中宵追平生,語笑忽如親。歲月淹天禄,名山能幾存。恩雖換粉書,光不到青燐。人生誰長世,後死得苦辛。涼風鳴牖罅,蕭蕭傷我神。"感人至深。

6. 曹曰瑚

曹曰瑚(? —1736?),字仲經,號竹澗,秀水人。嗜金石,工書法。朱彝尊弟子。

高樹偉曾據康熙拓本《華岳頌》徐用錫跋文及《圭美堂集》所載與曹竹澗相關詩作,考證曹寅《棟亭集》兩次提到的"竹澗侄"爲曹曰瑚,解決了紅學界關注已久的一個問題;[1] 周小英《清初秀州碑帖家曹仲經》[2] 則同樣引述《圭美堂集》相關記載,叙徐用錫與曹曰瑚的書法交往,尤其《李都尉墓誌銘》跋中所記載的"鑾輿駐高旻寺,龍舠競渡,簫鼓喧闐,冠賞交鶩,士女如雲"之時,兩人艤舟觀賞曹曰瑚自陝西帶回的碑帖,藝術之專注,令人動容。按《圭美堂集》卷六《贈曹仲經》"隋岸爭騰千鶺首,秦碑磅礴兩牛腰"注:"丁亥春,遇仲經於維揚舟中,時上駐蹕高旻寺,龍舟喧闐,士女擁岸。仲經邀賞其新搨陝碑兩箱,致爲佳事。"(P474)所述亦此事。

曹曰瑚雅好金石,碑帖收藏甚富,曾在《瘞鶴銘》殘台出水之前,曾經傳拓數本。徐用錫精研書法,與其興趣相投,《圭美堂集》卷二十二中即有《跋曹仲經未斷聖教序》《跋曹仲經黃庭鎮海本》(P615)。《顏書臧公神道碑跋》:"魯公書昔人稱其端勁莊特,臧公神道更秀鋒逸氣,淬利無前。此係略舊本,余向贈友人曹仲經。仲經轉贈褚子良書,良書褾成二冊,用寶行

---

① 高樹偉:《曹寅"竹澗侄"考》,《曹雪芹研究》2012年第1期,第165—177頁。

② 范景中、曹意强、劉赦主編:《美術史與觀念史 XX19 XX20》,南京:南京師範大學出版社,2017年,第698—702頁。

笈,臨仿精進,閱見秘妙,幸以告仲經及予,示不忘也。"（P613）《項書存家藏蘭亭神龍本跋》又一則亦云:"項刻余未之見,吾友曹仲經曾占弟子籍於竹垞先生,今年秋寄書索之。仲經允揭示而未至,未知視此何如也。"（P619）可知時有碑帖相饋之舉。

據徐用錫作於雍正丁未年（1727）的《夏五送仲經北上》云:"侨札蒙襟契,于今已卅年。"（P458）則其約在康熙三十六年丁丑（1697）,四十一岁前後已結識曹曰瑚。康熙己亥（1719）,兩人曾重逢,相識已近二十載,徐用錫作《重陽後三日曹仲經北行見訪》有云"一夕寒花風雨過,廿年征鴈稻粱遲。"（P479）後兩人時有詩書往還,如雍正三年乙巳（1725）有《寄曹竹澗》（P457）。雍正四年丙午（1726）,徐用錫有《題曹仲經小照》:"世情厭老莫傳真,荷葉楊枝幸共新。記取初逢花映肉,於今俱是白頭人。"（P518）無限感傷。後一年,又有《戊申春日得曹竹澗信》（P458）。

乾隆元年前後,曹曰瑚卒,徐用錫有《挽曹竹澗》:"屢指三年別,箋函時與通。金蘭無替日,翠柏折盲風。嗜古看留贈,自今悲斷鴻。絮雞愧長物,猶是一詩筒。"（P466）

7. 蔣廷錫

蔣廷錫（1669—1732）,字酉君、楊孫,號南沙、西谷,又號青桐居士,江蘇常熟人,著名畫家。康熙四十二年（1703）進士,歷任禮部侍郎、户部尚書、文華殿大學士、太子太傅等。雍正十年（1732 年）卒于任内,諡文肅。

廷錫善畫花鳥,尤擅牡丹。徐用錫與其同爲己卯順天鄉試舉人,俱出李蟠之門,交誼深厚,多爲其畫題詩。如《題雅雲章藏蔣西谷畫〈牡丹〉册幅》云:"筆花舊屬同門友（自注:西谷爲余鄉試同門）,天香猶惹玉堂風。"（P435）又有《題蔣西谷同門畫蘭》（P511）、《題西谷畫瓜（扈蹕口外所繪）》（P513）等。

《周漁璜先生年譜》（康熙）四十八年己丑:"是年,有……《成綑齋讀書城南有煙水之觀蔣諭德揚孫寫圖徐編修壇長題詩其上即用其韻》。"原注:"（陳）田按:綑齋名文,此圖光緒甲午（二十年,公元 1894 年）余見於涿州李氏。圖寫楊柳數株,兼葭彌望,矮屋數間,册首題作《兼葭書屋圖》,徐壇長於圖左對幅題七律一首,揚孫和壇長韻題于上左方。此後題者二十七人,先生詩亦在其列。揚孫本以花卉翎毛擅長,此圖洵爲僅見。"[1]考此詩載周起渭《桐野詩集》卷四,作:"不獨身涼意亦涼,城中宛轉見回塘。背將塵市煙皆綠,隔斷塵埃水自香。已約嗣宗爲嘯侶,更煩摩詰寫書堂。愛他西向多林樹,併入西山一帶蒼。"[2]《圭美堂集》卷六有《訪綑齋賦贈》與此詩韻腳相同,所次即此詩也。

① 貴州省文史研究館編:《續黔南叢書》第 5 輯《貴州名賢年譜選九種》,貴陽:貴州人民出版社,2014 年,第 18 頁。
② 〔清〕周漁璜著,歐陽震等校注:《桐野詩集》,貴陽:貴州人民出版社,1999 年,第 400 頁。

　　總之，《圭美堂集》中所載徐用錫與諸多書畫名家交遊多有酬答之詩、往還之文，可以考察書畫家結交始末、詩歌唱和、軼聞逸事、書畫創作、題詠饋贈乃至收藏傳承等情形，對於清康雍乾時期藝術史的研究，具有較高的參考價值，值得繼續深入發掘研究。

（周録祥，韓山師範學院文學與新聞傳播學院教授）

張舜徽致卞孝萱六通信札考釋

胡　新　朱金波

[摘　要]　張舜徽致卞孝萱的六通信札,形成於中國歷史文獻研究會創立初期的時代背景下。本文在釋讀信札内容的基礎上,結合通信前後二位先生相關的活動記載,以及師友等人員的回憶文字,較好地勾勒出學會創立初期《中國歷史文獻研究集刊》組稿、發展會員以及編著圖書等事件的經過。六通信札作爲具有重要史料價值的歷史文獻,不僅反映中國歷史文獻研究會創立初期的艱辛情形,也真實記錄了張、卞二人在學術、工作和生活等方面的交往。

[關鍵詞]　張舜徽　卞孝萱　中國歷史文獻研究會　清代揚州學記

　　日前,筆者瀏覽網站時偶然發現西泠印社拍賣有限公司 2016 年春季拍賣會上出現的張舜徽致卞孝萱六通信札。信札疑爲卞孝萱身後流出,考其時間爲 1979 年 12 月 20 日至 1980 年 9 月 5 日,主要圍繞《中國歷史文獻研究集刊》組稿、發展中國歷史文獻研究會會員和編寫《中國史學家傳》《中華人民通史》等事,前後内容連貫,信息較爲豐富,既反映了兩位學者的交往行誼和治學風範,又是中國歷史文獻研究會創立初期的重要史料,頗有價值。

　　1979 年 4 月 4 日,中國歷史文獻研究會在廣西桂林正式成立,發展會

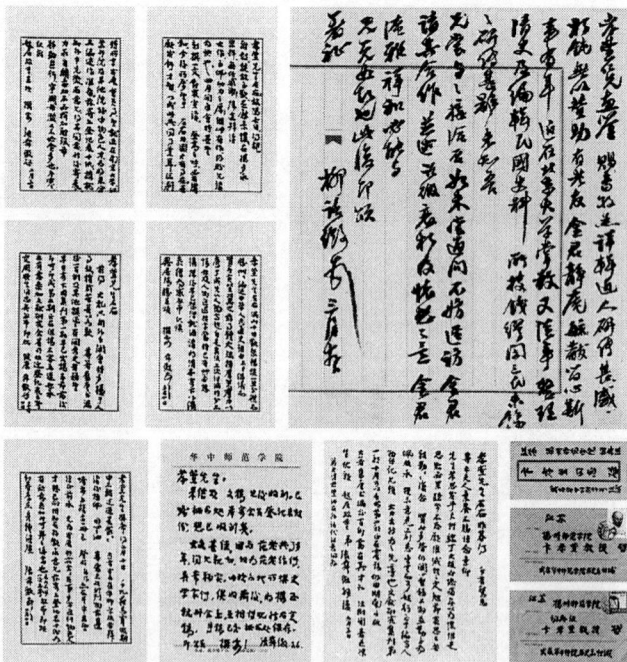

張舜徽致卞孝萱六通信札

員和編輯會刊《中國歷史文獻研究集刊》[①]成爲研究會首先開展的兩項主要工作。爲此,研究會會長兼會刊主編的張舜徽與崔曙庭在 7 月冒着酷暑赴京組稿,拜訪了顧頡剛、張政烺、謝國楨、胡厚宣、梅益、梅關樺、梁寒冰、周祖謨、鄧廣銘、商鴻逵、何兹全、趙光賢、劉乃和、趙守儼、

楊伯峻等學界名流，[1]成效卓著，收獲了大量優質稿源。8月，《中國歷史文獻研究集刊》第一集定稿，交給湖南人民出版社，計劃在春節前後出版。[2]

年底，《中國歷史文獻研究集刊》第二集組稿工作啓動，張舜徽已有計劃在寒假期間前往寧、滬約稿。12月20日，張舜徽復函卞孝萱：

孝萱先生左右：

　　前得大札，只因外出開會時多，擾於人事，致稽裁答，甚以爲歉。尊著《〈舊唐書〉漏校一百例》及其他撰述之有關考史者，務望早日寄下。因《集刊》第一期早已發稿，春節前後即可印成，第二期正在組稿，不容再遲也。承示有意參加文獻研究會，甚所歡迎，登記表已寄交周順生同志矣。匆布，即祝健康。

舜徽啓
十二月廿日

張舜徽向卞孝萱發出邀約，囑其將大作《〈舊唐書〉漏校一百例》及其他有關考史方向的論文寄給他編入會刊，并非常歡迎卞氏加入中國歷史文獻研究會，還將其會員登記表寄交周順生。[3]

1980年1月，在弟子馬良懷的陪同下，年近古稀的張舜徽不顧嚴寒，乘船前往上海、揚州兩地拜訪學者，組織稿源。首站爲上海，顧廷龍在碼頭接站，其間陸續拜訪了謝無量、蔡尚思、錢劍夫、潘景鄭、蔣天樞、柳曾符、吳澤諸位。結束上海的旅程後，張舜徽應揚州師範學院（今揚州大學）之邀赴揚州講學。此行先乘火車前往鎮江，張舜徽執教兌澤中學時的老學生、揚州師範學院中文系譚佛雛前來迎接，隨後坐船至瓜洲渡口上岸，再乘學校專車到校。當晚，學校舉行歡迎宴會，在宴會上張舜徽與蔣逸雪、卞孝萱見面。

1980年1月馬良懷陪同張舜徽赴滬組稿

---

① 上述內容據崔曙庭回憶録《艱難幸福的一生》，2008年排印本，第266頁。

② 實際出版時間爲1980年9月。

③ 周順生，曾任揚州師範學院副院長，後任江蘇省廣播電視廳廳長、江蘇省政協教育文化委員會主任、江蘇省炎黃文化研究會副會長。

1 月 26 日，張舜徽在揚州師範學院文史兩系大會上作《學習揚州先輩的治學精神，走博通的路》，在師生間引起較大反響。[①]

對於揚州，張舜徽神往已久。早在 1946 年執教蘭州大學時，他就用文言文撰寫了講義《中國近三百年學術史》的一部分，名爲《揚州學記》，對清代揚州學者代表人物的主要學術成就和治學方法進行系統研究，其中《叙論》部分曾刊入《積石叢稿》（1946 年排印本）。後該書經重新整理、補充和修訂，改用語體文，於 1962 年改名《清代揚州學記》在上海人民出版社正式出版。[②]

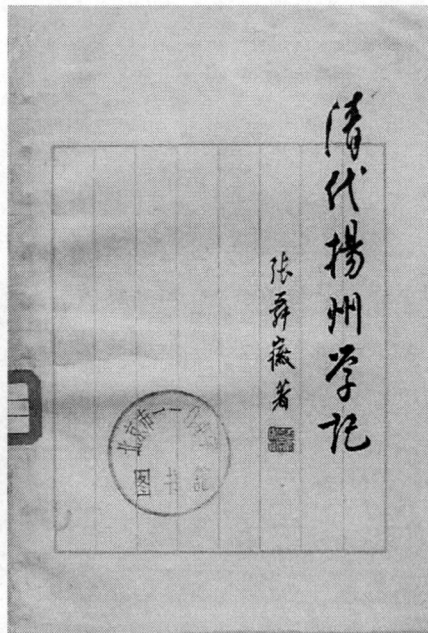

張舜徽用力甚勤的代表作《清代揚州學記》

《清代揚州學記》一書通過區域文化的研究對清代學術流派的特點作出了精闢概括："余嘗考論清代學術，以爲吴學最專，徽學最精，揚州之學最通。無吴、皖之專精，則清學不能盛；無揚州之通學，則清學不能大。然吴學專宗漢師遺説，屏棄其他不足數，其失也固。徽學實事求是，視夫固泥者有間矣，而但致詳於名物度數，不及稱舉大義，其失也褊。揚州諸儒，承二派以起，始由專精匯爲通學，中正無弊，最爲近之。夫爲專精之學易，爲通學則難。非特博約異趣，亦以識有淺深弘纖不同故也。……吾之所以欲表章揚州之學，意在斯也。"[③]指陳了揚州學派"博通"的特點，是張舜徽治學術史的一個發明，[④]也是他終其一生的治學追求。

儘管這是張舜徽第一次登臨揚州，但在此誕生過王懋竑、王念孫、王引之、汪中、焦循、阮

---

① 本段内容可參見馬良懷：《一次難忘的回憶——寫在國學大師張舜徽先生誕辰一百周年》，華中師範大學歷史文獻研究所編：《張舜徽百年誕辰紀念國際學術研討會論集》，武漢：華中師範大學出版社，2011 年，第 21—25 頁。

② 張舜徽：《清代揚州學記》前言，上海人民出版社，1962 年，第 1 頁。

③ 張舜徽：《清代揚州學記》叙論，第 2—3 頁。

④ 張三夕：《張舜徽先生學述》，戴建業主編：《張舜徽學術論著闡釋》，武漢：華中師範大學出版社，2011 年，第 10 頁。

元、劉文淇、劉師培等衆多清代著名學者的神奇土地上，他流連忘返，待了一週。張舜徽激動地行走在揚州的大街小巷間，還在卞孝萱等人的陪同下專門尋訪了終生服膺的"乾嘉巨擘"阮元的故居。①

2月5日，張舜徽剛從揚州返迴武漢即致函卞孝萱：

孝萱先生左右：

　　旅揚七日，得親雅教，談叙至歡，是慰素懷。在揚多承照料，無任感謝！歸途拜讀大作，至佩功力之厚！繼此有作，仍盼先讀爲快也。四月開年會時，甚望新撰一文，對衆宣讀。登高之呼，必有響和，今後所屬望於左右者，固大有事在。甚願發舒才智，以成此共同事業耳。臨別時所言發展會員事，望就近在南京大學、江蘇師院及其他院校中物色人才，爲將來分工編述作準備。兹寄上登記表十紙，請就知好中先徵求意見，得其同意，然後寄表，力求自願參加，不必稍加勉强。希斟酌進行，寧闕毋濫，不必貪多也。冬寒，伏惟起居珍重，並頌撰安。

　　　　　　　　　　　　　　　　　　　　　　　張舜徽啓
　　　　　　　　　　　　　　　　　　　　　　　二月五日

　　出身揚州望族的卞孝萱同樣對鄉邦文獻研究興趣濃厚，且已有不少相關成果面世，② 相同的學術旨趣讓張、卞二人見面"談叙至歡"，年長十三歲的張舜徽得到了卞孝萱的悉心照料，内心無比温暖。據馬良懷回憶，張、卞兩位一見如故，張舜徽特意到卞孝萱家交談一個晚上，還得到了卞氏的贈書。臨別時，張舜徽請卞氏就近發展會員，在南京大學和江蘇師範學院（今蘇州大學）物色人才，共同奠定學會發展和科研工作開展的人才基礎。歸途中，張舜徽拜讀了卞氏著作《劉禹錫年譜》（中華書局 1963 年版），大加贊賞，對其寄望甚厚，還約請卞氏爲來年的中國歷史文獻研究會第一屆年會撰寫文章，并在會上對衆宣讀。返漢後張舜徽即給卞孝萱寄上十份會員登記表，囑其"寧闕毋濫，不必貪多"。

己未年正月初五（2 月 20 日），接卞孝萱回信十天後，張舜徽復函卞氏：

孝萱先生撰席：

　　得二月十日手札，藉悉寒假期中不輟述造。甚盛甚盛！大著發表在《華師學報》者，拜讀後極佩用心之細。尊處未收到刊物，兹遵囑寄上複本一册，乞詧收。拙作

---

① 張舜徽曾在《壯議軒日記》中寫道："余平生於清世諸儒最服膺者，首推阮公。以其淹博醇雅，足以領袖羣倫，不第有專門之學，足與諸儒竸短長而已。士大夫之學，則惟阮公足以當之。……而揚州諸儒，又必以阮氏爲巨擘。"（1944 年 4 月 1 日）見張舜徽著，周國林點校：《壯議軒日記》，武漢：華中師範大學出版社，2018 年，第 228 頁。

② 此前卞孝萱已有多篇關於"揚州八怪"的研究成果，還發表了《唐代揚州手工業與出土文物》（《文物》1977 年第 9 期）和《鑒真與揚州》[《揚州師院學報（社會科學版）》1980 年第 1 期]等文。

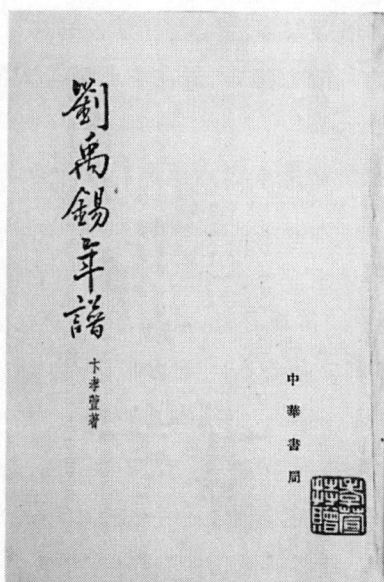

卞孝萱著《劉禹錫年譜》

亦在其中，並望指正。前承允爲發展研究會會員事，多方進行物色人才，想已向相
知同好徵求意見。兹寄上登記表十份，如有願意參加者可畀之填寫也。表如不够，
以後再寄。匆布，即頌新春康樂，身體健彊。

張舜徽頓首

二月廿日

張舜徽在信函中提及卞孝萱的"大箸"，即《元稹"變節"真相》一文，刊於《華中師院
學報（哲學社會科學版）》1979 年 11 月 20 日第 4 期，同期登載有張氏的《中國校讎學分論
（中）——校勘》。除寄刊事外，張舜徽再次向卞孝萱詢問發展會員事之進度。

3 月 6 日，張舜徽在收到卞孝萱的來信和文稿後去函：

孝萱先生：

　　來信及文稿先後收到，已囑秘書處奉寄會員登記表數份，想已收到矣。大文甚
佳，因與范老共事多年，聞見親切，故爲范老作傳，異常翔實。此次各地所撰史學家
傳，俟收齊後，將携至杭州會上，互相傳觀，然後定稿，尊稿已交秘書處保存。即頌
撰安。

張舜徽

3.6

中國歷史文獻研究會成立不久，即有"編寫《中國歷代史學家傳記選注》之議"，選取自

西漢司馬遷至清末徐松五十四位古代史學家代表，"各據傳紀原文，爲之句解字析"。[①] 同時，又在該書稿的基礎上，編寫《中國史學家傳》。[②] 張舜徽在此函中所提及的文稿，即卞氏所撰《中國史學家傳》"范文瀾"部分，[③] 還建議將該文稿帶到杭州年會上討論。

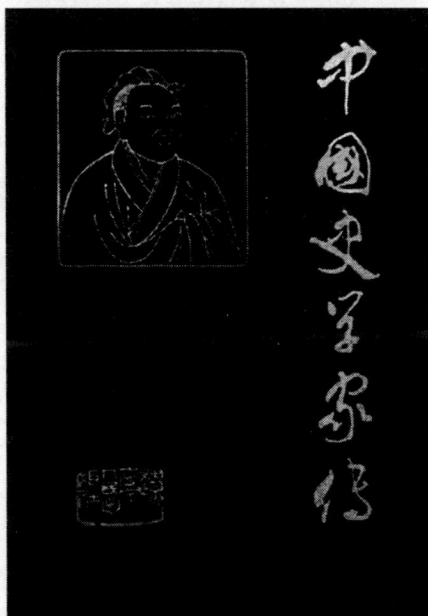

《中國古代史學家傳記選注》和《中國史學家傳》書影

范老即著名馬克思主義史學家范文瀾。卞孝萱在柳詒徵、金毓黻等人的推薦下於 1956 年前後進入中國科學院歷史第三所（今中國社會科學院近代史研究所）工作，擔任范文瀾的助手，爲其編撰《中國通史》查閱資料，抄成資料長編。前後在范氏身邊工作十三載，朝夕相對，耳濡目染。因此，卞孝萱對范氏生平尤其是晚年非常熟悉，"故爲范老作傳，異常翔實"。1969 年范文瀾病逝後不久，卞孝萱就被下放到"五七幹校"，

1980 年 5 月張舜徽在中國歷史文獻研究會第一屆年會上發言

後受章士釗賞識，協助其整理《柳文指要》，留京工作。直到 1976 年 7 月，卞孝萱才回到揚州

---

① 張舜徽：《小引》，闕勳吾主編：《中國古代史學家傳記選注》，長沙：岳麓書社，1984 年，第 1 頁。

② 該書爲"中國歷史文獻研究會叢書"之一種，張舜徽主編，1981 年 6 月編定，瀋陽：遼寧人民出版社，1984 年。

③ 卞孝萱曾於 1979 年 10 月在《讀書》第 7 期發表《范老的治學精神》一文。

師範學院任教。

1980 年 5 月 8 日—17 日,中國歷史文獻研究會第一屆年會在華中師範學院召開,會上通過接收一批新會員,卞孝萱即爲其中之一,還研究了今後在歷史文獻領域開展的科研計劃和科研方向。根據自願結合原則,與會代表分成古籍校釋整理、方志整理和《中華人民通史》編纂三個組,分別制定工作和科研計劃。①5 月 30 日,張舜徽致函卞孝萱:

> 孝萱先生左右:
>
> 　洪山十日,歡聚暢談,一旦分襟,不勝惘惘。編述《中華人民通史》,雖由不才倡議,而賢者實贊翼之。茲事體大,端賴羣策羣力,以底于成。先從人物寫起,自是良法。上次討論時分工情形及人物進退撰寫,當時已有艸本,想携歸後早已整理就緒。請將清本寄下,以備參稽爲感。匆布,伏候興居清勝,並頌撰安。
>
> 舜徽頓首
五月卅日

信函中張舜徽指出,編述《中華人民通史》雖是由他倡議的,但期望"賢者贊翼之","羣策羣力,以底于成"。鑒於卞孝萱曾協助范文瀾編撰《中國通史》,有編寫通史的經驗,因此張舜徽希望卞氏能爲《中華人民通史》的撰寫提供參考樣本。經過初步思考後,張舜徽在《華中師院學報(哲學社會科學版)》1980 年第 4 期刊載《編述〈中華人民通史〉的初步設想》一文。

張舜徽晚年所撰《中華人民通史》

實際上,《中華人民通史》爲張舜徽晚年憑一己之力獨撰,是一部以馬克思主義爲指導的

---

① 陳抗生:《中國歷史文獻研究會在武昌舉行年會》,《華中師院學報(哲學社會科學版)》1980 年第 2 期。

通史性巨著。[①] 全書三大册一百餘萬字,分爲地理、社會、創造、制度、學藝、人物六編,從七十三歲動筆至七十六歲完稿,前後歷時三年多,儘管留有遺憾,但畢竟實現了其立志撰述 "究天人之際,通古今之變,成一家之言" 通史的抱負。該書堅持爲人民寫史,改變了以往史學研究精英的立場,打破了王朝體系,以事物爲記載中心,將歷史上重要事物的發生、發展、變化的情況講個清楚,務求使讀者從中得到系統的知識,以激發其愛國之心,[②] 鮮明地體現了張氏治史的 "博通" 追求和愛國情懷。

9 月 5 日,獲悉卞氏母親李太夫人逝世,張舜徽即致函安慰:

孝萱先生左右:

　　昨暮得手書,驚悉尊太夫人棄養,不勝悼念。素仰先生孝思發乎天性,驟丁大故,必慘痛無以爲懷。惟是思貽必果,跬步不忘,願惟滅性之文,勉節哀思之苦。敬勖敬勖! 復念賢者多勞,仍關心會務,不懈益勤,至爲佩服。承提示意見三行,悉坐言而可起行。至於編寫人物傳記,允賴大力支持,爲之先導也。《文獻研究集刊》第一期十月可以出書,第二期正在審稿,仍由湖南出版。大箸《〈舊唐書〉漏校百例》當在其中。知注附聞,暑退涼生,伏願起居珍重。

　　　　　　　　　　　　　　　　　　　　　　　　　　弟張舜徽拜復

　　　　　　　　　　　　　　　　　　　　　　　　　　　九月五日

　　蔣老、譚君暨諸友好,請代致意問好。

卞孝萱譜名卞敬堂,出生後二月失怙,由寡母李氏撫養成人。稍長,卞氏字孝萱,即 "孝順母親" 之意。早在 1940 年代卞氏弱冠之年,其孝聲就聞名學林。時值李大夫人四十壽誕來臨之際,卞孝萱將母親撫養自己成人的事跡寫成駢文《徵詩文啓示》,廣邀名流題詩贈文。從 1943 年冬開始,卞孝萱陸續收到唐文治、柳詒徵、陳寅恪、夏承燾、蔣維喬、張伯駒、熊十力、吕思勉、豐子愷等百餘人題詠詩文,成《娱親雅言》一卷,傳爲美談。[③] "文革" 末期,卞氏又以侍養慈母爲由調回揚州工作,是故張舜徽稱贊 "先生(卞孝萱)孝思發乎天性"。

　　除勸慰卞氏外,張舜徽對其在守喪期間仍關心中國歷史文獻研究會會務事表示敬佩,請繼續爲編寫《中國史學家傳》給予支持,還告知《〈舊唐書〉漏校一百例》將會在《中國歷史研究集刊》第二集刊出,目前正處於審稿中。信函末尾的 "蔣老、譚君",即蔣逸雪和譚佛雛。

　　1981 年 4 月 22 日—28 日,中國歷史文獻研究會第二屆年會在杭州師範學院(今杭州師

① 王玉德:《文獻學與馬克思主義——兼論張舜徽先生的治學思想》,《華中師範大學學報(人文社會科學版)》1997 年專輯。張舜徽自述其 1954 年起即有運用馬克思列寧主義的觀點撰寫通史的想法,正式撰寫《中華人民通史》時爲七十三歲,即 1984 年,前後醖釀三十載。張舜徽:《自傳》,張君和編選:《張舜徽學術論著選》,武漢:華中師範大學出版社,1997 年,第 642 頁。

② 張舜徽:《中華人民通史》自序,武漢:湖北人民出版社,1988 年,第 2 頁。

③ 武黎嵩:《卞孝萱:在人隨晚達,于樹似冬青》,《光明日報》2013 年 9 月 5 日第 13 版。

少年卞孝萱與母親合影

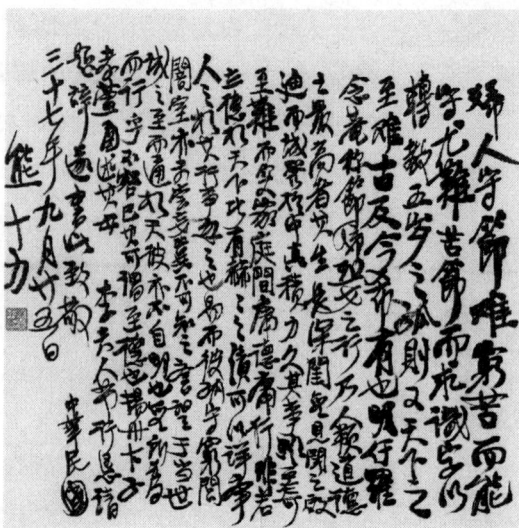

熊十力贈文

範大學）舉辦。會上分發《中國歷史文獻研究集刊》第一集，總結了一年多來的科研成果，并就《中國史學家傳》等書與出版社一起作了初步定稿工作。[①] 三個月後，卞孝萱離開揚州去北京任職。1981 年 11 月 30 日，《國務院學務委員會公報》正式登出首批博士生指導老師名單，張舜徽被評爲歷史文獻學專業全國唯一一位博導，自 1982 年起任博士生導師，招收博士生。12 月，《中國歷史文獻研究集刊》第二集出版，其中收錄了卞氏《新版〈舊唐書〉漏校一百例》和蔣逸雪《〈平樂印廬稽古文字〉序》。

當然，以上六通信函衹是兩人間交往的冰山一角，惜未見卞孝萱致張舜徽諸函，以相互印證。[②] 1983 年 5 月

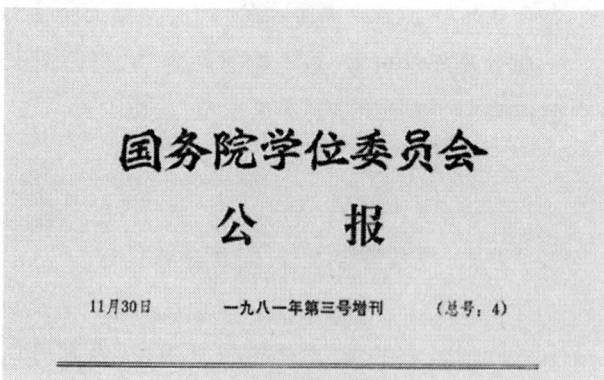

国务院学位委员会
公 报

11月30日　　一九八一年第三号增刊　　（总号：4）

学科、专业名称	学位授予单位名称	指导教师姓名、职称
世界近现代史	武汉大学	吴于廑 教授
世界地区史、国别史	南开大学	吴廷璆 教授
	南京大学	蒋孟引 教授
专门史	南京大学	王绳祖 教授
	厦门大学	傅家麟 教授
历史地理	复旦大学	谭其骧 教授
	陕西师范大学	史念海 教授
历史文献学	华中师范学院	张舜徽 教授

1981 年張舜徽被評爲首批歷史文獻學專業博導

3 日，華中師範學院歷史文獻研究所正式成立，張舜徽出任所長。[③] 1984 年，卞孝萱經程千帆邀請，調入南京大學任教，迎來其學術生涯的黃金時代。在嶄新的學術平臺上，兩人的學術

---

① 子言：《中國歷史文獻研究會第二屆年會在杭州舉行》，《杭州師院學報（社會科學版）》1981 年第 1 期。

② 筆者就此事向張舜徽先生女兒張屛和弟子周國林教授諮詢，皆言未曾見到卞先生致張先生函。張屛女士在家多方查找無果，望尚存人間，他日再現。

③ 1989 年，張舜徽卸任，李國祥繼任所長，張氏爲名譽所長，直至病逝。

交往也更加密切。據張舜徽弟子董恩林回憶，1984年其畢業論文答辯時，張舜徽邀請卞孝萱擔任答辯委員會主席。卞氏對董的論文評價很高，後來兩人保持了長時間的學術聯繫。[①]1985年10月26日—11月1日，中國歷史文獻研究會第六屆年會在南京舉行，由南京大學和南京師範大學主辦，[②]張、卞兩人再次相聚。

1980 年張舜徽給研究生上課

　　1992年，張舜徽不幸離世，卞孝萱發來"張老永垂不朽"唁電。此後，卞孝萱又撰寫《讀〈清代揚州學記〉札記》[《歷史文獻研究（總第 18 期）》，華中師範大學出版社，1999 年]、《張舜徽先生與〈清代揚州學記〉》[《淮陰師範學院學報（哲學社會科學版）》2005年第 4 期]、《讀〈清人文集別錄〉[③]——對〈清代揚州學記〉的補充》[《歷史文獻研究（總第 28 期）》，華中師範大學出版社，2009 年]等文，肯定張氏的學術貢獻，傳揚張氏的治學精神，支持研究會的發展壯大。

　　卞孝萱晚年在撰寫《現代國學大師學記》時，特致信周國林和顧志華"拙著從章太炎開始，至張舜老結束，可見我對張老的崇敬"，[④]還在前言中寫道："舜徽提倡通學，與我意合"，[⑤]"這二十五部書中，有十七部成於七十歲以後……七十至八十二是他學術上的豐收時

---

① 《亦論亦考，求通求實——董恩林先生訪談録一)》，2016 年 12 月 18 日，王鍔教授在華中師範大學采訪董恩林教授，經王教授學生整理，董、王兩教授審定後在微信公衆號 "學禮堂" 發表。

② 周少川：《繼往開來　邁向新世紀——中國歷史文獻研究會成立 20 周年回顧》，中國歷史文獻研究會編：《歷史文獻研究·總第 19 期》，武漢：華中師範大學出版社，2000 年，第 2—3 頁。

③ 該書是張舜徽研究集部的集大成之作，全面系統地評述了清代六百餘家清人文集，張氏自謂 "雖未足以概有清一代文集之全，然而三百年間儒林文苑之選，多在其中矣"。張舜徽：《清人文集別録》自序，北京：中華書局，1963 年，第 1 頁。顧頡剛對其評價極高，"先生所作諸書，示學者以途徑。啓牖之功，實在張香濤《輶軒語》《書目答問》之上。然彼二書（另一書爲《廣校讎略》），對我輩之效用已極鉅。先生別白是非，指明優劣。上紹向、歆之業，下則藐視紀昀之書，其發生影響之大，固不待言也"。張舜徽：《懷念顧剛先生　學習顧剛先生》，《訒庵學術講論集》，長沙：岳麓書社，1992 年，第 406頁。

④ 此信存于周國林教授處，寫於 2005 年 3 月 18 日。信中卞孝萱還提及張舜徽未刊作《霜紅軒雜著》出版情況以及《張舜徽全集》相關出版信息。除此之外，卞孝萱另有兩通信函致周教授，分別爲以中國歷史文獻研究會 "老會員" 的身份邀請周教授（時爲該研究會第三任會長）爲其傘壽紀念文集撰文及周教授提交《試論〈三國志〉的質直筆法》（冬青書屋同學會編：《慶祝卞孝萱先生八十華誕文史論集》，南京：江蘇古籍出版社，2003 年，第 113—126 頁）一文後致函感謝，時間分別爲 2002 年 5 月 9 日和 2002 年 11 月 12 日。

⑤ 卞孝萱：《現代國學大師學記》前言，北京：中華書局，2006 年，第 2 頁。

期",①"在張氏的許多著作中,我最愛讀《清代揚州學記》。因爲我是揚州人,讀起來倍感親切"。②同樣年少失怙、自學成才、轉益多師的治學經歷,受揚州學派浸染,文史兼通、不囿門户的治學方法,以及以學術爲生命、以生命鑄學術、堅毅不拔的治學精神,大概是兩位學者交誼深厚的根本原因。

　　時光飛逝,轉眼張舜徽逝世三十周年,六通信札記録了中國歷史文獻研究會前輩們篳路藍縷的創業艱辛,見證了張舜徽、卞孝萱以學相交純粹的學術友誼,永遠值得後來人銘記。謹以此文紀念,願哲人不萎,事業長存!

　　附記:本文撰寫過程中得到了張舜徽先生女儿張屏女士,諸弟子周國林、張三夕、姚偉鈞教授,以及馮天瑜先生、郭齊勇教授、范軍教授、宋健兄等人的幫助,在此一併致謝!

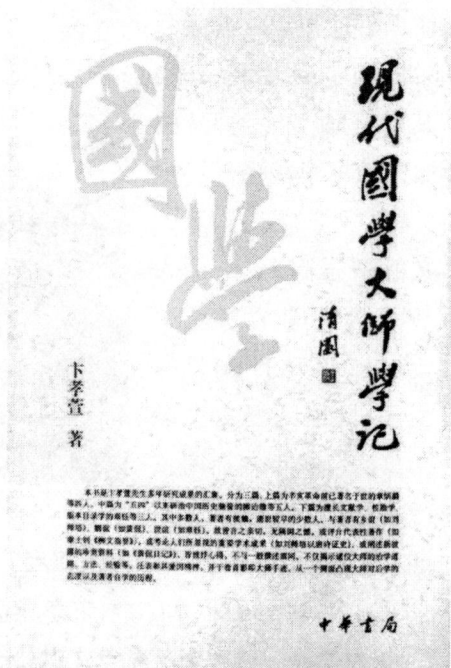

《現代國學大師學記》書影

(胡新,武漢出版社副編審;朱金波,武漢出版社編輯)

---

① 卞孝萱:《現代國學大師學記》,北京:中華書局,2006 年,第 317 頁。
② 卞孝萱:《現代國學大師學記》,北京:中華書局,2006 年,第 317 頁。

位卑未敢忘憂國：張舜徽早期經世思想述論*

聶　婷　邱　亞

[摘　要]　張舜徽早年就確立了學術經世之志。從他的《壯議軒日記》《廣校讎略》與《積石叢稿》等早期作品中可以看出，他關注國家大事，謀求改善吏治之法；關心教育事業，探索根本整飭之方；重視儒家思想，提出尊孔教孝之説；注重學術影響，倡導平正通達之風。這些經世思想涉及政治、教育、思想道德與學術研究等諸多方面，充分顯示出張舜徽學術經世中的愛國情懷與擔當精神，不僅在其學術生命中具有重要意義，對當今治學爲人也仍有很大啓發。

[關鍵詞]　張舜徽　經世思想　愛國情懷　擔當精神

　　經世致用是中國史學的優良傳統，瞿林東先生就曾指出："中國古代史學歷來有經世致用的傳統，如孔子著《春秋》而尊周禮，司馬遷講成敗興壞之理，陳壽、袁宏、劉知幾重'名教'，杜佑强調探究典制政經，司馬光意在明前世之是非、考當今之得失，顧炎武等人則著重國計民生，而'彰善癉惡''彰往察來'更是歷代史家所主張的。這無疑是一個優良的傳統。"[①]在20世紀，尤其上半葉，中國史學的經世傳統得到了充分發揚。陳垣、郭沫若、顧頡剛、范文瀾、翦伯贊等衆多史學大家，在發揮史學的經世功能方面都作出了很大努力。[②]年輩稍晚的著名歷史學家、歷史文獻學家、湖南沅江人張舜徽先生（1911—1992），也推崇經世之學、講求經世致用。他早期（新中國成立之前）的經世思想，涉及政治、教育、思想道德與學術研究等方面，至今仍具有重要探討價值與啓發意義。但學界目前尚無專文予以討論，本文試圖彌補這一不足。[③]

一、關注國家大事，謀求改善吏治之法

　　國民政府時期，官員貪污現象層出不窮，引起張舜徽的高度關注。據他的《壯議軒日記》[④]

---

*　本文是國家社科基金青年項目"張舜徽與中國馬克思主義史學研究"（19CZS004）的階段性成果。

① 瞿林東：《中國史學史綱》，北京：北京師範大學出版社，2017年，第652頁。

② 參見汪效駟：《建設精神國防：抗戰時期史學經世功能的旨歸》，《理論學刊》2019年第4期。

③ 基於張舜徽的年齡與其學術思想的變化情況，筆者將新中國成立之前視作他的早期（其時他不到40歲，尚未系統學習馬列主義），新中國成立之後視爲他的中後期（學習與接受了馬列主義，學術思想發生重大變化）。張舜徽中後期的經世思想與早期相比，有所變化。新中國成立前，他的經世思想主要源自於中國傳統典籍；新中國成立後，他的經世思想開始與馬克思主義理論相結合。關於張舜徽中後期的經世思想，周國林、邱亞在《張舜徽與馬克思主義史學》（《史學史研究》2016年第2期）一文中已有所論述。

④ 記事時段爲1942年9月24日至1947年1月7日。

記載,1946 年 10 月 28 日,他與友人們談到當時的官員貪污問題,慨歎不已。爲此,他積極思考解決之方。他認爲禁絕貪污的方法主要有兩種,一是定制,一是獎廉,而定制尤爲當務之急。獎廉,是指獎勵廉潔奉公的官員;定制,是說要確定相關制度。兩者之中,定制更爲重要,因爲"制定而後衣服有常,宫室有度,飲食讌會有規,車馬器用皆有等夷,則上下無僭差之患……如是,則能以入爲出,而無不足之虞,焉用貪污耶?"張舜徽所講的定制是指仿效軍旅等級分明之法,來確定行政官員在衣服、住宅、飲食宴會等方面的等級之分,使官員們能够量入爲出,没有僭差之患,從而杜絶貪污之源,"今全國上下,惟軍旅等級分明,觀其衣弁可知其位秩,問其禄俸可知其崇庳(其他政教人員,雖亦以底薪定高下,而衣服未有定制也),法至善也。顧其他器用、車馬、飲食、服御皆無定規,以有限之俸入供無厭之費用,其勢不至於貪財不止。故知國家徒定位秩崇卑、禄俸多寡之制,而不定衣服、宫室、車馬、械用之差,則相率以儉薄爲恥,以窮奢鬥富,是毆天下於貪污之場也。"①

南京國民政府"既未樹立起現代民主政權的廉潔風氣和嚴明的紀律,又未清除舊式官場惡習,導致了整個官場貪污腐化之風盛行"。②張舜徽所説的獎廉意在倡導廉潔之風,定制旨在扭轉貪污之風,無疑都是解決貪污問題的重要方法。定制除了要求官員在衣服、住宅等方面都有等級差别之外,還有一個問題需要解決,那就是官員俸禄標準的制定。對此,張舜徽有"禁貪必先厚禄"之説,他在 1946 年 11 月 15 日的日記中寫道:"夜讀《全晉文》,至《武帝議增吏俸詔》有曰:'外足以奉公忘私,内足以養親施惠。'此十四字,不啻爲千古定俸制禄者下一準則。誠能做到此十四字,官吏豈復有自利之心?此余所以有禁貪必先厚禄之説也。"③從理論上講,官員們的俸禄一旦足以養親施惠,他們就應當奉公忘私。"外足以奉公忘私,内足以養親施惠",可以説是理想的俸禄標準。

除了貪污成風,國民政府的官員選拔制度也存在很大缺陷。在張舜徽看來,國民政府選拔官員的方式没有擺脱隋唐以來"以言取士"的窠臼。那些擅長應試、善於陳辭之人,容易取得高官厚禄。功名利禄的引誘,致使學子們從小就醉心於應試之學,就如同過去的士子們熱衷於科舉考試一樣,其後果十分嚴重。有言之人不一定有德,單憑一次考試來判别人才的高下,顯然很不合理。況且那些祇善於陳辭的人一旦被委以官職,很少有不壞事的。④針對這種實際情況,張舜徽經過認真思考,提出改良之法:

> 晚近人心日渝,風俗日漓,欲周知其情僞,以進退人才,必多爲之法而後可。始試以言,次考其德,終察其功,三者舉則無遺才矣。⑤

---

① 張舜徽:《壯議軒日記》,北京:國家圖書館出版社,2010 年,第 602—603 頁。
② 忻平:《南京國民黨政權崩潰原因探析》,《近代史研究》1992 年第 2 期。
③ 張舜徽:《壯議軒日記》,第 655—656 頁。
④ 參見張舜徽:《壯議軒日記》,第 310 頁。
⑤ 張舜徽:《壯議軒日記》,第 310 頁。

試言是指考察言辭,考德是指考察德行,兩者決定官員的選用。察功,是指考核功績,它決定官員的升降。張舜徽主張試言、考德、察功三者並舉,而三者之中,他尤其注重考德:"始試以言者,仍今考試之制而稍變通之可也。終察以功者,仍今考績之法而增損之可也。惟考德所繫尤大,實有合於古人官人之術,必加詳夫二者。"①在這種思想認識的指導之下,他具體闡述了考德之法:

> 揚榷而言,則有望氣之法焉,有聞聲之道焉,有聽言之方焉,有觀行之則焉。而皆具於《文王官人》之篇。望氣者,觀色之謂也;聞聲者,視中之謂也;聽言者,考志之謂也;觀行者,觀誠、觀隱、揆德之謂也。散之爲六徵,約之爲一理。言不足則求之於行,行不足則求之於動靜語默、聲音容貌之微。所以考察之者無不至,庶幾才之高下、德之吉凶無隱焉矣。②

官員的才華重要,官員的德行更爲重要。"望氣""聞聲""聽言""觀行",應當説是比較有效的考德之法。

二、關心教育事業,探索根本整飭之方

張舜徽擔任中學文史教師長達十年之後,於 1942 年秋季開始成爲大學老師。③長期的教學經歷,使他對教育行業有着深刻瞭解。當時的大學文科教育出現不少問題,國立師範學院的老師們大多以爲主要原因是學生們識見卑近,無以致高明光大之域。張舜徽不認同這種觀點,他在 1942 年 11 月 21 日的日記中説:"今日大學中以文科爲最猖披,其失不在下而在上。"所謂"在上",指的是大學老師。他將大學文科教師的教學通病總結爲四個方面。

第一,教師們見識不足,論學據守一隅,施教不能把握重點,"今日大學中不無名師,擅文詞者,必以詩文教士;善經學者,必以訓詁爲宗。即經學之中,又斷斷争辨於漢宋注家之得失、今古文師説之是非,對後生强聒不舍,舉漢唐宋清儒先已息之争,必重啓之於今日。以此論學爲不識時,以此施教謂之誣世。"第二,教師們沒有弄清課堂講授與專門研究之間的差别,不顧學生的實際水準,陵節而施,"教士期於平易淺明而止,若夫專家之學,終身以之,窮極要眇,非可以喻諸初學。今日爲大學教授者,每好取己所長,爲後生説之,未誦《説文》而遽與談金文甲骨……陵節而施,猶對牛而鼓簧耳。"第三,教師們學術水準有限,却大言欺人,强

① 張舜徽:《壯議軒日記》,第 310—311 頁。
② 張舜徽:《壯議軒日記》,第 311 頁。
③ 1942 年,張舜徽開始成爲大學教師。先任教於國立師範學院(設於湖南安化縣藍田鎮),其後擔任北平民國學院教授(設於湖南寧鄉縣陶家灣)。抗戰勝利後前往甘肅,任蘭州大學國文系教授、系主任,兼任西北師範學院教授。新中國成立之後前往華北人民革命大學進修一年,隨後一直擔任華中師範學院(後改名爲華中師範大學)歷史系教授。詳見周國林《華中師範大學學術大家》[《華中師範大學學報(人文社會科學版)》2016 年第 2 期]一文。

不知以爲知,"今教人者既無專精自得之學足以追轢往哲,而所言乃欲駕漢唐宋清而上之,其勢非至於大言欺人不止……夫不能爲昔人之專精,苟能識其大者,猶不失爲通人。若必强不知以爲知,徒以昏眩學者之耳目而已。"第四,教師們没有責任心,不關心學生的成長成才,"大氐今日爲教授者,以名師自居,憎厭學生屬辭之鄙俚,不爲點竄文字,視學生之有成與否無與於己也。"①

以上四大弊端,涉及大學教師的業務水準、教學方法與教學態度等方面的問題。這些問題若能切實解決,對於培養人才自然很有利。張舜徽身爲大學教師,在論及大學文科教育的弊端時,没有爲教師羣體開脱,明確提出責任不在學生,而在老師,這種勇於擔當的精神與態度難能可貴。除了分析大學文科教育的種種弊端,他還就整個教育制度表達過自己的見解。當時的教育制度有很多不足之處,他主張通過根本性的改革來解決問題:"余謂欲謀樹人,先圖改制。教育制度之弊,至今日極矣。國人言革新者,未嘗慮及根本整飭之法,而相與蹈常習故,至於如此,非特不能出人才,且從而敗壞之,可悲也。"②他設想的"根本整飭之法"共有以下十條:

> 一曰明定宗旨也。……宜確定以訓練公民、培植專才爲主旨。於他邦制度有觀摩而無追逐,有擇取而無倚傍。二曰區分限類也。全國學校,但有國民教育與人才教育二大類。……三曰改定學年也。國民教育與人才教育,期限各爲十年。自幼童六歲就傅至十六歲,爲受國民教育期,無分男女,强迫入學。自十六歲至廿六歲,爲人才教育期,擇俊秀者入學,必專精十年而後成。四曰嚴加甄别也。國民教育乃人人必受之教育,無分智愚皆容之。及十六歲,國家舉行極嚴之會考,其資質穎異、學藝優長者送入人才學校肄業,駑劣者則令其散歸田里,或改務工商。五曰更定課程也。……六曰改編教本也。……七曰不濫頒證書也。……八曰廢除畢業名義也。在校肄業者,授以修業證;修業期滿或中途輟學者,授以休業證。九曰學校悉歸國立也。不收學資,俾貧寒者一體入學,以省治及國都爲人才教育區,縣市及鄉鎮爲國民教育區。十曰獎勵專門研究也。……凡此十端,特就大者言之耳。果能改絃更張,不及十年,必致奇效。③

這十大改革之法,涉及教育宗旨、類型、管理、政策等諸多方面。其中,第一條"明定宗旨"是核心。當時的中國教育缺乏明確的宗旨,不能自立規模,民國學者陳青之就曾指出,從晚清創行新教育到二十世紀三十年代初,中國的"教育宗旨與制度雖屢經變更——始而襲取日本,繼而襲取美國,有時還取德、法——但對於社會産業的發展以及民族習性的改革,毫無補

---

① 張舜徽:《壯議軒日記》,第 153—156 頁。
② 張舜徽:《壯議軒日記》,第 158 頁。
③ 張舜徽:《壯議軒日記》,第 158—161 頁。

助。"① 一直到二十世紀四十年代，中國的教育依然不能自立規模："我國爲極貧弱之國家，而已往數十年中，乃競從事於華富之教育，以爲粉飾太平之具，其病根則在效顰歐美而不能自立規模。"② 張舜徽主張"明定宗旨"，可謂是對症下藥。將"訓練公民、培植專才"定爲教育宗旨，就需要有相應的國民教育與人才教育。國民教育是普及性教育，旨在"訓練公民"；人才教育是精英式教育，意在"培植專才"。教育宗旨既定，教育類型自分，"改定學年""嚴加甄別""更定課程"等具體改革措施自然都是應有之事。這十大改革之法，在當時不失爲一套成體系、具有探索性的教育改革方案。如今各國教育中，國民教育與專才教育區分開來，已是趨勢，故張舜徽的上述主張即使在今天，仍然具有參考價值。

三、重視儒家思想，提出尊孔教孝之説

民國時期，尤其新文化運動中，有學者提出"非孝廢孔"之説。張舜徽對該説非常不滿，他在 1943 年 4 月 13 日的日記中稱，隨着該説的傳播，"少年新進聞而悦之。自是，三尺之童皆知言父母不足算，目仲尼爲大愚。不及十年，每每大亂"。③ 故與"非孝廢孔"之説相反，張舜徽毅然提出"尊孔議"與"教孝議"，力主尊孔教孝，認爲"尊孔爲扶世立教之原""教孝爲强民保邦之本"。④ 在談到孔子的作用時，他指出：

> 夫孔子生於周末，去今二千四百餘年，其所論説，容有宜於古而不適於今者，且人事日新，文明日進，而謂吾華立國之道求之孔氏而足，是固拘虛之見也。雖然，立國於大地，必有其所以維繫人心於不敝者。孔氏於既往二千年中爲天下綱紀，足以濟刑政之所不及者實大且多，今欲有所革易，自必先立一新倫理之中心思想而後可……故言廢孔可也，廢孔而不別圖樹立倫理之中心思想不可也。如新倫理之中心思想不能遽立，則孔氏之道未可暫廢，此不待智者而可知也。⑤

一個國家能够屹立於世長達數千年之久，必定有一個"維繫人心於不敝"的中心思想存在。就中國來説，孔子之道就是我國"舊倫理"之中心思想。張舜徽一方面認識到，孔子的一些思想言論有宜於古而不適於今之處，單憑孔子之道不足以建立現代國家。另一方面又看到，孔子之道在過去兩千多年中產生過巨大作用，在新倫理之中心思想不能迅速建立之時，還應當繼續發揮維繫人心的重大作用，因而强調"孔氏之道未可暫廢"。張舜徽在當時那種

---

① 陳青之：《中國教育史》，福州：福建教育出版社，2009 年，第 834 頁。
② 張舜徽：《壯議軒日記》，第 158 頁。
③ 張舜徽：《壯議軒日記》，第 370 頁。
④ 張舜徽：《壯議軒日記》，第 454 頁。
⑤ 張舜徽：《壯議軒日記》，第 370—371 頁。

"打倒孔家店"的一片喊打聲中,能够預見到未立新而先破舊必然"不及十年每每大亂"的後果,能够勇敢提出先立新、再破舊的觀點,應該説是一種高瞻遠矚,有很强的合理性,後來的社會發展情況,已經彰顯出未立新而先破舊的嚴重道德倫理後果。在論述"孝"的功效時,張舜徽强調:

> 若夫善事父母之爲孝,先民以爲教民之本,吾華夏歷數千年而不見滅於異族者,亦賴有此耳。其與乎邦族存亡之故,蓋有二焉。一曰人才之消長繫於此也。歷觀往史,豪傑之士類皆奮自窮約。爲父母者,饑寒相捧,猶百計以全其子,下至委巷嫠婦,亦能撫其孤雛,以至大成者不絶於書,此無他,一孝字之觀念深入人心耳……二曰國民忠憤之思必基於此也。愛無差等,自其親始。不愛其親,而忠於國者無之;既愛其親矣,則並其所生之地愛之,又及其丘墓所在而敬之,勇於執干戈以扞城鄉邦者,以此耳……烏呼! 此豈敢爲異論高言之書生所能夢見哉。①

"孝悌忠信"與"禮義廉恥"結合成爲八德,孝爲八德之首。② 一個孝字深入人心,父母會以培養子女爲樂,子女會以揚名顯親爲榮。在家對父母盡孝,在外爲國盡忠。弘揚孝道,確實能起到敦勵風俗、凝心聚力的積極作用。張舜徽認爲人才之消長與國民忠憤之思都和孝密切相關,民衆是否尊崇孝道關乎國家安危與民族存亡,這種看法很有見地。《中庸》"舜其大孝也與"三章,都在談論孝,張舜徽在給學生們講解這三章内容時,便很自然地"因言教孝爲新民之本,在今日尤爲當務之急"。③ 這些都可以看出他對"教孝"的重視。

四、注重學術影響,倡導平正通達之風

清人張之洞説:"古來世運之明晦、人才之盛衰,其表在政,其裏在學。"④ 的確,學術研究往往能產生重大的社會影響。張舜徽對此有着清醒的認識,在他看來,我國歷史上曾有過不少教訓,"言理學之有朱陸,亦猶言經學之有古今文,始於互相詆諲,卒則其禍乃中於國家。明季爭辨朱陸之至而宗社傾,清季爭辨古今文之至而邦族危,其效可覩矣。"⑤ 民國時期也有這樣的教訓,比如,"非孝廢孔"之説就有很多流弊。既然學術研究關係到國家興亡,學者立言便應當特別謹慎,以免誤國誤民。張舜徽就説:"學者立言,實關係國家興亡,惟仁者能識其大,能觀其通,而不敢輕爲偏頗之論。非其智不能發詭誕以譁世取寵,誠恐斯言之出爲害

---

① 張舜徽:《壯議軒日記》,第 371—373 頁。
② 申聖超、舒大剛:《論孝爲八德之首》,《孔子研究》2016 年第 5 期。
③ 張舜徽:《壯議軒日記》,398 頁。
④ 〔清〕張之洞:《勸學篇·序》,張之洞撰,苑書義、孫華峰、李秉新主編:《張之洞全集》第 12 册,石家莊:河北人民出版社,1998 年,第 9704 頁。
⑤ 張舜徽:《壯議軒日記》,第 59 頁。

於天下甚大,是以不得不訒也。"① 他本人在新中國成立之前完成並刊行的《廣校讎略》②與《積石叢稿》,③ 就是兩部不爲 "偏頗之論" 的立言之作。

《廣校讎略》一書,持論平允,見解卓越,是張舜徽校讎學方面的代表作。此書在體例上仿效宋代鄭樵的《通志‧校讎略》,在内容上則比《校讎略》豐富很多。《廣校讎略》由《校讎學名義及封域論二篇》《作者姓字標題論五篇》《序書體例論五篇》《書籍必須校勘論二篇》《審定僞書論三篇》《搜輯佚書論五篇》《漢唐宋清學術論十八篇》等内容組成,共計 19 論 100 篇,涉及校讎學理論、古書通例、目録、校勘、辨僞、輯佚、學術史等諸多方面。

《廣校讎略‧自序》説:"叔季禍亂相仍,由學不明,士不幸而躬逢其厄,苟能考鏡原流,條别得失,示學者從入之途,其於振衰起廢,固賢乎空言著書。……亂中逃竄四方,饑寒相擣,温經校史,流覽百家,窮日夜不輟,積之十年,始於羣經傳注之得失、諸史記載之異同、子集之支分派别,稍能辨其原流,明其體統。" 又稱:"顧持論歸乎至平,立義期於有據,不敢發奇詭激厲之論,上侮通人,下欺新進,區區之心,聊欲附於補偏救弊之末,亦庶幾可以寡過云爾。"④ 由此可見,張舜徽有高度的學術自覺,十分重視學術的影響。《廣校讎略》是他多年治學成果的總結,不是一部倉促成書、輕率立言的作品,而是一部持論至平、立義有據的負責任的著作。張舜徽是期望它能够 "示學者從入之途",起到 "振衰起廢" 與 "補偏救弊" 的積極作用的。

從《廣校讎略》的具體内容來看,該書確實立論平允,能觀其通,能見其大。比如,在《著述體例論》中,提出 "古代著述皆可目爲史料";在《書籍散亡論》中,論述 "書之亡佚不盡由於兵燹";在《簿録體例論》中,闡明 "簿録所載未必能概一代之全";在《校書非易事論》中,指出校書貴任專才、必資衆手、必熟於羣籍、必深於小學;在《校書方法論》中,説明類書、古注、舊本書以及宋刊本均不可盡據;在《審定僞書論》中,强調 "僞書不可盡棄";在《搜輯佚書論》中,認爲輯佚必須有識,"輯佚爲學成以後之事";在《漢唐宋清學術論》中,闡述 "兩宋諸儒實爲清代樸學之先驅" "宋人經説不可盡廢",等等,都是平正通達之論。

《積石叢稿》一書,由《漢書藝文志釋例》《毛詩故訓傳釋例》《揚州阮氏學記》《乾嘉三通儒傳》《敦煌古寫本〈説苑〉殘卷校勘記》五種論著構成。其中,《揚州阮氏學記》與《乾嘉三通儒傳》尤具深意。《積石叢稿‧自序》説:"嘗病今之治本國文學者,大抵徇於細故而不能識古人大體,一言以蔽之曰:循乾嘉以來考證之餘習,囿於藩籬而不能自拔耳。……考證家之流弊至道咸而極矣,今去道咸且百年,學者猶不能變通以求儒先立言之體要,役役於補苴裘縫、窮老而不知休,斯亦何貴乎讀書哉! 舜徽自少而好治乾嘉考證之學……深服翁覃溪、姚

---

① 張舜徽:《壯議軒日記》,第 369—370 頁。
② 1945 年有長沙排印本;中華書局 1963 年再版時,附録了《漢書藝文志釋例》(原來收録在《積石叢稿》中)、《毛詩故訓傳釋例》(原來收録在《積石叢稿》中)、《世説新語注釋例》(完成於 1943 年,原來並未刊行)三種論著。
③ 蘭州開元印書館(即壯議軒排印本)1947 年出版。(學術界一般稱《積石叢稿》爲 1946 年蘭州排印本。而《積石叢稿‧敦煌古寫本〈説苑〉殘卷校勘記》一文的完成時間是 1947 年年初,因此《積石叢稿》的實際刊行時間當爲 1947 年。詳見周國林、邱亞:《張舜徽的西北文獻與敦煌學研究》,《敦煌學輯刊》2016 年第 1 期)
④ 張舜徽:《廣校讎略‧自序》,北京:中華書局,1963 年,第 1—2 頁。

姬傳、章實齋三人篤實不欺,矯然有殊於流俗,議論通達,足以興起人,嘗爲《通儒傳》以張之。
姬傳、實齋之書,於考證容多疏漏,不足以饜人意,然吾所以重之者,在其識解卓越,而非論其
學術之淺深也。……又嘗以爲居今日而言考證,宜以揚州諸儒爲法,於名物度數之中推見其
大本大原,以期周於世用,一救往昔支離破碎之病。甲申避亂,轉徙至安化,奮欲撰成《揚州
學記》,以爲後生治學之式,甫及阮氏一家而罷。"①

　　民國時期的學術界,依然受到乾嘉考證學末流的影響,有不少學者還是從事於瑣碎的考
證,囿於藩籬而不能自拔。而當清代乾嘉考證學勃興、"舉世溺於一偏,而昧於大體"② 之際,
翁方綱、姚鼐、章學誠三人不趨風氣,能敏鋭地察覺到考證之學的流弊,"毅然以補偏救弊自
任"。③ 他們三人都有不少弘通之論,比如,翁方綱主張考訂之學(即考證之學)要以衷於義理
爲歸,學者不應區漢學、宋學而二之;姚鼐提出天下學問之事,有義理、文章、考證三者之分,
而三者同爲不可廢;章學誠不滿於從事考證的學者妄攻朱子,闡明清代考證之學源於朱子,
等等,都是很通達的見解,一併受到張舜徽的讚揚。④ 清代揚州諸儒從事考證之學,能夠識得
大體,"於名物度數之中推見其大本大原",没有支離破碎之病。張舜徽説:"余嘗考論清代學
術,以爲吳學最專,徽學最精,揚州之學最通。……揚州諸儒承二派以起,始由專精匯爲通學,
中正無弊,最爲近之。"⑤ 張舜徽對揚州之學讚賞有加,有意撰寫《揚州學記》,⑥ 先成《揚州阮
氏學記》一篇。阮氏是指阮元,他是清代揚州學派的傑出代表人物,在經史、小學、天算、輿地、
金石、校勘等領域都有很深的造詣。阮元學博識精,長於考證之學。比如,他考證"明堂""封
禪" 等制度,認爲"明堂"是上古未有宮室之時的一種簡陋建築,形制類似後世的蒙古包,而
四周有水環繞。遠古時期建築不多,祭天、祭祖、軍禮、學禮等重要活動都在這裏舉行。古書
所説的"明堂""太廟""太學""靈臺""靈沼",都是同地異名;"封禪"也不是什麼神秘的事,
"封" 是指南郊祭天,"禪"是指北郊祭地。⑦ 這樣的考證確實能够推見大本大原,與繁瑣破碎
的考證迥然有别,因此得到張舜徽的肯定。翁方綱、姚鼐、章學誠三人"不役役於考證",⑧ 而
議論通達,識解卓越。阮元從事考證之學,能做到實事求是,中正無弊,他們都值得表彰。張
舜徽撰寫《乾嘉三通儒傳》與《揚州阮氏學記》,旨在倡導平正通達的優良學風,以此矯正當
時的學弊,進而服務國家與社會,寓意十分深沉。他後來撰成的《清代揚州學記》《清儒學記》
即在更大範圍内、更深程度上申述其平正通達的學術思想。

　　張舜徽在 1944 年 10 月 26 日的日記中説:"舜徽自丁喪亂,一悔往者所學率支離,不適

---

① 張舜徽:《積石叢稿·自序》,蘭州:蘭州開元印書館承印,1947 年,華中師範大學圖書館藏,第 1 頁。

② 張舜徽:《積石叢稿·乾嘉三通儒傳》,第 1 頁。

③ 張舜徽:《積石叢稿·乾嘉三通儒傳》,第 1 頁。

④ 參見張舜徽:《積石叢稿·乾嘉三通儒傳》,第 1—5 頁。

⑤ 張舜徽:《積石叢稿·揚州阮氏學記》,第 1 頁。

⑥ 張舜徽後來著有《清代揚州學記》一書,此書完成於 1959 年 12 月 25 日,1962 年由上海人民出版社出版。

⑦ 參見張舜徽:《積石叢稿·揚州阮氏學記》,第 20 頁。

⑧ 張舜徽:《積石叢稿·乾嘉三通儒傳》,第 6 頁。

於世用，發憤取史乘及他經世之書急讀之，七八年於茲矣。"[①] 可見，日軍侵華、抗戰全面爆發是他確立經世思想的重要原因。經過多年的閱讀、實踐與思考，他逐漸具有了豐富的經世思想。從《壯議軒日記》《廣校讎略》與《積石叢稿》等早期作品來看，他關注國家大事，謀求改善吏治之法；關心教育事業，探索根本整飭之方；重視儒家思想，提出尊孔教孝之説；注重學術影響，倡導平正通達之風。這些經世思想涉及政治、教育、思想道德與學術研究等諸多方面，具有重要的價值與意義。

新中國成立後，唯物史觀成爲史學研究的指導思想，將科學價值與社會功能統一起來的馬克思主義史學成爲主流。張舜徽在新的形勢下，全面地學習馬克思主義，接受唯物史觀，繼續將學術研究同國家、社會需要相聯繫，其經世思想得到進一步發展。他晚年獨立撰作《中華人民通史》一書，提出要"寫給廣大人民看""將知識交給人民"，[②] 是其經世思想的進一步升華。

當然，以今天的眼光來看，張舜徽早期的經世思想難免有粗略之處，有理想化的成分。他當時也未能認識到，祇有中國共産黨領導的新民主主義革命才能救中國，他早期的經世思想根本不可能成功實施。但是，作爲一名學者，能在國家危難之際毅然樹立經世之志，積極探索救國救民之方，這是十分可貴的。張舜徽這種愛國情懷與擔當精神，對我們今天治學爲人無疑仍然具有重要的啓發意義。

（聶婷，湖南師範大學歷史文化學院博士研究生；邱亞，湖南師範大學歷史文化學院講師）

---

① 張舜徽：《壯議軒日記》，第 517 頁。
② 張舜徽：《中華人民通史·序》上，武漢：湖北人民出版社，1988 年，第 3 頁。

2022 年文獻數字化的現狀與未來研討會
暨中國歷史文獻研究會數字文獻分會第一屆年會綜述

陳必佳

　　2022 年 8 月 1 日至 3 日，由中國歷史文獻研究會數字文獻分會主辦，遼寧大學文學院承辦，學燈論壇組委會協辦的“2022 年中國歷史文獻研究會數字文獻分會第一屆年會暨遼寧大學東北數字人文研究中心揭牌儀式”在瀋陽隆重舉行。在严格遵守疫情防控相關規定的背景下，來自北京大學、中國人民大學、北京師範大學、南開大學、遼寧大學、南京師範大學、延邊大學等國內三十多家高校、科研院所及出版單位的 100 多名專家學者參加了會議，提交學術論文 41 篇，呈現出對此次會議主題極高的熱忱。

　　在 8 月 1 日上午的開幕式上，遼寧大學副校長霍春輝教授，延邊大學校長金雄教授，教育部中文專業類教學指導委員會主任委員、吉林大學張福貴教授分別致辭。中國歷史文獻研究會副會長曹書傑教授就中國歷史文獻研究會數字文獻分會的成立背景做了介紹，並由分會負責人、古聯（北京）數字傳媒科技有限公司總經理洪濤介紹了分會成立一年以來的工作和未來願景。隨後，霍春輝教授和洪濤總經理共同爲遼寧大學東北數字人文研究中心揭牌。遼寧大學文學院院長胡勝教授致辭，南開大學余新忠教授和吉林大學張叢皞教授分別代表兄弟單位致辭。學燈論壇代表楊慧教授致辭。

　　開幕儀式結束後，北京大學王軍教授、山東大學傅有德教授、中國人民大學李今教授、遼寧大學胡勝教授圍繞各自數字人文中心建設或數據庫建設、民間文獻研究的經驗進行了分享，古聯公司總經理洪濤就中華書局的古籍數字化服務做了介紹。

　　本屆研討會圍繞五個議題展開，分別是中國歷史文獻的數字化整理技術、中國歷史文獻的數字化人才培養、中國歷史文獻的數字化文本分析、世界視野中的東北文獻和東北敘事及其歷史地位。根據會議日程，論文報告按照東北文獻與東北敘事、歷史文獻與數字人文兩個主題，分別在兩個會場同步進行。兩個會場的與會學者在接下來的一天半時間裏，各自進行了四個專題組的學術研討。茲將討論內容分述如下。

一、東北文獻與東北敘事

　　第一分會場的會議圍繞東北文獻與東北敘事展開，分爲“窮原竟委”“觀瀾有術”“國之筅鑰”“長子襟懷”四個專題討論組，相關論文共有 22 篇，涉及東北地區的歷史文獻學材料、東北文學年譜、東北作家傳記史料、東北近現代文學、東北工業文學等主題。不少選題立意新穎，見解獨到，這是東北文學研究在新時代煥發新生機、注入新活力的表現。

（一）“窮原竟委”專題

秦曰龍《“上窮碧落下黄泉，動手動腳找東西”——關於漢語“東北話”研究資料的一點兒思考》，指出歷史上漢語東北話的調查研究工作相當不足，並介紹了清末以來幾種能够用於漢語東北話研究的重要文獻資料，呼籲學界進一步挖掘間接或直接的文獻資料，對漢語東北話文獻進行更全面的調查整理。張鵬蕊《試論高句麗時期石刻文獻中的“岡”字——兼論古籍中的俗字隸定問題》一文，以歷代碑刻文獻中“岡”字字形和詞義的演變爲例，指出古籍中俗字隸定需要注意綜合利用傳世文獻和出土文獻，善用各類文字字形數據庫和檢索系統。張立群《中國現當代作家傳記的史料問題初探》，探討了現當代作家傳記作爲史料被運用分析時需要重視跨版本比較等關鍵問題。李佳奇《文學年譜的史料來源與史料價值——以袁培力〈蕭紅年譜長編〉爲例》，重點論述了綜合徵引多種文獻史料的文學年譜在研究作家生平行事、文人交往等方面能够修正和補充文學史中定論的重要價值。整體而言，本專題就歷史文獻、文學史和史料應用等方面進行了諸多探討。

（二）“觀瀾有術”專題

邱陽《陳亮與葉適交遊考》利用大量文集和史料，對浙東學派代表人物陳亮和葉適二人交遊往來的二十餘年中，因治學路數和人生境遇的變化而對二人情誼産生的影響。王振華《數字考據的成績與理論困境及其解決方法》，探討和梳理了數字考據自黄一農提出以來取得的成就與引起的爭論，並提出其缺乏完整理論體系，技術層面尚有待推進，認爲其推進方向之一是繼續建設數字資源庫。李婧妍《山林的呼喚與聲明的呈現——老藤〈北障〉的東北書寫》，從生態倫理的角度出發，評述了《北障》這一文學作品通過描繪黑龍江北障林區中獵手與山林關係的變化，展現東北山林文化蘊含的獨到之處，對東北文學作品中的生態書寫具有啓發意義。蔣堯堯《東北題材電視劇中的共産黨員形象》從影視文學作品的角度，分析東北題材電視劇通過融入東北特色，在詮釋共産黨員的犧牲精神和歷史使命感方面的獨特作用。劉程程《從蕭紅到雙雪濤：東北故事的發生面向探析》，以蕭紅和雙雪濤爲代表，分析解讀了新舊兩代作家在文學作品上因所處歷史站位和叙事空間不同，以不同維度詮釋各自經歷的東北故事，通過比較可以看到東北故事的發生面向呈現從歷史走向現實的變化。崔佳雯《“小朋友”的“九一八”——〈小朋友〉雜誌兒童讀者／作者的抗戰書寫初探（1931—1937）》，以兒童文學專刊《小朋友》雜誌中展現的兒童抗日書寫爲出發點，關注國難之下中國兒童真實又豐富的思想世界，選才新穎，立意深刻。本場論文研討以東北現當代文學作品爲主，帶領與會聽衆在不同歷史時期、不同題材的文學作品中暢遊。

(三)"國之殤鑰"專題

高翔《平頂山慘案創傷叙事文本新考》,通過剖析一系列反映平頂山慘案創傷叙事文本群的文學作品,揭示其對"九一八"事變創傷叙事的悲劇刻畫。戴銘和劉巍《論"九一八"國難詩歌地理意向的集成與意義延伸》,通過構建文學地圖的形式,對地理意向的分佈規律、演變過程進行了整理和展示。馮芽《"東北":一個抗戰文化符號的生成》,通過對典型文本與日常生活事件的考察,試圖勾勒"東北"作爲抗戰文化符號的興起過程及其時代語境,探究東北叙事在抗戰文學中的意義。侯敏《〈講話〉引導下東北文學的勃興——以周立波的文學活動與創作實踐爲探討中心》,深入探討了周立波在《講話》引導下深入東北從事的文學活動和文學創作,及其對東北文學繁榮起到的促進作用。

(四)"長子襟懷"專題

吳玉杰《工人村的世界與世界的工人村——張瑞文學創作的情感歸屬與歷史意向》,重點分析張瑞《聖地工人村》47 篇回憶性作品中關於東北老工業基地工人村精神的表達。作者張瑞老師親臨現場,與在場學者及聽衆進行了精彩的互動。梁海《"北方化爲烏有"之後——論雙雪濤、班宇的東北叙事》,從兩位作者的東北叙事中塑造的個體生命書寫對象入手,闡釋這些個體在社會轉型和時代浪潮下重構身份的遭際和自我實現的需求,展現出深刻的現實意義。楊慧《"南北"畛域/統一中的"東北":1929 年上海日報工會觀察團的東北之行初探》,以趙君豪《東北展痕記》和嚴獨鶴《北遊雜紀》爲視綫,揭示歷史背景下東北人民對於國家統一的期盼,彰顯時局之下東北對於彌合南北,建構民族-國家認同的重要性。孫冬迪《草明東北工業題材小說中工廠內部關係的構建與想象》,從草明創作工業題材小說中的工廠內部關係出發,揭示工人階級在國家建設發展過程中獲取主導地位、女性進入生產領域、追求平等一系列主題,很好地展現了時代縮影。鄭思佳《過去的聲音:口述史之於東北工業文學叙事》,提出應重視對東北工業親歷者口述資源的挖掘,能够彌補研究空白,重拾東北工業文學的精神資源。

綜合來看,本專題學者的論文和討論都體現出對於東北地區工業化歷史的人文觀照,同時對於東北作爲共和國長子的歷史使命感有深切關懷。

二、歷史文獻與數字人文

第二分會場圍繞數字化的主題,共計 19 位發言人就各自提交的論文做了精彩的學術匯報。論文涉及的研究包括文學、教育學、歷史學、圖書館學、檔案管理等各個不同專業領域,實現了跨學科的平台交流。除了關注文獻數字化的應用和對相關領域發展的未來展望,該主題的部分文章還利用了數字化技術對文本進行可視化分析,使得人文領域的傳統研究課題獲得了全新的視角和呈現方式。同時，與會的學者們也就目前人文學科的數字化應用存在的問題進行了深入的交流和探討。本會場同樣分爲了四個專題分別展開討論，下面對各場次的主要内容進行總結。

（一）“闡發文明”專題

李斌《基於〈詩經〉數據庫的韻律計量研究》，利用計量統計的方法，嘗試全新的思路解讀《詩經》韻律模式，打破常規，見解獨到。諸雨辰因防疫政策限制，通過綫上做了《自然語言處理與古代文學研究》報告，探討了數字人文領域自然語言處理技術對中國古代文學研究方面發揮的輔助功能，如自動標點工具、文本特征挖掘等，但更深入的技術應用仍面臨困境。張立軍《數字人文催生下文藝類學術期刊研究範式轉換及發展路徑探索》從期刊研究、管理和運營中“數字人文範式”帶來的變化和發展進行了探討。郎松雪《基於Citespace的先秦諸子研究現狀可視化分析》利用Citespace軟件爲工具，對1174篇先秦諸子及諸子學研究論文進行了計量和可視化分析，揭示該領域在研究方向、研究方法和研究趨勢方面的轉變。本場討論中，學者嘗試和利用計量統計方法、可視化軟件作爲工具，探索人文學科領域結合新技術、新手段，開拓新思路的可能性，給在場學者帶來耳目一新的感覺，並提供諸多研究方法方面的啓發。

（二）“術道並進”專題

惠清樓《南開大學圖書館古籍特藏文獻數字化的探索與實踐》，介紹了南開大學圖書館中經濟史、法律史方面的珍貴文獻和數字化過程中應注意細節、盡力做到全信息呈現的實踐經驗。趙思淵《“利用自然科學供給我們的一切工具”——明清社會經濟史研究中的議題、史料、數字工具》，結合地方文書整理研究的經驗，討論數字人文應當作爲工具給學者的研究服務，並指出數字人文目前的探索爲下一代完全身處數字時代的年輕學者提出了新的問題和挑戰。趙彦昌、姜珊《數字人文視域下的清代檔案與法律史研究》一文提出清代法律史研究中，數據庫和相關數字人文的利用尚不充分，研究者應當藉由數字人文的興起充分挖掘清代檔案中的信息和綫索。王亭綉月《“九一八”國難詩歌的數字人文研究——以張澤厚長篇叙事詩〈花與果實〉爲例》，利用數字人文工具對長篇詩歌進行了可視化的直觀呈現和解讀。肖珍珍《基於語料庫的統編版高中語文必修教材中國國家形象研究——以17篇新增現代文選爲考察對象》，利用語料庫的研究方法對選文中國家形象等概念進行了多維度分析。本場學者關注的研究領域涉及圖書館學、經濟史、法律史、文學詩歌等多個方面，但都圍繞“術”這一問題展開，人文學科如何在新時代技術進步的大背景下，充分利用工具提高傳統文獻研究的效率，是大家共同關注的話題。

(三)"日新月異"專題

　　延邊大學兩位學者的報告都圍繞朝鮮語展開。池東恩《朝鮮半島漢字資源文獻整理與數據庫建設》,詳細介紹了朝鮮漢字研究方面的數字化成果和數據資源。黃政豪《朝鮮語命名實體和關係》則以朝鮮語的實體識別爲主題,探討了命名實體識別和關係抽取語言領域在技術和方法層面的實踐經驗和尚待提升的發展方向。王沛《出土法律文獻數據庫建設中的幾個問題》分享了在法律史研究領域建設法律文獻數據庫遇到的問題,總結了實踐經驗。李紳、胡韌奮、諸雨辰合作的《古籍標點與專名的智能職別技術研究》繼續在技術方面展開探討,由胡韌奮代表做綫上報告。句讀標點與專名標引是古籍整理和出版過程中的重要環節,基於深層神經網絡的聯合學習方法能够提高語言模型訓練效果,作者團隊通過這種方法將自動標點和專名識別的正確率提升至新的高度。張冬秀《"城市文學""城市書寫"的研究釐清與現狀分析》,同樣利用到了 Citespace 軟件進行聚類分析,通過數據手段分析"城市文學"與"城市書寫"的概念差異,從研究現狀入手,爲文學研究的提供新思路。從本專題的討論可以看出,技術進步帶來的新變化,早已深入滲透到學者的研究實踐中去,如何在日新月異的大環境中,跟上時代的步伐,給文獻整理、文學分析等領域帶來新活力,是本場學者報告之後引發的思考。

(四)"任重道遠"專題

　　李芳凝、王雨晴、劉紅燕《中國畫章法與平面設計的形式結合與應用研究》向大家圖文並茂地展示了平面設計領域中國畫章法的應用和案例,使觀衆感受到中國傳統藝術文化的博大精深。蘇芃《關於製作我國古代經典標準化電子文本的倡議》指出數字化時代的到來,電子媒介開始成爲出版物的重要傳播路徑,製作我國古代經典的標準化電子文本是學術界、教育界的共同需求。秦瓊《先"拆"後"合"——數字化古籍整理人員培養的思考》從實際操作和市場化運營的角度,提出了數字化古籍整理工作中人才隊伍建設可以通過拆分工作環節,提高工作效率的一些建議。馮大建、張昊蘇《數字化時代的古典文獻人才培養:以南開大學文學院爲例》,結合實際教學實踐,介紹了虛擬仿真實驗教學軟件在本科生古籍版本等專題的教學中發揮的重要作用,分享了數字化時代古典文獻人才培養中技術應用的經驗。曲慧鈺《從語文學到計算批評:弗朗哥·莫萊蒂的啓示與反思》,介紹了莫萊蒂的數字人文研究在文學理論研究方面帶來的方法論和工具論的變革,爲學界提供新範式的同時,也引發了對於數字時代背景下傳統人文研究科學化的思考和探索。評議人指出,本場報告的主題"任重道遠"略顯沉重,新技術的進步勢必對傳統人文學科帶來新挑戰,引發新問題,如何以批判的態度對待數字時代下各類人文研究的新變化,建立標準和規範,是在場學者呼籲學界共同關注的議題。

　　華東政法大學法律古籍整理研究所所長王沛教授在進行第二分會場學術討論總結匯報

時談到，通過本次會議的多場報告，充分感受到了利用數據庫開展學術研究已經成爲了時代主題。同時，優秀的數據庫建設一定離不開專業學者的參與、設計和製作，因此，如何有效開展文獻數據庫建設，培養穩定的人才梯隊，是會議報告中衆多學者關注的核心問題，也是本次大會的意義和價值所在。

中國歷史文獻研究會秘書長、南京師範大學文學院王鍔教授和南開大學歷史學院的余新忠教授在閉幕式分別做了大會學術評議。王鍔教授認爲中國歷史文獻數字化是新時期文化和科技發展背景下的大趨勢，涌現的革命性技術讓人應接不暇，中國歷史文獻研究會數字文獻分會的成立順應了時代潮流，爲高校、研究所和出版業各界學者從事古籍整理與文化傳承提供了交流平台。同時，他結合自己古籍整理中通過 OCR 技術識別和人工整理的對比經驗，介紹了目前通過技術手段快速識別古籍文獻速度之驚人及準確率之高的情況，指出古籍數字化技術爲古籍整理者節省了時間，可少走彎路，OCR 技術應該充分吸收古籍版本學知識，並與擁有豐富古籍整理實踐經驗的學者合作，提高識別準確率。但是，古籍數字化技術仍舊存在一些亟待解決的問題，希望能夠加大各類學術專題數據庫的建設，形成文獻數字化產業和學術研究合作雙贏的局面。余新忠教授對此次會議做出了“高水平、高規格”的“雙高”評價，肯定了各會場學術交流和討論取得的積極效果。他同時提出，數字化是當下的時代主題，但當我們放寬時間的尺度，用歷史的眼光審視這一事件，數字化技術帶來的或許僅是文獻承載方式的變化，知識的生產和記錄方式本身並沒有發生根本的改變。我們一方面要對新技術、新事物保持擁抱的態度，另一方面也不能忽視人作爲知識生產的主體所背負的責任，以及在人文思想發展和未來文明建構方面發揮的作用；應當打破學術壁壘和學科藩籬，術道並進，在數字化時代背景下發揮人文學者作爲思想者、思考者的使命擔當。

總的來說，本次會議的論文報告和討論充分體現了辦會方秉持創新理念的初衷，爲不同領域的科研人員搭建起了學術交流的平台。與會學者們通過兩天的學術交流，針對中國歷史文獻整理的文本、方法、技術、數字化現狀與未來進行了檢視和展望，從中國近代以降的歷史脈絡和文學作品中重審東北的地位。各小組的討論積極熱烈，既互相學習，又指出新技術新方法存在的問題和不足，秉承了守正創新的理念，使參會學者收穫頗豐。

［陳必佳，中華書局古聯（北京）數字傳媒科技有限公司編輯］